Mit freundlichen Grüßen

Erika Retzlaw

Ffm. im März 96

KARL RETZLAW

SPARTACUS

Erinnerungen eines Parteiarbeiters

Verlag Neue Kritik

5. Auflage 1985

9783801500962
Umschlag Hanno Rink unter Verwendung einer Photographie von Karl Liebknecht
Druck Alfa Druck Göttingen

Inhalt

Vorbemerkung

Mit meiner Geschichte möchte ich einen Beitrag leisten zur Erforschung der Zeit, in der zwei Weltkriege möglich waren und in der ein Hitler zum vergötterten Führer Deutschlands werden konnte, dessen Schatten weiterhin über Land und Volk liegt.

Was ich hier vorlege sind Memoiren zur Zeitgeschichte. Memoiren sind als ein Lebensbericht ihrem Wesen nach subjektiv. Der Verfasser muß in erster Linie von seinem Leben und Erleben berichten. Die Form des Berichts wird durch den Inhalt geprägt. Allzugroße Bescheidenheit kann den Bericht wertlos, die Überbetonung der eigenen Rolle kann ihn lächerlich machen. Anders als ein Historiker, der Ereignisse schildert und deutet, die er in anderen Büchern oder Akten gelesen hat, soll der Memoirenschreiber die Ereignisse so schildern, wie er sie erlebt, erlitten oder auch mitgestaltet hat. Heinrich Heine schrieb, „Objektivität ist eine trockene Lüge", es sei nicht möglich, die Vergangenheit zu schildern, ohne ihr „die Färbung der eigenen Gefühle zu verleihen". Ich halte das für wahr. Doch authentisch muß der Bericht sein. Zweifellos sind persönliche Zeugnisse wichtigere Quellen der Geschichte als Akten. Ich glaube auch, daß das zu Berichtende erst lesenswert wird durch Schilderung von Situationen und Episoden, die das politische Leben der Zeit erkennen lassen. Ich hoffe, es gelang mir, ein Stück Geschichte an Einzelpersonen greifbar zu gestalten. In Memoiren soll man sich jedoch hüten, Jahrzehnte zurückliegende Ereignisse mit den gegenwärtigen Einsichten zu analysieren und zu kommentieren.

Ich will indes niemandem Schaden zufügen. Manche meiner früheren Mitstreiter und Freunde haben es zu Amt und Würden gebracht und andere entsetzen sich heute bei dem Gedanken, daß sie einmal die Luft der Revolution geatmet, noch nicht die „Milch der frommen Denkart" getrunken haben.
Die Erkenntnis, daß die Änderung der gesellschaftlichen Verhältnisse notwendig ist, bestimmt das Wirken des Revolutionärs. Ich bekenne mich zu dem, was ich gewollt und getan habe.
Karl Retzlaw

1. Die grausame Kleinstadt

1908. Es war ein freundlicher Septembertag, als meine Mutter mit uns, meinen beiden älteren Schwestern, meinem jüngeren Bruder und mir, zum Friedhof ging. Zwei ältere Brüder fehlten, sie waren schon von zu Hause fort in die Lehre gegangen. Der Friedhof lag außerhalb der Stadt auf einer Anhöhe, dem Stadtberg. Der weite, staubige Weg war uns wohlbekannt, außer im Winter waren wir ihn jeden Sonntag gegangen, um die Gräber des Vaters und der Geschwister zu pflegen.
Die Mutter ging zuerst zum Grab meines Vaters, der früh, erst 36 Jahre alt, an einer Lungenentzündung gestorben war. Sie betete lange auf die ihr eigene Art. Ihr Gebet glich einem Rechenschaftsbericht. Sie sprach mit ihrer klaren eindringlichen Stimme, als ob der seit acht Jahren hier Ruhende nicht nur jedes Wort verstehen, sondern auch billigen sollte. Die Mutter betete, daß sie Abschied nehmen müsse von den Gräbern und von der Heimat, daß sie wohl kaum jemals wiederkommen würde; daß niemand mehr zu seinem und der Kinder Gräber Blumen bringen und die Gräber pflegen würde. Sie betete, daß sie hier in Schneidemühl keine Arbeit bekäme und die Not nicht länger ertragen könne und darum fortgehen müsse; daß wir in der kommenden Nacht nach Berlin reisen und dort ein neues Leben beginnen wollten. In Berlin werde sie arbeiten können, und niemand würde sie dort, als einstmals wohlhabende Frau, bemitleiden oder bespötteln, wie in der grausamen Kleinstadt. Wohl jeder zweite Satz endete mit den Worten: „Es ist Gottes Wille, und sein Wille bestimmt unser Leben". Nach dem langen Gebet gingen wir zu den Gräbern meiner Geschwister und nahmen auch dort Abschied. Die Mutter hatte acht Kinder geboren, von denen zwei starben, bevor sie das Schulalter erreicht hatten.
Am Abend gingen wir zum Bahnhof. Jeder trug sein zusammengerolltes Bettzeug auf dem Rücken. In der damaligen geräumigen vierten Klasse konnten wir darauf schlafen und in Berlin guten Mutes aufwachen. Mit der Ankunft in Berlin war meine Kindheit eigentlich zu Ende.

Wie wohl die meisten Menschen, erhielt ich einige, meine Haltung im Leben bestimmende Eindrücke bereits während meiner Schulzeit; so über die Religion, die Juden, den Militarismus, die Polen, die Todesstrafe, Wahrnehmungen, die mich bereits in früher Jugend beschäftigten und quälten, sollten

mich mein Leben hindurch begleiten.
Ich war beim Tode meines Vaters, der im Jahre 1900 starb, vier Jahre alt. Mein Vater hatte eine Tischlerei gehabt, „mit Dampfbetrieb", wie es auf den Geschäftsschildern hieß. Meine Mutter kam aus einer Großbauernfamilie von einem Gut bei Nakel. Auf diesem Gut, so erzählte meine Mutter, habe ihre Mutter den Rückzug der aus Russland kommenden Armeeteile Napoleons erlebt. Die halbverhungerten Soldaten hätten sogar die Schweinetröge leer gegessen.
Nach dem Tode meines Vaters konnte meine Mutter die Werkstatt und das Geschäft nicht lange weiterführen. Sie mußte bald alles verkaufen, auch das Haus, und wir kamen in Jahre bitterster Armut. Arbeit in einer Fabrik konnte meine Mutter nicht finden. Irgendeine öffentliche Unterstützung beanspruchte und erhielt sie nie, auch kein Schulgeld für uns Kinder. Meine Mutter ernährte die Familie durch schwere Heimarbeit. Sie schneiderte die Kleidung der jüngeren Kinder aus den abgetragenen Sachen der älteren. Schuhe trugen wir nur im Winter. Im Frühjahr, Sommer und Herbst wurde barfuß gegangen. Um Kartoffeln und Gemüse ernten zu können, pachtete meine Mutter ein Stück Land von der Stadt. Es war eine Wiese, die wir erst urbar machen mußten. Das war in der schulfreien Zeit meine gern getane Arbeit. Mit dem Verlassen Schneidemühls endete auch mein Wunsch, Gärtner zu werden.

Meine Eltern waren schon zur Zeit ihrer Verehelichung aus der evangelischen Kirche ausgeschieden und aktive Baptisten geworden. Sie hatten in der Gegend zwischen Schneidemühl, Bromberg und Lobsens einige kleine Baptistengemeinschaften gegründet. Hier hielten sie öfters selbst den Gottesdienst ab, lasen aus der Bibel vor und sprachen die Gebete. In unserer Wohnung hing das Bild eines Vorkämpfers der Baptisten, des Engländers Spurgeon. Auf dem Tisch der „guten Stube" lag die von den Eltern meiner Mutter geerbte großformatige Familienbibel mit den Eintragungen aller Familienereignisse; Geburten, Verlobungen, Heiraten, Todesfälle.
Die Baptisten waren damals neu in Ostdeutschland, und meine Eltern hatten wegen ihres Glaubenseifers manches Ungemach zu ertragen. Meine Mutter erzählte mir, daß sie und mein Vater immer überzeugt waren, daß jeder, der ein Christ sein wollte, erst ein Bekenntnis zum Christentum und zum Leben nach den Predigten Jesu ablegen sollte. Daher sollten Babies nicht gleich getauft werden, sondern das heranwachsende Kind sollte erst zum Glauben erzogen werden, ehe es ein Bekenntnis ablegte. Sie vertraten auch die Meinung, daß ein Pfarrer sich nicht in erster Linie als Staats- und Religionsbeamter fühlen solle, sondern als Diener der Gemeinde. Der unduldsamen Härte des Luthertums sollte die gütige Liebe entgegengesetzt werden. Zu den Baptisten-Zusammenkünften kamen auch Angehörige der drei Kirchen, Protestanten, Katholiken und auch Juden, zum Vorlesen aus der Bibel. Mitglieder der jüdischen Gemeinde kamen öfters privat zu uns. Ein Jude aus Bromberg wurde sogar Mitglied der Baptistengemeinde. Ich ging zwar zur evangelischen Schule; da ich aber nach dem Brauch der Baptisten nicht getauft worden war, war ich ein „Heide". Das hatte sein Gutes; denn ich brauchte später, als ich ein Sozialist wurde, nicht erst aus der Kirche auszutreten.
Gottesdienst war täglich zu Hause. Bei jeder Gelegenheit wurde gebetet, morgens, mittags, abends. Gott, auf seinem Thron im Himmel sitzend, war

für meine Mutter allgegenwärtig. Den Teufel gab es in vielerlei Gestalt: da war der Lügenteufel, der Alkoholteufel, der Faulheitsteufel, der Teufel in Räuber- und Mördergestalt.
Mich aber lehrte das Leben früh erkennen, daß alles, was den Menschen geschieht, durch den Menschen geschieht, und daß trotz allen Leugnens der Kirchen-, Staats- und Geldmenschen, das Materielle im Menschen stärker ist als das Geistige. Auch der Frömmste denkt zuerst an Essen und Trinken, Kleidung, Wohnung.

Meine Heimatstadt Schneidemühl hieß ursprünglich Pila. Der Ort an der Küddow war im Mittelalter von Polen gegründet worden und wurde 1514 zur Stadt erhoben.
Nachdem die Stadt zu Preußen geschlagen worden war, gab man ihr, nach den Schneidemühlen der Holzhändler, den deutschen Namen. Mit dem Holzhandel entwickelten sich verschiedene Handwerkstätten, Stärke- und Maschinenfabriken und später die große Eisenbahnwerkstatt.
Die herrlichen Wälder um Schneidemühl waren reich an Pilzen und Beeren; diese zu sammeln war eine der größten Freuden unserer Kindheit. Doch mußten wir uns vor den Förstern hüten, die uns, wenn wir ertappt wurden, die gesammelten Pilze und Beeren wegnahmen und zertrampelten, obwohl sonst diese Früchte des Waldes wenig oder gar nicht geerntet wurden. Wir Schneidemühler waren Kartoffelesser; morgens, mittags und abends gab es Kartoffeln, sie waren billiger als Brot. So waren für uns die gesammelten Pilze und Beeren eine willkommene Abwechslung in der sonst eintönigen Nahrung. Im Winter holten wir Reisig und Tannenzapfen aus dem Wald.

Mit dem Ausbau des Eisenbahnverkehrs war Schneidemühl zum wichtigen Eisenbahnknotenpunkt geworden. Die Linien nach Danzig–Königsberg und Bromberg–Thorn gabelten sich hier und eine andere Linie führte nach Posen–Breslau. Damit wurde auch die Besiedlung, mit meist evangelischen Preußen, verstärkt, und Schneidemühl erhielt gleichzeitig eine große Garnison, ein ganzes Infanterie-Regiment. Bei den Kaisergeburtstags- und Sedanfeiern sprachen die Lehrer in der Schule geheimnisvoll-wichtig von der „strategischen Bedeutung" der Stadt.

Zweimal in der Woche kam der Zug Paris–Berlin–St. Petersburg und hielt zum Maschinenwechsel. Ich ging manchmal zum Bahnhof, um ihn zu sehen. Er regte meine Phantasie an und weckte Sehnsucht nach der weiten Welt. Jahrzehnte später fuhr ich selber diese Strecke und schaute aus dem Fenster, um zu sehen, ob vielleicht ein kleiner Junge durch den Eisenzaun spähte.
Die Schneidemühler Bürger waren sehr rührig, dabei aber so genügsam, daß die selbständigen Schneider und Schuhmacher nur recht kärglich leben konnten. Zu uns kam des öfteren ein wohlhabender Holzhändler, der zu jeder Jahreszeit den gleichen „Gehrock" trug und noch mit Stolz erzählte, daß er ihn schon fast zwanzig Jahre trage. Bedürfnislosigkeit ruft nicht nach Zivilisation und Kultur. Es gab in Schneidemühl Schreibwarengeschäfte, in denen wir unsere Schulbücher und Indianerschmöker kauften, auch schön gebundene Bibeln lagen zum Verkauf aus. Doch ich kann mich nicht entsinnen, ob Schneidemühl zu meiner Zeit eine Buchhandlung hatte.
Die Schneidemühler hielten ihren stupiden, harten Ernst für Frömmigkeit.

Im Grunde genommen bestand ihr Christentum in dem Satz der Bibel: „Seid untertan der Obrigkeit", und ihr Nationalgefühl oder Patriotismus war ein Abhängigkeitsgefühl vom Militär-Obrigkeitsstaat. Der Kirchenbesuch am Sonntagvormittag war ebenso Brauch, wie das Flanieren der Jüngeren am Sonntagnachmittag auf der Wilhelmstraße. Hier grüßte man einander mit übertriebenem Hüteziehen und Hackenknallen. Die freudlose Brauchfrömmigkeit war gepaart mit Intoleranz und Grausamkeit, und diese entluden sich von Zeit zu Zeit im giftigen Haß gegen die Juden.

Schneidemühl mit seinen ca. 17.000 Einwohnern hatte zu meiner Zeit eine jüdische Gemeinde, die ungefähr 700 Seelen zählte. Ihre Synagoge auf dem Alten Markt war von einem gepflegten Grüngürtel umgeben, mit Rasen, Sträuchern und Bäumen. Dazwischen standen Bänke, auf denen abends Juden zu Gesprächen beisammen saßen.
Die Schneidemühler Juden waren Handwerker, Holzarbeiter, Getreide-, Vieh- und Fellhändler; unser Schuhmacher war Jude, der „Produktenhändler", der Lumpen und altes Eisen kaufte, war Jude. Christen und Juden lebten miteinander, ohne freundschaftliche oder nachbarliche Bindungen, aber auch ohne offene Feindschaft, bis „Es" jährlich passierte.
Ich hatte zu Hause bei Gesprächen mit Besuchern öfters den Namen des Hofpredigers Stöcker gehört. Dieser war in den letzten Jahrzehnten vor 1900 viel in den benachbarten Provinzen Pommern und Westpreussen herumgereist. Meine Mutter sagte, daß Stöckers Predigten nichts von der Bergpredigt enthalten hätten, sondern schlimme Hetzreden gegen die Juden gewesen seien. Stöcker habe großen Einfluß auf den Kaiser gehabt, und er wollte gern als der neue Luther gelten, und wie Luther wollte er ein „Landsknecht Gottes" sein. Stöcker habe in seinen Predigten Luthers grausame Äusserungen über die Juden zitiert: „Wenn Du einem Juden begegnest, so mache ein Kreuz und sage „dies ist der Teufel", und wenn ein Jude getauft sein will, so nehme man ihn zur Elbebrücke, hänge ihm einen Stein um den Hals und stoße ihn hinunter mit den Worten: „ich taufe dich im Namen Abrahams". Man brenne die jüdischen Synagogen und Schulen nieder, verbiete den Rabbinern jede Lehrtätigkeit, vertreibe die Juden aus ihren Geschäften, nehme ihnen ihr Eigentum . . . ", und so fort.
Das Ereignis, das den Haß gegen die Juden zu einer Pogromstimmung aufschießen ließ, passierte, als ich erst vier Jahre alt war. Im Jahre 1900 war in der Stadt Konitz–Westpreußen der Schüler Winter mit durchschnittener Kehle aufgefunden worden. Sofort hieß es, die Juden hätten ihn ermordet und das Blut zum Mazzebacken verwendet. Es wurden Postkarten gedruckt mit dem Bild des Knaben Winter und darunter die Zeilen:

„O Konitz, ist das eine Schande,
Die sich da zugetragen hat;
Da schlachtete eine Judenbande,
Den Gymnasiasten Winter ab."

Diese Bildkarten gingen von Hand zu Hand, sie waren in den Papiergeschäften zu haben. Zwei Jahre später, als ich sechs Jahre als geworden war, erhielt ich in meiner Schulklasse auch so eine Bildkarte. Sie wurde herumgereicht, obwohl der Mord längst aufgeklärt und die Wahrheit bekannt war. Der Mörder war bald nach dem Mord gefaßt worden. Es war ein christlicher Bäckermeister, ein Triebmörder. Die Hetze mit der Ritualmordlüge schwelte trotzdem weiter. Jedes Jahr um die Zeit des jüdischen Osterfestes raunten die Erwachsenen einander zu, man müsse auf die Kinder aufpassen, und den Kindern wurde verboten, in die Nähe der Synagoge zu gehen. Die Bildkarten wurden noch verbreitet, als wir 1908 Schneidemühl verliessen. Unter den Kindern blieb die Redensart „Abkonitzern" für Halsabschneiden. Von den Behörden hatten die Hetzer nichts zu befürchten. Daher auch ihr Mut. Die Pogromhetze konnte sich jährlich wiederholen wie die Kaisergeburtstags- und Sedanfeiern. Nach Ausbruch des Ersten Weltkrieges, als auch die Juden zum Kriegsdienst eingezogen wurden, sollen die Winter-Bildkarten nicht mehr verbreitet worden sein. Doch die todbringende Saat ging später auf.

Unsere Familie war nicht angesteckt von der Pest der Judenhetze. Die Mutter sagte uns, daß die Erzählungen über die Juden Lügen seien, die von bösartigen, unchristlichen Menschen verbreitet würden. Auf mich machte das Treiben mit der Bildkarte des ermordeten Schülers Winter einen unauslöschlichen Eindruck. Die jüdischen Familien von Schneidemühl, die ich kannte, waren freundliche und aufrichtige Menschen. Ich habe oft an sie und besonders an zwei gute Bekannte, Leo L. und Jerochim-Jerochim denken müssen. Was aus ihnen und meinen Schulfreunden Erich und Kallu geworden ist, kann ich nicht berichten. Ich habe später nur erfahren können, daß sie im Ersten Weltkrieg Soldaten waren. Über das Schicksal der jüdischen Familien von Schneidemühl während der Hitlerzeit konnte ich nach dem Zweiten Weltkrieg zunächst nichts in Erfahrung bringen. Doch mehrere Jahre später traf ich zufällig einen Schneidemühler, der bis 1943 in der Stadt gewohnt hatte. Ich fragte ihn nach den Juden Schneidemühls. Er konnte oder wollte sich an keinen Namen erinnern. Als ich ihn nach der Synagoge fragte, antwortete er: „Die wurde nach Hitlers Machtantritt auch abgerissen". Und was mit dem jüdischen Friedhof geschehen sei, fragte ich weiter. „Der wurde eingeebnet". war seine Antwort.

Während die Behörden in Schneidemühl die Hetze gegen die Juden duldeten, leiteten sie die Agitation gegen die Polen selbst. Hier hatten sie ihre Vorschriften, die noch aus der Bismarckzeit stammten. Die Behörden fanden es am ärgerlichsten, daß in Schneidemühl und Umgebung noch viel Polnisch gesprochen wurde. Es war mehr ein polnisch-deutsches Gemisch, ein kaschubischer Jargon. Um das reine Polnisch zu lernen, gab es hier wenig Gelegenheit; es gab auch keine polnische Literatur. Auf den Wochenmärkten, wo die Bauern aus der Umgebung ihre Erzeugnisse zum Verkauf auslegten, und noch mehr auf den Viehmärkten, wurde, allen Schikanen der Behörden zum Trotz, kaschubischer Jargon gesprochen. Meine Eltern mußten den Jargon auch verstanden haben, weil die Leute vom Lande, die in den Laden meines Vaters kamen, um Möbel oder einen Sarg zu kaufen, ebenso kaschubisch wie deutsch sprachen.
Die tatkräftigste Stütze der Verwaltungsbehörden in der Agitation gegen die Polen waren die evangelischen Lehrer und Pfarrer. Diese unterrichteten uns über ein lange zurückliegendes Ereignis, das „Thorner Blutgericht" vom Juli 1724. Damals war es in Thorn zu einer Schlägerei zwischen Protestanten und Schülern des Jesuiten-Gymnasiums gekommen. Im Verlauf der Schlägerei wurde das Jesuiten-Gymnasium von einer Menge gestürmt

und geplündert.
Das Mobiliar der Schule und Heiligenbilder wurden auf die Straße geworfen und verbrannt. Der Vorfall wurde zu einer Revolte gegen die katholische Kirche und gegen den polnischen Staat erklärt. Der Bürgermeister, einige Ratsherren und mehrere Bürger der Stadt Thorn wurden zum Tode verurteilt und öffentlich hingerichtet. Es war ein Racheakt des katholischen Klerus, der vor der ersten Teilung Polens fast unumschränkt herrschte. Die durch den Klerus geschürten religiösen Verfolgungen Andersgläubiger waren entsetzlich grausam; sie wurden aber nicht dem Klerus, sondern der polnischen Nation zur Last gelegt.
Unsere Schule war eine Brutstätte des Polenhasses. Unter den Kindern wurden die polnische Sprache und der kaschubische Jargon mit schweren Strafen unterdrückt. Die Lehrer hatten ihre Spitzel unter den Schülern, die auf polnische Laute zu horchen hatten. Die Spitzel gingen in den Pausen paarweise auf dem Schulhof und stürzten sich auf Schüler, die miteinander kaschubisch-polnisch sprachen und führten sie zum Lehrer. Nach der Pause, in den Klassenräumen, wurden die ertappten Schüler je nach Methode des Lehrers von anderen Schülern auf der Bank festgehalten, oder der Lehrer hielt den Kopf des Schülers zwischen den Beinen und prügelte drauflos.
Solche Prügelszenen erlebte ich vom ersten bis zum letzten Schultag.
Nicht nur aus diesem Anlaß wurde geschlagen, sondern aus Prinzip und Neigung. Die Lehrer liessen die Schüler, die geprügelt werden sollten, während des Unterrichts sich vor dem Katheder aufstellen, um sie am Schluß der Stunde der Reihe nach „abzustrafen". Die Lehrer zerschlugen ihre Rohrstöcke, und die Eltern der geprügelten Kinder kauften neue; sie waren mit dem Prügeln durchaus einverstanden. Sie waren in ihrer Jugend ebenso geprügelt worden. Diese Volksschullehrer hatten keine andere Vorstellung von den Aufgaben der Schule. Es war eben eine Dressur durch den Militärstaat für den Militärstaat. Der Militärstaat wollte harte Menschen. Geprügelte Kinder werden in der Regel grausam.
Unser Klassenlehrer, ein kräftiger Mittvierziger, ging in den Unterrichtsstunden unablässig zwischen den drei Bankreihen mit den sechzig Schülern auf und ab. Die Daumen steckten in den Armausschnitten seiner Weste unter dem offenen Gehrock. Unzählige Male im Laufe der Jahre fragte er unvermittelt einen Schüler nach dem anderen: „Was willst Du werden?" Die Schüler antworteten ebenso regelmässig: „Soldat, Herr Lehrer!" „Brav", sagte der Lehrer, „und was noch?" Dann folgten die Berufswünsche, Tischler, Lokomotivführer und so fort.

In der Zeit meiner Kindheit lebten wir in Europa in Frieden, und doch sprachen unsere Lehrer von den Nachbarvölkern nur als von „unseren Feinden". Die eine Schneidemühler Volksschule hieß folgerichtig „Moltkeschule" und die andere später „Hindenburgschule". Es ist ebenso folgerichtig, daß Jahrzehnte später auffallend viele Lehrer, die unter Hitler als Schläger und Henker in den Konzentrationslagern wüteten, nach dem Ende der Naziherrschaft wieder in den Schuldienst zurückkehrten.
In meiner Schule hing in allen Klassenzimmern das Bild Kaiser Wilhelms II. mit seiner schwungvollen Unterschrift. Als Morgengebet sangen wir die Lieder, die wohl nur östlich der Elbe gesungen wurden, vom Kaiser, der „ein lieber Mann" ist, und von der Kanone, die „Faule Grete" hieß, mit der

„schoß man von Aachen bis Paris". Wann das gewesen sein soll, erfuhren wir nicht.

In unserer Gegend war ein Mord begangen worden. Der angebliche Mörder wurde zum Tode verurteilt. Die Schneidemühler Zeitung brachte seitenlange Schilderungen über die Hinrichtung. Ich kam gerade zu Onkel M., einem Lokomotivführer, als er mit grausig klingender Stimme, in der Genugtuung durchklang, seiner Frau aus der Zeitung vorlas: „ „Ich bin unschuldig", schrie der Delinquent, als er auf den Hof des Gefängnisses geführt wurde, aber zwei kräftige Scharfrichter-Gehilfen hielten den Kopf des gefesselten Mannes auf den Klotz" und so weiter. Die Kinder in der Schule erzählten, daß in das Beil die Namen der bisher Hingerichteten eingeritzt seien. Ein Schüler wollte das Beil gesehen haben, im Wartesaal des Bahnhofs habe der Scharfrichter es ausgepackt und herumgezeigt.
Mich bedrückten diese Vorgänge und machten mich frühzeitig zum Gegner der Todesstrafe. Jahrzehnte später, als ich viele Freunde, Bekannte, Gleichgesinnte, durch die Schergen Noskes, Hitlers, Stalins, durch Genickschüsse, Beil oder Strick verlor, kamen in der Trauer um die Toten immer wieder Erinnerungen aus der Kindheit auf.

Zweimal im Jahr gab es höchste Feiertage: Kaisers Geburtstag und den Tag der Schlachten bei Sedan. Außer den Feiern in der Schule wurde an diesen Tagen die Parade des Infanterie-Regiments auf dem Neuen Markt abgehalten und fand am Abend die gemeinsame Feier der Krieger-Schützen-Männergesangvereine statt. Die Vorbereitungen zur Parade begannen Wochen vorher. Es wurde geprobt, der Paradeschritt geübt, über den Platz schallten Kommandos. Am großen Tag waren die Einwohner der Stadt und der umliegenden Orte dabei. Wir Schulkinder standen Spalier.
Ich weiß nicht mehr, wer mich am Abend zur gemeinsamen Feier der Krieger-Schützen- und Gesangvereine mitgenommen hatte. Die Lehrer unserer Schule waren alle dabei. Mit Gesichtern, die Entschlossenheit zu Heldentaten ausdrücken sollten, bebenden Nasenflügeln, geballten Fäusten wurden stundenlang mehrstimmig die gleichen Lieder gesungen: „Das war Lützows wilde verwegene Jagd". Mit grollenden Stimmen, die mich erschauern ließen, den Anfang des Liedes dreimal wiederholend: „Das war, das war, das war . . . " Dann: „Es braust ein Ruf wie Donnerhall . . . " und rührend „Luise am Blumenbeete . . . ." Es war, als ob sich in diesem dröhnend-zittrigen Männergesang gestauter Drang nach Gewaltätigkeit löste, hier harmlos in Liedern. Der rasende Beifall forderte Wiederholungen. Zwischendurch gab es Bier und Würstchen mit Kartoffelsalat. Die Festrede über unseren Heldenkaiser wurde stehend angehört, ins folgende Kaiserhoch durften Frauen und Kinder mit einstimmen.
Der Vereine waren dem „Alldeutschen Verband" angeschlossen. Unter den Festteilnehmern waren Männer, die trotz der Hitze im Saal schwere blaue Schirmmützen trugen. Die Träger dieser Mützen bezeugten damit ihre Zugehörigkeit zum „Deutschen Flottenverein".
Die Beamten und Lehrer, die wir kannten, lebten karg, aber standesbewußt isoliert. Sie beachteten die Vorschrift, die ihnen der deutschen Reichskanzler zur Zeit meiner ersten Lebensjahre gegeben hatte. Fürst Hohenlohe verlangte: „Wer ein perfekter Beamter sein will, muß einen schwarzen Anzug tragen und das Maul halten!" Nach „oben" wurde auch das Maul gehalten,

um so mehr wurde nach „unten" kommandiert. Neben dem schwarzen Anzug mußte der Beamte auch viele Kinder haben, wenn er befördert werden wollte.

Fremde, die nach Schneidemühl kamen, glaubten in einer Grenzgarnison zu sein, so überschattete das Militär das Leben der Stadt. Wir Kinder sahen oft zu, wie die Rekruten in aller Öffentlichkeit „geschliffen" wurden. Anscheinend reichte der Kasernenhof nicht aus, die Rekruten exerzierten auch auf den Plätzen der Stadt. Mir ist, als ob ich heute noch die Gesichter der Rekruten vor mir sehe, und ich erinnere mich der zackigen Armbewegungen der Unteroffiziere bei den Kommandos.
Im östlichen Teil Schneidemühls, Überbrück benannt, erstreckte sich eine breite Chaussee, an der die Kasernenanlagen des Infanterie-Regiments lagen. Über die Küddow führte eine Holzbrücke, die zu beiden Seiten schmale Fußgängersteige hatte, die so schmal waren, daß nur zwei Personen nebeneinandergehen konnten. An beiden Brückenanfängen waren Schilder angebracht, mit der Aufforderung, rechts zu gehen, was jeder Zivilist auch befolgte. Ein beliebtes Spiel der Leutnants war, auf der linken Seite zu gehen und die entgegenkommenden Passanten zu zwingen umzukehren und zu warten, bis die langsam schlendernden Offiziere die Brücke passiert hatten. Rekruten blieben vor der Brücke vorsichtig umschauend stehen und wagten sich erst hinüber, wenn kein Offizier in Sicht war. Auf den Straßen war es für die Rekruten keine leichte Sache, an einem Offizier vorbeizukommen. Ich habe oft gesehen, wie Soldaten in Haustoren verschwanden und erst herauskamen, wenn die Offiziere längst vorüber war. Andere Soldaten gingen vom Bürgersteig auf den Straßendamm und marschierten im Stechschritt, eine Hand an der schirmlosen Mütze, am Offizier vorüber oder standen in Habachtstellung bis der Offizier außer Sicht war. Oft genug hatte ein Offizier Zeit, Rekruten anzuhalten, zu prüfen, ob die Uniformknöpfe der Rekruten blank genug waren, und sie ein bißchen Stechschritt üben zu lassen.
Die Stadt Schneidemühl muß wohl unter den Infanterie-Offizieren in Preussen wegen ihrer sprichwörtlichen Langeweile sehr gefürchtet gewesen sein. „Alles ist voll Mitgefühl, denn er muß nach Schneidemühl". Mit diesem Spruch bespöttelten oder bemitleideten Offiziere ihre nach hier versetzten Kameraden. Trafen sich Offiziere auf der Straße, so grüßten sie sich übertrieben militärisch, standen mit gespreizten Beinen auf dem Trottoir und taten, als ob sie sich etwas zu sagen hätten. Sie stützten sich dabei auf ihre langen Schleppsäbel, die beim Gehen an Riemen hinterherschepperten.
Die Einstellung der Bevölkerung gegenüber den Offizieren war geducktmilitärfromm. Der Militarismus war ein Stück Religion. Schließlich waren die Offiziere eine anerkannt höhere Kaste und die Uniform das Sinnbild der Allmacht. Zu diesem Bild paßte die Bemerkung eines geistreichen Franzosen, der gesagt hatte: „Eine Gesellschaft von Schafen muß mit der Zeit eine Regierung von Wölfen hervorbringen."

Unsere Nachbarn hatten zwei Töchter. Die ältere war bereits schulentlassen, die zweite war in meinem Alter. Sie wohnten schon bei uns, als wir noch ein eigenes Haus hatten. Der Mann arbeitete in einer Stärkefabrik. Er blieb mir unvergessen, weil ich durch ihn zum ersten Male vom Leben der Fabrikarbeiter erfuhr. Seine Frau oder eine der Töchter brachte ihm

zur Mittagszeit das Essen. Ich bin öfters mitgegangen, wenn eine der Töchter das Essen hintrug. Die Arbeiter saßen in den warmen Monaten vor der Fabrik am Zaun, im Winter in Hausfluren, um ihre Kartoffeln mit Zwiebeltunke oder Kohl-Kartoffelsuppe zu essen. Kantinen gab es damals nicht. Dafür aber waren in den Arbeitsräumen Schilder angebracht mit erhebenden Sprüchen wie: „Bete und arbeite" und „Arbeit ist des Lebens Zierde".
In den Fabriken wurde lange und hart gearbeitet. Meistens täglich 12 Stunden, von morgens 6 Uhr bis abends 7 Uhr, mit einer Mittagspause von 12 bis 1 Uhr. Sonnabends wurde bis nachmittags 5 Uhr gearbeitet. Dann war Lohnzahlung. Unsere Nachbarin ging wie viele andere Frauen sonnabends zum Fabriktor, um auf den Lohn des Mannes zu warten. Anschließend gingen sie in ein Lokal, und es wurde fettes Schweinefleisch mit Kartoffeln und Kraut gegessen. Ein Rest wurde eingewickelt mit nach Hause genommen, für die beiden Mädchen, die auf Essen warteten.
Unser Nachbar erzählte mir öfters, wie primitiv und brutal es in der Fabrik zuging. Fehlte ein Arbeiter, so schickte der Fabrikant einen Boten zur Polizei; ein Polizist ging dann mit dem Boten in die Wohnung des Arbeiters. Lag der Arbeiter krank zu Bett, so versuchte der Polizist, ihn mit Drohungen zum Aufstehen zu bewegen. Oft ging der Bote zur Fabrik zurück und kam nach einiger Zeit mit dem Arbeitsbuch und Entlassungsbescheid zurück. Die Folgen interessierten den Fabrikanten nicht, er übernahm keinerlei Verpflichtungen.
Ich kann mich nicht entsinnen, damals etwas von Gewerkschaften der Arbeiter gehört zu haben oder von Anzeichen der Unzufriedenheit. Doch werden wohl Äußerungen der Unzufriedenheit zum Ausbruch gekommen sein; denn gelegentlich hörte ich, daß Arbeiter erst ihre Arbeitsstelle verlassen mußten und dann auch die Stadt. Alle Fabrikanten der Stadt verständigten sich, damit ein entlassener Arbeiter keinen anderen Arbeitsplatz finden konnte.

Es war ein hartes unfreundliches Leben in der deutschen Kleinstadt vor der Jahrhundertwende und im ersten Jahrzehnt danach, als der Aufstieg Preussen-Deutschlands zur stärksten Militärmacht der Welt kommendes Unheil ahnen ließ. Zurückschauend, und nach allem was geschehen ist, kann ich heute sagen, daß die Voraussetzungen zum Kriege hier in Schneidemühl gegeben waren: die maßlose Selbstüberschätzung der Militärs, die Dreieinigkeit Schule-Kirche-Kaserne, ein Bürgertum in dünkelhafter Beschränktheit und voller Vorurteile. Dazu ein schweigende Arbeiterschaft.
Für die arme Kleinstadtbevölkerung aber mußte der Krieg als eine Erlösung kommen. Aus dieser Fron raus, Uniform an und totschlagen – egal wen – aber mit behördlicher Genehmigung und kirchlichem Segen. Das ist Freiheit und verhieß Heldentum und brachte auch Geld. Ich hatte erzählen gehört, daß nach dem deutsch-französischen Krieg 1870/71 Arbeiter mit der Droschke gefahren sein sollen. Zur einfacheren Lösung, nämlich Änderung der sozialen Verhältnisse, fehlten Ideen und Menschen.

Das Leben in Schneidemühl war mit den Jahren für meine Mutter immer unerträglicher geworden, die Armut härter. Die Möbel aus der Zeit meines Vaters waren größtenteils verkauft und der Erlös verzehrt. Ich konnte schon etwas Geld verdienen mit Botengängen, Austragen von Frühstückssemmeln, Zeitungen, und sonnabends ging ich Straßen kehren. In Schneidemühl hatten die Hausbesitzer für die Reinigung der Straße vor ihrem Hause bis zur Mitte des Dammes zu sorgen. Wo die Hausbesitzer diese Arbeit nicht selbst machten oder nicht durch Lehrlinge und Dienstboten machen ließen, konnte ich, wie auch andere Schuljungen, solche Stellen erhalten und an manchen Sonnabenden ein Brot verdienen. Auf öffentlichen Plätzen und vor Amtsgebäuden besorgten Strafgefangene des Schneidemühler Gefängnisses diese Arbeit, unter Aufsicht bewaffneter Gefängniswärter.

Meine Mutter hatte schon längere Zeit mit einer Tante in Berlin korrespondiert, die sich bereit erklärt hatte, uns vom Bahnhof abzuholen, und uns einige Tage in ihrer Wohnung aufzunehmen. So verließen wir Schneidemühl. Außer den Gräbern hatten wir nichts zurückgelassen, was uns an die Heimatstadt band.

Der Militärgeist Schneidemühls hatte den ersten Weltkrieg ungeschoren überdauert. Das erfuhr ich am Beispiel des früheren Kapitänleutnants Hans Paasche. Paasche hatte als Marineoffizier in den deutschen Kolonien das Wüten der deutschen Truppen unter den Eingeborenen erlebt, das ihn so mit Abscheu erfüllte, daß er Pazifist wurde. Er bezeugte seine antimilitaristische Gesinnung aktiv im Weltkriege. Er wurde Mitbegründer des Bundes „Neues Vaterland", mit Lehmann-Russbueldt und Ernst Reuter, aus dem später die „Deutsche Liga für Menschenrechte" hervorging. Seinen früheren Offizierskameraden war er ein Ärgernis, man versuchte ihn zu vernichten. Als er eines Tages in seinem Briefkasten ein Flugblatt gegen den Krieg fand, gab er es nichtsahnend weiter und wurde des Hochverrats bezichtigt. Zu einem Prozeß kam es indessen nicht. Die Polizei hatte sich zu plump angestellt. Es konnte festgestellt werden, daß ihm das Flugblatt im Auftrage der politischen Polizei zugeschickt worden war.
Nach dem Zusammenbruch 1918 wurde Paasche in den Vollzugsrat der Soldatenräte gewählt. Er legte dieses Mandat bald nieder und zog sich auf sein Landgut „Waldfrieden" bei Deutsch-Krone, nahe Schneidemühl, zurück, um sich nur noch der Landwirtschaft zu widmen. Hier erreichte ihn die Rache der Offiziers-Kamarilla. Im Mai 1920 besetzten Soldaten unter Führung eines Oberleutnants sein Gutshaus. Es war ein warmer Tag. Paasche war gerade in Badehosen beim Fischen am See, als er aufgefordert wurde, ins Haus zu kommen. Auf dem Weg zum Haus wurde er hinterrücks erschossen. Die Soldaten zogen nach dem Mord fluchtartig ab. Die zuständige Staatsanwaltschaft Schneidemühl sollte den Mord untersuchen und die Strafverfolgung gegen den Mörder einleiten. Der Oberstaatsanwalt von Schneidemühl gab sich keine Mühe. Er stellte das Verfahren ein mit der Begründung, der Tod Paasches sei auf „unglückliche Umstände" zurückzuführen.

Unter dem Naziregime wurde Schneidemühl zum Sitz eines aufgeblähten Partei- und Regierungsapparates. Die Einwohnerzahl der Stadt hatte sich in den vier Jahrzehnten seit meiner Geburt fast verdreifacht. In den letzten Wochen vor der Eroberung durch die Russen hatte Himmler, der sich in der Nachbarprovinz Pommern aufhielt, Schneidemühl zur Festung erklärt. Er schickte, als die Russen die Stadt bereits umzingelten, einen bombastischen Funkspruch: „Haltet mir Schneidemühl weiter! Euer Heinrich Himmler".

Der Funkspruch erging am 12. Februar, am 13. Februar nahmen die Russen den westlichen Teil der Stadt ein, am 15. Februar 1945 wurde die ganze Stadt von den Russen besetzt. Schneidemühl war zu 80% zerstört.

2. Die Hoffnung Berlin

Unsere Tante stand trotz der frühen Morgenstunde mit einem Handkarren vor dem Schlesischen Bahnhof im Osten Berlins. Wir luden unsere Sachen auf und zogen durch die Straßen der großen Stadt, nach dem Norden, zur Acker-, Ecke Bernauer Straße, wo unsere Tante in einer Kellerwohnung lebte. Hier blieben wir einige Tage, bis meine Mutter in der nahegelegenen Strelitzer Straße ein Zimmer mit Küche fand. Die Wohnung lag im dritten Hinterhaus zu ebener Erde. Der Häuserblock war eine schauerliche Mietskaserne. Ich konnte die Schluchten einmal von oben sehen. Das war an dem Tage, als das neueste Zeppelinluftschiff zum ersten Male über Berlin flog, und ich auf dem Dach des Hauses war. Jedes Quergebäude war vier Stockwerke hoch. Auf den kleinen rechteckigen asphaltierten Höfen standen die Mülltonnen, an den Wänden waren die üblichen Schilder angebracht: „Das Spielen der Kinder auf dem Hofe ist verboten!"

Nicht weit entfernt von unserer Wohnung lag die Voltastraße mit dem grossen Gebäude der Allgemeinen Elektrizitäts Gesellschaft (AEG). Hier auf der Straße wurde nachmittags um 4 Uhr der „Arbeitsmarkt" der beiden größten Berliner Tageszeitungen als Sonderdruck verteilt. Die Arbeitslosen von Berlin-Nord stellten sich dort täglich auf, brav geordnet in Viererreihen, unter Aufsicht von Polizeibeamten, um auf der Stelle das Blatt nach einer Arbeit durchzusehen. Dadurch hatten sie einen Vorsprung gegenüber denen, die den Arbeitsmarkt in der Zeitung erst am anderen Morgen lasen. Meine Mutter ging auch mehrere Male dorthin, und bald fand sie Arbeit als Früchtekocherin in einer Marmeladenfabrik.
Mit dem ersten Verdienst wurden Möbelstücke eingelöst, die meine Mutter in Schneidemühl dem Spediteur übergeben hatte. Vom zweiten Lohn wurden lange Hosen für mich gekauft, damit ich älter wirken sollte und Arbeit suchen konnte: es galt mitzuarbeiten zum Unterhalt der Familie.
Zuerst war ich natürlich zur Schule angemeldet worden. In Berlin gab es nur vormittags Unterricht; das ermöglichte es mir nachmittags bis abends arbeiten zu gehen
Der erste Versuch mißglückte. Ich hatte eine Stelle in einem Geschäft für Klempnerbedarf gefunden, für das ich mit einem Handkarren Bleirohre und Wasserhähne an Klempner zu liefern hatte. Doch schon nach einigen Ta-

gen wurde ich von der Polizei „aufgeschrieben", weil ich den überladenen Karren auf einer ansteigenden Straße nicht ziehen konnte und einen Menschenauflauf verursachte. In der nächsten Stelle war ich Austräger bei einem Mützenmacher. Ich erhielt drei Mark in der Woche und täglich eine Tasse Malzkaffee mit einer Semmel. Der Mützenmacher war Witwer, den Hausstand führte eine Haushälterin. Hier blieb ich eineinhalb Jahre. Dann heiratete der Mann nochmals, und die neue Frau sagte mir: „Der Nachmittagskaffee für dich ist abgeschafft." Ich gab die Stelle auf, weil mich ohne die Semmel und den Kaffee hungerte. Die Arbeitszeit war auch zu lang, sie dauerte öfters bis 8 und 9 Uhr abends.

Eines Abends, als wir alle zu Hause waren, pochte es an der Tür. Als die Mutter öffnete, drangen zwei Männer, jeder einen Revolver in der Hand, in die Wohnung ein. Sie schauten in jeden Winkel, in den Schrank, unter die Betten, und erklärten endlich, Kriminalbeamte zu sein und nach meinem zweitältesten Bruder zu suchen. Wir erfuhren nun, daß mein Bruder, der seit mehreren Monaten Rekrut bei einer Pioniereinheit in Strasbourg im Elsaß war, nach einer Nachtübung am Rhône-Rhein-Kanal verschwunden war. Die Militärbehörden nahmen an, er sei desertiert. Einige Wochen später wurde seine Leiche im Kanal gefunden. Die Behörden, die nicht feststellen konnten oder nicht wollten, ob ein Unfall oder gar ein Verbrechen vorlag, entschieden für Selbstmord. Irgendwelche Beweise oder Anhaltspunkte für diesen Entscheid erhielt meine Mutter nicht.

Mittlerweile war ich vierzehn Jahre alt geworden und aus der Schule entlassen. Eine Lehrstelle konnte ich nicht sogleich finden, weil die Lehrherren ein „Lehrgeld" verlangten und keinen Arbeitslohn geben wollten. Meine Mutter hatte kein Geld, ihr Verdienst reichte für unseren Unterhalt nicht aus. Es war auch in der Großstadt sehr schwer, zu unserem täglichen Brot zu kommen. Wir hatten Zeiten, in denen es ab Donnerstag bis zur Lohnzahlung am Sonnabend kein Mittagessen gab. Unsere Hauptsorge war stets, das Geld für die Wohnungsmiete bereit zu haben. Zudem war unsere Mutter sehr oft krank. Krankheitstage wurden nicht bezahlt, und weil es immer nur ein oder zwei Tage in der Woche waren, an denen Mutter nicht arbeiten gehen konnte, erhielt sie auch keine Krankenunterstützung. Bei uns zu Hause gab es selten Obst und niemals Butter. Abgesehen von meiner frühesten Kindheit, wurde ich siebzehn Jahre alt, bis ich zum ersten Male Butter aß. Aufs Brot wurde Schmalz, Kunsthonig oder Rübensaft gestrichen. Wir waren arm im bittersten Sinne des Wortes: Mangel an Nahrung, Mangel an Wohnraum, Mangel an Zeit. Doch daß wir von Schneidemühl fortgegangen waren, bereuten wir nie.

Es ist ein weitverbreiteter Irrglaube, daß im Kaiserreich vor dem Ersten Weltkrieg die Lebenshaltungskosten stabil gewesen seien. Die Rüstung und der Kriegsflottenbau verbrauchten einen immer steigenden Anteil am Volkseinkommen. Die Preise der Grundlebensmittel stiegen in Deutschland in der Zeit von 1900 bis zum Ausbruch des Krieges 1914 um 27 Prozent.

Ich fand Arbeit in einer kleinen Bronzegießerei, die Beschläge für Möbel und Türen herstellte. Hier begann ich mit meinen ersten Reformversuchen. Ich mußte für die Belegschaft, es waren zwölf bis fünfzehn Mann, zur Mittagszeit Bier zu ihren Brotschnitten holen. Nach einigen Tagen ging ich nicht mehr zur Kneipe, um die leeren Flaschen gegen volle umzutauschen, sondern ging zum Milchladen und ließ die Flaschen mit Milch füllen. Die Metallgießer waren überrascht, einige waren wütend, andere waren amüsiert einverstanden. Mit mehreren Flaschen mußte ich zurück zur Kneipe, um Bier zu holen. Ich überzeugte immerhin einige Arbeiter, daß in einer Giesserei Milch weit gesünder sei als Bier; diese blieben bei Milch. Mit weiteren Versuchen, auch das Rauchen, Fluchen und Zotenerzählen abzuschaffen, hatte ich wenig Erfolg.

Für unsere Familie war es ein Glücksfall, daß nur einige Minuten von unserer Wohnung entfernt die Kapelle der Baptisten-Gemeinde von Berlin-Nord war. Die ganze Familie konnte zu jedem Gottesdienst dort sein, und meine beiden älteren Schwestern leiteten außerdem sonntagnachmittags Kindergruppen in der „Sonntagsschule".
Eines Sonntags brachte meine Schwester einen Negerknaben mit nach Hause, der Manga Bell hieß. Der Knabe war wohl zwölf Jahre alt und war der älteste Sohn des Königs von Kamerun, King Manga Bell, also der „Kronprinz". Er sprach fließend deutsch. Manga Bell studierte in einer Internatsschule in Neuruppin, die von einer Mission unterhalten wurde. Einer seiner Lehrer war Baptist, und dieser nahm den Knaben bei Besuchen in Berlin des öfteren mit. So kam er in die Baptisten–Gemeinde Berlin Wattstraße und in die Sonntagsschule, die meine Schwester betreute. Manga Bell war einige Male unser Sonntagsgast.
Nach einiger Zeit verließ Manga Bell das Internat in Neuruppin, um in einer anderen Schule erzogen zu werden. Ich sah den Jungen nicht wieder, hörte auch nicht von ihm. Später las ich, daß sein Vater und mehrere seiner Verwandten von den Deutschen gehängt worden waren. Als 1914 der Krieg ausgebrochen war, der dann auch nach Kamerun übergriff, verlangten die deutschen Kolonialherren von King Manga Bell die Teilnahme am Krieg gegen England und Frankreich. King Manga Bell lehnte ab und erklärte seine Neutralität. Er hatte nicht die geringste Veranlassung und Neigung, sich mit seinem Volk in einen Krieg für die Deutschen zu stürzen. Die Deutschen waren in Kamerun die Herren, die Unterdrücker, die die Sklaverei eingeführt hatten. Das beste Land war den Stämmen abgenommen und darauf riesige von Deutschen geleitete Plantagen errichtet worden. Mit Hilfe der deutschen Kolonialtruppen waren Zehntausende junge gesunde Eingeborene mit Gewalt aus ihren Heimatdörfern geholt, oft aneinander gekettet und zur Arbeit auf den Pflanzungen gezwungen worden. Die Arbeitsverhältnisse waren grausam. Auf der Tiko-Pflanzung zum Beispiel wurden die eingeborenen Arbeiter so schlecht behandelt und so mangelhaft ernährt, daß binnen eines knappen Jahres fünfzig bis siebzig von hundert starben. Die Empörung und Verzweiflung der Eingeborenen entlud sich einige Male in Aufständen, die blutig niedergeschlagen wurden. Was sollte also King Manga Bell bewegen, für die Deutschen zu kämpfen?
Nicht nur King Manga Bell wurde von den deutschen Truppen gehängt. Mit ihm starben zahlreiche Dorf-Häuptlinge und deren Angehörige. Andere Kameruner mögen gezwungen, oder durch Versprechungen verführt, auf Seiten der Deutschen gekämpft haben.

Fast drei Jahrzehnte später saß ich in Paris bei Joseph Roth im Café Tournon, es waren auch Valeriu Marcu, Josef Bornstein und Hermann Kesten in der Runde, als sich eine dunkelhäutige Dame zu uns setzte. Josef Roth stellte sie vor: „Madame Manga Bell". Sie war eine intelligente und schöne Frau; teilweise deutscher Abstammung, ihre Mutter war Hamburgerin. Bei Nennung des Namens fiel mir der Negerknabe aus der Sonntagsschule meiner Schwester ein, und ich erzählte ihr von meiner Bekanntschaft mit dem Jungen Manga Bell 1912 in Berlin. Sie sagte, dieser Manga Bell sei ihr Mann; jetzt Senator für Kamerun im Senat der Französischen Republik. So erneuerte ich meine Bekanntschaft mit der Familie Manga Bell in der Tischrunde Josef Roths. Der Mord an King Manga Bell war nicht vergessen. Die Tochter des Ehepaares bestand das französische Fliegerexamen und wurde Fliegeroffizier in der Armee de Gaulles.

Ich hatte schon in Schneidemühl gern und viel gelesen. Seit ich in Berlin war, las ich intensiver, aber keine Schmöker mehr. Ich weiß nicht, warum ich zuerst an den Büchern Peter Roseggers Gefallen fand. Sein Buch „Die Schriften des Waldschulmeisters" las ich so oft, daß ich es beinahe auswendig kannte. Ich kam bald zur Weltliteratur und las Dickens, Mark Twain, Zola, Maupassant, Victor Hugo; als ich die Skandinavier las, wollte ich Skandinavien zu meiner Wahlheimat machen. Die Bücher J.P. Jacobsens und B. Björnsens begleiteten mich bis Jahre später zu Georg Brandes „Julius Cäsar" und den Werken Sigrid Undsets. Doch den unauslöschlich prägenden Einfluß der Literatur spürte ich erst bei den russischen Autoren. Angeregt durch Zeitungsberichte vom Tode Leo Tolstois im November 1910 las ich in den folgenden Jahren seine Werke und die Dostojewskis, Turgenjews, Gorkis, Puschkins, Gogols, Lermontows und anderer, soweit deutsche Übersetzungen erschienen waren.
In den Schriften der Russen spürte ich einen die Seele aufrüttelnden Geist und einen Sinn für die Nöte der Mitmenschen. So kam ich eigentlich durch die russische Literatur zum Sozialismus – Jahre vor der Russischen Revolution von 1917. Bevor ich zu den Schriften Trotzkis und Lenins kam, kannte ich die „Erinnerungen" von Alexander Herzen und Dostojewskis „Aufzeichnungen aus einem Totenhaus". Ich studierte in diesen Jahren die Geschichte der Dekabristen bis zu Sophie Perowska, um einen erregenden Einblick in das Leben Rußlands zu bekommen. Ich sparte nur noch für Bücher und erwarb mit den Jahren einen umfangreiche Bibliothek, die 1933 von den Nazis gestohlen und zerstört wurde. In den Büchern fand ich den Reichtum, der mein Leben ausfüllte. Aus der Literatur lernte ich das menschliche Verhalten in der Gesellschaft kennen, das Wesen anderer Menschen und Völker, die Formen des gesellschaftlichen Lebens und die Kritik ihrer Mängel.

Ich war Arbeiter und hatte nichts als den Lebens- und Arbeitswillen. Ich hatte früh genug erfahren, daß große Armut auch Kulturlosigkeit ist. Armut ist kein „großer Glanz aus innen". Besonders dann nicht, wenn kein Geld für Petroleum und Gas da ist und man im Dunkeln sitzend auf die Schlafenszeit warten muß. Oft stand ich mit einem Buch an einem erleuchteten Schaufenster, um lesen zu können. Ich lernte, daß „Bildung" der Sinn für Schönheit und Kultur ist und genauso wie Charakter erworben werden muß. Voraussetzung ist allerdings die Beseitigung von Armut, und

Zeit zum Denken. In der Teilnahme am gesellschaftlichen, also am politischen Leben, ist der Sinn des Lebens zu finden. Gerade solange es vermeidbare Armut, vermeidbares Elend und Kriege gibt, muß ein jeder wissen, wo er hingehört. Man muß Partei nehmen.

Bei meinem Gang durch die Straßen im Norden Berlins entdeckte ich in der Brunnenstraße, gar nicht weit von unserer Wohnung entfernt, ein Arbeiter-Jugendheim. Ich ging hinein, Heimleiter war der sozialdemokratische Reichstagsabgeordnete Fritz Kuhnert. Das Heim war erst kurz zuvor eingerichtet worden. In dieses Heim ging ich nun so oft es mir möglich war. Das Heim stand unter Polizeiaufsicht. Polizisten erschienen öfters zu den Abenden und überprüften die anwesenden Jugendlichen nach ihrem Alter. Es kam vor, daß die Polizisten Jugendliche unter achtzehn Jahren zur Polizeiwache mitnahmen, sie dort auch mißhandelten und mit Zwangserziehung drohten. Das damalige Reichsvereinsgesetz verbot Jugendlichen unter achtzehn Jahren jede politische Organisation und Betätigung. Das Jugendschutzgesetz in der Industrie dagegen galt nur für Jugendliche bis zu sechzehn Jahren. Das Vereinigungsverbot galt nur für die Arbeiterjugend. Die sogenannten christlichen und patriotischen Jugendorganisationen, der „Kriegerverein der Jugend" und "Jungdeutschlandbund", die „Pfadfinder" und andere wurden amtlich gefördert; sie können mit Recht als Vorläufer der Hitlerjugend gelten. Der „Jungdeutschlandbund" hatte vor dem Kriege über 700.000 Mitglieder, er war mehr als zehnmal stärker als die organisierte Arbeiterjugend in Deutschland.
An unseren Heimabenden wurde aus den Werken der deutschen Klassiker vorgelesen, am beliebtesten war Heinrich Heine. Es wurden Lieder zur Laute gesungen; Dame, Domino und Schach gespielt. Vorträge über Politik und Religion waren polizeilich verboten. Beim Vortragen unseres Lieblingsgedichts von Heinrich Heine mußte stets ein Aufpasser an der Tür stehen, um darauf zu achten, daß wir nicht von Polizisten überrascht wurden:

„Ein neues Lied, ein besseres Lied
O Freunde, will ich Euch dichten:
Wir wollen hier auf Erden schon
Das Himmelreich errichten.
Wir wollen auf Erden glücklich sein
Und wollen nicht mehr darben;
Verschlemmen soll nicht der faule Bauch
Was fleißige Hände erwarben."

Die Arbeiterjugend war eine recht harmlose Angelegenheit. Tabak- und Alkoholgenuß waren bei den Zusammenkünften im Jugendheim nicht erlaubt. In Vorträgen wurden wir belehrt, wie schädlich diese Gewohnheiten für Jugendliche sind. Mit diesen Prinzipien war es uns schwer möglich, in anderen Lokalen zusammenzukommen; Gastwirte vermieteten keine Vereinszimmer an Nichtraucher und Nichttrinker. Es waren meistens Söhne und Töchter sozialdemokratisch oder gewerkschaftlich organisierter Väter. Mehr als dreißig Jugendliche waren kaum jemals an einem Abend erschienen; unter diesen waren nur vier oder fünf Mädchen. Es ging ebenso „artig" zu wie früher in der baptistischen Sonntagsschule. Alle glaubten an eine bessere Zukunft, und sie wußten, daß diese nicht von allein kommen wird, sondern erkämpft werden muß. Ihr Idealismus war gedämpft durch Müdigkeit, alle hatten sie einen langen Arbeitstag hinter sich.

Zum Verständnis der Ziele der „Arbeiterjugend" möchte ich einen kurzen Abriß aus der Geschichte einflechten. Der Kongress der Sozialistischen Internationale, der im Jahre 1900 in Paris stattgefunden hatte, hatte mit den Stimmen der deutschen Delegation eine Entschließung angenommen, in der es hieß:
"... daß die sozialistischen Parteien überall die Erziehung und Organisation der Jugend zum Zwecke der Bekämpfung des Militarismus in Angriff nehmen und mit größtem Eifer zu betreiben haben".
Besonders eifrig zeigte sich der Vorstand der Sozialdemokratischen Partei Deutschlands (SPD) in der Durchführung dieses Beschlusses aber nicht. Die radikale Jugend fand wenig Unterstützung bei den Erwachsenen. Außerdem hatte die SPD nur wenige geeignete Kräfte, die Jugendbildungsarbeit leisten konnten. Die Politik der Führung der SPD war um diese Zeit auch schon bestrebt, „salonfähig" zu werden. Führende Parteileute strebten beinahe um jeden Preis nach kommunalen und staatlichen Ämtern. Die Arbeiterjugend wurde daher von manchen Vorstandsmitgliedern der Partei und der Gewerkschaften eher als lästige, denn als willkommene Nachwuchsorganisation angesehen. Vom Staatsapparat, von der Kirche beider Konfessionen und von den Unternehmern wurden die sich langsam bildenden Arbeiterjugendorganisationen bald als gefährliche Gegner eingeschätzt, und sie begannen das Verbot der „Arbeiterjugend" zu fordern. Eines ihrer Organe, die antijüdische „Staatsbürgerzeitung" der Alldeutschen, die am Kaiserhof und vor allem in Beamtenkreisen gelesen wurde, überschlug sich ins Lächerliche und schrieb ungeduldig: „Es scheint, daß man in unseren regierenden Kreisen erst dann zur Einsicht kommen werde, wenn es zu spät ist, wenn die Ministersessel umgestürzt sind, wenn die Throne wanken und krachen."
So zitterten Alldeutsche Welteroberer vor den einigen hundert Lehrlingen und jungen Arbeitern. Die Gegner erreichten ihr Ziel. Das Reichsvereinsgesetz von 1908 verbot Jugendlichen unter achtzehn Jahren jede politische Betätigung und Vereinigung.

Die Organisation der Arbeiterjugend in Berlin hatte eine besonders erregende Vorgeschichte. Im Jahre 1904 hatten Spaziergänger im Berliner Grunewald einen Knaben an einem Baum erhängt gefunden. Die Untersuchung des Toten ergab, daß der Körper des Jungen voller blutiger Wunden war, der Rücken war mit Striemen bedeckt. Der Erhängte war ein fünfzehnjähriger Schlosserlehrling, der seinem Leben ein Ende gemacht hatte, weil er von seinem Lehrherrn ständig grausam geschlagen worden war. Die Lehrherren hatten damals das Züchtigungsrecht; einen gesetzlichen Schutz vor Rohlingen fanden Jugendliche nicht. Wer sich nicht schlagen lassen wollte, konnte von der Polizei in die Zwangserziehungsanstalt gebracht werden, wo noch mehr geschlagen wurde, und wo die Selbstmorde noch häufiger waren. Berichte in einer Berliner Montagszeitung über den Tod des Lehrlings brachten die Jugend in Bewegung. Mehrere intelligente und tatkräftige Lehrlinge kamen zusammen und gründeten einen Verein. Aus den ungefähr zwanzig Gründungsmitgliedern war nach einigen Monaten ein Kreis von über fünfhundert geworden. Jetzt war der Verein auch stark genug, um eine Zeitschrift zu gründen, deren Beiträge ausschließlich von Jugendlichen geschrieben wur-

den.
Von der Gründung an unterlag der Verein, und die Zeitschrift den gehässigsten Polizeischikanen. Der Berliner Polizeipräsident von Jagow wies seine Beamten an, schonungslos gegen die Arbeiterjugend vorzugehen. Er deckte auch alle ungesetzlichen Handlungen der Polizisten. Jahre später, nach dem Zusammenbruch im November 1918, verlor von Jagow zwar seine Stellung, sonst aber blieb er ungeschoren. Von Jagows Polizei hatte auch – neben anderen – die Akten über die politischen Verfolgungen der Arbeiterjugend vor und während des Krieges rechtzeitig vernichtet. Dieser Polizeipräsident war derselbe von Jagow, der später, 1920, Innenminister der Putschregierung Kapp-Lüttwitz wurde.

1914. Meine Mutter hatte eine günstige Wohnung im nordwestlichen Stadtteil Moabit gefunden, und wir waren nach dort umgezogen. Zum Arbeiterjugendheim Brunnenstraße war es nun zu weit für mich; ich habe es nicht wieder gesehen. Später erfuhr ich, daß es bei Kriegsbeginn geschlossen worden war.
Die fünf Wochen zwischen der Ermordung des österreichischen Thronfolgerehepaares Ende 1914 und dem Ausbruch des Krieges waren erfüllt von aufgeregten Gesprächen mit Arbeitskollegen. Kriegerisch-wichtigtuerisch wurde wiedergegeben, was sie von anderen hörten oder in Zeitungen gelesen hatten. „Serbien muß zerschmettert werden". Niemand von ihnen wußte, daß die nationalistisch-revolutionäre Aktivität in Bosnien und der Herzegowina bereits seit der gewaltsamen Einverleibung dieser Gebiete durch Österreich existierte. Der Attentäter war ein Bosnier, also ein Zwangsösterreicher. Er und seine Komplizen waren Jugendliche, noch keine zwanzig Jahre alt. Es waren Angehörige der sechzehn Nationalitäten, aus denen der Nationalitätenstaat Österreich bestand. Über die unheilbringenden Umtriebe der herrschenden deutschen und österreichischen Militärs, die endlich „ihren Krieg" wollten, berichteten die deutschen Zeitungen nicht.

In letzter Stunde veröffentlichte der Parteivorstand der SPD einen energischen Protestaufruf gegen den Krieg. Dieser wurde für mich und für die Mitglieder des Jugendbildungsvereins, von dem ich erzählen werde, richtungsgebend; wir nahmen den Aufruf gegen den Krieg ernst. Für die folgende unterwürfige Ableugnung aller Antikriegsbeschlüsse durch die gleiche Parteileitung hatten wir kein Verständnis. Heute wissen wir es: alles, was in den folgenden Jahren geschah, hatte seinen Ursprung im Juli/August 1914. Ganze Bibliotheken sind seit Ausbruch des Ersten Weltkrieges über die Ursprünge und über die unmittelbaren Ursachen geschrieben worden. Ich kann ohne Übertreibung sagen, daß ich eine Menge Bücher darüber gelesen habe. Ich fand wenige neue Tatsachen in den zahlreichen Einzelheiten und Auslegungen.

Aufruf

Noch dampfen die Äcker auf dem Balkan von dem Blute der nach Tausenden Hingemordeten, noch rauchen die Trümmer verheerter Städte, verwüsteter Dörfer, noch irren hungernd arbeitslose Männer, verwitwete Frauen und verwaiste Kinder durchs Land und schon wieder schickt sich die vom österreichischen Imperialismus entfesselte Kriegsfurie an, Tod und Verderben über ganz Europa zu bringen.

Verurteilen wir auch das Treiben der groß–serbischen Nationalisten, so fordert doch die frivole Kriegsprovokation der österreich–ungarischen Regierung den schärfsten Protest heraus. Sind doch die Forderungen der Regierung so brutal, wie sie in der Weltgeschichte noch nie an einen selbstständigen Staat gestellt sind, und können sie doch nur darauf berechnet sein, den Krieg geradezu zu provozieren..
Das klassenbewußte Proletariat Deutschlands erhebt im Namen der Menschlichkeit und der Kultur flammenden Protest gegen dies verbrecherische Treiben der Kriegshetzer. Es fordert gebieterisch von der deutschen Regierung, daß sie ihren Einfluß auf die österreichische Regierung zur Aufrechterhaltung des Friedens ausübe, und falls der schändliche Krieg nicht zu verhindern sein sollte, sich jeder kriegerischen Einmischung zu enthalten. Kein Tropfen Blut eines deutschen Soldaten darf dem Machtkitzel der österreichischen Gewalthaber, den imperialistischen Profitinteressen geopfert werden.
Parteigenossen, wir fordern Euch auf, sofort in Massenversammlungen den unerschütterlichen Friedenswillen des klassenbewußten Proletariats zum Ausdruck zu bringen. Eine ernste Stunde ist gekommen, ernster als irgendeine der letzten Jahrzehnte. Gefahr ist im Verzuge! Der Weltkrieg droht! Die Herrschenden Klassen, die Euch im Frieden knebeln, verachten, ausnutzen, wollen Euch als Kanonenfutter mißbrauchen. Überall muß den Gewalthabern in die Ohren klingen:
Wir wollen keinen Krieg! Nieder mit dem Krieg!
Hoch die internationale Völkerverbrüderung!
Berlin, den 25. Juli 1914 Der Parteivorstand

Jedoch, ehe dieser Aufruf die nötige Verbreitung fand, ehe auf diesen Aufruf Taten folgten – niemand wußte, ob Taten folgen sollten –, wurden auf Betreiben der Militärs am 30. Juli in den Straßen Berlins Extrablätter des des alldeutschen Hetzblattes, „Berliner Lokalanzeiger", verteilt mit der Bekanntgabe der Mobilmachung. Für die deutschen Militärs galt der Grundsatz, daß Mobilmachung gleich Krieg ist. Wir wußten damals nicht, daß das österreichische Ultimatum an Serbien vom 23. Juli bereits am 27. Juli von Serbien im wesentlichen angenommen worden war und daß die Kriegserklärung Österreichs an Serbien am 28. Juli vom deutschen Generalstab verlangt wurde. Demnach war die Kriegserklärung an Serbien ein Gewaltakt der deutsch-österreichischen Militärkaste. Der Parteivorstand verleugnete einige Tage später seinen Aufruf vom 25. Juli und bejahte den Krieg, wie man in Deutschland am Tage nach einer Wahl die Wahlaufrufe zu vernichten pflegt. Auf Seiten der Arbeiterschaft war nun keine Kraft vorhanden, die die Kriegsmaschine aufhalten konnte. Noske erklärte später zynisch, er habe befürchtet, „. . . am Brandenburger Tor zu Tode getrampelt zu werden, wenn er gegen die Kriegskredite gestimmt hätte".

Die Bejahung des Krieges durch die Mehrheit der Reichstagsfraktion der SPD, unterstützt von der Mehrheit der Gewerkschaftsvorstände, riß auch die Arbeiterjugend in den allgemeinen Taumel hinein und wischte damit Sinn und Zweck der Jugendorganisation weg. Die bisherigen Opfer und die Erinnerungen an die erlittenen Unterdrückungen sollten vergessen sein.

3. Im Weltkrieg

Im Sommer 1914, als der Krieg ausbrach, war ich achtzehn Jahre alt. Ich arbeitete in einer Schuhfabrik, in der ungefähr neunzig Arbeiter – nur Männer – und zwanzig weibliche und männliche Angestellte beschäftigt waren. Hinzu kamen noch Heimarbeiterinnen, die zu Hause Stoff-Kinderschuhe gegen Stücklohn nähten. Ich war in der Materialausgabe tätig, dabei hatte ich mit allen im Betrieb Beschäftigten, vom Hausdiener bis zum Direktor, zu tun. Nur einige Angestellte erhielten in den ersten Tagen des Krieges ihre Gestellungsbefehle. Die Schuhmacher waren fast alle über dreißig Jahre alt, sie glaubten, daß sie keinen Gestellungsbefehl erhalten würden: „Wir brauchen den Affen (Tornister) nicht auf den Buckel zu nehmen, bis Weihnachten ist alles zu Ende", lautete ihre ständige Redensart, in der sich Angst und Hoffnung gemischt verbargen. Ich kann mich nicht entsinnen, von ihnen einen Protest gegen den Krieg gehört zu haben.
Die Kriegsereignisse unterbrachen den täglichen Trott in der Fabrik nicht. Der Abteilungsleiter war so übellaunig-pedantisch wie immer, er kujonierte besonders die Heimarbeiterinnen nach wie vor, er ließ sie stundenlang warten, ehe er ihnen neue Arbeit gab, obwohl ich für jede das Material fertig zur Ausgabe auf den Tisch gelegt hatte. Ungewöhnlich war nur, daß ich täglich mehrere Male auf die Straße geschickt wurde, um zu schauen, ob es neue gratis-Extrablätter mit weiteren Siegesmeldungen gab. Wenn ich heute an diese Zeit zurückdenke, so fällt es mir immer wieder schwer, die im Grunde indifferente Haltung der einfachen Menschen gegenüber dem Krieg zu verstehen. Man sprach über den Krieg wie etwa über ein Erdbeben, man nahm ihn hin wie ein Naturereignis. Unpolitischen Menschen mangelt es an Phantasie und an Wissen, um das Ausmaß des Geschehens aufnehmen zu können. Auch in der Zeit, in der es täglich um Tod und Leben von Tausenden Einzelpersonen und ganzen Völkern geht, gehen die kleinen täglichen Sorgen der eigenen Existenz vor. So diskutierten die Kollegen um diese Zeit mehr über Betriebsfragen, als über den Krieg. Die Fabrikleitung hatte neuartige Zwickmaschinen gekauft. Monteure der Maschinenfabrik und andere ausgebildete Maschinenarbeiter waren mit dem Einbau beschäftigt; mehr als ein Drittel der Belegschaft befürchtete Arbeitslosigkeit. Da die Fabrikleitung es nicht für nötig hielt, die Belegschaft über ihre Pläne zu informieren, ob die Produktion erweitert werden würde oder ob

Entlassungen geplant waren, lastete eine quälende Ungewißheit über den Arbeitern. Alle atmeten auf, als Heeresaufträge hereinkamen.

Die kleinbürgerliche Raubgier aber konnte ich schon anderntags erleben. Als ich wie üblich für die Kollegen zum Frühstück einkaufen ging, schlug der kleine Lebensmittel-Ladenbesitzer auf alle Artikel einen Pfennig auf. „Sechserkäse gibts nicht mehr", sagte die Frau, „er heißt jetzt Sechspfennigkäse". Dem einen und dem anderen brachte ich nun nichts mit, weil ich nur abgezähltes Geld mithatte. Das gab eine wüste Schimpferei auf mich. Ich konnte feststellen, daß die Teuerung nicht beim Erzeuger begann.
Selbst in diesen schlimmen Wochen lasen die meisten meiner Kollegen im Betrieb kaum Zeitungen – außer montags. Montags brachten die Blätter die Wettberichte der in- und ausländischen Pferderennen. Die Wetten waren das Tagesgespräch. Ich durfte nicht „stören"; mir klingt es heute noch in den Ohren: „Halt montags dein Maul von der dämlichen Politik!"

Ich weiß nicht, ob unter meinen Arbeitskollegen Mitglieder der SPD waren, ich habe auch niemals gesehen, daß ein Kollege das Parteiorgan, den „Vorwärts", las. Trotzdem war damals die Arbeiterschaft weit mehr mit der Sozialdemokratie verbunden als heute. Man wählte nicht nur sozialdemokratisch, man wollte es auch sein. Jedoch das „Politisieren" in den Pausen und in den Klosetträumen ging über die Weitergabe von Gerüchten, Extrablattmeldungen und allgemeine Bemerkungen nicht hinaus. Die dabei gebrauchten, meist unflätigen Kraftausdrücke sollten radikal klingen und mehr die Unsicherheit und Unwissenheit verhüllen.
Ich kann mich auch nicht entsinnen, daß jemals ein Kollege die Beschlüsse der Sozialistischen Internationale gegen den Krieg erwähnte. Aber der Ausspruch Bebels, daß er, wenn es gegen den russischen Zarismus gehe, auch das Gewehr ergreifen werde, war beinahe allen bekannt. Mit diesem Ausspruch hatte Bebel bei den Arbeitern unermeßlicher Schaden angerichtet, er war für alle ein Alibi. So war es eine richtige Annahme der deutschen Regierung, daß die erste ihrer Kriegserklärungen gegen den „blutbefleckten Zarismus" die Zustimmung in der SPD und damit auch in der Arbeiterschaft finden werde. Die Regierung und die Generäle hatten sich ebenfalls den Ausspruch Bebels wohl gemerkt, und sie hatten auch nicht versäumt, sich von dem sozialdemokratischen Reichstagsabgeordneten Südekum bestätigen zu lassen, daß dieser Bebelausspruch weiterhin galt.

Hier möchte ich vorwegnehmend einschalten, daß die Lüge vom „Kampf gegen den Zarismus" in den folgenden Kriegsjahren aufrecht erhalten wurde. Der sozialdemokratische Wirtschaftstheoretiker Parvus-Helphand bekräftigte sie noch in einer Broschüre, die der Parteiverlag im Herbst 1917 – kurz vor der bolschewistischen Machtübernahme – herausgab. Parvus schrieb:
„Alle Hochachtung vor den Heldenkämpfen der russischen Revolutionäre aber bei dem Sturz des Zarismus haben auch wir mitgewirkt – die Sozialdemokratie der Zentralmächte. Wir zogen dazu in den Krieg und haben unser Ziel erreicht. Ohne die russischen Niederlagen gäbe es jetzt keinen Sieg der russischen Revolution. Wir haben während des Krieges den Kampf gegen das Junkertum aufgeben müssen, weil wir eben einen schlimmeren

Feind zu bekämpfen hatten, den Zarismus."
Obwohl die deutschen Generale den Parteivorstand richtig einschätzten, hatten sie trotzdem – für alle Fälle – Vorbereitungen getroffen, die Partei- und Gewerkschaftsführer, auch Reichstagsabgeordnete, zu verhaften, falls sie Schwierigkeiten machen sollten. Derartige Pläne bestanden geheim schon seit Jahren, teilweise waren sie auch zur Kenntnis der Öffentlichkeit gelangt. Der Aufruf des Parteivorstandes vom 25. Juli war der Regierung und den Militärs zwar in die Glieder gegangen. Doch die Kriegstreiber konnten unbesorgt sein, es blieb beim bloßen Aufruf. Man war patriotisch geworden, in jenem Sinne, in dem ihn Bakunin ein halbes Jahrhundert zuvor verurteilt hatte:
„Angesichts der modernen Erkenntnis, der Humanität und der Gerechtigkeit müssen wir auf Grund der geschichtlichen Entwicklung begreifen, daß der Patriotismus eine üble, unheilvolle Gewohnheit ist, der die Gleichberechtigung und die Zusammengehörigkeit – Solidarität – der Menschen verneint."

Die nationalistische Presse hatte dafür gesorgt, daß der Krieg „in der Luft lag", und doch überraschte der Kriegsausbruch die meisten. Die Geheimdiplomatie hatte vollendete Tatsachen geschaffen. Ich las später, daß selbst Lenin die Nachricht über die Zustimmung der SPD zu den Kriegskrediten nicht glauben wollte.
Kam die Verleugnung aller Grundsätze und internationaler Beschlüsse und das Aufgeben der bisherigen Politik durch den Parteivorstand so völlig unerwartet, „wie ein Blitz aus heiterem Himmel"? Das war nicht der Fall. Es hat in der eigenen Reihen Warner gegeben, die seit geraumer Zeit die Entwicklung der SPD sehr pessimistisch sahen.
Der Soziologie-Professor und Marx-Gegner Max Weber hatte die Führung der Sozialdemokratischen Partei noch bissiger beurteilt, als es der linke Flügel der Partei tat. Max Weber hatte bereits im Jahre 1907 in einer Rede vor dem Verein für Sozialpolitik den deutschen Fürsten empfohlen, sich eine Parteitagssitzung der deutschen Sozialdemokratie von der Tribüne aus anzusehen. Sie könnten dabei feststellen, „daß dort das behäbige Gastwirtsgesicht, die kleinbürgerliche Physiognomie so schlechthin beherrschend" seien, daß von dieser Seite keine Gefahr, daß heißt keine Revolution, drohe.
Gastwirte waren auf den Parteitagen – die Programm und Politik der Partei bestimmten – tatsächlich übermäßig stark vertreten. Daß es so war, lag daran, daß sozialdemokratische Wahlvereine oft den Gastwirt – sofern er Mitglied war –, in dessen Lokal sie tagten, als Delegierten wählten, weil aus den Reihen der Arbeiter wenige sich zur Wahl stellten, aus Furcht, ihre Arbeitsstelle zu verlieren. Arbeiterdelegierte erhielten von ihren Firmen keinen Urlaub, eher die sofortige Entlassung. Die Unternehmer kannten weder Toleranz noch Demokratie. Auch Ebert, der spätere Reichspräsident, war eine zeitlang Gastwirt in Bremen. Er wollte ursprünglich Sattler werden, unterbrach aber die Lehre, um für die Partei zu arbeiten. Die Folgen dieser Zusammensetzung des entscheidenden Partei-Gremiums hatte Max Weber jedenfalls richtig vorausgesehen, wie es die Entwicklung bewies.

Die Linken in der Partei brauchten die geringschätzigen Hinweise bürgerlicher Beobachter nicht. Rosa Luxemburg hatte 1913 in einem Aufsatz ge-

schrieben, daß das Anwachsen der Partei zu einer Millionenorganisation notgedrungen zur Bürokratisierung führe. Von den örtlichen Vereinsvorständen bis zu den Parlamentariern werde das Leben der Partei von oben bestimmt, die Mitglieder zu Beitragszahlern und Wahlhelfern abgewertet. Ausländische Sozialisten, die an deutschen Problemen interessiert waren, waren für diese Entwicklung auch nicht blind. Der Ende Juli 1914 kurz vor Kriegsausbruch ermordete Führer der französischen sozialistischen Partei, Jean Jaurès, hatte die politische Entwicklung der deutschen Sozialdemokratie mit kritischem Bedenken verfolgt. Auf dem Amsterdamer Kongreß der Sozialistischen Internationale 1904 rief er der deutschen Delegation, die radikale Resolutionen einbrachte, zu: „Ihr versteckt Eure Ohnmacht hinter der Intransigenz theoretischer Formeln, die Euer ausgezeichneter Genosse Kautsky Euch bis an sein Lebensende liefern wird!"
Jean Jaurès war die Personifizierung des Kriegsgegners in Frankreich, wie es Karl Liebknecht in Deutschland war. Beide erlitten auch das gleiche Schicksal, von Mörderhand gefällt zu werden. Die Doktorarbeit des späteren Philosophie-Professors und Kammerpräsidenten Jaurès behandelte die Anfänge des deutschen Sozialismus. Mehrere Jahre vor dem Weltkrieg sollte Jaurès in Berlin gegen einen – wegen der Marokko-Affäre – drohenden deutsch-französischen Krieg sprechen. Der Reichskanzler Bülow (den Wilhelm II. später „das weggejagte Luder" nannte) hintertrieb das persönliche Auftreten Jaurès, dessen Rede aber verlesen wurde. Jaurès sagte unter anderem:
„Allerdings kann das Chaos eines Krieges die Revolution entfesseln, und die herrschende Klasse in allen Ländern möge dies nicht vergessen. Aber der Krieg kann auch langwierige Krisen der Gegenrevolution bringen, die wütende Reaktion eines erbitterten Nationalismus, wahnsinnige Diktaturherrschaft und bedrückenden Militarismus. Wir aber, wir wollen statt des barbarischen Hazardspiels des Krieges eine gerechte Selbständigkeit aller Völker und Volksteile. Deshalb haben wir, französische Sozialisten, ohne dadurch unser Rechtsgefühl zu erniedrigen, für alle Zeiten Verzicht geleistet auf die Idee eines Revanchekrieges gegen Deutschland, was auch die wechselnde Konjunktur des Völkerglücks mit sich bringe. Denn wir wissen, daß ein solcher Krieg der Demokratie, dem Proletariat, endlich auch dem Recht, wie es durch Proletariat und Demokratie verbürgt ist, den größten Schaden antut."
Wegen dieser Ansicht nannten ihn die französischen Nationalisten deutschfreundlich. Ihr Organ die „Action Française" schrieb im Juli 1914: „Jeder weiß es, Jaurès, das ist Deutschland". Am Ende des Artikels standen die Sätze: „Man weiß, daß unsere Politik nicht aus Worten besteht. Die Wirklichkeit der Ideen entspricht dem Ernst der Taten." Einige Tage darauf wurde Jaurès ermordet.

Und doch war die SPD bis 1914 der Schrecken aller Reaktionäre, vom Kaiserreich über die Guts- und Schlotbarone bis zu den Beamten der Verwaltung, der Polizei und der Kirche. In der Tagespolitik hat die Partei die Interessen des arbeitenden Volkes – dem sie entsprossen war – wahrgenommen. Jetzt, bei Kriegsausbruch, mußte sich herausstellen, ob der Parteivorstand im Sinne der Massen handelte. Die große Mehrheit der Partei stand zur Politik des Parteivorstandes, der die Empfindungen der Massen scheinbar besser kannte als die „Linken". „Wer den Willen der Mas-

sen ausführt, verrät sie nicht." Die „einfachen Mitglieder" aber waren dem Untertanengeist längst nicht entwachsen. Mit der Parteibürokratie hatten sie sich eine weitere Obrigkeit geschaffen.
Zur Rechtfertigung ließ sich der Parteivorstand von seinem Haustheoretiker Karl Kautsky Thesen liefern, die besagten, daß Beschlüsse der Sozialistischen Internationale nicht für Kriegszeiten gelten, sondern nur für Friedenszeiten. Derselbe Kautsky hatte Jahrzehnte hindurch die Auffassung vertreten, daß die Ursache der Kriege im Kapitalismus liege, die politischen Gründe seien nur Vorwände, erst die sozialistische Gesellschaft werde den Krieg überflüssig machen.
Wenn der Krieg im Kapitalismus unausrottbar, der Krieg demnach ein Bestandteil des Kapitalismus ist, dann ist die logische Folgerung, den Kapitalismus abzuschaffen, also die sozialistische Revolution durchzuführen. Zur Revolution aber hatten die deutschen Arbeiter keine Anleitung vom Vorstand der SPD erhalten. Die meisten der 110 sozialdemokratischen Reichtags-Abgeordneten von 1914 hatten nur den Wunsch, in den kapitalistischen Staat schlechthin hineinzuwachsen.

Die revolutionär gesinnten Linken in der SPD sahen voraus, daß das Verhalten der Arbeiterorganisationen in den Augusttagen 1914 nicht nur die Politik der eigenen Partei, sondern auch die deutsche Regierungspolitik in den nächsten Jahrzehnten mitbestimmen würde. Diese Politik sollte „das Vaterland retten"? Das Lähmendste war, daß der Parteivorstand nicht einmal versuchte, Widerstand zu leisten. Selbst wenn ein Widerstand ohne Erfolg geblieben wäre, so hätte doch der Versuch, dem Morden Einhalt zu gebieten, der Partei und ihren Führern für alle Zeiten höchste Ehre eingetragen. Die Abgeordneten der russischen Arbeiterschaft haben die in der Duma eingebrachten Kriegskredite abgelehnt; sie wurden nach Sibirien verbannt.
Die deutsche Sozialdemokratische Partei aber erntete wie so oft den verdienten Hohn der Gegner. Der Historiker Hans Delbrück schrieb:
„Stellen wir uns vor, wir hätten diese großen Arbeitervereinigungen nicht, sondern Millionen ständen dem Staat nur als Individuum gegenüber, so ist es doch sehr wahrscheinlich, daß sich sehr viele unter ihnen finden würden, die, nicht von der allgemeinen Bewegung ergriffen, der Einberufung zur Armee passiven oder auch aktiven Widerstand entgegengesetzt hätten. Vor 1870 haben die Mobilmachungen an nicht wenigen Orten nur mit Gewalt durchgesetzt werden können. Das ist sogar hier und da 1813 vorgekommen; diesmal hat sich auch nicht das Geringste dergleichen ereignet."
Diese Einschätzung Delbrücks ist verständlich, wenn bedacht wird, daß die Partei ungefähr eine Million Mitglieder hatte, über vier Millionen Wähler, dazu neunzig Tageszeitungen. Die zusammengeschlossenen Freien Gewerkschaften hatten über zwei Millionen Mitglieder, dazu kam die Presse der einzelnen Verbände.
Intellektuelle, die sich für linksstehend hielten, aber nicht Partei nahmen, pflegten von der Sozialdemokratie spöttisch zu sagen, sie sei „die dümmste aller Parteien". War sie das wirklich? Sollte man von den Vorständen der SPD und der Gewerkschaften mehr erwarten, als von der „Elite des deutschen Geistes", jenen 93 Wissenschaftlern, Professoren, Theologen, Schriftstellern, die im Herbst 1914 in einem „Manifest an die Kulturwelt" behaupteten: „Ohne den deutschen Militarismus wäre die deutsche Kultur längst vom Erdboden getilgt"?

Nur allmählich, bruchstückweise, erfuhren wir Tatsachen, die das Verbrecherische der Kriegstreiber und die Minderwertigkeit der sogenannten Staatsmänner und Parlamentarier offenbarten. „Wir sind in den Krieg hineingeschliddert" behaupten diese Leute später. Als ob das eine Entschuldigung wäre.
Die erste Aufgabe der neu beginnenden Opposition war es, dem Volke die Wahrheit zu sagen. Dazu gehörten Mut, Aktivität, Energie und viel Zeit zur Erforschung aller Vorgänge. Zuerst mußte die Schuld am Kriege festgestellt werden. Nicht nur die allgemeine Schuld der Interessenten, der Rüstungsindustrie, der Militärs, sondern es mußte die spezifische, unmittelbare Schuld an der Entfesselung des Weltkrieges festgenagelt werden. Der Aufruf des Parteivorstandes vom 25. Juli 1914 gab eindeutig der deutschen und österreichischen Geheimdiplomatie und den deutschen und österreichischen Militaristen die Schuld. Die nationalistische Regierungspresse jubelte: „Die ersehnte, heilige Stunde ist gekommen! Es ist eine Lust zu leben!"
Daraus ergaben sich für die Opposition die Schlußfolgerungen, die Beendigung des Krieges zu erzwingen, die Bestrafung der Schuldigen am Kriege zu fordern, den Kampf für eine Gesellschaftsordnung einzuleiten, die Kriege ausschließt. Diese Aufgaben bedeuteten den Umsturz, die sozialistische Revolution.

In den ersten Monaten,als die deutschen Siege an den Kriegsfronten einander folgten, wollte kaum jemand ein kritisches Wort hören. Kriegsberichte füllten die Presse, von der Tätigkeit Liebknechts meldeten sie nichts. An meiner Arbeitsstelle unterhielten sich die Kollegen täglich hinter vorgehaltener Hand darüber, was Liebknecht wohl tun würde. Als ob es selbstverständlich wäre, erwartete man von ihm eine Aktivität gegen den Krieg, ohne sich mit ihm zu solidarisieren.
Nachdem sich Liebknecht am 4. August in der Sitzung des Reichstages der Fraktionsdisziplin gefügt hatte, lehnte er künftig den Fraktionszwang ab und stimmte gegen die Kriegskredite.
In einer schriftlichen Erklärung im Reichtag am 2. Dezember 1914, die nicht in den stenographischen Bericht aufgenommen wurde, sagte Liebknecht unter anderem:
„... daß diesen Krieg keines der beteiligten Völker selbst gewollt hat ...
Es handelt sich vom Gesichtspunkt des Wettrüstens um einen von der deutschen und österreichischen Kriegspartei gemeinsam im Dunkel des Halbabsolutismus und der Geheimdiplomatie hervorgerufenen Präventivkrieg. Deutschland, der Mitschuldige des Zarismus ... hat keinen Beruf zum Völkerbefreier. Unter Protest jedoch gegen den Krieg, seine Verantwortlichen und Regisseure, gegen die kapitalistische Politik, die ihn heraufbeschwor, gegen die kapitalistischen Ziele, die er verfolgt, gegen die Annexionspläne, gegen den Bruch der belgischen und luxemburgischen Neutralität, gegen die Militärdiktatur, gegen die soziale und politische Pflichtvergessenheit, deren sich die Regierung und die herrschenden Klassen auch heute noch schuldig machen, lehne ich die geforderten Kriegskredite ab."
Diese Erklärung Liebknechts war ganz im Sinne des Aufrufs des Parteivorstandes vom 25. Juli; sie war seine Ergänzung. Sie wurde zum Leitgedanken der sich langsam sammelnden Gegner des Krieges.

Dagegen hatte die übergroße Mehrheit der sozialdemokratischen Abgeordneten die Erklärung des Reichskanzlers von Bethmann-Hollweg für den Krieg mit Beifall begrüßt und auch den Überfall auf Belgien und Luxemburg gebilligt. Bei dieser Politik blieb es. Im folgenden März bewilligten die Sozialdemokraten zum ersten Male in der Geschichte der Partei auch den Gesamtetat der kaiserlichen Regierung.

Es war Weihnachten geworden; der Krieg war nicht zu Ende. Die Soldaten kamen nicht nach Hause. Nach Hause kamen Krüppel und Kranke und der nach der verlorenen Marneschlacht zusammengebrochene Oberbefehlshaber des Heeres, von Moltke. Nach Hause kamen auch unzustellbare Briefe mit den Vermerken „gefallen" oder „vermißt". Das sozialdemokratische Parteiblatt „Lübecker Volksbote" aber schrieb in seiner Weihnachtsausgabe 1914: „Wenn unsere Braven da draußen für des Vaterlands Freiheit kämpfen, kämpfen sie für des Vaterlands Zukunft; wenn sie fallen, fallen sie für die Voraussetzungen unseres Parteiideals". Parteiideals? Wurde der Krieg für das „Parteiideal" geführt? Hier vereinigte sich die Sozialdemokratie mit den Alldeutschen, die jetzt mehr denn je tobten und ihre Pläne verwirklichen wollten, die sie in den letzten fünfzehn Jahren propagiert hatten. Die deutschen Grenzen sollten im Westen von der Küste bei Dünkirchen nach dem Süden zur Rhône und weiter zum Mittelmeer, im Osten von Riga hinunter zum Schwarzen Meer gezogen werden. Die Bevölkerung dieser Gebiete sollte größtenteils vertrieben werden; Holland und Belgien sollten einverleibt, England besetzt werden. Es sollte zwölf Milliarden Mark in Gold zahlen, und Kanada, Teile Ostindiens und alle Kolonien an Deutschland verlieren. Natürlich sollten auch die Juden aus allen deutschen Gebieten vertrieben werden. „Den Besiegten sollen nur die Augen zum Weinen gelassen werden!" Dichterlinge trugen ihren Teil bei: „Mensch Mieze, wenn Belgien eine deutsche Provinz ist, oder ein Bundesstaat mit einem deutschen Prinzen ist, dann ist wieder Frieden auf der Welt!" Das wurde belacht, das gefiel auch meinen Proleten-Kollegen im Betrieb. Nicht mehr lachend wurde gelesen:

„O du Deutschland, jetzt hasse! Mit eisigem Blut
Hinschlachte Millionen der teuflischen Brut,
Und türmen sich berghoch in Wolken hinein
Das rauchende Fleisch und des Menschengebein!
O du Deutschland, jetzt hasse! Geharnischt in Erz:
Jedem Feind einen Bajonettenstoß ins Herz!
Nimm keinen gefangen! Mach jeden gleich stumm!
Schaff zur Wüste den Gürtel der Länder rundum!"

Das hat der „Soldatendichter" Heinrich Vierordt gedichtet. Dieser deutsche Dichter ergänzte sein Gedicht in einem Schreiben über die Schonung der Kunstwerke der belgischen Stadt Löwen: „Aber freilich, meine Kunstbegeisterung ist nicht so sehr bis ans Ende der Welt reichend, daß ich nicht, wenn ich meinem Volk den Sieg dadurch verschaffen könnte, alle Kathedralen und Rathäuser der Welt kalten Blutes, wenn auch nicht leichten Herzens, vom Erdboden vertilgen würde."
Die Gewerkschaften folgten dem Weg der Partei. Das Gewerkschaftsblatt „Deutsche Metallarbeiter Zeitung" brachte am 7. November 1914 einen Ar-

tikel, in dem es unter anderem hieß: „Eine neue Zeit ist angebrochen, andere Menschen hat der Krieg in kurzer Zeit aus uns allen gemacht. Das gilt unterschiedlos für hoch und niedrig, arm und reich . . . Sozialismus wohin wir blicken."
Früher hatte es in der Arbeiterjugend und in der SPD geheißen, Sozialismus sei tätige Menschlichkeit, Freiheit, Friede, politische und wirtschaftliche Demokratie, Arbeit und Brot für alle, und so fort.
Nicht alle Gewerkschaftler ließen sich die chauvinistische Sprache gefallen. Es bildeten sich auch in den Gewerkschaften oppositionelle Gruppen, die mit der Zeit zu begrenzten Aktionen übergingen, von denen die Öffentlichkeit niemals erfuhr. Oppositionelle wurden zu Vertrauensleuten in Betrieben gewählt. Diese gewannen später unter der Bezeichnung „revolutionäre Obleute" vorübergehend starken Einfluß.

Im Frühjahr 1915 erhielt ich die Aufforderung zur Musterung. Ich wurde „vorläufig zurückgestellt", wurde aber einige Tage darauf von meiner Arbeitsstelle entlassen mit der Weisung, in einen Metallbetrieb zu gehen. So kam ich in einen der größten Betriebe Berlins, zur AEG in der Voltastraße. Ich wurde in der Werkzeugschleiferei angelernt.
In diesem Großbetrieb ging es lebhafter zu, als bei den Schuhmachern. Mein Arbeitsplatz war eine riesige Halle, in der Tausende Arbeiter in Tag- und Nachtschichten schafften. Der Lärm, den die tausend Maschinen verursachten, verschmolz hier zu einem gewaltigen Getöse, das kein Gespräch zuließ; man verständigte sich durch Zurufe.
Hier arbeitete ich eineinhalb Jahre lang täglich oder nächtlich elf Stunden, außerdem jeden zweiten Sonntag, in Tag- und Nachtschichten. Mit den Kollegen verstand ich mich gut; ich war auch gleich zum Metallarbeiterverband übergetreten. Die Arbeit beanspruchte meine ganze Kraft. Dazu kam die weite Hin- und Rückfahrt, für die ich mit dem Fahrrad je eine halbe Stunde brauchte. Es blieb mir nicht sehr viel Zeit zum Studium sozialistischer Schriften.

Alle meine Gedanken beschäftigten sich mit dem Krieg. Ich bin während des Krieges – und einige Jahre danach – niemals in einem Kino, Theater oder Konzert gewesen. Nur zu Anfang des Krieges besuchte ich einmal mit Freunden einen Biergarten am Weinbergsweg. Eine Sängerin hatte gekrächzt: „. . . wie einst Bismarck sprach, unsern Leutnant, unsern Leutnant, den macht uns keiner nach . . . " Danach empfand ich kein Bedürfnis mehr nach derartiger Unterhaltung oder Zerstreuung.
Ich bekam im Betrieb Berichte und Briefe über Greueltaten der deutschen Truppen in Belgien und Frankreich, über die Erschlagung von Verwundeten und Gefangenen zu lesen. Immer, bis auf den heutigen Tag, bedrückt mich das Schicksal der Opfer der kleinen belgischen Stadt Dinant, in der deutsche Truppen wahllos Kinder, Frauen und Männer erschossen haben. Solche Berichte wurde von der Presse als gegnerische Greuelpropaganda abgeleugnet, teilweise jedoch als „militärische Notwendigkeit" zugegeben. Mittlerweile waren auch frühere Betriebsangehörige, die wegen Verwundung oder Krankheit beurlaubt waren, und „Reklamierte", die bereits im Kriege gewesen waren, zu ihrer Arbeitsstelle zurückgekommen. Sie erzählten von der grausamen Kriegsführung in einem erschreckend unbeteiligten Ton, wie Menschen von schweren Arbeits- oder Straßenunfällen erzählen.

Die Diskussionen über die Erlebnisse führten nicht zur Besinnung und klärender Aussprache.

Es nahte der 1. Mai 1916, und wiederum änderte sich die Situation rasch. Die Kollegen fragten einander, ob es wieder eine Maifeier geben werde. Von Vorbereitungen der SPD und der Gewerkschaften war nichts zu vernehmen. Auch der Kassierer meiner Gewerkschaft wußte nicht, ob eine Feier geplant sei. So kam der Vorabend des 1. Mai, an dem Kollegen einige Flugblätter der „Spartakusgruppe" mitbrachten, die nicht zur üblichen Maifeier, wohl aber zur Demonstration gegen den Krieg auf dem Potsdamer Platz aufriefen. Da die Arbeiterorganisationen sich passiv verhielten, hatte die Spartakusgruppe selbständig gehandelt, obwohl sie damals noch eine Fraktion innerhalb der SPD war. Der Aufruf war ein leidenschaftlicher Appell gegen den Krieg, in der Sprache des Zornes, wie die Situation es verlangte.
Mein Nachbar am Arbeitsplatz, der in der Nachtschicht arbeitete, war auf dem Potsdamer Platz gewesen, und er erzählte anderntags von den Tausenden Demonstranten und beinahe ebensovielen Polizisten, die auf die Demonstrierenden eingeschlagen hatten, von der Ansprache Liebknechts, seiner Verhaftung und der Verhaftung zahlreicher anderer Teilnehmer. Im Betrieb war der Tag auch sehr unruhig gewesen, und am Abend standen an vielen Stellen auf den Straßen Gruppen von Arbeitern, die erregt über den Krieg und die Demonstration sprachen. Der Ruf am ersten Mai 1916 kostete Liebknecht die Freiheit, dessen mitreißende Kraft nun für die Dauer des Krieges ausgeschaltet wurde. Rosa Luxemburg war schon seit Monaten im Gefängnis, und von hier hatte sie noch schreiben können:
„Die Weltverbrüderung der Arbeiter ist mit das Heiligste und Höchste auf Erden, sie ist mein Leitstern, mein Ideal, mein Vaterland; lieber lasse ich mein Leben, als daß ich diesem Ideal untreu werde!"
Nach diesem ersten Mai rissen die Diskussionen nicht mehr ab, jetzt kam auch die Enttäuschung und die Erbitterung offener zum Ausdruck. In den Pausen und in den Klosetträumen wurde diskutiert, geflüstert, geschimpft. Ältere Arbeiter sprachen von ihren Söhnen oder anderen Angehörigen, die sie verloren hatten. Sie waren nun gar nicht mehr stolz auf deren Heldentod. Vergrämt, verbittert fragten sie, warum Krieg sei. Die Militärdienstpflichtigen und die „Reklamierten" stellten täglich die Frage, wann weitere Einberufungen kämen, wann der Krieg zu Ende gehe. Man empfand und zeigte jetzt Sympathie für Liebknecht und seine Forderungen. Mich mahnte der Maiaufruf zur Betätigung, lesen und grübeln genügten nicht. Ich suchte Anschluß an eine aktive Gruppe.

Endlich kam für mich die entscheidende Begegnung. Etwa Mitte Mai, als ich eines Abends von der Arbeit kam und vor dem Hause vom Fahrrad stieg, stand da eine Gruppe junger Menschen, Mädchen und Jungen. Man sprach lebhaft über den Krieg und über Liebknecht. Ich beteiligte mich am Gespräch und wurde von einem Mitglied der Gruppe zum nächsten Tag zu einer Aussprache eingeladen. Wir trafen uns und sprachen über die Dinge, die uns zusammenbrachten; Krieg und Sozialismus. Er nannte seinen Namen, Paul Nitschke, und erzählte mir aus seinem Leben. Ich erfuhr, daß er zwei Jahre älter war als ich und von Beruf Zeichner in einem technischen Büro war. Er sagte, daß er bereits im Felde gewesen sei. Infolge einer Beinverlet-

zung sei er nach der Lazarettzeit vorläufig beurlaubt. Seine Wiedereinberufung müsse er jederzeit erwarten. Er fügte hinzu, daß er entschlossen sei, sie nicht zu befolgen. Paul Nitschke erzählte mir noch, daß seine Eltern seit zwei Jahrzehnten Sozialdemokraten seien, und daß er im Glauben an die Befreiung der Arbeiterklasse, das heißt an den Sozialismus, aufgewachsen sei. Er sei auch bereits Funktionär der SPD und Vorsitzender des Jugendbildungsvereins, von dem ich einige Mitglieder am vergangenen Abend gesehen und gesprochen hatte.
An einem der folgenden Abende schon nahm ich an einer Versammlung des Jugendbildungsvereins teil und wurde als Mitglied aufgenommen. Die Gruppe hatte wohl fünfzehn Mitglieder. Ich war aber in einen recht aktiven Verein geraten. Die Mitglieder versammelten sich in der Woche einmal und machten außerdem an freien Sonntagen Wanderungen in die Umgebung Berlins. Sie hielten gute Freundschaft zueinander und besuchten sich auch in den Wohnungen der Eltern. Alle standen in Arbeit; sie waren Büroangestellte oder noch Bürolehrlinge, Lehrlinge in der Metallindustrie, einige, wie ich, Arbeiter. Die meisten Vereinsmitglieder hatten an der Demonstration am 1. Mai auf dem Potsdamer Platz teilgenommen. Die beiden Mädchen, Hermine Strey und Liesel Trobach, die sich auf die Polizisten gestürzt hatten, um die Festnahme Liebknechts zu verhindern, mit ihm verhaftet worden waren und zur Zeit im Gefängnis saßen, gehörten diesem Verein an. Die Versammlungen fanden in einem Lokal in der benachbarten Rostokker Straße statt, dessen Wirt Sozialdemokrat war. In diesem Lokal brauchte der Verein nur eine geringe Nutzungsgebühr und das Licht zu bezahlen; wir waren alle Abstinenzler und Nichtraucher. Einige Tage darauf, Anfang Juni 1916, wurde ich von Paul Nitschke zur Monatsversammlung „Zahlabend" der SPD, Berlin Moabit, eingeladen und dort sogleich in die Partei aufgenommen.

Paul Nitschke war erst seit kurzer Zeit Vorsitzender des Jugendbildungsvereins. Der bisherige Vorsitzende, Willi Rodominski, saß wegen Teilnahme an der Jugend-Spartakus-Konferenz in Jena, Ostern 1916, im Gefängnis. Ich hatte Paul Nitschke von Tolstoi und Dostojewki erzählt, daher übertrug er mir schon für die nächste Versammlung ein Referat über russische Literatur. Dieses mein erstes Referat war sehr anstrengend für mich. Ich hatte mich an den vorhergehenden Abenden bis spät in die Nächte hinein fleißig vorbereitet und konnte über die Hauptwerke und das Leben der großen russischen Schriftsteller berichten und Fragen beantworten. Dazu las ich einige Stellen vor aus Dostojewskis Novellen „Bei nassem Schnee" und vom obdachlosen Knaben in Petersburg, der in einer Weihnachtsnacht erfror, als er durch das Fenster einer Wohnung der Weihnachtsfeier einer wohlhabenden Bürgerfamilie zuschaute. In der folgenden Versammlung, in der ich über die Todesstrafe sprach, beteiligten sich alle Anwesenden lebhaft an der Diskussion. Es ging uns dabei nicht allein um Recht, Rache, Unrecht, sondern auch darum, ob es erlaubten und unerlaubten Mord gäbe; ob Soldaten, die einen Menschen töten, Mörder seien. Ich war erfreut, daß die Mitglieder des Jugendbildungsvereins meine Auffassungen guthießen. An weiteren Abenden wurde über Programmfragen gesprochen, und ich konnte feststellen, daß für alle das „Erfurter Programm" mit den Kommentaren von Karl Kautsky und Bruno Schönlank nach wie vor als das offizielle Parteiprogramm galt und daß es gemeinsam mit dem Kommunistischen Manifest ihr

„Evangelium" bildete. Sozialismus und Kommunismus waren uns identische Begriffe, und wir nahmen das Programm wörtlich. Wir fanden, daß die Ereignisse die Prognosen des Programms bestätigt hatten.
Paul Nitschke und ich wohnten nur einige Häuser voneinander entfernt in der damals sehr zahlreich bevölkerten Beusselstraße. Schnell hatten wir volles Vertrauen zueinander und trafen uns fast täglich, und da noch mehrere Mitglieder unseres Vereins nahebei wohnten, waren die meisten recht oft beisammen.
In den folgenden Tagen brachte die Presse Meldungen, daß das Kriegsgerichtsverfahren gegen Liebknecht bevorstehe. Das wurde jetzt unser Hauptthema. Im Prozeß gegen Liebknecht ging es nicht allein um die Mai-Demonstration, sondern auch um den Protest Liebknechts gegen die drohende Ausdehnung des Krieges gegen die Vereinigten Staaten von Nordamerika. Die Regierung der USA hatte unter am 20. April 1916 der deutschen Regierung eine Note überreicht, in der die Einstellung des verschärften U-Bootkrieges verlangt wurde. Liebknecht hatte daraufhin Ende April die sofortige Einberufung des Reichstages und eine Aussprache über die U-Boot-Note beantragt. Mit dieser Aussprache im Reichstag wollte Liebknecht die Öffentlichkeit informieren und verhindern, daß die deutsche Geheimdiplomatie das deutsche Volk in eine Erweiterung des Krieges gegen die USA hineinstieß. Auf diese Gefahr hatte Liebknecht auch in seinem Maiaufruf hingewiesen. Die Regierung und alle Parteien bemühten sich nun mit allen Mitteln, Liebknecht aus dem Reichstag auszustoßen.

Am 28. Juni 1916 wurde Liebknecht zu zweieinhalb Jahren Zuchthaus verurteilt. Am Abend vor dem Prozeß waren wir, die Mitglieder des Jugendbildungsvereins, geschlossen durch die Moabiter Straßen gezogen, unablässig laut rufend: „Hoch Liebknecht, nieder mit dem Krieg!" Frauen und Männer auf den Straßen schlossen sich uns an. Alarmierte Polizisten zu Fuß und zu Pferde eilten herbei und versuchten, die Demonstranten zu zerstreuen. Wir liefen auseinander und sammelten uns wieder. So ging es einige Stunden bis Mitternacht hin und her. Von unseren Mitgliedern wurde niemand gefaßt. Am anderen Morgen fuhren wir wie üblich zur Arbeit, bis am Nachmittag die Nachricht von der Verurteilung und gleichzeitig der Ruf zum Streik in meine Arbeitsstelle drang. In meiner Abteilung waren alle Kollegen sofort zum Streik bereit. Wir schalteten die Maschinen ab und verließen das Werk. Zahlreiche Kollegen blieben mit mir auf der Straße vor den Eingängen und warteten auf die Arbeiter der Nachtschicht. Diese kehrten auch sofort um, als ihnen die Parole, Protest gegen Liebknechts Verurteilung, gesagt wurde. Wenn auch die gänzliche Stillegung der AEG-Betriebe nicht erreicht wurde, so streikten doch an die zehntausend Arbeiter. Die technischen Angestellten, Ingenieure, Meister und Vorarbeiter, waren zwar am Arbeitsplatz, sie konnten aber nur ratlos herumstehen.
Ich erzähle hier nur von meiner Arbeitsstelle, der AEG Volta-Straße im Norden von Berlin. Eine Streikleitung habe ich nicht gesehen und erfuhr auch nicht, ob es überhaupt eine gab. Meine Gewerkschaft führte den Streik nicht, im Gegenteil, die Gewerkschaftskassierer und Vertrauensleute erhielten von der Gewerkschaftsleitung die Weisung, sich zurückzuhalten. Diese Kollegen gingen zwar nicht an ihre Arbeitsplätze, sie ließen sich aber auch nicht bei den Streikenden sehen.
Es ging alles recht nüchtern zu, verbissene Gesichter, nichts „Heldenhaftes".

Doch die Streikenden setzten ihre Existenz ein, fast alle hatten Familien zu ernähren. Die Streikenden kamen morgens und abends zu den Schichtzeiten, standen zu Tausenden in der Voltastraße und im Humboldshain. In den Straßen um den ausgedehnten Fabrikkomplex herum standen Polizisten in Gruppen, mit umgeschnallten Revolvern und gezogenem Säbel. Alles Männer in den mittleren Jahren, teils behäbige, teils schneidige Typen in blauer Uniform und mit Pickelhaube. Maschinengewehre hatten sich nicht. Maschinengewehre gegen streikende Arbeiter wurden erst später eine „Errungenschaft" der Weimarer Republik.

Abends beim Treffen der Freunde vom Jugendbildungsverein, berichteten wir einander über die Ereignisse, und ich erfuhr von Streiks und Protesten in anderen Betrieben.

Ich hatte meinen ersten Streik erlebt. Es war ein Streik, in dem es nicht um Verbesserung des Lohnes und der Arbeitsbedingungen ging, sondern um eine ideelle, eine politische Forderung. Es ging um die Freiheit eines Kämpfers für den Frieden. Die Streikenden bekundeten den Willen nach Beendigung des Krieges, und sie nahmen die drohenden Repressalien auf sich. Viele der Streikenden wurden zum Heeresdienst einberufen und alle erlitten einen empfindlichen Lohnausfall. Das Ziel des Streiks, Liebknecht die Freiheit zurückzugeben, wurde nicht erreicht.
Die Nachricht von diesem Proteststreik der deutschen Arbeiter gelangte in alle Länder der Erde und wurde als hoffnungsvolles Signal für einen baldigen Frieden gewertet. Doch die deutsche Militärkaste hatte durch den Streik nur einen Faustschlag erhalten, sie zog die Zügel noch brutaler an. Der Krieg ging weiter.

4. Wer war der Spartakusbund?

Der Name „Spartakus" war von dem „Vorwärts"-Redakteur Ernst Meyer vorgeschlagen worden. Der ursprüngliche Namen dieser Organisation war „Gruppe Internationale". Da die illegalen Schriften, Briefe und Flugblätter seit der Gründung 1914 mit „Spartakus" unterzeichnet waren und der Name „Spartakusgruppe" geläufig geworden war, nannte sich die Gruppe ab 1. Januar 1916 „Spartakusbund".
Ernst Meyer hatte den Namen Spartakus zur Erinnerung an einen Sklaven gewählt, der in den Jahren 73 – 71 vor unserer Zeitrechnung zum Führer des mächtigsten Aufstandes der Sklaven im Römischen Reich wurde und dessen Aufstand das damals allmächtige Rom bis in seine Grundfesten erschütterte. Nachdem Spartakus mit einer Gruppe Gladiatoren aus dem Gefängnis im Süden Italiens ausgebrochen war, schlossen sich mehrere tausend Sklaven in den Gebieten, die Spartakus durchzog, seinem Zug an. Weitere tausend Frauen und Kinder folgten dieser Schar disziplinierter Kämpfer, die die römischen Heere, die sich entgegen stellten, zu Paaren trieben und den Weg nach Norden freikämpften, der Freiheit und der Heimat entgegen. Im Norden Italien angekommen, verloren die Unterführer des Spartakus den Maßstab für das Kräfteverhältnis. Sie hielten sich für unbesiegbar. Es hatten sich unter ihnen auch besondere Interessen entwickelt. Spartakus ließ sich verleiten, nach dem Süden umzukehren. Damit gingen alle in den Tod. Die jetzt siegenden römischen Heere rächten sich grausam für die früheren Niederlagen und Demütigungen. Spartakus und alle Kämpfer wurden getötet, auch die Angehörigen und Mitläufer, Greise, Frauen, Kinder.
Spartakus und seine engeren Mitkämpfer hätten sich zweifellos zur Heimat durchschlagen können – es standen ihnen keine Heere mehr entgegen. Spartakus zögerte nicht, bei den Sklaven zu bleiben, er fühlte sich verantwortlich für die Befreiung und Heimführung aller. Auch unser Leitgedanke war: „Bei den Ausgebeuteten bleiben, auch wenn diese irren".
Mitte Juni brachte Paul Nitschke einen Packen Flugblätter mit, die vom Jugendbildungsverein verteilt werden sollten. Ich erhielt nur fünf oder sechs Exemplare für meine Arbeitsstelle. Auch von weiteren Flugblättern erhielt ich stets nur einige Exemplare. Wie ich mit der Zeit feststellen konnte, waren die Auflagen der Spartakus-Flugblätter immer sehr klein gewesen,

manchmal war es nur eine Aktentasche voll. Ich berichte dies, weil ich nach dem Kriege Geschichten las von dem angeblich riesigen Umfang der Propaganda. Der Leitung der Spartakusgruppe fiel es äußerst schwer, zuverlässige Druckereien zu finden. Meistens druckten Einmannbetriebe. Die Flugblätter mußten stets sofort bezahlt und mitgenommen werden. Das nötige Geld mußte vorher gesammelt werden. Nach jedem Flugblatt, das der Polizei in die Hände fiel, durchsuchte die Polizei etliche Druckereien, um die Schrifttypen zu vergleichen. Doch zu den kleinen Visitenkarten- und Briefkopfdruckern kam sie nicht.
Von meinen wenigen Flugblättern konnte ich einige im Abteilungsklosett an die Türen heften. Ein oder zwei kursierten in den Pausen oder verschwanden, wenn sie in falsche Hände gerieten. Niemand wollte es riskieren, ein Flugblatt offen weiter zu reichen, man las es, legte es wieder hin. Es kam auch vor, daß Flugblätter zerrissen wurden.
Mit unseren Flugblättern haben wir die Kriegsherren nicht erschüttert, den Krieg nicht aufgehalten, doch glaubten wir, daß wir das Gewissen der Arbeiter erwecken könnten. Wir Jugendlichen haben die Wirkung unserer Flugblätter im besten Glauben überschätzt. Ich war glücklich, wenn ich zustimmende Bemerkungen der Kollegen vernahm, und ich erzählte darüber im Jugendbildungsverein. Die anderen Mitglieder berichteten von ähnlichen Erfahrungen. Daß sich unsere Flugblätter nur an die Arbeiterschaft wendeten, ergab sich aus unserem Glauben, daß nur Arbeiter am Kriege uninteressiert seien, daß Arbeiter, die von ihrer Hände Arbeit leben, nicht an der Ausplünderung und Unterdrückung anderer Völker teilhaben könnten.
Diesmal war es das „Hungerflugblatt" vom Juni 1916, das die Nöte der Bevölkerung aussprach, und das bei den Behörden und auch bei den Vorständen der SPD und der Gewerkschaften einschlug. In diesem Flugblatt hieß es:
„Auf das Verbrechen der Anzettelung des Weltkrieges wurde ein zweites gehäuft: die Regierung tat nichts, um dieser Hungersnot zu begegnen. Warum geschah nichts? Weil den Regierungssippen, den Kapitalisten, Junkern, Lebensmittelwucherern der Hunger der Massen nicht wehe tut, sondern zur Bereicherung dient.
... Der U-Bootkrieg hetzt Deutschland neue Feinde auf den Hals, aber an eine Abschneidung der Zufuhren Englands ist nie und nimmer zu denken, auch wenn Deutschland zehnmal mehr U-Boote hätte.
... Der deutsche Militarismus steckt nach allen seinen „Siegen" in der Sackgasse. Wenn jetzt der Krieg fortdauert, so ist es einzig und allein, weil die Volksmassen sich die Infamie geduldig gefallen lassen.
Männer und Frauen des arbeitenden Volkes, wir alle tragen die Verantwortung. Nieder mit dem Kriege!"
Hierauf veröffentlichten am 25. Juli 1916 der Parteivorstand der Sozialdemokraten und die Generalkommission der Gewerkschaften gemeinsam einen Aufruf, der sich nicht gegen den Krieg und den Hunger richtete, sondern gegen die eigenen Parteimitglieder, die Spartakusgruppe. Es hieß in diesem Aufruf:
„In anonymen Flugblättern, die im Laufe der letzten Monate in Partei- und Gewerkschaftskreisen verbreitet wurden, wird versucht, Haß und Mißtrauen gegen die von den Arbeitern selbst gewählten Vertrauensleute zu säen, ... wird der Vorwurf erhoben, daß sie die sozialistischen Grundsätze preisgeben, die Beschlüsse deutscher Parteitage und internationaler Kon-

gresse mißachten. Durch die Beschlüsse des Mannheimer Parteitages vom Jahre 1906 ist ausdrücklich die Vereinbarung getroffen, daß bei politischen Massenaktionen vorher eine Verständigung und Beratung mit dem Vorstand der Sozialdemokratischen Partei und der Generalkommission der Gewerkschaften Deutschlands erfolgen muß.
Die Einleitung von Lohnbewegungen und Streiks ist Aufgabe der zuständigen Gewerkschaftsorganisation.
. . . In der Lebensmittelversorgung bestehen außerordentliche Schwierigkeiten; wir haben nichts unterlassen, mit den uns zu Gebote stehenden Mitteln die hier auftretenden Mißstände zu bekämpfen."

In diesen Tagen, an denen täglich Tausende an den Fronten sinnlos starben, verlangten die Bürokraten von der Spartakus-Opposition, daß diese sich an Formalitäten halten sollte, die längst gegenstandslos geworden waren. Man wußte doch, daß die Hungersnot nicht vermieden werden konnte. Die Ernten der Mittelmächte, einschließlich die der besetzten Gebiete, reichten nicht aus, die deutsche und die österreichische Bevölkerung zu ernähren. Eine gerechtere Verteilung der Lebensmittel hätte die Not etwas gemildert, nicht beseitigt. Das Kriegsministerium gab noch Ende Juli Anweisung an die Generalkommandos, Flugblattverteiler sofort zu verhaften, Personen im militärpflichtigen Alter einzuziehen, ältere und jüngere in Schutzhaft zu nehmen. Diese geheime Anweisung enthielt auch den Wink, sich an die Gewerkschaftsführer um Mithilfe zu wenden.

Unser Parteidistrikt Berlin-Moabit gehörte zum sechsten Reichstagswahlkreis, der Berlin-Moabit, das nördliche Charlottenburg, Spandau und Umgebung einschloß. Es war der Wahlkreis Liebknechts. In diesem Wahlkreis hatten mittlerweile einige sozialdemokratische Funktionäre eine „Spartakusgruppe" gebildet. Von der Existenz dieser Gruppe erfuhr ich, als Paul Nitschke mir mitteilte, daß ich zu einer Sitzung der Spartakusgruppe eingeladen sei; er habe dort von mir erzählt und für meine Zuverlässigkeit gebürgt, man erwarte von mir, daß ich aktiv mitarbeite. Er sei als Vertreter des Jugendbildungsvereins bereits Mitglied der Gruppe. Natürlich sagte ich freudig zu und ging mit Paul Nitschke zur Zusammenkunft. Bei unserer Ankunft in einer Privatwohnung waren fünf Personen anwesend. Die gesamte Spartakusgruppe des sechsten Reichstags-Wahlkreises war damit vollzählig. Es genügten einige Worte, um mich vorzustellen; das für die Gruppe Wissenswerte über mich hatte Paul Nitschke bereits in vorhergehenden Sitzungen gesagt. Weitere Formalitäten waren nicht nötig. Namen wurden nicht genannt. Ich lernte die Mitglieder erst in den weiteren Zusammenkünften näher kennen. Es waren der Oberingenieur Kühn, der in den Siemens-Werken arbeitete; der Techniker Willi Budich, der Soldat war und nach Genesung von einer schweren Verwundung in der Schreibstube einer Kaserne tätig war – er war der einzige in Uniform; der Oberwerkmeister Hahn, der in einem Großbetrieb in Oberschöneweide arbeitete; der Werkmeister Arthur Golke; der Tischler Willi Leow, der spätere stellvertretende Führer des Roten Frontkämpferbundes; ferner als Jugendliche Paul Nitschke und ich. Kühn, der älteste der Gruppe, leitete die Sitzung. Er war Mitte vierzig, ebenso alt mag Hahn gewesen sein; Golke war Mitte der dreißiger Jahre; Budich und Leow Ende zwanzig; Paul Nitschke und ich waren somit die Jüngsten. Kühn gab einen kurzen Bericht über die Situation, er sagte unter anderem

auch, daß das Hungerflugblatt ein zustimmendes Echo in der Bevölkerung gefunden habe. Er sprach in sehr scharfer Form, voller Abscheu und Verachtung nannte er die Regierung und die Generäle „Verbrecher", die sozialdemokratischen Führer „Kaiserlakaien". Technische Anweisungen über konspirative Arbeit und Auskünfte über die „Spartakus-Briefe", die bald regelmäßig gedruckt erscheinen sollten, gab Budich, eine energiegeladene Persönlichkeit. An der Aussprache beteiligten sich alle Anwesenden; sie gaben kurze Stimmungsbilder von ihren Arbeitsstätten und Parteigruppen. Nach einer knappen Stunden gingen wir einzeln auseinander.
Die späteren Zusammenkünfte verliefen ähnlich, sie wurden stets von Kühn geleitet, pünktlich begonnen und selten über eine Stunde ausgedehnt.
Sie fanden auch meistens in der gleichen Wohnung statt, die dafür sehr geeignet war, sie lag im Vorderhaus parterre; vor dem Haus war ein Rasen.
Die Gruppe traf sich niemals in Lokalen. Budich, der stets in Uniform kam, überbrachte die Spartakusbriefe und sonstiges Material der zentralen Leitung. Kühn las zuweilen aus französischen und englischen Zeitungen vor, die zwar meistens mehrere Wochen alt waren, uns aber doch über Dinge informierten, die nicht in den deutschen Zeitungen standen. Ich erhielt während der weiteren Zusammenkünfte auch „Nachholunterricht" über die Tätigkeit der Opposition seit Kriegsausbruch; einige alte Rundbriefe und Flugblätter, die ich zum Teil schon kannte; ferner Berichte über internationale Konferenzen, die in dieser Zeit in Bern, Zimmerwald und Kienthal stattgefunden hatten.
Aus den Referaten Kühns und Budichs erfuhr ich, daß auch andere Oppositionsgruppen in Berlin und im Reich existierten. So hörte ich zum ersten Male von den Gruppen um die Zeitschriften „Arbeiterpolitik", Bremen, und „Lichtstrahlen", Berlin, die von Johann Knief, Paul Frölich, Karl Radek, Julian Borchard und Curt Classe herausgegeben wurden. Ich erwähne diese Gruppen, weil sie eine entschiedene Agitation gegen den Krieg führten und wir vom Jugendbildungsverein künftighin ihre Schriften diskutierten und mit verbreiteten.
Kühn berichtete auch von Oppositionsgruppen anderer politischer Richtungen, die von dem „Bund Neues Vaterland" in Berlin, der in diesem Jahre, 1916, von der Regierung verboten wurde. In der Spartakusgruppe und im Jugendbildungsverein begrüßten wir jede Opposition gegen den Krieg. Es machte uns zuversichtlicher zu erfahren, daß nicht nur unsere Parteiopposition rebellierte.

Im Jugendbildungsverein lasen wir auch aus den Zeitschriften „Aktion" von Franz Pfemfert, Berlin, und „Forum" von Wilhelm Herzog, München, vor. Das „Forum" war bereits seit Mitte 1915 verboten, aber auf das Alter der Hefte kam es uns nicht an. Diese letztgenannten Zeitschriften waren nicht parteigebunden. Ihre Sprache war oft schärfer und bissiger als unsere Schriften. Mehrere Hefte erschienen teilweise mit leeren Seiten, die Zensur hatte Stellen aus den Artikeln herausgenommen. Unsere wichtigste und wirksamste Agitationsschrift gegen den Krieg war jedoch die „Juniusbroschüre", die Rosa Luxemburg bereits 1915 im Gefängnis geschrieben hatte. Es gelang Jogiches erst ein Jahr später, sie drucken zu lassen. In der „Junius-Broschüre" untersucht Rosa Luxemburg die Ursachen des Krieges und klagt die am Ausbruch unmittelbar Schuldigen an. „Von Berlin und Wien wurde der Krieg entfesselt . . . ", schrieb sie. „Was hier vorgeht, ist eine nie dagewesene Massenabschlachtung, die immer mehr die erwachsene Arbeiterbevölkerung aller führenden Kulturländer auf Frauen, Greise und Krüppel reduziert, ein Aderlaß, an dem die europäische Arbeiterbewegung zu verbluten droht . . . " Und immer wieder bekräftigte Rosa Luxemburg die Hoffnung auf die Revolution der Arbeitermassen, besonders der russischen. Sie schrieb: „Die hoffnungsvoll aufflatternde Fahne der Revolution ging im wilden Strudel des Krieges unter . . . und sie wird aus dem wüsten Gemetzel wieder aufflattern . . . "

Unsere Aufgabe als Spartakusgruppe aber war nicht nur die Kritik, sondern wir wollten den organisierten Kampf gegen die Regierung und den Krieg. Diesen Kampf konnten wir nur mit den Massen der Bevölkerung führen. Wir waren keine Verschwörer, sondern wir wollten der politisch aktivere Teil des arbeitenden Volkes sein. Jedes Mitglied unserer Spartakusgruppe war in seinem Parteidistrikt und in seiner Gewerkschaft tätig und dort wohlbekannt. In den Distriktversammlungen – Zahlabenden – und bei anderen Zusammenkünften konnten wir zur Politik der Partei sprechen und unsere Flugblätter und Spartakusbriefe an die Mitglieder geben. Zustimmung fanden wir immer. Doch zwischen leise geflüsterter Zustimmung und offenem Bekenntnis war ein weiter Weg.
Zu anderen Spartakusgruppen in Berlin hielten nur Kühn und Budich Verbindung. Wenn ich hier im folgenden von „meiner" oder „unserer" Spartakusgruppe berichte, so spreche ich immer von meinem Parteidistrikt Berlin-Moabit. Ich habe keine andere Gruppen gekannt.
Von einer Parteineugründung wurde damals nicht gesprochen. Aus den kurzen Referaten Kühns und Budichs und den Diskussionen entnahm ich, daß alle einhellig der Meinung waren, daß die Spartakusgruppe nach dem Krieg wieder aufgelöst werden sollte, daß aber die Führer der SPD wegen ihrer Kriegspolitik zur Verantwortung gezogen werden müßten, daß keiner der gegenwärtigen Führer und Reichstagsabgeordneten wieder in verantwortliche Funktionen gewählt werden dürfe. Die Spartakusgruppe war demnach eindeutig eine Opposition innerhalb der SPD; nur Mitglieder der Partei konnten sich damals der Spartakusgruppe anschließen. Ich betone diesen Umstand, weil die Beschuldigungen einer „Spaltung der Partei" und damit der „Schwächung der Arbeiterklasse" nicht gegen diejenigen erhoben werden können, die an dem Programm der Partei und der Sozialistischen Internationale festhielten. Umgekehrt machten sich jene „Führer", Funktionäre und Mitglieder der Spaltung schuldig, die die Grundsätze des Sozialismus und der Partei aufgaben und die prinzipientreuen Mitglieder aus der Partei ausschlossen.
Die ab September 1916 gedruckt erscheinenden und für die Öffentlichkeit bestimmten „Spartakusbriefe" trugen unter der Kopfzeile den Leitsatz: „Die Pflicht zur Ausführung der Beschlüsse der Internationale geht allen anderen Organisationspflichten voran." Unter diesem Leitsatz standen auch die bisherigen von „Spartakus" unterzeichneten „Politischen Briefe", die mit der Schreibmaschine geschrieben und seit Kriegsbeginn an Mitglieder der Spartakusgruppe „zur Information" gerichtet waren. Die Spartakusgruppe wollte, daß die sozialistischen Parteien aller Länder den Verzicht auf die „nationale Souveränität" und den Zusammenschluß in einer übernationalen Gemeinschaft propagieren sollten. Diese Haltung wurde von den Nationalisten-Militaristen und ihrem Gefolge als Landesverrat be-

zeichnet.

Es war wieder Herbst geworden. Der Krieg wütete nun schon seit mehr als zwei Jahren. Die Kämpfe an den Fronten wurden verbissener, die Entbehrungen im Lande fühlbarer. Die Deutschen, die den Spruch vom „frisch-fröhlichen Krieg" erfunden und jahrzehntelang nachgeschwätzt hatten, fanden den Krieg allmählich nicht mehr so „frisch-fröhlich". Aber der Feldmarschall Hindenburg erklärte: „Mir bekommt der Krieg wie eine Badekur". Das war den Kriegsgewinnlern aus der Seele gesprochen.
Während das Ludendorff-Hindenburgsche Militärregime die Arbeiterschaft mehr und mehr unterdrückte und ausspreßte, wurde die sozialdemokratische Parteibürokratie in ihrer Unterstützung der Kriegspolitik immer niederträchtiger. Maßnahmen, die aus der Not des Krieges erwuchsen, wie Lebensmittelrationierung und Arbeitszwang, wurden von der Parteileitung als „Sozialismus" ausgegeben. „Sozialismus wohin wir blicken", wiederholten die Schreiberlinge. Das war doppelt zynisch, da die Parteibürokratie sehr wohl wußte, daß Leute, die Geld hatten, sich nicht an die Rationierung zu halten brauchten und alle wertvollen Nahrungsmittel gegen höhere Preise erhielten. Für Arbeiter unerschwingliche Luxusnahrungsmittel wie Geflügel, Wild, Fisch, Olivenöl, waren frei zu kaufen. Von gleicher Ernährung der Bevölkerung zu sprechen, war Lüge.
Der Zustimmung zum Kriege folgte die zunehmende Verunglimpfung des Begriffes Sozialismus. Wir Jugendlichen – wie auch immer noch viele Mitglieder der Partei – waren des Glaubens, daß der Sozialismus die humanitäre, freiheitliche, demokratische Gesellschaftsordnung der Zukunft sei. Jetzt hieß es Rationierung der Lebensmittel, also Notmaßnahmen im Dienste des Krieges, des Sozialismus.
Die Vergiftung des Denkens der Parteimitglieder wurde dadurch weiter getrieben, daß die Redaktion des Zentralorgans der Partei, der Tageszeitung „Vorwärts", mit Hilfe der Wehrkreiskommandantur Berlin abgesetzt und ein Friedrich Stampfer als Chefredakteur eingesetzt wurde. Bisher hatte die Redaktion des „Vorwärts" zwar alle Verlautbarungen und Aufrufe der Parteileitung gebracht, aber die Redaktion hatte die Kriegspolitik oft kritisch kommentiert. Jetzt unter Stampfers Leitung wurde der „Vorwärts" zum gehorsamen und feigen Kriegshetzer und Denunziantenblatt.

Meine Agitation im Betrieb wurde nach dem Streik im Juni 1916 schwieriger. Die Überwachung der Arbeiter durch Spitzel wurde schärfer. An den Arbeitsplätzen, in den Garderoben, Waschräumen und Klosetts wurde nach Schriften gesucht. Sogar das Papier, in dem die mitgebrachten Stullen eingewickelt waren, wurde öfters kontrolliert.
Liebknecht war inzwischen nach Aufhebung des ersten Urteils vom Oberkriegsgericht im Geheimverfahren zu vier Jahren Zuchthaus verurteilt worden, diesmal wurde ihm „Landesverrat" vorgeworfen, und das Militärgericht hatte ihm die „Ehrenrechte" abgesprochen. Damit hatte man ihn seines Reichstagsmandats beraubt. Nach Bekanntwerden des verschärften Urteils hatte es in meinem Betrieb zwar empörte Diskussionen gegeben, aber es kam nicht zum Proteststreik, nicht einmal zu einer Demonstration. Die Spitzenfunktionäre der Partei und der Gewerkschaften und die vom Militärdienst „reklamierten" Funktionäre in den Betrieben konnten dieses Mal die Arbeiter zurückhalten. Sie verwiesen stets auf die Folgen des Streiks

im Juli: Lohnausfälle, Verhaftungen, Einberufungen zum Militär. Die Kollegen waren gedrückter Stimmung, sie arbeiteten verdrossen. Es war aus dem Verhalten der Arbeiter zu erkennen, daß die Unterdrückungsmaßnahmen zwar bei einigen einen Willen zum Widerstand weckten oder anstachelten, aber bei der übergroßen Mehrheit wurde die beabsichtigte Wirkung erreicht. Die Entwicklung des Widerstands wurde verlangsamt, oft unterbrochen.

Die Parteileitung der SPD hatte jetzt erfaßt, daß sie auch etwas für den Frieden tun müsse und hatte beschlossen, eine Petition an den Reichskanzler zu richten, in der dieser ersucht wurde, der Entente ein Friedensangebot zu machen. Trotzdem die Mehrheit der Mitglieder unseres Moabiter Parteidistrikts in Opposition zur Parteileitung stand, sagte Kühn in der Zusammenkunft unserer Spartakusgruppe, daß wir uns an der Unterschriftensammlung für die Friedenspetition beteiligen müssen. Hierbei zeigte sich übrigens, daß die Parteileitung trotz aller Hilfeleistungen nicht den Dank der Herrschenden erhielt. Einige Wehrkreis-Kommandanten verboten in ihrem Wehrkreis die Unterschriftensammlung. Es kamen auch nicht einmal so viele Unterschriften zusammen, wie die Partei zu dieser Zeit Mitglieder hatte. Die Petition fiel ins Wasser; denn bevor sie dem Reichskanzler überreicht werden sollte, hatte dieser selbst im Dezember einen Friedensvorschlag gemacht.
Kurz vorher hatte Ludendorff durch ein Manifest, mit der Unterschrift des Kaisers, das eroberte Polen aus Russland herausgelöst und zum selbstständigen Königreich erklärt. Einen König hatte Ludendorff bis dahin allerdings nicht. Die Bürgerlichen sahen in dieser Maßnahme einen Geniestreich. Die sozialdemokratische Parteibürokratie jubelte ebenfalls, daß „schon Marx und Engels für die Wiederherstellung eines unabhängigen Polen gewesen seien". Im nächsten Spartakusbrief aber wurde festgestellt, daß es sich hierbei nicht um Freiheit und Selbstbestimmung für Polen handele, sondern um den Versuch, Polen in den Krieg gegen die Entente zu pressen; Ludendorff wolle nur polnische Soldaten.

Für mich war es an der Zeit, von der AEG-Voltastraße fortzugehen. Ich stand hier täglich 12 Stunden am Arbeitsplatz, dazu kam noch eine Stunde Fahrzeit. Mein Stellenwechsel mußte sofort geschehen, ehe die Durchführung des neuen Hilfsdienstgesetzes einen Wechsel unmöglich machte oder doch sehr erschwerte. Der geplante Krach mit meinem Vorarbeiter, einem Mann von ungefähr sechzig Jahren, war nicht nötig. Er war sichtlich erleichtert, als ich ihm sagte, daß ich fortgehen möchte. Die politischen Gespräche in den Arbeitspausen hatten ihn immer nervös gemacht, aber er war kein Denunziant. Er war Proletarier, der eine Laube am Stadtrand besaß. Ein immer von der Angst um seine Existenz geplagter Mann. Als er nach mehr als zwanzigjähriger Arbeit am gleichen Platz vier Tage später Urlaub erhielt, kam er täglich um die Mittagsstunde zum Betrieb, um zu sehen, ob jemand an seinem Platz stand.
Ich hatte auch im Laufe der Zeit bemerkt, daß in anderen Abteilungen des weitläufigen AEG-Betriebes gelegentlich Flugblätter kursierten, die nicht ich mitgebracht hatte. Es waren also einige andere, mir unbekannte Gesinnungsgenossen im Betrieb.
Meine Begründung des Stellenwechsels wurde anerkannt, ich blieb sogar

im Konzern. Zu Beginn der folgenden Woche begann ich bereits in der grossen Turbinenfabrik der AEG in Berlin-Moabit zu arbeiten. Von meiner Wohnung hatte ich jetzt nur fünf Minuten zur Arbeitsstelle zu gehen. Die Arbeitszeit betrug zwar wie bisher zwölf Stunden täglich, und ich hatte jede zweite Woche Nachtschicht, doch ich gewann wertvolle Zeit; ich konnte auch in der Mittagspause nach Hause gehen. In meiner neuen Arbeitsstelle fand ich zu meinen Betriebskollegen schnell guten Kontakt und wurde bald zum „Vertrauensmann" für Verhandlungen über innerbetriebliche Angelegenheiten gewählt. Aus den Betriebsvertrauensleuten gingen die „revolutionären Obleute" hervor, später die „Arbeiterräte" und schließlich die heute legalen „Betriebsräte".

Unser Jugendbildungsverein blieb weiterhin recht aktiv. Wir kamen jede Woche zusammen, und wenn es möglich war, machten wir auch sonntags unsere Wanderungen durch die Felder und Forsten der Umgebung Berlins. Diese Wanderungen wurden immer mühsamer. Die wöchentlichen Lebensmittelrationen waren meistens bis Freitag/Samstag aufgegessen, die neuen gab es erst montags. So wurden die Sonntage zu Hungertagen. Ich schleppte bei den Sonntagsausflügen einen großen Kochtopf mit, und da ich das Talent hatte, aus Brennesseln Spinatsuppe zubereiten zu können, einige Kartoffeln kriegten wir irgendwie dazu, wurde ich Koch des Vereins. Zuerst wurde zusammengelegt, was jeder mitgebracht hatte und aufgeteilt. Was kochbar war, kam in die Suppe. Dabei diskutierten wir über kommende Zeiten, in denen die Nahrungssorgen mit Pillen behoben werden könnten und damit die Tyrannei des Hungers überwunden sein würde. Dann würden auch die Gedanken frei sein, sich mehr mit der Umgestaltung der Gesellschaft zu beschäftigen.
Wir hatten das Buch des Amerikaners Bellamy „Ein Rückblick aus dem Jahre 2000" mit der Einleitung von Clara Zetkin gelesen und mehrere Abende mit Diskussionen darüber ausgefüllt. Wir sprachen über Oscar Wildes Vorstellungen vom Sozialismus, besonders über seine Ansichten über die künftige Bedeutung der Maschinen; wie weit Maschinen den Menschen schwere, gefährliche und mechanische – geistestötende Arbeiten abnahmen und den Menschen dienen würden. Wir lasen und diskutierten das Werk Peter Kropotkins „Gegenseitige Hilfe in Tier- und Menschenwelt". Die Umgestaltung der Gesellschaft zu einer sozialistischen Völkergemeinschaft ohne Ausbeutung und Kriege war der Sinn unseres ganzen Tuns im Jugendbildungsverein wie in der Spartakusgruppe. Es war bei uns, wie es auch am Anfang einer jeden Religion gewesen sein mag: „Der Anfang trug uns empor!" In der Arbeiterbewegung gab es keinen Mystizismus. Der Kapitalismus hemmt die Produktion, der Sozialismus soll sie entfalten. Der Kapitalismus will Profit und Macht, der Sozialismus soll die Befriedigung des Bedarfs des Menschen bringen und die Schande der Armut und Unwissenheit beseitigen. Das war alles klar und einfach. Wir hatten den Wunsch nach einem besseren Leben. Unsere Gegner hatten die Macht und vielfältigere Mittel, ihr Vokabular war reicher, doch ihre Ziele primitiver. Sie wollten halten, was sie hatten: Geld und Macht.
Bis zu dieser Zeit hatte ich keine Zeile von Marx und Engels gelesen, auch keine von Lenin und Trotzki. Dieses Studium begann jetzt erst. Ich habe überhaupt in diesen Jugendjahren niemand gekannt, der durch das Marx-Studium zum Sozialismus kam. Alle bekannten sich aus humanitären und

Gerechtigkeitsgründen zum Sozialismus, um dann Marx zu studieren und zu erkennen, „wo das Brot herkommt".
Unser Hauptthema im Jugendbildungsverein und in der Spartakusgruppe war und blieb der Krieg und was wir zu seiner Beendigung beitragen könnten. Wir blieben bei der Voraussetzung, die im Aufruf vom 25. Juli 1914 dargelegt worden war, daß der deutsche Militarismus den Krieg verschuldet hatte und ihn mit nie dagewesener Grausamkeit führte. Folglich würde ein deutscher Sieg die entsetzlichsten Folgen für alle Völker und Länder haben.
Um diese Zeit fanden sich nur noch selten Kriegsfreiwillige, dafür aber hörten wir von vielen Selbstverstümmlern. Besonders von Urlaubern, die nicht zur Front zurückkehren wollten. Wir Militärpflichtigen im Jugendbildungsverein waren uns einig, den Kriegsdienst abzulehnen, warnten aber entschieden vor jeder Selbstverstümmlung. Im Jugendbildungsverein und in den Spartakusgruppen haben wir niemals Selbstverstümmler gehabt.

Wilhelm Herzog hatte nach dem Verbot seiner Zeitschrift „Das Forum" noch im gleichen Jahr, 1915, ein neues Wochenblatt „Die Weltliteratur" in München gegründet. „Die Weltliteratur" brachte jede Woche ein Heft mit einem vollständigen Roman oder mit mehreren Novellen heraus; von Andersen bis Zschokke. Besonders wertvoll war uns, daß Wilhelm Herzog zu jedem Heft eine biographische Einleitung der „Köpfe der Weltliteratur" schrieb. Wir waren fleißige Leser.
In diesen Monaten beschafften wir uns auch die beiden wertvollsten Anti-Kriegsbücher, die im Kriege geschrieben wurden: Henri Barbusse, „Feuer", und Leonhard Frank, „Der Mensch ist gut". Beide Bücher waren in Zürich erschienen und mußten nach Deutschland eingeschmuggelt werden. Das war recht umständlich und kostspielig, es konnte nur eine geringe Anzahl eingeführt werden.
Jahrzehnte später, 1940, als ich Leonhard Frank in Lissabon traf – er wollte nach den USA, ich nach England –, sprachen wir über die Möglichkeit der Verbreitung von Büchern der emigrierten deutschen Schriftsteller. Er erzählte mir dabei, daß von seinem Buch „Der Mensch ist gut" während des Ersten Weltkrieges Hunderttausende von Exemplaren eingeführt und illegal verbreitet wurden. So hatte es ihm irgendjemand eingeredet. Er war recht verärgert, als ich diese Zahl als weit übertrieben anzweifelte und ihm von den schweren Bedingungen erzählte, unter denen wir auch im Ersten Weltkrieg zu arbeiten hatten. Es waren damals weder genügend Helfer, noch Geld für Porto vorhanden. Leonhard Frank hatte von diesen Schwierigkeiten keine Vorstellung, da er während des Ersten Weltkrieges in der Schweiz gelebt hatte.

Bei uns zu Hause ging es immer sehr karg zu. Meine Mutter hat während des ganzen Krieges nicht ein Stückchen Brot mehr gekauft, als uns als Ration zustand. Ihre Einstellung gegenüber dem Staat war die gleiche, wie gegenüber ihrer Religion; für sie waren Anordnungen der Behörden so sakrosankt wie Glaubenssätze. Wir Geschwister hatten auch keine Neigung, irgend etwas „schwarz" zu kaufen. Obwohl wir Entbehrungen gewöhnt waren, plagte uns der Mangel schwer, doch wir lebten, wie die Mehrzahl der Bevölkerung auch leben mußte.
Zu Beginn des Krieges waren wir noch einmal umgezogen; einige Häuser

weiter in der gleichen Straße. In unserer Wohnung im Vorderhaus gehörte ein Zimmer einem Arzt, der dort eine Zweitpraxis hatte und dreimal in der Woche Sprechstunde abhielt.
Unser Wohnzimmer diente dann als Wartezimmer. Die Mutter hielt das Arbeitszimmer in Ordnung und war auch etwas Sprechstundenhilfe. So verdiente sie einen Teil der Miete.
Der dritte Kriegswinter 1916/1917 wurde trotz Errichtung des Kriegsernährungsamtes – das ja kein Brot buk, sondern vorhandenes oder nichtvorhandenes verteilen sollte – ein Hungerwinter, der als erster „Kohlrübenwinter" in die deutsche Geschichte einging. Nicht allein der Mangel an Nahrung, sondern auch an Heizungsmaterial raffte ungezählte Menschen hin. Es wurden öffentliche Küchen für Massenspeisungen eingerichtet, auch größere Betriebe, die bisher keine Küche hatten, richteten solche ein oder hießen ihre Arbeiter zu den öffentlichen Küchen zu gehen. Das mußten sie tun, ihr mitgebrachtes Brot war für den Arbeitstag nicht ausreichend. Die öffentlichen und Werksküchen brachten wenig Erleichterungen, weil sie auch die Abgabe von Lebensmittelabschnitten forderten. Für Alleinstehende waren die Küchen gleichzeitig Wärmehallen. Auch in dieser Zeit kauften wohlhabende „Patrioten" Lebensmittel „hintenherum" oder holten sie vom Lande und konnten wohlgenährt das Durchhalten predigen. Die in Berlin so beliebten Pferdebuletten gab es auch nicht mehr. Kollegen im Betrieb erzählten, daß sie schon Buletten aus ihren Hunden oder Katzen gemacht hätten – „die schmeckten wie echte".
Für mich war diese Zeit doppelt schwer. Die Kollegen wollten kaum mehr von politischen Gesprächen wissen. Politisch Indifferente schrieben und klebten an alle möglichen Stellen die Losung: „Gleicher Lohn und gleiches Fressen, dann wär' der Krieg schon längst vergessen!" Dann wurden Gerüchte verbreitet, die Kronprinzessin bade in Milch, während Kleinkinder keine Milch erhielten. Die Spartakusgruppe lehnte diese Art Propaganda ab. Als ich in einer Besprechung meiner Spartakusgruppe von der Wirkung dieser Losung erzählte, sagte Kühn, daß es in den Siemens-Werken ähnlich sei, daß wir trotzdem diese Progapanda nicht übernehmen sollten.
In dieser Situation gab es in vielen Betrieben und an verschiedenen Orten immer wieder kleine und größere Streiks, von denen wir gelegentlich erfuhren. Es handelte sich um spontane Ausbrüche der Unzufriedenheit, die keine politische Führung hatten. Die Polizei behauptete natürlich stets, daß die „Radikalen" dahinter stünden. So viel Einfluß hatten wir leider gar nicht. Die Oberste Heeresleitung kannte die wirkliche Lage sehr genau. Der Kriegsminister von Stein schrieb nach monatelanger Untersuchung und Forschen nach den Verteilern von Flugblättern und Losungen an den Chef des Militärkabinetts des Kaisers am 14. März 1917: „Ob bei den bisher nur ganz partiell auftretenden Streiks auch Aufhetzer und fremdes Geld mitwirken, ist nicht festgestellt." Und in einem Geheimerlaß Hindenburgs vom 23. März 1917 hieß es: „Das Heer muß aushelfen, denn es verbraucht augenblicklich 70% der gesamten verfügbaren Ernährungsmittel".
Es waren mehr als 70%; denn viele Familien schickten noch Liebesgabenpakete aus der Heimat an Angehörige an den Fronten. Es ist eine unleugbare Tatsache, daß das Heer die Heimat auffraß. Das Prassen der Offiziere in der Etappe, wo es täglich Fleisch, Wein, Torten, Kaffee gab, war uns aus Briefen und Erzählungen von Urlaubern wohlbekannt. Budich, der jetzt in einer Schreibstube der Kommandantur arbeitete, berichtete in jeder Zusam-

menkunft unserer Spartakusgruppe über derartige Vorkommnisse. Es gab viel Heiterkeit, wenn er erzählte, wie er die Akten über die Nachforschungen nach den Verbreitern der Flugblätter und Hungerlosungen mitbearbeitete. Die politische Polizei in ganz Deutschland war in erster Linie auf die Fährte Spartakus gesetzt.
In dieser Zeit erwies es sich aber auch, daß schwerste Not nur bedingt radikalisierend wirkt und daß Unzufriedenheitsstimmungen nicht immer politische Auswirkungen haben. In den Kriegsjahren 1916/17 hatten wir in Deutschland in einigen Gebieten Wahlen zu Landtagen und zum Reichstag gehabt. In allen Fällen blieben die linken Kandidaten in der Minderheit. Mitglieder der Spartakusgruppe wurden nirgends aufgestellt. Im Wahlkreis Oschatz-Grimma in Sachsen, einem Arbeiterbezirk, der schon einen Sozialdemokraten in den Reichstag gewählt hatte, unterlag der linke Kandidat gegen einen Alldeutschen, der offen für die unbegrenzte Weiterführung des Krieges und für Eroberung eintrat.

Die Heeresleitung und die Regierung erkannten aus den Wahlergebnissen die Schwäche der Opposition gegen den Krieg. Ich nenne die Heeresleitung stets zuerst, weil sie im Kriege die Politik bestimmte. So hatte es der Kaiser als oberster Kriegsherr verlangt, „daß der Soldat im Kriege das erste Wort haben wird und daß er keinen Zivileinfluß dulden werde". Heeresleitung und Regierung beurteilten die Opposition der Spartakusgruppe als eine Erscheinung innerhalb der organisierten Arbeiterbewegung, nicht aber als Opposition innerhalb des Volkes. Die Heeresleitung sah sowieso in der gesamten Arbeiterbewegung einen Gegner. Für die Regierung gab es Nuancen, sie wußten wohl zu unterscheiden zwischen den leitenden Partei- und Gewerkschaftsfunktionären und der Opposition. Jedenfalls waren beide, Heeresleitung und Regierung, immer noch in ihren Entschlüssen von keiner Seite beinträchtigt. Sie konnten ebenso ungehindert ein Siegfriedensangebot machen, wie sie die Ausdehnung des Krieges beschließen konnten.
Die Heeresleitung und die Regierung fühlten sich sogar seit dem vergangenen Jahr von einer neuen patriotischen Welle getragen. Die Kämpfe an den Fronten waren wieder erfolgreich, obwohl sie jetzt mit schweren Verlusten waren. Handels-U-Boote konnten die britische Blockade durchbrechen und kriegswichtige Materialien aus den Vereinigten Staaten holen. Der Präsident der USA, Wilson, sandte sein erstes Friedensprogramm an die Kriegsführenden. Die Entente aber hatte das deutsche Siegfriedensangebot vom Dezember 1916 abgelehnt. Von keinen Skrupeln und keiner Partei gehemmt befahl jetzt die deutsche Heeresleitung, nach dem Giftgas-Krieg auch den unbeschränkten U-Boot–Krieg. Alle Handelsschiffe, auch die der neutralen Staaten, sollten ohne Warnung versenkt werden. Die nun folgenden Torpedierungen von Handelsschiffen der USA hatten die Kriegserklärung durch den Präsidenten Wilson zur Folge. Damit waren alle Hoffnungen auf eine baldige Beendigung des Krieges begraben.

Wie aus dem bisher Geschilderten hervorgeht, war die Spartakusgruppe von ihrer Gründung an für „illegal" erklärt worden. Die Mitgliedschaft in der Spartakusgruppe galt als Vorbereitung zum Hochverrat, auch wenn dem einzelnen keine strafbare Handlung nachgewiesen werden konnte. Wir mußten unsere Politik offen vertreten, aber die Mitgliedschaft zur Gruppe ge-

heim halten. So konnten wir als Gruppe nicht öffentlich politisch wirken. Angriffe der Gegner konnten wir nicht öffentlich zurückweisen. Der Parteivorstand hatte überdies in einem vertraulichen Rundschreiben die Landes- und Bezirksvorstände angewiesen, verhafteten oppositionellen Parteigenossen keinen Rechtsschutz und keine Unterstützung zu gewähren. Von der Staatsmaschine verfolgt, und von der Bürokratie der SPD und der Gewerkschaften denunziert, mußten wir sehr vorsichtig sein. Nur wenige hervorragende Köpfe wie Rosa Luxemburg, Karl Liebknecht und Franz Mehring konnten auch aus der Gefängniszelle heraus wirken.
Der Vorsitzende der Generalkommission der Gewerkschaften, Carl Legien, der auch Reichstagsabgeordneter war, hatte als erster schon in den frühen Kriegsmonaten den Ausschluß der aktiven Kriegsgegner aus der Partei beantragt. So auch den Ausschluß der Reichstagsabgeordneten, die später dem Beispiel Liebknechts folgten und die Kriegskredite ablehnten. Diese Ausschlüsse waren mittlerweile erfolgt. Von den 110 Reichstagsabgeordneten der SPD erhoben sich mit der Zeit 43 gegen die Mehrheit und lehnten weitere Kriegskredite und auch den U-Boot-Krieg ab.
Die Ausgeschlossenen gruppierten sich als „Sozialdemokratische Arbeitsgemeinschaft". Die Führung lag bei Hugo Haase und Georg Ledebour. Diese legale Arbeitsgemeinschaft hatte bereits im Januar 1917 ein Friedensmanifest veröffentlicht, in dem ein „Frieden der Verständigung ohne Vergewaltigung" gefordert wurde. Es solle „weder Sieger noch Besiegte" geben. Die Sozialdemokratische Arbeitsgemeinschaft raffte sich endlich zur Schaffung einer neuen Partei auf. Zu der Reichskonferenz, die zu diesem Zweck einberufen wurde, wurde auch die Zentrale des Spartakusbundes eingeladen. Die Einladung wurde angenommen unter der Bedingung, daß die Spartakusgruppe ihe Selbständigkeit innerhalb der neuen Partei wahren könnte. Der Leiter des Spartakusbundes, Leo Jogiches, erläuterte in einem Brief an die Gruppen in Berlin und im Reich die Zweckmäßigkeit und Notwendigkeit des Eintritts in die neue Partei; die Spartakusgruppen könnten allein nicht genügend wirken, sie brauchten ein „schützendes Dach" und eine Massenbasis.

In unserer Spartakusgruppe hatten wir in den letzten Monaten immer wieder die Frage diskutiert, wie weit wir uns gegenüber der internationalen Arbeiterklasse mitschuldig und mitverantwortlich machten, wenn wir zu lange in der kriegsbejahenden SPD blieben. Das Argument „bei der Masse bleiben" verblaßte. Ich hatte auch des öfteren in meiner Gruppe berichtet, daß mir von Kollegen im Betrieb bei Diskussionen über die Kriegspolitik der SPD vorgehalten wurde, „bist ja selbst drin!" Eine Fraktionsarbeit kann also nur bis zu einem bestimmten Grad sinnvoll sein, sie darf die eigene politische Tätigkeit nicht lähmen.
So war es Ostern 1917 zur Bildung der „Unabhängigen Sozialdemokratischen Partei Deutschlands" (USPD) gekommen. In meinem Parteidistrikt Berlin-Moabit hatten wir gut vorgearbeitet und erreicht, daß sich die übergroße Mehrheit der Mitglieder gegen den alten Parteivorstand erklärte und beschloß, die Beitragszahlung an den Parteivorstand einzustellen. Dieser Beschluß erleichterte die Neugründung. Die bisherige Parteiarbeit war sowieso zum Stillstand gekommen. Es hatten lange keine Versammlungen stattgefunden. Angeforderte Referenten des Parteivorstandes, die über die Kriegspolitik Rechenschaft gegen sollten, waren seit längerer Zeit nicht

mehr bei uns erschienen, nur unsere Beiträge wollte der Parteivorstand noch haben.

Unser Jugendbildungsverein leistete bei der Organisierung der neuen Partei in unserem Distrikt die wichtigste Arbeit. Wir suchten die Mitglieder der alten Partei auf, informierten sie, holten ihre Zustimmung ein, sammelten die Mitgliedsbücher ein, die dann mit dem Stempel „Unabhängige Sozialdemokratische Partei Deutschlands, USPD" versehen wurden.
Mein überstempeltes Mitgliedsbuch hatte ich als Andenken aufbewahrt. Es wurde im Jahre 1942 von einem Freund in Toulouse, bei dem ich es zusammen mit anderen Papieren und Briefen hinterlegt hatte, verbrannt, als die deutschen Truppen Südfrankreich besetzten.
Die Gründung der USPD war die erste Abspaltung und Neubildung in der deutschen politischen Arbeiterbewegung seit der Vereinigung des „Allgemeinen deutschen Arbeitervereins" (Lassalleaner), und der „Sozialdemokratischen Arbeiterpartei" (Bebel-W. Liebknecht), die im Jahre 1875 in Gotha zur „Sozialistischen Arbeiterpartei Deutschlands" und nach Aufhebung des „Sozialisten-Gesetzes" im Jahre 1890 in „Sozialdemokratische Partei Deutschlands – SPD" umbenannt worden war.
Doch bei der Gründung der USPD war schon zu beobachten, wie auch bei späteren Spaltungen, daß ein erheblicher Teil der älteren Mitglieder sich ganz zurückzog. Die aktivsten Jahrgänge waren im Felde.

Die Führer der SPD haben immerfort den Unabhängigen Sozialdemokraten – und später den Kommunisten – vorgeworfen, die Arbeiterschaft gespalten und damit geschwächt zu haben. Diese Vorwürfe sind ohne Sinn, da die Organisation der SPD einschließlich deren Nebenorganisationen nicht mehr politische Kampfinstrumente der Arbeiterklasse waren . „Die Form hat keinen Wert, wenn sie nicht die Form des Inhalts ist," hatte Marx Jahrzehnte vorher geschrieben. Die Forderungen der Zeit verlangten nach einer neuen politischen Arbeiterorganisation. Die Ausgeschlossenen mußten sich neu organisieren, wenn sie politisch aktiv bleiben wollten.
Die SPD selbst ist aus einer vergleichbaren Situation entstanden. Die Arbeiterbewegung hat sich in den sechziger Jahren des vorigen Jahrhunderts aus den bürgerlichen, demokratisch-fortschrittlichen Vereinigungen herausgelöst, um die Interessen selbst zu vertreten. Diese Selbständigwerden der Arbeiterschaft wurde damals vom Bürgertum als „Schwächung des demokratischen Gedankens" verdammt. Der Wille zur Selbständigkeit war aus der Erkenntnis – und auch aus der Erfahrung – gewonnen, daß die demokratisch-fortschrittlichen Vereinigungen nicht so weit an den sozialen Verhältnissen, den Arbeits- und Lebensbedingungen der Arbeiterklasse interessiert waren, um gemeinsam mit den Arbeitern diese Verhältnisse zu ändern. Das mußten die Arbeiter selbst tun.

Die Spartakusbriefe waren in letzter Zeit umfangreicher geworden, aber sie erschienen in größeren Zeitabständen. Die Auflagen waren so gering, daß wir im Jugendbildungsverein aus jeder Nummer Artikel mit der Hand abschrieben und sie weitergaben. Um weitere drucken zu können, brauchten wir Geld. Die zentrale Leitung wollte außerdem eine besondere Gewerkschaftszeitung herausbringen, es war uns aber nicht möglich, das Geld dafür zu sammeln.

Die Sammlung um die neue USPD stimmte uns sehr zuversichtlich, und die Diskussionen in der Spartakusgruppe und im Jugendbildungsverein zeigten den Optimismus, ohne den politische Arbeit nicht möglich ist. Jetzt kamen auch die ersten Nachrichten von der russischen Revolution. Dort entwickelte sich aus einer Hungerrevolte eine Revolution. Jedoch bei den Arbeitern in meinem Betrieb waren die russischen Ereignisse überschattet von der eigenen Lebensmittelnot. Der Hauptinhalt aller Gespräche waren Gerüchte, daß die Regierung die Brotration weiter kürzen wollte. Immer mehr Kollegen fehlten an der Arbeitsstelle. Sie erzählten anderntags, daß sie im Bett geblieben seien, weil sie sich zu schwach gefühlt hätten, zur Arbeit zu gehen. Die Ernte des vergangenen Jahres, 1916, war aus kriegspolitischen Gründen falsch angegeben worden. Der Präsident des Kriegsernährungsamtes, Batocki, erklärte im Februar 1917 vor den zusammengerufenen preußischen Landräten: „. . . daß die breite Masse der Bevölkerung, die großstädtische natürlich viel mehr als die ländliche, bis zur Ernte am Rande des Hungers steht". Und der Staatskommissar für Ernährungsfragen, Michaelis (der spätere Reichskanzler), sagte es selbst einen Monat später, März 1917, im preußischen Abgeordnetenhaus: „. . . es kann der fürchterliche Moment eintreten, daß ich nicht in der Lage bin, für die Arbeiterbezirke des Westens rechtzeitig das nötige Mehl zur Verfügung zu stellen . . .
. . . das grausige Elend, das wäre, wenn wir mit einem Male im Laufe der letzten Monate des Betriebsjahres merken, es reicht nicht, es geht nicht, durchzuhalten. Das Elend, was dann käme, das ist nicht zu beschreiben."
Die Regierung kannte also die wirkliche Lage sehr genau. Die Knappheit wirkte sich verstärkt aus durch die unregelmäßige Abgabe. Was die Kollegen im Betrieb redeten, hörte ich auch zu Hause von meiner Mutter. Sie erzählte, daß sie immer mehrere Male nach den fälligen Rationen gehen müsse. So war die Situation, als wir im Betrieb zu diskutieren begannen, ob es zweckmäßig sei, einen Streik zu organisieren, um die Erhöhung der Rationen und vor allem auch die rechtzeitige Ausgabe zu erzwingen.

Für niemand unerwartet kam es Mitte April 1917 in Berlin zur ersten grossen Explosion der Unzufriedenheit. In meiner Arbeitsstelle hatten wir die Zustimmung zum Streik schon in der Woche vorher von den Kollegen eingeholt, die alle einzeln befragt wurden. Die Gewerkschaftsbürokratie wußte natürlich von den Vorbereitungen, sie versuchte zu bremsen und erklärte den Streik für „statutenwidrig". Der Krieg, der Hunger, die Entbehrungen waren nicht statutenwidrig. Am Sonntag, den 15. April, beschloß die Versammlung der Obleute der Betriebsvertrauensmänner den Streik. Trotz aller Drohungen und Widerstände wurden ab Montag, den 16. April, fast alle Berliner Munitionsfabriken, über 300, stillgelegt. Es streikten mehr als zweihunderttausend Arbeiter.
Am Montagmorgen versammelte sich unsere Belegschaft vor dem Betrieb und schloß sich mit der Belegschaft des benachbarten Munitions-Großbetriebes Ludwig Loewe zusammen. Zwei Straßen weiter waren die Deutschen Waffen- und Munitionsfabriken, deren Belegschaft sich ebenfalls auf den Straßen um den Betrieb versammelt hatten. Wir vereinigten uns zu einem Zug von vielleicht fünfzehntausend Männern und Frauen und zogen durch Alt-Moabit zum Stadtzentrum. An allen Straßenecken standen Polizisten mit umgeschnallten Revolvern.
Eine Kommission der Streikenden verhandelte während der Demonstration

mit dem Ernährungskommissar und dem Oberkommando in den Marken. Es wurde der Kommission zugesagt, daß die Rationen pünktlicher ausgegeben würden. Daraufhin beschlossen die Obleute am folgenden Tag den Abbruch des Streiks. Mehrere Betriebe hatten bereits nach eintägigem Streik weitergearbeitet, andere streikten die ganze Woche hindurch. In meinem Betrieb dauerte der Streik zwei Tag und drei Nachtschichten. Auch danach erschienen die Schichtarbeiter nicht vollzählig zur Arbeit. Zahlreiche Kollegen schliefen sich ein bis zwei Tage aus, andere waren aufs Land gefahren, um zu versuchen, direkt von Bauern Kartoffeln zu bekommen.
Konkret wurde durch den Streik wenig erreicht. Die Kollegen in meinem Betrieb waren einige Zeit enttäuscht und wortkarg. Sie befürchteten ihre Einberufung oder die militärische Besetzung des Betriebes, wie es mit den benachbarten Deutschen Waffen- und Munitionsfabriken geschah, deren Betriebe militärisch besetzt und deren Belegschaft kriegsverpflichtet wurden; auch die Frauen. Erhöht wurden die Rationen nicht, es war nichts vorhanden. Aber in der Osterbotschaft der Regierung wurde die seit Jahrzehnten geforderte preußische Wahlrechtsreform angekündigt, die das geheime und direkte Wahlrecht versprach. Der Spartakusbund kritisierte dieses Wahlrechtsversprechen als eine Ablenkung der sozialdemokratischen Wähler. Sofort machte uns die sozialdemokratische Presse Vorwürfe über die angeblich negative Haltung zur Wahlrechtsreform. Die Zentrale des Spartakusbundes beantwortete die Vorwürfe: „Politische Ziele sind keine ewigen Götterbilder, an deren Generationen anbetend vorüberwallen. Was 1906 ein Ziel war, kann 1917 aufgehört haben, eines zu sein. Drum ist es ein gesundes Gefühl der Massen, wenn sie an all dem Wahlrechtsbrimborium jetzt vorübergehen mit eiskalter Wurstigkeit. Für sie geht die Frage um den Frieden, können sie den Frieden auf ihre Weise erkämpfen, so kommt das übrige von selbst; die Abschaffung der vierundzwanzig deutschen Vaterländer – die Monarchie mitsamt der Kleinstaaterei, als Trockenlegung des Sumpfes der preußischen Reaktion und alles andere".
Während der Streikbewegung, die sich auf die industriellen Gebiete Deutschlands ausdehnte, wurde von uns ein Flugblatt herausgegeben, mit Forderungen, die über die Fragen der Lebensmittelversorgung weit hinaus gingen. Wir forderten die Befreiung der politischen Gefangenen und Niederschlagung der schwebenden politischen Prozesse, Beseitigung des Hilfsdienstgesetzes, Aufhebung des Belagerungszustandes, unbeschränkte Versammlungs-, Presse- und Vereinsfreiheit. Die Hauptlosung aber war: „Organisierung der Arbeiterklasse zur Erzwingung des Friedens und wirklicher politischer Freiheit. Schaffung eines ständigen Delegiertenkörpers aus Vertretern aller Betriebe, der den Arbeiterkampf leiten soll."
Mit diesen Forderungen wurde die deutsche Arbeiterschaft zum ersten Male aufgefordert, Arbeiterräte zu bilden.
Die Heeresleitung forderte nun in einem Schreiben an den Chef des Kriegsamtes die „rücksichtslose Zusammenarbeit der Arbeiterorganisationen mit dem Kriegsamt" als unerläßlich für die Weiterführung des Krieges. Die Spartakusgruppe dagegen verlangte Abbruch jeder Zusammenarbeit als Voraussetzung seiner Beendigung.
Die Gewerkschaftsbürokratie schloß sich der Aufforderung der Heeresleitung und des Kriegsamtes zur Intensivierung der Kriegsproduktion an. Sie wies die Arbeiter hämisch auf die Erfolglosigkeit der Streiks hin. Auch die Feier des 1. Mai 1917 sollte nicht mehr stattfinden. Vom Kriegsdienst

freigestellt, zitterten die Gewerkschaftsbürokraten bei jedem Konflikt um ihre Existenz. Auf die Mitglieder nahm die Gewerkschaftsbürokratie keine Rücksicht, aber den Militärbehörden mußte sie etwas wert sein.
Die Leitung des Spartakusbundes beschränkte sich nicht auf die Verdammung der Politik der Generalkommission der Gewerkschaften und der Vorstände der einzelnen Vereine; auch das passive Verharren der Mitglieder verurteilte sie mit herben Worten im Spartakusbrief vom April 1917:
„In Deutschland allein sehen wir die beispiellose Erscheinung, daß die machtvollsten Gewerkschaftsorganisationen der Welt vom ersten Moment des Krieges ihre ganze gewaltige Macht gebraucht haben – nicht gegen das ausgebeutende Kapital, sondern gegen die ausgebeuteten proletarischen Massen, um sie zum geduldigen und widerspruchslosen Ertragen der ärgsten Ausbeutung zu zwingen, um sie just dann völlig zu entwaffnen, wo das deutsche Kapital sich zur unerhörten Macht aufrafft und zu einem nie dagewesenen Feldzug gegen das Proletariat in Zukunft wappnet. Dazu hat die deutsche Arbeiterschaft in jahrzehntelanger harter Selbstdisziplin Millionen Menschen in die Organisationen eingepfercht und Millionen über Millionen Mark aus sauer verdienten Groschen aufgespeichert, damit sie mit dem Ausbruch des imperialistischen Krieges, des reaktionärsten, kulturfeindlichsten, bestialischsten aller Kriege, der kriegsführenden Bourgeoisie als Hilfstruppe und Hilfskriegsschatz dienen!...
Ein psychologisches Rätsel und ein soziales Problem erster Ordnung sind bei alledem nicht die Männlein von der Generalkommission der Gewerkschaften mit ihrem Stab von Kreaturen in Gestalt der Gauleiter, die ihnen allerorten Vertrauenskundgebungen fabrizieren. Ein Rätsel und ein Problem sind die organisierten Massen, die solchen Kreaturen nach wie vor Gehorsam und Gefolgschaft leisten. Die Disziplin ist in den sogenannten freien Gewerkschaften zu einem solchen Selbstzweck geworden, daß die Massen ohne Murren folgen, ob die Führer sie zum Kampf oder zur Kapitulation, ob in Macht und Glanz oder in Korruption und Schmach führen, ob sie proletarische Interessen oder kapitalistische Ausbeutung verfechten ...
Hier, in diesem Verhältnis der deutschen organisierten Arbeiterschaft, also der Elitetruppen des deutschen Proletariats, zu ihren Führern, stoßen wir zugleich auf das Problem des deutschen Militarismus, also auch des Imperialismus ... Den deutschen Militarismus überwinden, heißt also jetzt nichts anderes, als den Kadavergehorsam der organisierten Arbeiter gegenüber Legien und Co. überwinden. Hier, in diesem völlig kritiklosen, geistlosen, mechanischen Gehorsam einer Hammelherde, steckt eine der wesentlichen Wurzeln des Militarismus. Der Militarismus sitzt den deutschen Arbeitern im eigenen Nacken".

In den Sätzen des Spartakusbriefes sind die Folgen vorausgeahnt; die spätere Machtübernahme Hitlers, die Hakenkreuzfahnen an Gewerkschaftshäusern, die gemeinsame Maifeier der Gewerkschaften mit den Nazis 1933, die widerstandslos hingenommene Auflösung der Gewerkschaften, die Eingliederung der Arbeiter in die Nazi-Arbeitsfront. Der Spartakusbund hatte niemals gefordert, daß die Gewerkschaften die „Revolution machen" sollten. Aber der Spartakusbund verlangte, daß die Gewerkschaften als Organisation der Arbeiterschaft, auch im Kriege ihre Interessen wahrnehmen und nicht in den Dienst des Krieges des Klassenfeindes eingesetzt werden sollten. Der Artikel im Spartakusbrief über die Disziplin der Gewerkschaften

wurde von meinen Kollegen sehr unfreundlich aufgenommen. Aber es wurde diskutiert, ob man einfach aus der Gewerkschaft austreten solle. Andererseits wollte man jedoch die erworbenen Rechte auch nicht verlieren, da die Gewerkschaft gleichzeitig eine Art Versicherung war. Neuwahlen der höheren Funktionäre ließen die Bürokratie und auch die Mitlitärbehörden nicht zu. Die Gewerkschaftsbürokratie war ähnlich der Ministerialbürokratie ein geschlossener Verband.
Oppositionelle Kandidaten mußten damit rechnen, ausgeschlossen, eingezogen oder verhaftet zu werden.
Ganz ohne Wirkung blieb die Kritik der Spartakuszentrale jedoch nicht. Der Einfluß der Betriebsvertrauensmänner wuchs. Obwohl diese gewerkschaftlich organisiert sein mußten, ließen sie sich doch weniger kommandieren. Doch sollten weitere neun Monate vergehen, bevor der Hunger und die sinnlosen Opfer des Krieges die Arbeiterschaft zu neuen machtvollen Streiks antrieben.

In meinem Großbetrieb mit den Tausenden von Arbeitern im militärpflichtigen Alter kamen auch fast täglich Urlauber zu Besuch. Sie kamen von allen Fronten oder aus Lazaretten. Sie hatten große Teile Europas gesehen, die sie sonst nie in ihrem Leben gesehen hätten. Ihre Erzählungen glichen einander wie eine Uniform der anderen. Sie erzählten patriotische Blödheiten gemischt mit Geschimpfe über den Krieg. Sie erzählten von den Bordellen hinter den Fronten, von den Frauen und Mädchen, die freiwillig oder unfreiwillig dorthin geschleppt wurden. Die Urlauber erzählten von den Paketen, die sie mitgebracht hatten. Gleichviel, ob das Land, aus dem sie kamen reich oder arm war, sie fanden immer etwas nach Hause zu schicken. Der uralte Instinkt des Plünderns im Kriege sprach aus allen Erzählungen. Sie sprachen in Ausdrücken, die in manchen Formen der modernen Literatur beliebt sind. Ich gebe diese Sprache nicht wieder. Dann wiederum sprachen sie von „Schluß machen, wir wollen nicht wieder raus". Der blöde Ausdruck „wir haben die Nase voll" war der meistgebrauchte. Im gleichen Atemzug prahlten sie mit unverhohlenem Stolz mit Scheußlichkeiten, die sie für Heldentaten hielten, und manche erklärten, daß die besetzten Gebiete nicht wieder geräumt werden dürften. Kurz, der Inhalt der Gespräche war dürftig. Wie primitive Menschen sprachen sie meistens im Plural, der den eigenen Anteil am Geschehen schwer erkennen läßt. Der Raubbau des Krieges hatte längst nach der Substanz gegriffen. Gold- und Silbergeld verschwand. Die Regierung ließ ungedeckte Banknoten drucken. Man glaubte zwar noch, daß die goldenen Uhrketten, die für eiserne umgetauscht wurden, die eingeschmolzenen Kirchenglocken, Türklinken, eisernen Zäune nach dem Kriege von den Gegnern in neuem Glanz doppelt und dreifach eingelöst werden müßten, aber es regten sich schon Zweifel. Indessen wurde der Militär- und Polizei-Apparat des Staates immer mehr verstärkt und führte zur härteren Unterdrückung des eigenen Volkes und der Völker der besetzten Gebiete. Die Leitung des Spartakusbundes rief nach einer revolutionären Lösung.
Im Spartakusbrief vom April 1917 wurde erklärt:
„Die kapitalistischen Staaten sind nicht mehr imstande, aus eigenem Willen dem entfesselten imperialistischen Hexensabbat Halt zu gebieten ...
Nur eine einzige Macht wäre imstande und war durch die Geschichte berufen, dem rasenden Abrutsch der Gesellschaft in den Abgrund der Anar-

chie und der Verwilderung in die Speichen zu fallen: das internationale sozialistische Proletariat. Einen anderen Ausweg aus dem Kriege als die revolutionäre Erhebung des internationalen Proletariats zum Kampfe um die Macht gibt es nicht mehr – es sei denn die völlige Erschöpfung der Gesellschaft, das heißt wirtschaftlicher, kultureller, moralischer Zusammenbruch, die Agonie nach unabsehbarer Dauer des Krieges."
Damit betonte der Spartakusbund seine eigentliche Aufgabe: revolutionärer Umsturz, Organisierung der Revolution. Doch zur Revolution gehörte die Mitwirkung eines möglichst großen Teils der Arbeiterklasse. Die Massen der Arbeiter hatte sich bisher nicht mit Aufgaben der Revolution beschäftigt. Die Vorkriegsschriften des Parteitheoretikers Kautsky über diese Aufgaben waren Probleme kleiner Studienzirkel geblieben, sie waren niemals zu Aufgaben der Massen geworden. Es war unsere Sache als Spartakusbund, die revolutionären Instinkte und Energien zu wecken und zu lenken.
Ich habe die revolutionären Ereignisse im März 1917 in Russland bisher nur kurz erwähnt. Auf unsere Streiks im April hatten sie keinen Einfluß. Die abendelangen, erregten Diskussionen um die Vorbereitungen des Streiks ließen wenig Zeit für die Beobachtung anderer Ereignisse. Pressemeldungen aus dem Ausland unterlagen der Militärzensur. Wir konnten ihnen darum keinen oder nur geringen Glauben schenken. Wir wußten zu wenig über Ursachen, Verlauf und Umfang der russischen Ereignisse. Die Zeitungen berichteten zuerst von Hungerrevolten der Hausfrauen in St. Petersburg. Erst als die Revolte auf die Front übersprang und die Nachricht von der Abdankung des Zaren kam, verstanden wir, daß sich in Rußland eine Umwälzung anbahnte. Unsere Diskussionen im Betrieb erhielten nun konkreten Inhalt. Wir hatten ein Beispiel. Den sozialdemokratischen Mitgliedern konnten wir sagen, daß es jetzt keinen Vorwand vom „Kampf gegen den Zarismus" mehr gebe. Im April-Spartakusbrief wurde zur russischen Revolution geschrieben:
„. . . Sobald jedoch in Rußland das Proletariat den „Burgfrieden" durch offene Revolution aufgesagt hat, fällt ihm das deutsche Proletariat, indem es die Kriegsaktion ruhig weiter unterstützt, nunmehr direkt in den Rücken. Jetzt wirken die im Osten fechtenden Truppen nicht mehr gegen den „Zarismus", sondern gegen die Revolution. Und sobald das russische Proletariat bei sich zu Hause den Kampf für den Frieden aufrollt – dies ist sicher bereits begonnen und wird mit jedem Tag mehr der Fall sein – verwandelt sich das Verharren des deutschen Proletariats in der Haltung eines gehorsamen Kanonenfutters in offenen Verrat an den russischen Brüdern . . ."

Jetzt bestätigt selbst der Parteivorstand der Sozialdemokratie, daß eine Beteuerung vom August 1914, der Krieg werden „gegen den Zarismus" geführt, ein erlogener Vorwand war. Der russische sozialdemokratische – menschewistische – Führer Tscheidse hatte nach dem Sturz des Zarenhauses von den deutschen Sozialdemokraten gefordert, daß sie nun auch die Absetzung des Hohenzollern betreiben sollten. Im Leitartikel vom 3. April 1917 antwortete das Zentralorgan der Partei der „Vorwärts":
„Die Forderung nach der deutschen Republik kann nur von Deutschen selbst, nicht aber von Russen, Franzosen, nicht von Untertanen des Königs von England oder des Königs von Italien erhoben werden . . . Das deutsche Volk in seiner Mehrheit ist nicht antimonarchisch. Wenn noch Schwierig-

keiten zu überwinden sind, so werden sie . . . überwunden ohne eine Spur von gewaltsamem Umsturz und ohne Sturz der Monarchie."
Diese Antwort des Parteivorstandes der Sozialdemokratie brachte uns in den nächsten Zusammenkünften meiner Spartakusgruppe auf das Thema Monarchie. Wir wußten wohl, daß die Absetzung des Kaisers eine Forderung der Entente, und daß die Parole „Hang the Kaiser" in England ein populäres Schlagwort war. Der Kaiser erwiderte diese unfreundlichen Absichten. Er sagte im Juli 1917: „. . . am Schluß des Krieges wird eine große Verständigung mit Frankreich kommen, dann wird ganz Europa unter meiner Führung den eigentlichen Krieg gegen England beginnen, den zweiten Punischen!"
Bisher hatten wir in meiner Spartakusgruppe nur selten die Frage der Monarchie und des Kaisers besprochen., im Jugendbildungsverein noch seltener. Auch in den Spartakusgruppen wurde diese Frage nur gestreift, weil wir es als selbstversändlich voraussetzten, daß eine proletarische Revolution in eine Republik einmündet. In den Jahren vor dem Krieg galt der Hauptkampf Karl Liebknechts dem Militarismus, der Herrschaft der Militärkaste. Der Kaiser war Haupt dieser Kaste, ihr Symbol. Doch habe ich bei Gesprächen mit Arbeitskollegen öfters festgestellt, daß überraschend viele Arbeiter von einer Republik keine rechte Vorstellung hatten. In Deutschland mußte die Republik nicht nur „die Abwesenheit des Königs" sein, sondern die Übernahme der Verantwortung durch das Volk. Mit der Monarchie aber war ein imponierendes Gepränge verbunden, das nicht nur die Herzen der Bürger, sondern auch vieler Arbeiter höher schlagen ließ.

In den Maitagen erhielt die Leitung des Spartakusbunden auch die ersten eigenen Nachrichten aus Rußland über Schweden und auch direkt von der Ostfront. Leo Jogiches, der Kopf des Spartakusbundes, war in Wilna geboren, er sprach Polnisch und Russisch und hatte im besetzten Osten Freunde und Anhänger aus einer Jugendzeit. Im Mai-Spartakusbrief konnte er die ersten Aufrufe der aufständischen Arbeiter und Soldaten Petrograds aus den Tagen der Erhebung veröffentlichen.
Die beiden ersten Aufrufe der Revolutionäre knüpften an den Aufstand in Petersburg im Jahre 1905 an und forderten als erstes die Wahlen von Delegierten der Arbeiter und Soldaten. In den Fabriken und Werken sollten auf je tausend Arbeiter ein Vertreter kommen, die Truppen, die sich dem Aufstand angeschlossen hatten, sollten in jeder Kompanie einen Vertreter wählen. Das geschah ohne Zeitverlust, und die Vertreter wählten die Delegierten-Räte, russische Sowjets, als erste Maßnahme zur verantwortlichen Leitung der Revolution.
Nicht alle Truppen in Petrograd waren auf die Seite des Volkes übergelaufen. Die aufständischen Einheiten konnten nicht in die Kasernen zurück, sie standen auf den Straßen. In einem Bericht eines englischen Augenzeugen las ich den lapidaren Satz, der das Wesen der Revolution erhellt: „In Uniform gesteckte Bauern entdecken, daß sie Menschen sind und wollen mitbestimmen." Die russischen Bauern schlossen sich den Arbeitern an.
Der zweite Aufruf vom gleichen Tage appellierte an die Bevölkerung zu helfen, die Soldaten zu ernähren. Hier bezeugte die Mehrheit der Bevölkerung den Willen zur Revolution; sie befolgte diesen Appell bereitwilliger, trotz größter Entbehrungen.
Am folgenden Tag schon gab der Petrograder Arbeiterdelegiertenrat eine

Erklärung über die Ereignisse und seine Absichten:
„Bürger! Die alte Regierung hat das Land an den Rand des völligen Zerfalls gebracht und das Volk dem Hunger ausgeliefert. Länger zu dulden war unmöglich. Die Bevölkerung Petersburgs trat auf die Straße, um ihre Unzufriedenheit kundzugeben. Sie wurde mit Salven begrüßt. Anstatt mit Brot bewirtete die Zarenregierung das Volk mit Blei.
Die Soldaten wollten aber nicht gegen das Volk vorgehen und erhoben sich gegen die Regierung. Im Verein mit dem Volke ergriffen sie Besitz von Waffen, Militärlagern und einer Reihe wichtiger Regierungsinstitutionen."
Es folgt die Mitteilung von der Bildung des Delegiertenrats. "Alle zusammen werden wir mit vereinten Kräften für die völlige Beseitigung der alten Regierung kämpfen und für die Einberufung der konstituierenden Versammlung auf Grund des allgemeinen, gleichen, geheimen und direkten Wahlrechts." Dann erließen die Revolutionäre einen Aufruf „An die Völker der ganzen Welt", der sich besonders an die Deutschen richtete, und in dem es hieß:
„Und so fordern wir Euch auf: Werft das Joch eurer absolutistischen Ordnung ebenso ab, wie das russische Volk die Selbstherrschaft des Zaren von sich abgeschüttelt hat. Weigert euch, als Mittel der Eroberung und der Gewalt in den Händen von Königen, Junkern und Bankmännern zu dienen – und mit vereinten Kräften werden wir dem furchtbaren Gemetzel ein Ende setzen, das die Menschheit mit Schmach bedeckt und die großen Tage der Geburt der russischen Freiheit verdüstert".
Die Aufrufe zeigten gleichzeitig den Beginn einer Doppelherrschaft an: neben der adlig-großbürgerlichen, aus der Duma – dem Parlament – hervorgegangenen Regierung als Nachfolgerin des Zarenregimes traten die Arbeiter- und Soldatenräte selbständig nach innen und außen auf.

Jogiches verstand es erstaunlich gut, Rosa Luxemburg, die zu dieser Zeit im Zuchthaus Wronke in Schlesien (später in Breslau) gefangen gehalten wurde, laufend mit Informationen, Briefen, Zeitungen zu versorgen. Was nicht durch die Post geschickt werden konnte, besorgte die tüchtige Sekretärin Rosa Luxemburgs, Mathilde Jakob, die so oft es möglich war, zwischen Berlin und Schlesien hin und her fuhr. So konnte Jogiches bereits den ersten Aufrufen und Maßnahmen der Revolutionäre in Petersburg die Stellungnahme Rosa Luxemburgs beifügen. Natürlich anonym, aber Sprache und Stil waren uns wohlbekannt. Rosa Luxemburg schrieb unter anderem:
„Mit dem Ausbruch der russischen Revolution ist der tote Punkt überwunden, auf den die geschichtliche Situation mit der Fortdauer des Weltkrieges und dem gleichzeitigen Versagen des proletarischen Klassenkampfes geraten war. . . . die ängstliche Spannung, mit der man hier jede Äußerung Tscheidses und des Arbeiter- und Soldatenrates in bezug auf die Kriegs- und Friedensfrage auffängt, sind jetzt eine handgreifliche Bestätigung der Tatsache, . . . daß einzig und allein die revolutionäre Aktion des Proletariats einen Ausweg aus der Sackgasse des Weltkrieges bietet . . . Allerdings, das Proletariat eines einzelnen Landes vermag auch mit dem größten Heroismus diese Schlinge nicht lösen. Die russische Revolution wächst von selbst zu einem internationalen Problem an . . . Nun aber die deutsche Borgeoisie! . . .Der deutsche Imperialismus in Nöten, der gerade jetzt im Westen wie in Kleinasien tief in der Klemme sitzt und zu Hause vor Ernährungssor-

gen nicht ein noch aus weiß, möchte sich so rasch wie möglich mit leidlichem Anstand aus der Affäre ziehen, um sich in Ruhe wieder zu weiteren Kriegen aufzuflicken und zu rüsten. Dazu soll die russische Revolution dienen, und zwar durch ihre proletarisch-sozialistische Friedenstendenz ...
... Eine Republik, und zwar eine vom revolutionären sozialistischen Proletariat frisch gezimmerte und beherrschte Republik, direkt in der Flanke zu haben, das ist wirklich mehr, als man dem ostelbischen Polizei- und Militärdienst zumuten darf ... Wer garantiert nun, daß morgen, nach Friedensschluß, sobald der deutsche Militarismus seine Pranken aus dem Eisen befreit hat, er sie nicht dem russischen Proletariat in die Flanke schlägt, um der gefährlichen Erschütterung des deutschen Halbabsolutismus vorzubeugen? !
... Die Gefahr des deutschen Militarismus für das revolutionäre republikanische Rußland hingegen ist eine sehr reale Tatsache. Die russischen Proletarier wären gar zu leichtsinnige Politiker, wenn sie sich nicht die Frage vorlegen würden: wird das deutsche Kanonenfutter, das sich heute auf allen Feldern vom Imperialismus zur Schlachtbank führen läßt, nicht sich morgen auch gegen die russische Revolution kommandieren lassen?
... Gegen diese natürlichen Zukunftssorgen der russischen Revolution gibt es nur eine ernste Garantie: das Erwachen des deutschen Proletariats, eine Machtposition der deutschen Arbeiter und Soldaten im eigenen Hause, eine revolutionäre Aktion des deutschen Volkes für den Frieden".

In diesem Aufsatz waren Fragen gestellt und dem Spartakusbund Aufgaben zugewiesen, die uns jahrelang beschäftigen sollten. In der Spartakusgruppe und im Jugendbildungsverein stimmten wir den Erkenntnissen und Befürchtungen Rosa Luxemburgs zu, daß das russische Proletariat ohne die Hilfe anderer Völker seine revolutionären Aufgaben, Aufbau der sozialistischen Gesellschaftsordnung, nicht erfüllen könnte. Daß ein Waffenstillstand oder ein Friede im Osten den deutschen Militaristen den Sieg oder das Verbluten Frankreichs den Kompromiß im Westen ermöglichen könnte, daß Deutschland anschließend die russische Revolution erwürgen und nach Vernichtung der russischen Revolution zum neuen Krieg um die Weltherrschaft rüsten würde. Die Schlußfolgerung war uns einleuchtend: Deutschland darf nicht siegen, ein Sieg Deutschlands wäre nach den Plänen der Militärs, der Alldeutschen, der „Untergang in die Barbarei", Zerstörung der Länder und Versklavung der Völker.
Jetzt galt es die Bedeutung der russischen Revolution klar zu erkennen und den Arbeitern begreiflich zu machen, daß in Rußland ein neuer Mensch aufgestanden war. Alle Referate von Kühn und Budich in unserer Spartakusgruppe endeten mit den Worten, die einzige Losung müsse sein: Proletarische Revolution in Deutschland. Diese Losung wiederholte ich im Jugendbildungsverein, im Parteidistrikt, wir waren ja jetzt Mitglieder der USPD, und im Betrieb. Es galt Sympathie-Demonstrationen für die russische Revolution zu veranstalten und Propaganda unter den Soldaten zu machen, nicht mehr im Osten zu kämpfen, aber auch nicht zuzulassen, nach dem Westen abtranportiert zu werden. So begann unsere eigentliche „Militärpropaganda." In der Bevölkerung war die Hoffnung auf baldigen Frieden erwacht. Man gab sich vielfach der Illusion hin, der Krieg werde nun bald zu Ende sein.

Ich habe mir vorgenommen, nur Vorgänge zu schildern, deren Zeuge ich war. Aber ich muß unvermeidlich auf die Ereignisse eingehen, die die Situation erst schufen und die somit mein Tun bestimmten. Schilderungen persönlicher Erlebnisse müssen im Zusammenhang mit den geschichtlichen Ereignissen stehen. Ich erwähnte bereits, welche Aufgaben wir uns stellten, und daß unsere Spartakusgruppe nur sieben Mann zählte. Mit Paul Nitschke traf ich mich fast täglich, die anderen fünf sah ich in den Zusammenkünften. Ohne etwas zu verharmlosen, ist hieraus zu erkennen, welche geringe Kraft wir darstellten. Daß es andere Spartakusgruppen gab, die zahlenmäßig stärker waren als meine Gruppe, erfuhr ich erst später. Insgesamt waren wir in der Arbeiterschaft zu wenig verankert, wir waren keine Massenpartei. Es gab wenige opferwillige Menschen. Es fehlte uns an Zeit und Geld. Wir hatten wohl die klare Einsicht in das verbrecherische Treiben der Kriegsherren, aber die Einsicht allein war noch keine Waffe.
Jetzt, während der russischen Revolution, war auch das Interesse an der russischen Literatur neu erweckt, und ich mußte im Jugendbildungsverein des öfteren Stellen aus der russischen Literatur und Geschichte vorlesen, die uns jetzt besonders bedeutungsvoll erschienen. Ich las wieder von Alexander Herzen vor und über die Gruppe von Sophie Perowska, Alexander Herzen sprach uns besonders an mit seinem Ausspruch: „Intoleranz der Jugend ist eine notwendige Triebkraft für große Handlungen, nur Intolerante erreichen ein neues Ziel". Die russische Literatur war uns ein Schlüssel zum Verständnis für das Zusammengehen der russischen Arbeiter, Bauern und Intellektuellen. Der Begriff Freiheit in der russischen Literatur weist immer auf geistige und persönliche Freiheit hin; der deutsche Begriff Freiheit meint meist die nationale. Die Russen wollten das Zuchthaus des Staates abschaffen, die Deutschen wollten es vergrößern und mit Fahnen und Soldatenbildern ausschmücken. Die russischen Sozialdemokraten im Exil blieben Revolutionäre, die deutschen Demokraten nach 1848 waren Auswanderer, die mit der Heimat meistens auch ihre Ideen aufgaben.

Die Agitation im Parteidistrikt der USPD war jetzt zwar leichter, da wir offener sprechen konnten, aber die Zahlabende fanden nach jahrzehntelanger Gewohnheit weiterhin nur einmal im Monat statt. Doch die Parteikneipen wurden Abend für Abend von Mitgliedern, meist älteren, besucht, die dort „politisierten" und sich informieren wollten. Im Betrieb wiederum war unsere Agitation sehr begrenzt. In einem Großbetrieb kann sich niemand hinstellen und Reden halten. Weit mehr als die Aufpasser läßt die Organsation der Arbeit das gar nicht zu. Der Arbeiter ist auf seine Arbeit konzentriert und die Maschinen beanspruchen seine ganze Aufmerksamkeit. Hin und wieder wirft man sich ein Wort zu. Nur in den kurzen Pausen, wenn die Maschinen abgestellt waren – Automaten liefen weiter – sprachen wir über den Krieg und die Not. Die Kollegen stimmten kopfnickend zu. Wenn ich die Losungen des Spartakusbundes erklärte und von der Notwendigkeit einer Revolution sprach, bejahten sie die eine und die andere Losung mit Kraftworten und Verwünschungen auf den Krieg. Doch immer gab es persönliche Einwendungen: „Werde Du erst mal so alt wie ich" und „Hab' Du erst mal Familie wie ich". Mit diesen und ähnlichen Worten wurde eine Mitarbeit zwar niemals direkt abgelehnt, aber abgeschoben. Wenn ein Kollege seinen Einberufungsbefehl erhielt, wurde geflucht und geschimpft, aber der Befehl wurde befolgt. Hinzu kam die Umschichtung der Arbeitenden in den Betrieben. Mehr und mehr Frauen kamen herein – ohne Lust zu der erzwungenen Arbeit. „Ich habe es eigentlich gar nicht nötig, in dieser Dreckluft zu arbeiten", sagten sie bei jeder Gelegenheit. Politisch waren sie uninteressiert. Da waren zur Arbeit zurückgeholte ältere Arbeiter, dazu junge Burschen, die ihre Lehre zurückstellen mußten. Besonders schwierig war die Kategorie der „Reklamierten", die bereits im Felde gewesen waren. Die Reklamierten taten sich eigentlich nur durch den Gebrauch von widerwärtigen Frontausdrücken hervor, sie waren sonst zu keiner Aktion zu bewegen. „Wir wissen, was Krieg ist, geh' du erst mal raus!" sagten sie zu mir. Dann brauchte nur eine größer Siegesmeldung zu kommen und sofort schlug die Stimmung um. Unter solchen Umständen war revolutionäre Agitation so schwer wie das Durchfeilen einer Stahlkette mit einer Nagelfeile. Bei alledem hatte ich noch viele Sympathien. Fast alle Kollegen, weibliche und männliche, waren sehr kollegial und hilfsbereit zu mir. Sie paßten auf meine Maschine auf, wenn ich in eine andere Abteilung gehen wollte, halfen mir auch bei Arbeiten, mit denen ich nicht fertig wurde. Aber gerade dieses Verhalten der Kollegen ließ mich meinen Einfluß überschätzen. Wenn ich in der Spartakusgruppe von Fällen der Solidarität in meinem Betrieb erzählte, glaubte man sogleich, daß es sich um Revolutionsbereitschaft handele. Darin geht es Revolutionären wie Missionaren, sie verwechseln Sympathiebezeugungen mit aktiver Mitarbeit.

Inzwischen hatten wir erfahren, daß Lenin, Radek, Sinowjew und andere führende russische Sozialdemokraten im April in Petrograd angekommen waren.
Kühn berichtete in der Spartakusgruppe über die Ereignisse, die in den Spartakusbriefen bisher nicht erwähnt wurden, weil der immer vorsichtige Jogiches erst von den russischen Genossen genaue Auskünfte darüber wünschte, wie die Reise zustande gekommen war. Die Bedeutung dieser russischen Revolutionäre kannten wir mehr aus Artikeln in der „Arbeiterpolitik" und „Lichtstrahlen" als aus den Spartakusbriefen. Lenin und seine engeren Mitarbeiter waren im ersten Transport, unter Leitung des Schweizer Sozialdemokraten Platten, in einem Sonderzug durch Deutschland nach Schweden gefahren. Nach diesem ersten Transport mit Lenin und seinen engeren Mitarbeitern reisten weitere über 200 im Schweizer Exil lebende Russen auf dem gleichen Wege nach Rußland zurück. Die Reise Lenins und seiner engeren Freunde wurde und wird heute noch zu verleumderischen Angriffen auf Lenin benutzt; unter den dem ersten Transport folgenden Reisenden waren aber auch Gegner Lenins.

Trotzki war im Mai, einen Monat nach Lenin, aus Kanada über England kommend, in Petrograd eingetroffen. Bei der Zwischenlandung in England war er verhaftet worden, aber nach Protesten der Russischen Provisorischen Regierung und britischer Arbeiter wurde er freigelassen und konnte seine Reise fortsetzen. Britische Arbeiter ließen sich nicht abhalten, Trotzki mit einem großen Demonstrationszug, angeführt von einer Musikkapelle, zum Schiff zu begleiten.

Es wird wohl aus Unwissenheit wenig beachtet, daß es damals, 1917, noch keine kommunistische Partei Russlands gab. Lenin, Tscheidse, Plechanow, Martow, um nur die bekanntesten Führer zu nennen, waren Mitglieder der

Sozialdemokratischen Arbeiterpartei Rußlands, in der es verschiedene Fraktionen gab. Die beiden Hauptfraktionen waren der linke Flügel, die „Bolschewiki" unter Führung Lenins, der rechte Flügel, die „Menschewiki" unter Führung Martows. Zwischen diesen stand die Gruppe unter Führung Trotzkis, die sich bald dem bolschewistischen Flügel anschloß. Eine weitere Gruppe mit Maxim Gorki und die bürgerlichen „Sozialrevolutionäre" waren nicht nur theoretisch für den Umsturz in Russland, sondern agierten sehr aktiv dafür. Jedoch für die einen sollte die Revolution mit dem Sturz des Zarismus beendet sein, für die Bolschewiki begann damit der entscheidende Teil.
Erst ein weiteres Jahr später, im März 1918, änderte die Sozialdemokratische Arbeiterpartei Rußlands, Bolschewiki, ihren Namen in „Kommunistische Partei Rußlands – Bolschewiki". Diese Fakten sind zwar allgemein bekannt, doch sie werden immer wieder entstellt geschildert.
Die Reise der russischen Heimkehrer durch Deutschland war kein „selbstmörderischer Geniestreich Ludendorffs", wie es in manchen Geschichtsbüchern heißt, sondern die Unterstützung einer Rebellon gegen die russische Regierung war ein Teil der politischen Kriegsführung des deutschen Generalstabs vom Beginn des Krieges an. Der deutsche Generalstab kannte die russischen revolutionären Sozialdemokraten zu wenig, um sie richtig einschätzen zu können. Die Russen dachten an ihre Revolution, und keinen Moment daran, sich von den Deutschen Weisungen geben zu lassen. Der deutsche Generalstab kannte keine Skrupel oder völkerrechtliche Bedenken. Er organisierte Sabotageakte und Attentate auf Eisenbahnen in Kanada und den USA, China, Sibirien; er versuchte die mexikanische Regierung gegen die USA in den Krieg zu ziehen, er versuchte den „Heiligen Krieg" der islamischen Bevölkerung gegen die Engländer zu schüren, er versuchte Aufstände in Irland, Marokko, Indien, Georgien, Finnland zu organisieren, er wollte russische Provinzen von Rußland lösen, er versprach den russischen Juden einen eigenen Staat und gleichzeitig den Polen ihr Königreich, und so fort. Kurzum, der deutsche Generalstab versuchte die Aufwiegelung der Völker aller der Länder, in denen die Entente dominierte. Um aber Frankreich und vor allem England vernichten zu können, war die Ausschaltung der Ostfront, also der Sonderfriede mit Rußland nötig.

Im Frühsommer 1917 hatten wir in Berlin die ersten Solidaritäts-Demonstrationen für die russische Revolution durchgeführt. Um einem Verbot zuvorzukommen, wurden die Aufforderungen und Losungen zur Demonstration vom Jugendbildungsverein und von Funktionären der Unabhängigen Sozialdemokratischen Partei mündlich weitergegeben. Wir versammelten uns am Abend eines Wochentages am Bülow-Platz und den umliegenden Straßen, strömten auf ein Signal hin zusammen und wollten geschlossen über den Alexanderplatz und durch das Stadtzentrum ziehen. Wir waren ungefähr zweitausend Teilnehmer. Von den Führern der Unabhängigen Sozialdemokraten war der Reichstagsabgeordnete Georg Ledebour gekommen. Unter Hochrufen auf die russische Revolution, unter Rufen „Nieder mit dem Krieg", kamen wir bis zum Alexanderplatz. Hier trafen wir auf die ersten Ketten der inzwischen alarmierten Polizisten. Da die Straße um diese Zeit von Menschenmassen belebt waren, konnten die meisten von uns durch die Polizeikette durchbrechen, wir kamen jedoch nur bis zur Unterführung des Bahnhofs Alexanderplatz. Hier waren bereits die

Durchgänge gesperrt. Kurz entschlossen gaben wir einander die Losung: in die Untergrundbahn und zum Wilhelmsplatz. Dort waren wir bald mehrere hundert Mann stark und versuchten, – immer wieder unter Hochrufen auf die russische Revolution und Rufen „Nieder mit dem Krieg!" – in die Wilhelmstraße zu den Ministerien zu ziehen. Doch kam auch hier von allen Seiten Polizei, die den U-Bahnhof sperrte und sich vor den Regierungsgebäuden aufstellte und die Zugänge zur Wilhelmstraße und Unter den Linden absperrte. Hier wurden zahlreiche Personen verhaftet, darunter waren aber mehr auffällige Passanten als Demonstranten. Von meiner Jugendgruppe war niemand verhaftet worden. Wir zogen uns nach Auflösung der Demonstration durch den Tiergarten nach Moabit zurück, wo wir noch bis Mitternacht singend und unter Hochrufen auf die russische Revolution durch die Straßen zogen.
Eine zweite Demonstration veranstalteten wir kurze Zeit darauf im Grunewald. Diesmal kamen nur Jugendliche. Wieder war Ledebour gekommen, den ich bei dieser Gelegenheit persönlich kennenlernte. Er hielt vor uns und den sich sammelnden Spaziergängern eine die russische Revolution begrüßende, temperamentvolle Rede, seine Worte mit lebhaften Gesten verstärkend. Ledebour war damals schon fast siebzig Jahre alt. Er war seit 1900 Reichstagsabgeordneter, und er hatte in den Jahren vor dem Kriege wohl die schärfste Zunge im Reichstag gehabt. Er war immer ein erbitterter Gegner des monarchistischen Obrigkeitsstaates und des Militarismus. Obwohl Ledebour in fast allen Fragen des Widerstandes gegen den Krieg mit Karl Liebknecht und Rosa Luxemburg übereinstimmte, war er nicht Mitglied des Spartakusbundes geworden. Doch hatte er inzwischen die weiteren Kriegskredite abgelehnt und war Mitbegründer der USPD.
Ich gebe diesen Demonstrationen für die Russische Revolution nicht nachträglich größere Bedeutung, als sie hatten, doch die Behörden schreckten auf; sie deuteten die Demonstrationen richtig als Warnzeichen. Die Mehrheitssozialdemokraten lehnten die Demonstrationen ab. Die Bevölkerung verhielt sich meist freundlich, ging aber nicht mit.

Jogiches durchschaute die Politik des deutschen Generalstabes. Er warnte vor einem Sonderfrieden und erstrebte den allgemeinen Frieden durch eine Revolution in Deutschland. Jogiches schrieb im Spartakusbrief vom August 1917:
„Nach einigen heftigen Kämpfen hat es die russische Arbeiterklasse siegreich durchgesetzt, daß von der Provisorischen Regierung offiziell als Formel der Kriegsziele anerkannt wurde: keine Annexionen, keine Entschädigungen, ein Friede auf Grund der Selbstbestimmung der Nationen. Auf den ersten Blick hatte damit die proletarische Politik einen vollen und entscheidenden Sieg davongetragen. . .
Aber ein allgemeiner Friede kann von Rußland allein nicht herbeigeführt werden. Das russische Proletariat kann den Widerstand der eigenen herrschenden Klassen niederzwingen, es ist nicht imstande, auf die imperialistischen Regierungen Englands, Frankreichs und Italiens ausschlaggebenden Einfluß auszuüben . . .
So ist in Wirklichkeit, trotz der machtvollen und siegreichen Friedensaktion der russischen Volksmassen, zunächst weder ein Sonderfriede noch ein allgemeiner Friede praktisch zu erreichen. . .
Will sie – die russische Republik – sich etwa durch einen Sonderfrieden

aus der Schlinge des Völkermordes ziehen, dann verät sie das internationale Proletariat und die eigenen Schicksale an den deutschen Imperialismus. Ist sie aber nicht imstande, einen allgemeinen Frieden allein durchzusetzen, dann bleibt nur die Wahl zwischen aktiver Kriegsführung, mit der sie die Interessen des Entente-Imperialismus besorgt, und passiver Kriegsführung, d.h. militärischer Untätigkeit, mit der sie ebenso todsicher die Geschäfte des deutschen Imperialismus fördert... Den imperialistischen Weltkrieg kann nur eine proletarische Weltrevolution liquidieren ...
Hier beginnt aber das Faktum der russischen Revolution. Die Diktatur des Proletariats ist in Rußland – falls eine internationale proletarische Revolution ihr nicht rechtzeitig Rückendeckung schafft – zu einer betäubenden Niederlage verurteilt, gegen die das Schicksal der Pariser Kommune ein Kinderspiel gewesen sein dürfte ...
Sobald der Krieg, mit welchem Ausgang immer, beendet, und namentlich im Falle eines für Deutschlands Machtstellung halbwegs günstigen Ausgangs, wird der natürliche Gegensatz zwischen dem preußisch-deutschen Militär- und Polizeistaat und der russischen Republik mit der ganzen zurückgehaltenen Heftigkeit zum Durchbruch kommen. Die Mittelmächte haben zum Vernichtungskampf gegen das revolutionäre Rußland von Hause aus viel triftigere Gründe als England, Frankreich oder Italien. Vor allem, weil Deutschland sowohl wie Österreich als die reaktionärsten Staaten Europas das größte Inventar der Reaktion vor revolutionären Gefahren zu behüten haben; ferner – weil sie sich in unmittelbarer Nachbarschaft mit dem Revolutionsherd befinden; endlich – weil beim Ausbruch einer europäischen Revolution Deutschland, wie es dessen herrschende Klassen instinktmäßig herausfühlen, gemäß einer führenden kapitalistischen Stellung zum Mittelpunkt der internationalen Erhebung werden würde ...
Die anscheinend wunde Stelle der wirklichen sozialistischen Politik im Kriege liegt darin, daß sich Revolutionen nicht auf Kommando machen lassen ... Dies ist aber auch gar nicht Aufgabe der sozialistischen Partei. Pflicht ist nur, jederzeit unerschrocken „auszusprechen was ist", d.h. den Massen klar und deutlich ihre Aufgaben im gegebenen geschichtlichen Moment vorzuhalten, das politische Aktionsprogramm und die Losungen zu proklamieren, die sich aus der Situation ergeben.
... Heute wie vor drei Jahren gibt es nur die Alternative: Krieg oder Revolution! Imperialismus oder Sozialismus! Dies laut und deutlich zu proklamieren und daraus jeder in seinem Lande die revolutionären Konsequenzen zu ziehen – dies ist die einzige proletarisch-sozialistische Friedensarbeit, die heute möglich ist."
Dieser Artikel war nicht nur ein weiterer Appell an die deutsche Arbeiterschaft, dem russischen Beispiel zu folgen, sondern auch ein Beweis, wie kritisch die Politik Lenins und Trotzkis beobachtet wurde. In der entscheidenden Frage, Übergang der Macht von der provisorischen Koalitionsregierung an das Proletariat, das heißt an die Partei Lenins, stimmte Jogiches mit Lenin und Trotzki überein. Er schrieb:
„Das neue Koalitionsministerium wird kraft der inneren logischen Entwicklung über kurz oder lang einer rein sozialistischen Regierung, d.h. der tatsächlichen und formellen Diktatur des Proletariats, Platz machen müssen."
Jogiches befürchtete immer einen Zusammenbruch der russischen Revolution, wenn die Revolution in Deutschland ausbleiben sollte. Gegen diese Stellungnahme des Spartakusbundes schrieb Parvus im Auftrag des Par-

teivorstandes der Mehrheitssozialdemokratie in einer Denkschrift vom 18. November 1917, daß „die Sprengung der Entente für Deutschland wichtiger sei als alles andere" und daß ein Sonderfrieden Deutschland die wirtschaftliche und industrielle Erschließung Rußlands ermöglichen würde. Das wäre ein Schlag gegen England und Amerikas Wirtschaft.
Wir im Spartakusbund werteten diese Haltung des Parteivorstandes als einen weiteren Versuch, eine Revolution in Deutschland zu verhindern, und polemisierten in den Betrieben und Gewerkschaftsversammlungen heftig dagegen:

Nach der Erschießung zweier Matrosen, Köbis und Reichpietsch, erhielten wir die ersten Nachrichten über angebliche Meutereien in der deutschen Kriegsmarine. Wir erfuhren, daß Heizer und Matrosen auf verschiedenen deutschen Kriegsschiffen Kommissionen gebildet hatten, um bessere Verpflegung und gerechtere Behandlung zu erreichen. Der Abstand zwischen Marine-Offizieren und ihrer unnahbaren Arroganz und Mannschaften – die meistens aus der Industriearbeiterschaft stammten – war in der Marine noch krasser als beim Landheer, Mitglieder von Kommissionen verschiedener Schiffe hatten sich an Land getroffen, um gemeinsam über Möglichkeiten von Beschwerden und Verbesserungen der Verhältnisse zu beraten. Es hatte eine Versammlung von vierhundert Matrosen stattgefunden, in der offen über die unerträglichen Schikanen gesprochen wurde. Diese Versammlung war von Spitzeln gemeldet worden und wurde als Meuterei ausgelegt. Fünf Matrosen, die als Einberufer und Sprecher aufgetreten waren, wurden zum Tode verurteilt, zahlreiche andere Matrosen, die sich in der Versammlung oder auf den Schiffen beschwert hatten, wurden zu insgesamt vierhundert Jahren Zuchthaus verurteilt. Köbis und Reichspietsch, wurden hingerichtet. Unter den drei weiteren zum Tode verurteilten, aber zu Zuchthaus begnadigten Matrosen befand sich ein 22-jähriger Marineflieger, Rudolf Egelhofer, dem ich später in München begegnen sollte.
Die Matrosen hatten Verbindung zur USPD aufgenommen. Diese war auf derartige konkrete Entwicklungen jedoch nicht vorbereitet. Die Funktionäre der neuen Partei hatten keine revolutionäre Erfahrung, die ausgereicht hätte, die Unzufriedenheit der Matrosen mit der der Industriearbeiter zu koppeln. Die USPD konnte nicht mehr tun, als ihnen Mut zuzusprechen und zu raten, sich nicht mißhandeln zu lassen und die Beschwerden weiterzuleiten. Wegen dieser Matrosenaffäre wurde die USPD vom Reichskanzler Michaelis des Landesverrats beschuldigt. Über diesen Michaelis hieß es im Spartakusbrief vom November 1917:
„Als Bethmann-Hollweg von den alldeutschen Annexionstreibern wegen seiner „Halbwahrheiten" gestürzt worden war, präsentierten die Hindenburg und Ludendorff dem Kaiser als Reichskanzler einen obskuren Bürokraten namens Michaelis, der mit Recht als willenloses Werkzeug der Militär- und Polizeidiktatur galt. Doch bewies er sich als so unfähig, daß er schon nach etwa hundert Tagen in die Dunkelkammer der Bürokratie zurückgeschickt werden mußte."

Die Hinrichtung der beiden Matrosen blieb im Gedächtnis der Kriegsschiffbesatzungen und der Bevölkerung der Hafenstände unvergessen. Sie war eine der Ursachen, daß sich die Matrosen als erste erhoben, als sie beim Zusammenbruch der deutschen Fronten geopfert werden sollten.

Zur selben Zeit erhielten wir auch Nachrichten über Meutereien in der französischen Armee. Im Frühjahr 1917, einige Monate vor der Erschießung der zwei deutschen Matrosen, berichtete Kühn in unserer Spartakusgruppe, daß es in der französischen Armee echte Meutereien gegeben habe. Auch in Frankreich sei nicht die revolutionäre Propaganda die Ursache gewesen, sondern es waren spontane Aktionen erschöpfter und verzweifelter Soldaten.
Das zeitliche Zusammentreffen der Ereignisse: russische Revolution, Munitionsarbeiterstreiks im April in Deutschland, Meutereien in der französischen Armee, Erschießung der Matrosen in Deutschland, bewies, daß die Kriegsführenden an einem Punkt angelangt waren, der revolutionsreif war. Doch nur in Russland zogen die Arbeiter und Bauern aus der Situation revolutionäre Schlüsse.

Einige Wochen später, im Herbst, erhielt ich den Befehl zu erneuten Musterung. Nachdem ich bei der Musterung im Frühjahr noch einmal zurückgestellt worden war, hieß es jetzt „zur Feldartillerie".
Wir hatten im Jugendbildungsverein beschlossen, die Aufforderung zur Musterung zu befolgen, nicht aber die Einberufungsorder. Zwischen Musterung und Einberufung lag meistens eine Frist von einigen Tagen, manchmal, je nach Wichtigkeit der Arbeitsstelle, die man hatte, auch von Monaten.
Es schien mir nach einiger Zeit, daß ich im Betrieb schärfer beobachtet wurde, und es schien mir deshalb ratsam, die Arbeitsstelle wieder zu wechseln. Kollegen sagten mir, daß meine Agitation mit der Zeit zu stark aufgefallen sei. Es schlichen zu viele Aufpasser um unsere Abteilung herum. Die Kollegen wurden nervös. Doch, obwohl meine Taschen und mein Werkzeug öfters durchsucht wurden, waren niemals Schriften bei mir gefunden worden.
Kurz bevor ich diesen Betrieb verließ, passierte auch das an sich belanglose Begebnis, wovon ich Ernst Toller erzählte, als wir im Jahre 1933 in einem Café in Zürich saßen und über die Haltung der deutschen Arbeiterschaft zum Hitlerregime sprachen. Toller fand dieses Begebnis so typisch, daß er es in seine Erinnerungen, „Eine Jugend in Deutschland", aufnahm; er war seinerzeit in Zürich dabei, diese zu schreiben.
Anfang Dezember 1917 starb der damals in Berlin wohlbekannte unabhängige Abgeordnete Stadthagen. Meine Belegschaft beauftragte mich, im Trauerzuge mitzugehen, am Grabe einen Kranz niederzulegen und einige Worte zu sprechen. Zwei Kollegen sollten mich begleiten. Aus der Belegschaftsversammlung wurde an mich die Frage gestellt, ob ich auch einen schwarzen Anzug und einen Zylinderhut hätte. Den schwarzen Anzug und die schwarze Krawatte hatte ich, doch machte ich klar, daß ich weder zur Beerdigung noch irgendwann einen Zylinder aufsetzen würde. Nach langem Hin- und Herreden war man zufrieden, als ich versprach, zum schwarzen Anzug ein Paar schwarze Handschuhe zu kaufen und barhäuptig zu gehen. Meine beiden Kollegen, die mich flankierten, trugen geliehene Zylinderhüte.
Toller war durch meine Erzählung deprimiert. Daß Arbeiter mitten im Kriege, in einer Zeit, in der täglich Tausende sinnlos sterben mußten, so albern spießerhaft sein konnten, war ihm unfaßlich. Verspießerte könnten gelegentlich wild werden, aber keine Revolution machen. Es fiel Toller

schwer zu erfassen, wie die Organisationen, die Millionen Menschen umfaßten, durch ihre Bürokratie – die in keiner Frage vorausschaute, sondern sich stets Ansichten der Zeit anpaßte – diese Massen zur Passivität erzogen hatten, diese nicht führten, sondern „verwalteten". Der Theatermann Toller wußte allerdings inzwischen, daß Menschen angesichts vieltausendfachen Todes unbeweglich bleiben, aber bei Romeos und Julias Theatertod gerührt schluchzen.

Gewerkschaftskollegen rieten mir, zum Kabelwerk Cassirer zu gehen. Dieses Werk suchte dringend Arbeiter. Ich ging hin und wurde sofort eingestellt. Das Werk lag im nördlichen Charlottenburg, ich hatte morgens und abends fast eine halbe Stunde zu gehen. Es sollte meine letzte Arbeitsstelle im Kriege sein. Die Kabelfabrikation dieses Werkes war wegen Kupfermangel eingestellt und die Produktion auf Granatenherstellung umgestellt worden. Die Umstellung zeigte alle Merkmale der Eile. Als ich eintrat, arbeiteten ungefähr 1.300 Personen im Betrieb, etwa 1.000 Frauen und 300 Männer. Das Werk nahm jeden Arbeiter, den es kriegen konnte. Die Belegschaft war so ein Sammelsurium ohne ein Gefühl der Zusammengehörigkeit und ohne Werksverbundenheit. Hier arbeiteten auch französische Kriegsgefangene. Die Munitions-Abnahme-Offiziere, die ein- bis zweimal wöchentlich den Betrieb kontrollierten, redeten angesichts der zahlreichen Unfälle, Erkrankungen und der großen Mengen unbrauchbarer Granaten vor den Arbeitern von Sabotage. Es war aber keine Sabotage, es war einfach Unfähigkeit. Das Werk war für Granatendrehen nicht geeignet. Die Maschinen standen viel zu eng beieinander und hatten meistens keine Schutzvorrichtungen. Dieses Werk hätte höchstens die Hälfte der vorhandenen Belegschaft haben dürfen.
Ich arbeitete hier wieder als Werkzeugschleifer und Maschineneinrichter. Die Drehstähle bestanden um diese Zeit schon nicht mehr aus Stahl, sondern aus Eisen, mit einer aufgeschweißten Stahlschneide. Die Schneiden dieser Drehstähle wurden schnell stumpf und glühten aus. Dann riefen mich die Frauen, den Stahl herauszunehmen, ihn zu schleifen und wieder einzusetzen. Sie standen daneben und erzählten mit ihre Geschichte, von ihren Männern im Felde, von den Kindern, die von Großeltern oder Nachbarn betreut wurden oder in der Wohnung eingeschlossen waren. Auch für die unverheirateten Mädchen gab es nur ein Thema: „Wann ist der Krieg aus?" Hier konnte ich offen sprachen, hier hörte man aufmerksam zu, wenn ich gegen den Krieg sprach. Ich wurde bald zum Betriebsvertrauensmann gewählt. Die Arbeitsverhältnisse waren so, wie sie im Frühkapitalismus gewesen sein mögen. Immer war „etwas los". Besonders in den Nachtschichten. Keine Nacht ohne Zusammenbruch einer oder mehrerer Frauen an den Maschinen infolge Erschöpfung, Hunger, Krankheit. Stundenlang standen Maschinenreihen still, weil Transmissionsriemen gerissen waren, mal fehlte Material, dann fehlten Werkzeuge. An manchen Tagen im Winter wurde nicht geheizt, die Arbeiter standen in Gruppen herum, sie konnten und wollten nicht arbeiten. In der Kantine gab es zwölf mal in der Woche, mittags und mitternachts, Kohlrüben; manchmal mit, meistens ohne Kartoffeln. In der Kantine kam es fast täglich zu Schreianfällen von Frauen, manchmal auch zu deprimierenden Schlägereien untereinander, weil angeblich „die Kelle nicht gefüllt" war. Die Werksleitung wollte uns Vertrauensleuten die Regelung derartiger Streitfälle übertragen. Damit wäre

der Ärger und die Wut auf uns abgelenkt worden. Wir lehnten ab.

Ein seltsamer Kollege blieb mir unvergessen. Er war ein großer, hagerer Mensch, ledernes Gesicht, eingefallene Backen und er redete jedermann, ob Frau oder Mann mit „Du" und „Menschenskind" an. Als Mitglied der Verhandlungskommission redete er auch die Mitglieder der Direktion und die Abteilungsleiter mit den gleichen Worten an. Wenn wir wegen irgendeiner Sache vorstellig wurden, und der Direktor fragte, was wir wollten, so war das erste, was er sagte: „Na, Menschenskind, wir kommen wegen Kohlrüben. Mach mal Fett rin!" Man ließ ihn gewähren. Er war für dieses Werk ein schwer ersetzbarer Arbeiter. Er war ein Könner und von sinnlosem Fleiß. Als gelernter Schmied war er nach der Lehre zur See gegangen, und er verfluchte beinahe jeden Tag das Unglück, daß sein Schiff ausgerechnet bei Kriegsausbruch in einem deutschen Hafen gelegen habe, so daß er sofort zum Kriegsdienst eingezogen worden war. Verwundet und lungenkrank wurde er entlassen und kam zum Betrieb Cassirer. Hier arbeitete er bereits eineinhalb Jahre.
Ein anderer Kollege erzählte mir, daß er bis spät in die Nacht hinein Geschichten lese. Er habe Bakunin und Kropotkin gelesen und Heines „Buch der Lieder" läge immer auf seinem Nachttisch. Er war bereits über sechzig, weißhaarig und schon einmal invalidisiert worden, aber er wurde wegen Arbeiterknappheit wieder zur Arbeit geholt. Täglich zitierte er Kotzebue: „Ha, wer bin ich, und was soll ich hier, unter Tigern und Affen, welchen Plan hat Gott mit mir und warum bin ich erschaffen."
Er schimpfte auf den Krieg und nannte die Offiziere Berufsmörder, sie seien so scheußlich wie Henker. Er machte Gedichte gegen den Krieg und gegen das Militär, die wir an die Klosettüren klebten.
Er war kein Sozialdemokrat, er hatte seine eigene Theorie. Diese war einfach: Kein Ehepaar sollte mehr als zwei Kinder haben, dann werden die Arbeiter knapp und würden besser behandelt, und Kriege würden werden der Gefahr der Ausrottung vermieden werden.
Ich hatte auch Gegner im Betrieb. Denunzianten und Spitzel machten sich bald bemerkbar. So war in meiner Abteilung ein älterer Arbeiter, der gerade erst zum Vorarbeiter ernannt worden war. Er kam tags darauf mit Kragen und Krawatte zu Arbeit und verlangte, mit „Sie" angesprochen zu werden. Den Gefallen taten wir ihm gern, wir konnten ihn nun von unseren Gesprächen fernhalten. Unser Verdacht war begründet, er meldete sich später als Zeuge bei der Polizei; er hatte oft herumgeschnüffelt und sich Notizen gemacht.

In unserer Spartakusgruppe berichtete Kühn im November, daß Jogiches in einer Sitzung der Zentrale der Berliner Spartakusgruppen, die einige Tage zuvor stattgefunden hatte, die Machtübernahme in Rußland durch die linken Sozialdemokraten – Bolschewiki – unter Führung Lenins und Trotzkis mit heftigen Worten verurteilt habe. Jogiches habe wiederholt erklärt, daß sie sich nicht an der Macht halten könnten, daß die russische Arbeiterbewegung auf Jahrzehnte hinaus zerschlagen werden würde, und daß die Gefahr eines Sieges des deutschen Militarismus bestehe. Jogiches habe auch die Auflösung der Konstituante und die Übernahme ihrer Aufgaben durch die Sowjets kritisiert.
Die Sitzung der Zentrale der Berliner Spartakusgruppen, von der Kühn be-

richtete, fand in Berlin-Neukölln statt, in einer großem Wohnung, in der ein Zimmer als Büro diente. Es gab dort eine Bibliothek nebst Archiv, an den Wänden hingen Bilder von internationalen Sozialistenführern, einige mit Widmung. Kühn erzählte, als Jogiches ins Zimmer trat, ging er auf das Bild Lenins zu, nahm es ab und drehte es um, das Gesicht zur Wand. Aber am Schluß der Aussprache habe Jogiches erklärt, daß es sich von selbst verstehe, daß jetzt die neue Regierung Lenin-Trotzki mit allen Kräften unterstützt werden müsse. Zur Unterstützung gebe es nur ein wirksames Mittel: Erhebung der deutschen Arbeiterschaft gegen den Krieg, beginnend mit Streiks und Propaganda für Gehorsamsverweigerung in der Armee. Die Russen haben Jogiches skeptische Haltung und seine Warnungen niemals vergessen. Obwohl später bekannt wurde, daß auch Mitglieder des Zentralkommitees der Bolschewiki, Stalin, Sinowjew, Kamenew und andere, die gleichen Befürchtungen geteilt hatten. Bei internationalen Feiern, bei denen die Opfer und Märtyrer des Sozialismus aller Länder gefeiert werden, wird Jogiches selten erwähnt. Doch in Polen und Litauen ist er nicht vergessen.

Wir beschlossen in unserer Gruppe, die antimilitarischen Propaganda zu verstärken und mehr Schriften unter die Soldaten zu bringen. In meinem Distrikt lagen in einem ausgedehnten Rechteck an der Rathenower-Seydlitz-Krupp-Lehrter-Straße die Kasernen und Stallungen einen Ulanen-Regiments. An den Eingängen in der Rathenower- und der Seydlitz-Strasse standen Posten, an der Lehrter- und Krupp-Straße umschloß eine zweieinhalb Meter hohe Mauer das Kasernengelände. In der Lehrter Straße war zudem das berüchtigte Zellengefängnis, in dem in dieser Zeit Kriegsgerichte tagten. Wir hatten in unserem Jugendbildungsverein ein Geschwisterpaar, das in der Lehrter Straße wohnte. Sie hielten die Tür ihres Hauses offen, wenn wir an der Mauer waren. Im Notfalle konnten wir durch den Hof des Hauses über einen Zaun in das Gelände des Lehrter Bahnhofs gelangen.
Beim Hineinschmuggeln unserer Schriften mußten wir es so machen, wie es die Soldaten machten, die ihren Urlaub überschritten hatten – über die Mauer klettern. Das war meine Arbeit. Ich war der beste Turner unserer Gruppe. Wir gingen zu dritt oder zu viert, es waren auch stets ein oder zwei Mädchen dabei, damit Soldaten oder Passanten nicht mißtrauisch wurden, wenn sie uns so spät dort antrafen. Nachdem ich die Schriften an den verschiedenen Orten, in den Korridoren und an den Stalltüren niedergelegt hatte, war das Zurückklettern stets schwieriger, aber es standen vielfach Geräte an der Mauer. Alle diese Unternehmungen glückten uns.
Wir verbreiteten auch den Aufruf des Soldatenrates der russischen zwölften Armee, den dieser bei der Besetzung Rigas durch die deutschen Truppen an diese richtete:
„Deutsche Soldaten! Der Vollzugsausschuß der XII. Armee lenkt Eure Aufmerksamkeit darauf, daß Ihr für den Absolutismus kämpft gegen die Revolution, Freiheit und Gerechtigkeit. Euer Sieg bedeutet den Tod der Demokratie und der Freiheit. Wir verlassen Riga, wir wissen aber, daß die Revolution sich stärker und kraftvoller erweisen wird als die Macht der Kanonen. Wir sind dessen sicher, daß die deutschen Soldaten schließlich mit der russischen revolutionären Armee zum Siege der Freiheit schreiten werden. Ihr seid heute stärker als wir, aber Euer Sieg ist lediglich der Sieg der rohen

physischen Kraft. Die moralische Kraft steht auf unserer Seite. Die Geschichte wird einst künden, daß das deutsche Proletariat gegen seine russischen Brüder marschierte und die internationale Solidarität preisgab. Die Schuld kann nur dadurch gesühnt werden, daß ihr Euch zum Schutze Eurer eigenen Interessen wie derer der ganzen Welt erhebt. Eure ganze Kraft gegen den Imperialismus zusammenfaßt und im Verein mit uns den Feind zu Boden werft." Die letzte Schrift, von der ich einige Exemplare in die Kaserne bringen konnte, war die Denkschrift des Fürsten Lichnowsky, des früheren deutschen Botschafters in London, über die Schuld der deutschen Regierung am Kriege.
Für die Militärbehörden und die Polizei war diese Sache weit ernster als die Agitation in den Fabriken. Eine Agitation unter dem Militär und in Kasernen hatte es bisher nicht gegeben. In den letzten Jahren vor dem Kriege hatte es in Deutschland Proteste und Prozesse wegen Soldaten-Mißhandlungen gegeben. Selbstmorde mißhandelter Soldaten führten zur Aufdeckung von schweren Verbrechen in den Kasernen. Rosa Luxemburg war bereits vor dem Kriege wegen Anprangerung von Soldatenmißhandlungen zu Gefängnis verurteilt worden. Ihr Verteidiger vor Gericht war Paul Levi gewesen. Karl Liebknecht hatte im Reichstag Soldatenmißhandlungen an die Öffentlichkeit gebracht. In der Literatur und in satirischen Zeitschriften wurde der Militarismus verhöhnt. Aber eine direkte, „gezielte" antimilitaristische und Antikriegsagitation, wie sie jetzt vom Spartakusbund geführt wurde, hatte es doch nicht gegeben. Die Militärbehörden wurden ungeduldig und verlangten, daß die Polizei unter Einsatz aller Kräfte nach Spartakus suchte. Wer ist Spartakus? war die Frage. Die bekannten Führer waren doch sämtlich im Gefägnis. Die Polizei beobachtete die legalen und oppositionellen Parlamentarier, Post und Telefon standen unter Kontrolle. Doch diese Parlamentarier hatten keine Verbindung zu Spartakus.
An einigen Orten im Reich waren Mitglieder von Spartakusgruppen, bei denen Schriften gefunden wurden, Jugendliche, Frauen, Männer, zu mehrjährigen Zuchthausstrafen verurteilt worden. Die Spartakusschriften, die der Polizei in die Hände fielen, wurden in der politischen Abteilung VII registriert.
Sichtbaren Erfolg hatte unsere Agitation weder in den Fabriken noch in den Kasernen. Soldaten und Arbeiter murrten, sie hungerten, sie starben. Für uns im Spartakusbund und im Jugendbildungsverein war die Forderung des Tages der Kampf gegen den Krieg, der Kampf für den Frieden.
Später, nachdem die deutschen Heere an allen Fronten geschlagen waren, versuchten geschlagene Generäle die revolutionäre Agitation für die Niederlagen verantwortlich zu machen. Die amtlichen Dokumente über den Kriegsverlauf beweisen die Unwahrheit dieser Behauptungen. Die Wahrheit ist, daß eine einzige frische amerikanische Division stärker war als alle Propaganda. Zu einer wirksamen Propaganda hätten auch Millionen gehört – Geld und Menschen. Wir waren zu wenige und wir waren mittellos. So ging der Krieg weiter bis zur militärischen Niederlage.
Auch in Rußland hatte man versucht, der revolutionären Friedensagitation der linken Solzialdemokraten-Bolschewiki die Schuld zu geben, daß die deutschen Truppen im Sommer 1917 und danach, fast ungehindert ihren Vormarsch in Russland fortsetzen konnten. Diese Beschuldigung wurde von den Urhebern selbst widerlegt. Der General Alexejeff, der bis zur Abdankung des Zaren Chef des Generalstabes des russischen Heeres war, er-

klärte auf der „Staatskonferenz", die der Ministerpräsident und Kriegsminister Kerenski Ende August 1917 in Moskau abhielt: „Die Offensive Brussiloffs, vom Juni 1916, hatte ihre strategischen Ziele nicht erreichen können, weil es eben an der notwendigen Ausrüstung gefehlt hatte ... Die russische Armee ist seit dem Sommer 1916 nicht fähig gewesen, die Offensive aufzunehmen." Im Sommer stand es mit dem deutschen Heer ebenso.

Seit 1917 unterhielt die USPD in einem Bürohaus in der Schickler Straße, im Zentrum Berlins, einige Räume, von denen einer mit Schulbänken ausgestattet war und als Vortragszimmer diente. Ich ging in diesem Spätherbst und Winter mit Paul Nitschke einmal wöchentlich zu den Vorträgen. Hier lernte ich das Mitglied des Zentralvorstandes Ernst Däumig kennen. Er referierte am ersten Abend über die Ereignisse im Osten, insbesondere über die deutschen Bestrebungen, die Ostseeprovinzen und die Ukraine von Rußland abzutrennen. An der Wand war eine große Karte von Rußland angebracht, und der Referent zeigte den Verlauf der Fronten. In seinen Referaten ging Däumig kaum über das hinaus, was die Kriegsberichter der Tageszeitungen meldeten, nur, daß er am Schluß stets ironisch sagte: „Wir müssen abwarten, wie das mal enden wird". Diese Zurückhaltung war nicht Feigheit. Die neue Partei wollte kein Verbot ihrer legalen Tätigkeit riskieren.
Die Abende wurden sehr interessant, da ich hier noch andere Vorstandsmitglieder kennenlernte, so die spätere Reichstagsabgeordnete Anna Nemitz und ihre Freundin Maria Wagner, den Abgeordneten und späteren preußischen Kultusminister Adolf Hoffmann, der den Spitznamen „Zehn-Gebote-Hoffmann" trug, und zahlreiche Jugendliche aus anderen Bezirken. Es waren stets zwischen vierzig und sechzig Personen anwesend, überwiegend Jugendliche. Ich konnte bald feststellen, daß nicht wenige Mitglieder anderer Spartakusgruppen dabei waren. Sie boten mir in der üblichen vorsichtigen Art die gleichen Schriften an, die ich ihnen anzubieten hatte. Es kamen auch Beamte der politischen Polizei zu den Vorträgen. Sie stellten sich an die Tür, schauten, hörten zu und gingen wieder. Wir erkannten diese Typen sehr rasch; jedenfalls eher und besser als sie uns. Für mich sollte es sich später vor dem Untersuchungsrichter herausstellen, daß sie reichlich Notizen über uns gemacht hatten.
Die Maßnahmen der Regierung Lenins und die Befürchtungen Jogiches blieben das Hauptthema bei allen Diskussionen in der Spartakusgruppe und im Jugendbildungsverein. Wir erfuhren bald, daß die führenden Bolschewiki sich über die Gefahren eines Sonderfriedens klar waren. Die Bolschewiki hätten aber ohne das Versprechen, den Krieg zu beenden, die Regierung Kerenski nicht stürzen können.
Ihre Schuld war es nicht, daß die großartigen Ansätze zu einer neuen Gesellschaftsordnung in einem opfervollen Bürgerkrieg verteidigt werden mußten, nachdem die Revolution selbst fast unblutig verlaufen war. Die Geschichte beweist, daß eine Konterrevolution stets das Mehrfache an Opfern fordert als die Revolution selbst.

Geldmangel und die zeitraubende Suche nach einer Druckerei, die es riskierte, einen längeren Spartakusbrief zu drucken, waren die Ursache, daß erst zwei Monate später, im Januar 1918, wieder ein Brief erscheinen konnte. In diesem Brief sprach Jogiches noch einmal von seiner Besorgnis um

die Entwicklung der russischen Revolution. Die Formulierung ließ erkennen, daß die Auffassung Jogiches' auch die von Rosa Luxemburg war.
Es hieß im Brief vom Januar 1918:
„... Der preußisch-deutsche Halbabsolutismus in traulichen Verhandlungen mit den Lenin und Trotzki, die erst vor ein paar Jahren um das Berliner Polizeipräsidium einen weiten Bogen machen mußten! ... Wieviel lieber würden die Hindenburg und Ludendorff ihre ‚Dicke Berta' mit der ‚Bande' in Petersburg reden lassen! – Doch stille! Solche Herzenswünsche müssen einer späteren Gelegenheit vorbehalten bleiben ...
... Es ist psychologisch begreiflich, daß die Bolschewisten in ihrer Situation jetzt das Bedürfnis haben, in der entscheidenden Frage, der des Friedens, ihre Politik als Erfolg gekrönt anzusehen, und sie auch so vor dem russischen Volk hinstellen. Nüchterne Betrachtung der Dinge zeigt sie in anderem Licht.
Die nächste Wirkung des Waffenstillstandes im Osten wird nur die sein, daß deutsche Truppen vom Osten nach dem Westen dirigiert werden. Vielmehr: sie sind es schon ... Zu Hunderttausenden sind deutsche Truppen noch vor der Unterzeichnung des Waffenstillstandes von Rußland nach Italien und Flandern verladen worden. Die letzten blutigen deutschen Vorstöße bei Cambrai und im Süden, die neuen „glänzenden" Erfolge in Italien sind bereits Wirkungen des bolschewistischen Novembersturzes in Petersburg. Noch warm von Verbrüderungsszenen mit russischen revolutionären Soldaten, von gemeinsamen photographischen Gruppenaufnahmen, Gesängen und Hochs auf die Internationale, stürzen sich bereits die deutschen „Genossen" mit aufgekrempelten Armeln in heldenmütigen Massenaktionen ins Feuer, um ihrerseits französische, englische und italienische Proletarier abzuschlachten. Durch die frische Massenzufuhr deutschen Kanonenfutters wird das Gemetzel an der ganzen West- und Südfront mit zehnfacher Kraft auflodern. Daß Frankreich, England und Amerika dadurch zu äußersten, verzweifelten Anstrengungen veranlaßt werden, liegt auf der Hand. Und so ergeben sich als nächste Wirkungen des russischen Waffenstillstandes und des ihm auf dem Fuße folgenden Sonderfriedens im Osten nicht die Beschleunigung des allgemeinen Friedens, sondern erstens, die Verlängerung des Völkermordens und ungeheure Steigerung seines blutigen Charakters, was auf beiden Seiten Opfer fordern wird, gegen die alles bisherige erblassen dürfte; zweitens, eine enorme Stärkung des militärischen Position Deutschlands und damit seiner verwegensten Annexionspläne und -Appetite.
Die Schuld an diesem tragischen geschichtlichen Quidproquo fällt in erster Linie auf das deutsche Proletariat. Auf ihm ruht die Hauptverantwortung vor der Geschichte für die ungeheuren Blutströme, die nunmehr vergossen werden ...
... Die Russen aber, sie müssen handeln. Die Arbeiterklasse hat dort die Macht. Sie ist im Innern Siegerin. Sie ruft mit lauter Stimme hinaus nach ihren Brüdern in der Welt. Und statt der Brüder antwortet ihr der heisere Schakalschrei zünftiger Diplomaten ... "
Dann hieß es über Lenins Losung „Selbstbestimmungsrecht der Nationalitäten":
„... Es ist freilich Aufgabe des revolutionären Proletariats, überall die weitgehendste politische Demokratie und Gleichberechtigung der Nationalitäten durchzuführen, es kann aber am allerwenigsten seine Sorge sein, die

Welt mit neugebackenen nationalen Klassenstaaten zu beglücken. An dem Apparat der staatlichen Selbstständigkeit nach außen, die mit Demokratie gar nichts zu tun hat, ist nur die Bourgeoisie in jeder Nation interessiert. So wird auch eine bei den Friedensverhandlungen oder später vollzogene Annexion Polens, Litauens und Kurlands durch die Mittelmächte ganz als ein Wunsch der betreffenden Nationen ausstaffiert werden . . . Die Bolschewisten dürften im weiteren Verlaufe der Dinge mannigfach an den Stacheln dieser von ihnen so unbedacht propagierten Phrase hängen bleiben."
Hier war Jogiches zu skeptisch. Lenin hatte die Stacheln wohl bedacht. Er hatte geschrieben: „Die nationale Frage ist nur ein Teil des sozialistischen Umschwungs."
Der Januarbrief 1918 sollte Jogiches letzter Spartakusbrief sein.

Rosa Luxemburg entwarf nach den Hinweisen und Informationen, die sie von Jogiches erhielt, in der Zelle des Zuchthauses Breslau ihre klassische Schrift über die russische Revolution. Diese Schrift wurde zur leidenschaftlichen Kritik einer Revolutionärin, die wollte, daß der reißende Strom der Revolution von allem Schlamm freibleibe. Die spärlichen Informationen, die Rosa Luxemburg in der Gefängniszelle erhielt, ließen sie nicht erkennen, daß in der Revolution Maßnahmen, Mittel, Methoden, in erster Linie nicht von den Revolutionären, sondern von ihren Gegnern bestimmt werden.
Die Meinungsverschiedenheiten hemmten unsere Aktivitäten in der Spartakusgruppe und im Jugendbildungsverein nicht im geringsten. Im Gegenteil, sie regten uns an, den Anschluß an die russische Revolution zu gewinnen und den aufgezeigten Gefahren zu begegnen. Wir waren ein politischer Kreis, folglich waren die Diskussionen um die Dinge, die uns erfüllten, Voraussetzung jeder Handlung.

Die Mehrheit der Partei- und Gewerkschaftsbürokraten akzeptierte die Pläne der Militärs. Die Leitartikel der Partei- und Gewerkschaftspresse dieser Zeit beweisen es. Es war nicht etwa nur die Dienstbeflissenheit der vom Militärdienst Freigestellten, diese Leute bezeugten ihre Verbundenheit mit dem Militär-Staat. Somit blieb auch die Masse der Bevölkerung passiv.

In diesen Tagen wurde ich zum ersten Male von der Zentrale des Spartakusbundes zu einer wichtigen Arbeit herangezogen. Jogiches hatte die Kopie der Denkschrift des Fürsten Lichnowsky in die Hände bekommen und ich sollte in der Druckerei bei der Herstellung und dem Versand helfen. Fürst Lichnowsky, der bis zum Ausbruch des Krieges deutscher Botschafter in London war, hatte dem Kaiser eine Denkschrift übergeben über die Bemühungen der britischen Regierung zur Erhaltung des Friedens. Aus dieser Denkschrift ging hervor, daß die britische Regierung den Krieg beinahe um jeden Preis vermeiden wollte, daß aber in Berlin der gleiche Wille zum Frieden nicht vorhanden war, und daß der wichtigste Bericht Lichnowskys über die Haltung der britischen Regierung vom Auswärtigen Amt „geändert", das heißt gefälscht worden war, ehe er dem Kaiser vorgelegt wurde. Lichnowsky hatte auch am 26. Juli 1914 warnend berichtet, daß alles getan werden müsse, „dem deutschen Volk einen Kampf zu ersparen, bei dem es nichts zu gewinnen und alles zu verlieren habe". Von der Denkschrift wurde während des Krieges viel und geheimnisvoll geflüstert, besonders

nachdem Fürst Lichnowsky deswegen aus dem Preußischen Herrenhaus ausgeschlossen worden war.
Der Besitzer der kleinen Druckerei in der Grünstraße, im Zentrum Berlins, konnte die Denkschrift nur abends drucken, wenn sein Mitarbeiter Feierabend hatte. So machte ich an mehreren Abenden in der Druckerei Hilfsarbeiten und mußte anschließend fertige Exemplare gleich aus dem Hause schaffen. Der Versand ins Reich mußte harmlos getarnt auf mehrere Postämter verteilt werden. Diese Arbeit leistete ein untersetzter Mann mittleren Alters, Michel genannt. Er hieß Otto Franke und war Mitglied der revolutionären Obleute und gleichzeitig Verbindungsmann zur Zentrale des Spartakusbundes. Zu seiner Hilfe hatte er Anna Colditz, eine kaufmännische Angestellte; aus meinem Bezirk Moabit waren Willi Leow und ich dabei.
Ein Gegner des Krieges, der Hauptmann von Beerfelde, hatte einen Bekannten im Auswärtigen Amt, der Einblick in die Akten hatte. Dieser überließ ihm die Denkschrift für eine Nacht. Im Büro Jogiches wurde sie abgeschrieben. Das Original wurde am anderen Morgen wieder zu den Akten gelegt. Es konnte während des Krieges nicht entdeckt werden, wie wir die Denkschrift in die Hände bekommen hatten. Nach dem Krieg gab Lehmann-Russbueldt für den Bund „Neues Vaterland" die Denkschrift in der Schriftenreihe des Bundes noch einmal heraus.

Ich wurde nach meiner Verhaftung täglich stundenlang von Kriminalbeamten der „Abteilung VII" und vom Untersuchungsrichter beim Reichsgericht über die Denkschrift verhört; ich konnte nur zugeben, daß ich sie mit verbreitet hatte. Wie Jogiches zu der Denkschrift gekommen war, erfuhr ich erst nach dem Kriege. Auch den Hauptmann von Beerfelde habe ich erst nach dem Kriege kennengelernt; er war ein Freund des Kapitänleutnants Hans Paasche, der im Mai 1920 ermordet wurde.

5. Der erste Versuch, den Krieg durch Streik zu beenden

Der Waffenstillstand im Osten hatte in der deutschen Bevölkerung bereits zu viele der Regierung unerwünschte Hoffnungen geweckt. Mit Ungeduld wartete man auf den versprochenen Frieden und auf das Brot der Ukraine. Wir im Jugendbildungsverein und in der Spartakusgruppe sprachen mit freudiger Anerkennung über die Überlegenheit des Revolutionärs Trotzki gegenüber den deutschen Generals-Gewaltmenschen. Auch bei den Gesprächen mit Kollegen im Betrieb fand die Haltung Trotzkis in Brest-Litowsk allgemein Zustimmung. „Es lebe Trotzki!" schrieben wir an Klotüren, an Zäune und Häuser. Sonst aber hatten wir traurig-kalte Weihnachts- und Neujahrstage hinter uns. Die zahlreichen Urlauber, die ihre Familien besuchen konnten, brachten keine Pakete mehr mit. Es waren Urlauber darunter, die vom Balkan und aus Österreich kamen und vom Hunger und der Unzufriedenheit berichteten, die dort herrschten. Auch zu meiner Arbeitsstelle kamen Urlauber. Frauen, die an den Drehbänken arbeiteten, wurden von ihren Männern besucht, die zum Teil erst jetzt erkannten, wie schwer das Leben in der Heimat geworden war. Die Gespräche wurden offener und und aggressiver. Urlauber machten uns Vorwürfe, daß wir zu viel arbeiteten: „Wenn ihr nicht so viel arbeiten würdet, müßten wir wegen Munitionsmangel Schluß machen; gewinnen können wir den Krieg sowieso nicht mehr." Meine Antwort war ebenso einfach: „Bleibt doch hier, geht nicht mehr raus". Die Sprüche: „Jeder Schuß ein Russ', jeder Stoß ein Franzos', jeder Tritt ein Brit' ", waren nicht mehr zu hören.
Wie an meiner Arbeitsstelle waren auch die Belegschaften anderer Betriebe in Bewegung gekommen. Wenn wir auch wenig Verbindung zu anderen Betrieben hatten, so wußten wir doch, daß überall die gleichen Fragen diskutiert wurden, und daß in den Diskussionen immer häufiger das Wort „Streik" fiel. Die Presse berichtete über diese Stimmungen in den Betrieben nicht, ebensowenig über schwere Unfälle. Teils war sie nicht informiert, teils unterdrückte die Zensur diese Art Berichte.
Seit Rosa Luxemburgs Schrift „Massenstreik, Partei und Gewerkschaften" war in der Arbeiterbewegung nach 1906 der Begriff der „Spontaneität" diskutiert und viel mißdeutet worden. Alle Erfahrungen lehren, daß es im revolutionären Kampf keine Spontaneität gibt. Die Unzufriedenheit schwelt lange unbeachtet, sie wächst mehr oder minder schnell und gelangt, mei-

stens durch ein erregendes Ereignis, zu dem Punkt, an dem sie zum Ausbruch kommt. Wie Wasser im Kessel auf kleiner aber steter Flamme auch zum Kochen kommt. Wenn es aber zu lange dauert, verpuffen die Energien, wie das Wasser verdampft. Nur dem Unbeteiligten erscheint der Ausbruch spontan.
Die Vertrauensmänner der Betriebe hatten aus ihrer Mitte einen engeren Kreis, die „Obleute", gebildet, die einen Funktionär des Metallarbeiterverbandes, Richard Müller, zu ihrem Vorsitzenden gewählt hatten. Richard Müller war Mitglied der USPD, zu der sich auch die Mehrheit der Obleute bekannte. Diese Körperschaften kamen des öfteren zusammen, nicht nur um über die Hilfsmaßnahmen gegen den Hunger zu beraten, sondern auch, um gegen die Fortsetzung des Krieges zu protestieren. Sie forderten sogar den Vorstand der USPD auf, den allgemeinen Streik auszurufen. Zu einer solchen Kraftprobe fühlte sich der Vorstand jedoch nicht stark genug und lehnte ab.
Die Betriebsvertrauensleute hatten richtig erfaßt, daß die jetzige Situation politische Forderungen und Aufgaben verlangte, die eigentlich die Führung durch eine politische Partei notwendig machte. Daß der Vorstand der SPD den Kampf nicht führen konnte und auch nicht wollte, verstand sich von selbst. So lag die Leitung des Streiks bei den Obleuten der Betriebsvertrauensleute. Es mußte schnell gehandelt werden. Wir erfuhren jetzt auch, daß in Österreich vor mehreren Tagen, Mitte Januar, große Streiks ausgebrochen waren, in deren Verlauf Arbeiterräte gebildet wurden. Die Stärke und Ausbreitung der österreichischen Streiks alarmierten die deutschen Militärbehörden und die mit ihnen verbundenen Gewerkschaftsführer, die alles taten, um ein Übergreifen nach Deutschland zu verhindern.
Am Kaiser-Geburtstage, den 27. Januar 1918, war die Polizei in Berlin bei Paraden beschäftigt. So eignete sich dieser Tag am besten zu einer unbewachten Versammlung der Vertrauensleute; hier wurde der Streik für den nächsten Tag beschlossen.
Am Morgen des 28. Januar stand ich mit anderen Vertrauensleuten frühzeitig am Tor meiner Arbeitsstelle und forderte jeden Eintretenden auf, ohne Kleiderwechsel zum Arbeitsplatz zu gehen. Nachdem die Belegschaft vollständig war, ging ich durch die Abteilungen und gab Losungen aus, zu einer Versammlung in die große Werkhalle zu gehen.
Ich war in der Zwischenzeit von den Vertrauensleuten der Abteilungen meiner Arbeitstelle zum „Obmann" und Sprecher gewählt worden. Auf einem Tisch in der Mitte der Versammelten stehend begann ich meine Rede. Die wenigen Sätze, die ich sprach, habe ich noch in Erinnerung, da sie mir zustimmend von den Kollegen, anklagend von der Polizei der Kommandantur und vom Untersuchungsrichter beim Reichsgericht immer wieder vorgehalten wurden. „Wir streiken nicht aus Kohlrübengründen, wir streiken, um den Krieg zu beenden!" schrie ich mit der erheblichen Lautstärke, die mir gegeben war; „wir wollen Frieden . . . wir wollen dem Kaiser und seinen Generälen keine Waffen mehr liefern! Wir wollen Verbrüderung mit der russischen Revolution . . . wir wollen streiken, bis der Krieg beendet ist! Es lebe die russische Revolution, es lebe Lenin und Trotzki!" So wiederholte ich meinen Aufruf; immer wieder unterbrochen von den Zurufen der über tausend begeisterten Frauen und Männer.
So ging es wohl eine halbe Stunde lang, bis sich alles etwas beruhigte und ich den Kollegen sagen konnte, daß am Nachmittag die Versammlung der

Obleute aller Betriebe stattfinden würde, und daß sie jetzt nach Hause gehen und sich am Vormittag des nächsten Tages vollzählig am Fabriktor versammeln sollten.
Inmitten der Versammlung standen auch die Leute der Werksleitung, auch der Besitzer Cassirer. Während seine leitenden Angestellten mit schreckensbleichen Gesichtern dastanden, war ihm unverhohlene Sympathie anzusehen. Wie ich erfuhr, war er der Bruder des Kunsthändlers Bruno Cassirer und Schwager der Schauspielerin Tilla Durieux. Er meldete sich später nicht als Zeuge bei der Polizei.
So begann der große Munitionsarbeiterstreik vom Januar-Februar 1918 im Betrieb Kabelwerk Cassirer, Berlin-Charlottenburg. Ähnlich wird es in anderen Betrieben zugegangen sein. In Berlin legten in diesen Tagen vier- bis fünfhunderttausend Arbeiter die Arbeit nieder. Von hier sprang der Funke auf ganz Deutschland über.
Der Streik erweckte viele Hoffnungen. Wir waren überzeugt, das Leben von Millionen Menschen retten zu können. Wir glaubten, die deutsche Militärkaste zu Friedensverhandlungen zwingen zu können . . .
Am Nachmittag dieses Tages, am 28. Februar 1918, traten die Delegierten der Betriebe zusammen. Die Streikleitung wurde erweitert und in „Arbeiterrat" umbenannt. Die beiden großen Parteien, SPD und USPD, delegierten je drei Vorstandsmitglieder in den Arbeiterrat. Für die Mehrheitssozialdemokraten waren es Ebert, Scheidemann und Otto Braun. Die Obleute der der Betriebsvertrauensleute stellten fünf Mitglieder, den Vorsitz behielt Richard Müller.
Gegen die Wahl Eberts und Scheidemanns gab es starken Widerspruch. Rufe „Kaiserlakaien!" ertönten. Man wußte, daß Ebert der Haupttreiber gewesen war beim Ausschluß jener Reichstagsabgeordneten, die sich der Fraktionsdisziplin nicht länger beugen wollten und die Kriegskredite ablehnten. Das instinktive Mißtrauen gegen Ebert sollte sich als berechtigt erweisen. Jahre später gestand Ebert im berüchtigten Magdeburger Prozeß, daß er nur in die Streikleitung gegangen sei, um die Kontrolle über die Arbeiter zu behalten: er hätte von vornherein die Absicht gehabt zu bremsen, den Streik nicht zu einem Erfolg werden zu lassen.
Der Arbeiterrat legte ein politisches Programm vor: Frieden ohne Annexionen, Hinzuziehung von Arbeitervertretern zu den Friedensverhandlungen, Aufhebung des Belagerungszustandes und der Militarisierung der Betriebe, Verbesserung der Nahrungsmittelversorgung, Freilassung der politischen Gefangenen, Demokratisierung und Einführung der versprochenen Wahlrechtsreform.
Als ich am anderen Morgen zum Betrieb kam, standen schon zwei Polizisten mit gezogenem Säbel am Haupttor. Angesichts der sich versammelnden Belegschaft von über tausend Frauen und Männern sagten sie, daß sie zur Überwachung der im Betrieb untergebrachten französischen Kriegsgefangenen abkommandiert seien. Wir zogen zu einem Lokal im Laubengelände an der Jungfernheide. Dort sprach ein Vertreter des Arbeiterrats, ich verlas die Forderungen, die tags zuvor beschlossen worden waren. Ich wurde in die Streikleitung der Betriebe Nord-Charlottenburg delegiert. Um die Streikenden zusammenzuhalten und sie laufend zu informieren, vereinbarten wir, jeden Morgen im Laubengelände zusammenzukommen. Hier glaubten wir, vor Polizeiüberfällen sicher zu sein. In Berlin war am gleichen Tag von den Militärbehörden ein Versammlungs- und Demonstrationsverbot erlas-

sen und der verschärfte Belagerungszustand proklamiert worden. Es begannen bereits die Verhaftungen von Streikenden und Demonstranten, die dem Verbot trotzten. Mit anderen Mitgliedern der Streikleitung blieb ich den größten Teil des Tages über im Lokal. Ebenso in den folgenden Tagen. Spätnachmittags war ich im Jugendbildungsverein, dessen Mitglieder überall als Boten und Flugblattverteiler aktiv waren, abends waren die Zusammenkünfte der Spartakusgruppe, in der über die Streiklage berichtet wurde, und wo wir Flugblätter und Weisungen erhielten. Ich war in diesen Tagen nur nachts für wenige Stunden zu Hause.
Bereits am dritten Streiktag begannen Frauen zu klagen, kein Geld mehr zu haben. Auch der tägliche Napf Kohlrüben der Kantine fehlte ihnen schon. Doch hatte die Belegschaft noch für einige Tage Lohn zu erhalten. Nach einer Verhandlung mit Cassirer wurde uns die Restlöhnung ausgezahlt. Die kaufmännischen Angestellten, die im Betrieb geblieben waren, hatten die Lohnzahlungen schon vorbereitet. Wieder im Lokal angelangt, begannen wir, für die gewerkschaftlich nicht organisierten Frauen Geld zu sammeln. Zur Ermutigung schüttete ich vor allen Augen den Inhalt meiner Lohntüte auf den Teller.
Es kamen von unserer Belegschaft täglich fünf- bis sechshundert Frauen und Männer ins Streiklokal, sie mußten informiert und aufgemuntert werden. Täglich mehrmals mußte ich aufs Podium und Berichte über die Streiklage geben oder ich las aus Flugblättern und den Spartakusbriefen vor. Kollegen, die aus verschiedenen Teilen der Stadt kamen, brachten die wildesten Gerüchte von Massenverhaftungen mit. Soldaten und Polizei patrouillierten in den Straßen. Am vierten Tag kamen schon mehrere Kollegen aufgeregt zu mir und legten den Gestellungsbefehl vor, den sie soeben erhalten hatten. Jetzt gab es Vorwürfe gegen die Streikleitung. Ich sammelte die Gestellungsbefehle ein und ging damit zur zentralen Streikleitung, die bereits Verhandlungen mit den Militärbehörden aufgenommen hatte. Es mögen mir wohl fünfzehn Kollegen ihre Gestellungsbefehle gegeben haben. Ich erklärte ihnen, daß niemand zu gehen brauche, solange die Verhandlungen im Gange seien. Sie glaubten es gern . . .

Am fünften Tag begann der Streik abzubröckeln. Mehrere Betriebe begannen wieder zu arbeiten. Der Arbeiterrat hatte den Streik ja ohne die Gewerkschaftsverbände geführt und wollte ihn auch ohne die Vermittlung der Gewerkschaftsvorstände wieder beenden.
Unsere Cassirer-Belegschaft blieb insgesamt sieben Tage im Ausstand. Im Bereich Berlin-Nordwesten hatten wir den Streik am längsten durchgehalten. Das wurde in späteren Versammlungen der Metallarbeiter lobend erwähnt. Auch der Untersuchungsrichter beim Reichsgericht erwähnte das später, allerdings nicht im lobenden Sinne.
Weder die Militär- noch die Zivilbehörden hielten die Vereinbarungen ein, daß keine Maßregelungen erfolgen würden. Sofort nach Beendigung des Streiks wüteten die Behörden mit zahlreichen Verhaftungen und Einberufungen zum Militär. Unter den Verhaftungen waren viele Mitglieder des Spartakusbundes. In der Folge wurde auch die politische Polizei weiter verstärkt; Polizeibeamte wurde aus dem Militärdienst an die „innere Front" zurückgerufen. Besonders die Hetze der Alldeutschen gegen den „inneren Feind" überschlug sich, sie schrieen nach Rache. Diese Leute betrachteten den Abbruch, und damit den Mißerfolg des Streiks, als ihren Sieg. Nicht

ganz zu Unrecht, sie genossen ihren Krieg noch neun Monate länger.
Drei oder vier Tage nach dem Streik erhielt auch ich meinen Gestellungsbefehl. Ich ging damit zu Paul Nitschke, der gerade dabei war, Wäsche und Zahnbürste einzuwickeln. Auch er hatte seinen Befehl erhalten, ohne Frist, zum folgenden Tag. Da wir längst beschlossen hatten, Gestellungsbefehle nicht zu befolgen, mußten wir Unterkünfte suchen. Paul Nitschke ging in der Dunkelheit zu einer befreundeten Familie, wo er bleiben konnte. Ich hatte ein Frist von einigen Tagen und verabschiedete mich im Betrieb. Meinen Gestellungsbefehl schickte ich ordnungshalber an die Absendestelle zurück, mit dem Vermerk, daß ich mit ihrem Kriege nichts zu tun habe. Ebenso schickte ich auch die während des Streiks eingesammelten Gestellungsbefehle der Kollegen an die Militärbehörden zurück. Diese hatte ich durchkreuzt und vermerkt: „Ungültig laut Vereinbarung Streikleitung–Militärbehörde". Von der politischen Polizei erfuhr ich später, daß die Betreffenden schwer erschrocken waren, als sie von der Polizei geholt wurden. Da sie aber übereinstimmend aussagen konnten, wie sich die Sache verhielt, kamen sie mit kurzen Arreststrafen davon. Aber es wurde allen die Kokarde von der Militärmütze entfernt; sie wurden „Soldaten zweiter Klasse".

Ich ging von zu Hause fort. Als nach mehreren Tagen die Polizei kam, um mich zu holen, war meine Mutter sicherlich ebenfalls erschrocken; ich hatte ihr kein Wort von meinen Absichten gesagt. Als einige Wochen darauf die politische Polizei erfuhr, daß ich auch ein Spartakusmitglied war, kamen zwei Kriminalbeamte zu meiner Mutter, verhörten sie und durchsuchten die Wohnung. Das sollte sich noch mehrere Male wiederholen. Beim ersten Besuch wurde ein Protokoll aufgenommen, das ich später zu lesen bekam. Meine Mutter hatte zu Protokoll gegeben, daß sie froh wäre, daß ich ein „Politischer" sei, sie hätte gefürchtet, daß ich mich in Kneipen herumtreibe, wenn ich oft erst spät in der Nacht nach Hause gekommen war.

In diesen Wochen erlitt der Spartakusbund schwere Verluste. Jogiches und andere Vorstandmitglieder, darunter Kühn, der Leiter meiner Gruppe Moabit, und der Verlagsbuchhändler Laub wurden während einer Besprechung in Neukölln von der Polizei überrascht.
Auch das Versteck von Paul Nitschke erwies sich bald als nicht sicher. Eines Tages kam ein angeblicher Postbeamter in Uniform mit einem eingeschriebenen Brief zu Paul Nitschke. Die nichtsahnende Frau Fr. rief Paul Nitschke aus dem Hinterzimmer. Der „Briefträger" zog einen Revolver, wies sich als Kriminalbeamter aus und verhaftete ihn. Frau Fr. erhielt für das Beherbergen drei Wochen Gefängnis.
So waren wir nur noch fünf Mitglieder in meiner Spartakusgruppe. Bald darauf nur noch vier. Die Leitung hatte jetzt der unentwegt aktive Budich. Wir kamen unter den notwendigen Vorsichtsmaßnahmen jedesmal an einem anderen Ort zusammen, weil wir nicht sicher waren, ob die Polizei bei einem der Verhafteten die Adresse der Wohnung, in der wir uns meistens trafen, gefunden hatte.
Von der Lichnowsky-Denkschrift sollte ich im Auftrag der Spartakusgruppe mehrere Exemplare von Leow abholen. Als ich einige Tage darauf an seiner Wohnungstür klingelte, öffnete Frau Leow, die weinend aufschrie, ich solle fortgehen, in der Nacht sei Polizei dagewesen und habe ihren Mann

verhaftet. Am Abend wagte sich ein Mädchen unseres Jugendbildungsvereins zu Frau Leow, um zu hören, was passiert war. Das Mädchen berichtete mir, daß ich Glück gehabt hätte, denn kurz nach meinem Besuch wären mehrere Kriminalbeamte gekommen, um die Wohnung nochmals gründlich zu durchsuchen. In diesem Zusammenhang mußte den Beamten mein Name bekannt geworden sein, denn am gleichen Tage durchsuchten Beamte der politischen Abteilung VII die Wohnung meiner Mutter. Hierbei fanden sie in der Familienbibel ein Bild von mir.

Ich führte jetzt das Leben eines „Illegalen", das mir aus der russischen Literatur nicht fremd war. Nach den Schilderungen Alexander Herzens, Turgenjews, Tolstois, war mir das Leben der „Illegalen" heldenhaft erschienen. Doch jetzt war es nicht Literatur, sondern Realität, und ich spürte bald die Bitterkeit des Gehetztseins. Irgendwie hatte ich die Begabung dafür, und ich hatte auch die Einsicht, daß Illegalität nur dann einen Sinn hat, wenn man mit der sich gestellten Aufgabe verbunden bleibt. Wer in der Illegalität nicht arbeiten kann, für den ist sie ein nervenaufreibendes Verstecken, also sinnlos. Ich hatte bereits Schriften aus und über die Zeit des Bismarckschen „Sozialistengesetzes" gelesen, aber von einer „illegalen Tradition" konnte in der deutschen Arbeiterbewegung keine Rede sein. Nach 1848 lehnten deutsche Demokraten als freiheitsliebende Menschen, die sich der preußischen absolutistischen Militärherrschaft nicht beugen wollten, illegale Tätigkeiten ab. Sie zogen es vor auszuwandern. Illegale Arbeit ist mit ermüdendem Leerlauf verbunden. Allein die Vorsichtsmaßnahmen nehmen mindestens die Hälfte der Zeit und der Energien in Anspruch. Ein „Illegaler" muß überall unauffällig und zurückhaltend sein. So mußte auch ich immer daran denken, daß die politische Polizei hinter mir her war. Bekannte hatten mir erzählt, daß an den Anschlagsbrettern im Polizeipräsidium mein Streckbrief klebe. Wenn sich bei einem „Illegalen" durch Geduld und Energie, niemals nachlassende Vorsicht und stolz ertragene Entbehrungen nicht ein besonderer Sinn und die Kraft für die Illegalität ausbildet, kommt das Ende sehr rasch.
Ich hatte keine feste Schlafstelle, sondern ging abends, nach den Zusammenkünften in unserem Jugendbildungsverein, mit einem der Freunde zu ihm nach Hause. Für die Eltern war irgendein harmloser Grund dafür zu finden. Morgens, wenn mein Freund zur Arbeit ging, ging ich gleichfalls fort. Dann kam die Frage, wo ich tagsüber bleiben konnte, und ich mußte auch an eine neue Schlafstelle für die kommende Nacht denken. Es war noch März und kaltes Wetter. Geld, um in ein Café oder Restaurant zu gehen und lesen zu können, hatte ich nicht. Bibliotheken mit Lesesälen gab es nicht. Das Schlimmste war, daß ich keine Lebensmittelkarten hatte. Es gab ohne diese nichts Eßbares mehr zu kaufen. Zu meinem Glück waren in Berlin noch einige städtische Badeanstalten geöffnet. Sauberkeit und Wäschewechsel erleichterten die Obdachlosigkeit.

Ich hatte nach der ersten Woche meiner Illegalität ein Mädchen vom Jugendbildungsverein zu meiner Mutter geschickt, um ein Treffen zu vereinbaren. Die Mutter kam; sie stellte keine Fragen, dafür brachte sie Essen und Wäsche mit. Danach traf ich meine Mutter wöchentlich ein- oder zweimal in der Mittagsstunde, an verschiedenen Stellen. Bei Regenwetter setzten wir uns in einen Hausflur, um die mitgebrachte Suppe zu essen; bei trok-

kenem Wetter trafen wir uns im Tiergarten. Manchmal, wenn sie glaubte, beobachtet zu sein, kehrte sie wieder nach Hause um. Der Treffpunkt galt dann für den nächsten Tag. Ich blieb oft ohne warme Suppe, aber ich war schon zufrieden, wenn ich zwei oder drei Mal in der Woche warmes Essen hatte. Es war immer dasselbe Essen, Kohlrüben mit Kartoffeln, zusammen gekocht.
Die Kriminalbeamten kontrollierten einige Male die Patienten im Arzt-Wartezimmer. Dank dieser Patienten, die ahnungslos ein- und ausgingen, fiel es nicht auf, wenn meine Freunde vom Jugendbildungsverein Bücher und Wäsche, manchmal auch Essen für mich holten.
Das Beispiel Rodominskis, Paul Nitschkes und mein eigenes wurde auch von anderen Mitgliedern des Jugendbildungsvereins befolgt. Die Mitglieder, die einen Gestellungsbefehl erhielten, lehnten den Militärdienst ab. Sie gingen aber nicht in die Illegalität, sie warteten, bis sie abgeholt wurden. Der Untersuchungsrichter beim Reichgericht brüllte später bei Vernehmungen stets „Deserteurverein", wenn von unserem Jugendbildungsverein die Rede war.
Die Mädchen vom Jugendbildungsverein halfen, so gut sie konnten, uns Illegale mit Lebensmitteln zu versorgen. Da war das schon erwähnte Mädchen aus der Lehrter Straße, das in dem Militärbekleidungsamt Spandau arbeitete. In der dortigen Kantine gab es Soldatenessen. Wenn es möglich war, brachte sie in einer Kaffeekanne Essen nach Hause, da konnte ich mitessen. Andere Mädchen konnten hin und wieder Essenmarken für die öffentlichen Küchen beschaffen. Gelegentlich konnte ich auch bei Maria Wagner und ihrer Freundin Anna Nemitz essen. Beide Frauen waren politisch aktive Mitglieder der USPD mit einem großen Bekanntenkreis. Sie konnten mir auch einige Male Schlafstellen vermitteln. Ich half ihnen in ihrem Parteibezirk Charlottenburg bei ihren organisatorischen Arbeiten.

Meine politische Arbeit im Jugendbildungsverein, in der Spartakusgruppe und im Parteibezirk der USPD Berlin-Moabit machte ich trotz aller Schwierigkeiten weiter. Die Zusammenkünfte der Restgruppen fanden weiterhin ziemlich regelmäßig statt. Im Monat März hätten wir die Wahlarbeit im Wahlkreis Nieder-Barnim für die Ersatzwahl zum Reichstag zu leisten. Es standen der unabhängige Sozialdemokrat und Kriegsgegner Rudolf Breitscheid und der Mehrheitssozialdemokrat und Kriegsbewilliger Rudolf Wissell, der spätere Arbeitsminister in der Weimarer Republik, zur Wahl. Gewählt wurde Wissell.
Ich hielt noch Verbindung zu Kollegen meiner früheren Arbeitsstelle, AEG-Turbine und Kabelwerk Cassirer. Gelegentlich ging ich zum Schichtwechsel zu den Betrieben, um mit den Kollegen zu sprechen. Bei Cassirer stand eines Morgens ein Polizist vor dem Tor, der anscheinend auf mich wartete. Ich bemerkte ihn etwas spät, machte aber noch rechtzeitig kehrt. Er schrie: „Stehenbleiben!" zog seinen geschweiften Säbel und warf ihn hinter mir her. Ich verschwand durch die Anlagen des Gustav-Adolf-Platzes, der fünfzig Meter entfernt lag, während der Polizist, als ordentlicher Beamter, die Verbotsschilder beachtete und die eingefaßten Wege entlang eilte. Schußwaffen durften die Beamten damals nur bei direkten Angriffen benutzen. Ich drehte mich einige Male um und sah, daß Kollegen aus den Fenstern der Fabrik mir nachwinkten.
Alle unsere lebhaften Diskussionen drehten sich um den Gewaltfrieden von

Brest-Litowsk und die Möglichkeit eines neuen Streiks. Die Streikpropaganda hatte nach Abbruch des großen Munitionsarbeiterstreiks niemals aufgehört. Die Militärbehörden hatten mittlerweile Großbetriebe militärisch besetzt und die Belegschaften dienstverpflichtet. Budich berichtete in einer Sitzung der Spartakusgruppe, daß in der Berliner Kommandantur Pläne vorlägen, nach denen bei erneuten Streiks die Arbeiterwohnbezirke und alle Betriebe, die für den Kriegsbedarf arbeiteten, besetzt werden sollten. Jetzt war es aber bereits so weit, daß die Arbeiter weniger die Militärbehörden fürchteten, weit mehr war ihr Wille gelähmt durch die eigene Bürokratie. Nichts wirkt lähmender auf Arbeiter, als die ständigen Warnungen der Organisations-Bürokratie, die ihnen einredet, diese oder jene Aktion sei „zwecklos", sie habe „keine Aussicht auf Erfolg". Das ist die Bonzensprache, auf die der Arbeiter hört.

Aus der Organisationsdisziplin erklärt es sich, warum keine Beweise dafür vorhanden sind, daß die große Masse der deutschen Arbeiterschaft den Diktatfrieden von Brest-Litowsk tatsächlich verurteilte. Daß das Bürgertum und die Kirche zuerst den Überfall auf das unverteidigte Rußland und dann den darauf folgenden Diktatfrieden jubelnd bejahten, versteht sich aus der deutschen Geschichte. Daß es aber in Kreisen der Diplomatie Bedenken und Warnungen gab, erfuhren wir erst nach dem Kriege. Die Bedenken blieben politisch ohne Wirkung, sie sind heute lediglich Aktenstücke für nach Alibis suchende Historiker.
Über die Religion und die Kirchen haben wir im Jugendbildungsverein und in der Spartakusgruppe nur selten diskutiert. Wir waren einhellig der Auffassung, daß ein überzeugter Sozialist aus der Kirche austreten muß. In dieser Frage erschien uns der Grundsatz sechs des Erfurter Programms klar und ausreichend. Er lautet:
„Erklärung der Religion zur Privatsache.
Abschaffung aller Aufwendung aus öffentlichen Mitteln zu kirchlichen und religiösen Zwecken. Die kirchlichen und religiösen Gemeinschaften sind als private Vereinigungen zu betrachten, welche ihre Angelegenheiten vollkommen selbständig ordnen."
Wir waren natürlich der Meinung, daß die Kirchen jeden Krieg verurteilen müßten. Das taten sie nicht, im Gegenteil, es wurden unter den Soldaten Postkarten verbreitet, die deutsche Soldaten schießend und marschierend zeigten, denen eine lichte Christus- oder Engelsgestalt voranschwebte. Da die Belgier, Franzosen, Russen, Engländer auch christliche Völker waren, denen vielleicht auch eine Christus- oder Engelsgestalt voranschwebte, fragten wir uns, ob es mehrere Christusse gäbe und ob sie einander den Schädel einschlagen würden, wenn sie jemals aufeinander treffen sollten ...
Als ob Gott eingeschriebenes Mitglied der Alldeutschen wäre, schrieb im Frühjahr 1918, nach Unterzeichnung des Brest-Litowsker Diktats, die „Allgemeine Evangelisch-Lutherische Kirchenzeitung":
„Friede ohne Annexionen und Entschädigung! So war der Beschluß der Menschen ... Aber Gott wollte auch hier anders. Er ließ die Machthaber Rußlands aus dem Taumelkelch trinken ... und die Verhandlungen abbrechen. Gerade das war Gottes Stunde. Die Heere Deutschlands rückten hinüber, nahmen Stadt um Stadt, Land um Land ... und Rußland mußte unermeßliche Beute hergeben ... mit allerlei Schätzen und Lebensmitteln; Gott wußte, daß wir es brauchten. Und weiter brauchten wir Geschütze

und Munition, zum letzten Schlag gegen den Feind im Westen. Auch das wußte Gott. Bezahlt und verfertigt hatten es England und Frankreich, die Empfänger waren die Deutschen ... So war es von Gott beschlossen, ein wahrer Gottesfrieden, entgegen allem was Menschen planten und wollten ... Möge es mit den befreiten Randländern werden wie immer, Rußland bekommt sie niemals wieder ..."
In keiner atheistischen Schrift ist der Glaube an Gott jemals so verhöhnt worden wie in diesem alldeutschen Kirchenblatt! War die katholische Kirche anders? Der Kölner katholische Erzbischof von Hartmann hatte bereits 1915 geschrieben: „Ihr Helden, die ihr den Tod gefunden habt auf dem blutigen Feld der Ehre, wie jubelt ihr jetzt mit euren Siegeskronen in himmlischer Herrlichkeit!"

Ich weiß nicht mehr genau, wann ich Hermann Duncker und seine Frau Käte kennengelernt habe. Beide waren Mitglieder der Zentrale des Spartakusbundes. Jedenfalls kannte ich beide schon, als ich eines Tages zu ihnen ging, um für meine Gruppe Informationen und die Adresse einer verlorengegangenen Verbindung zu holen. Die Dunckers wohnten in Berlin-Steglitz; in der Nähe wohnten auch Franz Mehring und die Familie Wilhelm Piecks. Natürlich nahm ich an, daß Dunckers Wohnung überwacht würde, und ich hatte vorsichtig zu sein. Ich kam, ohne Verdächtiges zu bemerken, zur Wohnung und blieb zum Abendessen. Als ich das Haus verließ, stand einige Häuser weiter ein Polizist, der mir folgte, bis ich an der Straßenecke einen zweiten sah, der „Halt" schrie. Nun rannte ich los, es war noch genügend Raum, um zwischen beiden hindurchzulaufen. In den kurzen Straßen mit den Vorgärten war ich schnell um die Ecken. Als ich mich umdrehte und keinen unmittelbar folgen sah, rannte ich in einen Hausflur und klingelte an der ersten Tür der Parterrewohnung. Ein Mann öffnete. Ich hatte wohl im Augenblick den richtigen Instinkt und bat um ein Glas Wasser und fragte, ob ich mich einen Augenblick hinsetzen könnte. Er bejahte, ohne zu zögern, bot mir einen Sessel an und rief nach seiner Frau, die im Nebenraum war. Einige Minuten später klingelte es, und als der Mann die Tür öffnete, stand einer der Polizisten draußen und fragte, ob ein junger Mann, „ein Deserteur", ins Haus gelaufen sei. Mein Beschützer verneinte und schloß die Tür. Ich brauchte ihnen nur zu sagen, daß ich Bekannte, die in der Nähe wohnen, besucht hatte, die sicherlich von der Polizei beobachtet würden. „Da waren Sie wohl bei Doktor Duncker? " fragte der Mann. Ich bejahte und wir kamen ins Gespräch, das sich bis nach Mitternacht hinzog. Beide luden mich ein, zu bleiben und auf dem Sofa zu schlafen.
Es war ein Schauspieler-Ehepaar. Er mochte wohl um die Siebzig sein, seine Frau erschien jünger, war aber auch schon silberhaarig. Es ergab sich von selbst, daß wir über den Krieg sprachen, und es stellte sich heraus, daß beide entschiedene Kriegsgegner waren. Sie erzählten, daß sie in früheren Jahren als Schauspieler viel im Ausland gewesen seien und viele Menschen des Kulturlebens, auch führende Leute der Militärkaste und der Politik, kennengelernt hätten.
Am nächsten Morgen ging die Frau aus dem Haus, um ihre Brot- und Milchration zu holen. Sie berichtete nach ihrer Rückkehr, daß noch Polizisten auf der Straße patrouillierten, ich solle noch bleiben. Ich blieb vier Nächte und drei Tage.
Beim Abschied versprach ich, ihnen einige Schriften zu schicken. Als ich

fort war, bemerkte ich, daß ich nicht einmal nach dem Namen meiner Retter gefragt hatte, beide auch nicht nach meinem. Erst nach dem Kriege, als ich zur Beerdigung von Franz Mehring nach Steglitz kam, konnte ich sie besuchen. Sie waren an meinem persönlichen Erleben interessiert, nicht an meiner politischen Tätigkeit. Als ich sie zwei Jahre später wieder besuchen wollte und an der Tür schellte, öffnete mir eine fremde Frau. Sie sagte, der alte Schauspieler sei gestorben, seine Witwe wohl in einem Altersheim oder auch gestorben, sie wisse es nicht genau.

Am Abend, nachdem ich das gastliche Haus verlassen hatte, traf ich im Jugendbildungsverein die Freunde und berichtete von meinem Erlebnis. Eines der Mädchen ging auch sogleich zu meiner Mutter, um ein Treffen für den nächsten Tag zu vereinbaren. Als ich anderntags meine Mutter traf, erzählte sie, daß in den letzten Tagen täglich ein Kriminalbeamter in der Wohnung gewesen sei. Daher riet sie mir für einige Zeit von Berlin fortzugehen. Sie gab mir einen Brief an einen Bauern bei Neustettin in Pommern mit. Ich solle versuchen, so lange wie möglich bei ihm zu bleiben und dort zu arbeiten. Im Brief selbst standen nur Familienangelegenheiten als Vorwand der Reise. Meine Mutter hatte auch die Fahrkarte geholt. Von einem Berliner Fernbahnhof aus konnte ich nicht fahren, diese wurden scharf kontrolliert. Ich mußte zum nächsten Vorort, wo die Personenzüge hielten und auch die mitfahrenden kontrollierenden Kriminalbeamte ausstiegen. Am Nachmittag des nächsten Tages war ich am Ort.
Der Bauer schien gar nicht erfreut zu sein von meinem Besuch. Er sagte, daß ich nur einige Tage bleiben könne, seine Ställe und Scheunen seien mit russischen Kriegsgefangenen belegt. Er habe weit mehr zugewiesen bekommen, als er benötige. Aber er wolle den Brief beantworten und mit die Antwort mitgeben. Die Antwort erfordere zum Glück für mich mehr als eine Woche. Ich half bei Arbeiten auf dem Felde und hatte Obdach und Essen.

Der Bauer bewirtschaftete sein Gehöft, Äcker und Wiesen mit seiner Frau und seinen zwei Töchtern. Zwei Söhne waren im Felde. Die Familie war baptistisch. Sie lebte überaus einfach. Der Bauer hielt sich streng an die Kriegs-Wirtschaftsvorschriften und lieferte das Erwirtschaftete ab. Es gab jeden Tag das gleiche Essen. Morgens und abends selbstgebackenes Roggenbrot mit einer Scheibe Speck und einer Tasse Buttermilch, mittags gab es mit Zwiebeln gestampfte Kartoffeln, die wie ein Napfkuchen auf einen Teller aufgebaut waren. Der Teller stand in der Mitte des Tisches. Nach dem Gebet langte jeder mit seinem Löffel in die Kartoffeln, bis der Teller leer war. Dann wurde wieder gebetet und jeder ging an seine Arbeit. Ich aber fuhr nachmittags, mit dem Fahrrad des Bauern, in der Umgebung herum.
Nach Einbruch der Dunkelheit saß die Familie im Wohnzimmer, der Bauer las aus der Bibel vor, sonst sprach kaum jemand ein Wort. Die Mädchen lauschten dem Gesang der Russen, der aus der Scheune herüberklang. Nach einigen Tagen, nach dem Abendessen, die Mädchen waren schlafen gegangen, erzählte der Bauer von seinen Sorgen, die ich meiner Mutter berichten sollte. Der Bauer wußte nicht, ob seine beiden Söhne noch lebten, sie hatten seit zwei Jahren nicht geschrieben. Er glaubte, daß das Regiment ihn doch benachrichtigen würde, falls die Söhne gefallen oder in

Kriegsgefangenschaft geraten sein sollten. Die Frau des Bauern sagte, daß auch die Töchter ihr Sorge bereiteten. Sie seien schon Mitte zwanzig und fänden keine Männer. Die jungen Männer aus den umliegenden Dörfern und Gehöften seien im Kriege gefallen oder in Kriegsgefangenschaft. Hinzu kam allmählich die Angst wegen der russischen Kriegsgefangenen, die Mädchen schauten zu viel zu ihnen hinüber.
Ich mußte vom Krieg und vom Leben in der Stadt erzählen. Die Familie hatte keine Zeitung abonniert, der Bauer hielt sich an das, was er gelegentlich auf dem Markt gehört hatte. Dort erzählte man furchterregende Dinge über die Unzufriedenheit der Arbeiter in den Städten.
Ich glaubte bei den Gesprächen, die Leute meiner frühen Kindheit zu hören. Gott bestimme alles, gute und schlechte Ernten und auch den Krieg. Ob die Söhne wiederkehren oder nicht, bestimmte Gott. So wurde jedes Abendgespräch quälend für mich. Der Bauer und seine Frau schauten mich entsetzt an, als ich sagte, daß gute und schlechte Ernten vom Wetter und von der Arbeit abhingen, und daß der Krieg das Werk verbrecherischer Menschen sei.
Ich erfuhr auf meinen Nachmittagsfahrten durch die Domänen des ostelbischen Junkertums mit ihren großen Rittergütern anschaulich eine der wirklichen Ursachen der Hungersnot in den Städten. Obwohl es schon bald Ende April war, waren weite Strecken fruchtbaren Landes unbebaut. Keine Saat sproß. Ich sah zahlreiche Gruppen russischer Kriegsgefangener an den Gutshäusern, Mauern und Hecken arbeiten, sie arbeiteten in den Gärten, an den gutseigenen Landwegen, aber nicht auf den Äckern. Nach einigen solcher Fahrten fragte ich am Abend den Bauern, warum die Felder brach lägen, warum keine Saat zu sehen sei. Der Bauer erzählte, daß schon im Vorjahr ein großer Teil den Äcker brach gelegen hätten, obwohl massenhaft russische Kriegsgefangene in den Scheunen und Ställen der großen Besitzungen gelegen hätten; daß die großen Rittergüter weniger ablieferten als die Bauern des Dorfes und der Umgebung, obwohl alle Bauern zusammen weniger Ackerfläche, weniger Vieh und weniger Pferde hätten. Die Herren Gutsbesitzer seien mit den Preisen unzufrieden, sie ließen darum die Äcker brachliegen und erhöhten den Wert ihrer Güter durch Bau-, Wald- und Wegearbeiten. Die Arbeit der russischen Kriegsgefangenen koste nur Kartoffeln und ein wenig Brot, und diese Kosten ließen sich die Herren von der Regierung ersetzen. Die Gutsherren hätten Fisch, Geflügel, Wild und man könnte auf der örtlichen Bahnstation feststellen, wieviel Lebensmittel im Reisegepäck verstaut an städtische Adressen gingen. Der Bauer übte keine Kritik, er nahm alles hin als selbstverständliches Recht der großen Herren. Aber ich wußte Bescheid, wer das Volk aushungerte . . . Der Bauer schrieb den Brief an meine Mutter zu Ende und drängte auf meine Abreise. Zwei Tage später war ich wieder in Berlin, um gleich an der Vorbereitung einer illegalen Jugend-Maifeier teilzunehmen.

Der Jugendbildungsverein hatte in diesem Frühjahr 1918 seinen Namen in „Freie Jugend Großberlin" geändert. Der Vorstand der USPD versuchte eine eigene Jugendorganisation zu schaffen. Wo ihm das gelang, schloß diese sich mit den Jugendbildungsvereinen, die unter Leitung der Spartakusgruppen standen, zusammen.
Der 1. Mai 1918 wurde von der deutschen Arbeiterschaft wiederum nicht durch Arbeitsruhe gefeiert. Die „Freie Jugend Großberlin" veranstal-

tete darum eine Ersatzfeier am darauffolgenden Sonntag, dem 5. Mai 1918, im Walde zwischen Frohnau und Stolpe, nördlich von Berlin. Ich fuhr mit meiner Gruppe in der Straßenbahn bis Tegel, dann gingen wir durch den Tegler Forst zum Treffpunkt bei Stolpe. Es konnte nicht ausbleiben, daß Gruppen Jugendlicher mit zahlreichen zusammengerollten roten Fahnen auffielen und von eifrigen Leuten der Polizei gemeldet wurden. Draußen war die Gendarmerie des Landkreises „zuständig", die auch alarmiert worden war und uns schon auf dem Hinweg erwartete. Sie folgte uns zum Versammlungsplatz. Wir lagerten im Walde, die Fahnen wurden entrollt, Lieder gesungen, Referate angehört, und vor allem konnten sich die Mitglieder der einzelnen Berliner Gruppen begrüßen. Es war die erste gemeinsame Kundgebung der sozialistischen Jugend Großberlins im Kriege.
Als die Gendarmerie sich durch Zuzug von anderen Orten für genügend stark hielt, stürmte sie in die lagernden Jugendlichen, verhaftete die Fahnenträger und beschlagnahmte die Fahnen. Die Verhafteten wurde zur Polizeiwache Stolpe geführt. Wir zogen mit Gesang hinterher. Es war ein schöner Mai-Sonntag, der Wald war von vielen Berliner Ausflüglern besucht – damals war die Gegend noch wenig bebaut – so hatten wir Tausende von Zuschauern. Wir riefen unaufhörlich im Chor: „Freiheit", „gebt die Gefangenen heraus". Das war dem Bürgermeister und Polizeimeister recht peinlich, und der Bürgermeister hielt es für ratsamer, die Gefangenen und die Fahnen freizugeben. Wir zogen mit Gesang und entrollten Fahnen durch den Wald wieder nach Berlin zurück.
So eine „illegale" Demonstration war damals noch ohne Blutvergießen möglich. Die Polizisten und Gendarmen hatten anstelle der späteren republikanischen Maschinengewehre ein großes und grobes Kasernenhofmundwerk. Sie schimpften auf dem ganzen Weg „Lausejungen", „Gören" usw., worauf wir nur noch lauter sangen. Doch Befehl zum Schießen hätten die Gendarmen nicht.

Meine Tätigkeit und meine Freiheit fanden ein abruptes Ende. Polizisten in Zivil, die uns von Berlin aus gefolgt waren, hatten sich zwar nicht bemerkbar gemacht, wohl aber Notizen und Fotos.
Hermine Strey, eines der beiden tapferen Mädchen, die vor zwei Jahren, am 1. Mai 1916, auf dem Potsdamer Platz mit den Polizisten rangen, um die Verhaftung Liebknechts zu verhindern, arbeitete in einer Großbank in der Französischen Straße. Bei schönem Wetter pflegte sie mit Kolleginnen in der Mittagspause auf einer der Bänke auf dem Gendarmen-Markt zu sitzen. Dorthin ging ich einige Tage nach der Feier bei Stolpe, an der sie auch teilgenommen hatte. Ich setzte mich zu ihr, um mit ihr über die weitere Arbeit zu sprechen. Nach einigen Minuten standen wir auf und gingen langsam zu ihrer Arbeitsstelle zurück. Ich hatte zwar beim Sitzen auf der Bank zwei Männer auf- und abgehen sehen, die uns dauernd anschauten, doch Hermine Strey beachtete das nicht.
Vor dem Bankgebäude verabschiedeten wir uns. Ich war nur einige Schritte weitergegangen, als zwei Männer mich von hinten an den Schultern packten und „Hände hoch" schrien. Der eine Mann drückte mit den Lauf seines Revolvers in die Seite, der andere holte seine Handschellen aus der Tasche. Dann riefen sie eine Droschke, und die Fahrt ging zum Polizeipräsidium Alexanderplatz. Ich wurde zur politischen Abteilung VII geführt. Der Kommissar nahm meinen Steckbrief von der Wand und sagte: „End-

lich kann ich ihn hier abnehmen, er hat viel zu lange hier gehangen. Aber damit Sie es gleich wissen, in meiner Abteilung geht es nicht um den Gestellungsbefehl, mit so geringfügigen Sachen beschäftigen wir uns nur am Rande, hier geht es um Spartakus. Ihre Militärstelle müssen wir trotzdem gleich benachrichtigen." Dann fügte er hinzu: „Ihre Bekannte beobachten wir seit langem, heute hat es sich ja gelohnt."
Der Nachmittag und der nächste Tag vergingen beim Erkennungsdienst. Dann begannen die Vernehmungen. Es waren immer drei Beamte um mich besorgt, zwei für die Vorführungen und einer, der die Protokolle schrieb. Einer der Beamten erzählte, daß er, als Ausflügler getarnt, die Feier im Walde bei Stolpe mitgemacht und mich dort gesehen habe.
Am dritten Tag wurde die Sache dramatisch-lächerlich. Ich wurde frühmorgens von den zwei Beamten zur Abteilung VII geführt. Als ich in den Korridor dieser Abteilung kam, standen dort ungefähr zwanzig frühere Kollegen von der Fabrik Cassirer. Einige begannen bei meinem Erscheinen zu schimpfen, andere schüttelten die Fäuste und drohten zu schlagen. Die beiden Kriminalbeamten, zwischen denen ich ging, drängten die Kollegen zurück. Auch der Kommissar kam aus seinem Zimmer und gebot Ruhe. Nun folgte das Verhör und die Gegenüberstellungen pausenlos bis zum späten Nachmittag. Ein Kollege nach dem anderen sagte aus, daß ich Flugblätter und Spartakusbriefe im Betriebe habe kursieren lassen, und daß ich Streikführer gewesen sei. Ich erfuhr, daß die Aussagen zum Teil schon seit dem letzten Streik protokolliert worden waren, sie sollten jetzt in meiner Gegenwart bestätigt werden. Es waren an die hundert Kollegen gefragt worden, die meisten hatten alles vergessen, aber diese zwanzig hatten Protokolle unterschrieben. Alle behaupteten, von mir verführt worden zu sein. Einige benahmen sich so dramatisch, daß ich das Lachen nicht halten konnte, worauf der Kommissar jedesmal mit einem Tag Dunkelzelle bei Nahrungsentzug drohte. „Hier gibt es nichts zu lachen." sagte der Kommissar, „hier geht es um den Staat." Ich wunderte mich, daß keine einzige Frau unter den Zeugen war und fragte den Kommissar, wo denn die Frauen seien. „Die Weiber behaupten, nichts gesehen und nichts gehört zu haben," antwortete er, „die Aussagen der Männer genügen uns." Als ich fragte, ob er die Zeugen nicht nach Hause schicken könne, es seien doch alles die gleichen Aussagen und alles sei doch klar, sagte der Kommissar: „Ihre Sache liegt beim Reichsgericht, der Untersuchungsrichter des Reichsgerichtes braucht jedes Protokoll. Sie werden ihn morgen kennenlernen."
Um das Kapitel Cassirer vorweg abzuschließen, möchte ich noch hinzufügen, daß nach dem Zusammenbruch des Reiches, Mitte November 1918, ein Bote der Firma Cassirer zu meiner Mutter kam mit der Einladung an mich, zum Betrieb zu kommen. Als ich dann zu einer vereinbarten Stunde kam, prangte am Tor ein Pappschild mit einer Girlande „Herzlich willkommen!" Die Belegschaft versammelte sich in der Kantine und ich wurde als „Revolutionsheld" gefeiert und noch mit anderen schmeichelnden Titeln bedacht. Der Redner der Belegschaft entschuldigte die Kollegen, die mich im Polizeipräsidium bedroht oder beschimpft hatten. Sie hätten nur „Theater gespielt". Es wurde mir dann ein Geldbetrag überreicht, das Ergebnis einer Sammlung, an der sich auch der Chef des Hauses beteiligt hatte. Ich bedankte mich für den Empfang und den Geldbetrag und erklärte zur Erleichterung der Geschäftsleitung, daß ich leider nicht in den Betrieb zurückkehren werde, da ich noch eine Lehre nachzuholen hätte.

Ich glaube, daß die Polizei aller Länder wohl die gleiche Methode anwendet, den gleichen kostspieligen Leerlauf, die gleiche wichtigtuerische Verschlagenheit. So zeigt jede Polizei die Neigung, einem Verhafteten schwebende Dinge anzuhängen, die sie gern „erledigt" sehen möchte. So auch bei mir. Der Kommissar der zuerst ganz „geschäftsmäßig" sachlich war, fing an, mir Dinge vorzuhalten, von denen ich nie gehört oder die ich nie gesehen hatte. Ich erfuhr nun von Gruppen und Einzelpersonen, die irgendwelche Schriften gedruckt, einen Sabotageakt verübt oder Soldaten zu Desertion überredet hatten. Ich selbst aber kannte nur meinen Jugendbildungsverein und die Spartakusgruppe. Protokolle, in denen andere Organisationen erwähnt wurden, unterschrieb ich nicht. Die Polizei arbeitete noch recht primitiv. Spitzel in unseren Reihen hatte es nicht gegeben.

Zum Untersuchungsrichter der „Spartakussache Leo Jogiches und Genossen" beim Reichsgericht war ein Dr. Holthöfer bestellt worden. Er hatte sein Büro im Untersuchungsgefängnis Moabit. Die beiden Kriminalbeamten der Abteilung VII brachten mich anderntags dorthin. Als nach einiger Zeit ein Kanzleibeamter das Zimmer von innen öffnete und uns einließ, saß Holthöfer an seinem Schreibtisch und blätterte in den Akten. An einem zweiten Tisch saß ein junger Referendar, während der Kanzleibeamte sich schon vor die Schreibmaschine gesetzt hatte. Als ich näher an die Barriere vor dem Tisch getreten war, sah ich aufgestapelte Spartakusbriefe, Flugblätter und die Lichnowsky-Denkschrift liegen. Auf dem Umschlag einer Aktenmappe war zu lesen: „Hoch- und Landesverrat Leo Jogiches und Genossen."
Nachdem der Kanzleibeamte meine Personalien verlesen hatte, begann Holthöfer unvermittelt mit einem Wort-Trommelfeuer, das sich eine Woche lang jeden Tag wiederholen sollte. Die erste Frage verblüffte mich so stark, daß ich sie bis an das Ende meiner Tage nicht vergessen werde: „Wo haben Sie das englische Gold versteckt? " Ich war eher darauf gefaßt, der Teilnahme an der Ermordung Julius Cäsars beschuldigt zu werden, als darauf, englisches Gold erhalten zu haben. Ich brauchte einige Zeit, um zu antworten, daß ich nichts von englischem Gold wüßte, „Aha, Sie leugnen also auch, daß Sie Ihre Lohntüte bei der Streikversammlung auf den Teller gelegt haben? " Ich antwortete: „Das leugne ich gar nicht, da war doch kein Gold drin." Er begann zu schreien, ich solle nichts verdrehen: „Sie und die ganze Spartakusbande gehören vor den Sandhaufen gestellt!" und so fort. Dann wieder ruhiger, sagte er: „Das Geld, das Sie auf den Teller legten, haben Sie doch von der englischen Regierung zurückerhalten? " Er fuhr fort: „Wir wissen, daß die englische Regierung den Druck der Spartakusbriefe und der anderen Druckschriften bezahlt hat. Wovon haben Sie denn gelebt? " Ich antwortete, daß Freunde mich unterstützt hätten. „So, und was sagen Sie zum Baralong-Mord? " fragte er. Wieder brauchte ich geraume Zeit, um zu antworten, daß ich nicht wüßte, was diese Angelegenheit mit meiner Sache zu tun hätte, daß ich nur mit meinem Jugendbildungsverein und der Spartakusgruppe zu tun gehabt hatte. Beim Wort „Jugendbildungsverein" unterbrach er mich schon schreiend: „Deserteurverein, Deserteurverein!" (Der „Baralong-Mord" bezog sich auf die Versenkung eines deutschen U-Bootes durch den als Fischkutter getarnten britischen Hilfskreuzer „Baralong". Die Versenkung des deutschen U-Bootes wurde zu einer niederträchtigen Hetze gegen England benutzt, und es wurde die Aushun-

gerung Englands durch die U-Boot-Blockade gefordert. An dieser Hetze beteiligten sich besonders einige deutsche Dichterlinge mit ihren „Gott strafe England"-Sprüchen. Im Spartakusbrief vom Januar 1916 war gegen diese Anti-Englandhetze scharf protestiert worden).
Mit dieser Art Vernehmung vergingen die Vormittagsstunden des ersten Tages. Die Vernehmung am Nachmittag begann mit den gleichen Fragen, die in verschiedenen Varianten immer wieder gestellt wurden. Das Ergebnis des Tages war ein Zweizeilen-Protokoll: „Auf Vorhaltung leugnet der Angeschuldigte hartnäckig, etwas von englischem Gold zu wissen." Vom „rollenden Rubel" war damals noch nicht die Rede.
Die folgenden Tage vergingen mit der Verlesung von Stellen aus den Spartakusbriefen und aus Flugblättern. Ich sollte bestätigen, daß ich den Inhalt gekannt und die Schriften verbreitet habe. Dann wurden nochmals alle Aussagen der Kollegen der Firma Cassirer verlesen, die ich schon bei der politischen Polizei bestätigt hatte.
Endlich wurde die Vernehmung etwas gehaltvoller. Der Untersuchungsrichter beauftragte den Referendar, ein Memorandum vorzulesen. „Damit Sie wissen, worum es geht", sagte er zu mir. Das Memorandum war ungefähr zehn Seiten stark, es war von Jogiches unterzeichnet. Es behandelte die Ursachen des Krieges und die Kriegsführung. Die Sprache war ohne jede Umschweife scharf und klar. „Die Hauptschuld liegt bei der deutschen Regierung", hieß es, der Krieg sei „ein imperialistischer Raubkrieg", die Beendigung des Krieges sei „nur durch eine Revolution der Arbeiterklasse möglich". Auf meinen Wunsch bekam ich das Memorandum selbst in die Hand, um es aufmerksam lesen zu können. Die mit Jogiches verhafteten Mitglieder der zentralen Spartakusgruppe hatten das Memorandum nach ihm unterzeichnet. Ich sollte einige Mitglieder der „Zentrale" jetzt zum ersten Male sehen.
Es kamen zwei Kriminalbeamte ins Zimmer, setzten sich beiderseits zu mir hinter die Barriere. In der Tür, hinter der ein unterirdischer Gang zum Untersuchungsgefängnis führte, erschienen einzeln Mitglieder der „Zentrale". Als erster kam Jogiches. Der Untersuchungsrichter fragte zuerst ihn, dann mich, ob wir uns kannten. Er verneinte, ich verneinte. In Abständen von ungefähr zehn Minuten wurde ich einem Mitglied der Zentrale nach dem anderen gegenübergestellt, auch Kühn. Er kannte mich nicht, so ich ihn auch nicht. Paul Nitschke war nicht dabei. Dann kam Willi Leow. Er sprach mich mit meinem Namen an, so gab ich auch seinen zurück. Damit wurde abgebrochen.

Die Tage der ersten Woche verliefen mit recht anstrengenden Verhören. Wieder war es Sonntag geworden. Der Tag verging ohne Vernehmung. Am Montag vormittag kam ein Aufseher und sagte, daß ich meine Sachen pakken sollte. Ich wurde ins Zimmer des Untersuchungsrichters geführt, wo meine beiden Beamten von der politischen Polizei warteten. Holthöfer verkündete mir: „Sie werden jetzt vorerst den Militärbehörden übergeben. Die Reichsgerichtssache gegen Sie läuft weiter." Ich habe Holthöfer nicht wieder gesehen.
Die Beamten führten mich zum Hausvogteigefängnis, das von den Militärbehörden übernommen worden war. Hier nahm man mir meine Zivilkleidung ab und ich erhielt Arbeitssoldaten-Uniform. Ich konnte eine Postkarte an meine Mutter schreiben, daß sie meine eigene Kleidung abholen

könne.
Am folgenden Morgen hatte ich die freudige Überraschung, Paul Nitschke zu sehen. Als ich früh um fünf mit dem Kübel aus der Zelle heraustrat, stand er vor der übernächsten Zelle. Zuerst war ich etwas erschrocken. Er sah schon sehr blaß und verfallen aus. Schnell schlüpfte ich hinter ihn und er flüsterte mir zu, daß er gleich nach seiner Verhaftung durch die politische Polizei nach hier gebracht worden war, von einem Prozeß wisse er noch noch nichts. Hier gab es keine „Kalfaktoren". Wie beim Morgenappell wurden die Zellen mittags und abends aufgeschlossen, die Gefangenen traten mit ihrem Napf zur Essensausgabe an. So konnten wir uns dreimal am Tag sehen. Am folgenden Morgen steckte mir Paul Nitschke ein Buch zu, das ich unter meiner Jacke verbarg.
Am gleichen Vormittag kam auch schon meine Mutter, um meine Zivilkleidung abzuholen. Sie brachte vorsorglich ein Buch, es war Max Brods „Tycho Brahes Weg zu Gott", Briefpapier und Wäsche mit. Auf ihre Bitte um Sprecherlaubnis holte man mich ins Wachzimmer. Sie gab mir die mitgebrachten Sachen, die Soldaten schauten gar nicht hin, und wir konnten uns einige Minuten sprechen. Ich konnte ihr mitteilen, daß ich in den nächsten Tagen vor ein Kriegsgericht in Schöneberg kommen würde. Sie versprach wiederzukommen.

Das Buch, das Paul Nitschke mir zugesteckt hatte, war das erste große Werk Leo Trotzkis, „Die Russische Revolution von 1905". Das Buch war 1909 in deutscher Übersetzung in einem sozialdemokratischen Parteiverlag in Dresden erschienen. Hier im Militärgefängnis waren eigentlich nur die Bibel und eine Soldatenfibel erlaubt. Ich mußte darum aufpassen, und ich las im Stehen mit dem Rücken zur Tür, um hören zu können, falls eine Wache an meine Tür kommt und durch das „Spionloch" schaut. In den Zellen gab es morgens und abends kein Licht, aber es war Frühling, und im vierten Stock, wo ich meine Zelle hatte, war es lange hell.
So las ich im Militärgefängnis zum ersten Male von Trotzki, wie die erste russische Arbeiterrevolution entflammte, wie die ersten revolutionären Arbeiter-Delegiertenräte, die „Sowjets", entstanden waren und wie die Revolution schließlich niedergeworfen wurde. Trotzkis Schilderung des Transports der Verurteilten nach Sibirien, das Leben der Verbannten, seine Flucht, erinnerten mich an die Bücher Dostojewskis und Alexander Herzens über Sibirien. Die den Gefangenen entgegengebrachte Sympathie und die Hilfsbereitschaft großer Teile der Bevölkerung, und besonders die Hilfe der sibirischen Bauern für die Verbannten, berührten mich stark.
Der Revolutionär Trotzki stellte sich mit diesem Buch als Schriftsteller in die Reihe der großen Russen Tolstoi und Gorki, aber das politisch Entscheidende dieses Buches war, daß Trotzki hierin die Theorie der „Permanenten Revolution" entwickelte. Trotzki schrieb:
„Gerade in der Zeitspanne zwischen dem 22. Januar und dem Oktoberstreik 1905 haben sich beim Verfasser die Ansichten über den Charakter der revolutionären Entwicklung Russlands gebildet, die die Bezeichnung der Theorie der „Permanenten Revolution" erhielten.
Diese gelehrte Bezeichnung drückte den Gedanken aus, daß die russische Revolution, vor der unmittelbar bürgerliche Ziele stehen, in keinem Fall bei ihnen stehenbleiben kann. Die Revolution kann ihre nächsten bürgerlichen Aufgaben nicht anders lösen, als durch die Besitzergreifung der

Macht durch das Proletariat. Hat es aber die Macht in seine Hand genommen, so kann es sich nicht auf den bürgerlichen Rahmen der Revolution beschränken . . .
Hat das siegreiche Proletariat kraft der historischen Notwendigkeit den engen bürgerlich-demokratischen Rahmen gesprengt, so wird es gezwungen sein, ihren national-staatlichen Rahmen zu durchbrechen, das heißt, es muß bewußt danach streben, die russische Revolution zum Vorspiel der Weltrevolution zu machen."

Zur Zeit der Veröffentlichung und in der ersten Phase der bolschewistischen Revolution von 1917 galt diese Theorie als ein Axiom. Später war sie eine der Ursachen des Zerwürfnisses und der Auseinandersetzungen Trotzkis mit Stalin. Mir schien, daß die Geschichte diese Theorie Trotzkis bestätigt hatte, und ein Jahrzehnt nach dem Lesen dieser Sätze im Gefängnis, als die Nachfolge Lenins zu Gunsten Stalins entschieden war und der Kampf gegen Trotzki mörderische Formen annahm, bildete ich 1927 die erste Trotzki-Oppositionsgruppe in Deutschland. Ich schrieb damals in einem Brief – wieder aus dem Gefängnis – an die Kommunistische Internationale: „. . . für mich bleibt Trotzki immer der engste Kampfgefährte Lenins und der Organisator des Sieges der russischen Revolution. In der Geschichte werden die Namen Lenin und Trotzki so untrennbar bleiben, wie die von Marx und Engels."
Die Lektüre des Buches von Trotzki regte mich zu Vergleichen mit der Politik unserer Spartskusgruppe an. Ich fand wenig Ähnlichkeit mit der deutschen Arbeiterbewegung. Die jahrzehntelange illegale Tätigkeit der russischen Sozialisten unter Führung Plechanows, Martows, Trotzkis und anderer war weit aufreibender und opferreicher gewesen, und sie drang auch in die Herzen und Gehirne der Arbeiterintelligenz ein. Doch glaube ich, sagen zu können, daß wir im Spartakusbund das nach Umständen und Mitteln Mögliche geleistet haben. Welcher Historiker kann heute leugnen, daß die politischen Artikel der Spartakusbriefe die jeweilige politische Situation im Kriege mit außerordentlicher Klarheit und Klugheit darstellten. Wir waren aktiv gegen den Krieg. Das erhob uns über alle Unmenschen und das Unmenschliche der Zeit. Wir störten die Eroberungspläne eines brutalen machtbesessenen Militär- und Industriellenklüngels. Wir agitierten für Streiks zur Beendigung des Krieges. Wir waren kleine Gruppen innerhalb der Millionenmasse der Arbeitenden. Wir rieben uns auf im Kampf gegen eine selbstgeschaffene Bürokratie, die in der russischen Arbeiterbewegung unbekannt war.

Am nächsten frühen Morgen wurde ich von zwei Landwehrleuten abgeholt. Es waren zwei gesetzte Männer in den vierziger Jahren, scheinbar Geschäftsleute, die mich mit der Straßenbahn zum Kriegsgericht Schöneberg brachten. Der Transportführer war über mich informiert worden. Er sagte gleich auf der Straße zu mir: „Ich wähle auch sozialdemokratisch, trotzdem schiesse ich sofort, wenn Sie zu flüchten versuchen." Gewichtig fügte er hinzu: „Pflicht ist Pflicht!"
Am Alexanderplatz bestiegen wir die Plattform einer Straßenbahn. So konnte ich einmal wieder das pulsierende Leben der Großstadt sehen. Die beiden Männer unterhielten sich auf der Hin- und Rückfahrt ausschließlich über Frauen und Essen. Der Krieg war so sehr ein Teil des Lebens gewor-

den, daß er anscheinend nur dann noch Gesprächsstoff abgab, wenn Bekannte oder Verwandte direkt betroffen waren. Ich hätte gern etwas über den Krieg erfahren, denn seit meiner Verhaftung hatte ich keine Zeitung mehr gesehen. Die anderen Mitfahrenden auf der Plattform verhielten sich schweigend. Niemand entfaltete eine Zeitung.
Nach stundenlangem Warten im Vorraum des Gerichtszimmers wurde ich aufgerufen. Ein Vernehmungsrichter des Militärgerichts nahm meine Angaben zur Person und über die Gründe der Nichtbefolgung des Gestellungsbefehls auf. „Nichtbefolgung des Gestellungsbefehls", hieß es jetzt, kein Wort mehr von Desertion. Der Gerichtstermin wurde auf den Dienstag der folgenden Woche festgesetzt. In der Zwischenzeit sollte ich noch zu einer Vernehmung auf die Berliner Stadtkommandantur geführt werden.
Ich hatte die Gelegenheit, eine Postkarte an meine Mutter zu schreiben und ihr den Gerichtstermin mitzuteilen. Die Rückfahrt ins Gefängnis erfolgt wieder mit der Straßenbahn. Ich gab die Postkarte einem Mitfahrenden, der sie sogleich in einen Postkasten geworfen haben muß, denn sie erreichte meine Mutter rechtzeitig.

In dem überfüllten „Hausvogtei"- Gefängnis blieb den Gefangenen selbst der tägliche halbstündige Rundgang auf dem Hof versagt. Ich machte aber einen unvergeßlichen Sonntagmorgen-Spaziergang, der mir wieder einen Einblick in die deutsche Volksseele gab. Wenn dieses Erlebnis sich im ersten Kriegsjahr ereignet hätte, würde ich es auf die verblendete Kriegsbegeisterung der ersten Monate zurückführen. Jetzt aber waren wir bereits im vierten Kriegsjahr.
Es war der dritte Sonntag im Mai. Ich wurde gegen zehn Uhr vormittags ins Wachzimmer geholt. Dort erwarteten mich die beiden Kriminalbeamten der politischen Abteilung und außerdem zwei Soldaten mit aufgesteckten Bajonetten. Der Wachhabende des Gefängnisses sagte mir, daß diese Begleitung mich zur Stadtkommandantur führen würde. Die Kriminalbeamten nahmen mich in die Mitte, an jeder Hand eine Kette. Die beiden Soldaten gingen hinterher. So war ich ausreichend bewacht. Wir marschierten durch einen Teil der Königsstraße, dann nicht den kürzeren Weg über den Schloßplatz, sondern durch die Kaiser-Wilhelm-Straße und den Lustgarten. Bereits in der Königsstraße schloßen sich unter Gejohle mehrere Leute an.
Im Lustgarten war an diesem Sonntagvormittag ein Militärkonzert, mehrere Tausend Menschen waren auf dem Platz. Meine Begleiter hatten Mühe, mich durch die zusammenlaufenden Menschen zu führen. Männer drohten mit ihren Spazierstöcken, Frauen mit ihren Schirmen. Die drohenden Schreie wurden meinen Begleitern bald unangenehmer als mir. Ich hatte mich schon seit dem Tag meiner Verhaftung in eine Art Märtyrerrolle hineingelebt, die mich jedes Ungemach mit einer leichten Fröhlichkeit ertragen ließ.
Die Stadtkommandantur befand sich im Schloß des alten Kaisers Wilhelm I. An dem großen Eckfenster zur Schloßfreiheit, von dem aus der alte Kaiser Paraden und Wachablösungen zu beobachten pflegte, standen Offiziere, die die Zusammenrottung der Menschen um unseren Zug gesehen hatten. Eine Ordonnanz kam uns im Eilschritt entgegen mit dem Befehl, mir sofort die Fesseln abzunehmen. Oben im Zimmer erhielten die beiden Soldaten Order, eine Droschke für die Rückfahrt zu holen.

Die Vernehmung dauerte nicht lange. Sie bezog sich nur auf die Denkschrift des Fürsten Lichnowsky. Inzwischen hatten die Ententemächte die Denkschrift auch in die Hände bekommen und sie angeblich in Zehntausenden von Exemplaren über den deutschen Linien abwerfen lassen. Ich konnte nur wiederholen, daß ich die Denkschrift verbreitet hatte, aber über ihre Herkunft nichts sagen könne. Damit mußte man sich begnügen.
Am folgenden Dienstag ging es wieder mit der Straßenbahn zum Militärgericht in Schöneberg. Als ich zum Verhandlungszimmer kam, standen meine Mutter und Liesel Trobach, das zweite der beiden tapferen Mädchen, die sich bei der Verhaftung Liebknechts auf die Polizisten gestürzt hatten, bereits an der Tür des Gerichtszimmers.
Es verlief alles schneller, als mir lieb war. Ich hatte eine kleine Rede vorbereitet, die ich aber nicht halten konnte. Nach Verlesung der Anklageschrift fragte mich der Richter, ob die verlesenen Angaben zuträfen. Ich bejahte und konnte nur noch hinzufügen, daß ich mich weigere, auf Menschen zu schießen, die weder mir noch dem deutschen Volk ein Leid zugefügt haben. Er unterbrach und verkündete ohne weitere Fragen:
„Sechs Monate Gefängnis wegen Nichtbefolgung des Gestellungsbefahls."
So standen wir nach wenigen Minuten wieder im Korridor. Auf dem Wege zur Straßenbahn verabschiedete ich mich von meiner Mutter. Liesel Trobach fuhr auf der Plattform der Straßenbahn bis zum Alexanderplatz mit und ich konnte ihr unterwegs von den Umständen meiner Verhaftung, vom Spartakusprozeß, von Paul Nitschke und allen Erlebnissen der letzten Wochen berichten. Meine beiden Wach-Landwehrmänner hatten sich sicherlich den Inhalt unseres Gesprächs anders gedacht und waren nicht interessiert.

6. Das Brot

Am übernächsten Tag wurde ich mit einem Trupp von ungefähr dreißig anderen Gefangenen gegen vier Uhr früh beim ersten Morgengrauen unter starker Bewachung, die Gewehre mit aufgestecktem Bajonett, in einem mehrstündigen Marsch zum Militärgefängnis Spandau geführt. Die Bewachung, alles ältere Landwehrleute, war wegen der frühen Morgenstunde sehr schlechter Laune. Sie schimpften und fluchten auf uns und auf den Dienst: sie verlangten nach Kaffee und Frühstücksbrot.
Wir kamen vor Ende des Morgenappells auf dem Hof im Spandauer Gefängnis an, und ich wurde sogleich der Wäscherei des Gefängnisses zugeteilt.
Das Militärgefängnis Spandau war ein Sammelgefängnis. Fast täglich kamen aus anderen Gefängnissen neue Trupps an, andere marschierten zur „Bewährung" ab oder wurden in andere Gefängnisse überführt.
Im Frühjahr 1918 waren die Kolonnen an den Fronten schon stark gelichtet; die Kriegsführung konnte nicht mehr die normalen Anforderungen an die körperlichen und moralischen Kräfte der Truppen stellen. Hier im Militärgefängnis waren fast alle Gefangenen ausgebildete Soldaten, die auf dem großen Hof täglich bis in die späten Abendstunden hinein gedrillt wurden. Auch wurden an jedem Morgen die Häftlinge beim Appell aufgefordert, sich freiwillig zur Truppe zurückzumelden.
Nachdem die Freiwilligen herausgetreten waren, wurden die anderen gefragt: jeder mußte das Urteil des Militärgerichts angeben, den Grund und die Dauer der Strafe.
Nach einigen Tagen beim Morgenappell, nach Aussiebung der eventuell doch Kriegsbrauchbaren, befahlen die Feldwebel einer Gruppe von ungefähr achtzig Mann, darunter befand auch ich mich: „Ab nach Ossowitz!"
Was „Ossowitz" bedeutete, wußte ich noch nicht. Die meisten der Gruppe nahmen den Befehl zum Abtransport mit dem Gefühl einer mit Hoffnung gemischten Angst auf – nur fort! Unter den Gefangenen kursierten zwar Gerüchte von schauerlichen Gefängnissen, aus denen mancher nicht mehr herauskommen sollte. Doch die Hoffnung, daß die Veränderung eine Erleichterung bringen könnte, überwog. Man hoffte vor allem, daß es vielleicht etwas mehr zu essen geben würde . . .
Als Gepäck hatte jeder ein Stück Brot, einen Blechnapf und einen Löffel.
Den Abmarsch aus Spandau kommandierte wieder ein Feldwebel. Dieser

ließ den Trupp vor den Dienstwohnungen erst noch Exerzierübungen machen: „Hinlegen!" – „Aufstehen!", „Hinlegen!" – „Aufstehen!" Und so fort. Eine Frau stand an einem Fenster des ersten Stockes. Der Feldwebel schielte ständig nach oben. Endlich mußte die Frau wohl nach ihrem Kochtopf schauen, sie verschwand vom Fenster. Somit hörte der Fatzke auf zu kommandieren, und es ging zum Güterbahnhof, wo drei Güterwaggons bereit standen. Wir erhielten Stroh zum Auslegen der Waggons, was als Zeichen für eine lange Reise gedeutet wurde. Unterwegs wurden die Waggons an verschiedene Züge angehängt und wieder abgehängt, tage- und nächtelang blieben sie auch auf Nebengleisen stehen, so daß wir erst nach mehr als einer Woche am Zielort anlangten. Während der ganzen Reise durften wir die Waggons nicht verlassen.
Wir erlebten auch einen heiteren Zwischenfall. Bei der Durchfahrt durch Bromberg hielten uns die Rotkreuzfrauen für reguläre Soldaten und reichten Brot und Würste in die Waggons. Die Frauen hatten Übung im Austeilen. Da manche Züge nur einige Minuten hielten, mußte immer alles sehr rasch gehen. Ehe der Irrtum bemerkt wurde, waren die Brotstücke und Würste verschlungen. Das Fluchen und Drohen der Begleit-Unteroffiziere brachte die Würste nicht zurück. Natürlich wurde der liebliche Zwischenfall am Zielort gemeldet und als Diebstahl gewertet. Wir haben die Würste teuer bezahlen müssen.
Als wir nach achttägiger Fahrt zur Station des polnischen Ortes Osowiec ankamen, wurden wir von Soldaten erwartet, die uns durch den halb niedergebrannten Ort zur Festung Osowiec geleiteten, die ungefähr zwei Kilometer entfernt lag.

Osowiec war eine russische Festung, die von den deutschen Truppen erobert und in ein Militärgefängnis umgewandelt worden war. Sie lag inmitten riesiger Sümpfe und war von Wassergräben umgeben. Bei der Beschiessung durch die deutsche Truppen war die Festung nur wenig beschädigt worden. Es genügte darum, die Kasematten zu vergittern, und das Gefängnis war fertig. Aus einiger Entfernung waren die Kasematten nur als niedrige Grashügel sichtbar; die Öffnungen lagen nach innen, einem Hofe zu. Es gab 10 oder 20 vergitterte Räume, die bei meiner Ankunft belegt waren. Die Neuankommenden wurden auf die einzelnen Räume verteilt.
Wir waren hier 45 - 50 Gefangene in einem Raum, der ungefähr 60 qm groß war. Eine Hälfte des Raumes wurde von übereinanderstehenden Brettergestellen eingenommen, die als Pritschen dienten. Wir schliefen in unserer Montur auf Stroh. In der anderen Hälfte standen ein langer rohgezimmerter Tisch und einige Bänke. Das war der Eßraum. Hier stand auch als Klosett ein großer Kübel, der fast täglich überlief, weil er nur einmal am Morgen geleert werden durfte. Der Raum konnte durch die Tür gelüftet werden, die morgens und abends, wenn das Essen gebracht wurde, einige Minuten offen stand. Die vergitterten Fenster waren fest verschlossen.
Die Gefangenen hier waren „schwerere Fälle" als die in Spandau. Alle waren von Militärbehörden verurteilt. Neben „Zitterern", „Schüttlern" und Selbstverstümmlern gab es gewöhnliche Banditen, Notzuchtverbrecher, auch Totschläger aus Eifersucht darunter, einige von ihnen waren zu lebenslang Zuchthaus verurteilt. Hier gab es kein Auskämmen und kein Freiwilligmelden mehr.
Ich war der einzige „Politische". Doch nach einiger Zeit lernte ich einen

Elsässer kennen, der hierher geschickt worden war, weil er den deutschen Militärdienst mit der Begründung, daß er Franzose sei, verweigert hatte. Hier waren wir wie lebend begraben. Briefe von Angehörigen wurden nicht ausgehändigt. Als nach Monaten ein Brief von meiner Mutter kam, der noch nach Spandau adressiert gewesen war, wurde er mir nur stellenweise vorgelesen.
Was in Deutschland und an den Kriegsfronten vorging, erfuhr ich nicht. Gefangene, die nach mir nach Osowiec gebracht wurden, kamen meist aus anderen Gefängnissen. Sie wußten auch nichts. Der Raum war zu klein für uns, die Luft verbraucht und übelriechend. Unsere Gesichtsfarbe war gelblich, und die Haut der meisten Gefangenen mit Ausschlag bedeckt. Wir waren von Ungeziefer zerfressen und voller Kratzwunden. Da wir Holzschuhe trugen, die unbiegsame Holzsohlen hatten, waren die Knöchel durchgerieben, und es bildeten sich eiternde Wunden. Verbandsstoff gab es nicht. Wir hatten unsere Hosenträger zerrissen und um die Knöchel gewickelt.
Doch am meisten quälte uns der Hunger. Morgens um halb fünf Uhr gab es eine braune Flüssigkeit, angeblich aus Eicheln gekocht. Nachmittags um fünf Uhr dieselbe Suppe wie mittags, verdünnt, noch einmal. Die Suppen waren ungesalzen, dafür war Soda beigefügt zur Hemmung des Durstes und des Appetits. Es gab kein Trinkwasser für uns Gefangene. Das Sumpfwasser war nur abgekocht trinkbar. Es wurde niemals welches abgekocht. Morgens nach dem Aufstehen wurde ein Kübel Wasser hereingeholt, und wir mußten uns in Gegenwart der Wachsoldaten darin waschen. Es wurde aufgepaßt, daß niemand vom Wasser trank. Das Trinken wurde oft versucht, um ins Lazarett zu kommen. Dort sollte es mehr Brot geben. Tagsüber lagen wir, soweit wir nicht auf dem Hofe mit Grasausrupfen und Appellen beschäftigt waren, auf den Brettern, zum Stehen vor der Türe und dem Fenster reichte der Platz nicht, und warteten auf die Suppe. Nachts lagen wir halb wach und dachten an das Brot, das es am Morgen geben würde. Die meisten röchelten und weinten vor Hunger. Gesprochen wurde selten. Die wenigen Unterhaltungen der Gefangenen handelten von den Dingen, die sie einst gegessen, und von dem Fleisch, das sie einst wieder essen würden, wenn . . .
Das Brot mußte für den ganzen Tag reichen, es war immer frisch und feucht Viele Gefangene kneteten es zu Kugeln und schluckten es ungekaut hinunter. Nach ihrer „Theorie" lag das Brot dann länger im Magen und wehrte den Hunger länger ab. Ein Gefangener fand bei einer Ausführung einen großen rohen Beinknochen. Er brachte ihn mit ins Gefängnis. Der Finder lag tagsüber mit dem Bauch auf dem Fußboden und knabberte und schabte an dem Knochen. Um ihn herum saßen andere Hungergefährten, die um Splitter bettelten. Nachts hatte der Finder den Knochen unter seinen Kopf gelegt, damit er ihm nicht gestohlen wurde. Andere Gefangene standen von frühmorgens an der Tür, um auf die Tritte der Wachsoldaten zu lauschen, die immer um halb zwölf gegen Mittag einige Gefangene zum Essentragen holten. Sie standen dort stundenlang regungslos und schweigend. Manchmal sollte es auch Kartoffeln in der Suppe geben. Wir haben nie welche gesehen. Die Gefangenen, die zum Kartoffelschälen abkommandiert waren, aßen die wenigen Kartoffeln roh auf. Die Kartoffelschäler wurden oft nachts bis zur Bewußtlosigkeit geschlagen.
In Osowiec sind viele Gefangene gestorben, andere sind halb verblödet. Viele hatten keine Gewalt mehr über ihre Schließmuskeln, sie beschmutz-

ten sich, wo sie standen und lagen. Die Kleider breiteten sie auf dem Fußboden aus und reinigten sie mit dem Rutenbesen.

Nachdem ich einige Tage in dem Gefängnis war, überlegte ich, daß ich kaum gesund herauskommen würde, wenn ich in derselben Weise lebte wie die anderen Gefangenen. Ich versuchte deshalb, mich mit dem Essen anders einzurichten. Ich aß am Tage mein Brot nicht, sondern steckte es unter das Hemd auf die Brust. Taschen gab es nicht im Anzug und hinlegen konnte ich das Brot nirgends. Nach zwei Tagen aß ich das trocken gewordene Brot und verbarg das frische wieder auf der Brust. So hatte ich immer zwei Stücke Brot bei mir. Das ging ungefähr zwei Wochen lang gut. Ich trank auch die Suppe nicht gleich wie die anderen, sondern kletterte auf das Bettgestell, wo mein Schlafplatz war, ließ die Suppe abkühlen und aß sie langsam mit dem Löffel. Wenn ich oben saß und meine Suppe löffelte, bildete sich unten ein Kreis Hungriger, die ihre Suppe längst ausgetrunken hatten. Sie sahen mit wässrigen Mündern zu mir hinauf und gingen erst fort, wenn ich den leeren Topf zeigte.
Eines Tages, beim Appell der Gefangenen, brüllte mich ein Sergeant an: „Was haben Sie eigentlich auf der Brust? Haben Sie vorne einen Ast?"
Er begann gleichzeitig den Rock und das Hemd aufzuknöpfen und fand das Brot. Der Sergeant behauptete sofort, das Brot sei gestohlen. Ich sagte, daß ich mein Brot auf der Brust trocknen lasse, damit es mehr sättigen sollte. Da nirgends fehlendes Brot gemeldet wurde, bekam ich mein Brot nach einer Weile zurück.
Als wir nach Beendigung des Appells in die Zelle zurückgekehrt waren, wurde ich von Gefangenen, die das Brot gesehen hatten, darum angebettelt. Sie umringten mich und fragten, ob ich mein Brot alleine nicht schaffe. Dabei begannen einige auf mich einzuschlagen. Ich machte mich frei und kletterte auf meine Pritsche, die glücklicherweise ganz zuoberst lag. Die anderen Gefangenen standen zusammengedrängt unten und starrten zu mir herauf. So blieben sie stundenlang. Ihre Gesichter waren stumpf. Es war kein Haß darin zu sehen. Nur Hunger.
Es wurde Abend. Ich stieg, um meine Suppe zu erhalten, hinunter und kletterte gleich wieder hinauf. Die Haufen bildeten sich wieder. Es wurde dunkel. Lampen gab es nicht. Nur wenige legten sich schlafen. Nach einiger Zeit, vielleicht waren es Stunden, merkte ich, wie das Gestell wackelte. Einige Gefangene wollten zu mir heraufklettern. Sie konnten nur an einer Seite hochklettern, wo kurze Querbalken an die Stützbalken genagelt waren. – Ich wehrte die Kletterer ab. Die ganze Nacht hindurch mußte ich gegen sie kämpfen. Immer wenn einer hinuntergefallen war, dauerte es einige Minuten, ehe ein anderer heraufzuklettern begann. Einige warfen mit Holzschuhen. Die Verteidigung war schwierig. Da mein Platz dicht unter der Decke lag, konnte ich nicht aufrecht stehen, sondern mußte auf der Pritsche knien. So hockte ich auf der Kante meiner Pritsche und schlug auf jeden los, der sich auf der „Leiter" befand. Mein Gesicht und meine Hände bluteten von den Biß- und Kratzwunden, die mir die Angreifer zugefügt hatten. Erst gegen Morgen hörte der Kampf auf. Als die Wachsoldaten kamen, stieg ich hinunter, um mein Brot zu empfangen. Die Spuren des Kampfes beachteten die Soldaten nicht, weil es oft vorgekommen war, daß sich die Gefangenen nachts schlugen. Obwohl es nicht ratsam war, das Brot weiter aufzubewahren, wollte ich an meiner Ernährungsweise festhal-

ten. Ich saß tagsüber auf meinem Platz und bereitete mich für die kommende Nacht vor. Ich schuf mit eine Waffe. Fast den ganzen Tag rieb ich den Stiel meines Blechlöffels an der Mauer und machte ihn dolchartig spitz. Die Meute stand unten und guckte zu.

Nach Eintritt der Dunkelheit begann der Kampf vom neuem. Die vor Hunger halb Wahnsinnigen versuchten immer wieder heraufzukommen. Ich schlug denen, die sich an den Rand meiner Pritsche klammerten, mit dem Löffelstiel auf die Hände, daß sie losließen und herunterfielen. Der Hunger hatte sie so geschwächt, daß ein Stoß genügte, um sie umzuwerfen. Der Kampf ging fast lautlos vor sich, ich hörte nur das verzweifelte Weinen und Keuchen der Untenstehenden. Sie weinten vor Ungeduld. – Das Brot gewannen sie nicht.

So verging die zweite Nacht und auch die dritte. Der Hunger hatte den Angreifern jede Überlegung genommen. Sie dachten nicht dran, alle gleichzeitig auf mich loszugehen. Sie hätten die Bänke und den Tisch zu Hilfe nehmen können. Es kämpfte jeder für sich. Jeder wollte das Brot allein gewinnen. Die Wachsoldaten hatten schon in der ersten Kampfnacht das Werfen der Holzschuhe gehört. Als es sich in den folgenden Nächten wiederholte, kamen sie in der dritten Nacht plötzlich mit Laternen in die Zelle und führten einige Gefangene, die sich nicht rechtzeitig auf ihre Pritsche gelegt hatten, hinaus. Am anderen Morgen wurde von den nächtlichen Kämpfen Meldung gemacht. Die Gefangenen erzählten von meinem Brot. Es wurde mir abgenommen. Von jetzt ab mußte ich täglich mein Brot nach dem Empfang unter Kontrolle essen.

Das Fluchen gehört wohl zum Wesen des Militarismus. Der Unteroffizier, der für die Insassen unseres und des Nachbarraumes verantwortlich war, fluchte, wie ich es in meinem Leben nie gehört hatte und auch nie wieder hörte. Er brauchte nicht einmal ein bestimmtes Objekt oder einen Anlaß. Er fluchte über alles, über uns, über sein Dasein, über Himmel und Erde, über alle Körperteile. Nur seinen gepflegten Schnurrbart ließ er aus. Doch wenn er seine tiefste Verachtung ausdrücken wollte, sagte er langsam mit rauher Stimme: „Sie Österreicher!"

Das beim Reichsgericht schwebende Verfahren „Vorbereitung zum Hochverrat gegen Jogiches und Genossen", wegen Mitgliedschaft im Spartakusbund, Führerschaft im Munitionsarbeiterstreik, Verbreitung der Denkschrift des Fürsten Lichnowsky, lief inzwischen weiter. Eines Tages, es wird im August gewesen sein, erhielt ich eine Vorladung zu einer Vernehmung im Ort Osowiec. Der Feldwebel las diese Vorladung vor den zum Morgenappell angetretenen Gefangenen vor. „Einen Kaiserabsetzer haben wir also auch hier!" schrie er, „einen Roten! Da seid ihr Halunken, Deserteure, Diebe und Plünderer mir noch lieber!" Ich wurde von zwei Soldaten in den Ort geführt. Die Soldaten hielten die entsicherten Gewehre in Anschlag, und ich mußte, die Hände über den Kopf gefaltet, zwischen ihnen gehen. Die Vorführung war sehr willkommen; ich kam dadurch zur Entlausungsanstalt und zum Brausebad der Garnison.

Ein Beauftragter des Untersuchungsrichters beim Reichsgericht hatte die weite Reise nicht gescheut, um mich zu vernehmen. Das Verhör zog sich den ganzen Tag über hin, es wurden mir die Aussagen anderer Spartakus-Mitglieder vorgelesen. Ich hatte meinen früheren Aussagen – Kampf gegen

den Krieg – nichts hinzuzufügen.
Als ich wieder im Gefängnis zurück war, spürte ich eine allgemeine feindselige Stimmung gegen mich. Einige entrüsteten sich, sie seien zwar Verbrecher, aber doch fromme Leute, die gern zur Kirche gehen würden, wenn sie dazu Gelegenheit fänden. Nie würden sie es wagen, gegen den Kaiser und gegen den Krieg ein Wort zu sagen. Die gefürchteten Schikanen, die wie üblich die Mitgefangenen in meinem Raum mitbetreffen würden, blieben aus. So beruhigte man sich wieder. Ich behielt aber den Spitznamen „Kaiserabsetzer".
Die Zeit verging. Noch war Sommer. Wir hatten neben völlig sinnlosen Arbeiten auch in den Sümpfen Torf gestochen und zum Trocknen gestapelt, auch Heu geerntet und gebündelt. Gefangene, die den vergangenen Winter hier verbracht hatten, sprachen angstvoll von dem kommenden Winter. Kranke kamen fort, Verstorbene wurden in ihre Decken gewickelt und weggeschafft. Es gab Tage ohne Brot. Die Einzeldunkelzellen waren immer belegt.
Und die Bewachungsmannschaften? Es waren keine berufsmäßigen Gefängniswärter, sondern abkommandierte Soldaten, alle waren Unteroffiziere. Sie waren völlig uninteressiert. Sie beachteten genauestens ihr Vorschriften, ohne sich jemals eine humane Regung anmerken zu lassen. Sie sprachen niemand an, und kein Gefangener durfte sie ansprechen. Wenn ein Gefangener etwas vorzubringen hatte, mußte er es dem Kalfaktor sagen, der es dem diensthabenden Unteroffizier am Morgen beim Öffnen der Tür meldete. – Ich habe mich selbst nicht beklagt in dieser Zeit. Ich dachte immerwährend an den Krieg und an meine Freunde. Die Unwissenheit über das Geschehen der Zeit bedrückte mich am meisten.

Es wurde Ende Oktober. Am 28. Oktober beim Morgenappell wurde ich erneut aufgerufen und wiederum von zwei Soldaten ins Dorf geleitet, zu einer weiteren Vernehmung. Als wir auf der Landstraße außer Sichtweite des Gefängnisses waren, änderten die Soldaten ihre Haltung und erzählten mir, daß Liebknecht aus dem Zuchthaus entlassen worden sei und daß es an den Fronten sehr schlecht stünde, daß in der Heimat auch sehr schwer gehungert werde, daß die Bolschewisten in Rußland um ihre Existenz kämpften, daß nun doch bald Schluß sein würde mit dem Krieg...
Die Vernehmung durch den Beauftragten des Untersuchungsrichters beim Reichsgericht war wieder Routine. Der Untersuchungsrichter schien sich zu sorgen, seine Spartakusleute vollzählig beisammen zu halten. Der Prozeß gegen Spartakus sollte wohl das große Ereignis seines Lebens sein. Es kam nicht mehr zu dem Prozeß.
November 1918. Meine Zeit als Militärgefangener war abgelaufen. Wir wurden seit einigen Tagen nicht mehr aus den Räumen gelassen. Ich sah an einem dieser Tage durch das Fenster, wie eine Gruppe Gefangener versuchte, ein Klavier über den Hof zum Tor zu schleppen. Andere Gefangene trugen Gepäckstücke. Neben der Gruppe ging der Kommandant des Gefängnisses, ein Hauptmann. Die Gefangenen waren zu schwach; sie fielen mit dem Klavier um. Der Hauptmann ging eilig weiter, so ließen sie das Klavier liegen. Wie ich erfuhr, wollte der Hauptmann das Klavier zur Bahnstation tragen lassen. Er fuhr ab. Der Hauptfeldwebel, der eigentlich schon immer das das Kommando geführt hatte, kam mit einigen Unteroffizieren, die einen Korb voller Brotstücke trugen, an die Fenster, stießen diese ein und warfen

das Brot unter die Gefangenen. Diese sprangen danach und kämpften wütend um jedes Stück. Ich schaute von meiner Pritsche aus zu und überlegte, daß es an der Zeit sei, hier herauszukommen. Am anderen Morgen blieb alles still, niemand erschien. Die Gefangenen standen an der Tür und an den zerschlagenen Fenstern und begannen nach den Wachen zu rufen. Es war bereits Nachmittag, als einige fremde Soldaten kamen, die Türen aufschlossen und uns sagten, daß unsere Wachen abgezogen seien, daß der Krieg zu Ende sei. Die Polen seien im Anmarsch und wir sollten sehen, daß wir fortkommen.
Schreiend rannten die Befreiten über den Hof, zum einzigen Ausgang, dem Tor an der Brücke über den Graben. Das Tor war versperrt, aber auch diese Wache war fort. Ich sprach einen der Soldaten an, er begleitete mich zur Kleiderkammer, um die Gefängniskleidung auszutauschen. Dann kletterte ich über das Brückengeländer und eilte die Landstraße entlang in Richtung Eisenbahnlinie Bialystock-Lyk. Es dunkelte bereits. Ich ging zwischen den Gleisen in Richtung Norden, und gegen Mitternacht sah ich einen Zug hinter mir kommen. Die Lokomotive hatte offenbar mit Holz geheizt, aus dem Schornstein kam ein Feuerschein, und der Zug fuhr zu meinem Glück im Schrittempo. Mit verzweifelter Kraft konnte ich aufspringen und in einen Waggon klettern. Ich schlief bald ein. Als ich aufwachte, war heller Tag. Der Zug hielt auf dem Bahnhof Allenstein. Auf dem Nebengleis stand ein mit Soldaten besetzter D-Zug. Ich sprang aus meinem Waggon heraus und lief zu diesem Zug hinüber, der sich auch schon in Bewegung setzte. Ich sprang zum Fenster hoch, Soldaten ergriffen meine Arme und zogen mich hinein. Ich bedankte mich und fragte, wohin der Zug führe. „Nach Berlin!" antworteten mehrere. Unterwegs tauschte ich mit einem Soldaten mein Hemd für ein Stück Brot mit Rübenmarmelade. Der Zug hielt öfters stundenlang auf der Strecke. So kam ich erst am nächsten Abend in Berlin an. Ich hatte Glück gehabt; später erfuhr ich von anderen Osowiecer Gefangenen, die ich in Berlin traf, daß mein Zug der letzte gewesen war, der direkt über Thorn-Posen nach Berlin durchfuhr.
Meine Mutter öffnete die Wohnungstür. Als ich nach der Begrüßung die Küche betrat, standen dort Paul Nitschke und Friedrich vom Jugendbildungsverein, die einige Minuten zuvor gekommen waren, um sich nach mir zu erkundigen. Sie waren bereits im Oktober freigelassen worden.

7. Der Novembersturz 1918

Nach einigen Tagen hatte ich meine Erschöpfung soweit überwunden, daß ich der Einladung, zu meiner früheren Arbeitsstelle Cassirer zu kommen, folgen konnte. Den Empfang beschrieb ich bereits. Das Ergebnis der Sammlung unter den Kollegen gab mir die Möglichkeit, mich erst über die Geschehnisse der letzten Monate zu informieren, ehe ich nach einer Brotarbeit suchen mußte.
Ich stürzte mich auf alle erreichbaren Schriften über das Zeitgeschehen, las die Zeitungen und Zeitschriften aller Richtungen der vergangenen Monate und traf mich täglich mit Paul Nitschke, der mir auch die Spartakusbriefe brachte, die seit meiner Verhaftung erschienen waren, und die bisher erschienenen Nummern der von Luxemburg und Liebknecht redigierten neuen Zeitung „Rote Fahne". Aus der Lektüre der Schriften und den Erzählungen Paul Nitschkes und anderer Freunde vom Jugendbildungsverein erfuhr ich von der weiteren Tätigkeit des Spartakusbundes im letzten halben Jahr. So hörte ich erst damals, daß nach der Verhaftung fast aller führenden Köpfe im Frühjahr der Spartakusbund die Lähmung bald überwand und weiterwirkte und im Oktober 1918 mit der berühmten revolutionären Erklärung hervorgetreten war, in der der Sturz aller deutschen Dynastien, soziale Revolution und Völkerfrieden verlangt wurden. Zur Bildung einer neuen Arbeiterpartei war es indessen noch nicht gekommen. Paul Nitschke erzählte mir, daß unter den Mitgliedern und Freunden keine einheitliche Auffassung bestände, ob es überhaupt zweckmäßig sei, eine neue sozialistische Partei zu gründen.
Ich will versuchen zu schildern, welche Schlußfolgerungen ich aus der Lektüre und den Diskussionen mit meinem Genossen über den Sturz der deutschen Militärmacht zog.
Als ich aus dem Gefängnis zurückkehrte, war Deutschland bereits eine Republik geworden. Die Monarchen waren jedoch nicht gewaltsam gestürzt worden, sie hatten abgedankt. Der Kaiser war nicht durch Spartakus und nicht durch die Arbeiterschaft verjagt worden, sondern sein Oberbefehlshaber Hindenburg hatte dem Kaiser den Rat gegeben, ins Ausland zu flüchten. Den gleichen Rat hatten im Frühjahr 1917 die geschlagenen russischen Generäle ihrem Zaren gegeben: abdanken und flüchten. Der Zar hatte den Rat der Militärs abgelehnt, der deutsche Kaiser befolgte ihn. Hinden-

burg und der deutsche Generalstab opferten die Monarchie und retteten ihre Militärkaste. Das entsprach auch den geheimen Wünschen der Militärs der Entente.
Aus allen Diskussionen mit meinen Genossen erfuhr ich die Wahrheit, daß die deutschen Heere auf allen Fronten geschlagen waren. Zuerst in Kleinasien, dann auf dem Balkan, Österreich-Ungarn, die Türkei und Bulgarien hatten bereits kapituliert. Sie schieden nicht nur aus dem Krieg aus, sonder setzten die deutschen Truppen in ihren Gebieten auch noch gefangen. Italienische Armeen bereiteten den Vormarsch nach München vor, mit dem Ziel Berlin. Die Ententetruppen, die den Balkan besetzt hatten, wollten zur gleichen Zeit über Breslau nach Berlin marschieren. Den Armeen der Entente standen hier keine nennenswerten deutschen Kräfte im Wege. Doch ehe diese Pläne durchgefährt werden konnten, erfolgte die Kapitulation des deutschen Oberkommandos im Westen und die Flucht des Kaisers und Ludendorffs ins Ausland.
Auch der uneingeschränkte U-Bootkrieg war schon längst verloren, als im Herbst 1918 die britische Marine die Kanäle an der belgischen Küste verriegelte. Die deutschen U-Boote und Torpedoboote, die dort ihre Basis hatten, lagen aktionsunfähig fest. Nun hatte es die übliche deutsche Heuchelei gegeben. Die Parteien im Reichstag, die den uneingeschränkten U-Bootkrieg befürwortet hatten, erklärten ihn für illegal, als sie ihn nicht mehr führen konnten. Die deutsche Hochseeflotte aber war durch jahrelange Stillegung, obwohl täglich unter Dampf, eingerostet, die Mannschaften durch unablässiges nerventötendes „Schleifen" und mangelnde Ernährung demoralisiert. Als in letzter Stunde die oberste Marineleitung die Matrosen durch eine Verzweiflungsaktion gegen England in den Tod schikken wollte, verweigerten diese die Ausfahrt.
An der Westfront waren die deutschen Heere in den letzten Wochen langsam aber stetig unter schweren Verlusten zurückgewichen. Die Oberste Heeresleitung, Hindenburg, hatte, um der vollständigen Auflösung zuvorzukommen, die Entente am 6. November um Waffenstillstand gebeten. Der Vizekanzler Payer gab im Reichstag an Stelle des Reichskanzlers Max von Baden, der in seiner Generalsuniform zusammengesackt war, die Bestätigung der deutschen Niederlage bekannt: „Alle Verbündeten Deutschlands liegen besiegt und vernichtet am Boden, alle. Unser gesamtes Volk muß nach unerhörten Opfern an Gut und Blut hungern." Jetzt, hinterher, schrieb auch der rechtsstehende, damals angesehenste Soziologe und Religionsphilosoph Ernst Troeltsch in „Das Ende des Militarismus": „Diese Militärpolitik herrschte und triumphierte, solange es eben ging. Unter hundert Masken arbeiteten Ludendorff und seine Generalstäbler" . . . Ludendorff durfte nach seiner Absetzung mit Einverständnis der Regierung nach Skandinavien fahren und dort den weiteren Zusammenbruch abwarten. Doch schon nach kurzer Zeit konnte er nach Deutschland zurückkehren, die Rechtfertigung seiner Kriegsführung niederschrieben und die theoretischen Grundlagen des Revanchekrieges ausarbeiten: politische Kriegsführung mit Massenbasis. Kaum wieder daheim, erklärte Ludendorff, daß er „kalten Blutes die sozialdemokratischen Führer hängen sehen würde". Das war Jahre, bevor Hitler die „rollenden Köpfe" ankündigte.
Nach allem war Deutschland bereits eine Republik, bevor Liebknecht und Scheidemann unabhängig voneinander die Republik „ausriefen". Das deutsche Volk erlitt den Zusammenbruch des Kaiserreiches, es erkämpfte die

Revolution nicht. Scheidemann erklärte öffentlich und schrieb es auch in seinen Erinnerungen, daß Ebert ihm Vorwürfe gemacht habe wegen der Proklamation der Republik. „Ich hasse die soziale Revolution wie die Sünde," hatte Ebert vorher schon dem neuen deutschen Reichskanzler Max von Baden erklärt. Instinktlos lieferte Ebert auch der sich vom ersten Schock erholenden deutschen Militärkaste die Losung der Konterrevolution. „Im Felde unbesiegt kehrt Ihr zurück!" sagte er beim Empfang einer Truppe, die Anfang Dezember 1918 geschlossen durchs Brandenburger Tor marschierte. Mit diesem Satz waren Ludendorff und sein Generalstab freigesprochen, die kriegsmüde Arbeiterschaft und das hungernde Volk verurteilt. Selbst unter den Funktionären seiner Partei wurde viel über diesen Ausspruch diskutiert. Die meisten Funktionäre erklärten später, daß Eberts Intelligenz nicht ausreichte, um die Tragweite seiner eigenen Worte zu begreifen. Bürgerliche Geschichtsschreiber dagegen bemühen sich, Ebert wegen dieses Ausspruchs und wegen seiner Zusammenarbeit mit den kaiserlichen Generälen die „besten Absichten" zu unterstellen. In der Geschichte zählen Absichten jedoch nicht, wohl aber die Ergebnisse einer Politik. Die Ereignisse waren: auf Ebert folgte Hindenburg und dieser ernannte Hitler. Auf den Ersten Weltkrieg mit 11,5 Millionen Toten folgte die Fortsetzung, der Zweite Weltkrieg mit 54 Millionen Toten. Das war das schauerliche Resultat der von der Mehrheit der Sozialdemokratischen Partei verhinderten Revolution. Wer den Marasmus der Weimarer Republik verstehen will, muß den Anfang studieren. Wie meistens im Leben, zählen die ersten Schritten, so auch in der Politik.

Für uns, den Spartakusbund, war der militärische und wirtschaftliche Zusammenbruch des Kaiserreichs keine Revolution, obwohl auch wir von der „Novemberrevolution" sprachen. Die Revolution konnte sich erst aus den Trümmern entwickeln. Wir wußten, daß eine Revolution kein einmaliger Akt ist. Die politische Umwälzung muß erst den Weg zu Reformen öffnen, die der Revolution den Inhalt geben. Wir waren uns bewußt, daß im November 1918 nur die oberste Spitze des alten Obrigkeitsstaates gefallen war und daß wir in Deutschland in der Situation waren, die Marxens kongenialer Freund Friedrich Engels im Dezember 1888 aus der Analyse der Entwicklung des deutschen Militärismus-Imperialismus vorausgesehen hatte, als er schrieb:
„Kein anderer Krieg . . . ist für Preußen-Deutschland mehr möglich als ein Weltkrieg, und zwar ein Weltkrieg von einer bisher nie geahnten Ausdehnung und Heftigkeit. Acht bis zehn Millionen Soldaten werden sich untereinander abwürgen. Die Verwüstungen des Dreißigjährigen Krieges zusammengedrängt in 3 – 4 Jahren und über den ganzen Kontinent verbreitet; Hungersnot, Seuchen, allgemeine durch akute Not hervorgerufene Verwirrung des Heeres wie der Volksmasse; rettungslose Verwirrung unseres künstlichen Getriebes in Handel, Industrie und Kredit, endend im allgemeinen Bankrott; Zusammenbruch der alten Staaten und ihrer traditionellen Staatsweisheit, derart, daß die Kronen zu Dutzenden über das Straßenpflaster rollen und niemand sich findet, der sie aufhebt."
Doch die maßgebenden, „praktische Arbeit" leistenden, Partei-Budiker– Funktionäre lasen schon lange nicht mehr Marx und Engels. Noch schlimmer als ihr Nichtwissen war ihr Nichtverstehen. Sie hatten sich über die Aufgaben, die sich aus der vorausgesehenen Situation ergeben würden, kei-

ne Gedanken gemacht.
Die Geschichte des Spartakusbundes und des Jugendbildungsvereins beweist wohl eindeutig, daß wir überzeugt waren, aus dem Zusammenbruch des monarchistischen Obrigkeitsstaates müsse die sozialistische Revolution erwachsen. Daß diese nicht von allein kommen konnte, war uns klar, es war unsere Verpflichtung, für sie zu wirken. „Wenn eine Zeit reif ist und das Notwendige wird nicht getan, so kommt ein noch größeres Unglück." Dieser Leitgedanke und die Auffassungen von Marx, Engels und anderen Historikern über das Wesen der Revolution waren für uns maßgebend:
„Eine Revolution ist der rasche Sturz von Einrichtungen, die Jahrhunderte gebraucht haben, um Wurzel zu fassen und befestigt und unbeweglich zu scheinen."
„Revolution bedeutet den in einem kurzen Zeitraum eintretenden Fall oder das Abbröckeln alles dessen, was bis dahin den wesentlichen Inhalt des sozialen, religiösen, politischen und wirtschaftlichen Leben einer Nation gebildet hat."
Marx hatte geschrieben:
„Die zentralisierte Staatsmacht, mit ihren allgegenwärtigen Organen – stehende Armee, Polizei, Bureaukratie, Geistlichkeit, Richterstand, ... stammt her aus den Zeiten der absoluten Monarchie ...
Die Arbeiterklasse kann nicht die fertige Staatsmaschinerie einfach in Besitz nehmen ... sondern muß sie ... zerbrechen, und dies ist die Vorbedingung jeder wirklichen Volksrevolution..."
Der französische Politiker und Schriftsteller de Tocqueville hatte gelehrt: „Wenn nach einer Katastrophe des Volkes oder der Nation die Institutionen nicht geändert werden, so wiederholen sich die Katastrophen."
Marx, Engels, de Tocqueville sollten in Deutschland recht behalten. Mit der Bejahung der Ansicht Marxens, daß in der Revolution der Staatsapparat nicht einfach übernommen werden kann, sondern daß der alte Apparat aufgelöst und ein neuer aufgebaut werden müsse, hatten wir zwar eine Vorstellung von unseren Aufgaben, aber noch lange nicht die zu deren Verwirklichung erforderlichen revolutionär gesinnten Massen und geistigen Kräfte.
So war die Situation im November/Dezember 1918 für uns in jeder Hinsicht sehr schwierig. Der deutsche Obrigkeitsstaat hatte einen Krieg entfesselt, den die deutschen Heere nicht nur gegen die Truppen anderer Länder, sondern auch gegen deren Bevölkerung mit entsetzlicher Grausamkeit geführt hatten. Die Alldeutschen, die maßgebenden Industriellen, die Militärs hatten halb Europa als Beute gefordert. In dem Diktatfrieden von Brest-Litowsk und Bukarest hatte der deutsche Imperialismus sein Gesicht gezeigt und den anderen Ländern ihr Schicksal, wenn Deutschland gesiegt hätte. Die Schuldigen am Weltkrieg spürten, daß sie nur Spartakus zu fürchten hatten. Sie sahen in den Mehrheits-Sozialdemokraten ihre Retter und akzeptierten deren Regierung, die sie zur gegebenen Stunde beiseite schieben wollten. Diese Absicht verbargen sie nicht einmal.
Die positiven Ergebnisse der nach den ersten Schritten stecken gebliebenen Revolution: Verschwinden der Dynastien der deutschen Einzelstaaten, die sich jetzt „Volksstaaten" nennen durften; der gesetzliche Achtstundentag; das allgemeine Wahlrecht auch für Frauen, waren zu mager, um das Volk für die Revolution zu begeistern. Der 9. November wurde daher

niemals ein „Staatsfeiertag", und die Arbeiterschaft hat ihn niemals als Tag der Befreiung gefeiert.
Die Haltung des Bürgertums in diesen Wochen des Zusammenbruchs einer Staatsmacht entsprach seiner Geschichte. Es hatte dem Raubkrieg jubelnd zugestimmt. Die Millionen getöteter Menschen zählten nicht, aber daß die Straßenbahn gelegentlich unpünktlich fuhr, ließ es vor Entrüstung schäumen. Der Schrei des Bürgertums nach „Ordnung" galt nur der Aufrechterhaltung des bisherigen Militär- und Polizeistaates.

Zum besseren Verständnis meiner Mitarbeit im Spartakusbund im Ersten Weltkrieg muß ich immer wieder die Tatsache hervorheben, daß der Spartakusbund von Funktionären der alten SPD als Protest gegen die Kriegspolitik des Parteivorstandes geschaffen worden war. Grundlage unserer Opposition waren das Erfurter Programm und die Beschlüsse der Kongresse der Sozialistischen Internationale.
Kritiker bemängelten, daß in den Spartakusbriefen der Begriff Pazifismus nicht verwendet wurde. Wir hielten das nicht für nötig, weil der Kampf gegen den Krieg ein erster Grundsatz des Sozialismus ist. Die führenden Köpfe des Spartakusbundes, Rosa Luxemburg, Karl Liebknecht, Leo Jogiches hatten einen geradezu religiösen Glauben an das „Proletariat" und an die Revolution, die sie für die „geschichtliche Aufgabe" der arbeitenden Massen hielten. Die Spartakusführer wußten wohl, daß gesellschaftliche Umwälzungen nur bei aktiver Mitwirkung der Massen möglich sind. Zu Palastrevolutionen genügen unzufriedene Militärs und Funktionäre. Die Politik des Spartakusbundes mußte sich immer heftiger gegen die Bürokratie der SPD wenden, je mehr diese sich den Interessen der alten Herrschaftschicht unterordnete und diese durch ihre Mitarbeit stützte. Zum Wegräumen des alten Obrigkeitsschutts und zum Kampf für die revolutionäre Umgestaltung der Gesellschaftsordnung brauchte die Arbeiterschaft ein neues Instrument, eine revolutionäre Partei. Die Politik des Spartakusbundes beabsichtigte nicht die „Spaltung der Arbeiterbewegung" sondern deren Weiterentwicklung.
Die sozialdemokratischen Führer und ihre Presse blieben in diesem Monaten bei ihrem Doppelspiel, das sie während des Krieges erfolgreich geübt hatten. Wie sie für die Kriegskredite gestimmt hatten, so stimmten sie jetzt für Maßnahmen zur Eindämmung und Unterdrückung der weiteren revolutionären Entwicklung und protestierten gleichzeitig hier und dort gegen Methoden, die bei den Unterdrückung angewendet wurden. Sie hielten „Alibireden" und schrieben „Alibiartikel", um sich vor ihren Gefolsleuten und Wählern zu rechtfertigen. Die mit der Unterdrückung einer revolutionären Entwicklung beauftragten Generäle verbanden den Auftrag erfolgreich mit der Durchsetzung ihrer eigenen Interessen, Geschichtsschreiber aber zitierten die Alibireden und -artikel, ohne zu erkennen, daß diese zweckbestimmt waren.

Doch zurück zu meiner persönlichen Aktivität. Voller Ungeduld wollte ich wieder aktiv mitarbeiten. Der Zufall wollte es, daß ich einige Häuser von der Druckerei der „Roten Fahne" auf Hermann Duncker traf. Ich begleitete ihn ins Büro der Zentrale des Spartakusbundes, und er führte mich gleich ins Zimmer von Jogiches. Ich lernte nun endlich den Mann kennen, der unter den Namen „Kraft" und „Sturm" den Spartakusbund während des Krie-

ges geleitet hatte.
Jogiches erinnerte sich sofort an die zwangsweise Gegenüberstellung im Untersuchungsgefängnis im vergangenen Mai. Nach Fragen über mein Ergehen in den letzten Monaten sagte er, daß wir jetzt bereits die Gefahren der Konterrevolution vor uns hätten, wir müßten mit aller Kühnheit, aber auch mit großer Vorsicht arbeiten. „Im Gefängnis sitzen ist keine Heldentat", sagte er. Jogiches war eine Persönlichkeit, die auf alle, die ihn kannten, einen unauslöschlichen Eindruck machte. Er war ein Typ, wie ihn die deutsche Arbeiterbewegung niemals hervorgebracht hat. Er war 52 Jahre alt, wohlhabend, und sein Leben wäre auch als Privatgelehrter ausgefüllt gewesen. Sein Temperament ließ ihn gegen soziales Unrecht, Militarismus und Krieg kämpfen. Jogiches war kein gebürtiger Deutscher. Sein Geburtshaus stand in Wilna. Schon als Schüler hatte er eine Kampfgruppe gegen den Zarismus gegründet. Die Arbeiterbewegung in Wilna wurde von diesem jungen Studenten ins Leben gerufen. Er war mehrere Male von der zaristischen Polizei ins Gefängnis geworfen worden. Als Jogiches zaristischer Soldat werden sollte, flüchtete er nach Westeuropa. In Zürich lernte er im Jahre 1890 die damals neunzehnjährige polnische Studentin Rosa Luxemburg kennen. Rosa Luxemburg war auch erst kurz vorher vor der zaristischen Ochrana aus Warschau nach Zürich geflüchtet. Jogiches wurde ihr Freund, und beide gingen später nach Deutschland und wirkten in der SPD. Sie behielten aber gleichzeitig ihre Verbindungen und führenden Positionen in der polnisch–litauischen Arbeiterbewegung, innerhalb der russischen Sozialdemokratischen Partei. Nach Ausbruch der ersten russischen Revolution 1905 gingen Jogiches und Rosa Luxemburg nach Warschau, um mitzukämpfen. Beide wurden nach der Niederlage der Revolution gefangengenommen, sie konnten wieder entkommen und kehrten nach Deutschland zurück.
Jogiches war stets zurückhaltend, er trat niemals öffentlich hervor. Was er von anderen verlangte, tat er jederzeit auch selbst. In meinen Gedanken verbinde ich Jogiches immer mit Friedrich Engels. Engels mag der Charakter Jogiches gewesen sein. Doch Jogiches hat kein Werk hinterlassen, das ihn überlebt.
Nach der Begrüßung führte mich Jogiches in ein Nebenzimmer und stellte mich zwei Männern vor: Wilhelm Pieck und Hugo Eberlein. Jogiches ersuchte Eberlein, mich für geplante Verlagsarbeiten zu verwenden. Die Arbeit fand sich schon am gleichen Nachmittag, als Willi Budich und mehrere Mitglieder des Spartakusbundes in Soldatenuniform ins Büro kamen. Budich war erfreut, mich wiederzusehen, und setzte bei Jogiches durch, daß ich bei ihm arbeiten solle. Ich entsinne mich gut an die weiteren Anwesenden: Christel Wurm, Carl Grubusch und zwei Neuköllner, deren Namen ich vergessen habe. Alle waren Soldatenräte. Budich, der die folgende Sitzung leitete, sprach über die Bildung eines „Roten Soldatenbundes" und über die Herausgabe einer Zeitung des Bundes, „Der Rote Soldat". Über Form und Inhalt war, wie ich aus der Besprechung entnehmen konnte, bereits in vorausgegangenen Sitzungen gesprochen worden. Der „Rote Soldatenbund" sollte keine feste Organisation, vielmehr ein loser Bund revolutionärer Soldaten sein, mit der Aufgabe, die aus dem Felde heimkehrenden Soldaten auf den Bahnhöfen und in den Kasernen über den Krieg, die Niederlage und den staatlichen Zusammenbruch aufzuklären. Besonders sollte über die Bedeutung und Aufgaben der Soldatenräte informiert werden.
Das war nach Meinung Budichs dringend nötig, denn nicht wenige Ein-

heiten hatten ihre Offiziere in die Soldatenräte gewählt und den Räten damit den revolutionären Charakter genommen. Die Redaktion der Zeitung „Der Rote Soldat" übernahmen Ch.Wurm und K. Grubusch. Die ersten Manuskripte hatten sie bereits mitgebracht. Der Druck sollte schon anderentags beginnen. Ich sollte an der Organisation und Verbreitung mitarbeiten. Die Gesamtleitung hatte Budich.
Mir blieben diese Einzelheiten so gut im Gedächtnis, weil ich durch diese Mitarbeit Karl Liebknecht und Rosa Luxemburg kennenlernen sollte. Ich ging am folgenden Tag mit den ersten Exemplaren der frisch gedruckten Zeitung zu ihnen. Beide wohnten seit ihrer Befreiung aus Gefängnis und Zuchthaus in einem Hotel im Norden Berlins gegenüber dem Stettiner Bahnhof. Der Hotelportier führte mich in das Zimmer von Rosa Luxemburg, das als Büro diente. Rosa Luxemburg lud mich ein zu bleiben und schickte nach Liebknecht. Am Tisch saß auch die Sekretärin, Frau Mathilde Jakob. Mit Liebknecht kam noch Otto Franke ins Zimmer, mit dem ich während des Krieges in der Druckerei beim Druck der Fürst Lichnowsky-Denkschrift gearbeitet hatte.
Liebknecht und Luxemburg sahen die Zeitung „Der Rote Soldat" sorgfältig durch. Das war bald geschehen, das Blatt hatte halbes Tageszeitungsformat und nur vier Seiten Text. Danach sprachen wir über die Tätigkeit im Kriege. Ich mußte von meiner Spartakusgruppe erzählen, vom Jugendbildungsverein, vom Untersuchungsgefängnis und Osowiec. Beide waren sehr interessiert und fragten nach allen Einzelheiten. So war meine persönliche Bekanntschaft mit den beiden Spartskusführern nur zufällig und kurz, doch blieb mir der Besuch unvergessen. Ich sah und hörte Rosa Luxemburg und Karl Liebknecht bis zu ihrem Tode noch öfters in Versammlungen und Kundgebungen.
Von der Zeitung „Der Rote Soldat" konnten nur wenige Nummern herausgegeben werden. Die konterrevolutionären Offiziere fürchteten, daß die Zeitung Enthüllungen über die Kriegsführung bringen würde, und schlugen schon am ersten Tage des Erscheinens gegen die Zeitung los. Um die Zeitung bei Überfällen auf die Druckerei zu retten, schaffte ich die ganze Auflage mit einem Handkarren stets sofort weg. Im Büro gaben wir die Zeitungen an Soldaten ab, die sie auf Bahnhöfen und in Kasernen vertreiben sollten. Als ich das erste Mal mit einem Pack Zeitungen zum Anhalter Bahnhof kam, sah ich, daß auch die Rechtsorganisationen dabei waren, die Soldaten zu beeinflussen. Eine „Vereinigung deutscher Frauen für Truppenempfang" und eine teils bewaffnete „Studentische Soldatenwehr" verteilten Tabak und Getränke und warnten die Soldaten vor den „Spartakisten".
Ich stand kaum eine halbe Stunde in der Halle des Bahnhofs, als mich ein Soldat ansprach und sagte, daß ein Verteiler meiner Zeitung vor wenigen Minuten auf der Potsdamer Brücker überfallen und in den Kanal geworfen worden sei. Ich eilte dorthin und sah Männer und Frauen am Geländer der Brücke stehen, die zuschauten, wie Polizisten und Feuerwehrleute auf einem Kahn stehend mit Stangen das Wasser absuchten. Es war einer der zahlreichen Morde, die von der Polizei als „Unfälle" registriert wurden.
Beinahe jeden Tag mußten Überfälle von Soldatenhorden, die unter Führung junger Offiziere standen, auf unser Büro und auf die Druckerei abgewehrt werden. Bei dieser Abwehr war ich öfters beteiligt, und ich erhielt dabei manche Beule. Mehrere Male wurde ich von Soldatenhorden

festgehalten und mit Erschießen und Erschlagen bedroht. Soldaten überfielen mich, als ich mit Paketen von Drucksachen im Arm aus der Druckerei kam und entrissen mir die Zeitungen. Doch mit Unterstützung von Passanten und anderen Soldaten kam ich jedes Mal schnell wieder frei.
Einmal stürmte eine Soldatenhorde das Büro, als Liebknecht gerade anwesend war, und hielten das Büro mehrere Stunden besetzt, bis die Polizei und Soldaten des Vollzugsrates die Eindringlinge vertrieben. Um diese Zeit wagten die Söldner noch nicht, Liebknecht zu ermorden. Es fehlte noch die direkte Anweisung höheren Ortes. Aber die Mordhetze hatte bereits begonnen. An den Litfaßsäulen und an Häusern wurden schon Plakate geklebt mit dem Text „Tötet Liebknecht". Die Aufforderung war anonym mit „Die Frontsoldaten" gekennzeichnet. Aber noch war die Berliner Polizei, die unter Leitung des unabhängigen sozialdemokratischen Polizeipräsidenten Eichhorn stand, und Soldaten, die dem Vollzugsrat der Arbeiter- und Soldatenräte ergeben waren, bemüht, Morde und Gewalttaten konterrevolutionärer Soldaten abzuwehren.
Gleichzeitig begannen die Anschläge der konterrevolutionären Söldner sich auch gegen die Arbeiter- und Soldatenräte zu richten. In einem ihrer Aufrufe hieß es: „Wenn der Vollzugsrat (der Arbeiter- und Soldatenräte) und Spartakus nicht vernichtet werden, kommen Hunger, Seuchen und Neger nach Berlin." Hunger und Seuchen hatte der Krieg längst gebracht. Die Neger wurden später von derselben Konterrevolution gerufen.

Der erste schwere, blutige Schlag gegen den Spartakusbund und den Roten Soldatenbund erfolgt am 6. Dezember 1918. Wir hatten an diesem Tag in Berlin drei Versammlungen einberufen, eine davon im „Wedding", im Norden Berlins. Von dieser Versammlung formierte sich ein Demonstrationszug, der durch die Chausseestraße zum Stadtinnern marschieren wollte. Der Zug war vorher polizeilich angemeldet und genehmigt worden. An der Spitze gingen Budich und zwei weitere Mitglieder des Roten Soldatenbundes. Vor der Kaserne der Gardefüsiliere, der sogenannten „Maikäferkaserne" in der Chausseestraße, war die Straße mit sechs Maschinengewehren gesperrt. Trotzdem ging Budich weiter. Ohne Warnung schossen die Gardefüsiliere in den Demonstrationszug hinein. Es wurden achtzehn Teilnehmer getötet, darunter die beiden, die neben Budich gingen. Dreißig weitere, darunter Budich, wurden schwer verletzt. Die schießenden Soldaten wurden durch Personen, die von der anderen Seite kamen, überwältigt, konnten aber in die Kaserne zurückflüchten.
Ich war bei dieser Schießerei nicht im Demonstrationszug. Zu Beginn hatte ich Budich ein Stück begleitet, dann aber war ich zur Druckerei geeilt, um Zeitungen zu holen.
Die Untersuchung dieses Blutbades ergab, daß der sozialdemokratische Stadtkommandant Wels Schießerlaubnis „für den Notfall" gegeben hatte, Schwerbewaffnete Soldaten halten sich meistens für in einer Notlage befindlich, und sie nehmen eine Schießerlaubnis stets als Schießbefehl. Am gleichen Tage aber versuchte auch eine andere Soldatenhorde, Ebert zum Reichspräsidenten auszurufen. Ebert lehnte nicht ab. Der Plan mißlang jedoch.

Budich war von vier Schüssen getroffen worden. Er wurde in ein Krankenhaus gebracht und schwebte mehrere Wochen zwischen Leben und Tod.

Sechs Wochen später, während der Januarmorde, als zu befürchten war, daß Spartakusmitglieder auch in den Krankenhäusern von Noskebanden ermordet werden könnten, schaffte ihn seine Lebensgefährtin L.P. mit Hilfe von Krankenwärtern aus dem Krankenhaus in eine Privatwohnung.
Die Toten dieses hinterhältigen Überfalls wurden erst nach drei Wochen dauernden Streitereien über einen Begräbnisplan auf dem Friedhof der „Märzgefallenen vom Jahr 1848", im Friedrichshain, beigesetzt. Auf diesem Friedhof hatte ich noch während des Krieges, an einem achtzehnten März, im Auftrage der Kollegen meiner Arbeitsstelle einen Kranz niedergelegt. So lebendig war damals noch die Erinnerung an die Berliner Gefallenen der Revolution von 1848.
Kaum vier Wochen nach dem Zusammenbruch des monarchischen Obrigkeitsstaates fühlten sich die rechtsstehenden Parteien, einschließlich der Mehrheits-Sozialdemokratie, schon so stark, um die Auflösung der Arbeiter- und Soldatenräte zu fordern. Sie beschuldigten diese der „Nebenregierung". Tatsächlich verminderte sich die Bedeutung der Arbeiter- und Soldatenräte von Tag zu Tag; nur an wenigen Orten hatten sie noch einige Autorität. Die wirkliche Nebenregierung war aber bereits die „Oberste Heeresleitung" in Kassel geworden. Wie stark diese sich bereits fühlte, bewies das Auftreten eines Majors von Schleicher, der im Auftrage der Obersten Heeresleitung an einer Sitzung der Ebert-Regierung vom 9. Dezember 1918 teilnahm und hier die Todesstrafe forderte für alle, die „unbefugt" Waffen tragen. Das war allerdings eine voreilige Einschätzung der Situation, so weit waren die konterrevolutionären Offiziere noch nicht.

Unsere Spartakusbund hatte seit dem Zusammenbruch des Kaiserreichs zwar starken Zulauf erhalten, an unseren Demonstrationen und Versammlungen beteiligten sich Hunderttausende Menschen, aber wir waren doch keine Partei. Die Frage, ob eine neue Arbeiterpartei gegründet werden sollte, wurde noch in unseren Gruppen diskutiert. Die führenden Theoretiker des Spartakusbundes, Luxemburg und Jogiches, waren sehr skeptisch, ob es es zur Zeit möglich sein werde, eine neue sozialistische Massenpartei zu schaffen. Die Notwendigkeit bestritten sie nicht. Aber die Ergebnisse der Wahlen zu den Arbeiter- und Soldatenräten waren ihnen eine Warnung. Bei diesen Wahlen hatten die Mehrheits-Sozialdemokraten wiederum eine starke Mehrheit erhalten. Arbeiter und Soldaten hatten zwar die Räteidee angenommen, aber Liebknecht und Luxemburg selber waren nicht einmal als Räte gewählt worden. Es war offensichtlich, daß der Spartakusbund keine Massenbasis hatte.
Zur Klärung der Frage der Parteigründung wurde zu einer Konferenz aller deutschen Spartakusgruppen eingeladen, die Ende des Jahres in Berlin stattfinden sollte.
In meinem früheren Parteibezirk Berlin-Moabit beteiligte ich mich eifrig an den Vorbereitungen. Ich suchte die Mitglieder der Mehrheits- und Unabhängigen Sozialdemokratischen Partei auf, die mir aus der Kriegszeit durch ihre kritischen Bemerkungen bekannt waren, und besonders die früheren Mitglieder, die aus dem Felde zurückgekehrt waren. Wir glaubten, die Gründung einer neuen Partei sei nur möglich, wenn Funktionäre und Mitglieder aus den alten Reihen mitwirkten, die organisatorische Erfahrung hatten. Schließlich mußte ja das Gerüst einer sozialistischen Arbeiterpartei aus überzeugten Sozialisten bestehen. Ich erlebte es jetzt oft, daß mir ältere Mit-

glieder antworteten: „Der Krieg ist beendet, damit auch die Aufgabe der Opposition, jetzt müssen wir alle gemeinsam die alte Partei wieder herstellen". Die meisten alten Mitglieder konnten und wollten es nicht einsehen, daß ihre alte Bebel-Partei ein Teil der Konterrevolution geworden war. Diese alten Mitglieder waren Organisationsmenschen, die geistig unbeweglich bei ihrer Organisation bleiben, gleichgültig, wohin diese geht. So unbeweglich blieben sie auch in den Jahren, als Hitler auf dem Wege zur Macht war.

Mitte Dezember 1918 veröffentlichte die „Rote Fahne" den von Rosa Luxemburg geschriebenen Programmentwurf für die neu zu gründende „Sozialistische Partei". Der Name „Kommunistische Partei" stand noch nicht fest. Mit diesem Programm trennte sich der Spartakusbund organisatorisch endgültig von der USPD. Die Zentrale hoffte, alle revolutionär gesinnten Gruppen innerhalb der Unabhängigen Partei und die verschiedenen anderen Oppositionsgruppen in Deutschland, die besonders in Bremen, Hamburg, Dresden bestanden, auf dieses Programm vereinigen zu können. Ich kann keinen Beweis dafür erbringen, daß die Arbeiterschaft das Programm des Spartakusbundes positiv aufnahm, aber sichtbar stark war die Reaktion beim Gegner, unter den Offizieren und im Bürgertum. Die Forderung nach einem Revolutionstribunal für Kriegsverbrecher erregte diese ganz besonders. Die gleichen Leute, die jubelnd jede Nachricht von Tötungen und Zerstörungen in den eroberten Gebieten begrüßt hatten, schrien jetzt „blutige Rosa" und hetzten zum Mord. Rosa Luxemburg hatte die Reaktion auf das Programm vorausgesehen, und sie bezeichnete die Gruppen und Schichten, die sich getroffen fühlten, mit den Sätzen:
„Kreuzige ihn! rufen die Kapitalisten, die um ihre Kassenschränke zittern. Kreuzige ihn! rufen die Kleinbürger, die Offiziere, die Antisemiten, die Presselakaien der Bourgeoisie . . .
Kreuzige ihn! rufen die Scheidemänner, die wie Judas Ischariot die Arbeiter an die Bourgeoisie verkauft haben . . .
Kreuzige ihn! wiederholen noch wie ein Echo getäuschte, betrogene, mißbrauchte Soldaten der Arbeiterschaft und Soldaten, die nicht wissen, daß sie gegen ihr eigen Fleisch und Blut wüten, wenn sie gegen den Spartakusbund wüten. Im Hasse, in der Verleumdung gegen den Spartakusbund vereinigt sich alles, was gegenrevolutionär, volksfeindlich, antisozialistisch, zweideutig, lichtscheu, unklar ist."
Die Kreuzigung folgte bald. Aus den Schichten, auf die Rosa Luxemburg hier hinweist, rekrutierten sich ihre Mörder und später die Nazis.
Berlin wurde erneut mit Plakaten und Flugblättern mit dem Text „Tötet Liebknecht!" überschwemmt. Ungehemmt wurden öffentlich hunderttausend Mark für den Mord geboten. Alle Mitglieder unseres Jugendbildungsvereins zogen abends von einer Litfaßsäule zur anderen und rissen die Mordhetze-Plakate herunter. Dabei kam es oft zu Schlägereien. Im Arbeiterbezirk Moabit waren wir die Stärkeren. Aber als wir auch den Westen Berlins von der Mordhetze säubern wollten und nach Steglitz, Wilmersdorf, Friedenau zogen, wurden wir zurückgeschlagen. Die Forderung nach Bestrafung der Kriegsanstifter und Verbrecher war übrigens die einzige des Spartakusprogramms, die auch von den Regierungen der Entente erhoben wurde. Es kam später auch zu einigen Prozessen gegen kleinere Kriegsverbrecher, in denen die Siegermächte vom Reichsgericht und vom Publikum so verhöhnt wurden, daß sie zurückwichen und auf weitere Prozesse ver-

zichteten.

An dem blutigen Kampf der „Volksmarinedivision", Weihnachten 1918, in dem 67 Menschen getötet wurden, hatte der Spartakusbund keinen Anteil. Ich muß den Kampf erwähnen, weil er den Rücktritt der drei Volksbeauftragten der USPD aus der Regierung zur Folge hatte. Der Schießbefehl gegen die Volksmarinedivision, die ihr Quartier im Marstall, gegenüber dem früheren kaiserlichen Schloß hatte, war wiederum vom sozialdemokratischen Stadtkommandanten Wels ohne Wissen der drei Unabhängigen Regierungsmitglieder gegeben worden.
Nun kamen die Tage Gustav Noskes und die Terrorherrschaft der „Freikorps".

8. Noske und der Beginn der Genossenmorde

Die zum Ende des Jahres 1918 nach Berlin einberufene Konferenz des Spartakusbundes, der Bremer Internationalisten und anderer dem Spartakusbund nahestehenden Gruppen und Personen tagte am 30. und 31. Dezember 1918 und am Neujahrstag 1919. Die Konferenz wurde zum Gründungsparteitag der „Kommunistischen Partei Deutschlands (Spartakusbund)". Durch die den Krieg bejahende Politik des Parteivorstandes der deutschen Sozialdemokratie war das Herz des Sozialismus, Kampf dem Kapitalismus, internationale Solidarität und Kriegsgegnerschaft herausgerissen. Auf dem Gründungskongreß zeigten sich die Folgen der spärlichen Verbindungen der revolutionär und oppositionell gesinnten Sozialisten während des Krieges. Der Belagerungszustand, die Illegalität oder Gefangenschaft der führenden Spartakusmitglieder hatten eine Verständigung über die bevorstehenden Aufgaben sehr erschwert und auf zu kleine Kreise beschränkt.
Rosa Luxemburg, Leo Jogiches, Paul Levi und andere Gründer und Mitglieder der Zentrale des Spartakusbundes waren auf Grund der Beschlüsse der Reichskonferenz der Arbeiter- und Soldatenräte vom 16. Dezember 1918, die Macht an das Parlament abzugeben, für die Beteiligung an den Wahlen zur Nationalversammlung und an den Parlamentswahlen der Länder und der Gemeinden. Luxemburg und Jogiches schlugen außerdem vor, die neue Partei „Sozialistische Partei" zu nennen, nicht „Kommunistische". Als Karl Radek, der aus Moskau gekommen war, die Einladung zur Gründung der „Kommunistischen Internationale" überbrachte, lehnten Luxemburg und Jogiches auch diese Neugründung als verfrüht ab. Sie wurden jedoch von der Mehrheit der Konferenzteilnehmer in allen Punkten überstimmt. Die Mehrheit verwarf die Teilnahme an den Wahlen der Nationalversammlung und zu den Länderparlamenten und beschloß die neue Partei „Kommunistische Partei Deutschland (Spartakusbund)" zu nennen. Die Rede Karl Radeks, der als Vertreter des Zentralkomitees der „Kommunistischen Partei Rußlands (Bolschewiki)" – sprach, war entscheidend für die Haltung der Mehrheit.
Gewiß waren Luxemburg und Jogiches für eine Räteverfassung. Sie waren auch für eine neue sozialistische Partei und für eine neue sozialistische Internationale, aber sie hatten aus dem Verlauf der Ereignisse seit dem 9. November erkannt, daß die übergroße Mehrheit der deutschen Arbeiterklasse

dem revolutionären Spartakusbund nicht folgte. Sie waren sich darüber klar, daß vom alten Staatsapparat zwar das Militär von außen schwer angeschlagen, daß aber die anderen Glieder des Staatsapparates, Polizei und Justiz, nur wenig erschüttert waren. Alles in allem war der alte Staatsapparat immer noch stärker als die zersplitterte und erschöpfte Arbeiterschaft, besonders aber darum stärker, weil die Mehrheitssozialdemokratie den alten Staatsapparat stützte und wieder festmauerte. Aus dieser Erkenntnis heraus sollte nach dem Willen Luxemburgs und Jogiches eine entschieden antikapitalistische, aber doch mehr aufklärende Politik betrieben werden. Gerade wegen ihrer zahlenmäßigen Schwäche mußte die neue Partei im Programm die Prinzipien des Sozialismus radikal und eindeutig verkünden. Volle Anerkennung fand Rosa Luxemburg als Verfasserin des Programms nicht. Es wurde zwar im Ganzen angenommen, doch sollte es von einer Redaktionskommission noch einmal bearbeitet werden.
Mit dem neuen Namen und dem neuen Programm wollten wir jetzt beginnen, die Parteiorganisationen in ganz Deutschland aufzubauen. Doch neue Ereignisse rissen uns in einen Strudel der die neue Partei fast vernichtete. Rosa Luxemburg, Karl Liebknecht, Leo Jogiches wurden feige ermordet.

Die Konterrevolution formierte sich schneller, als wir unsere neue Partei organisieren konnten. In den sieben Wochen seit dem Novembersturz hatten sich so viele Teile alter Truppeneinheiten wieder aufgerichtet und neue waren unter der Bezeichnung „Freikorps" in der Aufstellung begriffen, daß wir täglich mit ihrem Losschlagen rechnen mußten. Noske war als Mitglied der Reichsregierung Anfang Januar 1919 von einem Oberst Reinhard auch zum Oberbefehlshaber der Wehrmacht „gemacht" worden. In einer Besprechung mit Abgesandten Hindenburgs hatte Noske unter dem Beifall der Offiziere erklärt, daß gegen die Revolutionäre mit den schärfsten Mitteln vorgegangen werden müsse. Er werde die Verantwortung übernehmen. „Einer muß der Bluthund sein," erklärte Noske wörtlich. Den Offizieren war es sehr recht, daß ein Sozialdemokrat der Bluthund sein wollte. Die Ernennungsurkunde zum Oberbefehlshaber war ursprünglich auf den Namen des Generals Hoffmann ausgestellt. Oberst Reinhard strich den Namen Hoffmann durch und schrieb Noske darüber. Die Regierung Ebert erkannte diesen Akt eines Offiziers ohne weiteres an. So ein Mann wie Noske kam den vornehmen Herren der Kaste, die sich anmaßten, die „Elite der Nation" zu sein, für ihre Pläne sehr gelegen. Ihre Abneigung gegen die Großstädte mit ihrer proletarischen Bevölkerung war traditionell anerzogen. Sie kannten von der Kriegsschule her die Worte Bismarcks:
„... daß ich allerdings der Bevölkerung der großen Städte mißtraue ... daß ich dort das wahre preußische Volk nicht finde. Letzteres wird vielmehr, wenn die großen Städte sich wieder einmal erheben sollten, sie zum Gehorsam zu bringen wissen, und sollte es sie vom Erdboden vertilgen."
Für die aktuelle Aufgabe der Konterrevolution, die Niederwerfung der revolutionären Arbeiter, war der Mann aus den Reihen der Sozialdemokratie gefunden: Noske. Die zweite Sache, der Revanchekrieg, brauchte mehr Zeit. Dazu suchten sie einen weiteren Mann, der ihnen die notwendige Massenbasis schaffen sollte. Dieser tauchte in den nächsten Monaten des Jahres 1919 auch auf: Adolf Hitler.
Der Name Noske war mir nicht erst seit seinem Eintreten für den Krieg bekannt. Als Junge hatte ich, ich glaube es war im Jahre 1912, in der Zeitung

eine Reichstagsdebatte gelesen, die sich mir unauslöschlich einprägte. Karl Liebknecht hatte im Reichstag einen Protest eingebracht gegen Schießübungen an Leichen auf dem Truppenübungsplatz Döberitz bei Berlin. Die Kommandantur von Döberitz hatte aus Berliner Krankenhäusern Leichen holen lassen. Diese wurde an Pfähle gebunden, um die Wirkung von Gewehr- und Revolverschüssen an den Leichen auszuprobieren. Während Liebknecht protestierte, stand sein Partei- und Fraktionsgenosse Noske auf und rief: „Sollen denn die Versuche an Lebenden gemacht werden? " Darob gab es freudige Zustimmung und Gelächter bei den Rechtsparteien und betretenes Schweigen bei der Sozialdemokratischen Fraktion.
Noske nahm in seiner Funktion an den Besprechungen der Offiziere der Truppenteile und der neuen Freikorps teil. Er wußte somit „aus erster Hand" von ihren Plänen. Er wurde auch verantwortlich für die Fortsetzung des Krieges gegen die neuen Staaten des Ostens, wo der Waffenstillstand vom 9. November 1918 von den deutschen Truppen nicht eingehalten wurde. Das Selbstbestimmungsrecht wurde verlacht, die besetzten baltischen Provinzen Rußlands wurden nicht geräumt. Die russische Regierung aber hatte den Gewaltvertrag von Brest-Litowsk sofort nach dem deutschen Zusammenbruch im November annulliert.
Ich erwähnte schon, daß bereits einige Wochen nach dem Zusammenbruch des Kaiserreichs die Frage gestellt wurde: Beibehaltung und Ausbau der Arbeiter- und Soldatenräte, das heißt: Ausschaltung des bisherigen kaiserlichen Machtapparates, oder Nationalversammlung. Die Regierung der Volksbeauftragten hatte für Auflösung der Arbeiter- und Soldatenräte entschieden. Die Mehrheit des Reichskongresses der Arbeiter- und Soldatenräte stimmte diesem Beschluß zu. Sie waren durchaus nicht alle revolutionäre Gesinnungsgenossen mit einem gemeinsamen Programm. Nur wenige Arbeiter- und Soldatenräte hatten überhaupt eine Vorstellung von ihrer Funktion. Daher verschwanden die meisten durch Selbstauflösung, der Rest wurde mit Gewalt liquidiert. Manche Soldatenräte wurden auch durch Mord beseitigt. Der damalige sozialdemokratische Oberpräsident von Ostpreussen, August Winning, erzählt in seinen Erinnerungen von solch einem Mord. Ein Soldatenrat, berichtet Winning, wurde beim Verlassen der Kaserne aus einem Fenster hinterrücks erschossen. Den Mörder fand man nicht. „Die Soldaten hielten Treue", schrieb Winning.

In der deutschen Geschichte finden wir eine ähnliche Situation. Im März 1848 hatte der preußische Militarismus von den Bürgern Berlins einen schweren Schlag erhalten. Nicht wenige republikanisch Gesinnte glaubten sogar, daß er niedergeworfen sei. So legten die beiden Abgeordneten Struwe und Hecker dem sogenannten Vorparlament in Frankfurt am Main, Ende 1848, ein republikanisches Programm vor. Das Vorparlament stellte das Programm zurück und setzte einen Ausschuß ein, der erst die Meinung des deutschen Volkes erforschen sollte. Struwe und Hecker wurden nicht in den Ausschuß gewählt. Sie verliessen das Vorparlament, und in Oberbaden kam es zu einem Sympathieaufstand des Volkes für Struwe und Hecker. Die Wahlen zum Parlament in der Paulskirche zu Frankfurt am Main konnten stattfinden, aber viel unwiederbringliche Zeit war verloren gegangen. Das Militär schlug zu, das Parlament wurde aufgelöst, ein General wurde Ministerpräsident. Danach liefen nicht wenige vorgebliche Republikaner und Demokraten zu den Junkern und Militaristen über und gebärdeten sich re-

aktionärer als diese. Die Unschlüssigkeit der Demokraten 1848 führte zur Verpreußung Deutschlands, wie das Bündnis der Sozialdemokraten mit den Militärs 1918/19 zum Nationalsozialismus führte. 1848 und 1918/19 kamen die Retter des Militarismus aus den Reihen der Leute, die bislang vorgegeben hatten, Gegner des Militarismus zu sein.
Die sozialdemokratische Tageszeitung „Vorwärts" zitierte in diesen Tagen mehr als die bürgerliche Presse den angeblichen „Terror" der Spartakisten. Terror im Sinne des Wortes gab es damals nicht. Es wurden keine Menschen ermordet, es gab keine Plünderungen. Die Unzufriedenheit der in Gärung befindlichen Massen, die fast täglichen Demonstrationen und Versammlungen, die der Regierung auf die Nerven gingen, wurden als „Terror" bezeichnet. Vom Spartakusbund wurde zwar ständig zu politischen Versammlungen und Demonstrationen gegen den Wiederaufstieg der reaktionären kaiserlichen Beamten- und Militärkaste aufgerufen, aber die täglichen Ansammlungen vor den Lebensmittelkarten-, Arbeits- und Wohlfahrtsämtern, bei denen es meistens sehr laut herging, waren spontane Unmutsäußerungen der Bevölkerung, die nach Nahrung, Brennmaterial, ärztlicher Hilfe, usw. verlangte. Die in diesen Tagesnöten unfähige Regierung und lokale Behörden konterten mit Behauptungen, daß es noch schlimmer werden würde, wenn Spartakus an die Macht käme. Dann würden die Entente nicht nur die Blockade verschärfen, sondern auch den Krieg wieder beginnen. Die Presse verbreitete derartige Behauptungen nur zu gern. „Spartakus" wurde ein Sammelschimpfwort, wie früher der Ruf „Sozi" und wie es bald der Ruf „Jude" werden sollte.

Das Verhängnis kam schnell über uns. Nach dem Ausscheiden der unabhängigen sozialdemokratischen Minister aus der Regierung wollte die Ebert-Regierung auch den populären Berliner Polizeipräsidenten Emil Eichhorn absetzen, der ebenfalls der USPD angehörte, und den Posten einem Mehrheitssozialdemokraten Eugen Ernst geben. Eichhorn lehnte den Rücktritt ab. Er verwies darauf, daß er vom Vollzugsrat der Arbeiter- und Soldatenräte eingesetzt worden sei und nur von diesem wieder abberufen werden könne. Eugen Ernst und der neubestellte Berliner Stadtkommandant Fischer, die sich bereits im Polizeipräsidium aufhielten, mußten es wieder verlassen. Als der Versuch der Absetzung Eichhorns in Berlin bekannt wurde, strömten spontan Hunderttausende Berliner zum Alexanderplatz, um ihre Solidarität mit Eichhorn zu bekunden. Es war ein Sonntag, der 6. Januar 1919. Ich war unter den Demonstranten. Mit meinem Jugendbildungsverein marschierte ich innerhalb eines starken Zuges, dem sich unterwegs weitere Gruppen anschlossen, zum Alexanderplatz.
Vor dem Polizeipräsidium sprachen Eichhorn und andere Führer der USPD zu den Massen. Alle Redner protestierten gegen die besonders niedrige Hetze der sozialdemokratischen Parteizeitung „Vorwärts". Nach Beendigung der Reden ertönte plötzlich der Ruf „Auf zum Vorwärts!" und pflanzte sich sich tausendfach fort. Sogleich formierte sich ein mehrere tausend Menschen starker Zug, in dem auch ich mich befand. Vor dem Gebäude des „Vorwärts" angekommen, gab es nur einen kurzen Kampf am Eingang mit der Sicherheitstruppe. Das Gebäude wurde besetzt, die Sicherheitstruppe und die Angestellten wurden nach Hause geschickt, Schußwaffen waren nicht benutzt worden, Verluste gab es auf beiden Seiten nicht. Im Vorwärtsgebäude fanden wir eine Menge leichter und schwerer Waffen vor, von

Handfeuerwaffen bis zum Minenwerfer.
Es ist niemals festgestellt worden, wer eigentlich die Losung „Auf zum Vorwärts!" ausgegeben hatte. Es wurde in den folgenden Jahren viel darüber diskutiert, ob es ein Provokateur gewesen sein könnte. Das ist möglich. Doch kann es ebensogut ein Demonstrant gewesen sein, der durch die ungeheure Menschenmenge in Wallung geraten war. So entstehen eben spontane Aktionen; irgend jemand gibt die Parole aus, die in der Luft liegt. Das gehört zur Atmosphäre erregter Zeiten. Unbestreibare Wahrheit ist, daß der Zug zum „Vorwärts" nicht vorbereitet war. Auf keinen Fall war er von der soeben erst gegründeten Kommunistischen Partei beschlossen worden. Auch nicht vom „Revolutions-Ausschuß", der in der Nacht vom 5. zum 6. Januar aus Karl Liebknecht, Georg Ledebour und Paul Scholze gebildet wurde. Die Besetzung des „Vorwärts" erfolgte vor der Bildung dieses Revolutions-Ausschusses, der die Ebert-Regierung für abgesetzt erklärte und sich dann selbst auflöste, ohne eine Funktion ausgeübt zu haben. Die Ereignisse dieser Tage können nicht im Geiste des durch den verlorenen Krieg enttäuschten Spießers beurteilt werden. Es ist verständlich, daß die Erbitterung der betrogenen Arbeiter sich gegen eine Presse richtete, die sie jahrelang angelogen, sie gegen andere Völker gehetzt hatte und nun fromm und bieder nach „Ruhe und Ordnung" rief. Nach Art von Konvertiten geiferten die Redakteure des „Vorwärts" am meisten. Hinzu kam, daß sich der Abscheu eines großen Teils der Berliner Arbeiterschaft gerade gegen den „Vorwärts" richtete, weil die vom Militärkommando während des Krieges abgesetzte Redaktion nach dem Zusammenbruch nicht wieder in ihre frühere Stellung eingesetzt worden war. Ebert und Scheidemann hielten an Friedrich Stampfer fest. Die „Linke" der SPD, die jetzt die USPD bildete, hatte den „Vorwärts" stets als ihr Blatt betrachtet, das ihr von der Militärregierung gestohlen worden war.
Im Anschluß an die Besetzung des „Vorwärts" besetzten andere Gruppen Berliner Arbeiter für einige Tage das ganze Zeitungsviertel in Berlin.
Von der Aktion gegen die Zeitungen und von der Bildung des „Revolutions-Ausschusses" wußten Rosa Luxemburg und Leo Jogiches anfangs nichts. Es gibt keine Revolution in der Weltgeschichte, die von Anfang an kühl und bedachtsam in den Grenzen ihrer Kraft geblieben ist. Niemand kennt am Anfang diese Grenzen.
Der Verlauf der Besetzung des „Vorwärts" beweist auch, daß die Aktion nicht geplant und nicht organisiert war. An die tausend Menschen standen in der Kälte des Januartages vor und im Hause in Gruppen herum und diskutierten. Ich suchte vergeblich nach einer Leitung der Aktion. Nach einigen Stunden, am späten Abend, ging ich wie die meisten anderen Demonstranten nach Hause. Seit dem frühen Vormittag war ich auf den Beinen gewesen, ich war müde und hungrig.
Am Montagmorgen ging ich wieder zum „Vorwärts" und traf auf Karl Grubusch, der mich erst über die anderen Vorgänge, Bildung des „Revolutions-Ausschusses", Besetzung des Zeitungsviertels, informierte. Der „Vorwärts" solle sofort mit dem Untertitel „Organ der revolutionären Arbeiterschaft Groß-Berlins" weiter erscheinen. Ich sollte mitarbeiten. Zuerst fuhr ich mit dem Fahrrad in Berlin herum, um die Setzer und Drucker zusammenzuholen. Die Chefredaktion hatte ein blasser schmächtiger Mann übernommen: Eugen Leviné.
Die Druckereiarbeiter erschienen zur Arbeit. Zeitungspapier war in großen

Mengen im Hause, und so konnte die erste Nummer des neuen „Vorwärts" in den Mittagsstunden des 7. Januar erscheinen. Das Blatt brachte auf der ersten Seite einen Aufruf, der im Pathos der Revolution mit den Worten begann: „Arbeiter! Genossen! Alle Mann auf die Straße!
Die Revolution ist in Gefahr! Größer denn je ist die Gefahr! Ihr müßt zeigen, daß Ihr bereit seid zu jedem Opfer! Zeigt, wie Ihr es gestern bewiesen habt: daß die ganze Arbeiterschaft Groß-Berlins bereit ist einzustehen, bereit ist, zu kämpfen für die Revolution . . ."

Grubusch hatte es inzwischen übernommen, mit Arbeitern, die über Nacht im „Vorwärts" geblieben oder Montag früh wieder zurückgekehrt waren, die Verteidigung des Gebäudes zu organisieren. Ich wurde als nicht brauchbar zum Kampf mit der Waffe zurückgewiesen, weil ich noch nie ein Gewehr in der Hand gehabt hatte. Ich ging nur noch nach Hause, um zu essen, nachts blieb ich im „Vorwärts", um bei dem Angriff der Regierungstruppen gegen diese mitkämpfen zu können. Am Tage fuhr ich mit meinem Fahrrad mehrere Male durch die Stadt, um nach Truppenbewegungen Ausschau zu halten. Die Vorbereitungen des Gegenangriffs der Regierungstruppen waren schon im Gange. Schwer bewaffnet, auch mit Geschützen, marschierten sie ungehindert durch die Straßen Berlins.
Die „staatsmännischen Eigenschaften", die Ebert und Noske zugeschrieben werden, bestanden eigentlich nur darin, den sogenannten Fachleuten Vollmacht zu geben. Diese besorgten dann alles im Sinne ihres Soldatenberufs. Die Fachleute gingen auf ihren Racheexpeditionen gegen Deutsche ebenso brutal vor, wie sie in den Kriegen gegen die Hereros oder Belgier, Russen, Franzosen usw. vorgegangen waren. Die Mahnung „Deutsche schießt nicht auf Deutsche" kannten Ebert, Noske und die Militärs nicht.
So unblutig es bei der Besetzung des „Vorwärts" zuging, so verderbenbringend wurde die bald folgende Verwirrung und Schwäche. Das Mitglied des Spartakusbundes und des Roten Soldatenbundes Karl Grubusch hatte zwar die Leitung der Verteidigung des „Vorwärts", aber das besagte nicht , daß er auch eine Befehlsgewalt hatte, über jede Maßnahme wurde in einem zufällig gebildeten Gremium von 20 bis 30 Personen stundenlang diskutiert. So verlangten Redner, daß in den Maschinenräumen Posten aufgestellt werden sollten, um eventuelle Sabotageakte abzuwehren. Das geschah auch. Die Maschinen des „Vorwärts" blieben unbeschädigt. Andere wichtigere Sicherungen, die im Interesse der Verteidiger waren, wurden mißachtet. Ein Redner machte zum Beispiel den richtigen Vorschlag, in den Kellern die Mauern zu den Nachbarhäusern zu durchstoßen, um bei Artilleriebeschuß ausweichen zu können. Dieser Vorschlag wurde abgelehnt. Manche glaubten solange nicht an den Einsatz von Artillerie, bis der Einschlag der Geschosse die Ahnungslosen eines anderen belehrte. Der „Vorwärts" aber konnte am Tage nach der Übergabe an die Nosketruppen dank der unbeschädigten Maschinen wieder erscheinen und brachte das berüchtigte „Gedicht" mit der Aufforderung zur Ermordung Liebknechts und Luxemburgs. Der Aufmarsch der Regierungstruppen, die in den Übungslagern Wünsdorf-Zossen und Döberitz zusammengestellt wurden, war in einigen Tagen vollendet. Bis Donnerstag war das gesamte Viertel um den „Vorwärts" herum umzingelt, ohne daß vorerst der Verkehr gesperrt wurde. An den Straßenecken hatten die Truppen Gewehrpyrami-

den und Maschinengewehre aufgestellt. Die Passanten wurden nach Waffen abgetastet, aber noch durchgelassen. Das alles geschah unter den Augen der Millionenbevölkerung Berlins, die sich passiv verhielt. Wären größere Teile der Bevölkerung wirklich revolutionär gesinnt gewesen, so hätten sie die Truppen mit Leichtigkeit entwaffnen können.

Ich hatte auch die Verbindung zum geheimen Büro der Parteizentrale zu halten und fuhr täglich einmal hin. Als ich am Freitag ins Büro kam, sagte mir Mathilde Jakob im Auftrag von Rosa Luxemburg, daß ich noch vor dem Abend Eugen Leviné aus dem „Vorwärts" zu einer dringenden Sitzung der Zentrale geleiten solle. Auf dem Rückweg zum „Vorwärts" bemerkte ich, daß die Truppen inzwischen die Umzingelung verengt hatten, sie waren um einige Straßenecken vorgerückt. Ich war unbewaffnet und machte einen unbeteiligten Eindruck und kam so durch die Sperren wieder in den „Vorwärts" zurück. In den Riesenbürohaus mußte ich lange suchen, ehe ich Leviné fand und ihm den Auftrag ausrichten konnte. Nach einigem Hin- und Herreden mit seinen Mitarbeitern war Leviné bereit, mit mir zu gehen. Er wollte aber noch in der Nacht zurückkehren. Es war inzwischen Abend geworden. Ich führte Leviné zum vereinbarten Treffpunkt. Von dort fuhr ich nach Hause, um zu essen und meine Sachen zu ordnen, für den Fall, daß ich aus dem bevorstehenden Kampf nicht zurückkehren sollte. Meiner Mutter sagte ich nichts von meinem Vorhaben, ich hinterließ nur einige Zeilen für sie. Dies war mein letzter Gang in den belagerten „Vorwärts". Die Posten hielten mich einige Male an, ich konnte aber passieren. Es war um Mitternacht, als ich wieder im „Vorwärts" war. Leviné kam nicht mehr in den „Vorwärts" zurück.

Am frühen Morgen begann der ungleiche Kampf, der nach einigen Stunden mit unserer Kapitulation endete. Die Regierungstruppen waren in der Dunkelheit von allen Seiten aufmarschiert und hatten in der Entfernung von nur 300 bis 400 Metern schwere Maschinengewehre, Geschütze und Minenwerfer in Stellung gebracht. Die Nachbarhäuser waren von Schützen besetzt worden, die auf den Dächern lagen und hinter den Schornsteinen hockten. Die Schützen konnten von allen Seiten in die großen Fenster und in die Höfe des großen Bürohauses hineinsehen und ein gezieltes Feuer auf die Verteidiger abgeben. Wir hatten bald mehrere Tote und Schwerverletzte, ohne daß wir einen gegnerischen Schützen sahen. Jetzt stellte sich zu unserer Bitterkeit heraus, daß der „Vorwärts" nicht von einer disziplinierten Kampfgruppe, sondern von protestierenden Demonstranten besetzt war, von denen die meisten jetzt erst begriffen, daß ein tödlicher Kampf im Gange war. Für die Nichtkämpfer war es jetzt zu spät, das Gebäude zu verlassen. Sie suchten Schutz in den Kellern und hinter den Papierrollen in der Druckerei.
Wir hatten immer noch die Hoffnung, daß die Arbeiterschaft von Berlin uns beistehen würde. Seit Tagen gingen gern geglaubte Gerüchte unter der „Vorwärts"-Besatzung um, daß hunderttausend Arbeiter im Rücken der Noske-Truppen aufmarschieren würden. Noch in der letzten Nacht vor dem Angriff der Regierungstruppen hieß es, daß die Arbeiter der Schwarzkopfwerke und ein nach Tausenden zählender Zug bewaffneter Arbeiter aus Spandau zu unserer Hilfe in Anmarsch sei. Immer wieder glaubten wir Signale im Rücken der Noske-Truppen zu hören. Es waren Illusionen.

Mit dieser Schilderung will ich keinen der Beteiligten irgendwie herabsetzen. Wohl alle waren bisher Sozialdemokraten. Niemand hatte eine revolutionäre Kampferfahrung und fassungslos erlebten sie, daß ihre bisherigen Parteigenossen, die jetzt in der Regierung saßen, schonungslos Mittel anwendeten, wie sie in Deutschland in inneren Kämpfen sei 1848 nicht angewendet worden waren. Kaiser Wilhelm II. hatte zwar geredet, daß seine Soldaten gegebenenfalls auf Vater und Mutter schießen müßten, doch gab er niemals den Befehl dazu. Die sozialdemokratische Regierung Ebert-Noske tat es sofort bedenkenlos.
Nur einige tapfere kleine Gruppen erwiderten das Feuer der Regierungstruppen und kämpften mit so verbissener Entschlossenheit, daß die Regierungstruppen keinen Angriff wagten. Ich war Wasser- und Munitionsträger und rannte von Zimmer zu Zimmer. An Waffen und Munition waren nur vorhanden, was wir bei der Besetzung des „Vorwärts" vorgefunden hatten.

Es liegt mir nicht, eine Gefechtsbeschreibung zu geben. Der Verlauf des Kampfes war so primitiv, wie ein Kampf gegen eine erdrückende Übermacht sein kann. Die Noske-Truppen zerschossen mit schweren Maschinengewehren die Fensterscheiben und Fassaden des Vorwärtsgebäudes und der benachbarten Häuser. Als wir uns nach zwei Stunden noch nicht ergeben hatten, begann das Artilleriefeuer der Regierungstruppen. Die Granaten durchschlugen die Wände, rissen die Erker hinunter und hüllten das Gebäude in eine Staubwolke ein. In den Räumen war der Staub so dicht, daß wir vielfach nichts mehr sehen konnten, in einigen Räumen brach durch Treffer in die Gasleitungen Feuer aus. Jetzt begann eine Panik unter denen, die keinen Willen zum weiteren Widerstand hatten. Sie rannten durch die Korridore „Gas! Gas!" schreiend. Das Zimmer, in dem sich die Leitung der Besatzung befand, war von heftig Diskutierenden angefüllt, die Grubusch bestürmten, den Widerstand aufzugeben und das Gebäude zu übergeben.
Karl Grubusch und der Dichter Werner Möller erboten sich, eine Delegation als Parlamentäre zu führen, um über die Übergabe zu verhandeln. Weiße Tücher schwenkend verließen sieben Parlamentäre das Haus. Sie sollten niemals zurückkommen. Ihre verstümmelten Leichen sahen wir zwei Stunden später auf dem Hof der Dragonerkaserne in der Belle-Alliance-Straße liegen. Zerschossen, zerstochen, zertrampelt, lagen die Leichen allen sichtbar auf dem Hof, lachende Noske-Truppen, zum Teil blutbespritzt, standen herum.
Die Mörder behaupteten später, die Parlamentäre hätten „Dum-Dum-Geschosse" in ihren Taschen gehabt. Diese niederträchtige Lüge hatten die Soldaten im Kriege gelernt. Die gleiche Lüge hatte besonders in den ersten Kriegsmonaten Belgien und Nordfrankreich als Vorwand gedient zur Erschießung der Zivilbevölkerung, Männer, Frauen, Kinder, und zur Niederbrennung von Ortschaften. Gesinnungsgenossen der Mörder, Journalisten und „Historiker", die ohne zu prüfen voneinander abschreiben, übernehmen diese Lüge über die Parlamentäre auch heute noch. Es ist ohne jeden Zweifel unglaubwürdig, daß unbewaffnete Parlamentäre, die über die Übergabe verhandeln sollten, sich vorher die Taschen mit „Dum-Dum-Geschossen" füllen.
Wir wollten bis zur Rückkehr der Parlamentäre die Verteidigung weiterfüh-

ren. Trotz schweren Geschütz- und Maschinengewehrfeuers hielten wir eine weitere Stunde aus. Einen Sturmangriff wagten die Regierungstruppen immer noch nicht. Dann erschienen zwei Soldaten mit einer weißen Fahne und erklärten, daß mit unseren Parlamentären die Übergabe vereinbart worden sei. Daß unsere Parlamentäre bereits ermordet waren, sagten sie nicht. Jeder solle die Waffen niederlegen und einzeln mit erhobenen Armen den „Vorwärts" verlassen. Es kamen ungefähr dreihundert Personen aus dem Gebäude, darunter einige Frauen, die durch Rote-Kreuz-Armbinden als Sanitäterinnen kenntlich waren. Über diese große Anzahl war ich selber verblüfft; ich hatte, wenn ich durch die Räume gegangen war, die Stärke der Besatzung auf höchstens hundert Personen geschätzt, von denen wiederum ungefähr vierzig bis sechzig Kämpfer mit Gewehr oder mit Maschinengewehren am Kampf beteiligt waren. Auf der Straße mußten wir uns in Viererreihen aufstellen, dann wurden wir, mit erhobenen Armen gehend, unter den Schlägen mit Gewehrkolben und Peitschen der Noske-Soldaten zur Dragonerkaserne eskortiert. Die Straßen waren umsäumt von Männern und Frauen, von denen einige mit Stöcken und Schirmen nach uns schlugen. Ich erinnere mich besonders an einen vorüberfahrenden Bierwagen, dessen Kutscher eine Lederschürze trug, und der mit seiner Peitsche in unsere Kolonne einschlug.

Auf dem Hofe der Dragonerkaserne angekommen, wurden wir an die Mauer geführt, vor der die hingemetzelten Parlamentäre lagen. Schwere Maschinengewehre wurden aufgestellt, die Läufe schußbereit auf uns gerichtet. Ich stand in der vorderen Reihe. Furcht hatte ich nicht. Rasch zog ich meinen Mantel aus und legte ihn vor mich hin, in der Annahme, daß er meiner Mutter zurückgegeben würde. Das war mehr eine unwillkürliche Bewegung; unsere Reste wären so ausgeraubt worden, wie die vor uns liegenden Leichen der Parlamentäre ausgeraubt waren. Doch es geschah nichts. Wir standen so mehrere Stunden. Wie ich später erfuhr, telefonierten die Offiziere mit der Ebert-Regierung und wollten eine schriftliche Genehmigung zur Erschießung der dreihundert Gefangenen haben. Am Telefon soll Noske für die Erschießung gewesen sein, er wollte den Befehl jedoch nicht schriftlich geben.

Soldaten kamen und gingen, höhnten, drohten, schrien „verfluchte Deserteure" und schlugen einzelne Gefangene nieder. Plötzlich ertönte ein Kommando und das Schußfeld wurde frei. Der Schütze vor mir hielt den Finger am Abzug, ein anderer hielt den Patronengurt. In diesem Moment kam ein Motorradfahrer in den Hof gefahren und übergab dem kommandierenden Offizier ein Schriftstück. Wir standen in dieser Spannung mit dem schußbereiten Maschinengewehr vor uns ungefähr noch eine weitere Stunde. Dann wurden wir in einen Pferdestall geführt, wo wir über Nacht blieben.

Viele Gefangene waren beim Kommando „schußfrei" auf die Knie gefallen. Auch meine beiden Nachbarn links und rechts fielen nieder und klammerten sich so an mich, daß sie mich fast umgeworfen hätten. Der Übernächste blieb wie ich stehen. Im Stall sprachen wir miteinander. Es war ein italienischer Journalist mit Namen Misiano. Er war als Berichterstatter im „Vorwärts" gewesen. Als er sich bei der Übergabe als Journalist ausweisen wollte, war er zurückgestoßen worden. Misiano war Mitglied der Sozialistischen Partei Italiens, später nach der Gründung der Kommunistischen Partei Italiens, trat er zu dieser über. Ich traf ihn zehn Jahre später einmal

in Moskau.
Nachdem wir die Nacht stehend oder auf dem Boden sitzend verbracht hatten, zum Hinlegen reichte der Platz nicht aus, wurden wir am folgenden Vormittag zum Zellengefängnis in der Lehrter Straße eskortiert. Wieder marschierten wir in Viererreihen, die Arme über dem Kopf erhoben, durch die Straßen Berlins. Vor und hinter uns fuhren Autos mit schußbereiten Maschinengewehren, an den Seiten gingen Soldaten mit Bajonetten auf den Gewehren. Es war Sonntagvormittag. Die Straßen waren wenig belebt. Die wenigen Männer und Frauen, denen wir begegneten, waren wahrscheinlich Kirchgänger. Wie am Tage zuvor johlten einige, andere warfen mit Steinen oder schlugen mit Schirmen und Stöcken nach uns, wie eine alte schwarzgekleidete Frau, die eine Straße lang neben mir herlief und immerzu „totschlagen, totschlagen" schrie. Die uns eskortierenden Soldaten fanden das offensichtlich belustigend. Die revolutionären Arbeitermassen Berlins aber waren nicht zu sehen. Sie hielten Sonntagsruhe.

Wir kamen zu vieren in eine Zelle. Die Erlebnisse der letzten Tage hatten meinen Hunger und die Müdigkeit vergessen lassen, die mich jetzt doppelt stark überkamen. Ich hatte seit 48 Stunden weder gegessen noch geschlafen. Die Gefängnisverwaltung war am Sonntag nicht auf einen Zustrom von dreihundert Gefangenen eingerichtet. Wir saßen hungernd und erschöpft auf dem Fußboden. Es blieb alles ruhig. In der folgenden Nacht ging es um so unruhiger zu. Wir hörten Türen knallen, Schreie und Schüsse. Mehrere Male schlugen Soldaten mit Gewehrkolben an die Tür meiner Zelle und riefen: „Fertigmachen! In der Frühe werdet ihr erschossen!" Es waren keine leeren Drohungen, die Schüsse zeigten an, daß Gefangene erschossen wurden. Ich war seit meiner Gefangennahme zu jeder Stunde überzeugt, auch an der Reihe zu sein. Die Anzahl der Erschossenen ist niemals festgestellt worden. Die preußische Regierung und auch die Reichsregierung haben jede Untersuchung verweigert. Später wurde zugegeben, daß „im Zusammenhang mit der Besetzung der Zeitungen" einhundertsechsundfünfzig Zivilisten getötet worden seien. Die Regierungstruppen hatten nur geringe Verluste.
Am Morgen kamen neben den Soldaten Gefängnisbeamte mit „Kalfaktoren", die uns ein Stück Brot und eine Suppe in die Zelle reichten. Meine drei Zellengenossen hatten sich inzwischen soweit beruhigt, daß ich sie zum Mühlespielen bewegen konnte. Ich hatte die „Mühle" auf den Fußboden gekratzt, und wir spielten mit den abgetrennten Knöpfen meines Mantels und meines Anzugs. So vergingen weitere Tage und Nächte, ohne daß wir verhört oder auch nur nach unseren Namen gefragt wurden. Wir erhielten täglich einmal Wasser, Brot und Suppe.
Plötzlich wurde es wieder laut im Gefängnis. Wir hörten Kolbenschläge und Fußtritte an den Zellentüren und Rufe. Dann kam ein Soldat auch an unsere Zellentür, klopfte einige Male mit dem Stiefel und schrie: „Liebknecht und Rosa gekillt!" Der Bursche nannte Rosa Luxemburg nur mit Vornamen. Ich kann heute meine Empfindungen, die mich damals in der Gefängniszelle bewegten, nicht wiedergeben. Doch weiß ich, daß die nächtlichen Erschießungsdrohungen mich nicht so erschreckt hatten wie die Mordmitteilung. Im Laufe des Tages, als wir uns, meine drei Zellengenossen und ich, etwas beruhigt hatten, flüsterten wir einander zu, es handele sich sicherlich um einen Einschüchterungsversuch. Aber am nächsten Tag hielt ein

„Kalfaktor" beim Wasserausgeben die Zeitung „B-Z am Mittag" in der Hand, die er so gefaltet hatten, daß ich die beiden Balkenüberschriften, die über die ganze Seite des Blattes gedruckt waren, lesen konnte: „Liebknecht auf der Flucht erschossen, Rosa Luxemburg von der Menge getötet."

Es begannen nun Verhöre der Gefangenen durch Polizeibeamte, und Gefangene wurden nach ihrem Verhör entlassen. Auch die Soldaten zogen ab. Nach weiteren vier Tagen wurde auch ich ins Gefängnisbüro gerufen. Meine Personalien wurden aufgenommen und es wurde mir mitgeteilt, daß ein Verfahren gegen mich eingeleitet sei. Kurz nach Beendigung des Verhörs wurde ich noch einmal hinuntergerufen und zum Außentor geführt; ich war frei. Mehrere Stunden später erfuhr ich, daß meine schnelle Entlassung angeblich auf einer Verwechslung geruhte. Ich erwähne dies, weil mir später in der „Leipziger Volkszeitung" vorgeworfen wurde, daß ein anderer Gefangener infolge der Verwechslung einige Tage länger in Haft geblieben sei. Als ob es jemals einen Gefangenen gegeben hätte, der bei seiner Freilassung eine Nachprüfung verlangte, ob seine Freilassung auch „in Ordnung" sei.
Meine Mutter sagte nur: „Wie gut, daß Du wieder da bist", als ich unsere Wohnung betrat. Ich antwortete aber sogleich, daß ich ein unruhiges Gefühl habe, ich möchte darum nicht bleiben. Darum beeilte ich mich, die Wäsche zu wechseln, etwas zu essen und sagte meiner Mutter, daß ich zu Paul Nitschke rübergehen werde. Paul Nitschke teilte meine Meinung, daß ich vorläufig nicht zu Hause wohnen solle. Meine Ahnung trog nicht, denn am Spätnachmittag erschien eine Militärpatrouille bei meiner Mutter, um mich wieder abzuholen.
Ich war rechtzeitig aus dem Gefängnis gekommen, um an der Beerdigung Liebknechts, der Vorwärtsparlamentäre und anderer Ermordeter oder Gefallener teilnehmen zu können. Mit Hunderttausenden Trauernder geleitete ich siebenundzwanzig Tote zum Friedhof Friedrichsfelde.
Drei Tage später, am 29. Januar, traf uns ein weiterer Schlag. Franz Mehring, Mitbegründer und Mitglied der Zentrale des Spartakusbundes starb, 73 Jahre alt. Er war längere Zeit leidend gewesen, und die Gefängnishaft während des Krieges hatte ihn sehr geschwächt; die Ermordung seiner Freunde Liebknecht und Luxemburg gab ihm den Rest.
Ich glaube, es war Wilhelm Pieck, der mich beauftragte, einen Kranz zu besorgen und zur Trauerfeier zu kommen. Ich trug den großen Kranz mit der roten Schleife durch die Stadt nach Steglitz zur Wohnung Mehrings, wo er aufgebahrt war. Unter den Trauergästen sah ich Leo Jogiches und Pieck, die trotz Verfolgung durch Freikorps und Polizei zum Abschied gekommen waren. Die anderen Mitglieder der Zentrale waren verhaftet oder hielten sich verborgen.

Dem Mut und der Energie Jogiches ist es zu verdanken, daß die Morde nicht vertuscht werden konnten. Er brachte die Beweise, daß die Pressemeldungen bewußt erlogen waren. Jogiches ermittelte die Namen der Mörder und deckte die Einzelheiten der Ermordung auf. Mehrere der ausführenden Mörder hatten sich nach der Tat am Biertisch photographieren lassen. Jogiches beschaffte auch dieses Foto.
Die Suche nach der Leiche Rosa Luxemburgs blieb lange Zeit ergebnislos. Dadurch entstanden in der Bevölkerung Vermutungen, daß Rosa Luxem-

burg vielleicht hatte flüchten können. Doch Jogiches brachte die Beweise ihrer Ermordung, und er bot alles auf, die Leiche zu finden. Er äußerte immer wieder den Verdacht, daß die Leiche von den Mördern entweder verbrannt oder ins Wasser geworfen sein könnte. Doch erst Monate später, nachdem auch Jogiches ermordet worden war, wurde die Leiche Rosa Luxemburgs im Landwehrkanal gefunden.
Die Leitung der KPD und die weitere Aufklärung der Morde übernahm Paul Levi,trotz der damit verbundenen Lebensgefahr. Aber so kultiviert und ehrgeizlos Levi war, Furcht kannte er nicht. Er wußte wohl, daß er jetzt der nächste Todeskandidat war. Obwohl es heute noch kaum eine Stelle gibt, die an der wissenschaftlichen Erforschung der Vorgänge 1918/20 interessiert ist – gewiß nicht die offizielle Geschichtswissenschaft – so sind doch mittlerweile Zeugnisse veröffentlicht worden, die zur Wahrheitsfindung beitragen. So ist auch das Zeugnis eines früheren Generals in der Obersten Heeresleitung, Generalmajor von Thaer, vorhanden, das im Jahre 1958 von der Akademie der Wissenschaften in Göttingen veröffentlicht wurde. Von Thaer schrieb in seinem Tagebuch:
„Wie verdient eigentlich ein Mensch wie Ebert, daß die alte königliche Truppe sich für ihn ihren Ruf in Frage stellen soll . . .Ebert und Scheidemann zitterten vor Liebknecht und Rosa und wünschen ihr Verschwinden auf kriminelle Art, nur: Sie wollen nichts davon wissen, nichts damit zu tun haben."
Die Verantwortung tragen auch die Redakteure des „Vorwärts", des Zentralorgans der SPD, die unter Leitung ihres Chefredakteurs Friedrich Stampfer den politischen Rufmord in Deutschland einführten. Der „Vorwärts" druckte den Reim eines Arthur Zickler:

„Vielhundert Tote in einer Reih –
Proletarier!
Karl, Rosa, Radek und Kumpanei –
es ist keiner dabei, es ist keiner dabei!
Proletarier! "

Niemals aber hat der „Vorwärts" als Arbeiterblatt die Bilanz des Weltkrieges gezogen, die lauten müßte:

„Elfeinhalb Millionen in einer Reih –
Proletarier!
Kein Kaiser, kein Hindenburg, kein Ludendorff dabei
Proletarier!"

Fünfundzwanzig Jahre später, im Zweiten Weltkrieg, schrieb Sumner Welles, Unterstaatssekretär im Auswärtigen Amt der USA, in seinem Buch „Zeit der Entscheidung" über Liebknecht: „Hinter der Fassade der Weimarer Republik waren die Kräfte, die die Katastrophe von 1914 herbeigeführt hatten, aktiv und machtvoll geblieben . . .
Hätte es mehr Liebknechts gegeben, die Zukunft Deutschlands und der Welt hätte anders sein können."
Zu dieser Erkenntnis hat sich die sozialdemokratische Arbeiterschaft Deutschlands niemals aufraffen können. Den Mitgliedern der Partei aber, die während des Nazi-Regimes unter dem Galgen standen oder unter dem Fallbeil lagen, mag in ihren letzten Augenblicken die Erkenntnis gekommen

sein, daß die Anfänge des Hitlerregimes bei der Ebert-Regierung zu finden sind und daß es keine Hitler-Diktatur und keine Entartung der russischen Revolution unter der Stalin-Diktatur gegeben hätte, wenn die potentiellen Gegner der Diktatoren nicht ermordet worden wären. Der Genossenmord hat in Deutschland begonnen. Die Morde an Rosa Luxemburg und Karl Liebknecht belasten die deutsche Sozialdemokratie und die Weimarer Republik, ebenso wie die späteren Stalinschen Morde den russischen Kommunismus und die Sowjetunion belasten.
Rosa Luxemburg hatte nicht zur Besetzung des „Vorwärts" aufgefordert, sondern zum Widerstand gegen die Konterrevolution. Sie war gegen Putsche und hatte im Spartakusprogramm eindeutig geschrieben:
„Der Spartakusbund wird nie anders die Regierungsgewalt übernehmen als durch den klaren, unzweideutigen Willen der großen Mehrheit der proletarischen Massen in ganz Deutschland, nie anders als kraft ihrer bewußten Zustimmung zu den Ansichten, Zielen und Kampfmethoden des Spartakusbundes."
In diesem Geist war auch die Kritik Rosa Luxemburgs an der Politik der Bolschewiki in der russischen Revolution gehalten. Wir haben im Jugendbildungsverein und in der trotz aller Verfolgungen neu entstehenden Kommunistischen Partei viel über die Meinungsverschiedenheiten Luxemburg–Lenin diskutiert und waren zu dem Schluß gekommen: „Hätte sich die „Linke" in der Sozialdemokratischen Partei rechtzeitiger, das kann nur heißen früher, von der verrotteten Bürokratie gelöst und neben der öffentlichen auch parlamentarischen Massenarbeit gleichzeitig die Kader nach den Lehren Lenins organisiert, so hätten Luxemburg, Liebknecht, Jogiches und viele Arbeiter nicht auf die so deprimierende Weise ums Leben gebracht werden können."

Ich muß betonen, daß wir in den ersten Monaten des Jahres 1919 in Berlin unter dem Terror des Belagerungszustandes und des Standrechts lebten. Uns war jede politische Tätigkeit verboten. Wir hatten keine Zeitung und keine öffentliche legale Möglichkeiten, den Lügen und Verleumdungen der Regierung und der Presse entgegentreten zu können. Jede Regung der Unzufriedenheit in der Bevölkerung, was auch immer den Behörden Ungelegenes passierte, wurde den „Spartakisten" zugeschrieben. In einer Mitteilung hieß es: „Spartakus schwelgt in Milchreis mit brauner Butter!" Kein Mensch konnte erklären, was damit gemeint war. Ob diese amtliche Verlautbarung von der Tatsache ablenken sollte, daß um diese Zeit ungezählte Kinder an Grippe starben?
Wir mußten uns unter den gefährlichsten Bedingungen „illegal" zur Wehr setzen. Obwohl jeder Drucker sich dabei in Lebensgefahr begab, schaffte es Jogiches, Flugblätter drucken zu lassen. Ein Flugblatt brachte das Ergebnis der Ermittlungen Jogiches über die Morde an Liebknecht und Luxemburg. Ein anderes mußte sich mit den geschmacklosesten, dabei aber doch gemeingefährlichen Lügen einer von der Regierung unterstützten „Antibolschewistischen Liga" beschäftigen, die eine starke Propaganda entfaltete mit der Behauptung „Spartakus plant die Sozialisierung der Frauen". Es muß irgendwie mit dem Charakter des deutschen Bürgers zusammenhängen, daß gerade diese idiotische Propaganda geglaubt wurde.

Der Tod unserer Parteiführer konnte uns nicht abhalten, den von ihnen

vorgezeichneten Weg weiter zu gehen. Die Kommunistische Partei mußte aufgebaut, die einzelnen Gliederungen, Gruppen und Bezirke ins politische Leben gerufen werden. Durch den scheinbar radikalen Beschluß, uns nicht an den Wahlen zu beteiligen, hatten wir uns aber selbst die Arbeit äußerst erschwert. Nachdem auch der Rätegedanke von den Räten selbst liquidiert worden war, mußten wir die Räteverfassung zwar als idealste Regierungsform weiter propagieren, aber wir mußten auch aktiv Tagespolitik betreiben.
In meinem Bezirk, Berlin-Moabit, bildete die alte Spartakusgruppe aus dem Kriege, mit Ausnahme der beiden Ältesten, die sich zurückzogen, den provisorischen Vorstand. Ich war jeden Abend unterwegs, um neue Mitglieder zu werben. Bald war ein Gerüst geschaffen, kleine Gruppen traten unter Beachtung aller Vorsichtsmaßnahmen zusammen. Wieder nur für kurze Zeit.

In Moabit patrouillierten täglich Detachements von Freikorpslern. Polizei kontrollierte die Lokale. Ich hatte das Gefühl, daß ich beobachtet wurde und mußte befürchten, nachts verhaftet zu werden. Auf Empfehlung eines Sympathisierenden zog ich zu seiner Verwandten, einer alten tauben Dame in Schöneberg. Meine Arbeit in Moabit leistete ich weiter.
Bei meiner „illegalen" Tätigkeit für die Parteizentrale glitt ich wieder einmal knapp am Tode vorbei. Von einer kleinen Druckerei, die schon im Kriege für uns gedruckt hatte, in der Nähe des Nürnberger Platzes, holte ich Flugblätter ab. Auf dem Platz vor dem Eingang zur Untergrundbahn riß ein Riemen meines Rucksacks. Ich mußte den Rucksack absetzen und den Riemen zusammenbinden. Während ich mich bemühte, den schweren Rucksack wieder auf den Rücken zu heben, kam eine Militärpatrouille auf mich zu. Hätte die Patrouille den Inhalt geprüft, so wäre ich wahrscheinlich sofort erschossen oder zum Standgericht gebracht und von diesem zum Tode verurteilt worden. Einige Tage darauf war ich in einer ähnlichen Gefahr. Mit einer Genossin, die auch beim Druck der Fürst Lichnowsky-Denkschrift mitgeholfen hatte, hatte ich mit einem Handkarren Flugblätter aus einer Druckerei in der Frankfurter Straße geholt, als eine Militärpatrouille aus einer Seitenstraße auftauchte. Die Genossin erschrak, ließ die Wagendeichsel los und lief in einen Laden. Ich schob den Karren weiter und passierte die Patrouille, ohne angehalten zu werden. Von einem Keller in der Ritterstraße, der als Versandraum diente, schickten wir die Flugblätter, unauffällig getarnt, von verschiedenen Postämtern aus an Hunderte von Adressen in Deutschland. Die Genossin, Otto Franke und ich arbeiteten nach den Anweisungen Jogiches' mit größter Sorgfalt. Schlecht lesbare Adressen, falsche Frankierung, gerissener Bindfaden konnten zu Nachprüfungen und Gefährdung der Adressaten führen.
Eines Februartages in der Dämmerung kam Jogiches, um mit uns zu arbeiten. Er äußerte sich sehr unzufrieden über den kalten, unfreundlichen Raum, den er, wie er sagte, „als Gewerkschaftler nicht dulden könne". Otto Franke entschuldigte sich, daß er keinen besseren habe finden können. Ich behielt diese kleine Episode im Gedächtnis, weil ich an diesem Tage Jogiches zum letzten Male sah. Der Keller wurde übrigens niemals entdeckt.

Nachdem die Wahlen zur Nationalversammlung ungestört verlaufen waren,

konnte die „Rote Fahne" nur kurze Zeit wieder erscheinen. Die erste Ausgabe brachte zusammenfassend das Ergebnis der Ermittlungen Jogiches' über die Morde an Luxemburg und Liebknecht und halbseitig das bereits erwähnte Bild, die Photographie des Mörders Runge im Kreise seiner Komplizen am Biertisch. Alle Beteiligten wurden mit Namen und Rang aufgeführt. Die Veröffentlichung hatte zur Folge, daß in mehreren Großbetrieben Proteststreiks ausbrachen und die Regierung sich veranlaßt sah, die Morde gerichtlich untersuchen zu lassen. Einige der an den Morden Beteiligten wurden vorübergehend verhaftet, sonst aber wurde die Untersuchung verschleppt und versandete. Lange Zeit später wurden einige der Mörder zu geringen Strafen verurteilt, aber nicht direkt wegen des Doppelmordes, sondern wegen krimineller „Nebenbeschäftigung", so hatte ein Offizier die gestohlene Uhr Rosa Luxemburgs zum Verkauf angeboten.
Während in Weimar die Beratungen über die neue Reichsverfassung und die neue Armee, jetzt „Reichswehr", begannen, wurde in Berlin das blutigste Massaker der neueren deutschen Geschichte inszeniert. Der „Vorwärts" hatte seit Wochen seitenlang Inserate gebracht, mit denen die Freikorpsführer Mannschaften suchten. Aus den Millionen der Demobilisierten, die jetzt arbeitslos waren, hatten die Freikorps starken Zulauf. Hier gab es Geld und reichlich Essen. Unter den Führern der Freikorps waren deutsch-baltische Offiziere, die mit den Methoden der zaristischen „Ochrana", der „Schwarzen Hundert", wohlvertraut waren, weil sie früher Mitarbeiter dieser Pogrom- und Terrororganisationen waren.
Wieder war es die „B-Z am Mittag", die am 9. März 1919 die Balkenüberschrift über die ganze Seite brachte: „Furchtbarer Massenmord durch Spartakisten in der Warschauerstraße", „Sechzig Kriminalbeamte und viele andere Gefangene erschossen!" Der 9. März war ein Sonntag. Am folgenden Montag druckten der „Vorwärts" und das „Berliner Tageblatt" die Meldung nach. Das „Berliner Tageblatt" hatte zuerst Bedenken und rief den Polizeidezernenten Doyé im Preußischen Innenministerium an. Der Beamte Doyé bestätigte die Richtigkeit der Meldung und ersuchte um Abdruck. Wahrscheinlich hatte Noske auf die Veröffentlichung der Meldung gewartet. Noch am Sonntag, ohne jede Nachprüfung, verhängte er erneut das Standrecht in Berlin. Gleichzeitig erließ er den Befehl, alle Kommunisten zu verhaften. Der Stadtteil Lichtenberg wurde umzingelt, die einzelnen Häuserblocks abgeriegelt und ein Massenmorden begann, wie es in Deutschland seit den Bauernkriegen nicht vorgekommen war. Auf den Straßen, in den Höfen und in den Wohnungen wurden Menschen vor den Augen ihrer Familien erschlagen oder erschossen. Ich kann nicht aus eigenem Erleben über Einzelheiten berichten. Aber Augenzeugen, Freunde und Bekannte, erzählten mir von der grauenhaften Schlächterei. Die Regierung gab später an, daß „ungefähr 1200 Spartakisten" umgekommen seien. Die „Spartakisten" waren beliebige linksstehende Arbeiter und Bürger, denn die Kommunistische Partei hatte in Groß-Berlin nicht ein Viertel so viele Mitglieder, als hier als „umgekommen" angegeben wurden. Spätere Untersuchungen ergaben über 2000 Tote. Viele Familien hatten bei ihren Angehörigen, die in ihrer Wohnung oder auf dem Hof ihres Wohnhauses ermordet worden waren, beim Standesamt „Unfalltod" eintragen lassen.
Nachdem die Truppen mehrere Tage gewütet hatten, wurden in der Öffentlichkeit Bedenken laut. Die Leichen der angeblich ermordeten Kriminalbeamten und der „anderen Gefangenen" waren nicht aufzufinden. Es fehlten

auch nirgends Kriminalbeamte oder angebliche Gefangene. Die Meldung von der Ermordung war völlig willkürlich erfunden. Die Verantwortung an den Massakern trugen Noske und die Redakteure der „B-Z am Mittag". Die Durchführung des Massakers lag beim gleichen Stab der Garde-Kavallerie-Schützendivision im Eden-Hotel,der auch die Ermordung Luxemburgs und Liebknechts geleitet hatte.

Die Verantwortlichen der Morde wurden niemals zur Rechenschaft gezogen. Die Redaktion der „B-Z am Mittag" blieb bei ihrer Behauptung, die Meldung telefonisch aus dem Eden-Hotel erhalten zu haben. „Wir hatten keine Zeit zum Sortieren", sagte später ein Freikorps-Chef. Noske drückte sich „gemütvoller" aus: „Wo gehobelt wird, fallen Späne", sagte er. Am 10. März verhafteten Kriminalbeamte unter Führung eines gewissen Tamschick Jogiches in seiner Neuköllner Wohnung. Jogiches wurde sogleich zum Untersuchungsgefängnis Moabit gebracht und auf der Treppe des schmalen Ganges zu den Zellen durch einen Schuß in den Hinterkopf getötet. Den Hergang der Verhaftung und Einlieferung in Moabit erzählte mir der Gewerkschaftsfunktionär des Metallarbeiter-Verbandes Willi Winguth. Winguth, der ebenfalls in Neukölln wohnte, wurde gleichzeitig mit Jogiches verhaftet. Er erzählte mir später, daß Jogiches von den Beamten im Vernehmungszimmer so schwer geschlagen wurde, daß er, als er zur Treppe geführt wurde, schon halb bewußtlos gewesen sei.
Der gleiche Polizeibeamte Tamschick tötete einige Wochen später den Gewerkschaftsführer der Elektrizitätsarbeiter, Wilhelm Sült, ebenfalls nach der Verhaftung durch Schüsse in den Rücken, dann weitere Wochen darauf auch den Marineleutnant Dorrenbach, den früheren Kommandanten der Volksmarinedivision, auf die gleiche Art, durch Schüsse von hinten. Nach dem dritten Mord wurde Tamschick vom preußischen Innenminister, dem Sozialdemokraten Severing, zum Polizeileutnant befördert und in die Provinz geschickt.
Daß die Berlin-Lichtenberger Märzmassaker geplant waren, beweist auch die Rache an den früheren Angehörigen der Volksmarinedivision, die inzwischen aufgelöst worden war. Die früheren Matrosen erhielten eine Vorladung zum 11. März, um ihre „Entlassungspapiere und restliche Löhnung" in einem Gebäude in der Französischen Straße abzuholen. Ungefähr 300 Mann waren erschienen. Ein Oberleutnant Marloh zählte 30 Mann aus und ersuchte die anderen fortzugehen. Die dreißig Mann standen im Hof, als plötzlich aus einem Fenster Maschinengewehrfeuer in sie einschlug. Neunundzwanzig Mann wurden getötet, einer hatte sich rechtzeitig hingeworfen und war nur verletzt worden. Er konnte entkommen und einen Bericht über die Metzelei geben.
Wie üblich, passierte den Mördern nichts. Der Oberleutnant Marloh nahm ein Jahr später am Kapp-Lüttwitz-Putsch teil und besetzte mit einer Gruppe Putschisten den „Vorwärts". Marloh wurde später nicht wegen der Teilnahme am Kapp-Lüttwitz-Putsch entlassen, sondern wegen der Beschränkung des Heeres auf 100.000 Mann. Er erhielt eine Abstandssumme und eröffnete einen Zigarrenladen im Arbeiterbezirk Berlin-Neukölln. Sein Geschäft ging anscheinend nicht schlecht. Niemand warf ihm auch nur die Fensterscheibe ein. Als Hitler zur Macht kam, meldete sich Marloh wieder und wurde zum Direktor eines Zuchthauses ernannt.

9. Bayrische Räterepublik

Ich erfuhr von der Ermordung Jogiches' am Dienstag, den 11. März, und eilte zur Wohnung Budichs. Budich sagte, es sei ratsam, Berlin für einige Tage zu verlassen. L. P., die Gefährtin Budichs, habe vorgeschlagen, nach München zu fahren. Ich solle ihn begleiten. L. P. hoffte auf die Unterstützung ihres Bruders, der in München studierte. Außerdem hätte sie dort eine frühere Studienfreundin, zu der wir zuerst gehen könnten. Sobald das Fahrgeld beisammen sei, müsse abgereist werden. Daß Budich einen Auftrag oder den Rat der Zentrale der KPD erhalten hatte, glaube ich nicht, er war kein Mitglied der Zentrale und damals kein Parteiangestellter. Budich meinte, daß das Wüten der Noskebanden in einigen Wochen abflauen werde und daß wir in sechs bis acht Wochen wieder nach Berlin zurückkehren könnten. Diese Voraussage sollte sich erfüllen, doch unter nichtgeahnten Umständen.
Gegen Mittag des folgenden Tages ging ich zu meiner Mutter, um mich zu verabschieden. Meine Mutter wünschte, ich sollte kurze Zeit bleiben, um zu essen, und sie wolle inzwischen Wäsche für mich herrichten.
Die Wohnung hatte zur Straße hinaus eine Loggia. Ich legte mich in einen Liegestuhl. Des Luftzuges wegen schloß meine Mutter hinter mir die Tür und die Vorhänge. Ich war müde und abgehetzt und schlief ein. Nach ungefähr einer Stunde weckte mich meine Mutter und zeigte zur Straße hinunter. Ich sah einige Häuser weiter fünf Noske-Freikorpsler, die Gewehre schußbereit im Arm, abrücken. Mit ihrer gewohnten Ruhe erzählte mir meine Mutter, daß diese Gruppe mich wegholen wollte. Ein Mann habe die Wohnung durchsucht, während zwei Mann an der Tür gestanden hätten. Die weiteren zwei Mann hatten wohl am Haustor Wache gehalten. Meine Rettung war, daß ich geschlafen hatte und die Vorhänge geschlossen waren. Ich will nicht behaupten, daß die Burschen den Auftrag hatten, mich unter dem Vorwand des Fluchtversuches zu erschießen, doch hatten die Noske-Freikorpsleute den stillen Befehl, alle aus dem Weltkrieg bekannten Kriegsgegner zu ermorden. Wenn ein Haftbefehl gegen mich vorgelegen hätte, so wäre nicht der Nosketrupp, sondern Polizei gekommen.
Von meinem Versteck in Schöneberg ging ich täglich den weiten Weg zu meinen Freunden nach Moabit und abends mit Zeitungen und eigenen Berichten zu Budich, der seinen Unterschlupf immer noch nicht verlassen

konnte. Die Wohnung befand sich in der vierten Etage. Budich war noch nicht kräftig genug, um die vier Treppen steigen zu können. Er ging noch mühsam gestützt am Stock. Es war Freitag geworden, als er mir sagte, daß wir sofort abreisen müßten. Auch die Wohnungsinhaber drängten darauf. Sie waren mittlerweile ängstlich geworden, weil auch in den „bürgerlichen" Wohngegenden, so in Schöneberg, Wohnblocks von den Nosketruppen abgeriegelt und durchsucht wurden.
Budich gab mir eine Fahrkarte, ich holte meinen Karton mit Wäsche, und wir trafen uns im Zug. Wir fuhren die Nacht hindurch und kamen am späten Vormittag des 15. März in München an. Der Empfang in der Wohnung der Mutter von L.P.'s Studienfreundin war unvergessbar freundlich. Die Mutter, eine schmächtige aschblonde Frau, erschien mir als die personifizierte menschliche Schönheit und Güte. Neben der Tochter, die Ärztin war, gehörten zwei Söhne, die an der München Universität studierten, zur Familie, die in einer ruhigen Straße eine Etage in einem zweistöckigen, wuchtig und geräumig gebauten Haus bewohnte. Das große Wohnzimmer war mit schweren Möbeln, Teppichen, Gemälden und anderen Kunstgegenständen ausgestattet. Eine Wand wurde von einer Bibliothek eingenommen. Während Budich und L. P. mit der Familie Rapu über die Vorgänge in Berlin und über unsere Unterbringung in München sprachen, verbrachte ich einige Stunden mit den Büchern. Hier standen die Schriften der mir wohlbekannten großen Russen: Puschkin, Turgenjew und Tschechow, Dostojewski, Tolstoi und Gorki – in russischer Sprache. Und neben Voltaire und Victor Hugo, Zola, Romain Rolland und Anatol France in Französisch, Benedetto Croce und Gabriele d'Annunzio in Italienisch, standen Goethe, Heine, Hauptmann, Heinrich und Thomas Mann. Nur die Literatur der skandinavischen und englisch-sprachigen Länder war in Übersetzungen vorhanden. Hier lagen auch die Zeitschriften der Zeit: „Das Forum", „Der Ziegelbrenner", „Aktion" und andere.
Wir wurden eingeladen, über Sonntag zu bleiben. Zur Wohnung gehörten zwei Gästezimmer in der Mansarde. Am Sonntagmorgen fuhren wir alle mit der Bahn zum Ammersee, dann mit einem Motorboot zum südlichen Ufer des Sees, wo Bekannte der Familie Rapu ein Grundstück besaßen. Es wurde ein schöner Frühlingssonntag. Die Luft war recht frisch und der See bewegt, doch immer wieder kam die Sonne aus den Wolken hervor. Vom See aus sah ich zum ersten Male die Alpen, die im Süden klar und gewaltig hervortraten.
In Frau Rapu lernte ich eine der ungewöhnlichsten Persönlichkeiten kennen, die mir im Leben begegnet sind. Sie war eine Titanin der Güte und Hilfsbereitschaft. Mit der Zeit erfuhr ich Daten aus ihrem Leben. Sie war in Petersburg geboren, verbrachte aber mehrere Jahre ihrer Kindheit auch in Ostpreußen und Litauen auf Gütern, die ihrer Familie gehörten. Sie beherrschte die Sprachen der Dichter und Schriftsteller, deren Werke in ihrer Bibliothek standen, sie sprach Russisch, Deutsch, Französisch, Italienisch. Als junges Mädchen hatte sie die Lehrerin Vera Figner gekannt, die wegen ihrer Idee, „ins Volk zu gehen", um Wissen und Kultur ins Dorf zu bringen, zwanzig Jahre in dem berüchtigten Kerker der Schlüsselburg gefangen gehalten wurde und deren Buch „Nacht über Russland" die aufwühlende Kraft der „Erinnerungen" Alexander Herzens hat. Zu Rapus frühestem Petersburger Bekanntenkreis hatte auch Sophie Perowska gehört, die revolutionäre Tochter des Gouverneurs, die im März 1881 am Attentat auf den Zaren

Alexander II. beteiligt gewesen und gehängt worden war. Frau Rapu war durch Heirat deutsche Staatsbürgerin. Über die Jahrzehnte hinweg blieb Frau Rapu hilfsbereit, gütig und immer am kulturellen und politischen Leben in der Welt interessiert. Sie reiste viel und sah viel. Obwohl sie keine direkten Beziehungen zur deutschen Arbeiterbewegung hatte, sagte sie immer wieder, daß eine Änderung der deutschen militaristischen Mentalität nur von der Arbeiterschaft her kommen könne, nicht vom Bürgertum. Hier hatte sie die gleiche Ansicht, wie sie früher in der russischen Sozialdemokratie, später auch bei den Bolschewiki, weit verbreitet war. Die Familie Rapu verließ mehrere Monate nach der Niederschlagung der Münchener Räterepublik diese Stadt. Sie lebte kurze Zeit in Berlin, verließ dann Deutschland, um sich im Süden anzusiedeln.

Am Montag nach der Fahrt zum Ammersee ging ich frühzeitig aus dem Haus, um mir ein Zimmer zu suchen. In knapp einer Stunde hatte ich eine Schlafstelle bei einem Flickschuster gefunden. Dieser hatte einen Zettel an sein Fenster geklebt: „Schlafstelle zu vermieten!" Der Raum lag in einem Halbkeller, nur einige Stufen tief, er war gerade so groß, daß die eiserne Bettstelle und ein Gestell mit einer Waschschüssel Platz hatten. Für die Kleider waren Haken in die Tür geschraubt. Den Pappkarton, den ich vom Bahnhof holte, konnte ich unter das Bett schieben. Im Keller war auch der Ofen der Zentralheizung des Hauses, es war angenehm warm. Da ich noch nicht wußte, wie ich eine Arbeit finden würde und welche Art Arbeit, gab ich mich dem Schuster gegenüber als Student aus. Das hatte zur Folge, daß ich 14 Tage im voraus Miete zahlen mußte. „Studenten hatte ich schon öfter", sagte der Schuster, „die verschwinden immer, wenn sie was Besseres finden, und oft vergessen sie zu zahlen." Dies war meine Behausung für die nächsten sechs Wochen, bis ich wieder aus München flüchtete.
Ich mußte mich jetzt beeilen, Arbeit und Anschluß an die KPD zu suchen. Ich ging am gleichen Tage mit einigen Zeilen von Budich zur „Münchner Roten Fahne", dem Organ der dortigen Partei, um die Adresse von Max Levien, dem Vorsitzenden der Kommunistischen Partei Bayerns, zu erfahren. In der Redaktion traf ich Eugen Leviné an. Leviné war erfreut, mich wiederzusehen, und sagte, daß er mit diesem Tage die Chefredaktion der Zeitung übernommen habe. Er sei erst knapp zwei Wochen in München. Zuvor war er von der Zentrale der KPD nach Rußland zum Gründungskongreß der Kommunistischen Internationale delegiert worden. Doch konnte er sich nicht durch die Fronten im Osten schlagen, und auch sein Versuch, über Schweden und Finnland zu reisen, war erfolglos geblieben. So ging er nach München.
Max Levien lernten wir noch am gleichen Abend auf einer öffentlichen Versammlung kennen, für die er als Redner angekündigt war. Budich, seine Gefährtin und ich waren rechtzeitig hingegangen, um einen Platz zu erhalten. Wir erlebten ein ungewohntes politisches Schauspiel.
Die Versammlung fand in einem der großen Biersäle Münchens statt. Dicht gedrängt, auf Tischen und Stühlen sitzend und in den Gängen stehend, mögen wohl an die dreitausend Menschen im Saal gewesen sein. Obwohl noch eine Stunde Zeit war bis zum angekündigten Beginn, herrschte bereits ein beängstigendes Gedränge. Das Rednerpult stand auf dem Podium, von dem herab gewöhnlich Blechmusik in den Saal schmetterte. Das Podium wurde von Ordnern freigehalten.

Max Levien erschien mit einem zahlreichen Gefolge. Wie ich erfahren sollte, stellte dieses Gefolge fast die gesamte Kommunistische Partei von München dar.
Max Levien war eine interessante Erscheinung. Etwa 35 Jahre alt, mittelgroß, volles dunkles Haar – „Künstlermähne" – Doktor der Naturwissenschaften und eine großartiger, schlagfertiger Redner. Nach der Begrüßung der Versammelten begann er: „Daß die Weltrevolution marschiert, wißt ihr ja alle . . . " Mit diesem Hinweis auf die ungarische Revolution und die letzten Siege der Roten Armee Rußlands erntete er schon rauschenden Beifall. Levien sprach ohne Manuskript, temperamentvoll, er beantwortete schlagfertig jede Frage und ging auf jeden Zwischenruf ein. Er hatte mehrere in- und ausländische Zeitungen vor sich liegen, aus denen er zwischendurch einige Sätze vorlas und sie kommentierte. Er kritisierte ironisch den Landtag, der dieser Tage zusammengetreten war und die neue Regierung des Sozialdemokraten Hoffmann gewählt hatte. Levien beschwor die Arbeiter- und Soldatenräte, sich nicht auflösen zu lassen, er beschwor sie und die Versammelten, wachsam zu sein gegen die Konterrevolution, er sprach von der Verknappung der Lebensmittel, von der steigenden Arbeitslosigkeit. Er wiederholte mehrfach, daß auch in Bayern die Niederschlagung der Arbeiterschaft geplant sei, wie es besonders in Berlin geschehen sei, er sprach über das Verbrechen des Weltkrieges und von der Ermordung Rosa Luxemburgs, Karl Liebknechts, Eisners. Levien liebte Vergleiche aus der Geschichte und durchsetzte seine Rede mit Anekdoten. Er erzählte Episoden aus Kriegen und revolutionären Kämpfen, er rief aus: „Ich halte es mit Napoleon, der sagte, wenn man Eierkuchen backen will, muß man Eier zerschlagen . . . " Levien hatte einen nahezu unerschöpflichen Vorrat an volkstümlichen Sprüchen, und er wurde des öfteren minutenlang durch Beifall und Zurufe unterbrochen, die ihn manchmal verleiteten, bestimmte Redewendungen zu wiederholen. Die Rede dauerte über zwei Stunden; ich bemerkte keine Zeichen der Ermüdung, weder bei ihm noch bei der Versammlung. Ich erlebte noch zwei oder drei Volksversammlungen mit Max Levien als Redner. Sie waren Wiederholungen der ersten. Ebenso turbulent, ebenso interessant und, wie Levien es bald erleben sollte, voller Selbsttäuschung.

Die Unruhe und die politische Aktivität in München war unleugbar durch die Ermordung Kurt Eisners ausgelöst worden. Eisner war vom 8. November 1918 bis zum Tage seiner Ermordung am 21. Februar 1919 Ministerpräsident und Außenminister von Bayern gewesen. Er hatte der neugebildeten USPD angehört. Vorher war er jahrzehntelang Mitglied der SPD gewesen. Von Februar 1918 bis Mitte Oktober hatte er als Führer im Munitionsarbeiterstreik vom Januar 1918 in München im Gefängnis gesessen. Kurt Eisner war geborener Berliner. Er war mehrere Jahre, bis 1905, Chefredakteur des „Vorwärts" gewesen. Seit 1910 lebte er in München und arbeitete als Redakteur an der sozialdemokratischen Zeitung „Münchener Post". Er war auch Mitarbeiter an der pazifistischen Zeitschrift Wilhelm Herzogs. Eisner, der von seinen Gegnern, auch in der eigenen Partei, meistens als „weltfremder Literat" bezeichnet wurde, war ein klarsehender Politiker und Historiker. Er hatte vor dem Kriege wiederholt vor der Provozierung des Krieges durch die Militärkaste gewarnt.
Nach den Wahlen zum Bayrischen Landtag vom 12. Januar 1919, die Eisner und seiner Partei eine schwere Niederlage gebracht hatten, wollte er

seine Ämter niederlegen. Auf dem Wege zum Landtag, Eisner ging zu Fuß, wurde er von dem Grafen Arco hinterrücks durch Schüsse in den Kopf ermordet. Der Mörder wurde durch Begleiter Eisners verletzt und kam in ein Krankenhaus, das der bekannte Chirurg Sauerbruch leitete. Der Landtagsabgeordnete Auer, Mitglied des sozialdemokratischen Parteivorstandes in Bayern, schickte dem Mörder einen Blumenstrauß ins Krankenhaus. Aus diesem Verhalten wurde geschlossen, und der Verdacht ist niemals beseitigt worden, daß gewisse Kreise der Münchner SPD den Mord zumindest gebilligt haben. Der gleiche Abgeordnete Auer hielt bei der Trauerfeier im Landtag die Gedenkrede auf Eisner . . .

Der König von Bayern war im November 1918 ebenso plötzlich davongelaufen wie die Hohenzollern. Seine Hofschranzen hatten ihm geraten abzudanken. Obwohl die Wittelsbacher seit über 700 Jahren in Bayern geherrscht hatten, verschwanden sie unbemerkt, ohne daß ein revolutionärer Akt nötig gewesen wäre. Der bayrische Adel, die Offiziere und das monarchistische Bürgertum ließen ihr Herrscherhaus genauso fallen wie die Preussen ihre Hohenzollern. Es genügte die Ernennung der neuen Regierung des unabhängigen Sozialdemokraten Eisner mit dem Mehrheits-Sozialdemokraten Hoffmann als Stellvertreter. Bald stellte sich heraus, daß Hoffman stellvertretend für die Konterrevolution in dieser Regierung arbeitete. Er hatte sofort Verbindung mit Noske aufgenommen.
Der Begriff „Revolution" wird sinnlos, wenn das Abtreten der Wittelsbacher und die Proklamation Bayerns zur Republik eine „Revolution" genannt wird. Die Proklamation, die von Wilhelm Herzog entworfen war, enthielt den verhängnisvollen Passus, daß alle Beamten und Soldaten in ihren Stellungen zu bleiben hätten. Sie wurden auf die neue Regierung vereidigt. Der Eid auf die republikanische Regierung machte keinen Beamten zum Republikaner oder gar zum Demokraten.
Die bestimmende Ursache des Hasses gegen Eisner war nicht seine Ministerpräsidentschaft, sondern sein Buch, eine Dokumentensammlung über die Schuld der deutschen Regierung am Weltkrieg. Wegen der in diesem Buch vertretenen Ansichten dehnte sich die Rache der bayrischen Konterrevolution auch auf den Sekretär Eisners, Felix Fechenbach, aus. Ein bayrisches Gericht verurteilte ihn wegen angeblichen Landesverrats zu elf Jahren Zuchthaus. Nach Hitlers Machtübernahme wurde Fechenbach von den Nazis ermordet.
Nach dem Mord an Eisner übernahm der Zentralrat der Arbeiter-, Bauern- und Soldatenräte die Regierung. In diesem Zentralrat waren die Mehrheits-Sozialdemokraten, die Unabhängigen, der Bayrische Bauernbund und die Kommunistische Partei mit Max Levien vertreten. Es fehlte nur der monarchistische Bayrische Volkspartei. Die am 12. Januar 1919 gewählten Landtagsabgeordneten waren nach dem Mord an Eisner in panischer Angst davongelaufen. Der Zentralrat der Arbeiter-, Bauern- und Soldatenräte hatte es jedoch versäumt, die Mandate der weggelaufenen Abgeordneten für ungültig zu erklären. So kamen diese wieder zum Vorschein, nachdem durch die Agitation ihrer Parteigenossen im Zentralrat eine Mehrheit für das Zusammentreten des Parlaments gewonnen worden war. Max Levien trat aus dem Zentralrat aus.

Am 17. und 18. März 1919, als Budich und ich erst zwei Tage in München

waren, war das Parlament zusammengetreten und hatte die Regierung Hoffmann gewählt. Hoffmann übernahm auch das Außenministerium und das für Unterricht und Kultur. In dieser Regierung saßen weiterhin drei Mehrheits-Sozialdemokraten, darunter Schneppenhorst, Minister für militärische Angelegenheiten, drei unabhängige Sozialdemokraten, ein Mitglied des rechtsstehenden Bauernbundes, ein bürgerlich-parteiloser Verkehrsminister. Die Arbeiter-, Bauern- und Soldatenräte lösten sich jedoch nicht auf. So entstand eine Art Doppelherrschaft.
Die Massen der Arbeitslosen, in München waren es um diese Zeit mehr als dreißigtausend, waren durchaus kein „kommunistisches Heer". Die Arbeitslosen füllten zwar die kommunistischen Versammlungen, aber auch die der anderen Parteien. Sie wählten und unterstützten in erster Linie die Mehrheits-Sozialdemokraten und die Unabhängigen. Zu den Arbeitslosen müssen, entsprechend ihrer Einstellung, auch die Soldaten der Garnison Münchens hinzugerechnet werden. Sie stammten zumeist vom Lande. Zurück ins Dorf wollten die wenigsten. Sie lungerten in den Kasernen herum, schimpften auf alles und jedes und erhofften von den Sozialdemokraten am ehesten Vorteile. Sie wählten in der Mehrheit Sozialdemokraten in die Kasernenräte – daneben sogar einige ihrer früheren Offiziere. Trotzdem mißtraute ihnen ihr sozialdemokratischer Minister für militärische Angelegenheiten, Schneppenhorst. Die Soldaten, die Arbeitslosen, die Bürger wählten in dieser Zeit nicht nach Überzeugung oder Sympathien, sondern wählten diejenigen, von denen sie sich angesichts der verfahrenen Situation den größten Nutzen versprachen.

Die Ereignisse, an denen ich direkten Anteil hatte oder deren Zeuge ich war, entwickelten sich von nun an in rastloser Folge. Schon am übernächsten Tag, am 21. März, nach dem Besuch bei Leviné und der Versammlung mit Levien, erhielten Budich und ich Einladungen, zu einer Besprechung in ein Lokal nahe dem Sendlinger Tor zu kommen. Es waren anwesend Levien, Leviné, Ferdinand Mairgünther, Redakteur an den „Münchner Roten Fahne", der Matrose Rudolf Egelhofer, ein Bankangestellter Seidel, ein Hochschullehrer Dr. Schumann, Strobl und ein weiterer Münchner, dessen Name mir entfallen ist, ein Russe Tobias Axelrod und ein weiterer Russe, den Leviné mitbrachte und der Albrecht genannt wurde, Budich und ich. Axelrod und Albrecht sprachen niemals in diesem Gremium, Axelrod war wenig interessiert, Albrecht konnte nur wenige Worte Deutsch. Max Levien, als Vorsitzender der Partei in München, leitete die Konferenz. Das Referat hielt Leviné. Es begann mit einem Bericht über die Revolution in Ungarn, die am Vortage, dem 20. März, unter Führung Bela Kuns ausgerufen worden war. Leviné kommentierte die aus Ungarn und Wien stammenden Meldungen sehr zurückhaltend. Die Nachrichten seien verworren und unvollständig. Die Kommunistische Partei begrüße die ungarische Revolution und die neue Regierung als einen Fortschritt auf dem Wege zur Weltrevolution. Zur Situation in München übergehend bemängelte Leviné, daß die KPD hinter den Ereignissen herlaufe, daß die großen Volksversammlungen mit Max Levien als Redner sehr begeisternd seien, sie jedoch für die Partei keine organisatorischen Ergebnisse hätten. Leviné sagte: „Die Massen berauschen sich an Worten und laufen dann auseinander . . . " Die KPD sei zahlenmäßig schwach, außerdem seien nur wenige Mitglieder politisch geschult. Bei der Neugründung der Partei seien nur wenige alte Funktionäre

zu uns übergetreten. „Wir haben den Vorteil, eine junge unbelastete Partei zu sein, aber wir brauchen auch eine politische Disziplin." Die „Rote Fahne" werde wohl gekauft, aber wenig abonniert. Er werde als neuer Chefredakteur sich bemühen, die politische Situation klar zu schildern und die Politik der Partei in verständlicher Sprache darzulegen. Leviné schlug dann vor, daß die anwesenden zehn Funktionäre sich als Aktionsausschuß konstituieren sollten. Die Parteiorganisationen müßten ausgebaut und das Schwergewicht der Partei müsse in die Betriebe verlegt werden. Das knapp halbständige Referat wirkte recht nüchtern. Budich ergänzte das Referat Levinés durch Vorschläge über die Formen des Ausbaues der Partei in den Betrieben und Wohnbezirken.
„Zellen" oder „geheime Gruppen", wie sie in manchen Schriften über die Ereignisse in Bayern vom März/April 1919 geschildert werden, gab es damals nicht. Der Begriff „Zelle" als Parteieinheit war noch unbekannt. Die Umstellung der KPD auf die „Zellen"-Basis erfolgte praktisch erst in den Jahren 1927-29. Auf den Vorschlag Levinés wurde Budich zum organisatorischen Leiter des Aktionsausschusses gewählt. Levien gab zu bedenken, daß die partikularistischen Bestrebungen in Bayern unter den Arbeitern ebenso stark seien wie unter den Bürgern. Mit Rücksicht darauf sollten Nichtbayern bei öffentlichen Veranstaltungen zurückhaltend sein. Wo Unterschriften zu leisten seien, müßten Bayern unterzeichnen. So wurde beschlossen, daß möglichst alle Funktionen von zwei Mitgliedern des Aktionsausschusses zu besetzen seien. Alle Anwesenden stimmten den Vorschlägen zu. Zu meinem Partner wurde Mairgünther bestimmt.
Die Ereignisse trieben uns stürmischer vorwärts, als uns recht war. Täglich begleitete ich Budich, der am Stock von Versammlung zu Versammlung humpelte. Wir waren auf unsere Füße und auf die Straßenbahn angewiesen. Ein Auto besaß niemand, für eine Taxe hatten wir kein Geld. Es war echt ermüdend und zeitraubend.
Wir besuchten nicht nur die eigenen Parteiversammlungen. Budich war auch in gegnerischen Versammlungen ein lebhafter und interessanter Diskussionsredner. Wir verschafften uns überall Zutritt. Ich blieb beobachtend im Hintergrund. Budich hatte die Gabe, mit dem gleichen Schwung vor fünf Personen oder vor hundert zu referieren.
Ich war der Verbindungsmann zu den anderen Mitgliedern des Aktionsausschusses und besorgte die Einladungen zu den Sitzungen. Auf Post und Telefon war kein Verlaß. Diese Botentätigkeit verunstaltete später meinen Steckbrief. Es hieß darin: „... hat einen verkürzten Fuß". Das stimmte nicht. Ich hatte mir die Füße nur wundgelaufen.

Persönlich lebte ich sehr bescheiden. Das Geld, das ich aus Berlin mitgebracht hatte, war bald verbraucht, ein Gehalt bezog ich nicht. Mittagessen hatte ich nur, wenn Budich mich dazu einlud. Ich wiederum wollte nicht über so alltägliche Dinge wie ein Mittagessen sprechen. Auf meinem Zimmer aß ich Brot, gelegentlich besorgte mir die Frau des Schusters auch Milch.
Bei aller Rastlosigkeit achteten wir doch sehr auf alle Vorgänge und Stimmungen in der Bevölkerung und besonders unter den Truppen der Garnison. Ich begleitete Budich in die Kasernen, um Soldaten zu Aussprachen einzuladen. Wenn wir nicht hineingelassen wurden, was auch vorkam, klebten wir die Einladungen an die Tore. Es gab Einheiten, die noch oder wie-

der fest unter dem Kommando der Offiziere standen. Das hing zum größten Teil von dem Sold ab und ob die Offiziere ihn zu beschaffen wußten. In jeder Versammlung konnte ich Soldaten beobachten, die uns teils freundlich, teils feindlich gesinnt anschauten.
Budich verkörperte äußerlich den Typ des preußischen Offiziers. Groß, schlank, dunkelblond, blaue Augen, scharfgeschnittenes Gesicht, scharfe klare Sprache, die nur zu oft ins „Berlinern" verfiel. In Soldatenversammlungen redete er die Soldaten stets direkt an: „. . . ihr werdet hingehalten . . . für die Kranken und Krüppel wird wenig getan . . . Wir wollen keine Leierkasten-Abfindung . . . " Daß Budich schwer am Stock ging, wurde als Folge einer Kriegsverletzung ausgelegt. Budichs Reden klangen stets mit einem Appell zur Organisation aus. Er war ein Organisator, dem zu wenig Zeit gegeben wurde.
Wir erfuhren bald, daß rechtsstehende Organisationen im Entstehen waren, die von Offizieren geleitet und bewaffnet wurden. Die Waffen wurden aus den Kasernen gestohlen. Über diese Verschwörungen war der sozialdemokratische Militärminister Schneppenhorst informiert. Er duldete sie, er verlangte nur, daß man nicht zu offen auftrat. Schneppenhorst hatte sogar einen von Noske nach München beorderten Freikorpswerber, der zu offen für die Konterrevolution sprach, festnehmen und abschieben lassen. Die wirkliche Stärke der Geheimorganisation kannten wir nicht. Vorerst waren sie nur in der Verbreitung von Gerüchten aktiv; sie hielten die Bevölkerung in ständiger Unruhe, sie sprachen über eine bevorstehende Hungersnot, über angeblich geplante Aktionen der Entente. Ihre Spitzel hatten sie überall. Sie erhielten Geld von der Regierung in Berlin, von Banken und Besitzbürgern.
Für uns waren das alles Anzeichen, daß keine Zeit mehr zu verlieren war. Im Aktionsausschuß wurden wir uns darüber klar, daß wir nur mit einer starken Organisation im Rücken überleben könnten. Der Münchner Schumann tötete uns in jeder Sitzung fast den Nerv, wenn er immer wieder sagte: „Wie ich meine Bayern kenne, gibt es hier noch ein Mordsblutvergießen. Er behielt recht. Aber er konnte uns niemals überzeugen, warum es dazu kommen müßte. Dieser Schumann war verheiratet mit einer stillen, intelligenten Frau, die sich nach den Münchner Ereignissen der KPD anschloß und unter dem Namen Herta Sturm eine bekannte Funktionärin in der deutschen Partei und in der Kommunistischen Internationale wurde.

Wir erreichten es durch Vertrauensmänner, Ende März in den Maffei-Werken während der Arbeitszeit eine Versammlung der gesamten Belegschaft zustandezubringen. Budich sprach über den Krieg und Zusammenbruch, Leviné erläuterte die Bedeutung und die Aufgaben der Betriebs- und Arbeiterräte. Er brachte Beispiele aus Rußlands Revolutionen von 1905 und 1917. Leviné hatte nicht die starke Stimme Budichs. Sein schmales, blaßes Gesicht ließ ihn schmächtig erscheinen, das war er zwar nicht, aber auch nicht kräftig. Seine Zuhörer hielt er durch seine Klarheit und Ruhe in Bann. „Ihr bestimmt euer Leben, wir als Partei wollen euch helfen, es besser zu gestalten . . . ; lassen die Betriebsleiter, wie es in Russland geschah, die Betriebe in Stich, so müßt ihr in der Lage sein, die Betriebe zu leiten. . . . die Klasse, die euch in den Krieg und in die heutige Armut gestürzt hat, darf nicht wieder an die Macht zurückkehren . . . Wir sind keine Bürokraten, aber ohne eine revolutionäre, disziplinierte Partei können wir nichts errei-

chen. . ."
Ich habe Leviné mehrere Male sprechen hören. Alle seine Reden hatten im Grunde einen pessimistischen Klang. Leviné kannte die deutsche Arbeiterbewegung besser als Levien und Budich. Er war schon vor dem Weltkrieg Mitarbeiter sozialdemokratischer Zeitungen gewesen. Um mit deutschen Arbeitern an ihren Arbeitsplätzen sprechen zu können, hatte er als Metallarbeiter in Fabriken gearbeitet. Seine Doktordissertation behandelte Fragen der gewerkschaftlichen Organisation. Er war ein Idealist ohne Illusionen. Wie auch Levien stammte Leviné, der 36 Jahre alt war, aus wohlhabendem Hause.
Der populärste Redner in Volksversammlungen und Vorsitzender der Kommunistischen Partei Bayerns blieb weiterhin Max Levien. Unsere Ausweise waren nur mit seiner Unterschrift gültig. In seiner ganzen Art war Levien der sympathischste Mensch. Vielseitig interessiert, war er in Schwabing zu Hause, wo er auch in einem Café seinen Stammtisch hatte. Bei nahezu allen Theateraufführungen und Konzerten, Vorträgen über Naturwissenschaften und Kunst, war er anwesend. Immer begleitet vom schönsten und intelligentesten Tituskopf des damaligen Deutschland. Im Café diktierte er der jungen Frau seine Artikel oder seine Korrespondenz. Unter den Büchern und Zeitschriften, die vor ihm auf dem Tisch lagen, war auch die Zeitschrift „Der Ziegelbrenner". Des öfteren saß der Herausgeber dieser Zeitschrift bei Levien am Tisch. Es war ein Schriftsteller und Schauspieler namens Red Marut. Marut verließ München nach der Niederschlagung der Räterepublik und blieb verschollen. Die Vermutung, daß Marut mit dem in Mexico verstorbenen Schriftsteller Traven identisch ist, bleibt auch nach seinem Tode unbewiesen.
Ich sah Levien und seine Gefährtin fast täglich. Trotz seiner Bohèmeneigungen mied Levien jede Extravaganz. Stets betont „gut bürgerlich" gekleidet und glatt rasiert, machte er den Eindruck eines gutsituierten Gelehrten. Bei allen schöngeistigen Ansprüchen war Levien doch ein Parteimensch. Er wußte, daß jede politische Arbeit ohne eine Partei, das heißt ohne eine politisch gleichgesinnte oder interessierte Anhängerschaft, erfolglos bleibt. Levien hatte schon als junger Student der russischen Sozialdemokratischen Partei angehört, Leviné dagegen nicht. Levien war auch wohl mehr „Leninist" als Leviné und Budich, die mehr von Rosa Luxemburg beeinflußt waren. Ich entsinne mich gut, wie Levien im Aktionsausschuß mehrfach sagte: „Ich kann mich als Naturwissenschaftler nicht mit Instinkt und Spontaneität abgeben. Politischen Instinkt muß man haben, aber von Wert ist er nur, wenn er sich auf Wissen stützt." Mit organisatorischen Arbeiten befaßte sich Levien nicht. Doch er war, wie auch Leviné und Budich, ein unermüdlicher Arbeiter.
Trotz aller Aktivität blieb die KP bei den Arbeitern in der Minderheit; bei den Betriebsräten ebenso wie bei den Soldatenräten. In den Bauernräten war kein Kommunist vertreten. Die Partei erwartete Mitarbeit und Mitverantwortung. Der rasende Beifall in den überfüllten Versammlungen, den Levien als Redner erhielt, war daher kein Maßstab für die Stärke und den politischen Einfluß der Partei in der Bevölkerung. Eine andere Möglichkeit, ihren politischen Einfluß zu prüfen, hatte die KP nicht. An den Landtagswahlen hatte sie sich nicht beteiligt.

Die Arbeiterräte in den Klein- und Mittelbetrieben hatten selten eine Vorstellung von ihren Aufgaben und noch seltener eine Möglichkeit, ihre Funktionen auszuüben. Die Arbeiterschaft der beiden Großbetriebe Münchens, Maffei und Krupp, war in ihrer großen Mehrheit nicht „bodenständig". Diese Facharbeiter stammten zumeist aus anderen Gebieten Deutschlands. Aus dieser Struktur erklärt sich zum Teil die Diskrepanz zwischen Wählerstimmen zum Parlament und zu den Betriebsräten. Zum Betriebrat wurde „links" gewählt, zum Parlament „rechts". Entsprechend der Struktur der Bevölkerung in Bayern bestimmte jedoch die abwartende Landbevölkerung das politische Bild, nicht die aktive Industriearbeiterschaft.

Die Regierung Hoffmann provozierte die Bevölkerung und ihre eigenen Anhänger durch ihre Untätigkeit und Ratlosigkeit. Ich kenne kein Zeugnis aus dieser Zeit, in dem glaubwürdig angegeben wird, was diese Regierung in den drei Wochen ihrer Existenz gearbeitet oder wenigstens an Plänen zu einer Arbeit entwickelt hat. Diese Untätigkeit, Unfähigkeit und Ratlosigkeit war der eigentliche Auftrieb der Diskussion über die Errichtung einer Räteregierung. Die Führung in dieser Diskussion hatten die Unabhängigen Sozialdemokraten. Mitglieder der Kommunistischen Partei nahmen natürlich starken Anteil an dieser Diskussion. Zweifellos hatten die Kommunisten die klarste Vorstellung darüber, was eine Räteregierung bedeutete, auf welche Kräfte sie sich zu stützen hätte, welche Bedingungen zu erfüllen sind und welche Funktionen die Arbeiter-, Bauern- und Soldatenräte in einer Räterepublik zu übernehmen haben. Dadurch gerieten die Führer der Kommunisten in die undankbare Situation der Warner. Die Reden Levinés und Leviens waren in den Räteversammlungen wie akademische Vorlesungen über die Konstituierung, das Wesen, und die Aufgaben der Arbeiter-, Bauern- und Soldatenräte und einer von diesen Räten getragenen Räteregierung. Die Kommunisten stellten immer wieder fest, daß keine der notwendigen Vorbedingungen in Bayern gegeben waren.
Die Redner der Unabhängigen und auch einige Mehrheits-Sozialdemokraten gaben sich jetzt radikaler als die Kommunisten; sie beschimpften die Kommunisten als Bremser und Feiglinge. Ein Mitglied der Hoffmann-Regierung, der Minister für militärische Angelegenheiten, Schneppenhorst, rief in den Versammlungen am lautesten nach der Räteregierung. Wir hatten den Eindruck, daß er als agent provocateur beauftragt war, so zu reden. Er wurde später der haßerfüllteste Kronzeuge gegen die Kommunisten.
Zugleich mit der Agitation für eine Räteregierung forderten die Mehrheits-Sozialdemokraten und die Unabhängigen die „Einheitsfront aller Arbeiterparteien", einschließlich der Anarchisten. Auch dieser Vorschlag wurde von uns Kommunisten abgelehnt, weil wir eine Falle vermuteten. Wir verlangten eine klare Auskunft, welches Programm diese Einheitsfront haben solle. Wir Kommunisten empfanden es als eine Zumutung, mit der Partei eine Einheitsfront zu bilden, die für die Ermordung Liebknechts und Luxemburgs verantwortlich war und ebenso für die Niederschlagung und Auflösung der Arbeiter- und Soldatenräte in Berlin und anderen deutschen Städten und Gebieten. Max Levien hatte seit November 1918 in jeder seiner Versammlungen die Einheitsfront der Arbeitenden gefordert, doch unter der Voraussetzung, daß die Arbeiter der SPD sich von ihren Führern Ebert und Noske und allen, die für den Krieg gewesen waren, trennten.
Entsprechend ihren Prinzipien bildeten die Anarchisten keine eigentliche Partei. Als Anarchisten bekannten sich die wunderbarsten, gebildetsten,

moralisch hochstehendsten Köpfe: Gustav Landauer, Erich Mühsam, Silvio Gesell. Ihr Einfluß auf die Bevölkerung war nicht abschätzbar, keiner von ihnen war ein besonders guter Redner, aber sie waren mit der gesamten Bohème von München befreundet, sie waren ihr Mittelpunkt. Sie lehnten die KPD ab, ohne eine feindliche Einstellung zu zeigen. Mit Max Levien waren sie fast alle persönlich bekannt.
Die Aussprachen über die Einheitsfront und über die Bildung einer Räteregierung waren sehr stürmisch. Ich erinnere mich sehr gut, wie Leviné bekümmert nach Worten rang, wenn er persönlich stark angegriffen wurde und wegen des Tumults nicht weiter sprechen konnte. Max Levien dagegen ließ sich nicht niederschreien, er sprach robuster und schlagfertiger. Jahrelang warfen die Mehrheits- und die Unabhängigen Sozialdemokraten den Kommunisten vor, sie hätten in München ein falsches Spiel getrieben. Auch Toller behauptet das in seinen Memoiren. Diese Vorwürfe sind im Falle Bayerns nicht berechtigt. Wir Kommunisten propagierten die Räteregierung als die beste Regierungsform, aber wir erkannten, daß die Vorbedingungen für eine Räteregierung nicht gegeben waren. Nur darum warnten wir vor der Ausrufung der Räterepublik. Das war keine doppelsinnige Haltung. Zwischen der Propagierung eines Ziels und dessen Verwirklichung liegt ein weiter Weg.
Die Kommunisten fanden in den Volksversammlungen, in denen Max Levien referierte, mehr Verständnis für ihre Haltung als in den Delegiertensitzungen. Auch bei den Arbeiter- und Soldatenräten in München waren die Widersinnigkeiten vom November 1918 in Berlin und anderen Orten wiederholt worden, daß unter anderen auch kleinere Unternehmer und leitende Angestellte gewählt worden waren. Auch unter den Soldatenräten waren wiederum einige Offiziere. So saßen Gegner des Rätegedankens in maßgeblichen Funktionen, und es fiel ihnen nicht schwer, ein Arbeiten der Räte zu verhindern oder diese lächerlich zu machen. Es genügte, sinnlose Anträge zu stellen und damit zeitraubende Debatten zu entfesseln. Je mehr Arbeiter- und Soldatenräte nach solchen Versammlungen mit verwirrten Köpfen nach Hause gingen, um so leichter konnte man den Rätegedanken untergraben. Die Mehrheits-Sozialdemokraten fanden diese Zusammensetzung in Ordnung, die Unabhängigen Sozialdemokraten waren sich über die Folgen nicht im klaren.

Das war die Situation als die Regierung Hoffmann den Landtag einberufen wollte. Gegen die Einberufung protestierten die Mehrheits-Sozialdemokraten am lautesten. Die Unabhängigen und die Kommunisten schlossen sich an. Es war die Sozialdemokratische Partei von Augsburg, die in einer Versammlung am 3. April die Ausrufung der Räterepublik forderte und ihren Vorsitzenden, Ernst Niekisch, nach München schickte mit dem Auftrag, nicht länger mit der Ausrufung der Räterepublik zu zögern.
Am 4. April erhielt der Aktionsausschuß der Kommunistischen Partei eine Einladung, ins bayrische Kriegsministerium zu kommen. Es sollte über die Bildung einer Räteregierung verhandelt werden. Wir gingen gemeinsam hin, und bei unserem Eintreffen fanden wir eine Versammlung von vierzig bis fünfzig Personen vor. Von den Mehrheits-Sozialdemokraten waren der Militärminister Schneppenhorst und der Innenminister Segitz dabei; von den Unabhängigen die leitenden Funktionäre unter Führung Ernst Tollers, ferner die Anarchisten Gustav Landauer und Erich Mühsam.

Hier sah und hörte ich Toller, Mühsam und Landauer zum ersten Male. Die Versammelten, die schon geraume Zeit tagten, hatten sich geeinigt, uns die paritätische Beteiligung an einer Räteregierung anzubieten.
Leviné, als unser Sprecher, lehnte eine Teilnahme eindeutig ab und begründete unsere ablehnende Haltung. Unter den wütenden Beschimpfungen der Mehrheits-Sozialdemokraten verließen wir die Konfernez. Wir hatten anscheinend den Leuten einen noch undurchsichtigen Plan verdorben. Unsere Ablehnung stimmte überein mit unserem Spartakusprogramm. Rosa Luxemburg hatte eine Situation, wie sie jetzt in Bayern vorlag, voraus gesehen und geschrieben:
„Der Spartakusbund wird es auch ablehnen, zur Macht zu gelangen, nur weil sich die Scheidemann-Ebert abgewirtschaftet haben und die Unabhängigen durch die Zusammenarbeit mit ihnen in eine Sackgasse geraten sind."
Die Regierung Hoffmann hatte inzwischen den Kommandanten der Münchner Garnison aufgefordert, Truppen zum Schutze des Landtages zu stellen. Der monarchistische Garnisonskommandant lehnte ab und erklärte, daß der Landtag keines Schutzes wert sei. Daraufhin verzichtete die Regierung auf den Zusammentritt des Landtages. Der Ministerpräsident Hoffmann und die Mehrheit seiner Minister flüchteten nach Bamberg. Nach dem unerwarteten Verschwinden der fünf Minister der Hoffmann-Regierung, die sich zwei Tage vorher bereit erklärt hatten, in eine Räteregierung unter Führung der USPD einzutreten, wurde trotzdem die „Räterepublik Bayern" in der Nacht vom 6. zum 7. April 1919 proklamiert. In Augsburg erfolgt die Proklamierung einige Stunden früher als in München. Die erste Handlung der neuen Regierung war, den 7. April zum „Nationalfeiertag" zu erklären. Am gleichen Tag folgten Dekrete, die die Münchner Universität und die Presse „sozialisierten". Die neue Räteregierung bestand aus fünf Mitgliedern der Unabhängigen Sozialdemokraten, einem Mehrheits-Sozialdemokraten, drei Bauernbündlern, zwei Anarchisten und einem Kommunisten, Ministerpräsident und Außenminister wurde ein Dr. Lipp, den niemand von uns kannte; auch Levien kannte ihn nicht. Toller war nicht dabei, er war nach dem Rücktritt Niekischs Präsident des Zentralrates der Arbeiter-, Bauern- und Soldatenräte geworden. Toller war somit das eigentliche „Staatsoberhaupt".
Nachträglich erfuhren wir, daß die Ausrufung der Räterepublik schon für einige Tage früher geplant gewesen war. Sie war verschoben worden, weil die Mehrheits-Sozialdemokraten beantragt hatten, erst Delegationen in andere Städte zu entsenden, um zu erreichen, daß die Proklamation der Räterepublik gleichzeitig in den wichigsten Städten Bayern erfolgte.

Es war den harmlosen Unabhängigen Sozialdemokraten und den noch harmloseren Anarchisten nicht aufgefallen, mit welchem Eifer sich die Führer der Mehrheits-Sozialdemokraten zu den Delegationen drängten. Außerhalb Münchens angekommen, denunzierten die Mehrheits-Sozialdemokraten ihre Delegationskollegen, die zum Teil verhaftet wurden, und erklärten, daß sie sich nur aus München hätten „absetzen" wollen. Schneppenhorst, der die Delegation nach Nürnberg leitete, marschierte drei Wochen später mit den Freikorps-Truppen in München ein. Der Verdacht der Kommunisten, daß die Mehrheits-Sozialdemokraten eine Provokation planten, hatte sich als berechtigt erwiesen.

Der Aktionsausschuß der Kommunistischen Partei kam jeden Tag in einem Lokal in der Sendlinger Straße zusammen. Die täglichen Diskussionen drehten sich in erster Linie um den Aufbau der Kommunistischen Partei, die ja erst Anfang März, also vor ca. 5 Wochen gegründet worden war, ferner um die Stimmungen in der Arbeiterschaft; es wurden Berichte gegeben, wie es in den Betrieben aussah, wie in den Wohnbezirken. Ein ständiges Thema war die Werbung von Mitgliedern. Wir mußten unzufriedene frühere Mitglieder der SPD von der Notwendigkeit der Gründung einer neuen Arbeiterpartei überzeugen. In der Frage der Ausrufung der Räterepublik mit der USPD und den Anarchisten waren wir einer Meinung: wir hielten sie nach wie vor vor für ein sinnloses Abenteuer. Darum beschlossen wir auch unser Parteimitglied Wilhelm Reichardt aus der Partei aus, weil er ohne unsere Einwilligung als „Minister für militärische Angelegenheiten" in die „Scheinräterepublik", wie wir die Toller-Mühsam-Regierung nannten, eingetreten war. Alle Mitglieder des Aktionsausschusses äußerten ihr Unbehagen über die neue Situation, zumal die „Scheinräterepublik" ihr Programm veröffentlicht hatte, das in fast allen Forderungen mit unserem Programm übereinstimmte, Der erste Punkt des Zwölfpunkteprogramms der Regierung lautete: „Diktatur des klassenbewußten Proletariats", der zwölfte Punkt: „Bündnis mit den Räterepubliken Rußland und Ungarn und Zustimmung zu den sich daraus ergebenden Maßnahmen".
Das Programm und alle Erlasse der Räteregierung blieben auf dem Papier. Es gab keine Organisation und zu wenige Menschen, die willens waren, Programm und Dekrete durchzuführen. Die im Amt gebliebenen königlichbayrischen Beamten arbeiteten nicht. Sie saßen in ihren Büros und warteten ab. Noch mehr Ärger machte uns die Aktivität des Ministerpräsidenten und Außenministers Dr. Lipp. Dieser schickte an die russische und die ungarische Regierung bombastische Telegramme, die bei den Empfängern einige Verwirrung stifteten. Lenin und der Vorsitzende der erst im März 1919 gegründeten Kommunistischen Internationale, Sinowjew, antworteten auf diese Telegramme und ersuchten um klare Informationen. Wir hatten damals keine Möglichkeit, die russische und die ungarische Regierung und die kommunistischen Parteien darüber zu unterrichten, daß wir, die Kommunistische Partei, Münchens, an dieser Räterepublik nicht beteiligt waren. Nachdem Lipp auch andere Stellen unverständliche Telegramme geschickt hatte, wurde er von Toller abgesetzt.
Doch schon nach einigen Tagen, am 11. April, erklärten Levien, Leviné und Budich im Aktionsausschuß, daß es nicht möglich sei, weiter abseits zu stehen. In der Arbeiterschaft, in öffentlichen und Betriebsversammlungen wurden Entschließungen angenommen, in denen die Nichtbeteiligung der Kommunistischen Partei an der Räteregierung getadelt wurde, gleichzeitig verlangten andere Entschließungen, daß Max Levien die Regierung übernehme.
Leviné erbot sich, noch einmal in einer Konferenz der zum Teil inzwischen neugewählten Betriebsräte und der revolutionären Soldatenräte, diese bezeichneten sich neuerdings als „revolutionär", die Situation und ihre Konsequenzen dazulegen. Ich war in dieser Konferenz anwesend. Das Auftreten und das Referat Levinés in dieser Versammlung sind mir die Jahrzehnte hindurch unvergessen geblieben. Aus den unzähligen Versammlungen und Konferenzen, die ich in den vergangenen viereinhalb Jahrzehnten erlebte, hebt sich in meiner Erinnerung immer wieder die Gestalt Levinés heraus.

Leviné sah die Machtverhältnisse klar, ebenso klar sah er den Zusammenbruch voraus. Durch andauernde Zwischenrufe unterbrochen, sagte er: „
„Ich freue mich über den revolutionären Elan und über die Ungeduld, endlich zu revolutionären Taten zu kommen, aber wir sind hier nicht die Arbeiterschaft, sonder nur ein Vortrupp. Doch einem echten revolutionären Wollen wird die Partei sich fügen."
Daraufhin wählten die Versammelten ein Komitee von zwanzig Personen, das eine neue Regierung bilden sollte. Toller stimmte zuerst spontan zu. Er hatte die Unhaltbarkeit seiner Regierung schon eingesehen. Jedoch nahm er nach der Beratung mit seinen Ministerkollegen und den Funktionären seiner Partei, die ebenfalls in der Versammlung waren, seine Zustimmung wieder zurück. Levien lenkte sofort ein und beantragt, den vor einer Stunde gefaßten Beschluß zurückzustellen und die Versammlung zu vertagen. Es war inzwischen Mitternacht geworden.

Als am folgenden Vormittag unser Partei-Aktionsausschuß wieder zusammentrat, beschloß er, der Toller-Regierung jede Unterstützung anzubieten und sie bei einem Angriff durch die Freikorpstruppen zu verteidigen. Levien wurde beauftragt, zu Toller zu gehen, um ihm diesen Bescheid der Partei mitzuteilen.
Doch es war zu spät. Die „weißen" Truppen in der Stadt schlugen los. Ich sollte ein zweites Mal Gelegenheit haben, Leviné zu schützen. Ähnlich wie im „Vorwärts" im Januar in Berlin. Um Levinés eigenen Ausdruck zu gebrauchen, verlängerte ich seinen „Urlaub auf Erden".
Ob es eine Verwechslung war oder ein Wink, ich konnte es niemals feststellen. Ein Soldat kam auf der Straße im Laufschritt auf mich zu, grüßte und sagte, daß in der Kaserne Befehlsausgabe für „die Aktion" sei. Ich ging sofort dorthin. Soldaten und einige Zivilisten standen dicht gedrängt im Schulungsraum der Kaserne. Aschenbrenner, der frühere Stadtkommandant von München, verlas gerade Befehle, die durch Kuriere von der Regierung Hoffmann aus Bamberg gekommen waren. Es werde noch heute losgeschlagen. Es war Sonnabend, der 12. April. Die Regierungsgebäude und der Bahnhof sollten sofort besetzt werden. Dann verlas der Sprecher Namen und Adressen von Mitgliedern der Toller-Räteregierung und der Führer der Kommunistischen Partei, Levien, Leviné, der Redakteure der „Roten Fahne" und andere. Der zweite Sprecher, Dürr, der frühere Kommandant der Wache des Hauptbahnhofs, befahl, bei Widerstand oder Fluchtversuch sofort von der Waffe Gebrauch zu machen. Hier gab es Gelächter und Grinsen. Man hatte verstanden, daß die genannten Personen zu erschießen seien.
Ich verließ die Kaserne ebenso unbemerkt, wie ich sie betreten hatte, und eilte zu der Wohnung, in der Levien, Leviné, Budich, Egelhofer und zwei oder drei andere Mitglieder des Aktionsausschusses eine Besprechung abhielten, zu der ich unterwegs gewesen war, als der Soldat mich ansprach. Ich berichtete über das Gehörte und wir beschlossen, den Aktionsausschuß und die wichigsten Funktionäre der Partei zum Lokal in der Sendlinger Straße zu rufen. Diese Zusammenkunft fand am Abend statt. In der gleichen Zeit besetzten die „weißen" Truppen das Regierungsgebäude und den Hauptbahnhof und verhafteten zwölf Mitglieder der Räteregierung und des Zentralrats. Toller war nicht im Wittelsbachpalais, er war auf einer Reise nach Berlin begriffen, kehrte aber in Nürnberg um, als er dort die Nach-

richt vom Putsch erhielt. So wurde die erste Räteregierung gestürzt.

Levien und Leviné glaubten damit die Räterepublik erledigt und begaben sich zu einem Ausweichquartier. Budich, Egelhofer, Strobl und ich sowie andere Mitglieder des Aktionsausschusses und Funktionäre blieben im Lokal Sendlinger Straße. Budich übernahm jetzt die Leitung der Abwehr des Putsches. Egelhofer wurde zum Stadtkommandanten ernannt, ich zum Kommandanten des Sendlinger Tor Viertels. Alle anwesenden Funktionäre gingen in ihre Stadtbezirke, um die Partei-Mitglieder zu alarmieren. Diese sollten sich in ihren Stadtbezirks-Lokalen versammeln. Jetzt zeigte sich ein uns alle überraschender revolutionärer Elan. Es kamen nicht nur unsere Parteimitglieder, sondern Tausende von Arbeiter, die sich zum Kampf zur Verfügung stellten. In der Stadt kam es mittlerweile überall zu Zusammenstößen mit den weißen Truppen, es wurde geschossen, Kampflärm dröhnte durch die Stadt. Alles verlief noch ohne Verluste, außer am Hauptbahnhof.
Ich kann hier keinen Bericht über die einzelnen militärischen Aktionen geben. In diesen 24 Stunden verblieb ich im Lokal in der Sendlinger Straße und im Bereich des Sendlinger Tors. Die Sendlinger Straße ließ ich vom Marienplatz bis zum Sendlinger Tor-Platz absperren, in aller Eile Barrikaden aus Wagen und Gerümpel bauen, die ein einziger Kanonenschuß hinweggefegt hätte. Doch die Barrikaden waren besetzt von begeisterten Arbeitern, die bereit waren, sie zu verteidigen. Doch zu Kämpfen kam es hier nicht. Als Abteilungen der weißen Truppen anmarschiert kamen und die kampfbereiten Arbeiter sahen, zogen sie sich zurück.
Am Haupbahnhof wurden mittlerweile die ersten Morde verübt. Egelhofer schickte drei unbewaffnete Parlamentäre zur Wache des Hauptbahnhofes, um sie zur Übergabe aufzufordern. Die drei Parlamentäre wurden sofort von den Weißen erschossen. Daraufhin wurde der Bahnhof von unseren Arbeitern gestürmt. Der Kommandant der Bahnhofswache, der die drei Parlamentäre ermorden ließ, konnte jedoch flüchten.
Budich und ich wußten nicht, wo sich Levien und Leviné aufhielten. Ich war zwischendurch zu ihren bisherigen Wohnungen geeilt. Beide waren in den letzten zwölf Stunden nicht nach Hause gekommen. Endlich kam Seidel, der Münchner Bankangestellte, der später zum Tode verurteilt und erschossen wurde. Seidel hatte die Wohnung, zu der sich Levien und Leviné begeben hatten, als Versteck für den Ernstfall besorgt. Seidel führte Budich und mich zur Wohnung und wir trafen Levien und Leviné dort an. Es kam zu einer heftigen Auseinandersetzung. Budich tobte: „Wie konntet Ihr Euch so vorzeitig zurückziehen, unsere Sache ist nicht verloren, wenn wir sie nicht selber aufgeben, der Putsch der Weißen ist niedergeschlagen, es geht jetzt hier um die Arbeiterklasse, nicht nur um die Partei, die Kommunistische Partei muß jetzt die Macht übernehmen!" Leviné war sehr bedrückt, er verlangte ein Parteiverfahren gegen sich, auch Levien verteidigte sich, daß er nicht genügend informiert worden sei.
In der Aktionsausschußsitzung am Montag, den 14. April beantragte Budich die sofortige Bildung einer „echten" Räteregierung. Von unserem Tagungslokal fuhren Leviné, Levien, Budich, Seidel und ich zu den Maffeiwerken und beriefen eine Belegschaftsversammlung ein. Leviné und Budich gaben einen Bericht über den konterrevolutionären Putsch der weißen Truppen. Die gesamte Belegschaft legte daraufhin die Arbeit nieder und mar-

schierte geschlossen in die Stadt. Levien, Leviné und Budich gingen an der Spitze des Zuges. Die Mitglieder des Aktionsausschusses tagten in Permanenz. In der Nachmittagssitzung wurde die Machtübernahme einstimmig gutgeheißen und der Generalstreik beschlossen, der sich auf zehn Tage erstrecken sollte. In diesen zehn Tagen lagen allerdings die Osterfeiertage.
In der gleichen Sitzung erklärte Leviné, daß es jetzt nötig sei, die weiteren Maßnahmen mit der Zentrale der KPD abzustimmen. Die Politik der letzten zehn Tage war ohne Verbindung mit der Zentrale gemacht worden. Budich schlug vor, mich zu beauftragen, ein Mitglied der Zentrale nach München zu holen. Leviné erklärte, daß auf keinen Fall Paul Levi kommen solle. Er schlug Paul Frölich vor. So wurde es auch einstimmig beschlossen. Leviné schrieb meinen Auftrag auf die Innenseite meines Hut-Schweißbandes. Über die internen Vorgänge sollte ich mündlich berichten und betonen, daß es jetzt kein Zurück mehr geben könne. Ein Ausweichen würde die Auflösung der Partei in Bayern bedeuten und vor allem aber dürfe die Partei jetzt die Arbeiterschaft nicht im Stich lassen, sie nicht enttäuschen. Alle Gegenargumente kämen zu spät.
Ich ging von der Sitzung direkt zum Bahnhof und reiste mit dem nächsten Zug. Der Zugverkehr war zwar eingeschänkt, doch fuhren die Fernzüge, wenn auch mit großen Verspätungen. Die meisten Mitglieder der Zentrale der KPD hatten Berlin in den Märztagen verlassen und befanden sich zu dieser Zeit in Leipzig. Am folgenden Vormittag kam ich in Leipzig an. Unterwegs sah ich bereits Vorbereitungen zum Aufmarsch der Freikorpstruppen gegen München. Schon auf dem Bahnhof von Regensburg wurden die Reisenden von Soldaten mit weißen Armbinden kontrolliert.

Paul Frölich hatte in Leipzig einen Verwandten, dessen Adresse ich mitbekommen hatte. Ich suchte ihn auf, und er führte mich sogleich zu Paul Frölich. Die Grüße von Leviné genügten ihm, er war sofort einverstanden, mit mir nach München zu fahren. Doch mußte ich zuerst meinen Auftrag bei Paul Levi erfüllen. Frölich nannte mir das Café, in dem ich Levi von 11 bis 12 Uhr vormittags antreffen würde. Sicherlich würden dort auch noch andere Mitglieder der Zentrale anzutreffen sein, sagte Frölich. Ich hatte noch Zeit, mich zu waschen und ging zum Café, in dem ich Paul Levi antraf. Er schrieb gerade an einem Artikel, der noch zur Druckerei sollte. Ich zeigte Levi meine Vollmacht, persönlich kannten wir uns bereits. Ich berichtete über die Münchener Vorgänge, soweit ich sie selbst miterlebt hatte.
Levi und die anderen Mitglieder der Zentrale waren in großen Zügen über die Entwicklung in München informiert. Sie hatten auch die meisten Ausgaben der „Münchner Roten Fahne" erhalten. Die Zentrale hatte am 11. April, also vor meiner Ankunft in Leipzig, einen Aufruf veröffentlicht, in dem es hieß: „Die bayrische Räterepublik entstand nicht, wie wir es für notwendig halten, aus dem Willen und der Einsicht der Proletariermassen heraus. Sie entstand, weil einige Abhängige und Unabhängige Sozialdemokraten sich in eine Sackgasse verrannt hatten, aus der sie keinen Ausweg wußten, als die Ausrufung der ‚Räterepublik'.
Aber einmal da, müssen die Massen ernst machen. Einmal das Schwert gezogen, müssen die Massen es am Knaufe fassen, da es die Führer an der Klinge fassen wollen. Einmal an der Macht, müssen die Proletariermassen sie ausgestalten und sie gebrauchen in ihrem Sinne."

Dieser Aufruf stimmte mit der Politik unseres Partei-Aktionsausschusses in München überein.
Erfreut über die Entwicklung war niemand. In der Konsequenz aber, was jetzt zu tun sei, herrschte Übereinstimmung: Der Kampf war unvermeidlich geworden.
Levi war über die Forderung Levinés, daß Paul Frölich zur Unterstützung nach München kommen sollte und daß er, Leviné, seine Funktionen niederlegen würde, wenn Paul Levi selbst käme, sehr gekränkt. Er sagte aber sofort, daß er keinerlei Befehl auszuteilen habe. Er selbst würde auch auf Wunsch Levinés nicht nach München kommen. Paul Frölich möge auf eigene Verantwortung fahren. Die Zentrale beriet noch über die Situation und gab die Zustimmung zur Reise Paul Frölichs. Bis zum Abend mußte ich herumlaufen, um geeignete Ausweispapiere für Frölich zu beschaffen. Ohne sichere Ausweispapiere war die Fahrt bereits zu riskant. Es wurde ja nach allen Mitgliedern der Zentrale und nach den aus dem Kriege bekannten Spartakus-Mitgliedern gefahndet. Die KPD und überhaupt die „Linken" hatten in Leipzig eine zahlreiche und auch persönlich zuverlässige Anhängerschaft, die nicht nur auf Arbeiter beschränkt war. Wir konnten kontrollsichere Papiere von einem Kaufmann ausleihen, dessen Beschreibung ungefähr auf Paul Frölich paßte. Die deutschen Ausweise waren damals ohne Bild. In der Nacht fuhr ich mit Paul Frölich nach München zurück. Der Zug war überfüllt. Es war uns nicht möglich, zusammenhängend über die Ereignisse zu sprechen. Auch Soldaten mit weißen Binden standen im Gang. Wir wurden einige Male kontrolliert, unsere Papiere und unsere Auskünfte wurde für in Ordnung befunden. Zur größeren Sicherheit hatten wir Fahrkarten über München hinaus gelöst. Mit stundenlanger Verspätung kamen wir mittags in München an. Ich führte Frölich sogleich zu Budich, der inzwischen wieder von der Familie Rapu aufgenommen worden war. Am gleichen Abend fand schon eine Sitzung des Aktionsausschusses mit Paul Frölich, der sich Paul Werner nannte, statt.

Im Regierungsgebäude herrschte ein aufreibendes Durcheinander. Tagelang kamen wir nicht aus den Kleidern, wir schliefen nachts wenige Stunden auf den Sofas oder in den Sesseln. Täglich mehrmals mußten wir Versammlungen von Belegschaften stillgelegter Betriebe besuchen, um über Programm und Ziele der Räteregierung zu sprechen, Kasernen wurden besucht, Besprechungen mit Delegationen und anderen Interessierten mußten geführt werden. Die neue Räteregierung wollte sich proletarisch-demokratisch verhalten. Hunderte uns unbekannter Leute kamen nur, um uns auf Du und Du die Hände zu schütteln.

Die Regierung bestand aus den fünfzehn Mitgliedern des Aktionsausschusses der Arbeiter- und Soldatenräte, der wiederum einen Vollzugsrat aus vier Personen mit Leviné als Vorsitzenden gewählt hatte. Der Titel Minister wurde nicht gebraucht, es wurde die Bezeichnung „Volkskommissar" gewählt. Das war die einzige äußerliche Anpassung an die russische Revolution. Leviné hatte in der ersten Proklamation an die Arbeiterschaft nüchtern geschrieben: „Die Räterepublik entsteht nicht aus dem Kuhhandel der Führer. Sie entsteht, wie ihr Name sagt, aus den Räten. Ihr müßt vor allem bestehen auf Neuwahlen und klarer Abstimmung der Arbeiter- und Soldatenräte in den Betrieben und Truppenteilen, denn der Wille der Arbeiter- und

Soldatenmassen ist der Fels, auf dem wir bauen."

Die Grundlage für das Regierungsprogramm gab das Programm des Spartakusbundes vom Dezember 1918 ab. Hieraus wurden die für Bayern notwendigen Maßnahmen übernommen: Bewaffnung des Proletariats, Befreiung der politischen Gefangenen, Auflösung der Parlamente und der gegenrevolutionären marodierenden Truppenteile, Auflösung der Verwaltungsbehörden, deren Arbeiten an die Räte übergehen. Als erste wirtschaftliche Maßnahme wurde angeordnet: Übernahme der Großbetriebe und Bergwerke, Linderung der Wohnungsnot durch Aufteilung der großen Luxuswohnungen, Streichung der Kriegsanleihen über 20.000 Mark, Verbot der gesamten Presse. Auch die eigene Parteizeitung „Rote Fahne" durfte nicht mehr erscheinen. An Stelle der Tageszeitungen wurde ein Mitteilungsblatt herausgegeben, das kostenlos verteilt wurde. Dieses Mitteilungsblatt enthielt alle Bekanntmachungen, die Reden der Volkskommissare, Proklamationen und Dekrete. Dazu auch Nachrichten aus aller Welt, um die Bevölkerung notdürftig zu informieren. Das Mitteilungsblatt wurde stets in Eile geschrieben, es war ein Notbehelf. Die leitenden Männer hatten keine Zeit, Artikel zu schreiben. Es wurden Leitsätze über die Rechte und die Funktionen der Betriebsräte herausgegeben, die in vielen Punkten das heutige Betriebsverfassungsgesetz vorwegnahmen. Levinés Studium der internationalen und speziell der deutschen Gewerkschaften und seine Erfahrungen in der praktischen Arbeit, kamen hier zu Geltung. Der erste Artikel der Leitsätze lautete: „ Die Betriebsräte üben über die gesamte Leitung der Betriebe die vollständige Kontrolle aus." Nicht Übernahme der Betriebe; diese sollte nur dort erfolgen, wo die Betriebsleitungen ihre Betriebe im Stich ließen.
Für das Schulwesen und für die Universitäten sollten die Dekrete der gestürzten Mühsam-Landauer-Regierung weiter gelten. Die Leitsätze und das Gesamtprogramm der Regierung wurden den Betriebsräten vorgetragen und von diesen durch Abstimmung gutgeheißen. In den Versammlungen der Betriebs- und Personalräte waren gewöhnlich 1200 bis 1500 Personen anwesend. Alle Betriebe mit zehn oder mehr Mitarbeitern konnten Delegierte schicken. Es waren auch die Beamten-Personalvertreter dabei. Neben Post- und Eisenbahnbeamten hatten auch die uniformierte und die Kriminalpolizei Räte gewählt. Sie stimmten wie alle anderen für Leviné und Levien . . . Bei den Soldatenräten waren Egelhofer und Budich die anerkannten Führer. Egelhofer war kein Redner, aber er sagte das jeweils Notwendige kurz und in einfachen Sätzen. Andere führende Soldatenräte waren frühere Offiziere, Ernst Günther und Erich Wollenberg. Sie waren an der Front, deren wichtigster Abschnitt im Norden bei Dachau von Ernst Toller befehligt wurde.
Unbestreitbar vollbrachte die Räteregierung unter Leviné außergewöhnliche geistige und organisatorische Leistungen. Doch zur Durchführung eines neuen Programms gehören Menschen, die auf das Neue, das Ungewohnte, eben auf das Revolutionäre eingestellt sind. Zu großen Leistungen gehören die sorgfältige Auswahl der Mitarbeiter und viel geduldige Arbeit, vor allem aber Zeit. Menschen, die behaupten, den guten Willen zur Mitarbeit zu haben, meldeten sich täglich. Die Zeit, diese Menschen einzugliedern, wurde uns nicht gegeben.

Da ich vom ersten Tage an für die persönliche Sicherheit der vier leitenden

Genossen, Leviné, Levien, Budich und Frölich, zu sorgen hatte, ernannte mich die Regierung zum Kommissar für das Polizeiwesen im Bereich der Räterepublik und außerdem gemeinsam mit Mairgünther zum Polizeipräsidenten von München.
Unsere Vorgänger im Polizeipräsidium, Köberl und Dosch, die nach der Ermordung Eisners eingesetzt waren, schienen sichtlich erleichtert, als wir sie ablösten. Die Personalräte und die Abteilungs-Ressortleiter wurden zusammengerufen und wir wurden von unseren Vorgängern vorgestellt. Die erste Räteregierung hatte die Verwaltungspolizei unangetastet gelassen, doch waren Personalräte gewählt worden, die auch an den Versammlungen und an der Beschlußfassung der Arbeiter- und Soldatenräte teilnahmen.
Ich sagte den versammelten Polizeibeamten, daß ihre Funktionen nur noch auf Verwaltungsarbeiten beschränkt sein würden. Die Sicherheit auf den Straßen und die Abwehr konterrevolutionärer Anschläge würden die bewaffneten Arbeiter in den einzelnen Stadtbezirken übernehmen. Diese unterständen der Stadtkommandantur.
Es gab keinen Widerstand und keine Rücktritte. Einige Abteilungsleiter traten vor, um uns mit einer Verbeugung die Hände zu drücken und uns zu versichern, daß die täglichen Arbeiten wie bisher erledigt würden.
Auf das, was die Beamten nach dieser Vorstellung in ihren Zimmern redeten, war ich nicht weiter neugierig. Sicherlich gaben wir ihnen reichlichen Gesprächsstoff. Man sah mir meine 23 Jahre wohl an. Ich trug eine umgeschneiderte Litewka und war unverkennbar ein Preuße. Mairgünther war zwar nur drei Jahre älter als ich, aber er sprach wenigstens bayrisch. Die ersten Tage meiner neuen Arbeit vergingen mit Besuchen der Polizeireviere in den einzelnen Stadtbezirken und der Abgrenzung der Funktionen für den bevorstehenden Abwehrkampf gegen die Freikorps-Truppen. Dazu kamen zu allen Tages- und Nachtstunden Sitzungen im Regierungsgebäude, überdies begleitete ich Leviné oder Budich zu Versammlungen, Mairgünther war auch weiterhin in der Redaktion des amtlichen Mitteilungsblattes tätig. So hielten wir beide uns nicht viel im Polizeipräsidium auf. Die nötigen Unterschriften leistete meistens Mairgünther, als Redakteur der „Roten Fahne" war sein Name den Münchnern geläufig.
Nur einige Haftbefehle unterschrieb ich. Es gab Plünderungen und Überfälle in der Stadt. Es waren insgesamt 21 Haftbefehle, die mir später vor dem Reichsgericht in Leipzig, säuberlich gesammelt, vorgelegt wurden.
Die täglichen Verwaltungsarbeiten im Polizeipräsidium liefen weiter. Zu Hunderten strömten die Bürger der Stadt herin und hinaus. Niemand kontrollierte sie.
Aber das alles waren keine lebenswichtigen Probleme der Revolution. Die dringende Aufgabe war die Abwehr der drohenden Hungersnot in München, die durch die Blockade der Lebesmittelzufuhren seitens der Hoffmann-Regierung und durch die Sabotage der Bauern verursacht wurde. Die Bauern ließen sich von den zahlreichen Agitationen der „Heimwehren", die von München aufs Land fuhren, überreden, weder Milch für die Kinder noch andere Lebensmittel zu liefern. Die von der Regierung Hoffmann in Bamberg verhängte Blockade wurde von der Berliner Reichsregierung unterstützt. Der Vollzugsrat protestierte energisch und erließ einen Aufruf an die Bauern, in dem es hieß:
„Wir entrüsten uns über die Entente, welche Deutschland durch Blockade aushungern wollte, wollt ihr das Gleiche den eigenen Volksgenossen in den

Städten antun? " Sie wollten es und taten es.
Eine weitere Aufgabe war, den Bürgerkrieg durch Entwaffnung der konterrevolutionären Organisationen und Personen zu verhindern. Die Regierung Toller hatte bereits einen Erlaß herausgegeben, daß alle Militärwaffen abzugeben seien. Dieser Erlaß blieb unbeachtet. Als aber Egelhofer seinen Erlaß veröffentlichte, konnten morgens die Waffen auf den Straßen mit Lastwagen eingesammelt werden. Zur gründlichen Durchsuchung der einzelnen Häuser hatten wir weder die Mannschaften noch die Zeit.
Das dritte Problem war die Abwehr des Aufmarsches der Freikorpstruppen in München. Hierfür wurden alle Freiwilligen und alle brauchbaren Waffen benötigt. Alle unsere Kämpfer waren Freiwillige. Der Gegner schloß den Ring um München täglich enger. Die bayrischen Freikorps-Truppen kamen aus dem Süden, Osten und Norden, die württembergischen aus dem Westen und aus dem Norden die zahlreichste Truppe, die preußischen Noske-Freikorps. Es war eine erdrückende Übermacht im Anmarsch. Im Kampf standen fünfzig Freikorpsleute gegen einen „Roten". Für die Abwehr der konterrevolutionären Verschwörungen, der Attentate, Gerüchteverbreitung, Lebensmittelschiebungen, Plünderungen war von der Regierung eine besondere „Kommission zur Bekämpfung der Konterrevolution" geschaffen worden, deren Leitung dem Münchner Strobl übertragen worden war. Dieses Nebeneinander: Stadtkommandantur, Kommission zur Bekämpfung der Konterrevolution, Polizei, war unvermeidlich. In der Arbeit selbst mußte sich zeigen, welche Institution die Aufgaben der Revolution am besten meisterte.

Am Tage vor der Wiederaufnahme der Arbeit in den Betrieben hatten wir eine Demonstration veranstaltet, wie die Bevölkerung Münchens sie noch nie erlebt hatte. Nachmittags fanden Versammlungen in den Stadtbezirken und auf der Theresienwiese statt, danach marschierten die Kolonnen sternförmig zum Wittelsbacherpalais. Hier, von einem Balkon aus, sah ich eine fast unübersehbare Menschenmenge. Nach einem Appell Egelhofers an die bewaffneten Arbeiter, sich für den bevorstehenden Endkampf bereitzuhalten, hielt Paul Frölich die Schlußansprache. Die Rede Frölichs enthielt das damalige Programm der KPD. Er sagte unter anderem:
„Genossen! Die Weltrevolution marschiert. Die letzte Revolution, wie wir es wünschen, wenn das erfüllt wird, was wir wollen. Wenn aus allen Völkern eine einzige Gemeinschaft gebildet wird, eine Gemeinschaft, die zusammengehalten wird durch das Band der Arbeit. Eine Gemeinschaft von freien, selbständigen und innerlich festdisziplinierten Massen, wo ein jeder sich in den Dienst der Gesamtheit stellt und die Gesamtheit einsteht für das Wohl und Wehe jedes Einzelnen. Das ist ein großes und gewaltiges Ziel, daß wir, die wir auf dem Vorposten stehen, uns daran begeistern müssen und sagen: Wir wollen hier stehen auf diesem Vorposten, wir wollen hier aushalten, und wenn es sein muß, wollen wir fallen!"

Von Historikern, feindlich gesinnten wie „objektiven", wird immer wieder der „völlig unverständliche" zehntätige Generalstreik zitiert, den die Räteregierung selbst proklamiert hatte. Es waren eigentlich sechs Streiktage, denn dazwischen lagen vier Osterfeiertage. Unsere Gründe waren sehr überlegt. Die Kasernen waren immer noch voller Soldaten, die zwar demobilisiert waren, die aber nicht nach Hause gehen wollten, und wir erfuhren,

daß sie zum großen Teil von Offizieren zum Bleiben veranlaßt wurden. Ihren Sold erhielten sie aus Berlin und unkontrollierbaren Quellen. Unter diesen Offizieren und Soldaten befanden sich Leute wie Hitler, Hauptmann Röhm, Rudolf Hess und andere spätere Naziführer. Wir kannten diese Leute damals nicht, sie machten sich auch nicht so bemerkbar wie z.B. der „Thule-Bund". Täglich mußten wir mit einem Putsch einiger Truppenteile rechnen. Daher appellierten wir an die Arbeiterschaft, sich täglich in den großen Münchner Sälen und auch im Freien zu versammeln. So war die Arbeiterschaft stets eingreifbereit und die konterrevolutionären Offiziere wagten keinen Putsch. Wir wollten uns nicht auf so leichte Art wegjagen lassen, wie unsere Vorgängerin, die Toller-Regierung, weggejagt worden war. Lebenswichtige Betriebe, Gas- und Elektrizitäts-Versorgung, Krankenhäuser und Lebensmittelgeschäfte waren vom Streik ausgenommen.
In den Tagen der Räteregierung kamen viele auswärtige Besucher nach München angereist, um sich über die Lage zu informieren. Auch Ausländer: Franzosen, Schweizer, Italiener, Österreicher. Wir sollten über alle Absichten und Handlungen Auskunft geben. Ich wurde beinahe von jedem Journalisten nach meinem Alter gefragt. Ich versuchte die Fragenden mit der Bemerkung zu trösten, daß die Älteren auch keine revolutionären Erfahrungen hatten, getragen werden muß eine Revolution von der Begeisterung der Jugend.
Eines Tages, ich war gerade mit Mairgünther für einige Stunden im Polizeipräsidium, wir hörten und lasen Berichte der Ressortleiter, als mir ein Beamter einen Brief in die Hand drückte. Er war von einer älteren Frau, die mich dringend sprechen wollte. Sie erzählte, daß ihr Sohn nach Protestdemonstrationen im Januar gegen die Ermordung Karl Liebknechts und Rosa Luxemburgs zu einer Gefängnisstrafe verurteilt worden sei und diese Strafe im Gefängnis Stadelheim verbüße. Die Frau bat, ihren Sohn besuchen zu dürfen.
Mit kam die Erzählung der Frau kaum glaubhaft vor, weil im ersten Erlaß der Räteregierung die Freilassung der politischen Gefangenen angeordnet worden war. Ich rief den zuständigen Polizeidezernenten, der mir von dem im Süden Münchens gelegenen großen Gefängnis Stadelheim erzählte. Ich hatte vorher nie von dem Gefängnis gehört. Mit mehreren Begleitern fuhr ich hinaus.
Vor der hohen Mauer des Gefängnisses waren noch Stacheldrahtverhaue errichtet, als ob ein Angriff auf das Gefängnis befürchtet wurde. Ich verlangte in der Wache am Tor zuerst den Personalrat zu sprechen, der auch sofort herbeieilte und mich in sein Büro führte. Sein Büro war eine Zelle. Ich unterrichtete ihn, daß die politischen Gefangenen sofort freizulassen seien. Er erklärte sich für nicht zuständig und führte mich zum Direktor des Gefängnisses. Es war ein Dr. Pöhner. Dieser Pöhner wurde später der berüchtigte Polizeipräsident in München.
Pöhner erklärte, daß er keinen Erlaß der Regierung über die Freilassung der politischen Gefangenen erhalten habe und verweigerte die Freilassung. Er verlangte den schriftlichen Erlaß und die Liste mit den Namen der zu entlassenen Gefangenen. Während unseres heftigen Wortwechsels mit Pöhner verhielt der Personalrat sich völlig passiv. Er erklärte auf Befragen, ebenfalls keinen Erlaß über die Freilassung der politischen Gefangenen zu kennen. Meine Frage, warum er seinen Amtsraum in einer Zelle habe, während der Direktor in pompösen Amtsräumen sitze, machte ihn sehr verlegen. Er

wußte keine Antwort. So war und ist es in Deutschland üblich. Vor der Arroganz der Berufsbeamten weichen die gewählten Vertreter zurück.
Der Personalvertreter geleitete mich wieder zur Straße hinaus und entschuldigte sich dabei immer wieder damit, machtlos zu sein. Er habe sich nur mit Fragen der Behandlung, der Arbeit und der Beköstigung der Gefangenen zu befassen. Noch in der Nachtsitzung der Regierung berichtete ich über Stadelheim. Der temperamentvolle Budich verlangte, es müsse sofort eine Kompanie Soldaten nach Stadelheim. Leviné war verlegen, er kenne ja München und seine Verhältnisse nicht genügend, von Stadelheim habe auch er noch nicht gehört. Es stellte sich heraus, daß außer der allgemeinen Anordnung „Sofortige Freilassung der politischen Gefangenen" keine besonderen Anweisungen an die zuständigen Stellen herausgegeben worden waren. Auch Toller, der in der Sitzung anwesend war, erklärte, daß er keine spezielle Ausführungsbestimmung unterschrieben habe. Levien aber verwies erneut auf das Marx-Zitat, wonach der gesamte Staatsapparat durch neue Personen besetzt werden müsse. Es wurde beschlossen, diese bürokratische Sabotage zu brechen, der Stadtkommandant solle mir die notwendige Anzahl Soldaten zur Verfügung stellen. Das Gefängnis müsse von zuverlässigen revolutionären Arbeitern besetzt werden.

Mir war Stadelheim eine Lehre. Gleich am anderen Morgen rief ich die Personalvertreter und zuständigen Ressortleiter des Polizeipräsidiums zusammen und ließ mich ins Polizeigefängnis führen, das sich in einem Flügel des Häuserkomplexes befand. In einer Männer- und einer Frauenabteilung waren hier ungefähr 50 bis 60 Häftlinge untergebracht. Die Beamten erklärten, daß keine Politischen darunter seien. Auf Befragen der Gefangenen erwies sich das als richtig.
Ich ging von Zelle zu Zelle, in den meisten Zellen waren mehrere Gefangene untergebracht, und fragte sie einzeln nach den Gründen ihrer Inhaftierung aus. Es waren mehr oder minder die täglichen kleinen und großen Gaunereien, die in allen Polizeiberichten der Großstädte zu finden sind. Manche saßen hier seit Wochen fest, ohne Vernehmung oder Benachrichtigung der Angehörigen. Ein Mädchen erzählte, ihre Dienstherrin habe sie beschuldigt, Geld genommen zu haben, und sie säße schon seit drei Wochen im Gefängnis.
Meine Zeit reichte nicht aus, das Gehörte zu überprüfen, so schickte ich alle nach Hause. Ich machte das ganze Gefängnis leer, außer einer Etage, die sich die Kommission zur Bekämpfung der Konterrevolution reserviert hatte.
Die meisten hielten meine Aufforderung, nach Hause zu gehen, für einen Scherz. Sie schauten auf die uniformierten Beamten, die zur Decke sahen. Doch nachdem die Gefangenen im Büro ihre Papiere zurückerhielten, eilten sie erfreut davon.
Ich habe oft an die Szene denken müssen. Wenn es zweifelhaft ist, ob man einem Vogel oder einem anderen Tier, dessen Käfig man öffnet, eine Wohltat erweist, so ist dies bei gefangenen Menschen nicht zweifelhaft. Einem Menschen die Freiheit zu schenken, ist immer eine wahre Wohltat.
Doch ich kam nicht mehr dazu, die politischen Gefangenen aus Stadelheim zu befreien. Egelhofer, der jetzt Oberbefehlshaber der Roten Armee geworden war, erklärte, zur Zeit keine Mannschaften abgeben zu können. Toller, der das Kommando am wichtigsten Frontabschnitt nördlich von

Dachau hatte, sagte dasselbe. Ihre Antworten wurde mit dem Abwehrkampf begründet, der alle Kräfte beanspruchte. Dann aber gab Egelhofer mir die Vollmacht, selber eine Truppe zusammenzustellen. Als ich zwei Tage später mit einer Truppe vor dem Gefängnis Stadelheim ankam, war es bereits von Freikorpstruppen besetzt. Diese waren aus Südbayern aufmarschiert, sie hatten das Gefängnis in der Nacht zuvor besetzen können. Vor dem Haupteingang war ein Geschütz aufgefahren, vom Dach herunter drohten Maschinengewehre.
Gegen diese Übermacht konnte ich mit den Vollmachten, die ich jetzt in der Tasche hatte, und den wenigen Gewehren und Pistolen meiner Begleitung nichts ausrichten. So konnte ich der Regierung nur berichten, daß der Ring um München schon sehr eng war.

Während der ganzen Zeit der Räteregierung blieb der Aktionsausschuß der Kommunistischen Partei in der gleichen Zusammensetzung, wie er in der zweiten Märzhälfte gebildet worden war, die politisch führende Körperschaft. Hinzugekommen war nur Paul Frölich. Zu den Beratungen, die Budich leitete, erschienen stets alle Mitglieder, gleichgültig welche Funktionen sie hatten. Hier konnte alles offen ausgesprochen werden. Die Stärken und Schwächen der Räterepublik wurden diskutiert, und hier wurden wir uns nach der ganzen Entwicklung auch klar, daß die Niederschlagung der Räterepublik nur noch eine Frage von Tagen sein könne, falls nicht durch Erhebungen der Arbeiter in anderen Teilen Deutschlands Hilfe käme. Wir sahen die Gefahr nicht allein im Aufmarsch der Freikorpstruppen um München, sondern besonders in der zunehmenden Passivität der Arbeiterschaft in München selbst. Die Begeisterung der ersten Tage war verflogen, zu den Kundgebungen und Demonstrationen kamen immer weniger Arbeiter. Wir mußten Sicherheitsmaßnahmen für unsere führenden Genossen treffen. Wir machten uns keine Illusionen. Die Januar- und Märztage in Berlin mahnten uns, wachsam zu sein. Leviné erinnerte an die Zehntausende von Opfern nach der Niederwerfung der ersten russischen Revolution von 1905/06; Paul Frölich wies auf die Opfer nach der Niederwerfung der „Pariser Kommune" 1871 hin. Im Aktionsausschuß sprach niemand von Kapitulation. Doch sprachen wir es auch offen aus, daß es nicht Sache eines Revolutionärs sei, sich dem Henker auszuliefern.
Zu den Schutzmaßnahmen gehörte es auch, die Akten des Polizeipräsidiums zu vernichten. Das Prüfen der Akten würde eine Zeit von Monaten in Anspruch genommen haben, auch das Heraussuchen nur der politischen Akten würde lange dauern. Bedenken brauchten nicht zu bestehen, weil kulturell wertvolle Dokumente nicht in Polizeiakten zu finden sind. So war es am zweckmäßigsten, alles zu vernichten. Menschenleben sind wichtiger als bedrucktes Papier.
Zwei Tage lang brannten die Akten auf dem zementierten Hof des Polizeipräsidiums. Wohl an die hundert Helfer aus der Bevölkerung, der Partei und der Roten Armee warfen die Akten aus den Fenstern in die Flammen. Damit retteten wir Hunderten von politisch und antimilitärisch Verdächtigten aus der Zeit der Zusammenbruchs-Monate 1918/19 Freiheit und Leben. Auch Tausende von Kleinbürgern atmeten auf. Sie waren vielleicht einmal vor Jahrzehnten mit dem Fahrrad ohne Licht gefahren oder hatten an Wirtshausschlägereien teilgenommen. Sie alle galten auf Lebenszeit als vorbestraft. Jetzt war der Alpdruck von ihnen genommen. Man erzählte

mir, daß es seit den Tagen des Zusammenbruchs, November 1918, nicht so viele lachende Gesichter in München gegeben hätte wie jetzt. Alle Leute, denen ich in den Gängen des Polizeipräsidiums begegnete, auch die Beamten, schmunzelten. Toller hörte von dem Brand im Polizeipräsidium und kam eigens von der Front bei Dachau angefahren, um nach dem Brand zu sehen. Er war sehr nervös. Ich beruhigte ihn und er überzeugte sich, daß nicht das Polizeipräsidium, sondern nur Papier brannte.

Mehrere Jahre später fuhr ich einmal von Berlin nach Leipzig. Im Gang des D-Zug-Wagens sprach mich ein Mann an, der sich als Münchner vorstellte. Er sagte, daß er mich erkannt habe und daß viele Münchner sich heute noch freuten über die Vernichtung der überflüssigen Polizeiakten. Diese Maßnahme der Räteregierung sei nicht vergessen worden . . .

Ich denke täglich an die Opfer der Nazis, besonders an diejenigen, die gleich in den ersten Tagen der Machtübernahme durch Hitler aus ihren Wohnungen und von ihren Arbeitsstellen bei Tag und Nacht weggeholt und in Gefängnisse und Konzentrationslager gebracht wurden. Dann gehen meine Gedanken zu der Aktenvernichtung nach München zurück. Sozialdemokratische Polizeipräsidenten übergaben später den Nazis die Listen und Karteien mit den Wohnadressen und Arbeitsstellen aller Linken, aller Nazigegner, aller Antimilitaristen. Die Nazis hatten es somit nicht schwer gleich am Anfang ihrer Herrschaft eine mögliche Opposition tödlich zu treffen. Die nachrevolutionäre Regierung Bayerns und die ihr ergebene Presse schäumten nach der Niederwerfung der Räteregierung vor Entrüstung über die „barbarische Aktenverbrennung". Die gleichen „Ordnungsbürger", die gegen die Zerstörungen von unersetzlichen Kunstwerken in Belgien und Frankreich kein Wort des Protestes gefunden hatten, tobten jetzt über verbranntes Polizeipapier. Die Ordnung war verletzt worden, und zwar von „unbefugter Seite". Die entsetzlichen Schandtaten der Deutschen im Kriege waren von befugter Seite und stets im Namen der „Ordnung" ausgeführt worden. Der deutsche Dichter Heinrich Vierordt hatte im Herbst 1914 geschrieben: „. . . wenn ich meinem Volk den Sieg dadurch verschaffen könnte, . . . (würde ich) alle Kathedralen und Rathäuser der Welt kalten Blutes, . . . vom Erdboden vertilgen . . . "

Ich glaube, es war der erste Ostertag 1919, als wir alle noch einmal gemeinsam zur Familie Rapu eingeladen waren. Budich hatte inzwischen Leviné und Frölich vorgestellt. Wir blieben bis zum späten Nachmittag. Leviné erzählte von seiner Kindheit in Petersburg, von dortigen Persönlichkeiten, die zum Teil auch Frau Rapu bekannt waren. Er erzahlte auch von seiner Schul- und Studentenzeit in Wiesbaden und Heidelberg. Nach Ausbruch der ersten Revolution in Russland, 1905, war er dorthin geeilt, um mitzukämpfen. Nach der Niederschlagung wurde er gefangengenommen, durch verschiedene Gefängnisse geschleppt und verbannt. Er konnte aus Rußland flüchten und studierte in Deutschland weiter. Über die Revolution von 1905/06 und über seine Erlebnisse in den zaristischen Gefängnissen, besonders auch über die Greueltaten der berüchtigten „Ochrana", der Geheimpolizei des Zaren, hatte er unter dem Namen Goldberg in der deutschen sozialdemokratischen Presse berichtet. Das Zentralorgan der Partei, der „Vorwärts", die Frankfurter „Volksstimme", die „Münchener Post" und an-

dere Blätter brachten seine Berichte. Das war lange, bevor Leviné die Greueltaten der deutschen Freikorps erleben sollte, die unter dem Protektorat der gleichen Sozialdemokratischen Partei und besonders des „Vorwärts" geschaffen wurden und deren oberster Befehlshaber ein Sozialdemokrat war. Auf Wunsch Frau Rapus las Leviné aus seiner Erzählung „Ahasver" vor:
„Ahasver sprach mit rauher, zitternder Stimme:
‚Herr ich bin müde! Ich habe genug gesehen, gelitten! Ich habe mir selbst viel tausend Mal geflucht, daß ich das Mißlingen deines Werkes ahnen mußte, ahnen in dem nüchternen skeptischen Hirn meines greisen Hauptes ... Herr es ist zu viel ... Ich habe meine Brüder leiden sehen, meine Kinder, jetzt wieder ...' Ahasver ließ den Kopf sinken, den müden gramdurchfurchten Kopf ...
Christus schwieg ... Vor ihm lag die weiße Schneefläche ... blutüberströmt ... Christus schwieg.
Dann aber hob er plötzlich den Kopf, fuhr sich mit der Hand über die hohe Stirn.
‚Sie haben aber doch an mich geglaubt. Unbewaffnet sind sie hingezogen ... das Kreuz in der Hand ... wie die Kinder ... rein...'
Dann schwieg er wieder ... Nur Ahasver ließ den Kopf noch tiefer sinken, ungläubig ... traurig ...
‚Ich wollte, du hättest recht ... denn dann wäre ich erlöst... von den Qualen ... Damals als du vor meiner Tür rasten wolltest, wies ich dich von hinnen, nannte dich einen Betrüger ... da es keine Liebe gäbe ... Und nun muß ich wandern zur Strafe ... ewig wandern ... bis ich an die Liebe glaube... an die Kraft der Liebe ... voller Erbarmen und ohne Haß ... Ich bin müde vom Wandern, müde vom Warten ... müde vom Zweifeln ... Und ich suche Liebe ... ich sehne mich nach ihr ... schon um Ruhe zu finden ... Endlich, endlich ... Aber was kann ich dafür, daß meine Augen scharf und durchdringend, daß die Erfahrung der Jahrzehnte sie noch mehr geschärft und daß ich mit Schaudern in die Zukunft sehe... Herr, es gibt keine Liebe! ... Du sprichst von den Kindern dort im Norden ... aber warte ... auch in ihnen wird der Haß aufflammen, die Wut ... und sie werden Mörder werden und Brandstifter ..."
Als Leviné dies schrieb, war er ein junger revolutionärer Student, und er empfand die Verfolgungen zuerst als Jude. Erst später – wieder in Deutschland – schloß er sich der deutschen sozialdemokratischen Partei an. Bald natürlich dem linken Flügel. Die Mörder und Brandstifter aber, die sein Ahasver kommen sah, kamen wirklich. Sie kamen aus München.

Der Ring der Freikorpstruppen um München schloß sich. Toller und seine engeren Parteifreunde versuchten nun, Verhandlungen mit der Hoffmann-Regierung in Bamberg zu führen. Die Hoffmann-Regierung, gestützt von der Reichsregierung, besonders von Noske, lehnte Verhandlungen ab. Sie verlangte die bedingungslose Kapitulation und Auslieferung aller Führer beider Räteregierungen. Gleichzeitig brachten die Unabhängigen Sozialdemokraten in den Konferenzen der Betriebsräte Anträge ein, die den Rücktritt der Regierung Leviné forderten. Zweimal wurde diese Anträge abgelehnt. Am 27. April wurde wiederum von Toller und Genossen der verächtliche Antrag gestellt, daß alle nichtbayrischen „landfremden" Führer zurücktreten sollten. Nur „echte Bayern" sollten an die Spitze der Regierung treten. Dieser Antrag wurde angenommen.

Die kommunistische Räteregierung Leviné trat am 27. April zurück. Der Vollzugsrat löste sich auf. Da auch Toller kein „echter Bayer" war, wurden unbekannte bayrische Betriebsräte gewählt, hinter denen – als Schieber – Führer kann man in diesem Fall nicht sagen – die Unabhängigen Toller, Klingelhöfer und andere standen. Macht hatten diese Männer keine. Die Rote Armee blieb von diesen Beschlüssen ausgenommen, die Fronten sollten verteidigt werden. Egelhofer blieb bis zum 30. April Oberkommandierender. Ebenso lange blieb ich im Polizeipräsidium. In der Nacht vom 30. April zum 1. Mai war der Kampf beendet.

In der Bevölkerung waren in den letzten Tagen die schlimmsten Gerüchte verbreitet worden, die die Arbeiter und Soldaten schwer beunruhigten. Es hieß, daß die Freikorpstruppen aller Gefangenen erschlügen oder erschössen. So sollten die Freikorpsleute unter anderen auch zwanzig Sanitäterinnen erschossen haben. Die Gerüchte beruhten auf Wahrheit, nur die genauen Umstände blieben unkontrollierbar. Tatsächlich erschossen die Freikorpstruppen auf ihrem Vormarsch in Starnberg zwölf Arbeiter, in Possendorf drei Sanitäter, im Kloster Schäftlarn neun Arbeiter. Hier hatten sich zehn Arbeiter verschanzt und einige Zeit Widerstand geleistet. Nachdem einer von ihnen gefallen war, ergaben sich die übrigen neun. Sie wurden sofort an die Wand gestellt und erschossen, obwohl die Angreifer keine Verluste gehabt hatten.
Unter dem Eindruck dieser Gerüchte und Meldungen, die eine Panikstimmung erzeugten, wurden acht Mitglieder eines „Thule-Bundes" und zwei Freikorpsleite, die aus Berlin gekommen waren, von einem Standgericht im Luitpold-Gymnasium zum Tode verurteilt und erschossen. Diese Erschießungen erfolgten am 29. April, einen Tag vor dem Einmarsch der Noske-Truppen in München. Der Aktionsausschuß der Kommunistischen Partei wußte nichts von diesem Vorfall.
Alle Beteiligten am Standgericht und an den Erschießungen wurden zum Tode verurteilt und erschossen. Unbeteiligte Zuschauer erhielten je sechs Jahre Zuchthaus. Es wurden hier Personen nur deswegen verurteilt, weil sie die Erschießungen nicht verhindert hatten. Hier bejahte das Gericht, die Regierung Hoffmann und der wieder zusammengetretene Landtag eine Kollektivschuld.
Die Erschießungen im Luitpold Gymnasium werden von Historikern und Schriftstellern als „Geiselmord" bezeichnet. Da einer vom anderen abschreibt, wiederholt jeder die Lüge des anderen. Auch das gab es schon lange vor Goebbels; durch Wiederholung soll eine Lüge zur Wahrheit werden. Diese Schreiber verschweigen dabei die vorausgegangenen Erschießungen von Arbeitern und Sanitätern durch die Freikorps-Truppen. Alle späteren Untersuchungen ergaben, daß es sich hier nicht um „Geiseln" gehandelt hatte. Dagegen hat sich herausgestellt, daß der „Thule-Bund" eine Vorläufer-Organisation der Nazis war. Bei den verhafteten Mitgliedern des „Thule-Bundes" waren Stempel und Ausweise der Räteregierung gefunden worden. Es ist niemals untersucht worden, ob und welche Verbrechen mit Hilfe dieser Stempel und Ausweise begangen worden sind, Verbrechen, die vielleicht der Räteregierung unterstellt wurden.

Der Mörder Kurt Eisners, Graf Anton von Arco, Rudolf Hess, Hans Frank, der spätere Generalgouverneur von Polen, Alfred Rosenberg und weitere

Gründungsmitglieder der NSDAP sind ebenfalls Mitglieder der „Thule-Gesellschaft" gewesen. Am 30. April war ich noch im Polizeipräsidium, als Beamte zu mir kamen und mir über Anrufe berichteten, denen zufolge im Luitpold-Gymnasium geschossen werde. Sie wußten nichts Genaues, alle weigerten sich hinzugehen, um sich über den Sachverhalt zu erkundigen. Da Leviné, Levien und Budich bereits in ihren Versteckwohnungen waren, konnte ich sie nicht erreichen. Sie hatten auch keinerlei Funktionen mehr. Nur in der Redaktion der „Roten Fahne" wurde noch am Aufruf der Partei zum 1. Mai gearbeitet. Die Redakteure wußten nichts von den Vorfällen.
Um die Mitternachtsstunde des 30. April verließ ich das Polizeipräsidium. Vor dem Tor traf ich Toller, der zu mir wollte. Ich erkannte ihn nicht sofort, er trug eine dunkle Brille. Als ich ihn nach seinem Namen fragte, nahm er die Brille ab und sagte: „Toller!" Jetzt um Mitternacht wollte er Leviné noch einmal sprechen. Ich sagte ihm wahrheitsgemäß, daß ich den Aufenthalt Levinés und Leviens nicht kenne. Er fragte mich, was jetzt kommen werde. Ich sagte: „Dasselbe was in den Januar- und Märztagen in Berlin passierte." „Das werden die Münchner Arbeiter nicht zulassen", antwortete er. Ich riet ihm, schnellstens in sein Versteck zu gehen und abzuwarten. Wir verabschiedeten uns mit „Auf Wiedersehen".

Damit war meine Funktion als Kommissar für das Polizeiwesen und Ko-Polizeipräsident von München erloschen. Ich hatte die Funktionen elf Tage inne gehabt. Erst unterwegs nach Norden, auf den einsamen Wegen des Bayrischen Waldes, fiel mir ein, daß ich in diesen 11 Tagen nur zweimal in meinem Zimmer geschlafen hatte und dort auch meine Sachen gelassen hatte. Ich hatte auch nicht daran gedacht, ein Gehalt zu kassieren . . .
Vom Polizeipräsidium ging ich zum Wittelsbacherpalais, wo Albrecht auf mich wartete. Er war in diesen Tagen ein aufmerksamer und kühler Zuschauer gewesen. Axelrod hatte ich nicht wiedergesehen. Er hatte in der Zeit der Leviné-Regierung im Finanzministerium gearbeitet. Sein Beruf war das Bankfach, er war kein „Berufsrevolutionär".
Am Wittelsbacherpalais wartete außerdem ein Münchner Lehrer, Karl Wichert, auf mich. Er führte Albrecht und mich zu seinem kleinen Haus am Rande der Stadt. Wir mußten jetzt eilen, denn wir hatten noch fast eine Stunde zu gehen. Albrecht und ich krochen in den Hohlraum des Dachgesims unter den Ziegeln. Dort lag Albrecht vier Nächte und Tage, ich fünf. Am Tage kamen wir kurz heraus zum Waschen und Essen. Sonst lagen wir, ohne uns zu rühren, langgestreckt auf dem Bauch. Wir hörten die Gespräche vorübergehender Soldaten und Zivilisten. Albrecht hustete viel, ich mußte ihm ein Tuch vor das Gesicht halten. Freikorpsleute kamen auch in dieses Haus, sie gingen aber nur durch die Zimmer. Karl Wichert und seine Frau waren in der Wandervogelbewegung wohlbekannt. Sie waren parteilose, jedoch am politischen Geschehen sehr interessierte Menschen.
Am vierten Tage geleiteten sie zuerst Albrecht zu einem Vorort, von dem aus er auf Umwegen nach Berlin fuhr. Am 5. Mai gingen wir, Karl Wichert, seine Frau und einige Schuljungen und Mädchen, die Wichert bestellt hatte, am frühen Morgen aus der Stadt. Sie begleiteten mich ungefähr fünf Kilometer weit. Dann verabschiedeten sie sich und kehrten um. Ich ging in Richtung Erding weiter. Schon nach einigen Kilometern traf ich auf zwei Gendarmen auf Fahrrädern, die mich anhielten und meine Papiere prüften.

Nach einigen Fragen – woher, wohin – fanden sie mich unverdächtig. Ich umging die Stadt Erding in Richtung auf den Bayrischen Wald. Bei Plattling kam ich über die Isar und bei Deggendorf über die Donau. Die Brükken waren durch Militärposten bewacht. Ich kam ohne Schwierigkeiten durch die Kontrollen.
Hinter Deggendorf nahm mich der Bayrische Wald auf. Auf kaum erkennbaren Waldwegen durchwanderte ich den finsteren, urwaldähnlichen Gebirgswald, an Regen und dem Großen Arber vorbei, durch Täler und über Höhen nach Furth im Wald. Immer in der Nähe der tschechischen Grenze. Ich schlief einige Male in Holzfällerhütten. Im Oberpfälzer Wald hatte ich es schon leichter. Bauernwagen nahmen mich mit, und am Fichtelgebirge vorbei konnte ich auch streckenweise Lokalbahnen benutzen. So kam ich über Hof nach Plauen. Einmal nur, gleich hinter Deggendorf, hatte ich eine Begegnung, die mir gefährlich erschien. Ich aß ein Brot in einem Waldgasthaus, als ein Mann eintrat, den ich sofort als einen Münchner Beamten erkannte. Auch er erkannte mich, blieb einen Moment stehen, drehte sich um und ging wieder hinaus. Auch ich verließ das Haus. Der Beamte hat die Begegnung wahrscheinlich nicht gemeldet. Ich bemerkte keine Verfolger.
Von Plauen nahm ich einen Personenzug nach Leipzig. Es war der 10. Mai, als ich frühmorgens in Leipzig eintraf. Das Datum habe ich niemals vergessen, denn zur gleichen Zeit, als mein Zug im Hauptbahnhof einfuhr, besetzten Truppen des Generals Maerker den Bahnhof. Wiederum hatte ich das Glück, daß in dem Augenblick auf dem Nebengleis ein Vorortzug einfuhr, dessen Reisende nicht kontrolliert wurden. Ich kam mit den Passagieren des Vorortzuges durch die Sperre. Gepäck hatte ich nicht, nur einen Umhängebeutel. Ich ging zu Verwandten von Frölich, die mir für einen Tag und eine Nacht Unterkunft besorgten. Am folgenden Tag glich Leipzig einem Heerlager. Es waren weitere Truppen angekommen, die die ganze Stadt besetzt hielten. Ich mußte weiter. Mit der Straßenbahn erreichte ich einen Vorort, von wo aus ich mit einem Personenzug am 12. Mai in Berlin eintraf.

Ich glaube, daß ich ein Nachwort zu München schuldig bin.
Die hier berichtete Episode soll keine Geschichte der Bayrischen Räteregierung sein; ich zähle die Ereignisse nicht vollständig auf. Es wirkten auch weit mehr Personen mit. In meinen Erinnerungen kann ich nur diejenigen erwähnen, mit denen ich zu tun hatte.
Die Geschichte der Bayrischen Räterepublik schrieb Paul Frölich unter dem Namen Paul Werner noch im gleichen Jahr 1919. Trotz seiner Kürze ist sie die klarste und auch dokumentarisch vollständigste Darstellung der Ereignisse in Bayern des Frühjahr 1919. Der Vorsitzende der KPD, Paul Levi, veröffentlichte unmittelbar nach ihrer Niederlage in der theoretischen Zeitschrift der Partei „Die Internationale" einen Artikel unter dem Titel „Die Kehrseite". Darin schrieb er ungefähr so, wie er sich in der Unterredung in Leipzig geäußert hatte: die Partei dürfe sich ihre Politik nicht von anderen Kräften aufzwingen lassen.
Die Mord- und Plünderungsfreiheit der Freikorpstruppen nach dem Einmarsch in München ist oft geschildert worden. Die im Weltkrieg geschlagenen Truppen durften sich jetzt austoben. Nach amtlichen Angaben wurden vom 1. bis 8. Mai 557 Männer und Frauen erschossen oder erschlagen. Auch diese Zahlen sind unglaubwürdig. Es sind noch weit mehr Menschen umgebracht worden. So sind zum Beispiel 42 russische Kriegsgefangene in

einer Kiesgrube bei Erding erschossen worden, die in den amtlichen Zahlen nicht enthalten sind. Diese Russen waren völlig unbeteiligt, sie hatten bei Bauern gearbeitet, vielleicht wußten die meisten von ihnen nicht einmal von der Revolution in ihrer Heimat.
Das Standrecht wurde erst aufgehoben, als Freikorpsleute eine Versammlung eines katholischen Gesellenvereins überfielen und die einundzwanzig anwesenden Mitglieder niedermetzelten. Im Münchner Vorort Perlach denunzierte ein Pfarrer zwölf Arbeiter, die keine fleißigen Kirchgänger waren. Alle zwölf wurde von Söldnern des Freikorps „Lützow" erschossen. Die Erschossenen waren Familienväter, kein einziger war Kommunist. Der Sozialdemokrat Noske telegraphierte an den kommandierenden General der Freikorps:
„Für die umsichtige erfolgreiche Leitung der Operation in München spreche ich Ihnen meine volle Anerkennung aus und der Truppe herzlichen Dank für ihre Leistung.
Der Oberbefehlshaber, Noske, Reichswehrminister."
Auf die Ergreifung Levinés setzte die Regierung Hoffmann eine Belohnung von 10.000 Mark aus. Leviné wurde durch Schwätzerei verraten. In der Zelle des Polizeigefängnisses wurde Leviné mit einer Kette an die Wand geschmiedet. Die Zelle wurde stundenweise offen gehalten und Münchner Bürger kamen, um ihn zu sehen. So hatte die deutsche Regierung auch die Staatsmänner der Entente den Bürgern zeigen wollen, wenn sie den Krieg gewonnen hätte . . .
Frau Rapu hatte Leviné angeboten, in ihrer Wohnung Zuflucht zu nehmen. Doch ließ Leviné sich überreden, in eine andere Wohnung zu gehen. Frau Rapus Wohnung blieb unbelästigt. Budich und Frölich konnten von hier aus München verlassen. In der Gerichtsverhandlung wollte der Staatsanwalt dem Revolutionär Leviné Feigheit vorwerfen, weil er sich verborgen gehalten hatte. Als Antwort lud Leviné den Staatsanwalt ein, bei seiner Erschiessung anwesend zu sein. Niemand starb so tapfer wie Eugen Leviné! Seine Totenmaske zeigt das triumphierende Lächeln eines großen Menschen, der glaubte, auch noch durch seinen Tod eine Mission zu erfüllen. In seinem Schlußwort hatte Leviné gesagt: „Wir Kommunisten sind Tote auf Urlaub." Trotzki dagegen hatte nach der Niederlage der ersten russischen Revolution von 1905 dem Staatsanwalt vor Gericht geantwortet: „Wir werden alle überleben."
Das Todesurteil gegen Leviné war ein Justizmord, ein Racheurteil. Die Regierung Leviné war nach der Abstimmung des Betriebs- und Arbeiterrätekongresses am 27. April zurückgetreten. Die Erschießungen der Thulebund-Leute erfolgte am 29. April, als Leviné bereits in seiner Versteckwohnung war. Leviné, Levien, Budich, Frölich waren Intellektuelle und Arbeiterpolitiker, aber keine bayrischen Messerstecherpolitiker. Ich las in einer „offiziösen" Schrift, daß die Thulebund-Leute die Stempel von Beamten erhalten hatten, die in ihren Ämtern geblieben waren. Das ist wieder ein Beweis mehr dafür, daß es für Revolutionäre klüger ist, die Verwaltung einige Zeit auf das nötigste zu beschränken, als feindlich gesinnte Beamte im Amt zu lassen.
Max Levien konnte nach Österreich entkommen. Die österreichische Regierung lehnte ein Auslieferungsgesuch der deutschen Regierung ab. Drei Jahre später, im Jahre 1922, sah ich Levien und seine Gefährtin in Moskau wieder. Er lehrte als Professor der Naturwissenschaften an der Moskauer Uni-

versität. In der Zeit der stalinistischen Genossenmorde ist er verschollen. Vom Tituskopf erhalte ich von Zeit zu Zeit Grüße. Sie lebt im Süden Europas. Ihre kurzen Mitteilungen zeugen von einer immerdauernden Freundschaft und von einem immerwährenden Gedanken an die gemeinsamen Freunde in München.
Budich werde ich noch einige Male erwähnen. Wir arbeiteten noch viel zusammen. Als die verfolgende Polizei ihm zu nahe auf den Fersen war, verließ er im Jahre 1922 Deutschland und wurde Direktor einer russischen Außenhandelsgesellschaft in Wien und Moskau. Auch er wurde unter Stalin verhaftet. Die Identität Werner/Frölich wurde nicht entdeckt. Frölich wurde Reichstagsabgeordneter. Wir sahen uns oft im Laufe der Jahrzehnte, bis ich im Jahre 1953 in Frankfurt am Main an seinem Sarg stand. Auch von ihm wird noch zu berichten sein.
Frölich schrieb in seiner Geschichte der Bayrischen Räterepublik:
„Im allgemeinen wird die Arbeiterschaft aus den Münchner Erfahrungen lernen müssen, daß sie jeden Putsch bezahlen muß mit ihrem Herzblut. Sie wird sich endlich klar darüber werden müssen, was ein Putsch ist."
Die Arbeiterschaft nahm die Lehre an, die Kommunistische Partei dagegen nicht. Die immer stärker werdende Konterrevolution, das Anwachsen der Militärverbände, die Nazibewegung, die ideologische Vorbereitung des Revanchekrieges, die wirtschaftliche Verelendung zwangen der KPD ebensosehr eine agressive Politik auf wie die Solidarität mit der schwer um ihre Existenz kämpfende Sowjetmacht.
Ernst Toller wurde ebenfalls durch Schwätzerei verraten und zu fünf Jahren Festung verurteilt. Er verbüßte die fünf Jahre bis auf den letzten Tag, Ich sah Toller in Berlin wieder, nach 1933 auch in Zürich, wo er an seinen Erinnerungen „Eine Jugend in Deutschland" arbeitete. Er gab mir dort das Manuskript zu lesen. Toller schilderte seine Rolle in den bayrischen Ereignissen von 1918 - 1919 sehr subjektiv. Das ist in einer Autobiographie sein Recht. Ich gebrauche das Wort „Rolle" absichtlich. Tollers Wirken war ein Gastspiel, und er hat es später auch nicht anders aufgefaßt. Mit Gastspielen aber wird in der Welt nichts geändert. Später trafen wir uns in London, und in Paris saßen wir im Café Weber, nahe der Madeleine, mit den beiden Herausgebern des „Neuen Tagebuchs", Leopold Schwarzschild und Joseph Bornstein, zusammen und sprachen über den bevorstehenden Weltkrieg. Toller fuhr nach New York weiter. Politische und private Mißerfolge liessen den weichen Mann verzweifeln. Er ging 1939 in den Freitod.

Hart traf die Rache der vereinigten Sozialdemokraten und Bürger auch die beiden Pazifisten-Anarchisten Mühsam und Landauer. Im Kriege hatten deutsche Schriftsteller geschrieben, daß Pazifisten schlimmer seien als die Pest, und der Begriff „Anarchist", der für sie die Bejahung des Prinzips der Staats- und Gewaltlosigkeit ausdrückte, wurde in Deutschland in „Bandit" umgelogen. Erich Mühsam wurde zu 15 Jahren Festung verurteilt. Er wurde nach mehreren Jahren entlassen. Die Nazis rächten sich ein zweites Mal. Mühsam wurde im Jahre 1933 in das Konzentrationslager Oranienburg verschleppt und dort 1934 ermordet. Durch seine pazifistischen Gedichte, besonders durch sein berühmtes „Kriegslied" hatte Mühsam die Wut der Militärs auf sich gezogen.
Der Philosoph und Schriftsteller Gustav Landauer wurde im Gefängnis Stadelheim zuerst von einem Offizier mit dem Stiel seiner Reitpeitsche

halb tot geschlagen, dann wurde der am Boden Liegende von einem Unteroffizier erschossen. Dies geschah in Gegenwart von Zeugen; trotzdem wurde das eingeleitete Verfahren gegen die Mörder eingestellt. Nach der Machtübernahme der Nazis wurde das Grab Landauers auf dem Münchner Friedhof aufgerissen und die Gebeine in einem Sack der jüdischen Gemeinde Münchens zugeschickt.
Mein Partner Mairgünther wurde für drei Jahre ins Gefängnis geschickt.

Der bayrische Landtag bestätigte die Regierung Hoffmann Ende Mai noch einmal im Amt, aber zehn Monate später wurde sie im Kapp-Lüttwitz-Putsch endgültig davongejagt. Die Putschisten siegten in Bayern. Wieder sandte der Sozialdemokrat Auer seine Gratulation an den neuen Diktator Kahr. Kahr hat es während seiner Amtszeit auch einmal gewagt, seine Position gegen Hitler zu verteidigen. Das vergaß ihm Hitler nicht. Nach der Machtübernahme durch Hitler wurde Kahrs Leiche mit eingeschlagenem Schädel außerhalb Münchens aufgefunden.
Der sozialdemokratische Ministerpräsident Hoffmann, der das Todesurteil gegen Leviné bestätigte, ist derselbe Hoffmann, der als pfälzischer Separatistenführer im Oktober 1923 die Pfalz von Deutschland lösen wollte.
Der Meuchelmörder Graf Arco erhielt in der Weimarer Republik den Posten eines Direktors bei der staatlich subventionierten „Deutschen Lufthansa".
Auch ein Adolf Hitler meldete sich und behauptete, er habe einen „roten Eindringling", der seine Wohnung betreten wollte, mit seinem Karabiner abgewehrt. Jedoch ist festgestellt, daß Hitler seit Februar 1919 zur 2. Kompanie des Infanterie-Regiments Nr. 2 gehörte und in der Kaserne wohnte. Erst ab 10. Mai war Hitler als „V-Mann" (Spitzel) dieses Regiments tätig. Sonst weiß man nichts von Hitlers Verhalten während der Zeit vor der Ermordung Eisners, Februar 1919, bis zur Niederwerfung der Räterepublik, 1. Mai 1919.

Wie plump gefälscht und gelogen wird, mag folgendes Beispiel bezeugen. Der englische „Historiker" Wheeler-Bennet schreibt in seinem Buch „Die Nemesis der Macht", Düsseldorf 1954, auf Seite 179: „Sein (Hitlers) Bataillon wurde in eine Infanteriekaserne nach München verlegt. Hier stellten am 2. Mai 1919 die Kommunisten in einem letzten Blutrausch vor dem Eintreffen der Befreiungstruppen jeden zehnten Mann an die Wand. Hitler entging dieser Dezimierung und einige Tage später tat er seinen ersten Schritt auf das Feld politischer Tätigkeit". Dann folgte eine Fußnote: „Konrad Heiden ‚Der Führer, Hitlers Aufstieg zur Macht', London 1945, S. 76".
Ich habe die deutsche und die amerikanische Ausgabe von Heidens Hitler-Biographie vor mir. Die von Wheeler-Bennet zitierte Stelle ist in beiden Büchern nicht enthalten. Der damalige Journalist Konrad Heiden lebte vor seiner Emigration in München und arbeitete an einer Zeitung. Heiden weiß, daß am 2. Mai 1919 München bereits von den Noske-Freikorps besetzt war und daß die zitierte „Dezimierung" nicht erfolgt ist. In keinen Polizei- oder Militärakten ist etwas davon bekannt.
Ich möchte noch den Arzt Professor Sauerbruch erwähnen. Nicht weil er den Meuchelmörder Graf Arco in seine Klinik aufnahm, sondern weil seine Autobiographie in Deutschland eine ungewöhnlich hohe Auflage erreichte. Sauerbruch oder der Journalist, der das Buch schrieb, erzählt eine hochdra-

matische Geschichte von seiner (Sauerbruchs) Verhaftung, Verurteilung zum Tode und Befreiung in letzter Minute durch einen russischen Studenten. Festgestellt ist, daß Sauerbruch niemals verhaftet war, daß seine Geschichte frei erfunden ist.
Auch der päpstliche Nuntius Pacelli, der spätere Papst Pius XII., lebte während der Rätezeit in München. Mehrere Jahre nach den Ereignissen behauptete er, auch bedroht worden zu sein. „Echte Russen", sagte Pacelli, hätten „an der Spitze gestanden und jeder Gedanke des Rechts, der Freiheit und der Demokratie" sei unterdrückt gewesen. Nun, Gedanken konnten nicht unterdrückt werden, aber war der Gottesdienst irgendwie beeinträchtigt werden? Nein! Aber die Ermordung der Mitglieder des katholischen Gesellenvereins durch Freikorpsangehörige erwähnte Pacelli gar nicht.
Während der Tage der Räterepublik wurden in München Flugblätter verteilt, die vom nordbayrischen Freikorps „Franken" hergestellt waren, in denen es hieß: „Nichts ist ihnen mehr heilig, nicht einmal die deutsche Frau. Darum greift alle zu den Waffen, um den tierischen Fanatismus dieser Bestien niederzukämpfen." Flugblätter ungefähr gleichen Inhalts wurden bereits in den Januartagen 1919 in Berlin und anderen Städten verbreitet. Wir lachten über diese Propaganda. Doch unter Hitler wurde in München die Organisation „Lebensborn" gegründet. Deutsche Frauen und Mädchen wurden in dieser Organisation wirklich zum Vieh herabgewürdigt. Da gab es keine Scham, kein Schaudern. Deutsche Frauen und Mädchen meldeten sich freiwillig in Scharen.

Nach der Niederwerfung der Bayrischen Räterepublik folgten militärische Aktionen der Freikorps gegen andere Großstädte. Wo noch Arbeiter- und Soldatenräte oder auch republikanisch-demokratisch gesinnte Truppenverbände bestanden, wurden diese aufgelöst. Einer der Generäle und Führer der Freikorps schrieb später: „In jenen Tagen war das ganze Reich ein einziger Kampfabschnitt der Freikorps, in welchem sich Gefechte verschiedenen Ausmaßes entwickelten."
Ich aber hatte gar nicht das Gefühl, sinn- und nutzlos gehandelt zu haben. Die Kämpfe in Bayern banden die Freikorpstruppen, die sonst zur Bekämpfung der Revolution in Sowjet-Rußland verwendet worden wären.

10. Die voreilige Generals-Machtprobe

Die bayrische Justiz erließ verleumderische Steckbriefe gegen diejenigen Teilnehmer an der Räterepublik, die entkommen konnten. So auch gegen mich. In Berlin warnten mich Sympathisierende, die bei der Polizei oder in anderen öffentlichen Ämtern beschäftigt waren, vorsichtig zu sein, mein Steckbrief läge auf allen Polizeiämtern. In ihrer Servilität ließ die sozialdemokratische Regierung des Landes Preußen politische Haftbefehle aus Bayern vollstrecken, obwohl umgekehrt die Bayrische Polizei politische Haftbefehle der preußischen Justiz nicht ausführte.
Für mich hatte wieder „illegales" Leben begonnen, das ich sechs Jahre durchhielt. Ich wechselte in diesen Jahren mehrmals meinen Namen und noch öfter mein Domizil. Ich lebte immer in einem Spannungszustand, wie er schon im Kriege auf mir lastete; jetzt aber noch härter. „Illegalität" ist das Erleiden eines quälenden Zustandes, an dem nichts Großartiges ist. Politische Arbeit ist nur dann von aktuellem Wert, wenn sie wie wissenschaftliche Arbeit der Öffentlichkeit zugänglich ist. Ich wollte meine Sache nicht aufgeben und mußte politisch weiterarbeiten und die Gefahr einer Verhaftung mit allen Risiken auf mich nehmen. Besonders erschwerend für mich war, daß der Belagerungszustand weiterhin herrschte; nur das Standrecht war aufgehoben. Das Zimmer bei der alten Dame in Schöneberg behielt ich; es blieb die ganze Zeit über unentdeckt. Ich wohnte aber aus Vorsicht nicht ständig dort.
Mit meiner Mutter traf ich mich einige Male sonntags wieder im Tiergarten. Sie erzählte mir, daß hin und wieder Kriminalbeamte in ihre Wohnung kämen, um nach mir zu fragen. Manchmal habe sie auch einen Beamten an der der Haustür stehen sehen. Ich vermied es darum, jemals nach Hause zu gehen; erst nach neun Jahren betrat ich die Wohnung wieder.
In der Illegalität entwickelte sich bei mir ein wacher Instinkt, der mich einige Male vor einer Verhaftung bewahrte. Einmal hielt ich mich zwei Nächte bei einem befreundeten Schneidermeister in Charlottenburg auf, der mir einen Anzug umschneiderte. In der zweiten Nacht, ich schlief auf dem Sofa im Wohnzimmer, wachte ich gegen vier Uhr morgens auf, zog mich hastig an, stieg trotz Protest meines Feundes aus dem Fenster zum Hof, kletterte über die rückwärtige Mauer und ging zu einer befreundeten Familie. Deren Tochter ging am Nachmittag zum Schneider, um zu fragen,

ob etwas passiert war. Das Mädchen berichtete, daß zehn Minuten nach meinem Fortgehen zwei Kriminalbeamte die Schneiderfamilie aus den Betten geklopft und ihre Räume nach mir durchsucht hätten. Um das aufgekommene Mißtrauensgefühl gegen meinen Freund loszuwerden, prüfte ich nach, wie es zum Besuch der Polizisten gekommen war. Die Lösung war einfach. Neben dem Geschäft meines Freundes war ein Frisörladen. Mein Freund ließ sich jeden Morgen rasieren und während des Rasierens hatte er dem Frisör erzählt, daß ich aus München gekommen sei. Ein anderer Kunde hatte das Gespräch mit angehört und war zur Polizei gegangen. Ein anderes Mal sollte ich zu einer Besprechung in eine Wohnung nach Neukölln kommen. Zwei Häuser vor der angegebenen Adresse kehrte ich um, bestieg eine vorbeikommende Straßenbahn und fuhr davon. Anderntags im Büro erzählte mir ein Genosse, der an der Besprechung teilnehmen sollte, daß zwei Kriminalbeamte mich erwartet hatten. Sie hätten schon gelacht, als sie mich vom Erkerfenster des zweiten Stockwerkes aus kommen sahen. Aus dem Lachen seien lange Gesichter geworden, als sie sahen, wie ich kehrtmachte und davonlief. Ich konnte nicht feststellen, wo geschwätzt worden war.

Unser Jugendbildungsverein in Moabit hatte sich mittlerweile aufgelöst. Die Mitglieder waren wie ich dem Verein entwachsen und hatten sich der KPD angeschlossen. Doch waren die früheren Mitglieder, soweit sie noch im Stadtteil Moabit wohnten, weiterhin zusammengeblieben und trafen sich öfters zu sonntäglichen Wanderungen. Wenn ich es ermöglichen konnte, nahm ich daran teil. Auf dem Spirituskocher kochte ich die Suppe wie vor zehn Jahren, und ein Trutzlied wurde gesungen gegen die Noskediktatur: „Da kann kein Ebert und kein Noske was dran machen ...” Mehrere Jungen und Mädchen der Gruppe hatten inzwischen geheiratet. Diese Mädchen waren von dem Typus, den Turgenjew in seiner balladenhaften Erzählung von der russischen Studentin, die Elternhaus und gesicherte Existenz aufgab, um am zermürbenden illegalen Kampf gegen den Zarismus teilzunehmen, als Heldin preist.
Als es in den folgenden Jahren innerhalb der KPD zu den in der deutschen Arbeiterbewegung bisher nicht gekannten Auseinandersetzungen über ideologische und taktische Fragen kam, besonders über den „Putschismus” nach den Kämpfen im März 1921, traten die meisten früheren Mitglieder des Jugendbildungsvereins mit Paul Levi, andere etwas später mit Friesland-Reuter, aus der Partei aus. Stalinist wurde niemand; niemand wurde Nazi.

Die Staatsmänner und die Militärs der Entente hatten bisher uninteressiert zugeschaut, wie die deutsche Militärkaste wieder erstarkte und die linke Arbeiterbewegung in Deutschland niederwarf. Dagegen hatten sie nichts einzuwenden. Im Gegenteil, ihre Furcht vor dem Kommunismus war stärker als vor dem preußisch-deutschen Militarismus. Sie fürchteten ein Übergreifen der Linkstendenzen auf ihre Länder und um ihre Kriegsentschädigungen. Winston Churchill drückte diese Besorgnis klar aus: „Wenn Spartakus an die Macht kommen sollte, bekommen wir keine Reparationen”, schrieb er im April 1919. Aber als man in den Ländern der Entente beobachtete, wie die deutsche Freiwilligen-Armee in wenigen Monaten auf ungefähr 400.000 Mann angewachsen war, kamen in diesen Ländern Bedenken auf, daß die

neue Armee unter Umständen in der Lage wäre, den Krieg wieder aufzunehmen. Das hätte zum Sturz der Regierungen der Entente-Länder geführt, deren Völker kriegsmüder waren als das deutsche Volk. Die Presse in den Entente-Ländern registrierte die Grausamkeiten der deutschen Freiwilligen gegen ihre eigenen Landleute und zog Vergleiche mit dem Wüten in den besetzt gewesenen Ländern – und wurde kritisch.
Durch das übermäßige Drängen zum Militärdienst hatten die Deutschen die Herabsetzung der Heeresstärke in Etappen auf 100.000 Mann selbst mitveranlaßt. Der Drang zum Militär und den Freikorps hatte sehr materielle Gründe. In einer Zeit, da der größte Teil der Bevölkerung schwere Not litt und die Regierung und ihre Presse von der Hungerblockade der Entente redete und schrieb, hatten das Militär und die Freikorpsler täglich mehrere reichliche Mahlzeiten, sie waren warm gekleidet, und ihre Kasernen waren geheizt. Einer der Hauptführer der Freikorps dieser Tage schrieb später in seinen Erinnerungen, daß die meisten Freiwilligen „arbeitsscheue Strolche" gewesen seien. Das ist das zutreffende Urteil aus den eigenen Reihen. Das Zentralorgan der SPD, der „Vorwärts", brachte ganze Seiten Inserate, mit denen die einzelnen Freikorpsführer für ihre Truppe warben, bis Proteste sozialdemokratischer Mitglieder diese Werbung stoppten. Die sozialdemokratische Parteiführung behauptete später wiederholt, daß, wenn sich mehr Sozialdemokraten zu den Freikorps gemeldet hätten, die Partei die Freikorps und die spätere neue Wehrmacht besser unter Kontrolle hätte halten können. Das ist eine nichtige und prahlerische Behauptung, denn die SPD hat in der Weimarer Republik niemals den Beweis erbracht, daß sie die Militärs im Zaum halten konnte.
Als nach den Militärklauseln des Versailler Vertrages die deutsche Armee auf 100.000 Mann Berufssoldaten festgesetzt wurde, mußten nach den Richtlinien, die von den deutschen Generalen aufgestellt waren und die Noske akzeptierte, die Sozialdemokraten und Gewerkschaftler, die sich auf Grund der Aufrufe des „Vorwärts" und der Regierung zum Militär und zu den Freikorps gemeldet hatten, ausscheiden. Damit war nach kurzer Zeit die Legende und Illusion erledigt, daß das neue deutsche Heer durch Teilnahme von Sozialdemokraten oder Gewerkschaftlern hätte „demokratisiert" werden können.
Trotz der Ermordung unserer Parteiführer und Tausender Arbeiter wurden die Bedingungen des Versailler Vertrages von den Parteimitgliedern nicht mit Genugtuung und Schadenfreude aufgenommen. Die Parteileitung lehnte ihn grundsätzlich ab. Auch die russische Sowjet-Regierung lehnte den Versailler Vertrag ab. Natürlich hatte sie dabei die Hoffnung auf eine sozialistische Revolution in Deutschland, die zu einem Bündnis mit Sowjet-Rußland geführt hätte.
Die USPD war die einzige Partei, die für die sofortige Unterzeichnung des Friedensvertrages war. Ihr Vorsitzender, Hugo Haase, erklärte: „Unser Volk braucht den Frieden, den sofortigen Frieden." Noske aber bezeichnete diejenigen Deutschen, die Frieden und Arbeit wünschten, als „verludert" und „verlumpt" und nannte die widerstrebenden deutschen Mitglieder der Verhandlungskommission in Versailles „Helden". Hugo Haase wurde kurz darauf ermordet, sein Mörder wurde für geisteskrank erklärt und blieb straffrei.

Erzeugt von den Alldeutschen, den großkapitalistischen Kreisen unter Füh-

rung der Hugenberg und Stinnes, im Verein mit der Regierung, den bürgerlichen Parteien und ihrer Presse überflutete jetzt eine nationalistische Welle das deutsche Volk und drang auch in die KPD ein. Die Zentrale stemmte sich in dieser Zeit sehr energisch dagegen. Paul Levi war der entschiedenste Bekämpfer des Nationalismus. Er erklärte in jeder Konferenz, daß „der Nationalismus nach keiner Seite hin geduldet werden darf." Jedoch war Levi nicht stark genug, um eine einheitliche Auffassung in der Partei zu erreichen.
So konnte es die Zentrale nicht verhindern, daß oppositionelle Gruppen innerhalb der Partei mit nationalistischen und auch syndikalistischen Tendenzen entstanden, die den Kampf gegen den Versailler Vertrag und eine neue Plattform, Einheit von Partei und Gewerkschaften, propagierten. Die stärkste Opposition kam aus Hamburg, wo sich während des Krieges ebenfalls eine kriegsgegnerische Gruppe innerhalb der SPD gebildet hatte, die sich „Linksradikale" nannte. Diese Gruppe stand unter Führung zweier Intellektueller, Wolffheim und Laufenberg, und war bei der Gründung der KPD dieser beigetreten. Jetzt propagierten Wolffheim und Laufenberg eine nationalistische Politik, die als „Nationalbolschewismus" bezeichnet wurde. Wolffheim und Laufenberg griffen auch die Losung Walter Rathenaus aus den letzten Kriegsmonaten auf und forderten den „bewaffneten Widerstand des gesamten Volkes gegen den Imperialismus der Entente." Der geistige Vater, der das Wort „Nationalbolschewismus" geprägt hatte, war ein rechtsstehender Professor Eltzbacher. Dieser Eltzbacher hatte eine Schrift unter dem Titel „Nationalbolschewismus" veröffentlicht, in der es hieß:
„Die kleinen Spießbürger, die heute die Geschichte des Reiches lenken, sind ratlos.
... kühn müssen wir die Übel, mit denen uns der Bolschewismus bedroht auf uns nehmen, um der Versklavung durch unsere Gegner zu entgehen und einmütig selbst dafür zu sorgen, daß der Bolschewismus kommt.
... wir müssen uns ihm hingeben in der Überzeugung, daß ... die bolschewistische Welle unaufhaltsam auch die westlichen Länder überfluten und einen Clemenceau und Lloyd George und alle anderen wegspülen wird ...
Aber selbst wenn der Bolschewismus nicht auf die siegreichen Westmächte übergreifen sollte, wird der Vorteil für Deutschland groß genug sein; aus einem bolschewistischen Deutschland kann die Entente nicht jährlich Milliarden herausziehen, es fehlt der gefügige Verwaltungsapparat und vor der dauernden Anwendung von Gewalt wird man sich aus Furcht vor Ansteckung hüten."
Diesen Thesen Eltzbachers mit dem aus dem „Kommunistischen Manifest" entlehnten Schlußsatz: „Wir haben nichts zu verlieren als unsere Ketten", stimmten Wolffheim und Laufenberg zu. Ich war in der entscheidenden Konferenz anwesend, in der Levi und Wolffheim stritten. Levi forderte nach seiner heftigen Attacke gegen die Ansichten Wolffheims und Laufenbergs den Ausschluß der beiden aus der Partei. Ich stimmte Levi zu. Levi erhielt in dieser Konferenz zwar die Mehrheit, aber nicht in der Gesamtpartei. Die Diskussion über den „Nationalbolschewismus" lenkte die Partei von ihren Aufgaben als Arbeiterpartei ab, sie fand in der Arbeiterschaft keinen Widerhall und lähmte den Aufbau der Partei. Sie hatte außerdem zur Folge, daß sich im Laufe der nächsten Monate viele Mitglieder von der Partei lösten, die nach dem Parteitag von Heidelberg die „Kommunistische Arbeiterpar-

tei Deutschlands" (KAPD) gründeten.

Lenin wurde unter anderem auch durch diesen „Nationalbolschewismus" zu seiner Schrift „Der linke Radikalismus, die Kinderkrankheit im Kommunismus" angeregt. In dieser Schrift sprach sich Lenin für den Frieden und für die Annahme des Versailler Vertrages aus. Er war der Auffassung, daß eine Revolution in Deutschland nur möglich sei, wenn sie außenpolitische Konflikte vermeide. Lenin schrieb: „Es genügt nicht, sich von den himmelschreienden Absurditäten des „Nationalbolschewismus" Laufenbergs und anderer loszusagen, der soweit gekommen ist, daß er unter den gegenwärtigen Verhältnissen der internationalen proletarischen Revolution für einen Block mit der deutschen Bourgeoisie zum Kriege gegen die Entente eintritt . . . Der Sturz der Bourgeoisie . . . ist ein solches Plus für die internationale Revolution, daß man seinetwegen – wenn es notwendig sein sollte – auf ein längeres Bestehen des Versailler Vertrages eingehen kann und muß."
Auch die erst kürzlich gegründete Kommunistische Internationale griff in die deutsche Parteidiskussion ein. In einem „Offenen Brief" an die Gefolgschaft Laufenbergs und Wolffheims verurteilte das Exekutivkomitee deren Politik. Es übernahm die Argumente Levis und Lenins und schrieb: „Laufenberg und Wolffheim verbreiten das Gift der Illusion, als könne das deutsche Bürgertum aus nationalistischem Haß zum Verbündeten des Proletariats werden. Würde dieser Köhlerglaube das Proletariat betören, so würde es zum Kanonenfutter des deutschen Kapitals . . . werden." Lenins Einfluß reichte nicht aus, und die Kommunistische Internationale hatte keine ausreichende Autorität, um die ausgeschiedenen Mitglieder umzustimmen. Doch die „Linken" in der USPD waren stark beeindruckt; die Haltung Lenins war der Hauptgrund, daß sie zum Entschluß kamen, sich mit der KPD zu vereinigen.

Zum Studium der politischen Situation, Versailler Vertrag, Mitarbeit in den Gewerkschaften und Organisationsfragen, Aufbau der einzelnen Gliederungen der Partei, Agitation und Propaganda, wurde eine Art Parteischule einberufen. Diese fand vor der geplanten Reichskonferenz und dem zweiten, dem Heidelberger, Parteitag statt. Auf dieser Parteischule, die zwei Wochen dauerte, lernte ich die meisten wichtigen Funktionäre der Partei kennen: Mitglieder der Zentrale, Redakteure und Sekretäre. Wilhelm Pieck, der vor dem Kriege die zentrale Parteischule der SPD geleitet hatte, hatte diese Konferenz organisiert und hielt das einleitende Referat über die Organisation der Partei. Pieck sprach wie immer trocken langweilig, aber er konnte instruktiv sagen, wie die neue Parteiorganisation aufgebaut werden müsse und wie sie arbeiten solle. Ich wurde ein enger Mitarbeiter Piecks in den folgenden Jahren. Schöpferische politische Gedanken hatte er kaum, aber er war ein Praktiker, der bei allen Entscheidungen der Parteigeschichte dabei war. Weitere Referate hielten unter anderen August Thalheimer und Hermann Duncker. Paul Levi gab in seinem Referat die Erfahrungen der kurzen Parteigeschichte wieder und erklärte, daß die Partei nur dann eine Zukunft habe, wenn sie eine disziplinierte Einheit bildet, die ihre Beschlüsse unbeeinflußt von anderen Kräften oder Interessen fassen müsse. Die Partei dürfe sich nicht in Situationen hineinmanövrieren lassen, in denen sie die Kontrolle über die Ereignisse verliere. Wenn es zu Kämpfen kommen sollte, die nicht von der Partei beschlossen und geleitet werden, so könne und dürfe die Partei die Verantwortung auch nicht übernehmen. Die Partei müsse aus der Isolierung heraus und nur als Massenpartei könne sie als revolutionärer Kraft bestehen. Das „Kommunistische Manifest" wurde Satz für Satz durchgesprochen. Franz Mehrings „Geschichte der deutschen Sozialdemokratie" wurde studiert. Beschlüsse wurden nicht gefaßt, aber es wurde betont, daß jedes Mitglied der KPD auch Mitglied und möglichst sogar Funktionär der Gewerkschaften sein müsse. Die Parteischule war geheim; sie fand in einem Dorf nahe Hanau am Main statt.

Nach der „Reichskonferenz" und dem folgenden Parteitag von Heidelberg kam es zu der erwähnten Spaltung. Der Aufbau der Partei mußte wiederum neu begonnen werden. Meine Arbeit litt unter noch schwereren Bedingungen als bisher, weil die Mehrheit der Parteimitglieder in Berlin eine weitere Mitarbeit ablehnte. Nicht allein wegen der deprimierenden Spaltung und den vielen Genossen sinnlos erscheinenden Meinungsverschiedenheiten, sondern vielfach auch wegen der Gefahren, die mit der Mitgliedschaft in der KPD verbunden waren. Sie wollten nicht „Tote auf Urlaub" sein. Die älteren Genossen erzählten immer wieder, wie harmlos die Zeit des Bismarckschen „Sozialistengesetzes" im Vergleich mit den jetzigen Verfolgungen gewesen sei. Und doch war es nicht etwa Feigheit, sondern mehr Resignation. Das Gefühl, gegen frühere Parteigenossen zu stehen, mit denen sie vor dem Kriege jahrelang zusammengearbeitet hatten, verbitterte sie.
Ich wurde zum zweiten Parteisekretär der Provinz Brandenburg ernannt. Erster Sekretär war Willi Budich. Budich war bereits vor mir von München nach Berlin zurückgekehrt. Er hatte in München von einem Lehrer Ausweispapiere geliehen und war in Begleitung seiner Gefährtin mit der Bahn nach Berlin gefahren. Seine unbekümmerte Sicherheit brachte ihn heil durch alle Kontrollen. Unsere Büro in Berlin bestand aus einem Zimmer bei einer Kriegerwitwe. Die Post aus der Provinz ließen wir an einige neutrale Adressen schicken. Manchmal kamen Besucher aus der Provinz, die uns oder Mitglieder der Zentrale sprechen wollten. Ich mußte anfangs immer ein Risiko eingehen, denn ich kannte zu Beginn der Arbeit weder die Briefschreiber noch die Besucher. Unsere Adressen hätten leicht in falsche Hände geraten können. Ich verließ mich auf meinen mit Vorsicht gepaarten Instinkt.
Mit meinem Fahrrad fuhr ich in den nächsten zehn Monaten kreuz und quer durch die Mark Brandenburg; von der Stadt Brandenburg an der Havel bis Schwiebus an der polnischen Grenze. Auch im Winter nahm ich die Strapazen auf mich. Als Radsportler hatte ich früher auch im Winter auf den Landstraßen trainiert. Wenn die Straßen nicht gar zu stark verschneit oder vereist waren, kam ich immer voran; wie die Landbriefträger, die ihre Post ja auch bei jedem Wetter mit dem Fahrrad ausfuhren.
Die Arbeit war mir keine Last. Ich war überzeugt, daß nur die sozialistische Revolution den Revanchekrieg der deutschen Militärs verhindern kann. Diese Auffassung vertrat ich seit dem Zusammenbruch des Kaiserreiches, und der Gründungskongress der Kommunistischen Internationale hatte im März 1919 die These aufgestellt, daß es zu einem neuen und noch blutigeren Weltkrieg kommen werde, wenn der Imperialismus nicht niedergeworfen wird. Der rasche Aufbau einer starken Kommunistischen Partei war folglich für mich eine Frage auf Leben und Tod.
Ich begann den Aufbau der Parteiorganisation mit den einfachsten Mitteln.

Ich hatte kleine Plakate im Rucksack mit, deren vorgedruckten Text ich mit der Hand ergänzte: „Ein Beauftragter der Kommunistischen Partei Deutschlands wird heute von . . . bis . . . im Lokal . . . sein, um über die neue Partei Auskünfte zu geben." Ich riskierte diese öffentliche Werbung, obwohl die Partei noch nicht wieder offiziell erlaubt war. Aber inzwischen war die Verfassung von Weimar angenommen worden, die die Freiheit der Versammlung und der Person verkündete.
Einige Interessenten kamen. Manchmal sogar bis zu fünfzig Personen, darunter auch Frauen. Die meisten Besucher waren frühere Sozialdemokraten, die kein Vertrauen mehr zu ihrer Partei hatten und wissen wollten, was im Kriege und nach dem Zusammenbruch eigentlich geschehen war und wohin die Ebert-Noske-Regierung steuere. Es gab kleine Ortsgruppen von SPD und USPD, die zu uns übertraten oder sich spalteten, und andernorts meldeten sich Interessierte, die die Gründung einer Ortsgruppe übernehmen wollten. Ich mußte Vertrauen haben zu mir unbekannten Menschen und wurde nur selten getäuscht. Die Aussprachen dauerten oft bis Mitternacht und ich mußte die fremden Menschen fragen, ob mich jemand über Nacht aufnehmen könnte. Ich hatte kein Geld für ein Gasthauszimmer. Erhielt ich kein Obdach, so radelte ich noch in der Nacht nach Berlin zurück. So wuchs die KPD in der Provinz Brandenburg rascher als in Berlin.
Es kamen auch stets Gegner, die eine Zusammenkunft verhindern wollten. Und jedesmal kam auch ein Gendarm, der meine „Papiere" sehen wollte. Damals waren die polizeiliche Anmeldung und der Geburtsschein ausreichende Ausweise. Sie waren echt, nur hatte ich sie geliehen.

Doch wie Wilhelm Busch sagte: „Vater werden ist nicht schwer, Vater sein dagegen sehr," so war die Erhaltung der Gruppe schwieriger als die Gründung. Die Ortsgruppe mußte sich in das politische Leben des Ortes und des Kreises einfügen, sie mußte lernen, aktive kommunistische Politik zu machen. Dazu gehörten feste Überzeugung und großer persönlicher Mut. Die meisten dieser Ortsgruppen bestanden bis zum Untergang in der Nazizeit.
Den zentralen Parteibezirk Groß-Berlin übernahm im Spätsommer ein neuer Sekretär, der erst vor mehreren Monaten aus Sowjet-Rußland zurückgekehrt war. Er nannte sich Ernst Friesland. Der Name ähnelte meinem internen Parteinamen, stimmte aber ebensowenig wie meiner. Mein Parteiname war Friedberg. Friesland war in russischer Kriegsgefangenschaft gewesen. Als die Revolution in Rußland ausbrach, hatte er sich dieser aktiv angeschlossen. In den folgenden Monaten war er zum „Volkskommissar" der deutschstämmigen Siedler an der Wolga gewählt worden, die ihre ausgedehnte Siedlung in der Revolutionszeit „Wolgadeutsche Republik" nannten. In dieser lebten damals ungefähr 450.000 Bauern in einigem Wohlstand. Diese brachten den Revolutionären nur geringe Freundschaft entgegen. In der Eigenschaft als Volkskommissar hatte Friesland auch Lenin kennengelernt. Nach seiner Rückkehr nach Berlin, Weihnachten 1918, suchte er, mit Lenins Empfehlungsschreiben versehen, sogleich Anschluß an die Zentrale des Spartakusbundes. In den blutigen Januartagen 1919 mußte Friesland sich verborgen halten, er war der Mordzentrale im Edenhotel gemeldet worden. Man wußte dort, daß Friesland sich vor und nach Ausbruch des Krieges aktiv als Pazifist betätigt und dem Bund „Neues Vaterland" angehört hatte. Nun wurde er außerdem wegen seiner Tätigkeit als Volkskommissar der „Wolgarepublik" verleumdet. Im März 1919 ging

Friesland auf Wunsch Jogiches' nach Oberschlesien, um dort die KPD aufzubauen. Friesland wurde aber bald verhaftet und über drei Monate lang im Gefängnis gehalten. Nach seiner Freilassung ging er zur Erholung in sein Elternhaus, kam dann nach Berlin zurück, und die Zentrale übertrug ihm die Arbeit des Parteiaufbaus in Groß-Berlin. Damals waren Groß-Berlin und Brandenburg getrennte Bezirke.
Wir hatten unser Büro längere Zeit im gleichen Zimmer. Bis zu der erneuten Krise innerhalb der Partei, die um Levis Kampfschrift „Wider den Putschismus" entstand, haben wir gute Kameradschaft gehalten. Dann wurde Friesland ein „Linker". Mir gab er den Titel „Levit". Friesland war sieben Jahre älter als ich, er hatte angenehme zurückhaltende und höfliche Umgangsformen, auch in der Zeit, in der mehr geschrien als gesprochen wurde. Er war sehr belesen und sprachbegabt. Besonders gut verstanden wir uns, weil wir die gleiche Grundeinstellung gegen den Militarismus hatten. „Alle Unruhe in der Welt kommt in erster Linie vom deutschen Militarismus," sagte er wiederholt, „darum muß auch in politischen Tagesfragen der Kampf gegen den Militarismus unsere Hauptaufgabe sein." Hinzu kam, daß er ebenfalls Freidenker war und wie ich von den Funktionären (nicht unbedingt von den „einfachen" Mitgliedern) der Partei verlangte, aus der Kirche auszutreten.
Ich habe Friesland selten über theoretische Fragen sprechen hören, er war Politiker und Praktiker. Er sprach aber gern über die Räte-Verfassung als die gegebene Form der proletarischen Herrschaft. Er postulierte: „Nur wer gesellschaftliche Werte schafft, soll über das gesellschaftliche Leben bestimmen . . . "
„Schmarotzer und Couponschneider dürfen das Leben des arbeitenden Volkes nicht leiten . . . " "Wenn wir nicht die Diktatur des Proletariats errichten, so werden wir den zweiten Weltkrieg haben . . . " Das war alles klar und einfach, und das war ja auch die Parteilinie. Obwohl Friesland sich zu den „Linken" gesellte und gegen die Führung Paul Levis opponierte, unterstützte er doch dessen Kampf gegen den Nationalbolschewismus.
Eine enge Zusammenarbeit, die Friesland und mir unvergeßlich blieb, ergab sich in der Abwehr des Kapp-Lüttwitz-Putsches, als die Militärs in Berlin losschlugen. Noch Jahrzehnte später, als ich ihn einige Jahre vor seinem Tode in Berlin besuchte, erinnerte er im Gespräch an die Tage des Kapp-Lüttwitz-Putsches. Friesland war mittlerweile Regierender Bürgermeister von Berlin geworden, unter seinem richtigen Namen: Ernst Reuter.

Die kommunistische, jetzt „Freie Deutsche Jugend" von Berlin-Süden hatte in der Alten Jakobstraße eine Wohnung gemietet und als Jugendheim umgestaltet. Die beiden Vorderzimmer wurde zu einem Saal; die Hinterzimmer und die frühere Küche konnte ich über ein Jahr lang als Büro und Sitzungszimmer benutzen. Selbst wenn die Partei hin und wieder für kurze Zeit „legal" war, konnte ich die legalen Parteibüros nicht betreten, weil diese unter ständiger Polizeikontrolle standen und ich weiterhin steckbrieflich gesucht wurde.
Unter den Jugendlichen, die sich mehrmals in der Woche im Heim zu Vorträgen und Diskussionen, Volkstänzen und Vorlesen von Theaterstücken trafen, waren zwei ungewöhnlich intelligente und schöne Mädchen: Lene Jansen und Dora Bayer. Lene Jansen hatte das Profil von Hölderlins Diotima, und ihre Lieblingslektüre war die Geschichte des Gilgamesch und Hölder-

lins Hyperion, und im Heim hatte ich sie nie ohne Ludwig Rubiners Anthologie „Kameraden der Menschheit" gesehen. Sie war um diese Zeit Maschinenschreiberin bei dem Dichter und Schriftsteller Ludwig Rubiner und seiner Frau Frida, die Schriften aus dem Russischen übersetzte. Ludwig Rubiner starb, erst 39 Jahre alt, im Februar 1920.
Lene Jansen führte mir eines Tages einen jungen Leutnant zu, der angab, in einem Büro im Wehrministerium zu arbeiten. Er hatte sie in einer Buchhandlung angesprochen, als beide das gleiche Buch verlangten. Ich war natürlich zuerst mißtrauisch und rief sein Büro im Reichswehrministerium an, ich bekam den Leutnant auch wirklich an den Apparat; seine Angaben stimmten. Er wurde mir noch uneigennützig und eifrig behilflich.
Lene Jansens ältere Schwester war Sekretärin bei einem Mann, den sie „Doktor" nannte. Obwohl niemals ein Name genannt wurde, wußte ich bald, daß ihr Chef Karl Radek war, der noch als Staatsgefangener im Zellengefängnis in der Lehrter Straße gehalten wurde. Die Schwestern wohnten zusammen bei ihrer Mutter, und eines abends stellte mir die Schwester ihren Verlobten vor. Es war ein junger Musiker, der später eine europäische Berühmtheit wurde: Hermann Scherchen. Politisch stand Scherchen, wie damals jeder Intellektueller mit Herz und Verstand, links. Er war nicht parteigebunden und nicht aktiv; er ging ganz in seiner Musik auf. Ich weiß noch, wie ich eines abends in die Wohnung kam und dort alles in heller Aufregung vorfand: die Schwester hatte einen Sohn geboren. Der Vater stand verlegen am Bett der jungen Mutter. „Nur einen Apfel hat er mitgebracht," sagte Lene Jansen empört zu mir. Lene Jansen heiratete später den Ungarn Rado, der im zweiten Weltkrieg durch seine geheime Tätigkeit für die Sowjet-Union in der Schweiz viel genannt wurde. Er ist heute Professor der Geographie in Budapest.
Das andere Mädchen, Dora Bayer, erzählte mir von ihrem Freund, einem Studenten, der politisch sehr radikale Ansichten habe und sich sehr für die Kommunistische Partei interessiere. Auf mein Bitten brachte sie ihn eines abends zum Jugendheim mit. Es war ein wohlaussehender junger Mann, der mir sofort sympathisch war. Er erzählte mir, daß er erst kürzlich aus dem Baltikum zurückgekehrt sei. Er habe aber nicht zu den berüchtigten „Baltikumern" gehört, sondern er war als noch 17-jähriger eingezogen worden und war mit seiner Einheit monatelang im Baltikum abgeschnitten gewesen. Er hieß Fritz Schönherr und er war genau der Typus, wie er in den Schulbüchern als vorbildlicher deutscher Siegfried-Recke dargestellt ist: athletische Figur, strohblond, blaue Augen; gesunde Gesichtsfarbe bewies, daß er in den Monaten am Baltischen Meer Sonne und Meeresluft genossen hatte. Wir wurden schnell Freunde, und in der Folge kam er zu den Versammlungen stets mit einer Gruppe Studenten, die ebenso enthusiastisch links standen wie er. Sie boten sich auch an, mich als eine Art Leibgarde zu Versammlungen in die Provinz zu begleiten. In den kommenden Monaten und besonders im Kapp-Lüttwitz-Putsch waren die Studenten mir eine unschätzbare Hilfe.
Später gehörte Fritz Schönherr zur politischen Arbeitsgemeinschaft um Paul Levi und um die neue Zeitung „Das Tagebuch", die von Leopold Schwarzschild und Joseph Bornstein geleitet wurde. Fritz Schönherr wurde desweiteren Direktor der „Bank der Arbeiter, Angestellten und Beamten" und Förderer der ersten Brecht/Weillschen „Mahagonny"-Aufführung, in der seine spätere Frau, die Schauspielerin und Sängerin Trude Hesterberg

die Hauptrolle spielte. Anfang Mai 1945, während der Kämpfe um Berlin, als die russischen Armeen bereits den größten Teil Berlins besetzt hatten, wurde Fritz Schönherr von SS-Leuten erschossen.

Zum Jugendheim Alte-Jakob-Straße kamen neue interessante Typen und Themen hinzu. Ein Karl Frank aus Wien begann aus den damals viel diskutierten Schriften Sigmund Freuds und des Schweizers Auguste Forel über sexuelle Fragen vorzulesen. Als er die „freie Liebe" etwas zu lebhaft propagierte, mußte sein Eifer gebremst werden, und wir sagten ihm, daß das Jugendheim nicht der geeignete Ort sei, wenn er in dieser Frage zu taktlos werde. Wir wollten politisch bleiben. Karl Frank wurde später gemeinsam mit einem weiteren Mitglied dieses Jugendheims, Walter Löwenheim, unter dem Namen „Miles" in der sozialistischen Welt bekannt. Beide waren die Autoren einer Untersuchung über die Ursachen des Zusammenbruchs der deutschen Arbeiterbewegung, die nach 1935 veröffentlicht wurde, mit einem Programmentwurf, betitelt „Neubeginnen" – Vorschläge zum Aufbau einer neuen sozialistischen Bewegung. Sie konnten sich jedoch bei den Sozialdemokraten im Exil nicht durchsetzen.

Seit im Juli 1919 der Versailler Vertrag nach theatralisch-komischem Gehabe der Regierung und der Nationalversammlung von diesen Gremien angenommen worden war, lag der Militärputsch in der Luft. Die Militärverschwörer gaben sich keine besondere Mühe, ihre Absichten zu verbergen. Der General Lüttwitz und der Beamte Kapp hatten sich bereits im August 1919, am Tag nach der Wahl Eberts zum Reichspräsidenten, getroffen und sich geeinigt, zum passend erscheinenden Termin loszuschlagen.
Die Militärklauseln des Versailler-Vertrages bestimmten die Auflösung des Restheeres und der Freikorps und forderten statt dessen die Schaffung eines Berufssoldaten-Heeres. Von den bisherigen rund 24.000 Offizieren des kaiserlichen Heeres sollten nur ungefähr 4.000 in das neue Heer übernommen werden. Die anderen 20.000 sollten arbeiten oder „stempeln" gehen. Das war der schrecklichste Schlag, der diese Leute treffen konnte. Bisher hatte es in diesen Kreisen „Arbeiterschweine" geheißen, wenn von den Menschen die Rede war, die den Herren das Brot backten, die Kasernen und Wohnungen bauten, die Uniformen schneiderten und auch die Waffen schmiedeten. Jetzt waren die früheren Offiziere in der Situation, zur Erhaltung des eigenen Lebens selber arbeiten zu müssen. Das lag vorerst nicht in ihrer Absicht. Sie gedachten die Militärklausel des Versailler Vertrages zu ignorieren. Zuerst versuchten die Generäle, Noske zu überreden, als Diktator die Regierungsgewalt zu übernehmen. Wahrscheinlich nahmen sie an, Noske werde mit der Entente so umgehen können wie mit der deutschen Arbeiterschaft. Der geschmeichelte Noske aber war ein Parteimensch, er war sich bewußt, daß seine Laufbahn beendet wäre, wenn er sich von seiner Partei löste. Er hatte auch aus der arroganten Haltung der höheren Offiziere, die diese auch ihm gegenüber einnahmen, gespürt, daß die Militärs ihn ohne weiteres wegjagen würden, wenn er ihnen nicht mehr nützlich sein sollte. Der brutal-bauernschlau beschränkte Noske hat aus eitler Genugtuung, Vertrauter der Offiziere zu sein, nichts gegen die drohende Gefahr des Militärputsches unternommen. Er warnte weder die eigene Regierung noch die eigene Partei.

Zwei Monate, bevor die Verschwörer Kapp-Lüttwitz losschlugen, war ich Zeuge eines blutigen Gemetzels, das die sozialdemokratische Regierung unter den Berliner Arbeitern anrichten ließ und das die Haltung der Zentrale der KPD und besonders der Berliner Organisation zu Anfang des Kapp-Lüttwitz-Putsches mitbestimmte.

Die Nationalversammlung war mittlerweile von Weimar nach Berlin ins Reichstagsgebäude übersiedelt. Eine Demonstration der Betriebsarbeiter auf dem Königsplatz vor dem Reichstagsgebäude am 13. Januar 1920 forderte die Ausführung des Artikels 165 der Verfassung von Weimar. Der Artikel 165 bestimmte über die Betriebsräte:
„Die Arbeiter und Angestellten sind dazu berufen, gleichberechtigt in Gemeinschaft mit den Unternehmern an der Regelung der Lohn- und Arbeitsbedingungen sowie an der gesamten wirtschaftlichen Entwicklung der produktiven Kräfte mitzuwirken."
In vielen Reden und Proklamationen, Zeitungsartikeln und Plakaten hatten die Reichsregierung und ihre Presse die Ausführung dieses Verfassungsartikels, darüber hinaus auch die „Sozialisierung von Schlüsselindustrien" versprochen und, wie immer, ihre Versprechungen nicht gehalten. Das Gesetz, das nun am 13. Januar 1920 der Nationalversammlung vorlag, sah die Wahl von getrennten Arbeiter- und Angestellten-Betriebsräten vor, sonst aber enthielt es nur Beschwerderecht anstatt Mitbestimmung und überhaupt nichts von der Mitwirkung an der Entwicklung der Produktion. Deshalb riefen eine neugebildete „Zentrale der Betriebsräte", USPD und KPD zu einer Demonstration vor dem Reichstagsgebäude auf, um gegen die Mißachtung des Artikels 165 der Verfassung zu protestieren. Die Demonstration endete in einem Blutbad; 42 Arbeiter wurden auf der Stelle getötet und über 100 zum Teil so schwer verletzt, daß noch mehrere an den erlittenen Wunden starben.
Es hatten wohl an die hunderttausend Arbeiter und Angestellte mittags die Betriebe verlassen und waren zum Königsplatz marschiert. Ich war mit dem Fahrrad gekommen und mußte darum etwas weit zurück am Rande der Massen bleiben. Obwohl ich auf einer Stufe vor der Siegessäule stand, konnte ich nicht viel sehen, weil bei dem leichten Regen Hunderte der Teilnehmer ihre Regenschirme aufgespannt hatten und die Sicht zum Reichstagsgebäude noch mehr verdeckten. Von den Rednern, die von der Treppe des Gebäudes sprachen, sah und hörte man von meinem Platz aus kaum etwas. Damals gab es noch keine Lautsprecher bei Demonstrationen. Es war auch nicht zu sehen, daß hinter den Säulen des Reichstagsbäudes Maschinengewehre aufgebaut und auf die Massen gerichtet waren. Der Anmarsch aus den Betrieben hatte lange gedauert, ich stand schon fast zwei Stunden an meinem Platz. Es begann bereits zu dämmern, als plötzlich Maschinengewehre ratterten. Polizei und Soldaten, die hinter den Säulen postiert waren, feuerten in die Menschenmenge hinein. Diese rannten auseinander, Tausende wurden umgerissen oder warfen sich zu Boden. Nach mehreren Feuerstößen aus den Maschinengewehren brachen Polizei und Soldaten aus den Seitenstraßen hervor und schlugen auf die zurückweichenden oder am Boden liegenden Arbeiter und Angestellten ein. Das geschah in Sekundenschnelle. Zurück blieben nur die Toten und die schreienden Verwundeten, die sich auf dem Vorplatz zum Reichstagsgebäude im Blut wälzten. Der dünne Regen vermischte sich mit dem Blut der Opfer.

Ich fuhr ins Parteibüro und berichtete von dem Überfall. Wir konnten nur in ohnmächtiger Wut und Trauer auf weitere Nachrichten warten. Das Ausmaß des Verbrechens: zweiundvierzig Tote auf den ersten Schlag, erfuhren wir erst am folgenden Tag, als auch schon der Ausnahmezustand verhängt wurde. Damit waren die drei Wochen der Legalität wieder vorüber. Die KPD und die „Rote Fahne" wurden erneut verboten. Mitglieder der Partei, die sich nicht rechtzeitig verbergen konnten, wurden verhaftet, darunter auch der Vorsitzende der Partei, Paul Levi. Budich und ich waren sowieso „illegal". Wir blieben einige Tage vom Büro und von den der Polizei bekannten Parteilokalen fern und trafen uns an anderen Orten.
Wie bei früheren Feuerüberfällen von Noske-Truppen auf Demonstrationen wurde auch diesmal behauptet, die Menge habe das Reichstagsgebäude stürmen wollen. Bewiesen wurde diese Beschuldigung niemals. Tatsache ist, daß die Demonstranten direkt aus den Betrieben gekommen waren, viele hatten ihre Schirme, ältere Leute ihre Spazierstöcke bei sich. Hunderte waren mit Fahrrädern gekommen. Das Aufstellen der Maschinengewehre hatte der preußische Minister des Innern, Wolfgang Heine, angeordnet. Noske war erst am Tage vorher aus einem Urlaub zurückgekehrt. Doch erklärte er wieder zynisch-prahlerisch, „die Verantwortung zu tragen." Es gab keine Stelle, die ihn zur Verantwortung zog. Noske erinnerte an das geflügelte Wort, das er selbst geprägt hatte: „Einer muß der Bluthund sein." So wie einst Bismarck das Wort vom „Blut- und Eisenkanzler" selber geprägt hatte.
Studierende der deutschen Geschichte, die den unaufhaltsamen Aufstieg Hitlers zur Macht deuten wollen, werden auch in diesem Blutbad einen weiteren Schritt zur Diktatur Hitlers erkennen: Hitler war noch ein Nichts, aber sein Geist war schon da. Der Artikel 165 der Verfassung von Weimar wurde bis zum schmählichen Ende der Republik 1933 nicht angewendet. Die Schöpfer der Verfassung selbst bewiesen damit, daß sie diese nicht ernst nahmen. Für die SPD hatte das Blutbad zur Folge, daß sie bei den nächsten Wahlen zum Reichstag, die sechs Monate später im Juni 1920 stattfand, einige Millionen Stimmen und 61 Abgeordnetensitze verlor.

In diesen Monaten fand ich Unterkunft bei einem jungen Ehepaar Wricke im Stadtteil Oberschöneweide. Das Haus stand nahe der Spree, einige hundert Meter von Köpenick entfernt. Die Wohnung bestand aus einem Zimmer und der Küche. Das junge Paar hatte erst, nachdem Wricke aus dem Kriege zurückgekehrt war, im heimatlichen Dorf geheiratet und war gleich darauf in die Stadt gezogen. Ein Baby war bereits da; es hatte sein Bettchen im Zimmer der Eltern. Wricke war arbeitslos, seine Frau hatte eine Heimarbeit.
Wenn ich dort übernachtete, wurde ein Klappbett in der Küche aufgestellt. Tagsüber war ich unterwegs. Ich hatte Gustav Wricke einige Monate zuvor durch den schon erwähnten Schneidermeister kennengelernt und ihn in die Partei eingeführt. Er entwickelte starken Lerneifer und begleitete mich einige Male zu Versammlungen auf dem Lande. Er sollte sich bald als ein intelligenter und mutiger Mann erweisen. In späteren Jahren machte er eine ungewöhnliche Karriere, die ihn nach China zu Borodin und zu Mao Tse-Tung führte.

Am frühen Morgen des 13. März fuhr ich mit dem Fahrrad zu einem Treff-

lokal in der Köpenicker Straße im Südosten Berlins. Wegen der Gerüchte über einen bevorstehenden Putsch war ich in der letzten Woche in Berlin geblieben. Ich fuhr an den großen Elektrizitätswerken und anderen Betrieben des Industrievorortes Oberschöneweide vorbei und sah die Massen der Arbeiter zur Arbeit strömen. Die Straßenbahn verkehrte ebenso wie die Vorortbahn normal und als ich durch den Südosten Berlins kam, sah ich auch die Hochbahn fahren. Ich bemerkte noch keine Anzeichen, daß ein bedeutendes Ereignis eingetreten war.
Im Lokal angekommen, wartete ich auf Budich, der bald aufgeregt durch die Tür stürzte und erzählte, daß er unterwegs von der Straßenbahn aus am Potsdamer Platz Truppen mit Hakenkreuzen am Stahlhelm gesehen habe. „Vielleicht ist der erwartete Schlag der Freikorps erfolgt", sagte er, „fahre mit dem Fahrrad zum Regierungs- und Zeitungsviertel, um zu schauen, was passiert ist." Ich fand das Zentrum Berlins von Militär besetzt, die Straße „Unter den Linden" und die Wilhelmstraße waren gesperrt. Gruppen alkoholisierter, singender Soldaten, kriegsmäßig ausgerüstet, Gewehrpyramiden, rauchenden „Gulaschkanonen", Lastwagen standen auf den Straßen um das Brandenburger Tor. Es war ein lärmender militärischer Betrieb. Aber auch mehrere hundert Zivilisten, teils mit schwarz-weiß-roten Armbinden oder Schleifen, erkennbar als Mitglieder der „Einwohnerwehren", standen herum. Zweifellos waren sie vorher benachrichtigt worden. Ich mußte einen großen Umweg fahren, um zum Zeitungsviertel zu kommen. Dort standen ebenfalls Militärposten. Die Morgenzeitungen waren aber schon wie üblich in aller Frühe ausgetragen worden, sie lagen auch an den Kiosken zum Verkauf aus; sie konnten noch keine Berichte über die Ereignisse der vergangenen Nacht enthalten. Polizei war nirgends zu sehen. Unterwegs sah ich Lastwagen durch die Straßen rasen, von denen Soldaten Flugblätter abwarfen. Sie enthielten die Mitteilung, daß Kapp Reichskanzler und General Lüttwitz Reichswehrminister und Oberbefehlshaber sei. In einem weiteren Flugblatt wurde mitgeteilt, daß die Regierung Ebert-Noske-Bauer aus Berlin geflüchtet sei.
Ich kann und will hier keine Geschichte des Kapp-Lüttwitz-Putsches und der schmählichen Rolle der Ebert-Noske-Regierung vor und nach dieser Affäre schreiben, sondern nur meine Erlebnisse in diesen Tagen in Berlin schildern. Wenn ich stets Ebert-Noske-Regierung schreibe, so tue ich das der Klarheit wegen. Ich weiß wohl, daß der Reichskanzler Gustav Bauer hieß. Ebert war Reichspräsident. Aber Ebert und Noske machten die Politik, nicht der belanglose Gustav Bauer, der von sämtlichen Regierungschefs der Weimarer Republik wohl der farbloseste war. Eindeutig zeigte sich jetzt, daß Ebert als Reichspräsident nichts als den Haß großer Teile der Arbeiterschaft, die Verachtung des Bürgertums und den Hohn der Militärs erreicht hatte.
Der General Lüttwitz hatte vor seinem Einmarsch in Berlin die Reichsregierung verhöhnt, indem er seinen Putsch mit einem Ultimatum auch noch ankündigte. Er vermutete richtig, daß die Ebert-Noske-Regierung ihre Sachen packen und davonlaufen werde. Einen Tag vorher hatte die Berliner Presse Alarmmeldungen über die Absichten der Putschisten gebracht. Nur das SPD-Zentralorgan, der „Vorwärts", glaubte nicht daran. Noske hatte dem „Vorwärts"-Redakteur Kuttner (vom früheren „Regiment Reichstag") auf dessen Anfrage versichert, daß die Putschgerüchte unbegründet seien. Während des Telefongespräches Noske-Kuttner waren die Truppen bereits auf dem

Marsch nach Berlin und besetzten anderntags auch den „Vorwärts". Die Berliner Polizei verhielt sich nicht nur passiv, der sozialdemokratische Polizeipräsident Ernst, der ein Jahr zuvor an Stelle Eichhorns getreten war, ging zu den Putschisten über. Er war nicht der einzige führende Sozialdemokrat, der sich offen zur Konterrevolution bekannte, auch der sozialdemokratische Oberpräsident von Ostpreußen, August Winnig, putschte mit.
So besetzte das Ehrhardtsche Freikorps in den frühen Morgenstunden des 13. März ungehindert Berlin. Die Söldner brüllten ihr Marschlied, das über ihre Absichten keinen Zweifel ließ:

„Hakenkreuz am Stahlhelm,
Schwarzweißrot das Band,
Die Brigade Ehrhardt
Werden wir genannt.

Arbeiter, Arbeiter,
Wie mag es Dir ergehn,
Wenn die Brigade Ehrhardt
Wird einst in Waffen stehn.

Die Brigade Ehrhardt
Schlägt alles kurz und klein,
Wehe Dir, wehe Dir,
Du Arbeiterschwein!

Hakenkreuz und Stahlhelm,"
usw.

Jetzt ging es nicht mehr nur gegen die Kommunisten, sondern gegen die Arbeiterschaft und gegen die Republik insgesamt.

Als ich einige Stunden später ins Lokal zurückkam, traf ich außer Budich auch Friesland und mehrere Parteimitglieder an, die heftig diskutierten. Wenn es eine politische Euphorie geben sollte, dann konnte die Stimmung unter den Anwesenden so bezeichnet werden. Ich berichtete über meine Beobachtungen in den Straßen Berlins und legte die mitgebrachten Flugblätter vor. Während meiner Abwesenheit hatten auch andere Genossen, die aus der inneren Stadt gekommen waren, die gleichen Flugblätter zur Hand und sie diskutierten auch bereits über den Aufruf zum Generalstreik, der vom Vorsitzenden der „Generalkommission der Gewerkschaften", Carl Legien, unterzeichnet war.
Wir beschlossen, sogleich alle erreichbaren Funktionäre zusammenzurufen und mit Mitgliedern der Zentrale, soweit sie sich in Berlin aufhielten, zu beraten, wie wir uns verhalten könnten. Die Jüngeren von uns übernahmen es, in der Stadt herumzufahren, um die Funktionäre zusammenzuholen. Das war nicht schwierig, die meisten Funktionäre saßen arbeitslos zu Hause. Überrascht war niemand, alle hatten sich seit Tagen darauf eingerichtet, jederzeit bereit zu sein.
Am frühen Nachmittag kamen ungefähr 40 Funktionäre zusammen. Friesland referierte: „Die Ebert-Noske-Bauer sind stumm und widerstandslos in die Grube gefahren, die sie sich selber gegraben haben . . . Die Arbeiter-

schaft darf keinen Finger rühren für die in Schmach und Schande untergegangene Regierung der Mörder Karl Liebknechts und Rosa Luxemburgs."
Budich, der am mißtrauischsten war, erinnerte ironisch an einen früheren Ausspruch Legiens: „Generalstreik ist Generalunsinn!" Er riet abzuwarten und sprach die Vermutung aus, daß es sich bei diesem Militärputsch um eine abgekartete Sache zwischen Noske und der Reichswehr handeln könnte, um auch die USPD und die Gewerkschaften zerschlagen zu können. Budich hatte den stärksten Beifall, als er ausrief: „Die Wahl zwischen den Ebert- und den Ehrhardtleuten ist eine Wahl zwischen Cholera und Pest, wir müssen uns zurückhalten, bis wir eine eigene Aktion durchführen können."
Die Auffassungen Frieslands und Budichs wurden von allen Anwesenden unterstützt.
Am späten Nachmittag war eine weitere Sitzung der in Berlin anwesenden Mitglieder der Zentrale der KPD, die einen Aufruf an die Arbeiterschaft beschloß, in dem die Formulierungen Frieslands und Budichs wörtlich übernommen wurden. Der Aufruf wurde am folgenden Tag, einem Sonntag, in der „Roten Fahne" veröffentlicht. Es wurde beschlossen, die Versammlung der Berliner Organisation und der Zentrale Sonntag früh fortzusetzen und in Permanenz zu tagen. An alle Parteimitglieder erging die Weisung, sich ständig in einigen Lokalen zu versammeln; bekanntere Mitglieder sollten sich eventuell verbergen, um nicht verhaftet zu werden.

Der erste Putschtag war ein Sonnabend, die Arbeiter hatten die Betriebe bereits mittags verlassen. Der Verkehr auf der Straße ebbte ab. Das war noch kein Streik. Die Aufrufe der Gewerkschaftsleitung und der USPD waren noch nicht verbreitet. Als ich im Jugendheim Alte Jakobstraße ankam, waren dort mehrere Jugendliche versammelt, denen ich von den Vorgängen des Tages berichtete und die daraufhin sofort bereit waren, die aktiven Parteimitglieder zum nächsten Morgen, Sonntag früh, zusammen zu holen. Die stärkste Unterstützung fand ich in Fritz Schönherr, der mit seiner Studentengruppe zum Jugendheim kam. Er berichtete, daß den Studenten durch Anschläge am „Schwarzen Brett" in der Universität mitgeteilt worden war, daß die Universität geschlossen sei und daß die Studenten sich bei den Militärbehörden der Putschisten als „Zeitfreiwillige" melden sollten. Die Studenten waren mit der abwartenden Haltung der Zentrale der KPD durchaus nicht einverstanden, sie wollten unbedingt mit der Waffe gegen die Kapp-Lüttwitz-Putschisten kämpfen. Einige von ihnen waren im Felde gewesen und wußten mit Waffen umzugehen. Nur sie hatten keine, die Partei konnte ihnen auch keine geben. Nur mit größter Mühe konnte ich sie überzeugen, daß es am zweckmäßigsten sei, abzuwarten, bis die KPD zum Kampf aufrufen werde. Alle erklärten sich bereit, ebenfalls am folgenden Morgen teils in ihrem Stammcafé, teils im Jugendheim zusammenzukommen.

Am Sonntagmorgen begleitete mich Wricke auf seinem Fahrrad in die Stadt. Unterwegs bei der Durchfahrt durch Oberschöneweide, suchten wir noch Parteimitglieder auf, die wir baten, die übrigen Mitglieder zu informieren und Verbindung mit den Funktionären der USPD und den Gewerkschaften aufzunehmen. Das waren fast immer die selben Männer. Die meisten unserer Mitglieder waren ebenso wie die Unabhängigen gleichzeitig Gewerkschaftsfunktionäre: alle kannten sich untereinander. Sie waren hellsichtig genug, um zu erkennen, daß es sich jetzt um eine unmittelbare

Bedrohung ihrer Existenz handelte. Die „Rote Fahne" mit dem Aufruf der Zentrale war in der Nacht gedruckt und ausgegeben worden. Die Druckerei war den Kapp-Lüttwitz-Truppen nicht bekannt und nicht besetzt worden. In Berlin war es von jeher üblich, daß die Sonntagsausgaben der Zeitungen Sonnabend abends bis Mitternacht gedruckt wurden.

Die Jugendlichen und die Studenten hielten ihr Wort. Als ich am folgenden Morgen ins Heim kam, waren sie schon beisammen. Die Studenten brachten auch den ersten Aufruf der Ebert-Noske mit, den diese von Dresden aus, ihrer ersten Fluchtetappe, nach Berlin geschickt hatten. Jetzt redete die geflüchtete Reichsregierung die Bevölkerung mit „Arbeiter, Genossen" an und proklamierte „Lahmlegung des Wirtschaftslebens" und „Generalstreik auf der ganzen Linie". Der Auftrag trug die Unterschriften nur der sozialdemokratischen Minister, die bürgerlichen Minister hatten die Unterzeichnung abgelehnt. Für den Vorstand der SPD zeichnete Wels. Später bestritten die sozialdemokratischen Minister, den Aufruf unterzeichnet zu haben. Uns erschien der Aufruf Eberts und Genossen so grotesk, als ob Henker ihre Opfer um Hilfe bäten. Noske hatte kürzlich erst erklärt, er werde „jedem Streikenden die Knochen zerbrechen". Jetzt aber sollte durch „Lahmlegung des Wirtschaftslebens", also durch Streik, die politische Karriere dieser Bankrotteure gerettet werden. In dem Hilferuf an die „Arbeiter, Genossen" stand kein Wort über die zukünftige Politik nach der Niederwerfung der Kapp-Lüttwitz-Putschisten.

Im Jugendheim wurde nun mit Begeisterung ein Beobachtungs- und Nachrichtendienst organisiert. Die Studenten und Jugendlichen wurden zu zweit eingeteilt, zum Regierungsviertel, zu den Kasernen, Versorgungs- und Verkehrsbetrieben und zu den großen Werken am Stadtrand zu eilen, die Bewegungen der Putschtruppen zu beobachten und die Reaktion der Bevölkerung zu erfahren. Ungefähr alle zwei Stunden kam einer der beiden zurück, um zu berichten. Aus den südöstlichen Vororten berichtete Wricke, der mit seinem Fahrrad ständig unterwegs war. Hinzu kamen dann noch mehrere Mitglieder meiner früheren Moabiter Jugendgruppe und jüngere Genossen aus anderen Bezirken. So entstand ein zuverlässiger Nachrichtendienst, der bald mehr als vierzig Mitglieder zählte. Diese waren von nun an täglich vom frühen Morgen bis in die Nacht hinein unterwegs und berichteten zahlreiche Einzelheiten über das Treiben der Kapp-Lüttwitz-Putschisten, die zum Teil in die Geschichte dieses Putsches eingegangen sind. Friesland, Budich und die Distriktsleiter der Berliner KPD tagten mit Mitgliedern der Zentrale in Permanenz. Mit dem Fahrrad fuhr ich mehrmals zur Sitzung, um die gesammelten Berichte weiterzugeben. Da der zweite Tag ein Sonntag war, wurde in den Betrieben sowieso nicht gearbeitet. Doch die Verkehrsbetriebe, teilweise auch die Elektrizitäts- und Gasversorgung, waren bereits stillgelegt, die Bahnhöfe waren verlassen. Die Gewerkschaftsführer, die Mehrheits- und Unabhängigen Sozialdemokraten hatten durch den Sonntag eine willkommene Vorbereitungszeit. Am Montag früh legte der Generalstreik das gesamte Wirtschaftsleben wirklich still. Da fast alle Mitglieder der KPD gleichzeitig Gewerkschaftsmitglieder und auch Funktionäre waren, richteten sie sich nach den Parolen der Gewerkschaftsleitung, um nicht gegen die überwältigende Mehrheit der Arbeiter zu stehen. Deshalb hatte die erste abwartende Parole der Berliner KPD auf den Verlauf des Abwehr-

kampfes faktisch keine Bedeutung gehabt.
Schon am folgenden Montag änderte sich auch die Haltung der Zentrale. Paul Levi hatte noch am Sonntag ein Exemplar der „Roten Fahne" mit dem Aufruf erhalten. Levi war nicht Strafgefangener, sondern „Präventivhäftling". Er konnte Besuche empfangen und sein eigenes Essen kommen lassen. Es ging auch täglich eine Angestellte seines Anwaltsbüros zum Gefängnis. Dadurch war es möglich, ihm noch am Sonntag die Zeitung in die Zelle zu schmuggeln. Levi schrieb sofort einen Brief an die Zentrale mit der Forderung, die Losung des Abwartens sofort zurückzunehmen und aktiv für den Generalstreik einzutreten. Dieser Brief konnte noch Montag früh aus dem Gefängnis geschmuggelt werden. Zwei Tage später war Paul Levi frei, und er übernahm wieder die Führung der Partei.
Der alles lähmende Generalstreik traf die Putschisten mit unerwarteter Wucht. Während wir in Permanenz tagten, brachte Schönherr das Ultimatum der Kapp-Lüttwitz-„Regierung", welches die Aufforderung zum Streik und das Streikpostenstehen ab folgendem Tag, Dienstag, mit dem Tode bedrohte. Die Androhung der Todesstrafe schreckte keinen Studenten und keinen Jugendlichen meiner Gruppe ab. Im Gegenteil, die Gefahr verstärkte den Eifer, am Sturz der Militärdiktatur mitzuwirken. Die Zentrale der KPD schrieb einen neuen Aufruf für den Generalstreik, gleichzeitig gegen die Wiederkehr der Ebert-Noske-Regierung und für die Wahl von Arbeiterräten. Eine Bewaffnungsparole lehnte die Berliner Leitung jedoch weiterhin entschieden ab.

In den nächsten Tagen erhielten wir Berichte, daß die KPD in anderen Gebieten, besonders im Ruhrgebiet und in Sachsen, sofort am ersten Tag zum Generalstreik aufgerufen hatte und daß ihre Vertreter fast überall in den Streikleitungen saßen. Demgegenüber aber hatte in Bayern die Regierung unter dem sozialdemokratischen Ministerpräsidenten Hoffmann sich gegen den Generalstreik ausgesprochen, woraufhin die Arbeiter Bayerns prompt die Reichsregierung im Stich ließen. Die Hoffmann-Regierung wurde trotzdem einige Tage später von der bayrisch-monarchistischen Volkspartei weggejagt, die einen unpolitischen Beamten namens von Kahr als Ministerpräsidenten einsetzte.
Meine Nachrichtengruppen brachten laufend Meldungen, daß es auf den Straßen und Plätzen, wo die Kapp-Lüttwitz-Truppen durchmarschierten oder auf Lastwagen durchrasten, vielfach zu erregten Kundgebungen der Bevölkerung gegen die Putschisten käme. Zu blutigen Kämpfen kam es jedoch nicht, obwohl wieder, ähnlich wie im März des vergangenen Jahres, eine Falschmeldung verbreitet wurde, die besagte, daß in Schöneberg zwölf Offiziere von der Menge erschlagen worden seien. Diese Falschmeldung konnte diesmal keine Blutbäder erzeugen. Die Demonstranten verschwanden jedesmal von den Straßen und rannten in die Hausflure, wenn die Soldaten ihre Gewehre anlegten. In einigen Straßen wurden von den Bewohnern improvisierte Sperren errichtet, quergestellte und umgekippte Wagen sollten die Durchfahrt der Truppen behindern. Der passive Widerstand entnervte allmählich die Putschtruppen. Auf Schritt und Tritt von einer feindlichen Menge umgeben, geschlossene Läden, abends kein Licht und kein Kneipenbesuch, das alles ließ das Selbstbewußtsein der Truppen schnell absinken.
Schon nach drei Tagen Generalstreik zweifelten die Offiziere und die höhe-

ren Beamten am Erfolg ihres Putsches; sie waren bereits uneinig geworden und begannen mit der in Stuttgart wartenden Ebert-Regierung zu verhandeln. Die Ebert-Noske-Regierung war ebenso beunruhigt wie die Putschisten, daß bei längerer Dauer des passiven Widerstandes beide die Verlierer sein könnten. Der Innenminister der Putschisten, der frühere Berliner Polizeipräsident von Jagow, hatte es auch nicht vermocht, den Dienst des Verwaltungsapparates im Gang zu halten. Er versuchte ebenso erfolglos an das Geld der Reichsbank heranzukommen. Ohne Geld keine Freikorps! Am Donnerstag, nach drei Tagen Generalstreik verschwanden die Kapp-Lüttwitz-von Jagow aus Berlin. Die gerettete Ebert-Regierung aber ernannte den General von Seeckt, der sich zu Beginn des Putsches geweigert hatte, die Regierung zu schützen, zum Oberbefehlshaber der Reichswehr. Bald rächte die Reichswehr ihre erfolglosen Kapp-Lüttwitz-Kameraden. Beim Abmarsch aus dem Regierungsviertel schossen die Ehrhardttruppen am Brandenburger Tor in die lachenden Zuschauer und töteten zwölf Personen; in Steglitz schossen Offiziere auf Straßenpassanten und töteten sieben; in Köpenick, nicht weit von meiner Unterkunft entfernt, besetzte die Soldateska das Rathaus und erschoß den Stadtverordneten Futran und vier weitere Bürger. Kämpfe hatten in Köpenick nicht stattgefunden. Der Platz vor dem Rathaus in Köpenick heißt heute Futran-Platz.

Den Ausgang des Kapp-Lüttwitz-Putsches habe ich vorweggenommen. Letzten Endes hatte sich die Taktik Frieslands und Budichs als richtig erwiesen, daß sie anfangs mißtrauisch-zurückhaltend waren. Die Berliner Arbeiter waren nicht bereit gewesen, mit der Waffe in der Hand zu kämpfen. Das hatten die Dutzende von Berichten, die ich aus den großen Betrieben und aus allen Bezirken Berlins zusammengebracht hatte, eindeutig ergeben. In Berlin hatte sich nichts „Heroisches" ereignet. Nach meinen Erfahrungen in diesen Tagen ist es sinnlos, von einer „verpaßten revolutionären Gelegenheit" zu reden, wie es Jahre hindurch in internen und öffentlichen Parteidiskussionen geschah. Die KPD hatte in diesen Tagen in Berlin keine Massen hinter sich und keine Waffen; die Parteimitglieder hätten in einem Kampf allein gestanden. Auf ihre Isolierung wäre ein weiteres Verbluten gefolgt, wie es dann auch mit der Arbeiterschaft im Ruhrgebiet geschah. Die Legende, daß die Arbeiterschaft durch den Generalstreik einen großen Sieg errungen habe, wird weiter gepflegt. Gewiß, der Anschlag auf die gesamte Arbeiterschaft wurde abgewehrt. Der Kapp-Lüttwitz-Putsch hatte Arbeitermassen in Bewegung gebracht, die sich seit den Novembertragen 1918 im Kampf um die sozialistische Revolution nur zuschauend verhalten hatten. Doch mehr als die Abwehr des Anschlages erreichte die Arbeiterschaft durch den Generalstreik nicht. Mehr kann ein Streik auch nicht erreichen. Ich sah damals die Situation so, wie sie Trotzki in seinem Buch über die erste Revolution in Russland 1905, das ich im Militärgefängnis gelesen hatte, darstellte:
„Es ist im Kampf äußerst wichtig, den Feind zu schwächen; diese Aufgabe vollbringt der Streik. . . . Gleichzeitig bringt er auch die Armee der Revolution auf die Beine. Aber weder das eine noch das andere schafft eine staatliche Umwälzung."
Wie alles weiterging, ist bekannt. Die Putschisten wurden nicht entwaffnet. Das von der Kapp-Lüttwitz-Regierung verhängte Standrecht und die zahlreichen Erschießungen wurden von den Gerichten der Republik als rech-

tens erkannt. Die Verbrechen der Putschisten wurden nicht gesühnt. Mörder brauchten damals nur anzugeben, daß sie einen Ermordeten für einen „Spartakisten" gehalten hätten, um freigesprochen zu werden. Im ganzen gesehen war der Kapp-Lüttwitz-Putsch eine voreilige Machtprobe gewesen, ein vorzeitiges Vorprellen der Reaktion, die noch keine Massenbasis in der Bevölkerung hatte. Alles, was die Kapp-Lüttwitz-Putschisten forderten und noch mehr, sollte erst 13 Jahre später in Erfüllung gehen: Zerschlagung der gesamten Arbeiterbewegung, Wiederaufrüstung, Vernichtung der europäischen Juden und Revanchekrieg.

Ungefähr eine Woche nach Beendigung des Kapp-Lüttwitz-Abenteuers kam Schönherr zu mir und fragte, ob er mir einen jungen Studenten vorstellen könne, der sich in den Putschtagen als besonders eifrig und mutig erwiesen habe. Der Student gehöre zu seiner Gruppe, er, Schönherr, kenne ihn schon seit einigen Monaten und er bürge für seine Zuverlässigkeit. Ich willigte gern ein, und Schönherr brachte den Studenten an einem der nächsten Abende zum Jugendheim Alte Jakobstraße mit. Der junge Mann stellte sich vor: Heinz Neumann. Er war wohl 18 Jahre alt und gab sich sehr selbstbewußt. Er äußerte den Wunsch, ständig mitzuarbeiten und in die KPD aufgenommen zu werden. Ich bestellte ihn einige Tage später zum Jugendheim und ließ ihn einen Aufnahmeschein ausfüllen. Ich unterzeichnete als Bürge und gab die Beitrittserklärung an Friesland weiter. So wurde Heinz Neumann Mitglied der KPD. Einige Wochen später fragte er mich, ob ich ihn auch „höheren" Parteileuten vorstellen könne. Das konnte ich. So begann die politische Laufbahn Heinz Neumanns, die achtzehn Jahre später in Stalins Gefängnissen endete, nachdem er im Laufe der Zeit Mitglied des Zentralkommitees der KPD, Reichstagsabgeordneter, Kominternbeauftragter bei der unglücklichen Aufstandsaktion Dezember 1927 in Kanton (China) und kurze Zeit auch Günstling Stalins gewesen war.

11. Die Episode Paul Levi

Paul Levi hielt nach der im Moment vorherrschenden Stimmung in der Bevölkerung eine Arbeiterregierung für notwendig und möglich. Er bot den Mehrheits- und Unabhängigen Sozialdemokraten die „loyale Opposition" der KPD an, falls sie eine Arbeiterregierung bilden wollten. Die Mehrheitssozialdemokraten lehnten nicht nur ab, sondern der neue Reichskanzler Hermann Müller beauftragte sogar einen General, der auf seiten der Kapp-Lüttwitz-Putschisten gestanden hatte, mit der Niederschlagung und Entwaffnung der Arbeiter im Ruhrgebiet, die von einem Tag zum anderen als „aufrührerische rote Banden" beschimpft wurden. Demgegenüber wurden am Putsch beteiligte Truppenteile und Freikorps ebenso plötzlich wieder in Regierungstruppen umbenannt und nicht entwaffnet.
Die Arbeiterwehren des Ruhrgebietes, die zum Teil bewaffnet waren und von denen sich ein Teil „Rote Armee" nannte, waren von dortigen Arbeitern: Kommunisten, Unabhängigen und Mehrheitssozialdemokraten, Angehörigen der „christlichen" Arbeiterorganisationen und Parteilosen, zur Abwehr der Kapp-Lüttwitz-Putschisten gebildet worden. Die KPD-Zentrale hatte bei der Schaffung dieser „Roten Armee" des Ruhrgebiets in Wahrheit keinen Einfluß. Als nach dem Rücktritt der Putschregierung Kapp-Lüttwitz der Generalstreik in Berlin abgebrochen worden war, dauerten die Kämpfe im Ruhrgebiet noch an. Wilhelm Pieck wurde von der Zentrale ins Ruhrgebiet geschickt, um zu versuchen, die Arbeiterwehren unter die Kontrolle der KPD zu bringen. Piecks Vermittlung wurde von den beteiligten Organisationen abgelehnt, seine Unterzeichnung des Kompromisses mit der Preußischen Regierung, der den lokalen Kämpfen ein Ende setzen sollte und als „Bielefelder Abkommen" in die Geschichte einging, wurde nicht anerkannt. Da die Reichswehr und die Freikorps das Bielefelder Abkommen teils nach ihrem Belieben auslegten, teils gar nicht einhielten, lösten sich auch die Arbeiterwehren nicht auf. Sie wurden bald von der Übermacht der Reichswehr und den Freikorps zusammengeschlagen. Und wie im deutschen Bürgerkrieg üblich, wurden nach der Niederschlagung der Arbeiterwehren mehr als doppelt so viele Arbeiter nachträglich ermordet als im Kampf gefallen waren. Auch in Krankenhäusern liegende Verwundete wurden von den Freikorpsleuten erschlagen. Die wenigen Tage der Kapp-Lüttwitz-Regierung hatten insgesamt über tausend Menschen das Le-

ben gekostet. Die genaue Anzahl wurde niemals festgestellt.
Die sozialdemokratischen Minister, die sich gegenüber den Putschisten als zu blind erwiesen hatten: Reichskanzler Bauer, Reichswehrminister Noske, der preußische Innenminister Heine, ferner auch der Polizeipräsident von Berlin, Ernst, mußten aus ihren Ämtern ausscheiden. Reichskanzler wurde der Sozialdemokrat Hermann Müller, Reichswehrminister der Demokrat Gessler. Diese Regierung blieb nur knapp drei Monate am Ruder.

Paul Levi hatte jetzt nach der Abwehr des Kapp-Lüttwitz-Putsches weniger Schwierigkeiten, die Funktionäre der KPD zu überzeugen, daß nur eine Massenpartei und eine Teilnahme an der Tagespolitik, wie sie Rosa Luxemburg und Jogiches vorgeschlagen hatten, die Arbeiterklasse gewinnen könnte. Kurzfristig wurde ein neuer Parteitag für Mitte April nach Berlin einberufen, der die Beteiligung der KPD an den Wahlen am 6. Juni 1920 zum ersten Reichstag der Weimarer Republik beschloß.
Ich war im Wahlkampf Tag und Nacht in der Provinz Brandenburg unterwegs. Mit den bereits geschilderten primitiven Mitteln war der Wahlkampf der Kommunisten ein erfolgloses Bemühen. Ich brachte nur wenige eigene Wahlversammlungen zustande. Meistens besuchte ich die Versammlungen der anderen Parteien, meldete mich als Diskussionsredner und versuchte unter Lärmen und Drohungen der Gegner, meinen Standpunkt vorzutragen. Die Arbeiterklasse, die in drei Parteien gespalten war, stand einem in seinem Ziel geschlossenen Bürgertum gegenüber, das die Unterstützung der übergroßen Mehrheit der Landbevölkerung hatte. Selbst in Berlin war es trotz der Rednergabe Reuter-Frieslands nicht möglich, ein Mandat zu gewinnen. Mit der Gesamtstimmenzahl in ganz Deutschland wurden nur Paul Levi und Clara Zetkin die ersten Reichstagsabgeordneten der KPD. Die Partei wurde vorübergehend legal.
Ich hatte mittlerweile eine weitere Aufgabe übertragen bekommen, für die ich wohl einige Begabung hatte. Einige Tage nach seiner Entlassung aus dem Gefängnis hatte Paul Levi mich eingeladen, ihm über den Verlauf des Kapp-Lüttwitz-Putsches in Berlin zu berichten. Ich erzählte ihm Einzelheiten aus den verschiedenen Stadien des Abwehrkampfes. Er war stark beeindruckt von der Aktivität der jugendlichen Arbeiter und Studenten und wünschte, der improvisierte Nachrichtendienst solle beibehalten werden. Die Billigung Levis war die eigentliche Geburtsstunde des „illegalen Apparates" der KPD, über den in späteren Jahren unendlich viele groteske Schauergeschichten verbreitet wurden. Am Anfang war alles klar und einfach. Wir standen im Zeichen des Vormarsches der Konterrevolution, und die Partei war verpflichtet, sich über den Gegner und seine Absichten zu informieren und über die Sicherheit ihrer Mitglieder zu wachen. Es mußte ein wirksamer Schutz geschaffen werden gegen willkürliche Verhaftungen, von denen die Partei oft erst Wochen später erfuhr, gegen Morddrohungen und Morde; aber auch gegen Spitzel und Provokateure, die die Freikorps und die politische Polizei in die kommunistische Partei hineinzuschleusen versuchte.
Nicht nur gegen willkürliche Übergriffe der Staatsmacht mußten wir uns wehren, wenn sie die Rechte, die nach der Verfassung auch den Kommunisten zustanden, mißachtete; es mußten auch Anschläge der rechten illegalen Verbände, die weiter wie Pilze aus dem Boden schossen, abgewehrt werden. Als Ende 1920 die Entente das Verbot der immer zahlreicher gewordenen Freikorps durchsetzte, lösten sich diese nicht auf, sondern wur-

den halb-„illegal" und begannen die „Feme"-Mordgruppen und die „Schwarze Reichswehr" zu bilden. Die preußische Polizei unter dem sozialdemokratischen Innenminister Severing war nach rechts hin blind. Sie wußte wohl, was vorging, aber die von der Reichswehr protegierten Organisationen exerzierten auf Truppenübungsplätzen, die die Polizei nicht betrat. Die Zentrale der KPD beschloß jetzt, den Nachrichtendienst und die Spitzelabwehr in der gesamten Partei aufzubauen. Ein Schweizer R., ein Stuttgarter S. (die bald wieder ausschieden) und ich wurden damit beauftragt. In einigen Parteibezirken hatten sich die dortigen Parteileitungen schon selbständig mit diesen Fragen befaßt und die gleichen Maßnahmen beschlossen. So entstand der „illegale Apparat" der KPD.

Ich habe später sehr viel Unsinn, Lügen und Fälschungen über angebliche Missetaten des „illegalen Apparates" gelesen. Diese Berichte stammten teils von ausgeschiedenen Parteimitgliedern, teils von Polizeispitzeln. Auch Ruth Fischer, das ehemalige Mitglied des Zentralkomitees, schrieb in ihrem Buch: „Stalin und der deutsche Kommunismus" schauerliche Dinge über den „Apparat". Es geht aber aus den Erzählungen Ruth Fischers nicht klar hervor, in welcher Zeit die von ihr geschilderten Vorgänge passiert sein sollten. Die Geschichten von Manipulieren mit Gift, von Nachtübungen und -märschen, Hausdurchsuchungen usw. des „Apparates", sind schlicht gesagt unwahr. Der „illegale Apparat" führte noch kein Eigenleben, er war eher eine Art Botenjunge, ein „Mädchen für alles". Was sich Jahre später entwickelte, ist ein anderes Kapitel.
Einen „M-Apparat" (Militärpropaganda) gab es um diese Zeit noch nicht. Der „M-Apparat" entstand gleichzeitig mit dem „Ordnerdienst" erst nach der Vereinigung der KPD mit dem linken Flügel der USPD.
Für die Aufgaben dieser Zeit hätte auch ein harmlos klingender Name gewählt werden können. Im Grunde waren es keine „illegalen", konspirativen Aufgaben, sondern Abwehr von Verfolgungen und Hilfsmaßnahmen, die sich aus der damaligen Situation ergaben. Ich führe einige Beispiele an: In Zeiten des Verbotes der Partei mußten Parteikonferenzen gesichert werden. Die Delegierten aus allen Teilen Deutschlands mußten empfangen und zum Tagungsort geleitet werden. Es mußten Quartiere für die Delegierten beschafft werden; niemand durfte in ein Hotel gehen. Für die leitenden Funktionäre mußten für den Fall einer akuten Verhaftungsgefahr Ausweichquartiere beschafft werden. Sichere Lokale für kleine und größere Tagungen mußten ausfindig gemacht werden usw.
Dazu kam auch die Organisierung der Hilfe für die zahlreichen Flüchtlinge aus den Kämpfen im Ruhrgebiet, Bayern und Mitteldeutschland. Auch kamen Flüchtlinge aus der niedergeworfenen Räterepublik Ungarn und polnische Kommunisten nach Berlin, um hier „unterzutauchen". Die meisten von ihnen hatten keine Papiere und waren obdach- und arbeitslos. In der Millionenstadt Berlin war es uns am ehesten möglich, die Flüchtlinge unterzubringen. Hierbei fanden wir in verschiedenen Kreisen der Bevölkerung tätige Unterstützung, doch sie mußte mühsam gesucht werden.
Die Flüchtlinge benötigten zuerst Ausweispapiere. Mit geborgten Papieren war ein Flüchtling zwar vor einer Verhaftung ziemlich geschützt, aber er konnte damit nicht auf Arbeitssuche gehen. So mußte mit der Herstellung von sicheren Papieren begonnen werden. In Berlin gab es damals Personalausweise ohne Bild, die innerhalb Deutschland gültig waren. Nachdem ich

festgestellt hatte, wo diese gedruckt worden waren, erhielt ich von einem Lagerarbeiter der Formulardruckerei einen Rest beschmutzten Papiers, aus dem noch einige hundert Formulare geschnitten werden konnten. Das läßt sich leicht erzählen, aber es erforderte ein wochenlanges vorsichtiges Suchen nach dem Papierhersteller und dem Drucker. Ein Chemigraph, der das Klischee machte, und ein Drucker, der die Exemplare mit einer Handpresse abzog, waren leichter gefunden. Mit diesen Personalausweisen versehen, konnte sich ein Flüchtling in Deutschland Arbeit und Obdach suchen.
Ich wohnte in dieser Zeit in einem „gutbürgerlichen" Viertel, in einer Querstraße der Potsdamer Straße. Am Tage, nachdem ich die Formulare vom Drucker geholt hatte, wurde die Straße von Militär abgesperrt und Häuser durchsucht. Auch die Wohnung, in der ich mein Zimmer hatte. Es waren nicht Kriminalbeamte, sondern unerfahrene Soldaten, die die Wohnungen durchsuchten. Zwei Soldaten standen an der Wohnungstür, ein dritter durchsuchte das Zimmer, berührte aber nicht das Bett. Das war mein Glück. Ich hatte die Formulare ins Bett gelegt. Die Wohnungsinhaberinnen, zwei ältere Schwestern, betraten mein Zimmer nicht. Ich besorgte das tägliche Bettmachen und Aufräumen selbst. Erst eineinhalb Jahre später, als nach der unglücklichen „Märzaktion" ungefähr 7000 Kommunisten in Gefängnissen saßen und der Flüchtlingsstrom innerhalb Deutschlands noch stärker angewachsen war, wurde für die Betreuung der Flüchtlinge eine eigene Organisation. die „Rote Hilfe" gegründet.
Apropos „Apparat": Die SPD hatte während des „Sozialistengesetzes" Bismarcks, 1878 – 1890, in den Jahren der Unterdrückung auch einen „Apparat", „Vertrauensmänner" genannt, der die „illegalen" Arbeiten, Vertrieb der Literatur, geheime Zusammenkünfte, Beherbergung Verfolgter etc., organisierte.

Aus mancherlei Erlebnissen möchte ich ein Beispiel erwähnen, wie aufreizend primitiv Provokateure „arbeiteten". Im Zuge der Organisation des Nachrichten- und Abwehrdienstes kam ich eines Tages nach Hannover, wo für kurze Zeit Nikolai Rackow Parteisekretär war. Als ich in das Zimmer trat, das als Büro diente, sprach er gerade mit zwei Männern und war offensichtlich sehr erleichtert, als ich hinzukam. „Diese beiden Männer wollen Noske umbringen", sagte Rackow zu mir gewandt, „sie wollen Geld und Waffen." Die beiden Männer bejahten lebhaft. Noske hatte um diese Zeit gerade die fette Pfründe eines Oberpräsidenten von Hannover erhalten. Als ich die beiden Männer fragte, wer sie sind und woher sie kamen, gaben sie ausweichende Antworten, und es stellte sich heraus, daß beide keine Mitglieder der Kommunistischen Partei waren und auch nicht der Unabhängigen Sozialdemokratischen Partei angehörten. Meine Fragen wurden ihnen so unangenehm, daß sie grußlos fortgingen. Sie haben sich nicht wieder blicken lassen.
Nachdem die beiden Männer fort waren, führte mich Nikolai Rackow in seine Wohnung, in der ich eine unvergeßliche Bekanntschaft machte. Ein junger Mann saß lesend am Tisch und Nikolai stellte ihn mir als seinen Bruder Waldemar vor. Das war ein auf den ersten Blick sympathischer Mensch mit offenen, etwas herb wirkenden Zügen. Er schien mir nur wenige Jahre älter als ich zu sein. Wir kamen in ein lebhaftes Gespräch, und er erzählte mir, daß er Weihnachten 1918 mit Friesland-Reuter und Radek aus Ruß-

land gekommen sei. In der Zwischenzeit sei er einige Male wieder dort gewesen und wolle bald für immer nach Rußland zurückkehren, um dort eine leitende Stelle in der Wirtschaft einzunehmen. Auf seinen Wunsch erzählte ich ihm von meiner Tätigkeit in der Kriegszeit; vom Roten Soldatenbund bis zum jetzigen „illegalen Apparat". Er lobte die frühere Tätigkeit und verriß mit heftigen Ausdrücken die gegenwärtige. Er nannte den „Apparat" dilettantischen Unfug. Die Partei müsse erst einmal alles nachholen, was von der Sozialdemokratie seit Jahrzehnten versäumt worden war; sie müsse erst eine revolutionäre Massenpartei werden, ohne Sonderorganisationen und ohne Abenteuer. Das wäre eine Arbeit für viele Jahre, und sie dürfe nicht überstürzt werden. Was jetzt gemacht werde, sei zwecklos. Er sprach wie ein Architekt, der einen Wolkenkratzer bauen will, bei dem das Legen des Fundaments die meiste Zeit in Anspruch nimmt. Ich hielt ihm entgegen, daß Lenin der deutschen Partei mit Recht vorwerfe, daß sie die Ermordung Liebknechts, Luxemburgs, Jogiches und anderer nicht habe verhindern können, und ich sagte, daß unser Gegner die Art und das Tempo unserer Parteiarbeit vorschreibe; sicherlich würden weitere Funktionäre der Partei den Mordorganisationen der Rechten zum Opfer fallen, wenn die Partei sie nicht schütze. Wir diskutierten bis in die frühen Morgenstunden und verabredeten ein Treffen in Berlin.

Meiner Tätigkeit als Parteisekretär der Provinz Brandenburg kam ich weiter nach, und ich fuhr weiterhin, so oft es mir möglich war, mit dem Fahrrad durch die Lande. Im Sommer 1920 machte ich die Parteiarbeit einige Zeit allein. Budich war mit Paul Levi nach Petersburg und Moskau zum zweiten Weltkongreß der Kommunistischen Internationale gefahren, und Friesland nahm einige Wochen Urlaub. Meine Arbeit erhielt in dieser Zeit eine besondere Note wegen des polnisch-russischen Krieges, der Mitte Mai mit dem Überfall der polnischen Armee in Verbindung mit dem der ukrainischen Separatisten begonnen hatte. Die Bürgerkriegskämpfe in Rußland und die Blockade der Entente waren Anfang des Jahres beendet worden und Sowjet-Rußland hatte mit dem Aufbau der neuen Gesellschaftsordnung begonnen, der jetzt durch den neuen Krieg wieder unterbrochen wurde. Wir befürchteten einen schweren Rückschlag für die Revolution. Nachdem der polnische Vorstoß von der Roten Armee zurückgeschlagen worden war und die Rote Armee sich ihrerseits auf dem Vormarsch nach Warschau befand, kam die französische Regierung den Polen mit Truppen und Kriegsmaterial zu Hilfe. Mitglieder der KPD in der Provinz Brandenburg schrieben, einige kamen persönlich nach Berlin, um zu berichten, daß französische Militärtransporte durch den Bahnhof ihres Ortes gekommen seien. Die Provinz Brandenburg hatte die längste Grenze mit Polen, daher wurden die Transporte, soweit sie nicht über See gingen, durch Brandenburg geleitet. Die deutsche Regierung wußte natürlich von diesen Transporten und duldete sie. Ich vereinbarte mit den Ortsgruppenvorsitzenden zu versuchen, diese illegalen und völkerrechtswidrigen Transporte zu stoppen.
Wir hatten die wohlbegründete Befürchtung, daß Deutschland in einen neuen Krieg hineingerissen werden könnte. Auf den Bahnhöfen in Fürstenwalde und Schwiebus, kurz vor der polnischen Grenze, gelang es den dortigen Parteiorganisationen auch, Transporte durch Streiks und Sabotage aufzuhalten. Wenn die Transporte auch nur für kurze Zeit gestört waren, so war doch jede Stunde Verzögerung von großer Wichtigkeit. Doch gegenüber den Men-

gen an Menschen und Material, die von Frankreich geliefert wurden, waren unsere Gegenaktionen von geringer Bedeutung. Als die Rote Armee vor Warschau die entscheidende Niederlage dieses Krieges erlitt und wieder zurückweichen mußte, wandte sich die russische kommunistische Partei zum ersten Male an die deutsche Bruderpartei mit dem Ersuchen, Maßnahmen gegen die französischen Militärtransporte zu unternehmen.
Die Parteizentrale hatte mittlerweile auch aus Häfen Nachrichten erhalten, die besagten, daß Truppen und Kriegsmaterial nach Polen und dem Baltikum verschifft würden, besonders von Stettin aus. Anfang August beauftragte mich die Zentrale zusammen mit dem bereits erwähnten Mitarbeiter aus Neukölln, nach Stettin zu fahren, um dort zwei Männer zu treffen, mit denen wir Maßnahmen zur Verhinderung der Transporte durchführen sollten. Die beiden Männer trafen wir in einem Café. Der eine der beiden stellte sich als „Maslow" vor. Er war Mitglied einer russischen Kommission zur Heimführung von russischen Kriegsgefangenen. Maslow machte Angaben über die Namen der Schiffe, die mit Kriegsmaterial beladen im Stettiner Hafen lagen und nach Polen ausfahren sollten. Er brachte auch den Entwurf eines Aufrufes an die Matrosen und Hafenarbeiter mit, in dem diese aufgefordert wurden, kein Kriegsmaterial zu verladen und auf Schiffen mit Kriegsmaterial keinen Dienst zu tun. Mit Hilfe von Genossen in Stettin ließ ich diesen Aufruf noch am gleichen Tag als Flugblatt drucken. Bei der Verbreitung des Flugblattes im Hafengelände, in den Lokalen und den Heuerbasen, unterstützten uns Stettiner Gewerkschaften. Wir jubelten schon, wenn wir die Abfahrt der Transporte verzögern konnten; verhindern konnten wir sie nicht.
Spätere Debatten über den polnisch-russischen Krieg bewiesen, daß die polnische Armee nicht nur mit der Unterstützung Frankreichs siegte – hier waren der General Weygand und ein Offizier namens Charles de Gaulle am Werk –, sondern daß auch breite Massen der polnischen Bauern und Arbeiter Widerstand leisteten, denen die Furcht vor dem alten zaristischen Rußland noch in den Gliedern saß. Das revolutionäre Sowjet-Rußland hatte noch keinen freundschaftlichen Geist ausstrahlen können. Die Furcht vor den Russen schlechthin bestand in Polen bis in die Reihen der polnischen Kommunisten hinein.
Von dieser Zusammenkunft in Stettin datiert meine Bekanntschaft mit Arkady Maslow, der bald eine führende Stellung in der KPD einnehmen sollte. Maslow wurde „linker" Oppositionsführer, Mitglied des Zentralkomitees und Lebensgefährte von Ruth Fischer. Ich traf Maslow im Laufe der Jahrzehnte in Berlin, Moskau, Paris, Marseille und zum letzten Male in Lissabon während des Weltkrieges, als er dort auf das Visum nach Amerika wartete. Einige Zeit später in Cuba wurde er auf einer Straße in Havanna tot aufgefunden.
Er war in Havanna gestrandet, die USA hatten ihm kein Einreisevisum erteilt. Da dem Toten die Brieftasche mit den Papieren geraubt worden war, wurde er als unbekannter Toter beerdigt. Nach den Photographien der Polizei wurde Maslows Leiche von Heinrich Brandler, dem ehemaligen Vorsitzenden der KPD, der auch in Havanna im Exil lebte, identifiziert.

Paul Levi war vom zweiten Weltkongreß der Kommunistischen Internationale politisch anerkannt zurückgekehrt. Er hatte ausführlich mit Lenin sprechen können, den er während des Krieges in der Schweiz kennenge-

lernt hatte. Aber Geld für die Partei hatte er nicht angenommen. Auf der Partei-Delegierten-Konferenz, die sofort nach seiner Rückkehr zur Berichterstattung einberufen worden war, erklärte Levi, daß er jede finanzielle Unterstützung durch die russische Partei zurückgewiesen habe, die Not in Sowjet-Rußland sei so groß, daß er die Annahme von Geld nicht verantworten könne, weit eher sei die deutsche Partei verpflichtet, zur Unterstützung Rußlands Geld zu sammeln. Der Aufbau der deutschen Partei müsse von den Mitgliedern und Sympathisierenden getragen werden.
Ich entsinne mich gut an den Unwillen, den mehrere Funktionäre äußerten, und Wilhelm Pieck protestierte am heftigsten gegen Levis Auffassung und sagte, daß viele dringende Arbeiten, die zum Aufbau der Partei unerläßlich seien, ungetan blieben, weil kein Geld vorhanden sei. Oft könnten nicht einmal Einladungen zu Konferenzen in den Parteibezirken befolgt werden, und oft könnten angeforderte Referenten aus Geldmangel nicht reisen.
Der Hauptinhalt des Referats Levis und der Diskussion aber betraf die 21 Bedingungen zum Beitritt zur Kommunistischen Internationale und der bevorstehende Zusammenschluß mit der linken USPD. Levi berichtete, daß er gegen die Zulassung nicht-sozialistischer Organisationen gesprochen habe, daß er die klare Trennung von politischen Parteien und gewerkschaftsähnlichen Organisationen verlange. Deshalb habe er auch gegen die Aufnahme der amerikanischen „Industrial Workers of the World" gestimmt, obwohl diese im Weltkrieg aktiv gegen den Krieg opponiert hätten und wegen ihrer pazifistischen Haltung während des Krieges von der amerikanischen Regierung unterdrückt worden seien, ferner gegen die Aufnahme spanischer Syndikalisten und auch gegen eine Aufnahme der deutsche Abspaltung, der KAPD, die von den Russen eingeladen waren. Er, Levi, habe auf dem Kongreß verlangt, daß die Programme der Parteien, die sich der Kommunistischen Internationale anschließen wollten, eine klare sozialistische Zielsetzung haben müßten. In dieser Frage opponierte Levi auch gegen die Russen, die möglichst alle revolutionär gesinnten Arbeiterorganisationen oder Teile derselben aufnehmen wollten, sofern diese die Aufnahmebedingungen annahmen.
Auf dieser Konferenz bildete sich eine Fronde gegen Levi, und es wurde über einzelne Abschnitte seines Berichtes abgestimmt. Ich stimmte in allen Punkten für Levi. Diese Konferenz blieb mir auch aus einem anderen Grund besonders im Gedächtnis. Es machte sich eine junge Frau durch Zwischenrufe bemerkbar, die ich hier zum ersten Male sah. Ich sprach mit ihr: sie war die Tochter des Wiener Professors Eisler und mit einem Redakteur Friedländer verheiratet und schon Mutter eines Babys. Sie war erst kürzlich aus Wien gekommen. Sie hatte Wien verlassen, weil nach ihrer Meinung die Zukunft und das Schicksal der europäischen Arbeiterbewegung in Berlin entschieden werde. Sie nannte sich Ruth Fischer.
Hier begann die Karriere dieser bemerkenswerten Frau, die bald eine bedeutende Rolle in der deutschen kommunistischen Partei und in der Internationale spielen sollte. Sie hatte eine erstaunliche Rednergabe und sprach dauernd von der „Macht der Arbeiterfäuste", ohne daß sie jemals das Wesen der Arbeiterbewegung selbst kennenlernte. Ruth Fischer fand in Maslow einen kongenialen Partner. Da aber Maslow selber die deutsche Staatsbürgerschaft nicht besaß, ging sie eine Scheinehe mit dem Bruder des Werkmeisters Golke ein, von dem ich im Kapitel Spartakus im Weltkriege berichtete. Als Frau Golke war Ruth Fischer deutsche Staatsangehörige und

wurde später Reichstagsabgeordnete. Sie starb 1962 in Paris.

Am zweiten Weltkongreß der Kommunistischen Internationale hatten auch die Vertreter der USPD teilgenommen. Die Debatten in Moskau entschieden über den Zusammenschluß mit der Kommunistischen Partei Deutschlands (Spartakusbund). Nicht die Freundschaft zum Spartakusbund, sondern die Begeisterung für die russische Revolution, ihr Überleben im Kampf gegen die Konterrevolution und eine feindliche Welt, ließ die Herzen der linken Arbeiter für die Revolution schlagen. Da fast alle Fragen in Moskau geregelt waren, konnte der Vereinigungsparteitag in den Tagen vom 4. bis 7. Dezember in Berlin stattfinden. Am Tage vorher hatten wir noch eine Art Abschiedsparteitag der alten Spartakusmitglieder abgehalten, der in nüchterner, aber doch selbstbewußter Stimmung verlief. Die früheren Spartakusleute hatten einigen Grund, sich stark zu fühlen, denn, obwohl die Unabhängigen Sozialdemokraten zahlenmäßig ungefähr um das Zwanzigfache überlegen waren, sollten alle leitenden Funktionen paritätisch besetzt werden.
Auf dem Vereinigungsparteitag waren die linken Unabhängigen Sozialdemokraten in ihren Reden weit radikaler als die Kommunisten, und sie legten auch mehr Gewicht auf Organisationsfragen. Das Mitglied des Zentralkomitees der Unabhängigen Sozialdemokraten Wilhelm Koenen forderte sogar, daß das Organisationsbüro Vorrang vor dem politischen Büro haben müsse. Das war der erste Vorstoß der „Kartothekowitsche" in der Partei. Das Manifest des Vereinigungsparteitages forderte die Sozialisierung der Großindustrie, Teilnahme an den Wahlen zu den verschiedenen Parlamenten, Mitgliedschaft und aktive Mitarbeit in den Gewerkschaften, die um diese Zeit rund neun Millionen Mitglieder zählten. Der Parteitag beschloß auch, daß die Funktionäre keiner Religionsgemeinschaft angehören dürfen und daß die Parteimitglieder ihre Kinder vom Religionsunterricht abmelden sollten. Damit wurde der Abschnitt des „Erfurter Programms" über die Religionszugehörigkeit abgelehnt, der besagt, daß Religion Privatsache jedes Einzelnen sei.
Ich habe an beiden Parteitagen teilgenommen.
Nach der Verschmelzung beider Parteien wurde die Mitgliedschaft der „Vereinigten Kommunistischen Partei Deutschlands" (VKPD) mit rund einer halben Million Mitglieder angegeben. Doch Nachprüfungen ergaben, daß die neue Partei zur Zeit ihrer größten zahlenmäßigen Stärke ungefähr 350.000 Mitglieder zählte. Bei der Registrierung der Mitglieder zeigte sich, daß über hunderttausend, die gefühlsmäßig für die Vereinigung mit der KPD (S) gestimmt hatten, gleichwohl infolge der schweren Aufnahmebedingungen den Beitritt nicht vollzogen. Die Aufnahmebedingungen verlangten ein quasi uneingeschränktes Bekenntnis zum Kommunismus und die Bereitschaft, für die Partei jedes Opfer zu bringen. Es war eine Überschätzung des revolutionären Wollens selbst der linken, radikalen deutschen Arbeiter. In der deutschen Arbeiterschaft hat es immer nur kleine Gruppen revolutionär Gesinnter gegeben, bei der großen Mehrheit überwogen die kleinbürgerlichen Neigungen und die Folgen der militärischen Erziehung und Tradition. Ich habe es oft genug gesehen, wenn ich am Sonntagvormittag zu Arbeitern in die Wohnungen kam, um mit ihnen über die Partei zu sprechen, daß ihr „Eisernes Kreuz" unter Glas und Rahmen an der Wand hing, daneben oft auch das Kompaniebild aus der Rekrutenzeit mit dem Kompaniehauptmann

in der Mitte. „Das hängt nur dort, weil meine Frau es so will," sagte der eine und der andere verlegen zu mir, wenn er meinen Blick auf das Bild bemerkte.
So waren die Hauptgründe, daß viele fernblieben, die eben erst für die Vereinigung mit den Kommunisten gestimmt hatten, die materiellen Opfer, die zur Mitgliedschaft gehörten und die Schikanen und Verfolgungen durch die Behörden. Dazu kam die gesellschaftlich Ächtung, besonders in den mittleren und kleinen Orten. Es war für Kommunisten, die als solche bekannt waren, sehr schwer, eine Arbeitsstelle zu erlangen, auch bei der Arbeitslosenunterstützung wurden sie benachteiligt. Es war eine schwere Bürde, die sich jedes Mitglied der KPD selbst auflud. Die KPD war schon vorher als Spartakusbund niemals eine Sekte im geistigen Sinne gewesen. Die Leitung wie die Mitglieder waren weltoffener: aber die neue große Partei blieb selbst als Massenpartei eine Partei der Städte. Trotz aller oft sehr geschickten Propaganda unter den Landarbeitern und Bauern konnte sie unter dem „Landvolk" nur in seltenen Fällen Anhänger gewinnen. Das war in früheren Zeiten bei der Sozialdemokratie nicht anders gewesen.

Im Laufe der Zusammenführung der Mitglieder, der Ortsgruppen und Bezirke nach dem zentralen Vereinigungsparteitag, erhielt ich die Mitteilung aus meiner Heimatstadt, daß sich sogar dort eine Ortsgruppe der VKPD bilden wolle. So hatte ich Gelegenheit, Schneidemühl wiederzusehen. Ich traf an die zwanzig Männer in dem Vereinslokal, in dem in den Jahren meiner Kindheit der Athleten- und der Radfahrerverein ihre Zusammenkünfte abgehalten hatten. Doch die Ortsgruppe löste sich bald wieder auf; die politische Atmosphäre Schneidemühls duldete sie nicht.
Der Vereinigungsparteitag hatte zwei mit gleichen Rechten ausgestattete Parteivorsitzende gewählt: den Intellektuellen Paul Levi und einen robusten Mann aus dem Volke, Ernst Däumig, der sich vor dem Ersten Weltkrieg durch alle Teile der Welt geschlagen hatte. Nachdem die wichtigsten Ressorts im neuen Zentralkomitee und in der Reichstagsfraktion aufgeteilt waren, beriefen die beiden Vorsitzenden eine Besprechung ein über den Punkt 12 der 21 Bedingungen der Kommunistischen Internationale, welcher lautete:
„Die allgemeine Lage in ganz Europa und Amerika zwingt die Kommunisten der ganzen Welt zur Schaffung illegaler kommunistischer Organisationen neben der legalen Organisation. Das Exekutivkomitee ist verpflichtet, dafür zu sorgen, daß das überall praktisch verwirklicht wird."

Wie ich bereits erwähnte, hatte die KPD mit diesen konspirativen Maßnahmen bereits begonnen, und als Levi mich Däumig vorstellte, um ihn über die Tätigkeit zu unterrichten, sagte mir Däumig, daß er ebenfalls eine „geheime" militärische Organisation habe und daß wir die Tätigkeit einander angleichen sollten. Däumig lud die Leitung seines „Apparates" zu einer Besprechung, zu der ungefähr fünfzehn Personen erschienen. Vom bisherigen Spartakusbund kam ich allein. Levi kam wie üblich nicht zu Gesprächen, die sich mit Organisationsfragen befaßten. Meine Gesprächspartner stellten sich als frühere Mitglieder der revolutionären Matrosen und der Republikanischen Soldatenwehr vor. Einige sagten, daß sie auch der „Roten Armee des Ruhrgebietes" angehört hatten. Alle waren gediente Soldaten und Kriegsteilnehmer gewesen. In diesem Kreis war ich der einzige, der niemals

Soldat gewesen war.
Es zeigte sich sogleich, daß wir völlig gegensätzliche Auffassungen von konspirativer Tätigkeit hatten. Die Gruppe legte den Punkt 12 der Bedingungen der Kommunistischen Internationale so aus, daß sie eine eigene Militärorganisation schaffen wollte, wie sie die Rechtsparteien in den zahllosen Militärvereinen und im Stahlhelm, der sich von Magdeburg aus über ganz Deutschland ausbreitete, bereits hatten.
Ich berichtete über die Tätigkeit unseres bisherigen Nachrichtendienstes und betonte, daß jeder von ihnen zuerst ein Funktionär der Partei und der Gewerkschaften sei und daneben lernen müsse, wie die Massen durch die Partei revolutioniert und geführt werden könnten. Die Revolution müsse eine Sache des Volkes sein. Grundsätzlich aber könne eine Nebenorganisation nur dann revolutionäre Arbeit leisten, wenn die Gesamtpartei eine revolutionäre Politik betreibt. Im Falle revolutionärer Kämpfe müßten die konspirativen Kader unter Führung der politischen Parteileitung stehen, sie müßten aber auch im Falle einer Niederlage und eines Verbotes der Partei in der Lage sein, die Partei weiterhin zusammenhalten. Andererseits bestehe bei Nebenorganisationen immer die Gefahr des Eigenlebens und sie könnten die Politik der Parteileitung unter Druck setzen.
Wir kamen zu keiner Einigung, aber Däumig stand in allen Fragen auf meiner Seite; Levi war es stets gewesen. Levi und Däumig wünschten jetzt, um politische Schwierigkeiten zu vermeiden, daß die „militärische Organisation" der bisherigen Unabhängigen Sozialdemokraten in sehr taktvoller Weise aufgelöst werden. (Ich vernahm später, daß die meisten Mitglieder als Verein zusammengeblieben waren, sie machten sich aber nicht bemerkbar).
In den Parteibezirken wurde begonnen, geeignete Genossen zu suchen, um zum bisherigen Nachrichtendienst einen „Ordnerdienst" und eine „Militärpropaganda" zu organisieren. Nicht überall wurden geeignete Mitarbeiter gefunden. In mehreren Bezirken unterblieb deshalb auch die Organisation der „Apparate". Ich begann Militärliteratur zu studieren und las in den folgenden Jahren, auch wenn ich zwischendruch nicht im „Apparat" war, militärische Schriften, angefangen bei Clausewitz „Vom Kriege" über Delbrücks umfangreiche „Geschichte der Kriegskunst", die Erinnerungen der geschlagenen deutschen Heerführer aus dem Weltkriege bis zum wöchentlichen Studium des „Militärwochenblatts". Der einzige Gewinn, den ich dabei hatte, war die Einsicht, daß es nichts Widerwärtigeres gibt, als Schlachtenbeschreiberei und -malerei. Es handelte sich für mich gar nicht darum, militär-theoretische Kenntnisse zu erwerben, sondern um Argumente gegen den Militarismus zu suchen. Das „Militärprogramm" der KPD bestand lapidar in der Forderung nach Bewaffnung der Arbeiterschaft als „Arbeitermiliz" und Bildung einer „Roten Garde" zum Schutze der proletarischen Revolution.
Dagegen hieß es im „Erfurter Programm" der SPD von 1891 unter Punkt drei: „Erziehung zur allgemeinen Wehrhaftigkeit. Volkswehr an Stelle der stehenden Heere." Die deutsche Militärkaste hatte nach den Erfahrungen im Weltkrieg jetzt gegen diese Forderung nichts mehr einzuwenden, sie bedrohte ihre Privilegien nicht.

Die Ungeduld der Kommunistischen Internationale ließ sie nicht einmal die Vollendung der Verschmelzung der beiden Parteien in die lokalen Glie-

derungen abwarten; die Verschmelzung war ja kein einmaliger Akt wie der zentrale Vereinigungsparteitag, sondern ein Prozeß, der einige Zeit erforderte. Diese Zeit wurde der Partei nicht gelassen. Die Exekutive der Kommunistischen Internationale glaubte bereits unmittelbar nach dem Vereinigungsparteitag vom neuen Zentralkomitee eine aggressive Politik fordern zu können. Dabei wurde sie von einem „linken Flügel", der sich bereits bildete, unterstützt. Es kamen Beauftragte der Exekutive nach Berlin, die sich an die Mitglieder der Partei direkt wendeten; so Guralski-Kleine, Bronski-Poznanski, dazu Maslow und Ruth Fischer, die mit Friesland in Berlin und leitenden Funktionären im Lande sehr rasch ein Bündnis gegen den Parteivorsitzenden Levi schlossen, Guralski sprach unermüdlich Abend für Abend in irgendeiner Gruppe, auch wenn nur wenige Personen anwesend waren. Seine primitiven Suggestivfragen, ob der Kapitalismus den Krieg verschuldet habe und darum gewaltsam zerschmettert werden müsse, bejahte jeder Anwesende. Diese Bejahung hielt Guralski für den „Radikalismus der einfachen Arbeiter" und deren Zustimmung zu einer revolutionären Politik, die nach seiner Meinung vom Zentralkomitee nicht begriffen oder gar gebremst werde.
Bronski-Poznanski arbeitete anders. Er erläuterte in Seminargruppen, an denen ich auch teilnahm, die politische Situation Rußlands, sein Verhältnis zu den kapitalistischen Ländern und die 21 Bedingungen der Kommunistischen Internationale. Wir hatten zu diesen Seminaren Kollegzimmer unter dem Namen „Gesellschaft zum Studium der Weimarer Verfassung" in Restaurants gemietet, die sonst nicht von Parteimitgliedern besucht wurden, und jeder Teilnehmer mußte die Verfassung von Weimar vor sich auf dem Tisch liegen haben, um eine eventuelle Polizeikontrolle zu täuschen. Bronski war in seinen Formulierungen und in seinem Auftreten zurückhaltender als Guralski, aber der Zweck seiner Seminare war natürlich der gleiche: die Radikalisierung der Partei zu beschleunigen.

Levi war gegen die Fraktionsbildung nicht blind, aber sie interessierte ihn wenig. Er war wohl zu wenig ehrgeizig, er wollte gar nicht unbedingt Vorsitzender der Partei bleiben. Natürlich hatte er auch seine Freundeskreise in Berlin und anderen Orten. In Berlin gehörte auch der berühmte Kunsthistoriker und Schriftsteller Eduard Fuchs dazu, ferner der Historiker Valeriu Marcu, Fritz Schönherr, Joseph Bornstein und andere. Diese habe ich niemals in Parteibezirken sprechen hören, sie diskutierten die Fragen untereinander. Levis Haltung zu Rußland war entschieden positiv. Er wollte, daß die russischen Menschen jetzt, nach der Selbstbehauptung der Revolution an den äußeren und inneren Fronten, eine Pause erhalten sollten. Die Interventionen Englands, Frankreichs, Japans waren zurückgeschlagen, die Ukraine und Ostsibirien zurückerobert, die Armeen der konterrevolutionären Generäle im Innern waren zerschmettert worden. Nun sollte gearbeitet werden, um die Zerstörungen und die Not zu überwinden. Da die russische Regierung den Vertrag von Versailles nicht anerkannt hatte, die deutsche Republik ebenfalls von den Westmächten noch geächtet war, schlug Levi ein Bündnis Deutschland–Sowjet-Rußland vor und unterstützte gleichzeitig die Bemühungen der Sowjet-Regierung, Handelsbeziehungen zu den westlichen Ländern, besonders zu England anzuknüpfen. Levi vermied dabei jeden Anklang an frühere „nationalbolschewistische" Tendenzen eines Kriegsbündnisses. Levis Leitgedanke war, Sowjet-Rußland müsse aus

der Isolierung heraus. Die Oppositionellen, Friesland, Maslow, Ruth Fischer, dagegen waren der Meinung, daß die Revolution der einzige Exportartikel sei, den Sowjet-Rußland der Welt anzubieten habe, und daß ein Bündnis Sowjet-Rußland–Deutschland es erst nach dem Siege der proletarischen Revolution in Deutschland geben könne.
Von der ersten Auseinandersetzung zwischen Paul Levi und dem Mitglied der Exekutive der Kommunistischen Internationale, Karl Radek, über die jetzt einzuschlagende Politik der VKPD, erfuhr ich zufällig von Waldemar Rackow. Radek war, obwohl er erst vor einigen Monaten von der deutschen Regierung gegen in Sowjet-Rußland inhaftierte Deutsche ausgetauscht war, wieder illegal nach Deutschland gekommen. Waldemar Rackow war für die Dauer des Aufenthaltes Radeks in Deutschland dessen Sekretär.
Am Tage nach dem Streitgespräch Levi–Radek traf ich mich mit Rackow, der mir erzählte, daß Levi in der Aussprache die Verlegung der Exekutive der Kommunistischen Internationale nach Kopenhagen gefordert und auch angedeutet habe, daß er den Vorsitz der Partei niederlegen wolle. Rackow machte mir gegenüber kein Hehl daraus, daß er Levis Einstellung für richtig hielt, aber er lehne ihn als Parteiführer ab. Er wünsche als Parteiführer einen Arbeitertyp; Levi sei ihm zu intellektuell und an der Parteipolitik im engen Sinne zu uninteressiert. Clara Zetkin schätzte er höher ein.
Wir saßen in einem Café in der Friedrichstraße und Rackow erzählte mir nun auch einiges aus seinem Leben und von der russischen Revolution. Er war in Rußland als Sohn eines deutschen Werkmeisters oder Ingenieurs geboren und dort aufgewachsen. Er sollte ebenfalls Ingenieur werden und hatte die Technische Hochschule besucht. Hier hatte er schon russische Sozialdemokraten kennengelernt und sich dem bolschewistischen Flügel angeschlossen und aktiv an der Organisierung des Oktoberaufstandes teilgenommen. Während der ersten Jahre des Bürgerkrieges war er trotz seiner Jugend politischer Kommissar in der Roten Armee gewesen.

Um diese Zeit hatten auch die bisher selbständigen Parteibezirke Groß-Berlin und Brandenburg ihren Vereinigungsparteitag abgehalten und sich dabei zu einem Bezirk Berlin-Brandenburg zusammengelegt. Ein neues Sekretariat war gebildet worden, dem ich nicht mehr angehörte. Auf Antrag Frieslands und Maslows war ich als „Levit" abgewählt worden. Ich blieb aber noch Mitglied des neuen Bezirksvorstandes. Meine Anhänger in Brandenburg waren auch noch stark genug, mich als Kandidaten für die Wahl zum ersten Preußischen Landtag aufzustellen. Ich wurde mit der Erledigung aller Formalitäten und der Einrichtung der Kandidatenliste beauftragt. Aus Vorsicht, um zu verhindern, daß Kandidaten von der Polizei verhaftet oder von Rechtsorganisationen bedroht werden könnten, reichte ich die Kandidatenliste erst in den letzten Stunden vor Anmeldeschluß ein. Das staatliche Wahlprüfungskomitee strich meine Kandidatur, weil mir nach dem Wahlgesetz noch drei Wochen zum wählbaren Alter fehlten.

Die Wahl zum Landtag in Preußen wurde für die VKPD eine schwere Enttäuschung. Die Mehrheitssozialdemokraten erhielten mehr Stimmen als die VKPD und die Rest-USPD (die die Vereinigung mit den Kommunisten abgelehnt hatte) zusammen. Die größte Enttäuschung bereiteten uns die Massen der Stadt Berlin. Hier kam die VKPD von den drei Arbeiterparteien erst an dritter Stelle hinter den Mehrheits- und den Rest-Unabhängigen

Sozialdemokraten. Die Vereinigung der Kommunisten mit dem linken Flügel der USPD hatte also weder einen neuen revolutionären Aufschwung noch die erhoffte Unterstützung in der Arbeiterbevölkerung gefunden. Paul Levi nahm den Wahlausgang als Warnung auf, die Kraft der VKPD nicht zu überschätzen. Für die linke Opposition aber war maßgebend, daß die Anhänger der Partei in den Betrieben, also unter den Männern, weitaus stärker waren, als in der Gesamtheit der wahlberechtigten Bevölkerung, in der die Frauen und die Landbewohner den Ausschlag gaben. Die Stärke der VKPD in den Betrieben zeigte sich besonders im industriellen Mitteldeutschland. Im Gebiet Halle-Merseburg erhielten die Kommunisten die dreifach höhere Anzahl Stimmen als die Mehrheits- und ebenfalls fast die dreifach höhere Stimmenzahl als die Rest-Unabhängigen Sozialdemokraten. Die Kommunisten waren demnach in diesem Industriegebiet fast doppelt so stark wie die beiden sozialdemokratischen Parteien zusammen. Ich erwähne dieses Wahlergebnis im mitteldeutschen Industriegebiet ausdrücklich, weil hier bald Ereignisse folgen sollten, die die noch längst gefestigte Partei fast bis zur Zerstörung erschüttern sollten.

Levi wollte sich nicht zu einer Politik drängen lassen, die er für falsch und für die Partei zerstörend hielt. Er legte den Vorsitz nieder. Ich war in der Konferenz, in der Levi zurücktrat, anwesend. Der Mitvorsitzende Ernst Däumig und Clara Zetkin folgten ihm. Sang- und klanglos verschwand der Parteivorstand, der erst wenige Wochen zuvor von den Delegierten von angeblich einer halben Million Parteimitgliedern einstimmig gewählt worden war. Nicht die fruchtlosen Diskussionen mit den neuen „linken Berlinern" in der Partei war der Anlaß zu diesem Schritt, diese hatte Levi so überlegen abgewehrt wie vorher die „Nationalbolschewisten", sondern Levi erkannte richtig, daß er einer neuen politischen Richtung, die von der Exekutive der Kommunistischen Internationale gefördert wurde, im Wege stand.
Ich möchte am folgenden, scheinbar belanglosen Beispiel zeigen, wie sich die politische Einstellung der Leitung der Kommunistischen Partei wandelte. Zu Anfang des Jahres wurden in ganz Deutschland, besonders in Berlin, von den rechtsstehenden Parteien eine mehrere Wochen lang dauernde nationalistisch-verlogene Bildplakatpropaganda durchgeführt, die von der Reichsregierung und den Länderregierungen mitfinanziert wurde. Die Bildplakate zeigten hungernde und frierende Kinder, Frauen und Kriegskrüppel mit Unterschriften, die behaupteten, das seien die Folgen des Versailler Vertrages. Diese Plakatpropaganda wurde anläßlich der „Londoner Konferenz" von Anfang März 1921, die zur Festsetzung der deutschen Reparationszahlen einberufen worden war, betrieben. Levi schlug dem Zentralkomitee vor, Streifen zum Überkleben der Plakate drucken zu lassen, mit dem Text: „Das tat der Krieg des deutschen Militarismus-Imperialismus!" Die Mehrheit des Zentralkomitees lehnte den Vorschlag Levis mit der Begründung ab, das Überkleben würde sehr unpopulär sein, die Bevölkerung würde eine solche Richtigstellung nicht verstehen. Das Zentralkomitee nahm hier schon Rücksicht auf nationalistische Stimmungen. Ich hatte Levi auf seine Frage hin zugesichert, daß die meisten Parteimitglieder, und besonders der „Apparat", seinen Vorschlag gern ausführen würden.
Eigentlich kann ich die Opposition gegen Paul Levi nicht als „Linke" bezeichnen, es war eine „Berliner" Richtung, die revolutionäre Aktivität beinahe um jeden Preis forderte. In dieser Zeit stand die Arbeiterschaft in ganz

Deutschland täglich in Arbeitskämpfen, es gab Streiks und Aussperrungen. Die Entwertung des Geldes wurde drückender, ein Brot kostete bereits 12 bis 15 Mark und es war erkennbar, daß Spekulation und Schiebertum die Hauptursachen der Teuerung waren. Die VKPD unterstützte natürlich die Forderungen der Arbeiter, die Führung der Kämpfe um Lohn und Brot lag jedoch bei den Gewerkschaften. In Berlin wurde der Streik der Elektrizitätsarbeiter von dem kommunistischen Betriebsratsvorsitzenden Wilhelm Sült geführt. Daß Sült nach seiner Verhaftung im Gefängnis von dem gleichen Polizeibeamten hinterrücks erschossen wurde, der auch Leo Jogiches ermordet hatte, erwähnte ich bereits.
Noch einmal mögen es über hunderttausend Menschen gewesen sein, die Sült das letzte Geleit zum Friedhof gaben, und ich glaube, die Rede Frieslands am Grabe Sülts war sicherlich die gequälteste und ergreifendste Rede seiner ganzen Laufbahn.
Levi entnahm aus dem Verhalten und den Forderungen der Arbeiter und der Gewerkschaften in Berlin, daß diese nicht einmal zu großen einheitlichen gewerkschaftlichen Kämpfen bereit waren. An bewaffnete Kämpfe dachte Levi nicht, für ihn war die Zeit der bewaffneten Kämpfe vorüber, Die junge Partei sollte sich erst eine breite politische Basis in der arbeitenden Bevölkerung schaffen, um die führende Arbeiterpartei zu sein. Die innerpolitische Opposition dagegen war der Auffassung, daß die Partei am ehesten durch Aktionen zusammenwachsen und lernen könnte. „Wir müssen die Machtfrage aufrollen," riefen Ruth Fischer und Maslow in fast jeder Parteiversammlung.
Levi hat mich immer in der Ansicht bestärkt, daß, wie eine Handvoll verbrecherischer Menschen einen Krieg herbeiführen könne, so eine Handvoll Menschen den Krieg verhindern könne – vorausgesetzt, diese Menschen brächten die gleiche Energie auf wie die Kriegstreiber und wenden die zweckmäßigen Mittel an. Im Grunde war Levis politische Einstellung zutiefst pessimistisch. Er wiederholte des öfteren, daß der Weltkrieg keine Probleme gelöst habe und daß der Kapitalismus neue Kriege suche und daß wir daher auch einen zweiten noch verlustreicheren Weltkrieg erleben würden, wenn das Proletariat keine Macht zu entwickeln in der Lage sei, die den Kapitalismus abschafft. Die Schrecken der Konterrevolution ständen noch vor uns, und . . . „jede Konterrevolution wiederholt die Sünden der vorrevolutionären Zeit gründlicher und systematischer," sagte er immer wieder. Ebenso pessimistisch äußerte er sich über eine mögliche Entwicklung in Rußland. „Wenn die westeuropäische Arbeiterschaft den Russen nicht zu Hilfe kommt, so wird sich in Rußland die härteste Diktatur entwickeln."
Bevor Levi eine private Auslandsreise antrat, hielt er ein Referat, das mir unvergeßlich blieb, oder besser gesagt, das mir zwanzig Jahre später wieder ins Gedächtnis kam. Es war in einer der periodischen Sekretär-Schulungskonferenzen, die stets mehrere Tage dauerten und in denen mit Mitgliedern des Zentralkomitees über politische Fragen diskutiert wurde. Levi, der mehrere Sprachen beherrschte und wohl täglich die erreichbare ausländische Presse las, referierte über Außenpolitik und über das Verhältnis der Großmächte zueinander, um dann ausführlich über einen kommenden Konflikt zwischen Japan und den USA zu sprechen. Levi stellte die These auf, daß Japan sehr wahrscheinlich zu einem günstigen Zeitpunkt Pearl Harbor angreifen und versuchen werde, die USA aus dem mittleren Pazifischen

Ozean zu verdrängen. Auch mit dieser Meinung stand er gegen die Auffassung der Russen, die an einen Konflikt England – USA glaubten. Levi belegte seine Thesen mit Zitaten aus Büchern, Zeitschriften und Zeitungen, die er, aus den Originalen übersetzend, vorlas. Auf Zurufe sagte er lachend, daß er kein Datum vorhersagen könne, wann dieser Überfall passieren würde. In London im Dezember 1941, als ich in den Zeitungen vom japanischen Überfall auf Pearl Harbor erfuhr, sah ich in meinen Gedanken Levi vor mir, wie er über den kommenden japanischen Angriff sprach.
Ich halte nichts von politischen Prophezeiungen. Aber durch Studium der Geschichte, durch zuverlässige Informationen über die handelnden politischen, militärischen und wirtschaftlichen Interessen und Personen, ist es sehr wohl möglich, bestimmte Tendenzen zu erkennen, die zu den vermuteten Resultaten führen.

In dieser politisch erregten Situation kam es im mitteldeutschen Industriegebiet Halle-Merseburg-Leunawerke-Mansfeld zu umfangreichen Streiks. Die preußische Regierung ließ durch den Oberpräsidenten der Provinz Sachsen, Hörsing, militarisierte, mit Geschützen und anderen schweren Waffen ausgerüstete Polizei in das Industriegebiet einmarschieren. Reichswehrtruppen folgten. Die VKPD rief nun zum Generalstreik und bewaffneten Widerstand auf. Nachdem aber die Kämpfe sich ausdehnten, verlor die Partei zum größten Teil die Leitung. Max Hoelz kam aus seinem tschechischen Exil zurück. Er konnte zwar nicht die Gesamtleitung übernehmen, aber führte Aktionen durch, die der Polizei schwer zu schaffen machten. Vom Zentralkomitee der Partei war Eberlein in diesen Tagen im Kampfgebiet. Die kämpfenden Arbeiter, die auch Betriebe besetzt hatten, wurden in einigen Tagen niedergeworfen. Es gab zahlreiche Tote, deren genaue Zahl auch niemals festgestellt wurde. Mehrere tausend Arbeiter wurden jahrelang in Gefängnissen gehalten, davon waren die meisten Mitglieder der KPD. Das war die sogenannte „Märzaktion" von Ostern 1921, über die unendlich viele unwahre Geschichten verbreitet wurden. Offiziell wurde behauptet, die Kommunisten hätten losschlagen wollen, die Polizei sei ihren Plänen zuvorgekommen. Tatsache ist, daß erst der Einmarsch der militarisierten Polizei und auch der Reichswehr, der von den „Offensivtheoretikern" herbeigesehnte Anlaß zur Parole: Generalstreik und bewaffneter Aufstand war. Trotz der „Offensivtheorie" des Zentralkomitees war der Aufstand nicht vorgeplant; ich war in vielen Sitzungen zugegen und hätte dank meiner Funktion bestimmt davon erfahren.
Kürzlich las ich in den Memoiren des Schriftstellers Franz Jung, daß Bela Kun, der frühere ungarische Ministerpräsident, die Kämpfe persönlich geleitet habe. Er beschreibt, wie Bela Kun im Gebiet Halle-Merseburg „an der Arbeit" gewesen sei. Er habe sogar ein Gewerkschaftshaus mit 300 Funktionären in die Luft sprengen wollen, etc. Jedes Wort davon ist frei erfunden; ich kann bezeugen, daß Bela Kun in dieser Zeit überhaupt nicht in Mitteldeutschland gewesen ist. Ich hatte während dieser Tage vom Zentralkomitee den Auftrag, mit einigen Mitgliedern des „Apparates" in Berlin, in der nördlichen Friedrichstraße, eine Woche lang eine Wohnung zu überwachen und die Verbindung der Bewohner mit der Parteileitung zu halten. Ich kannte keinen der drei Männer, mit denen ich natürlich auch mehrere Male über die Ereignisse in Deutschland sprach. Erst Wochen später, nach der Abreise der Männer erfuhr ich von Rackow, daß ich mit Bela

Kun, Matias Rakosi und Pogany, den führenden Mitgliedern der ungarischen Räteregierung zu tun gehabt hatte. Ich sah Bela Kun und Rakosi 1922 in Moskau wieder.
Ebenso groschenromanhaft erzählt Franz Jung, daß Friesland in Berlin zu ihm gekommen sei und ihn beschworen habe, einige Dynamitattentate auszuführen. Jung schreibt: „. . . nicht viele Leute haben in meinem Leben mich so dringend und flehentlich um etwas gebeten." Jung war Mitglied der KAPD, die trotz Protestes Paul Levis in die Kommunistische Internationale als sympathisierende Partei mit beratender Stimme aufgenommen worden war. Die KAPD war demnach eine „Bruderpartei", daher hatte Jung Verbindung mit Funktionären der VKPD.

Paul Levi war in Wien, als er in der Presse von den Kämpfen in Mitteldeutschland las. Er kehrte nach Berlin zurück und protestierte heftig gegen die „Märzaktion", wie die Kämpfe jetzt genannt wurden. Das Zentralkomitee der Partei rief für Anfang April den Zentralausschuß nach Berlin ein.
In verschiedenen Geschichtswerken über die Kommunistische Partei wird behauptet, Levi sei zu der entscheidenden Zentralausschußsitzung, in der sein Ausschluß beschlossen wurde, nicht zugelassen worden. Das stimmt nicht. Levi war eingeladen, ich hatte ihm die Adresse des Lokals gebracht und er wollte dort das Referat halten, das er dann als die Broschüre „Die Märzaktion" veröffentlichte. Levi, oder vielmehr der Taxifahrer, fand das Konferenzlokal nicht. Ich stand an dem Morgen an einer Ecke in der Nähe des Lokals, um auf Levi zu warten. Die Konferenz war streng geheim, denn gegen viele der Konferenzteilnehmer waren Haftbefehle erlassen, sie durften nicht gefährdet werden. Die Taxe, in der Levi saß, fuhr an mir vorüber und verschwand um die nächste Ecke. Dann kam sie aus einer Seitenstraße zurück; es war im alten Neukölln, in dem Gewirr der kurzen Straßen um den Richardplatz. Ich winkte dem Taxifahrer, der aber weiterfuhr, wahrscheinlich im Glauben, ich wolle seine besetzte Taxe mieten. Er fuhr am richtigen Lokal vorbei, um wieder um die nächste Ecke zu verschwinden. Ich lief hinter der Taxe her und sah sie noch einige Male in den Nachbarstraßen entlang fahren, dann verschwand sie endgültig. Nachdem ich Pieck von dem Mißverständnis berichtet hatte, eröffnete er die Konferenz, ohne weiter zu warten. Da Levis Referat ausfiel, beschränkte sich die Konferenz darauf, die Anträge gegen Levi zu behandeln. Die Konferenz nahm ein vorzeitiges Ende. Ich sah Maslow einige Male im Schankraum telefonieren; ich machte Pieck darauf aufmerksam und sagte ihm, daß ich die Verantwortung für die weitere Sicherheit der Konferenz ablehne. Pieck teilte dies den Anwesenden mit, die für sofortigen Abbruch der Verhandlungen waren und das Haus verliessen. Levi sagte mir einige Tage später, daß er mich nicht gesehen habe. Er habe sich auf den Taxifahrer verlassen, dieser habe das Lokal nicht gefunden. Er, Levi, habe auch beim vergeblichen Herumfahren den Eindruck gewonnen, daß man ihn irreführte, daß die Zenle sein Referat nicht wünschte. So verfocht er seine Kritik durch die Herausgabe der Broschüre, die schon einige Tage nach der Sitzung des Zentralausschusses erschien.
In der theoretischen Zeitschrift der Kommunistischen Partei „Die Internationale" vom 29. März 1921 hatte ein Mitglied des Zentralkomitees geschrieben:
„Seit zwei Jahren gab es keinen Zeitpunkt, wo die Regierung so geschwächt

war wie jetzt . . . Die Regierung kann durch einen einigermaßen starken Stoß gestürzt werden . . . Besteht also die Möglichkeit zu solchem Stoß, dann muß eine revolutionäre Partei ihn führen. Unter diesen Umständen beschloß die VKPD die Offensive zu ergreifen."
Diese Nummer der „Internationale" erschien erst zwei Wochen nach Beendigung der Kämpfe in Mitteldeutschland. Das Zentralkomitee der Partei hatte sich völlig geirrt. Es hatte leichtfertig zu einem Kampf aufgerufen, auf den die Partei gar nicht vorbereitet war. Die politischen Folgen und die Verluste konnte die KPD niemals überwinden.

Ich machte aus meiner Sympathie für Levi kein Hehl; wo ich mit abstimmen konnte, stimmte ich für ihn. Daraufhin wurde ich aus der Bezirksleitung Berlin-Brandenburg der VKPD rausgewählt und auch aus meiner bisherigen Tätigkeit entlassen. Aus der Partei wurde ich nicht ausgeschlossen; das widerfuhr damals nur denen, die mit ihren abweichenden Thesen an die Öffentlichkeit gingen. Ich konnte das als „Illegaler" sowieso nicht.

12. James Thomas, der Mann in Westeuropa

Waldemar Rackow und ich saßen in der erwähnten Parteikonferenz von Berlin-Brandenburg am gleichen Tisch. Als ich nicht wieder in die Bezirksleitung gewählt wurde, sagte er mir, daß er mich in den nächsten Tagen in einer „interessanten Angelegenheit" sprechen müsse. Einige Tage darauf trafen wir uns in Charlottenburg. Seine interessante Mitteilung war, daß er nach Rußland zurückkehren werde und daß er mich zu seinem Nachfolger bei seinem Chef „James Thomas" empfohlen habe. Zu diesem James Thomas würden wir jetzt gehen, falls ich zustimme und mich verpflichte, die gestellten Bedingungen zu erfüllen. Er instruierte mich über die Arbeit, die ich bei Thomas auszuführen hätte und über mein persönliches Verhalten. Das erste Gebot sei unbedingte Diskretion gegenüber jedermann, auch gegenüber den Mitgliedern des Zentralkomitees der Partei. Ich dürfe niemals irgendeine kommunistische Schrift, keine Adressen, kurzum nichts bei mir tragen, was bei einer eventuellen Verhaftung einen Hinweis auf meine Arbeit und auf Thomas geben könnte. Das zweite Gebot sei Pünktlichkeit. Sollte ich einmal zu einem Treffen nicht auf die Minute pünktlich sein, so werde mir ein neuer Termin mitgeteilt. Sollte ich aber Thomas einmal zufällig auf der Straßen treffen, so müsse ich, ohne ihn anzusprechen oder zu grüßen, vorübergehen. Die gesamte Arbeit müsse äußerst diszipliniert und konspirativ vor sich gehen.
Nachdem ich zugesagt hatte, daß ich die Arbeit gern übernehmen würde, gingen wir einige Straßen weiter zu einer Buchhandlung, deren sorgfältig dekoriertes Schaufenster wir uns anschauten. Rackow vergewisserte sich unauffällig mit dem wachsamen Spähblick, den auch ich in der „Illegalität" entwickelt hatte, ob uns niemand gefolgt war, ehe wir eintraten.
Wie das Schaufenster vermuten ließ, war die Buchhandlung sehr reichhaltig ausgestattet, auch Lexika und Globen standen auf Regalen und Tischen. Wir schauten uns Bücher an, bis ein Kunde den Laden verlassen hatte, und gingen dann um den Ladentisch herum in den hinteren Arbeitsraum.
James Thomas ließ nicht lange auf sich warten. Er war ein mittelgroßer, etwas dicklicher Mann, glatt rasiert, dunkles Haar, etwa Anfang Vierzig. Er trug eine Brille mit schmalem Goldrand, gekleidet war er mit unauffälliger Eleganz. Nach der Begrüßung wiederholte er kurz die konspirativen Regeln, die mir Rackow bereits eingeschärft hatte. Dann umriß er mein

Arbeitsgebiet. Ich sollte sein Verbindungsmann zum Zentralkomitee der KPD sein und Verlagsarbeiten ausführen. Er fügte gleich hinzu, daß ich ihn nicht oft sehen werde, daß ich aber seine Sekretärin täglich treffen werde, und ihr solle ich die Arbeiten übergeben. Während Thomas über die Arbeit sprach, kam seine Sekretärin hinzu: Ruth Österreich-Jensen. Ich bekam mehrere verschlüsselte Treffpunkte genannt. Keine Cafés oder Privatadressen, sondern Treffpunkte auf Straßen und Plätzen.

Thomas sprach ein akzentfreies Hochdeutsch. Er sprach langsam und klar. Von seiner eigenen Funktion erzählte er nichts, die hatte mir Rackow angedeutet. Thomas war der ständige bevollmächtigte Vertreter der Exekutive der Kommunistischen Internationale für Westeuropa. Wie mir Rackow gesagt hatte, war Thomas noch nicht lange in Berlin, er kannte aber Berlin schon aus seiner Studentenzeit vor dem Weltkrieg. Das von ihm geleitete „Westeuropäische Sekretariat" war einige Monate nach der Gründung der Kommunistischen Internationale eingerichtet worden. Es sollte unter anderem auch die unsichere und schwierige Verbindung der westeuropäischen kommunistischen Parteien mit Moskau erleichtern. Deutschland und Rußland grenzten nicht mehr aneinander. Neugebildete Staaten: Estland, Lettland, Litauen, Polen, die aus dem früheren Rußland herausgelöst und deren Regierungen rußlandfeindlich gesinnt waren, bildeten einen Wall, offiziell-zynisch „Cordon sanitaire" genannt, der Rußland vom Westen abschließen sollte. Ich erfuhr bald, mit welchen Gefahren der Weg durch diese Staaten für unsere Kuriere verbunden war, nicht alle kamen durch, mehrere wurden getötet oder gefangen und jahrelang in Gefängnissen gehalten. Rackow hatten den Weg von Moskau nach Berlin beim ersten Male im Dezember 1918 mit Radek und Reuter-Friesland, danach noch mehrere Male allein hin und zurück unversehrt geschafft.

Ich bekam Einblick in die gesamte Tätigkeit. Für die Verlagsarbeiten stellte Thomas mir Fachliteratur und Fachzeitschriften zur Verfügung. In Hamburg hatte Thomas die bereits bestehende Verlagsbuchhandlung Carl Hoym aufgekauft, um durch sie die Herausgabe der Schriften der Kommunistischen Internationale und Übersetzungen der neuen russischen Literatur zu besorgen. Thomas gab auch ein größeres Werk heraus: „Gegen den Strom", eine Sammlung von Antikriegsartikeln Lenins und Sinowjews, die während des Krieges in der Schweiz geschrieben worden waren. Später bei der Herausgabe seiner „Illustrierten Geschichte der Russischen Revolution" kam es zum ersten Konflikt zwischen Thomas und dem neuen Generalsekretär der KPdSU, Stalin. Stalin wünschte, daß seine Rolle in den Revolutionstagen von 1917 mehr hervorgehoben und einige Bilder von ihm gebracht werden sollen. Thomas wußte von der untergeordneten Rolle Stalins in diesen Tagen und lehnte das Ansinnen ab.
Durch die Buchhandlung ließ Thomas wichtige Bücher und Zeitschriften für einige Mitglieder der russischen Regierung einkaufen. Die Bücherpakete für Lenin, Trotzki, Radek, Bucharin und Sinowjew stellte Thomas selbst zusammen.

Thomas war mit den Empfängern persönlich befreundet oder bekannt, er zeigte mir manchmal Briefe von ihnen. Das Interesse dieser führenden russischen Revolutionäre ging über die politische, Wirtschafts- und philosophi-

sche Literatur hinaus. Ich hatte außerdem für sie noch täglich je 4 Exemplare der bedeutendsten deutschen Tageszeitungen zu besorgen, aus denen ich die Leitartikel und sonstige wichtige Aufsätze auszuschneiden hatte. Die Bücher und Ausschnitte wurden über Schweden, später nach dem Rapallovertrag mit dem diplomatischen Gepäck nach Moskau befördert. Es war den Russen damals noch nicht möglich, die Bücher durch eine Buchhandlung in Moskau zu beziehen. Diese Zeitungsarbeit leistete ich fast ein Jahr lang nebenher, bis Professor Eugen Varga, der frühere Wirtschaftsminister der Räterepublik Ungarn, ein Informationsbüro in der russischen Botschaft einrichtete und die Arbeit großzügiger ausbaute. Eugen Varga wurde später der maßgebende Wirtschaftsberater Stalins.
Mir war nun die Chance gegeben worden, in den Beruf hinein zu kommen, den ich mein Leben hindurch beibehielt: Verlagskaufmann.
Thomas war ein begabter Verleger. Er bestimmte Satz, Druck und Einband der Bücher und Broschüren. Wie es bei kommunistischen Druckaufträgen üblich war, mußte die fertige Auflage sofort abgeholt und sichergestellt werden, sie wurde auf mehrere Lager verteilt. Auch in „legalen" Zeiten war die Verbreitung verschiedener kommunistischer Schriften verboten. Ein Lagerkeller war ungefähr 500 Meter vom Polizeipräsidium entfernt, nach der Bemerkung Lichtenbergs, daß die Fliege am sichersten auf der Nase des Mannes mit der Klappe ist. Von den Kellern aus wurden die Schriften an die Buchhandlungen und Büros der Partei geschickt. Keines unserer Lager ist jemals von der Polizei ausgehoben worden.
Außer der Verlagstätigkeit waren andere Dinge zu erledigen. Es kamen illegale und legale Parteileute aus anderen Ländern nach Berlin, die nach Moskau wollten, deren Papiere aber zur Weiterreise nicht ausreichten oder aus deren Papieren bei ihrer Rückkehr ins Heimatland nicht erkennbar sein durfte, daß sie in Sowjet-Rußland gewesen waren. Für diese Reisenden mußten Papiere und Visa beschafft werden. Später, nach der Wiederaufnahme der deutsch-russischen diplomatischen Beziehungen, gingen Visa- und Unterstützungsgesuche, die an die russische Botschaft in Berlin gerichtet waren, zur Begutachtung an Thomas zurück, der mich in vielen Fällen mit der Prüfung beauftragte. In diesen Angelegenheiten traf ich mich mit dem Botschaftssekretär Mirow.

Die russische Botschaft in Berlins Paradestraße Unter den Linden wurde damals neu eingerichtet. Zur Einstellung des deutschen technischen Personals, Stenotypistinnen, Portiers, Wächter, Boten, suchte ich in der Berliner Parteiorganisation nach geeigneten Genossen. Ich ging auch einige Male in den Prachtbau, der natürlich von der politischen Polizei überwacht wurde, und sicherlich bin ich von den Polizisten gesehen worden. Doch wurde ich niemals behelligt, ich kam und verschwand stets so rasch und unauffällig wie möglich. In der Botschaft ging es damals noch recht gleichberechtigt zu. Als ich einmal zum Essen in die Kantine ging, standen der Botschafter und die Botschaftssekretäre mit ihren Tellern in einer Reihe mit dem Dienstpersonal vor der Essenausgabe.

Mirow und der Botschafter Krestinski wurden später in der Zeit der stalinistischen Verfolgungen erschossen.

Nur einige Mitglieder der Zentrale kannten Thomas. Ich glaube auch nicht,

daß sie von der Existenz der Buchhandlung wußten. Zu Thomas Bekannten gehörten Paul Levi, Willy Münzenberg, August Thalheimer, auch Parteilose wie Franz Pfemfert und Wilhelm Herzog. Während seines Aufenthaltes in Berlin von 1919 bis Anfang 1933 hat Thomas niemals ein Parteibüro betreten und auch keine politische Versammlung besucht. Solange ich bei ihm arbeitete, ging ich für ihn zum Zentralkomitee und zu den Konferenzen des „Zentralausschusses", einer Körperschaft, die aus den Mitgliedern des Zentralkomitees, den Sekretären, den Vorsitzenden der Parteibezirke und den Chefredakteuren der Parteipresse bestand.
Mit der Zeit erfuhr ich von Thomas Einzelheiten aus seinem Leben. Er war geborener Pole und war schon frühzeitig als Student in Verschwörerzirkel gegen den Zarismus hineingekommen. Bei dem Attentat auf den Gouverneur von Warschau, 1905, war er einer der Bombenwerfer. Hierbei war auch sein damaliger Freund Pilsudski, der spätere Staatschef Polens, beteiligt. Thomas konnte in der Panik nach dem Attentat fliehen. Er ging nach Deutschland, Frankreich und in die Schweiz, um weiter zu studieren. Er hatte sich den russischen Sozialdemokraten – Bolschewiki – angeschlossen, und während des Ersten Weltkrieges gehörte er in der Schweiz zur Gruppe um Lenin.
Thomas lebte jedoch nicht „versteckt", isoliert. Ich entnahm aus gelegentlichen Erzählungen Ruth Österreich-Jensens, daß sie gemeinsam Konzerte, Theater und Kinos besuchten. Sein Hauptinteresse aber galt der Geschichte und der Psychologie. Thomas bereiste auch andere Länder, er war des öfteren von Berlin abwesend.

1928, als ich aus dem Gefängnis kam, lud er mich in seine Privatwohnung ein. Dadurch erfuhr ich überhaupt erst, daß er unter dem Namen Rubinstein legal lebte. Ich möchte vorwegnehmen, daß Thomas sich nach dem Tode Lenins mit der Opposition gegen Stalin verband. Stalins Einladungen nach Moskau zu kommen, lehnte Thomas ab. Nach Hitlers Machtübernahme ging Thomas via Prag in die USA. Nach dem zweiten Weltkrieg, 1950, erhielt ich aus New York ein Paket mit Obst. Die beiliegende Karte enthielt nur die Worte: „Gruß Thomas". Er hatte irgendwie meine Adresse erfahren. Im Jahre 1954 erhielt ich eine Todesanzeige, daß er einem Herzinfarkt erlegen sei.
Die Sekretärin von Thomas, Ruth Österreich-Jensen, war 1933 ins Exil nach Prag und später nach Paris geflüchtet. Bei Kriegsausbruch war sie gerade zu einem Besuch in Belgien und konnte das Land nicht verlassen. Als die deutschen Truppen im Frühjahr 1940 Belgien überrannten, lag sie schwer krank in einem Hospital. Ich erfuhr nach dem Kriege, daß sie der Gestapo denunziert, nach Berlin-Plötzensee gebracht und hier hingerichtet wurde.

Mein Ausscheiden aus der Bezirksleitung Berlin-Brandenburg der KPD bedeutete für mich nicht das Aufgeben der Parteiarbeit. So oft ich es einrichten konnte, war ich nun wieder abends in meinem früheren Stadtbezirk Moabit tätig. Mein Obdach hatte ich weiterhin in den Bezirken Friedenau und Schöneberg.
Die Diskussionen über die Märzaktion dauerten indessen an und auch die unaufhörlichen Verhaftungen von Parteimitgliedern und Arbeitern. In ganz Deutschland waren im Frühjahr 1921 zwischen 5.000 bis 6.000 revolutio-

när-sozialistische politische Häftlinge in den Gefängnissen. Eines Tages bestellte mich Thomas zur Buchhandlung und gab mir einen Brief, den er mit doppeltem Umschlag versehen hatte. Thomas sagte mir, daß ich diesen Brief Paul Levi in die Hand geben solle. Von dem Brief dürfe niemand etwas erfahren, insbesondere nicht das Zentralkomitee. Ich traf Levi noch am gleichen Nachmittag in seinem Büro an. Levi las den Brief in meiner Gegenwart. Nach dem Lesen fragte er mich, ob ich wüßte, wer der Schreiber des Briefes sei. Ich verneinte, er gab mir daraufhin den Brief. Es war ein Handschreiben Lenins in deutscher Sprache. Lenin schrieb in diesem Brief, daß er Levis Broschüre über die Märzaktion erhalten und gelesen habe. Thomas habe sie ihm geschickt. Lenin bedauerte im Brief nicht die Kritik Levis, sondern nur die Veröffentlichung und den Bruch mit der Partei.
Als ich drei Jahre später, im Sommer 1924, in Moskau war, führte mich Rackow im Kreml zu Lenins Arbeitszimmer und zeigte mir in der geschlossenen Abteilung, zu der nur wenige Funktionäre der russischen Partei Zutritt hatten, die Broschüre Levis mit den Randbemerkungen Lenins, die in der Sache Levi beipflichteten. Lenin gebrauchte ungefähr die gleichen Ausdrücke, wie er sie in seinem Brief an Levi geschrieben hatte.
Karl Radek gab auf dem dritten Weltkongreß der Kommunistischen Internationale, der im Juli 1921 in Moskau stattfand, zu, daß die KPD unvorbereitet in den Kampf gegangen war, Radek erklärte unter anderem:
„Genossen, die Lehren der Märzaktion zeigen weiter, daß wir einen Apparat haben, der noch nicht auf den Kampf eingestellt ist. Die Organisationen, die besonders für den Kampf gebildet worden sind, die militärisch-politischen Abteilungen,haben sich als eine Illusion erwiesen. Sie existieren in Wirklichkeit noch nicht, und wenn sie irgendwo existiert hatten, so hatten sie die Waffen nur auf dem Papier; das wenige, das vorhanden war, war undiszipliniert. Sie wollten der Partei diktieren, anstatt die Befehle der Partei ausführen. Die Parteiorganisationen als Ganzes erwiesen sich als ein Apparat, der sich noch nicht auf den Kampf einstellen kann."
Das Unangenehme an Radeks Kritik war, daß er die kritisierten Schwächen vorher gekannt hatte. Er, Bela Kun und andere Vertreter der Kommunistischen Internationale waren vorher über die Situation der Partei unterrichtet worden. Ich glaube, daß Radek vom Inhalt des Briefes Lenins an Levi gewußt hat, denn Radek wiederholte in seiner Rede einige Bemerkungen Lenins. In seiner Zustimmung zum Ausschluß Levis aus der Partei sagte Radek: „Levi hat weniger durch seine Argumentation als durch die Art, wie er auftrat, gezeigt, daß zwischen ihm und der Partei keine organische Bindung besteht . . . Er hätte sich mit der Partei und mit der Exekutive in Verbindung setzen können."

Die Führung der KPD hatte seit Levis Ausscheiden der Mitbegründer des Spartakusbundes, Ernst Meyer, übernommen. Ich habe ihn gut gekannt, er war ein hochintelligenter, gebildeter Mann, seine Referate zeugten von seinem ungewöhnlichen Wissen, doch sie waren ohne jede Wärme, und er hat weder in Volksversammlungen noch in größeren Versammlungen der eigenen Partei die Überzeugungskraft ausgestrahlt, ohne die nun einmal ein Führer einer revolutionären Partei nicht denkbar ist. Er war damals auch schon von der Tuberkulose gezeichnet, an der er sterben sollte. Ernst Meyer hatte die Witwe des in München erschossenen Eugen Leviné geheiratet. Ernst Meyer war gewiß nicht feige, aber daß Levi mit seiner Kritik recht

hatte, gab er nur im engeren Genossenkreis zu.
Der Geist der Kritik Levis an der Märzaktion beherrschte auch den Parteitag der KPD, der im August 1921 in Jena stattfand. Ich war für Thomas anwesend. Der Parteitag beschloß, was Levi zwei Jahre früher verlangt hatte, daß die Partei sich selbst finanzieren müsse. Friesland-Reuter, jetzt Generalsekretär der Partei, verlangte die endliche Durchführung des Beschlusses und erklärte ihn sogar zu einer Lebensfrage der Partei. Friesland-Reuter, der bisher Levi am heftigsten bekämpft hatte, ging jetzt in seinen Forderungen nach finanzieller und daraus folgender politischer Unabhängigkeit über Levi hinaus, er übernahm sogar den von den sogenannten „Ultralinken" vertretenen Standpunkt, daß Sowjet-Rußland durch die „Neue Ökonomische Politik" Lenins „sich vom Kommunismus entferne".
Friesland-Reuter wurde bald als Generalsekretär abgesetzt. Er hat diese eigens für ihn geschaffene Position nur wenige Monate bekleidet. Er schlug zurück und kritisierte öffentlich die Zerrüttung der KPD und lehnte eine Einladung nach Moskau ab. Eine Woche später verließ Friesland-Reuter die Partei. Im Oktober 1921 war er noch zum Berliner Stadtverordneten gewählt worden, dieses Mandat behielt er.
Ich hatte ihn des öfteren aufgesucht, und wir hatten uns auch in Parteiversammlungen gesprochen. Er sagte offen, daß er sich nicht beiseite stellen lasse, sondern dort arbeiten werde, wo er nützlich sein könne. Er machte kein Hehl daraus, daß für ihn die revolutionäre Epoche beendet sei. Daher war auch die Mitgliedschaft in der von Levi gegründeten KAG (Kommunistische Arbeitsgemeinschaft) nur von kurzer Dauer. Friesland-Reuter trat noch vor Paul Levi und seiner Gruppe zur Sozialdemokratischen Partei über.
In der Biographie Reuters von Willy Brandt und Richard Löwenthal wird als weitere Ursache des Zerwürfnisses und des endgültigen Bruches mit der KPD die „Nebenregierung Helene Stassowas, der früheren Sekretärin Lenins" und Vorgängerin Stalins im Sekretariat des russischen Zentralkomitees angegeben. Hier ist den Verfassern ein Irrtum unterlaufen: Helene Stassowa war um diese Zeit noch nicht in Berlin. Als sie nach Berlin kam, habe ich sie oft gesprochen. In der Partei trat sie wenig hervor, öffentlich überhaupt nicht. Sie mischte sich nicht direkt in die Politik des Zentralkomitees der Partei ein, sagte aber jedem, der sie über die politische Situation fragte, unverblümt ihre Meinung.
Das Ausscheiden Levis, Däumigs, Friesland-Reuters und anderer war sicherlich auch durch die gleichzeitige Wendung in der Politik Sowjet-Rußlands bedingt. Es kam jetzt auch ein fremder Stil in die Partei hinein. Wir Parteigenossen hatten bisher empfunden, daß die Partei „eine große Freundschaft" sein müsse. Dieses freundschaftliche Verhältnis der Mitglieder untereinander erkaltete. Man redete mehr von der „Sache" und der „Zukunft" und verlor das persönliche und private Interesse aneinander.

Die Diskussionen und Zerwürfnisse innerhalb der KPD hatten eine sehr reale Grundlage. „Kommt es nicht zur Revolution, so wird die Reaktion siegen," war der Tenor. Lenin und Trotzki hatten seit Anbeginn der russischen Revolution die Auffassung vertreten, daß die russische Revolution zu Grunde gehen werde, wenn die Revolution in den westeuropäischen Ländern ausbliebe. Die Arbeiterrevolution im industriellen Westen war für die russischen Führer demnach die Lebensfrage der eigenen Revolution. Die russischen

Revolutionsführer trieben nicht zum „Putschismus", um deutsche Arbeiter zu opfern, aber sie überschätzten das revolutionäre Wollen der deutschen Arbeiterbewegung, wie sie schon seit Jahrzehnten die Partei Bebels überschätzt und große Dinge von ihr erwartet hatten. Doch die kämpferische Partei Bebels war längst die Partei der „kleinen Vorteile" geworden, die in der „Weimarer Republik" im Grunde die Politik des 4. August 1914 fortsetzte. Tatsächlich war es in erster Linie das Ausbleiben der deutschen Revolution, das Lenin zum Zurückstecken der sozialistischen Pläne zwang; ein Rückzug, der als „Neue Ökonomische Politik" bezeichnet wurde. Die Konsequenz dieses Rückzuges im Inneren führte zur neuen auswärtigen Politik, so auch zum Vertrag von Rapallo. Das Schicksal der russischen Revolution hatte sicherlich einige Zeit zu einem großen Teil bei der KPD gelegen. Nachdem jede Hilfe von seiten der internationalen Arbeiterklasse ausblieb, gingen die Russen ohne Rücksichtnahme auf die Arbeiterparteien anderer Länder ihren eigenen Weg.

Thomas bestellte mich gegen Mitte März zur Buchhandlung und fragte mich, ob ich einen ebenso vertraulichen wie vielleicht gefährlichen Auftrag übernehmen wolle. Aus Moskau werde eine Delegation über Berlin nach Genua reisen. Diese müsse vor Anschlägen weißrussischer Emigrantenorganisationen geschützt werden. Die Delegation reise nicht „illegal", sie werde auch mit der deutschen Regierung verhandeln und diese werde bestimmt auch die politische Polizei mit der Überwachung beauftragen. Doch der deutschen politischen Polizei sei nicht zu trauen, die weißgardistischen Organisationen hätten ihre Vertrauensmänner in der Polizei, und die Reise der russischen Delegation sei ihnen sicherlich bekannt. Natürlich sagte ich sofort zu, und ich suchte aus früheren Mitarbeitern des Nachrichtendienstes vier brauchbare, der Polizei unbekannte Genossen aus. Erster Mann war der bereits erwähnte Gustav Wricke aus Oberschöneweide, bei dem ich in den Tagen des Kapp-Lüttwitz-Putsches gewohnt hatte. Wir stiegen an der ostpreußischen Grenze in den Zug der Delegation aus Moskau ein. Die Nacht hindurch standen wir an den Wagenenden des Schlafwagens des fahrplanmäßigen Schnellzuges. Niemand von uns war bewaffnet, wir hätten bei einem eventuellen Attentatsversuch nur warnen und den Attentätern in die Arme fallen können. Der Zug kam ohne Zwischenfall in Berlin an, und wir verschwanden unauffällig vom Bahnhof, als die Delegation empfangen wurde. Die Russen blieben einige Tage in Berlin und führten hier schon Verhandlungen mit Beauftragten der deutschen Regierung. Wir überwachten inzwischen den Anhalter Bahnhof, von wo aus die Delegation weiterreisen sollte. Meine vier Genossen fuhren bis zur Schweizer Grenze mit, ich blieb zurück.
Später, in Moskau, erzählte mir Rackow, daß der frühere sozialrevolutionäre Terrorist Boris Sawinkow in seinen weiteren Erinnerungen, die er im Gefängnis in Moskau geschrieben habe – ich weiß nicht, ob diese jemals veröffentlicht wurden –, erwähnt, daß er auf dem Anhalter Bahnhof einen Anschlag geplant hatte. „Es trieben sich junge Leute herum, die mich störten," soll Sawinkow geschrieben haben, „die Burschen kamen mir dauernd in die Quere, daß ich nervös wurde und nicht dazu kam, meinen Plan auszuführen," Sawinkow und seine Leute müssen sich so unauffällig benommen haben wie wir, denn ich hatte auf dem Bahnhof nichts Verdächtiges bemerkt.

Bei einem täglichen Treffen sagte mir Ruth Österreich-Jensen, daß Thomas mich dringend sprechen möchte. Als ich bei ihm war, begann er sofort, ich solle prüfen, ob eine Möglichkeit bestehe, Max Hoelz zu befreien.
Ich erwähnte Max Hoelz bereits. Er war eine in Deutschland einmalige revolutionäre Gestalt. Max Hoelz war im westlichen Sachsen, in Falkenstein im Vogtland, zu Hause, einer kleinen Stadt mit Textilindustrie, die in der Hauptsache Heimarbeiter beschäftigte. Hier lebten die Ärmsten der Armen immer am Rande des Verhungerns und wenn es einmal Fleisch gab, so war es Hundefleisch. Im Vogtland gab es nämlich noch Hundeschlächtereien. Hoelz war damals 31 Jahre alt. Er war ein Rebell nach dem Herzen der armen Bevölkerung, „tapfer und sagenumworben, ein stattlicher Mann". Am Ende des Krieges war Hoelz zum Mitglied des Arbeiter- und Soldatenrates gewählt worden und hatte seine eigene Organisation gebildet. Er ließ in Falkenstein Lebensmittel an die arme Bevölkerung verteilen, die die Stadtverwaltung und wohlhabenden Bürger und Unternehmer bezahlen mußten. Während des Kapp-Lüttwitz-Putsches beherrschte Hoelz das Vogtland. In seinem Machtbereich wurden alle bürgerlichen Einwohnerwehren und die Polizei, sofern diese sich ihm entgegenstellten, entwaffnet. Putschende Truppen kamen nicht ins Vogtland. Es kam daher auch nirgends zu Blutvergießen. Hoelz war aber nicht nur der Schrecken des Bürgertums, sondern auch der Bürokraten der Arbeiterparteien, weil er jede Parteieinmischung zurückwies.
Nach Beendigung des Kapp-Lüttwitz-Abenteuers wurde das Vogtland von Reichswehr und Freikorps umstellt, einzelne Dörfer wurden mit Artillerie beschossen und zahlreiche Einwohner getötet. Hoelz flüchtete in die Tschechoslowakei. Eine Auslieferung lehnte die tschechische Regierung ab, da keinerlei kriminelle Vergehen vorlagen.
Ein Jahr später, zu Beginn der sogenannten Märzaktion, kam Hoelz aus dem Exil zurück und ging ins Kampfgebiet Mitteldeutschland. Er bildete rasch wieder eine eigene Kampforganisation, die selbständig an den Kämpfen teilnahm. Bei der Besetzung eines Gutshofes wurde der Gutsbesitzer erschossen. Wer den Schuß abgegeben hatte, ist niemals geklärt worden. Hoelz als Anführer der Gruppe wurde zu lebenslänglichem Zuchthaus verurteilt. Anführer von Freikorps, die während des Kapp-Lüttwitz-Putsches zahlreiche Menschen erschossen oder erschlagen hatten, wurden nicht vor Gericht gestellt. Die KPD erklärte daher Max Hoelz als ein Opfer der Klassenjustiz. Hoelz war Mitte April 1921 in Berlin verhaftet worden, einige Häuser vor der Buchhandlung Franz Pfemferts, den er besuchen wollte. Die Buchhandlung wurde von der politischen Polizei überwacht. Von der Amnestie, die nach der Ermordung Rathenaus von der Reichsregierung erlassen wurde, wurde Hoelz ausgenommen. (Auch Bayern lehnte eine Amnestierung der an der Räterepublik Beteiligten ab.)
Thomas sagte mir, daß er sich bereits an Mitglieder des Zentralkomitees der Partei gewandt habe, doch diese hätten erklärt, daß die Partei keinen Weg wüßte, Hoelz freizubekommen. Ein Wiederaufnahmeverfahren sei schon eingeleitet, aber es könnte jahrelang dauern und sein Ausgang sei ungewiß.

Ich organisierte den Befreiungsversuch sehr sorgfältig. Hoelz saß um diese Zeit im Gefängnis Berlin, Alt Moabit. Er konnte jeden Tag abtransportiert werden. Die Sache eilte also. Ich hatte als beste Möglichkeit eine Vorfüh-

rung des Gefangenen zum Wehrminister in der Bendlerstraße erwogen. Es kam öfters vor, daß in bestimmten Verfahren Gerichtsoffiziere sich Gefangene zu Vernehmungen in die Bendlerstraße vorführen ließen. In diesen Fällen wurden die Gefangenen von zwei Kriminalbeamten mit einem Vorführungsbefehl zur Bendlerstraße und wieder zurück gebracht.
Den Wortlaut des Vorführungsbefehls und den Briefbogen des Wehrministeriums besorgte mir der Leutnant, den ich bereits erwähnte. Die Zimmernummer entnahm ich dem Telefonbuch, und das Aktenzeichen lautete „Hoelz" und die Jahreszahl.
Aus dem „Ordnerdienst" der Partei hatte ich fünf Genossen ausgesucht, die sofort begeistert bereit war, mitzumachen. Zweien gab ich je einen Ausweis, die noch Noskes Unterschrift trugen und je eine Kriminalbeamten-Marke. Zwei Genossen sollten die gemieteten Autos fahren. Das eine Auto fuhr mit zwei „Kriminalbeamten" vor dem Gefängnis Alt Moabit vor und wartete in Richtung Westen stehend, das zweite hielt einige hundert Meter weiter an an der Ecke Stromstraße. In diesem Wagen wartete ich. Hoelz sollte hier umsteigen.
Zur Zeit der Vorsprache der beiden „Kriminalbeamten" beim Gefängnisvorsteher hatte es der Leutnant in der Bendlerstraße so eingerichtet, daß er von 10 bis 11 Uhr vormittags in der Nähe des Telefons sein konnte.
Der Leutnant hatte selbst den Tag und die Uhrzeit als die am besten geeignete angegeben. Er konnte um diese Zeit allein im Zimmer sein, falls der Gefängnisvorsteher anrufen sollte, um sich zu vergewissern, daß die Vorführung in Ordnung gehe. Da Hoelz schon verurteilt war, war der Untersuchungsrichter nicht mehr zuständig.
Alles funktionierte auf die Minute. Der Vorsteher rief nicht an. Er gab die Einwilligung und geleitete die beiden „Kriminalbeamten" zur Zelle Hoelz. Hoelz wurden Handschellen angelegt, auch „echte", und er wurde mit der vorgeschriebenen Formel darauf aufmerksam gemacht, daß er keinen Fluchtversuch machen dürfe. Auch der Vorsteher verwarnte Hoelz noch einmal, keine Schwierigkeiten zu machen. Hoelz hatte seine Zelle im sichersten Parterreflur, nur wenige Zellen von der ersten Gittertür entfernt, hinter der Tag und Nacht ein Wächter saß. Diese Gittertür war die erste Tür im inneren Flügel, nach dieser Tür mußten noch mehrere Türen passiert werden. Hoelz ging erst schweigend mit, die Hände nach vorn in Handschellen, zu beiden Seiten gingen meine „Kriminalbeamten", Einige Schritte vor dem Gitter ließ sich Hoelz der Länge nach zu Boden fallen, erfaßte die Gitterstäbe und begann zu schreiben: „Ich bin Hoelz, man will mich auf der Flucht erschießen!" Er schrie so laut, daß es durch den ganzen Bau schallte, die beiden Genossen versuchten vergeblich, seine Hände vom Gitter zu lösen, und redeten auf ihn ein, mitzukommen. Hoelz war ein athletischer Mann von großer Kraft, er war stärker als jeder der beiden „Kriminalbeamten". Es gelang ihnen nicht, seine Hände vom Gitter loszureißen. Hoelz schrie währenddessen immer wieder, „Man will mich ermorden!" Andere Häftlinge in den Zellen begannen unruhig zu werden, sie pfiffen und schlugen an die Zellentüren. Es entstand ein großer Lärm in dem Gefängnis.
Dem Gefängnisvorsteher kamen jetzt Bedenken, er rief mehrere Wächter von den Fluren herbei und ließ Hoelz in die Zelle zurückführen. Meine beiden „Kriminalbeamten" schilderten mir nachher, daß sie in Schweiß gebadet und nervös waren. Der Vorsteher ersuchte die beiden, dem Verneh-

mungs-Offizier zu bestellen, er möge Hoelz hier im Gefängnis vernehmen. Meine beiden „Kriminalbeamten" erhielten ihren Vorführungsbefehl zurück und wurden hinaus geleitet. Sie kamen mit dem Wagen zur verabredeten Ecke und erzählten mir die ganze Geschichte. Sie zitterten noch am ganzen Körper vor Aufregung. So mußte ich allein zu der Wohnung fahren, in der Thomas wartete.
Anderntags ging ich zu der Fabrik, in der Frau Hoelz arbeitete und erwartete sie nach Arbeitsschluß. Ich erzählte ihr von dem mißlungenen Befreiungsversuch und erklärte ihr, daß es nicht möglich gewesen war, sie vorher einzuweihen.
Ich kann nicht sagen, ob der Gefängnisvorsteher sich nachträglich erkundigt hat, als kein Offizier zur Vernehmung kam. Der Leutnant blieb unbehelligt. Es kam auch nichts in die Presse. Hoelz wurde aber einige Tage später in das Zuchthaus in Münster/Westfalen überführt und einige Zeit darauf wurde er wiederum umquartiert und kam ins sicherste Zuchthaus nach Breslau.
Es blieb nicht bei diesem ersten erfolglosen Versuch, Hoelz zu befreien, zwei weitere Versuche mißglückten ebenfalls.
Einige Wochen später sagte mir Thomas, daß er die Sache Hoelz noch einmal mit mir besprechen müsse. Er ließ mich einige Briefe lesen, die Hoelz im Zuchthaus Breslau an den Moskauer Sowjet und an die russische Regierung geschrieben hatte. Frau Hoelz hatte diese Briefe herausgeschmuggelt und sie der russischen Botschaft abgegeben. Hoelz wandte sich niemals an die Zentrale der KPD. Er war gar nicht Parteimitglied.
Die Russen liebten diesen Typ des aktiven Revolutionärs, von dem sie selbst sagten, daß er in der ersten Phase der Revolution unschätzbare Dienste leiste, in der zweiten Phase aber sehr schädlich sei, weil er sich nicht in den nun notwendigen Aufbau einfügen kann oder will. Sie ernannten Hoelz zum Ehrenmitglied des Moskauer Sowjets. Als Ehrenmitglied des Moskauer Sowjets adressierte er seine Briefe direkt an diesen und an die russische Regierung. Die Briefe waren in den gröbsten Ausdrücken geschrieben und enthielten absurde Beschuldigungen gegen das Zentralkomitee der KPD.
„Sie lassen mich im Stich, weil sie mich fürchten", schrieb er. In einem Brief hieß es: „Die Zentrale weiß, daß ich sie absetzen werde, wenn ich frei komme, darum läßt sie mich im Zuchthaus umkommen." In einem weiteren Brief verlangte Hoelz die „Kriegserklärung an die deutsche Regierung, falls diese ihn nicht freilasse". Es war offensichtlich, daß Hoelz den „Gefängniskoller" hatte. Hoelz war geschickt genug, in seinen Briefen nur die Mitglieder des deutschen Zentralkomitees anzugreifen und nur sie der Feigheit und Uninteressiertheit zu beschuldigen. Gleichzeitig betonte er in den Briefen seine Ergebenheit gegenüber dem revolutionären Rußland. Das machte anscheinend Eindruck auf Moskau. Der Moskauer Sowjet und die Regierung aber gaben die Briefe Hoelz' an das Exekutivkomitee der Kommunistischen Internationale mit der Weisung, sich positiv mit der Sache zu befassen. Das Exekutiv wiederum schickte die Briefe an Thomas. Die Sowjet-Regierung hatte zur Zeit keine „Austauschgefangenen" vorrätig, und schließlich war Hoelz deutscher Staatsbürger.

Ich fuhr zu Hegewisch, dem Rechtsanwalt von Max Hoelz, zeigte ihm einige Kopien der Briefe Max Hoelz'. Hegewisch, der ebenfalls ein überzeugter Sozialist war, hatte auch einige Briefe im gleichen Stil von Hoelz erhalten

und er sagte, daß Hoelz ihm gegenüber bei einem Besuch im Gefängnis die gleichen Vorwürfe und Forderungen erhoben habe. „Mit Recht", rief Hegewisch, der plötzlich in Zorn geriet und zu meinem Erschrecken Hoelz in allen Punkten Recht gab und auf das Zentralkomitee der KPD zu schimpfen begann. Er kannte einige Mitglieder persönlich, er war auch schon einige Male beauftragt, Mitglieder der Partei vor Gericht zu vertreten. Die Sache Hoelz schien den Anwalt sehr mitgenommen zu haben. Es sollte noch schlimmer kommen.
Ich vereinbarte mit dem Anwalt, zusammen nach Breslau zu fahren und zu Hoelz ins Gefängnis zu gehen. Wir trafen uns einige Tage später in Breslau in einem Hotel und berieten, wie es einzurichten wäre, daß ich Hoelz allein sprechen könne, während er, Hegewisch, sich mit dem Gefängnisdirektor unterhalten sollte. Hegewisch sagte, daß für mich keine andere Möglichkeit bestehe, an Hoelz einige vertrauliche Worte zu richten.
Am folgenden Morgen gingen wir zum Gefängnis und wurden zum Direktorzimmer geführt. Der Direktor kannte Hegewisch bereits. Ich mußte mich ausweisen, und wir verhandelten um Sprecherlaubnis. Der Direktor machte Schwierigkeiten. Hegewisch sollte in Gegenwart des Direktors mit Hoelz sprechen, aber für mich läge von der Strafvollzugsbehörde keine Genehmigung vor, etc. Nach ergebnislosem Verhandeln sagte ich, daß ich zur Hauptpost gehen und das preußische Justizministerium in Berlin anrufen möchte. Das war dem Direktor recht. Hegewisch und ich verliessen das Gefängnis. Unterwegs sagte ich Hegewisch, daß ich mich nur mit ihm noch einmal beraten möchte, natürlich könnte ich das Ministerium nicht anrufen, wir müßten bluffen. Ich schlug vor, es zu riskieren, dem Direktor zu sagen, ich hätte telefoniert, er könne sich ja überzeugen und noch einmal anrufen. Wir gingen nach einer Stunde ins Gefängnis zurück. Der Direktor verzichtete auf eine Rückfrage in Berlin. „So ein Anruf ist viel zu teuer, wir müssen sparen," sagte er. Er ließ Hoelz nicht ins Sprechzimmer kommen, sondern er geleitete uns zur Zelle von Hoelz. Mir war gar nicht wohl zumute, als die verschiedenen Türen hinter uns wieder verschlossen wurden und zwei Gefängniswärter uns begleiteten. Ich wurde ja noch steckbrieflich gesucht. Man merkte mir aber keine Nervosität an.
Im Gefängnis war völlige Stille. Die meisten Gefangenen waren wohl in den Arbeitsräumen, nur die Einzelhaftgefangenen waren in den Zellen geblieben, so auch Hoelz. Die Zelle Hoelz' lag im obersten, fünften Stockwerk. Kaum hatte der Direktor die Zelle aufgeschlossen, da fielen sich Hegewisch und Hoelz in die Arme. „Du gefangener Löwe", schrie Hegewisch mehrmals, Hoelz schrie: „Mein einziger Freund". Der Direktor sagte zu mir: „Nun sehen Sie, was ich Ihnen gesagt habe, jeder Besuch regt Hoelz nur auf." Mir schien, daß Hegewisch geistig ebensowenig beisammen war, wie Hoelz.
Als die beiden sich etwas beruhigt hatten, sagte der Direktor zu Hoelz, daß er mir die gewünschten Auskünfte geben möge. Hegewisch stellte mich Hoelz vor und sagte, er solle volles Vertrauen haben. Als nun Hegewisch, wie verabredet, mit dem Direktor sprach, um ihn abzulenken, flüsterte ich Hoelz zu, daß ich vom Vertreter der Komintern beauftragt sei, mit ihm zu sprechen. In diesem Moment fing Hoelz an zu schreien, „verdammte Schweinehunde", „Halunken", und so fort. Der Direktor war erschrocken. „Wir müssen abbrechen, ich habe Sie gewarnt, er kriegt seinen üblichen Tobsuchtsanfall." Die beiden Wärter, die etwas abseits gestanden hatten, stürzten herbei und nachdem Hegewisch und Hoelz einander wieder in die

Arme gefallen waren und Hegewisch wieder „gefangener Löwe" geschrien hatte, wurde die Zelle abgeschlossen. Hoelz rief uns unverständliche Worte nach, bis wir aus dem Bau waren. Ich atmete auf, als ich die verschiedenen Türen wieder passiert hatte und vor dem Tor des Zuchthauses stand.
Ich eilte zum Bahnhof und zu Hause angekommen, schrieb ich einen ausführlichen Bericht über alles Erlebte. Thomas gab ihn an die erwähnten Stellen weiter. Einige Tage später ging ich auch wieder zum Arbeitsschluß zur Fabrik, in der Frau Hoelz arbeitete, um ihr in stark gemilderter Form von meinem Besuch in Breslau zu erzählen.

Es vergingen weitere Wochen als Thomas mich wiederum ansprach: „Die Sache mit Hoelz macht mir Magengeschwüre, wir müssen uns noch einmal mit der Sache befassen." Thomas sagte, daß diesmal Frau Hoelz mit einer Gruppe Hoelz-Anhänger die Sache selber machen wolle. Er gab mir einen Brief, den Frau Hoelz wieder in der russischen Botschaft abgegeben hatte. Sie verlangte hierin die runde Summe von fünftausend amerikanischen Dollars in kleinen Scheinen und niemand solle sich in die Organisation der Befreiung einmischen. Ich traf mich mit Frau Hoelz. Sie sagte mir, daß sie ihre Arbeitsstelle aufgegeben habe, um sich ganz der Befreiung ihres Mannes zu widmen. Ich teilte ihr mit, daß sie die Summe erhalten werde. Einige Tage darauf gab mir Thomas ein Päckchen mit 5.000 Dollars. Das war damals ein phantastisch hoher Betrag. Mit der nötigen Vorsicht traf ich mich mit Frau Hoelz in einem Café. Sie ging in die Toilette, um das Päckchen zu öffnen und die Scheine zu zählen. Eine Quittung sollte ich ablehnen. Ich sagte ihr, daß man volles Vertrauen zu ihr habe und daß sie nach der Aktion den Chef selber sprechen könne. Sie dürfe aber nicht noch einmal zur russischen Botschaft gehen. Alle Briefe solle sie mir geben, ich gab ihr eine Deckadresse.
Frau Hoelz hatte die Besuchserlaubnis für ihren Mann in Breslau bereits erhalten. Wir hörten nun mehrere Wochen nichts von ihr. Endlich gab Frau Hoelz bei der Deckadresse die Mitteilung für mich ab, daß sie mich sprechen möchte. Wir trafen uns, und sie gab mir das Päckchen mit den Dollarnoten zurück und eine Abrechnung. Sie hatte nur 91 Dollars verbraucht. Sie erzählte mir, daß die Gruppe zahllose Pläne geschmiedet habe, zweimal nach Breslau gefahren sei, und daß sie sich jedoch nicht über die Art der Befreiung habe einigen können. Frau Hoelz erzählte weiter, daß sie selber bei ihrem Besuch im Zuchthaus einen schweren Schock erlitten habe; Hoelz sei sehr eifersüchtig gewesen und habe sie und die Gruppe unflätig beschimpft. Sie war ziemlich verstört und sagte abschließend, daß sie mit Hoelz und seiner Sache nichts mehr zu tun haben möchte. Von den Dollars habe sie weder Hoelz noch der Gruppe etwas gesagt.
Ich berichtete Thomas und er schickte mich noch einmal zu Frau Hoelz, um ihr Geld zu bringen, damit sie in aller Ruhe nach einer passenden Arbeit suchen könne.

Ungefähr zwei Jahre später begegnete ich Frau Hoelz zufällig auf der Strasse in Berlin. Sie sagte mir, daß sie nicht mehr Hoelz heiße. Sie habe sich scheiden lassen und einen Kollegen geheiratet, den sie auf ihrer Arbeitsstelle kennengelernt hatte. Sie sagte, sie werde eine Familie haben und werde für diese sorgen. Diese Frau Hoelz habe ich in bester Erinnerung; sie war eine tapfere und intelligente Frau.

Später, als die KPD-Propaganda aus Hoelz eine Heldenfigur gemacht hatte, wurde eine Traute X. beauftragt, sich um Max Hoelz zu kümmern. Mit dieser Frau schloß Hoelz im Gefängnis eine neue Ehe. Traute Hoelz sprach nun in zahlreichen Versammlungen in ganz Deutschland über den Helden und Rebellen Max Hoelz. Als Hoelz 1928 frei kam, ging er ohne sie nach Moskau.

Die Mehrheits-Sozialdemokratische Partei hatte sich mittlerweile auf ihrem Parteitag in Görlitz 1921 ein neues Programm gegeben, in dem beteuert wurde, daß sie weiterhin zu ihrem, im Erfurter Programm niedergelegten Bekenntnis stehe, daß sie für Abschaffung der Klassenherrschaft und der Klassen selbst sei und forderte unter anderem: „Der Grund und Boden, die Bodenschätze sowie die natürlichen Kraftquellen, die der Energieerzeugung dienen, sind der kapitalistischen Ausbeutung zu entziehen und in den Dienst der Volksgemeinschaft zu überführen . . . . gesetzliche Maßnahmen . . . gegen das gänzliche Unbenutztlassen landwirtschaftlicher Bodenflächen . . . Kontrolle des Reiches über den kapitalistischen Besitz an Produktionsmitteln, vor allem über die Interessengemeinschaften, Kartelle und Trusts.
Revision des Friedensvertrages von Versailles im Sinne wirtschaftlicher Erleichterung und Anerkennung der Nationalen Lebensrechte."

Die Rest-Unabhängige Sozialdemokratische Partei besaß einige ausgezeichnete Zeitungen, aber die Partei hatte, nachdem der linke Flügel zur KPD übergetreten war, keine Anziehungskraft mehr auf die Arbeitermassen. Sie hatte sich auch von dem Gedanken des politischen Rätesystems als der Grundlage der proletarischen Herrschaft mehr und mehr gelöst. Bei Führern und Mitgliedern wuchs die Neigung, sich den Mehrheits-Sozialdemokraten anzuschliessen, andererseits gab es noch zahlreiche Stimmen, die zur Kommunistischen Partei neigten.
Der Parteitag der Rest-Unabhängigen Sozialdemokraten war deshalb der Kommunistischen Internationale sehr interessant. Dieser fand wieder im Stammhaus der USPD, im berühmten Leipziger Volkshaus statt, das während des Kapp-Lüttwitz-Putsches von den Putschtruppen niedergebrannt worden war. In den vergangenen zwei Jahren war es neu entstanden. Ich konnte hier viele Persönlichkeiten der internationalen Arbeiterbewegung sehen und sprechen. Bei den Verhandlungen am zweiten Tage saß ich auf der Gasttribüne neben Wilhelm Herzog und Franz Pfemfert. Als ein Referent eine abfällige Bemerkung gegen Sowjet-Rußland machte, antwortete Pfemfert mit einem gepfefferten Zwischenruf, und als Herzog und ich lachten, kam der Saalschutz und wies uns aus dem Saal. Wir gingen in ein Café und diskutierten noch einige Stunden über die politische Entwicklung in Deutschland. Ich hatte bisher niemals so pessimistische Äußerungen über den deutschen Menschen und seinen deutschen Staat gehört, wie von diesen beiden parteilosen Intellektuellen. Ein Jahrzehnt später hatte sich aller Pessimismus bewahrheitet.
Der Leipziger Parteitag der Rest-USPD sollte ihr letzter sein. Einige Monate später, im September, trat sie zur Mehrheits-Sozialdemokratischen Partei über. Trotzdem verlor die vereinigte Partei bei den nächsten Wahlen über zwei Millionen Stimmen.

Ledebour, der Mitbegründer der USPD im Ersten Weltkrieg, schloß sich nicht den Sozialdemokraten an, er bildete mit wenigen verbliebenen Anhängern eine kleine Gruppe, die bis zum allgemeinen Zusammenbruch der Arbeiterparteien 1933 selbständig blieb.
Wilhelm Herzog hatte ich durch Waldemar Rackow kennengelernt, als Rakkow noch bei Thomas tätig war. Wir waren eines Tages verabredet, und als wir uns trafen, sagte er, daß er einen Besuch bei Wilhelm Herzog machen müsse, ich möge ihn begleiten. Wir blieben über zwei Stunden bei Herzog, und ich konnte seine einmalige Voltaire-Bibliothek bewundern. Herzog war sicherlich der hervorragendste deutsche Voltairekenner, und er besaß wohl die vollständigste private Sammlung der Schriften Voltaires. Er erzählte uns, wie mühsam er die einzelnen Bände in aller Welt zusammengekauft hatte.
Herzog und Pfemfert traf ich gelegentlich wieder; nach 1933 in der Emigration in Paris, Basel, Lissabon. Als Herzog aus dem Exil wieder nach München zurückgekehrt war und kurz vor seinem Tode seinen 75. Geburtstag feierte, machte Erich Kästner in seiner Gratulationsrede den freundlichen Scherz, er hoffe, daß die Herzog-Wilhelm-Straße in München bald in Wilhelm-Herzog-Straße umbenannt werde . . .

13. Erster Besuch in Sowjet-Rußland

Wenn ich an die Jahre 1921-28 zurückdenke, verstehe ich nicht, warum Literaten diese Zeit die „goldenen zwanziger Jahre" nennen. Ich habe sie gar nicht golden in Erinnerung. Im Gegenteil. In meiner Erinnerung sind sie voller Spannungen und Armut. Nicht nur wegen der fortfressenden Geldentwertung, sondern besonders wegen der immer stärker werdenden militaristischen, antijüdischen, „völkischen" Tendenzen. Die Pflege der Kriegstradition und des Gedankens an Revanche in den großen Wehrverbänden mit militärischer Disziplin und den zahllosen „Regimentsvereinen" erhielt in dieser Zeit die wirkungsvollste Unterstützung durch den Film „Fridericus Rex", der mit US-amerikanischem Geld von einem Ungarn gedreht worden war. Kein Film lief jemals in Deutschland so lange Zeit und kam bis ins letzte Dorf wie dieser. Der Film peitschte die nationalistischen Instinkte mehr auf als tausend Hitlerreden. Die Bücher mit den Geschichten der Regimenter, die sämtlich „im Felde unbesiegt" geblieben sein wollten, wurden von der Jugend verschlungen und erreichten weit höhere Auflagen als die Bücher der „Linksintellektuellen".
Die Reichswehr begann zwar nach außen hin mit hölzernen Tanks zu üben. aber in der Lüneburger Heide wurden schon wieder bei Krupp gegossene Geschütze eingeschossen, die nicht aus Pappe waren. Fast täglich wurden der KPD Berichte über geheime Waffenlager zugetragen und wir erfuhren von militärischen Übungen illegaler Militärverbände auf mecklenburgischen und pommerschen Gütern. Die Zeit der Landesverratsprozesse und der Fememorde begann.
Doch fanden sich wiederum zahlreiche Menschen, die über das Treiben der Militaristen beunruhigt waren und die Anschluß an Organisationen suchten, von denen sie eine Abwehr der politischen und militaristischen Reaktion erwarteten. Die KPD gewann im Jahre 1922 über dreißigtausend neue Mitglieder. Im großen und ganzen aber war die „Linke" in der Defensive.

Thomas sagte mir im Spätsommer 1922, daß er zum vierten Weltkongreß der Kommunistischen Internationale, der im November in Moskau stattfinden sollte, eine Ausstellung aller bisher vom Exekutivkomitee der Kommunistischen Internationale (EKKI) in deutscher Sprache herausgegebenen Schriften plane. Die Ausstellung solle im Kreml, im St.Georgssaal, einem

Nebensaal des Kongreßsaales, stattfinden. Ich solle sie aufbauen und leiten. Thomas, der die Not in Sowjet-Rußland kannte, riet mir, alles Notwendige in solchen Mengen einzukaufen, daß ich in Moskau von keinem Menschen irgendwelche Hilfeleistung zu erbitten brauchte. So kaufte ich ein, was zum Aufbau eines Messestandes erforderlich war: roten Dekorationsstoff, Leisten und Bretter zum Aufbau einer Wand, an der die Bilder aufgehängt werden sollte, Nägel, Klebstoff, Bindfaden, natürlich auch reichlich Tischlerwerkzeug, für alle Fälle auch Glühbirnen und Sicherungen.
Das Material, sicher in haltbare Kisten verpackt, ließ ich durch eine Speditionsfirma nach Stettin bringen. Dort wurden die Kisten auf ein russisches Schiff verladen, das außer Stückgut auch ungefähr dreißig Passagiere an Bord nahm. Mein geliehener Paß wurde von der deutschen Paß- und Zollkontrolle in Ordnung befunden. Da ich außer „Towarischtsch" kein Wort Russisch kannte, hatte Thomas mir einige Sätze in russischer Sprache mit Bezug auf die Kisten zum Auswendiglernen aufgeschrieben.
Es wurde eine regnerisch-stürmische Seefahrt. Von den Passagieren kamen nur wenige zu den Mahlzeiten, die anderen lagen seekrank in ihren Kabinen. Die Fahrgäste waren nicht nur Delegierte, die zum Weltkongreß wollten, es waren auch heimkehrende Russen, eine internationale Rote-Kreuz-Delegation, einige Diplomaten und Felleinkäufer dabei. Am späten Abend des übernächsten Tages kamen wir vor Kronstadt an. Das Schiff lag bis zum frühen Morgen still, um den Lotsen abzuwarten, der das Schiff durch die Fahrrinne nach Petersburg steuern sollte. In der Nacht vor Kronstadt waren alle Fahrgäste wieder wohlauf und feierten im Speisesaal die Revolution mit Ansprachen, Verbrüderungen und Gesang. Als ich am Vormittag auf Deck ging, näherte sich das Schiff bereits dem Anlegeplatz am Quai Leutnant Schmidt in Petersburg.
Die Kongreßdelegierten und ich wurden in ein Hotel am Prospekt des 25. Oktober, früher Newski-Prospekt, der Hauptstraße Petersburgs, gefahren. Hier teilte uns das Empfangskomitee mit, daß wir erst am nächsten Abend nach Moskau weiterfahren könnten. So hatte ich eineinhalb Tage Zeit, etwas von Petersburg zu sehen.
In den Tagesstunden und am Abend bis in die späte Nacht hinein durchstreifte ich die Straßen, Newa- und Kanalufer von Petersburg. Ich besuchte den Platz vor dem Finnischen Bahnhof, das Winterpalais, das Smolny-Institut, in dem die Sowjet-Regierung bis zur Übersiedlung nach Moskau ihren Sitz hatte; die Stätten, an denen Lenin und Trotzki in den „Zehn Tagen, die die Welt erschütterten" die Entscheidung des Jahrhunderts herbeigeführt hatten. Ich ging zu den Kanälen und Straßen, deren Namen mir aus den Romanen Dostojewskis geläufig waren und zum Haus Puschkins am Moika-Ufer. Verlaufen kann man sich in dieser weiträumigen Stadt nicht, fast von jeder Straßenkreuzung aus erblickt man die siebzig Meter hohe goldene Nadel des Turms der Admiralität, deren riesiger Bau am Anfang des Prospekts des 25. Oktober liegt.
Am folgenden Morgen war für die Delegierten eine Führung durch die Ermitage-Gemäldegalerie vorgesehen, die den Vormittag in Anspruch nahm. Anschließend ging ich nochmals zum Leutnant-Schmidt-Quai, um mich zu überzeugen, ob meine Kisten zur Bahn geschafft waren.
Petersburg hatte schon sein unangenehm rauhes Oktoberwetter. Die Strasen waren nicht sehr belebt, ich sah nicht viel von den Menschen, die mit hochgeschlagenen Kragen vorüberhasteten. Der Aufenthalt in Petersburg

war zu kurz, um schauen zu können, wie die Bevölkerung lebt, ob es Läden, Cafés, Restaurants, Kinos gab. Theater, Balletts, Museenführungen gab es immer, die gehörten zum Kulturprestige der Revolution.

Ich gehörte nicht zu den Leuten, die ein Regierungssystem nach der Pünktlichkeit oder Unpünktlichkeit ihrer Eisenbahnen beurteilen, aber ich spürte doch einige Genugtuung, als unser Zug am nächsten Morgen fahrplanmäßig in Moskau ankam. Auf dem Bahnsteig vor der Sperre hatte sich ein Mann mit einem großen Pappschild postiert, auf dem in mehreren Sprachen geschrieben stand, daß Delegierte sich bei ihm melden sollten. Mit dem Autobus brachte er uns in das Hotel „Lux" an der Twerskaja Straße, das für Gäste der Kommunistischen Internationale reserviert war. Nachdem ich ein Zimmer zugewiesen und meine Lebensmittelkarten erhalten hatte, machte ich mich auf den Weg zu dem Gebäude, in dem die Kommunistische Internationale ihren Sitz hatte. Es lag an der Mochowaja Straße und ungefähr fünfzig Schritte vom Alexandrowski-Garten-Portal des Kreml entfernt. In diesem Haus befanden sich die Büros des Exekutivkomitees der Internationale, und jede Sektion, das heißt jede angeschlossene Partei, hatte je nach ihrer Bedeutung ein oder zwei Zimmer. Im Eingang dieses Hauses befand sich eine Wache, die mit Polizisten besetzt war, die Fremdsprachen verstanden. Besucher konnten nur ins Haus hinein, nachdem ein Polizist mit dem gewünschten Büro telefoniert hatte und die Besucher abgeholt wurden.
Leiter des Organisationsbüros der Kommunistischen Internationale und damit auch Leiter der internationalen Verbindung war Ossip Piatnitzki. Thomas hatte mir von ihm gesagt, daß er zu den ersten Mitarbeitern Lenins gehörte und daß er vor dem Ersten Weltkrieg von Königsberg aus den geheimen Grenzdienst der Sozialdemokratischen Partei Rußlands–Bolschewiki, geleitet hatte. Piatnitzkis Aufgabe war gewesen, Personen, die Parteizeitung und andere illegale Schriften nach und von Rußland über die Grenze zu bringen. Auch in Leipzig hatte Piatnitzki einige Zeit sein Quartier gehabt und von hier aus die Verbindungen mit den Bolschewiki in Wien, Zürich, Paris, London und anderen Orten gehalten.
Beim Eintritt ins Büro Piatnitzkis stellte ich fest, daß wir uns bereits kannten. Als ich im Frühjahr 1922 mehrere Tage in der Wohnung Frau Rapus, die damals in einen Vorort von Berlin übergesiedelt war, an einer schweren Erkältung krank lag, kam Ruth Österreich-Jensen mit einem mir fremden Mann, um mich zu besuchen. Beide blieben ungefähr eine halbe Stunde; der Mann wollte mich kennenlernen und fragte auch nach verschiedenen Arbeiten. Er hatte keinen Namen genannt und ich fragte nicht, da er in Begleitung Ruth Österreichs war. Jetzt stand ich vor meinem damaligen Besucher, der mich sogleich mit meinem Vornamen ansprach und mir in seinem harten Deutsch sagte, daß die Ausstellung im Georgsaal aufgebaut werden sollte. Ich erhielt einen Ausweis zum Kreml, den ich täglich abstempeln lassen mußte. Ein Sekretär ging mit mir zur Kremlwache, um mich dem Offizier vorzustellen, damit die täglichen Formalitäten beim Eintritt und Verlassen des Kremls nicht unnötig lange dauern sollten.
Meine Kisten waren an das Büro der Kommunistischen Internationale adressiert, sie waren noch nicht eingetroffen. Ich ging mit einem Brief Piatnitzkis zum Bahnhof. Mit den Bahnbeamten suchte ich stundenlang in den noch nicht ausgeladenen Waggons aus Petersburg und in den Lagerschuppen nach

meinen Kisten. Sie waren nicht zu finden. Den nächsten Vormittag verbrachte ich wiederum auf dem Güterbahnhof mit vergeblichem Suchen. So verlief auch der dritte Vormittag. Zuerst ging ich zum Büro, um zu berichten, dann zum Bahnhof; aber alles Suchen war ergebnislos.
Thomas hatte mir eingeschärft, mich nicht zu ärgern und mich niemals zu beschweren. Wenn irgend etwas schiefgehen sollte, nehme er alles auf seine Kappe. Der Eröffnungstermin des Kongresses rückte näher und ich hatte noch nicht mit dem Aufbau der Ausstellung beginnen können. Zu meinem Glück traf ich am dritten Tag, als ich vom Bahnhof recht deprimiert zum Hotel kam, beim Mittagessen Frida Rubiner, die Witwe des Dichters Rubiner. Sie war als Übersetzerin des Präsidiums zum Kongreß eingeladen worden. Ich schilderte ihr meinen Verdruß mit den Kisten. Sie rief den Präsidenten der Kommunistischen Internationale, Grigori Sinowjew an. Dieser beauftragte die Bahnpolizei und dazu die staatliche Polizei, nach den Kisten zu suchen. In zwei Tagen wurde der Waggon mit den Kisten gefunden, er hing an einem Güterzug in Richtung Ural und stand auf einer Station außerhalb Moskaus. Mit einem Lastwagen wurden die Kisten zurückgeholt. Vom „traditionellen" russischen Mißtrauen gegen die Ausländer blieben auch die Freunde der Kommunistischen Internationale nicht verschont.
Mit einem weiteren Ausweis für den Lastwagen und die Kisten passierte ich das Haupttor der Kremlwache am Roten Platz. Ungefähr zehn Soldaten der Kremlwache mit einem Offizier begleiteten mich bis vor den Eingang zum Großen Kremlpalast an der Moskwa-Straße. Der Offizier erlaubte nicht, daß sie hineingetragen wurden, er machte mir dem Gesten verständlich, daß sie auf der Straße ausgepackt werden müßten, und um mir verständständlich zu machen, daß eventuell Sprengstoff darin sein könne, riß er seine Arme hoch und rief „bum!" Ehe ich einen Dolmetscher holen konnte und trotz meines Protests, machten sich die Soldaten über die Kisten her. Mit Bajonetten stachen die Soldaten von oben und von den Seiten in die Kisten hinein, brachen die Deckel und die Seitenwände auf, so daß die Bücher zum Teil auf die Straße fielen. Dann halfen sie mir freundlichst, die Bücher und das Ausstellungsmaterial in das Gebäude zu tragen.
Es war eine teure Hilfe. Der angerichtete Schaden war nicht mehr zu reparieren. Die wertvollen handsignierten Abzüge von Käthe Kollwitz' Radierung „Gedenkblatt für Karl Liebknecht", das die Künstlerin im Berliner Leichenschauhaus kurz vor der Beerdigung Liebknechts gezeichnet hatte, und ebensoviele Fotos der Totenmaske waren zerstört, auch die Bilder von Rosa Luxemburg und Leo Jogiches. Beschädigte Bücher konnte ich ersetzen, ich hatte von jedem Buch mehrere Exemplare mitgebracht. Für den beschädigten Dekorationsstoff erhielt ich von der Hausverwaltung schönen roten Samt, der besser zum goldüberladenen Georgsaal paßte als mein mitgebrachtes Fahnentuch. Zum Aufbau des Standes selbst hatte ich einiges Talent, ich hatte ja auch immer die Bücherregale in den geheimen Lagerkellern selbst gebaut. In zwei Tagen war ich mit dem Aufbau meines Standes fertig und hatte bis zur Eröffnung des Kongresses Zeit, mich in Moskau umzuschauen. Auch nach der Eröffnung hatte ich dazu oft Gelegenheit, die Plenarsitzungen fanden nicht täglich statt. Die zahlreichen Kommissionen tagten dann im Bürogebäude der Internationale.

Ich machte mich auf die Suche nach Waldemar Rackow und Willi Budich, von denen ich wußte, daß sie seit einiger Zeit in Moskau lebten. Rackow

ließ mich vom Hotel abholen. Ich fand ihn in einer fast dörflich anmutenden Umgebung hinter der Arbat-Straße, einer der belebtesten Straßen von Moskau. Durch den Torweg eines Hauses kam ich in einen Garten, in dem hinter Bäumen und Hecken verborgen mehrere Landhäuser standen. In einem dieser Häuser wohnte mein Freund. Ich weiß nicht, ob dieser kleine Park inmitten Moskaus erhalten geblieben ist. Damals, 1922, sah ich auch noch zahlreiche Holzhäuser in Moskau, man sagte mir, daß die Stadt zu einem Sechstel aus Holzhäusern bestände. Budich traf ich im „Lux". Er war in einer Stadt in Westfalen verhaftet worden, es gelang ihm aber zu fliehen, bevor er nach Bayern ausgeliefert werden konnte. Da er nun sehr gefährdet war, hatte das Zentralkomitee der KPD seine Übersiedlung nach Moskau gefordert. Beide, Rackow und Budich, waren in ihren Berufen in der Wirtschaft tätig, nicht im Apparat der Kommunistischen Internationale. Rackow und Budich ermöglichten es mir, in diesen sechs Wochen mancherlei vom russischen Leben, vom Leben der Partei und der Masse der Bevölkerung und von der Stadt Moskau kennenzulernen. Es war ein hartes Leben. Die Menschen waren von der Not gezeichnet, die der Krieg und der Bürgerkrieg verursacht hatten. Selten sah ich lachende Gesichter, der graue Ernst der Menschen beeindruckte mich sehr. Ich entnahm aus den Gesprächen mit Partei- und Sowjet-Funktionären, daß die Hoffnung, die Lenin 1917 ausgesprochen hatte, die Periode der harten proletarischen Diktatur werde nur einige Monate dauern, längst zu Grabe getragen war. Alle Parteileute betonten gleichzeitig, daß dies die Folge des Ausbleibens einer wirksamen Hilfe von seiten der Arbeiterklasse des westlichen Industrieländer sei. Das Ausblieben der Hilde wurde ebensooft als Hauptgrund der Aufbauschwierigkeiten angegeben, wie die Verluste an qualifizierten Arbeitern im Bürgerkrieg.
Ich konnte etwas in das harte Leben der verantwortlichen Funktionäre der Kommunistischen Partei Rußlands hineinsehen und ihre Tragödie verstehen. Die Partei hatte den Sprung vom Halbfeudalismus in die Zukunft getan und hatte nicht genügend Träger des Neuen. Die Verluste an fähigen Parteimitgliedern in den Jahren des Bürgerkrieges und wohl auch die Ausschlüsse von Personen aus der Partei, die geglaubt hatten, daß die Mitgliedschaft Sonderrechte gewähre, bedingten, daß jeder leitende Funktionär die Arbeit von zehn leisten mußte. Jedes intelligente Parteimitglied war mit Funktionen und Verpflichtungen in der Partei und in den Sowjets überhäuft, die ihn zwangen, achtzehn Stunden täglich zu arbeiten. Wenn ich einmal einen dieser Revolutionäre zu Hause antraf, lag er gewöhnlich angezogen auf dem Kanapee, Telefon, Tee und Zigaretten neben sich, immer bereit, aufzustehen und zu einer Versammlung, zum Büro oder zur Fabrik zu gehen. Alle waren überarbeitet und physisch sehr geschwächt. Mir schien es, als ob Tee und Zigaretten ihre Hauptnahrung wären.
Einen außergewöhnlichen Menschen lernte ich in Alexander Dworin kennen. Ich hatte schon in Leipzig einige Worte mit ihm gesprochen, als er im Jahre 1921 dort zu einem Besuch war. Er hatte in Leipzig studiert und war nach Ausbruch des Krieges im Jahre 1914 interniert worden. Als er vom Sturz des Zarismus erfuhr, flüchtete er und konnte sich nach Rußland durchschlagen. Im Bürgerkrieg wurde er zum General ernannte und kommandierte eine Division in der Gegend des Kaspischen Meeres und des Urals. Jetzt, als ich ihn aufsuchte, war er Dozent an der Kommunistischen Akademie für Parteifunktionäre. Seine Frau, die ebenfalls mehrere Spra-

chen beherrschte, war erste Sekretärin Losowskis, des Präsidenten der neugegründeten Gewerkschaftsinternationale, „Profintern". Auch Dworin nahm mich einmal zu einer Partei-Mitgliederversammlung in einem Distrikt mit und übersetzte mir den Inhalt der Fragen und Diskussionen. In den letzten 14 Tagen meines Moskauer Aufenthaltes ging ich beinahe jeden Abend zu Dworin. Ich konnte stets erst nach 11 Uhr abends zu ihm gehen, weil er selbst erst zu so später Stunde von Vorlesungen oder Referaten zurückkehrte. Jedesmal waren mehrere Funktionäre anwesend. Nicht nur Parteileute im engen Sinne, sondern auch parteilose Sowjets und „Intelligenzler", Maler, Musiker, Redakteure, Professoren, die immer bis gegen 2 und 3 Uhr morgens über Probleme des russischen Lebens in einer für mich erstaunlich offenen und kritischen Weise diskutierten. Ganz im Gegensatz zu Budich und Rackow, die fast nur über die deutsche Partei und die deutsche Revolution sprachen. Bei Dworin diskutierte man, wie weit im gegenwärtigen Staatskapitalismus Ansätze des Sozialismus stärker oder schwächer werden, über den neuartigen Schulunterricht, über die Schwierigkeiten der Ausbildung der demobilisierten Soldaten, die nicht ins heimatliche Dorf zurückkehren wollten und umgeschult werden mußten, über antireligiöse Propaganda und ihre Wirkung, über jüdische religiöse Bräuche und ob das Judentum nur als Religion gelten soll. In diesen Diskussionen hörte ich im Zusammenhang mit der Besetzung der verschiedenen Ämter auch den Namen Stalin. Doch nur nebenher; niemand ahnte, welche Macht Stalin einmal an sich reißen würde.
Ich hatte bei allen Gesprächen die Überzeugung gewonnen, daß tatsächlich die Sowjets die Träger der Macht sind und die Kommunistische Partei die leitende Kraft ist. Vielleicht war es die Tatsache, daß die Mitglieder der Partei mehrere Funktionen auf sie vereinigten, die im Auslande zu falschen Schlüssen führten. So hatte ich vor meiner Reise eine Rede Rathenaus aus dem Jahre 1920 gelesen, in der er erklärte, daß es eine Sowjetrepublik nicht gäbe, sondern „die Autokratie eines Klubs". In den Fabriken gäbe es zwar Sowjets, aber „sie haben nichts zu sagen, der Regierungskommissar befiehlt". Für diese Zeit war das falsch geurteilt. Die Partei war in Rußland niemals ein „Klub", und der Regierungskommissar war damals in Betrieben eingesetzt worden, in welchen die Belegschaften noch nicht in der Lage waren, einen Betriebssowjet zu bilden. Meistens war der Regierungskommissar ein Sowjetmitglied eines anderen Betriebes der gleichen Branche. In den ersten Jahren nach der Revolution mußten in zahlreichen mittleren und kleinen Betrieben die Arbeiter durch die Kommunistische Partei von der Notwendigkeit der Errichtung eines Betriebssowjets und, beispielsweise, von der Einhaltung von Sicherheits- und hygienischen Vorschriften, Einrichtung von Kantinen und sogar auch von der Notwendigkeit des Achtstundentages erst überzeugt werden. Die Durchführung der Reformen im riesigen Rußland ging allerdings sehr ungleichmäßig vor sich. Haben wir doch auch heute noch in Deutschland zahlreiche Betriebe, deren Belegschaften nicht in der Lage sind, die gesetzliche Betriebsvertretung zu wählen.

Als ich nach Moskau kam, war man schon dabei, Fahnen und Transparente für die Feier des 7. November anzubringen. Dieser Tag hat für die Russen eine größere Bedeutung als der 14. Juli für die Franzosen. Die ersten fünf Jahre waren allen Stürmen zum Trotz durchgestanden, es hatte keinen

„Thermidor" gegeben. Die Bevölkerung war am 7. November zu Hunderttausenden auf den Straßen. Mit Mühe drängelte ich mich zum Roten Platz durch. Piatnitzki hatte mir eine Karte für die Gästetribüne gegeben, die mir die Polizei- und Militärketten öffnete. Das alljährliche Schauspiel, der Aufmarsch der Arbeiterbevölkerung Moskaus, die betriebsweise mit Fahnen und Transparenten über den weiten Platz zog und die Parade der Moskauer Garnison dauerte bis in die späten Nachmittagsstunden hinein. Am Abend wurde zu Ehren der Delegierten des Weltkongresses eine Festvorstellung im Bolschoi-Theater veranstaltet. Neben den Begrüßungen der Gäste durch die Sowjet-Regierung stand das Ballet „Der Korsar" auf dem Programm. Ich hatte es veräumt, mir eine Einlaßkarte zu besorgen und ging auf gut Glück zum Theater. Dort stand ich in der Menschenmenge vor dem Militärkordon. Nach einigem Warten sah ich Matias Rakosi, den späteren Diktator Ungarns. Ich rief seinen Namen, er kam zurück und führte mich durch die Kontrollen. Einmal im Theater, benötigte ich keinen Ausweis oder Karte mehr. Ich suchte mir einen günstigen Platz und genoß ein großartiges Schauspiel, das mir allein schon eine Reise nach Moskau wert zu sein schien.

Es war wohl am zweiten oder dritten Tag des Kongresses, als Grigori Sinowjew und Nikolai Bucharin zu meinem Stand kamen. Beide kannten alle ausgestellten Bücher, Thomas hatte sie ihnen stets nach Erscheinen geschickt. Die Protokolle der bisherigen drei Weltkongresse, 1919, 1920, 1921, hatte ich als Mittelpunkt nebeneinander auf den Tisch gelegt. Das Protokoll des ersten Kongresses umfaßte ca 200 Seiten, das des zweiten ca 800 Seiten und das Protokoll des dritten war ca 1.100 Seiten stark. Sinowjew sagte etwas auf russisch zu Bucharin und fuhr mit der Hand über die Bücher, die Steigerung anzeigend. Ohne verstanden zu haben, was er gesagt hatte, sagte ich zu Sinowjew: „Der Umfang der Protokolle zeigt nur den Umfang der Reden, nicht das Wachsen der Kommunistischen Internationale". Sinowjew drehte sich brüsk um und ging weiter. Bucharin lachte. Am nächsten Tage sagte mir Piatnitzki, daß Sinowjew sich bei ihm über meine Bemerkung beschwert habe. Piatnitzki fügte hinzu, daß Sinowjew sehr empfindlich sei, ich könne mit jedem anderen, auch mit Lenin sprechen, aber nicht mit Sinowjew. Lenin, Trotzki, Radek und Mitglieder der Delegationen besuchten meinen Stand.
In dieser Zeit gehörte Sinowjew zu den mächtigsten, arbeitswütigsten und qualifiziertesten russischen Kommunisten. Er war nicht nur Präsident der Kommunistischen Internationale, Mitglied des Zentralkomitees der russischen Partei und des Politbüros, sondern er war auch Präsident des Peterburger Sowjets, Oberbürgermeister von Petersburg. Petersburg war seine politische Basis. Um einige Tage in der Woche in Petersburg zu sein, wohnte er mehr im Sonderwagen, der an den Nachtschnellzug Moskau-Petersburg angehängt war, als in seiner Moskauer Wohnung. Im Eisenbahnwagen hatte er sein Büro. So hielt er es einige Jahre hindurch. Auch während des Kongresses fuhr er einige Male in seine Stadt, um am übernächsten Vormittag, die Tagungen begannen erst um 11 Uhr, wieder den Vorsitz zu führen. Er war ein unermüdlicher Arbeiter. Im Zug schrieb oder diktierte er seine täglichen Artikel und Kommentare für die Parteipresse. Dworin sagte mir, daß man Sinowjew in Funktionärskreisen die „Grammophonplatte Lenins" nenne.
Auch Bucharin war einer der ersten Mitarbeiter Lenins und vor dem Kriege

Mitherausgeber der illegalen Parteizeitung „Prawda". Jetzt war er der anerkannte Parteitheoretiker, der frei von allen Ämtern, aber als Mitglied des Zentralkomitees der russischen Kommunistischen Partei, den Kommunismus zu lehren und über die Reinheit der Lehre zu wachen hatte. Er war im Umgang wohl der freundlichste und toleranteste aller russischen Führer. Seine Bücher „ABC des Kommunismus" und „Theorie des historischen Materialismus" waren leicht verständliche Lehrbücher zur Heranbildung der jungen Kommunisten.
Bucharin wurde einige Jahre später, als Nachfolger Sinowjews, Präsident der Kommunistischen Internationale. Ich begegnete ihm noch öfters. Einige Monate vor seinem Tode sah ich ihn in Paris.
Die deutschen Delegierten kamen täglich an meinen Stand. Ich kannte fast alle aus ihren Bezirken oder vom Zentralausschuß her. Darunter waren Ruth Fischer, Walter Ulbricht, damals Parteisekretär in Thüringen, Ernst Wollweber, Parteisekretär in Schlesien. Mit Wollweber hatte ich in der Zeit nach dem Kapp-Lüttwitz-Putsch oft zu tun gehabt, er hatte in seinem Bezirk einen sicher funktionierenden Nachrichtendienst aufgezogen. Ich sah Bela Kun mit deutschen Delegierten, die dem Exekutivkomitee noch unbekannt waren, auf- und abgehen; „um zu hören, wes Geistes Kind sie sind", sagte mir Bela Kun anderntags.

Als Rackow mich wieder einmal besuchte und wir im Gang zum großen Kongreßsaal standen, trat ein Offizier hinzu und sprach mit Rackow Russisch. Während des Gesprächs trat ein weiterer Mann hinzu. Dieser hatte ein braunes, etwas ledern wirkendes Gesicht, dunkles Haar, bekleidet war er mit einem Blusenhemd und einer Jacke, wie fast jeder Russe. Als die beiden Männer sich verabschiedet hatten, sagte Rackow, der Offizier sei Woroschilow gewesen, Kommandant des Militärbezirks Moskaus, der andere der Generalsekretär der Kommunistischen Partei Rußlands, Stalin.

Nach dem, was ich von Rackow, Dworin und Budich erfuhr, stimmt es nicht, daß die kommunistische Diktatur von Anfang an das private gesellige Leben überwachte. Revolutions- und regierungsfeindliche Äußerungen waren im Bürgertum noch oft vernehmbar. Budich erzählte mir einen Vorfall, der sich gerade einige Tage zuvor in Moskau abgespielt hatte. In einem der damals noch zahlreichen kleinen Kabarett-Restaurant wurde ein Sketsch aufgeführt, mit folgender Szene: Auf dem Podium, das ein Zimmer darstellen sollte, sitzt ein Mann am Tisch, als ein zweiter Mann aus dem Publikum mit zwei Bildern unter dem Arm hinausgeht. „Ich habe hier Bilder von Lenin und Trotzki mitgebracht", sagte der Hinzutretende, „was machen wir damit? " „Das eine stelle an die Wand, das andere hänge auf", anwortete der Mann am Tisch unter dem Gelächter der Zuschauer. Vor einigen Tagen war nun zum letzten Male in dem Kabarett gelacht worden, sagte Budich.
Eines Nachmittags gingen Budich und ich vom Kreml zum Hotel, als ein Mann im Pelzmantel und einer Pelzmütze auf dem Kopf Budich deutsch ansprach. Es war recht kalt, Budich und ich zitterten vor Kälte. Der Mann wollte von Budich einige Auskünfte und, als er sah, wie wir beide vor Kälte zitterten, sagte er lachend: „Ihr habt die Macht, ich einen Pelz, der ist mir lieber." Budich sagte mir beim Weitergehen erbittert: „Dieser Mann ist seit der Neuen Ökonomischen Politik in der Außenhandelsdelegation beschäf-

tigt. Solche parteilose, oft feindlich gesinnte Leute arbeiten jetzt an wichtigen Stellen und erhalten mehrfach höhere Gehälter als wir Parteimitglieder; wir jedoch müssen alle Verantwortung tragen."
Von meinem Quartier, Hotel „Lux", erreichte ich zu Fuß in einer Viertelstunde den Kreml und auch das Haus der Kommunistischen Internationale. Das Hotel war sehr zweckmäßig eingerichtet, es hatte große Restaurationsräume, eine Bäckerei, eine Wäscherei, auf jedem Flur waren mehrere Badezimmer. Der riesige Bau war bis unter das Dach mit Delegierten belegt, die aus allen Teilen der Welt gekommen waren. Bald reichten die Zimmer nicht aus und eines Morgens, als ich erwachte, sah ich zwei in Decken gewickelte Gestalten auf zusammengestellten Stühlen schlafen. Es waren Delegierte, die kein Zimmer mehr erhalten konnten und zu mir einquartiert waren. Ich war spät und erschöpft zu Bett gegangen und hatte den nächtlichen Zuzug nicht bemerkt. Beide waren ungefähr in meinem Alter. Sie kamen vom Balkan und blieben bis zu ihrer Abreise meine Gäste.
Im Hotel „Lux" wohnte auch der Leiter der deutschen Parteidelegation und derzeitige Vorsitzende der KPD, Ernst Meyer. Durch ihn erfuhr ich ein weiteres Mal, zu welchen grotesken Auswüchsen das Mißtrauen der Russen trieb – und des Polizeiapparates im besonderen, der bereits begann, sich mehr und mehr zu verselbständigen. Bei meinen täglichen Gängen zum und vom Kreml traf ich eines Nachmittags Ernst Meyer mit seiner Frau auf der Twerskaja. Beide kamen gerade aus ihrem Hotel. Er war erregt und verstört und erzählte mir, daß am gleichen Nachmittag, während er zum Kongreß war, sein Zimmer durchsucht worden sei. Man habe auch Toilettenartikel in der Hand gehabt und in die unverschlossenen Koffer hineingeschaut. Die Zimmerfrauen seien es bestimmt nicht gewesen, das Zimmer war mittags schon aufgeräumt. Der Hoteldirektor behauptete, von dem ungebetenen Besuch nichts zu wissen. Das konnte stimmen. Ich versuchte meinen Parteivorsitzenden mit dem Hinweis zu beruhigen, daß es sich um einen Irrtum handeln müsse und daß er mit Sinowjew sprechen solle. Sinowjew hat dann auch den Leiter der Sicherheitsorgane angewiesen, sich zu entschuldigen. Einen Grund für die Durchsuchung des Zimmers konnte der Polizist nicht angeben. „Wir sind angerufen worden", erklärte er. Wer Ernst Meyer war, hätte die Polizei nicht gewußt.

Als ich eines Tages im Hotel „Lux" die Treppe hinunterging, wurde ich in der Halle von mehreren Männern angesprochen, die mir eine Mappe vorlegten und mich ersuchten, meinen Namen einzutragen. Es war eine Petition an Lenin. Die Männer waren „Sozialrevolutionäre", die Unterschriften sammelten zur Begnadigung ihrer Parteigenossen, die wegen Attentaten auf kommunistische Funktionäre und Sabotageakten zum Tode verurteilt worden waren. Ich habe die Petition ohne Bedenken unterschrieben.
Die Todesstrafe war in Rußland nach dem Siege über die Konterrevolution nach der Einnahme von Rostow am Don abgeschafft worden, jedoch nach einer Kette von Attentaten gegen Sowjetführer wieder eingeführt worden. Der Prozeß gegen die „Sozialrevolutionäre", einer Organisation aus der Zarenzeit, hatte in einigen Ländern, auch in Deutschland, zu heftigen Polemiken gegen Sowjet-Rußland geführt. Die Russen, die damals nichts zu verbergen hatten, hatten auch den deutschen Rechtsanwalt Dr. Kurt Rosenfeld, Mitglied des Zentralkomitees der USPD, als Verteidiger zugelassen.
Einige Tage nach dem Zusammentreffen mit den Unterschriftensammlern

erhielt ich eine Einladung von Karl Radek, der in diesen Jahren als vertrauter Ratgeber Lenins auf dem Höhepunkt seiner Laufbahn war. Bei meinem Eintreten in sein Zimmer rief er belustigt, „da kommt der Tolstojaner!" Radek hatte die Mappe mit den Unterschriften auf dem Tisch liegen. Er sagte sogleich, er habe nichts gegen meine Unterschrift einzuwenden, aber er möchte gern meine Motive wissen. Ich erzählte ihm von unseren Diskussionen im Jugendbildungsverein über die Todesstrafe. Ich sagte, daß wohl über ein Schlachtfeld Gras wachse, aber nicht über ein Schafott und nicht über einen politischen Mord. Wir sprachen ungefähr zwei Stunden lang über Tolstoj, Alexander Herzen, Puschkin und natürlich über die gescheiterte deutsche Revolution.
Von den verurteilten „Sozialrevolutionären" wurde niemand hingerichtet, einige erhielten nach einiger Zeit sogar die Erlaubnis, die Sowjet-Union zu verlassen. Nachträglich erfuhr ich, daß auch Clara Zetkin an Lenin appelliert hatte, die Verurteilten zu begnadigen. Ich erzähle diese Episode, weil sie beweist, daß es in der Zeit Lenins möglich war, zu Gunsten von Gegnern der Sowjetmacht an die Regierung zu appellieren.
Lenin hielt das Schlußwort des Kongresses. Ich hatte Lenin, und neben ihm Trotzki schon zehn Tage vorher, während seines Referates über „Fünf Jahre russische Revolution und die Perspektiven der Weltrevolution" gesehen und gehört. Lenin hatte sich in diesem Referat zum größten Teil auf Erklärung und Verteilung des Rückzuges vom „Kriegskommunismus" auf die „Neue Ökonomische Politik" beschränkt. Dabei hatte er auch die Resolution des dritten Weltkongresses über den organisatorischen Aufbau der kommunistischen Parteien des Westens kritisiert. Er hatte die Resolution als „zu sehr nach russischen Gesichtspunkten verfaßt" erklärt, die „in dieser Form von den westeuropäischen Ländern nicht verstanden werden konnte."
Am letzten Tage des Kongresses hielt Lenin das Schlußwort. Ich saß einige Schritte vor ihm. Lenin machte gar nicht den Eindruck eines Diktators; er war es auch nicht. Lenin sah überarbeitet aus, sein Gesicht war blaß und eingefallen. Seine Rede hielt Lenin in deutscher Sprache. Radek saß neben ihm und flüsterte ihm Worte zu, wenn er einige Male nach passenden Ausdrücken suchte. Lenin sprach sehr nüchtern, eindringlich, ohne Pathos. Das Geistvolle in seinen einfachen Sätzen lag in der Vollkommenheit seiner Idee. Lenin sprach nicht lange. Was er zur Situation in Deutschland und in der deutschen kommunistischen Partei im einzelnen zu sagen hatte, hatte er bereits in der deutschen Kommission gesagt. Er, der früher in der Verbannung und im Exil in kleinen Gruppen über Probleme des Kampfes der Arbeiterklasse diskutiert und unnachsichtig sich von Genossen trennte, wenn diese ein Schwanken in der Idee der Revolution zeigten, wollte jetzt alle revolutionären Kräfte in der Welt zusammenführen und halten, auch wenn sie nicht in allen Fragen der Taktik übereinstimmten.
Es war die letzte öffentliche Rede Lenins. Einen Monat später erlitt er den zweiten Schlaganfall.
Nach der Rede Lenins erklärte Sinowjew den Kongreß für beendet. Zur letzten Sitzung waren fast sämtliche Partei-, Regierungs- und Militär-Spitzenfunktionäre gekommen. Die meisten Teilnehmer blieben einige Stunden beisammen, um mit den russischen Genossen noch persönlich sprechen zu können. Im Georgsaal waren Tische mit Samowaren aufgestellt worden; es gab Tee und Brot. Ich verschenkte die Bücher meiner Ausstellung

an jeden, der mich deutsch ansprach. Um den Abbruch brauchte ich mich nicht zu kümmern. Zurückzubringen hatte ich nichts.

Meine Rückreise nach Berlin führte mit der Bahn über Riga. Wir waren eine Gruppe von vielleicht zehn Personen. Auf dem Bahnhof in Riga wurden wir von Angestellten der dortigen russischen Botschaft abgeholt. Wir blieben über Nacht in der Botschaft, es fuhr kein Anschlußzug mehr. Ich konnte noch einen Spaziergang durch die Stadt machen, immer verfolgt von einem Mann, der mit mehreren anderen einige Häuser von der Botschaft entfernt, im Tor eines Hauses gestanden hatte. Nach meinen Rundgang gesellte er sich wieder zu seinen Kollegen, die im gleichen Torweg standen.
Die deutsche Paß- und Zollkontrolle in Ostpreußen sammelte die Pässe ein, die sie kurz vor Abfahrt des Zuges zurückgab.
Weit nach Mitternacht, als der Zug zum Lokomotivwechsel in meiner Heimatstadt Schneidemühl hielt, sah ich auf dem spärlich beleuchteten Bahnhof nur einige Bahnbeamte hin- und hereilen, andere schlugen mit ihren langstieligen Hämmern an die Wagenräder; alles war wie zur Zeit meiner Kindheit.

14. Die organisierte Enteignung des deutschen Volkes

Am Tage meiner Abreise nach Sowjet-Rußland stand der Kurs 900 Papiermark für eine Goldmark; am Tage meiner Rückkehr, sieben Wochen später, gab es für eine Goldmark 1.784,– Papiermark. Wir bekamen das gleich auf dem deutschen Grenzbahnhof zu spüren. August Thalheimer, der deutsche Parteitheoretiker, der zu meiner Reisegruppe gehörte, wollte im Restaurant des Grenzbahnhofes ein Glas Wein spendieren und bestellte eine Flasche „Haute Sauternes". Als der Kellner den Wein brachte, mußten wir alle unser deutsches Geld, das wir noch bei uns hatten, zusammenlegen, um die Flasche bezahlen zu können. Alle waren erschrocken über die Teuerung und sprachen von einer „Katastrophe", die zum schnellen revolutionären Handeln zwinge.

Die deutsche Arbeiter- und Angestelltenschaft mußte in dieser Zeit erbittert um ihren Arbeitslohn kämpfen. Die Entwertung des Geldes ging so rasch vor sich, daß der am Ende der Woche ausgezahlte Arbeitslohn kaum reichte, ein Brot zu kaufen. Die Angestellten hatten inzwischen durch zahlreiche Streiks die wöchentliche Auszahlung ihrer Gehälter erreicht. Das Jahr 1922 wurde somit das streikreichste Jahr in der Geschichte der deutschen Arbeiterbewegung. Ungefähr 4.500 Streiks wurden offiziell registriert. Sicherlich sind ebensoviele Streiks in Kleinbetrieben gar nicht mitgezählt worden.

Mir waren die Schwierigkeiten, mit denen sich Klein- und Mittelbetriebe zu plagen hatten, wohl bekannt. Ich war seit Frühjahr 1922 zusätzlich halbtags im Kommunistischen Partei-Verlag „Vereinigte Internationale Verlagsanstalt" tätig, der von dem Verlagsbuchhändler und Schriftsteller Arthur Seehof und Rosi Wolfstein, Mitglied des Zentralkomitees, geleitet wurde. Der Verlag konnte sich finanziell nicht halten, und das Zentralkomitee der Partei hatte das Exekutivkomitee der Kommunistischen Internationale ersucht, den Verlag zu übernehmen. Thomas hatte mich als seinen Bevollmächtigten eingesetzt. Da die Verlagsräume einige Male durch die Polizei besetzt, Bücher und Zeitschriften mit Lastwagen fortgeschafft worden waren, richtete ich auch für diesen Verlag geheime Lagerkeller ein. Ich erfuhr durch die Tätigkeit in diesem Verlag mit seinen ungefähr fünfzehn Angestellten praktisch die Plagen eines kleinen Unternehmens in der Inflation. Wenn die Rechnungsbeträge für gelieferte Bücher nach einigen Wochen beim Verlag eingingen, reichten sie kaum für das verauslagte Porto aus.

Es war ganz offensichtlich, daß die Inflation organisiert war. Die Großindustrie litt nicht darunter, sie wurde ihre Schulden los, und neue Investitionen erfolgten mit staatlicher Hilfe in Papiermark, exportiert aber wurde gegen Devisen. Die Umstellung der deutschen Industrie war überraschend schnell gelungen; in Deutschland war nichts zerstört worden wie in Frankreich, Belgien, Polen und Rußland.
Die formale negative Stimmzettel-Demokratie hatte keine Kontrolle über die Wirtschaft, so konnten die großen Industriellen wie Stinnes und ihre Manager wie Hugenberg (bevor dieser in das Zeitungswesen einstieg und zum Beherrscher der deutschen Generalanzeigerpresse wurde) nicht nur die Wirtschaft, sondern folgerichtig auch die Politik bestimmen. Eine positive Demokratie muß die Wirtschaft kontrollieren. Die gesamte, von der Wirtschaft dirigierte Presse verstand es, wirksam die Bevölkerung zu verhetzen und dieser zu suggerieren, die Inflation sei durch die Reparationslieferungen bedingt. Dieser Behauptung stimmten alle Parteien zu, von den Deutschnationalen als Initiatoren über die Sozialdemokraten, die Gewerkschaften bis zu den Kommunisten.
Obwohl das Jahr 1922 ein Jahr der schwersten innen- und außenpolitischen Spannungen war, hatte die KPD unter Führung von Ernst Meyer innerparteilich das relativ ruhigste Jahr der bisherigen Parteigeschichte. Die Partei richtete sich auf die Legalität ein, es wurden Parteihäuser und Druckereien gekauft. Im Jahre 1922 fand kein Parteitag statt, die Zentrale ging mit allen schwebenden Fragen zum Weltkongreß der Kommunistischen Internationale.
Während die meisten Mitglieder der Zentrale und die wichtigsten Leiter der Parteibezirke in Moskau waren, kam es in Deutschland zu einem entscheidenden Schritt vorwärts auf dem Wege zur nazistischen Diktatur. Die Regierung des Reichskanzlers Wirth, die aus der Zentrums-, der Sozialdemokratischen und der Demokratischen Partei bestand, trat im November zurück. Nachfolgerin wurde eine rechtsstehende Regierung aus Vertretern der Großindustrie. Reichskanzler wurde der Generaldirektor Cuno, Mitglied der großkapitalistischen Deutschen Volkspartei. Die neue Regierung tat jetzt, was Stinnes und Hugenberg seit 1921 forderten: Sie sabotierte die Reparationslieferungen und legte es darauf an, Frankreich zu isoliertem Vorgehen zu provozieren und die Entente zu sprengen. Das gelang ihr auch.
Diese entscheidenden Änderungen erfolgten, ohne daß die damals zahlenmäßig sehr starken Arbeiterorganisationen KPD, SPD und Gewerkschaften die verderbliche Entwicklung der rechtsradikalen Politik stoppten. Die Arbeiterorganisationen versuchten nur die Härten zu mildern. Der Zerfall der Währung, die Enteignung der Sparer, der Rentner, des Mittelstandes setzte mit voller Wucht ein und brachte das Kleinbürgertum in Bewegung. Doch nicht gegen die Urheber des Unheils, sondern gegen die linken Organisationen. Zahlreiche „Propheten", Sekten, Narren und Schwindler mit religiös-politischem Anstrich, wie sie stets in Katastrophenzeiten auftauchten, hatten Zulauf von Millionen Menschen und taten zusätzlich das Ihre, die kleinen Leute mit antijüdischen und nationalistischen Parolen zu verhetzen.

Wir in der KPD glaubten indessen, daß eine neue revolutionäre Situation heranreife. Der Parteitheoretiker Thalheimer hatte im Oktober 1922 den Entwurf eines neuen Parteiprogramms vorgelegt, der diese neue Situation erfassen sollte. Es hieß im Programmentwurf:
„Die kapitalistische Welt windet sich im Todeskampf. Die Stunde ihres Untergangs hat geschlagen. Und jetzt endlich nähert sich der zahllose Jahrhunderte erfüllende Befreiungskampf der unterdrückten und ausgebeuteten Volksmassen seinem Abschluß. Die Bourgeoisie, einschließlich ihrer sozialdemokratischen Lakaien, zetert über die gewaltsamen Methoden der Kommunisten, über den kommunistischen Terror. Die Klage der Bourgeoisie über kommunistische Gewalt ist grobe Heuchelei. Sie hat die proletarischen Erhebungen am Ende des Krieges in Mitteleuropa in Strömen von Blut erstickt. Sie hat den Terror, den politischen Mord, die Verschwörung zu ihrer stehenden Waffe gemacht.
Die proletarische Gewalt ist unvermeidlich, solange die bürgerliche Gewalt der Minderheit die breiten Volksmassen in Ausbeutung und Knechtschaft halten soll. Sie wird überflüssig in dem Maße, wie die bürgerliche Minderheit sich der proletarischen Mehrheit unterordnet – wie sie ihre Klassenansprüche aufgibt.
Die bürgerliche Gewalt strebt danach, die gewaltsame Beherrschung der breiten Volksmassen zu verewigen.
Die proletarische Gewalt strebt danach, sich selbst überflüssig zu machen."
Die Zentrale akzeptierte diesen Entwurf, und Thalheimer nahm ihn zum vierten Weltkongreß der Kommunistischen Internationale mit. Deren Exekutive stellte den Entwurf jedoch zurück, weil Bucharin gerade an einem Programm der Kommunistischen Internationale arbeitete, nach dem sich die angeschlossenen Parteien orientieren sollten. Nach der Rückkehr der verantwortlichen Funktionäre der Partei aus Moskau wurde ein Parteitag für Ende Januar 1923 einberufen. Als dieser am 28. Januar in Leipzig zusammentrat – ich war wieder als Vertreter für Thomas anwesend – waren die außenpolitischen Entscheidungen bereits gefallen. Die französische Regierung hatte am 5. Januar 1923 die militärische Besetzung des Ruhrgebietes beschlossen; am 10. Januar befahl die deutsche Regierung die „passive Resistenz", am 11. Januar marschierten Franzosen und Belgier in Essen ein, bis zum 26. Januar waren sämtliche Zechen des Ruhrgebietes besetzt. Außerdem noch wichtige Städte am Rhein entlang, bis Karlruhe.
Einige Tage vor dem Parteitag schrieb die „Rote Fahne" im Leitartikel:
„Die deutsche Nation wird in den Abgrund gestoßen, wenn das Proletariat sie nicht rettet. Die Nation wird von den deutschen Kapitalisten verkauft und vernichtet, wenn sich die Arbeiterklasse nicht dazwischen wirft. Entweder verhungert und zerfällt die deutsche Nation unter der Diktatur der französischen Bajonette oder sie wird durch die Diktatur des Proletariats gerettet."
Die Zentrale ließ auch gleichzeitig mit dem Beginn des Parteitages auf Grund von Meldungen aus München in der gesamten Parteipresse einen Aufruf veröffentlichen, in dem von einem bevorstehenden Marsch der Nationalsozialisten auf Sachsen und Thüringen und vor Lösungsbestrebungen bayrischer monarchistischer Kreise, die mit französischer Unterstützung einen Block katholischer Staaten von der Pfalz bis Rumänien bilden wollten, gewarnt wurde. In dem Aufruf hieß es:
„In Bayern schlagen die Faschisten los! . . . Bildet Arbeiterwehren. Zwingt

die Arbeiterregierung zur Niederwerfung der landesverräterischen Putschisten. Nieder mit den Hitler- und Orgeschbanden! Schlagt ihr nicht die Putschisten nieder, so schlagen sie euch nieder!"
Ein Kommentar ergänzte den Aufruf unter der Überschrift: „Vor Hitlers Putsch! Von allen Seiten laufen Faschistentrupps in München ein. Von dort wird gemeldet, daß Hitler bereits über 12.000 bis 14.000 Mann Bewaffneter verfügen kann. Die Faschisten glauben München und Bayern überrumpeln zu können, um dann nach dem Norden, nach Sachsen und Thüringen vorzustoßen."

Die Delegierten des Parteitages waren sich darüber klar, daß die Partei aktiver werden mußte, wenn sie als revolutionäre Partei bestehen wollte. Sie waren sich auch bewußt, daß die Partei trotz der inneren Erholung allein nicht stark genug war, gegen die politische Entwicklung nach rechts anzukämpfen. Eine aktivere Politik erforderte einen Wechsel in der Führung. Der kontemplative Intellektuelle Ernst Meyer wurde abgewählt. Die Leitung übernahm der energische Pragmatiker Heinrich Brandler. Brandler gehörte zu den ersten Spartakusmitgliedern im Ersten Weltkriege. Der bisherigen Zentrale hatte er nicht angehört, weil er im Gefolge der Märzaktion 1921 zu fünf Jahren Gefängnis verurteilt worden war. Inzwischen war er amnestiert worden. Brandler referierte auf dem Parteitag über die Notwendigkeit der Einheitsfront der Arbeiterorganisationen: Kommunisten, Sozialdemokraten, die Gewerkschaften und auch die Genossenschaften sollten eine Arbeiterregierung bilden, um Deutschland vor weiteren Verelendung oder gar Zerfall zu retten. Mit den von Brandler und Thalheimer vorgelegten Leitsätzen, die der Parteitag annahm, sollte die neue Politik der Einheitsfront der Arbeiterklasse eingeschlagen werden.
Es hieß in den Leitsätzen:
„Der Kampf um die Macht der Arbeiterklasse kann nur als Massenkampf, als Kampf der Mehrheit der Arbeiterklasse gegen die Herrschaft der kapitalistischen Minderheit siegreich geführt werden . . . Das größte Hindernis der Entwicklung der Einheitsfront des Kämpfenden Proletariats ist der Einfluß der reformistischen sozialdemokratischen Führer . . .
Die Kommunistische Partei muß sich deshalb in jeder ernsten Situation sowohl an die Massen wie auch an die Spitzen aller proletarischen Organisationen mit der Aufforderung zum gemeinsamen Kampf zur Bildung der proletarischen Einheitsfront wenden. Neben der Eroberung dieser alten Organisationen (Gewerkschaften, Genossenschaften) muß die proletarische Einheitsfront zur Durchführung ihrer Ziele auch neue Organe schaffen, die die ganze Klasse erfassen (Betriebsräte, Kontrollausschüsse, politische Arbeiterräte) . . . Nur die ganze Klasse . . . vermag . . . mit diktatorischer Gewalt alle Widersprüche der Gegenrevolution niederzuschlagen . . .
Der Kampf für die Arbeiterregierung darf die Propaganda für die Diktatur des Proletariats nicht schwächen, denn die Arbeiterregierung, wie jede Position des Proletariats im Rahmen des bürgerlichen demokratischen Staates, ist nur ein Stützpunkt, eine Etappe des Proletariats in seinem Kampfe um die politische Alleinherrschaft . . . "

Außer diesen Leitsätzen, an denen Brandler bereits im Gefängnis gearbeitet hatte, brachte er noch eine andere Entdeckung mit: Einen jungen Genossen namens Walter Ulbricht, der auf Empfehlung Brandlers auf diesem

Parteitag zum ersten Male in die Zentrale gewählt wurde. Die oppositionelle Gruppe um Maslow-Ruth Fischer, Ernst Thälmann und andere, die ihre Anhänger in Berlin, Hamburg und im Ruhrgebiet hatten, lehnten die Parole der Arbeiterregierung ab und verlangten unentwegt die „Aufrollung der Machtfrage", wie Ruth Fischer die Oppositionsparole in zahlreichen Parteiversammlungen formulierte. Die neue Politik der Einheitsfront und Arbeiterregierung wurde zu einer innerparteilichen Streitfrage, die jahrelang zu fruchtlosen Diskussionen führte und die Partei mehr lähmte als selbst die Folgen der opfervollen Märzaktion von 1921.

Der Parteitag beschloß außerdem einstimmig die Bildung von „Arbeiterwehren" zum Schutze der erstrebten Arbeiterregierung und zur Abwehr der Putschisten aus Bayern. Es stellte sich jedoch bald heraus, daß weder die Zentrale noch die Bezirksleitung sich mit der praktischen Ausführung dieses Beschlusses befaßen konnten.

Ungefähr zwei Wochen nach dem Parteitag lud mich der Vorsitzende der Partei, Heinrich Brandler, ein, ihn in seinem Büro aufzusuchen. Er eröffnete das Gespräch mit der Mitteilung, daß er mich für die Gesamtleitung des „illegalen Parteiapparates" und der „Arbeiterwehren" vorgeschlagen habe. Die Zentrale habe zugestimmt, auch der Vertreter der Kommunistischen Internationale, „August Kleine" = Guralski. Dieser hatte übrigens keine besonderen Vollmachten vom Exekutivkomitee. Verschiedene spätere Berichte, in denen es hieß, daß Kleine-Guralski Leiter des „Militär-Apparates" gewesen sein soll, sind unwahr.

Ich nahm die Berufung an und erläuterte meine Ansichten über die Aufgaben: Die „Apparate" müßten neu geschaffen werden. „Arbeiterwehren" als überparteiliche Organe der Einheitsfront der Arbeiterklasse hätten nur dann einen Sinn, wenn sie von zuverlässigen Kadern aus aktiven Mitgliedern der Kommunistischen Partei, dem Ordnerdienst (OD), geleitet werden. Der „O-D" müßte die Führungskräfte, gleichsam die Offiziere der Arbeiterwehren stellen. Die Arbeiterwehren wurden bald in „Proletarische Hundertschaften" umbenannt.

Die Tätigkeit der Militärpropaganda (M-P), die Propaganda unter den Reichswehrsöldnern und den illegalen „Zeitfreiwilligen", für die der Journalist Berthold Jacob, der Militärfachmann der Wochenschriften „Die Weltbühne" und „Das Tagebuch", die treffende Bezeichnung „Schwarze Reichswehr" gefunden hatte, müßte im Geiste des Antimilitarismus, wie ihn Karl Liebknecht und, zwei Jahrzehnte zuvor, die Sozialistische Internationale gefordert hatten, durchgeführt werden. Ich wies zugleich die Illusion zurück, daß im Falle eines Aufstandes der Arbeiterschaft Teile der Reichswehr zu den Arbeitern übergehen würden. Dazu wären die Berufssoldaten und ihr Anhang, auch in der Zeit der größten Not in Deutschland, zu gut versorgt. Ich sagte, daß ich weit eher befürchtete, daß sich die Reichswehr einer legalen Arbeiterregierung gegenüber nicht loyal verhalten werde. Um so nötiger sei der Versuch, sie zu neutralisieren. Der Nachrichtendienst (N-D) müßte die gegnerische Kampforganisationen: „Stahlhelm", „Nationalsozialisten", „Jungdeutscher Orden" und andere „Zeitfreiwilligen" und besonders auch die Rüstungsindustrie gründlicher beobachten.

Brandler und die Zentrale billigten meine Vorschläge von der Gesamtarbeit der „Apparate", und ich schied aus meiner bisherigen Verlagsarbeit bei Thomas aus.

Ich fand die Situation in diesen Tätigkeiten so vor, wie sie Radek in einer Sitzung des Exekutivkomitees festgestellt hatte, als er die Delegation der deutschen Parteizentrale fragte: „Was hat die Zentrale seit Abgang Levis eigentlich in dieser Hinsicht getan? " und er hatte gleich die Antwort hinzugefügt: „Nichts!"
Beginnen mußte ich mit zeitraubender Vorsicht. Ich lehnte Auffassungen Brandlers und Eberleins ab, die durch Rundschreiben über die Bezirksleitungen diejenigen Parteimitglieder aufrufen wollten, die einmal in ihrer Militärdienstzeit oder im Kriege höhere Dienstgrade innegehabt hatten. Für so einfach hielt ich die Sache nicht. Zwar waren damals nicht wenige frühere Offiziere Mitglieder der KPD, aber ob diese überhaupt gewillt oder geeignet waren mitzuarbeiten, mußte ich erst in persönlichen Unterredungen feststellen. Dazu fuhr ich in diesen Wochen Tag und Nacht in Berlin und Deutschland herum, um mit den Personen zu sprechen, die mir von den Bezirksleitungen genannt wurden. In den meisten Fällen ergab sich, daß gerade die früheren Offiziere, die durch Kriegserlebnisse zu Pazifisten geworden waren, von einem eventuellen Bürgerkrieg ebensowenig wissen wollten wie von einem nationalen Krieg. Doch fand ich auch frühere Offiziere, die sofort zur Mitarbeit bereit waren.

Die Not der Zeit, die Furcht vor einem neuen Losschlagen der Reaktion, die militärischen Vorbereitungen der Reichswehr, die ständigen Drohungen der „Völkischen", der „Nationalsozialisten" und des „Stahlhelm" mit einem Aderlaß an der Arbeiterschaft und der Ausrottung der Juden in Deutschland waren meine unwiderlegbaren Argumente, um die kämpferisch eingestellten Mitglieder der KPD für die aktive Abwehr zu gewinnen. Strenge Konspirativität auch innerhalb der eigenen Partei war im Anfangsstadium der Arbeit geboten, obwohl der Stamm der Parteimitglieder aus überzeugten Kommunisten bestand. Ich fand auch in fast allen größeren Städten aktive Parteimitglieder und sogar kleine und größere Gruppen vor, die sich insgeheim bereits mit Kampfaufgaben für den Ernstfall beschäftigten. Andererseits waren die Zehntausende neuen Mitglieder, die im Laufe der letzten Jahre zur Partei gekommen waren, zum größten Teil nicht nur Neulinge in der Partei, sondern auch in der Arbeiterbewegung überhaupt. Diese neuen Mitglieder mußten erst mit den Grundbegriffen der Arbeiterbewegung und des Sozialismus vertraut gemacht werden. Sie ersetzten die etwa Hunderttausend nicht, die nach der „Märzaktion" des Jahres 1921 die KPD verlassen hatten.

In Berlin traf ich im Büro der Zentrale einen Mann, dessen Bekanntschaft ich in Moskau gemacht hatte. Zusammen mit einem Freund hatte er mich in der Buchausstellung im Kreml besucht. Es war ein früherer Oberleutnant und Kadettenlehrer Wolfgang von Wiskow, Sohn des Baumeisters des modernen Dar-es-Salam im früheren Deutsch-Ostafrika. Ich verabredete mit Wiskow eine Unterredung, und als er zu dieser kam, war er wieder von seinem Moskauer Freund begleitet. Wolfgang von Wiskow wurde mein erster Mitarbeiter in der zentralen Leitung. Er war ein hochgebildeter, zurückhaltender Mann, der ebenfalls durch seine Kriegserlebnisse zum Antimilitaristen und Mitglied der KPD geworden war. Auch sein Freund wies sich als Parteimitglied aus. Er nannte sich Otto Steinbrück und war Stabsoffizier in der ungarischen Armee gewesen. Wie sie mir sagten, hatten sie sich in russischer Kriegsgefangenschaft kennengelernt. Unter den weiteren Mitarbeitern, die sich rasch zusammenfanden, sind einige, die hier ihre Karriere begannen und später in der Deutschen Demokratischen Republik bekannt wurden: Joseph Gutsche, Arbeiter in einem Berliner Großbetrieb; Gustl Mayer, Nordbayern; Wilhelm Zaisser, Ruhrgebiet, der spätere General Gomez im spanischen Bürgerkrieg; Theodor Neubauer, Thüringen; Albert Schreiner, Redakteur, Württemberg, heute Professor in Leipzig; Ernst Wollweber, Kassel, der spätere Minister für den Staatssicherheitsdienst der DDR; dann zwei weitere frühere Offiziere, die während der Bayrischen Räterepublik Kommandanten der Rätetruppen gewesen waren; der Redakteur Erich Wollenberg und der Medizinstudent Ernst Günther.

Die genannten Funktionäre waren alle älter als ich, und sie hatten zum Teil schon wichtige Funktionen in der Arbeiterbewegung innegehabt. Ich hatte sie in den Besprechungen darauf hingewiesen, daß ich kein „Kommandant" sei, daß jeder in seinem Bezirk selbst verantwortlich sei und daß das Signal zum Aufstand nicht unbedingt von den Zentrale kommen müsse. Wenn irgendwo schwere Kämpfe ausbrechen sollte, so müßte auch jeder selbst beurteilen können, ob sie lokal begrenzt sind oder ob sie sich über ganz Deutschland ausbreiten könnten. Nur dürfe sich niemand überraschen lassen. Hier sollte uns die Lehre Trotzkis maßgebend sein, der 1918 in einer Rede über den Verlauf der Russischen Revolution gesagt hatte:
„Die Revolution besitzt eine mächtige Kraft der Improvisation, aber sie improvisiert nie etwas Gutes für Fatalisten, Schlafmützen und Dummköpfe. Zum Siege gehört eine richtige politische Einstellung, Organisation und der Wille zum entscheidenden Schlag . . .
Das richtige Gefühl dafür, was er den eigenen Truppen zumuten und was er sich dem Feinde gegenüber erlauben kann, kennzeichnet den wahren Führer . . . Improvisierte Truppen wollen von Männern geführt werden, nicht von Behörden . . ."

Die kritischen Erkenntnisse Friedrich Engels' über Möglichkeiten von Strassenkämpfen mangelhaft bewaffneter Massen gegen reguläre Truppen waren meinen Mitarbeitern bekannt, und sie hatten aus den Erfahrungen der deutschen Kämpfe der Jahre 1918 bis 1921 gelernt, Illusionen gab es unter diesen Genossen nicht. Wir gingen davon aus, daß die Kampfkraft der Reichswehr und ihrer Trabanten, der „Schwarzen Reichswehr", der Militärverbände „Stahlhelm" und „Jungdeutscher Orden" nur durch den Aufstand von Millionen Menschen erstickt werden könnte und dort, wo die Reichswehr das Übergewicht hatte, könnte sie nur durch Stillegung der gesamten Produktion, des Verkehrs und der Versorgungsbetriebe zur Kapitulation gezwungen werden.
Die Ausbildung des „O-D" konnte nur politisch erfolgen. Waffentechnisch waren die Mitglieder auf ihre eigenen Kenntnisse angewiesen, sie sollten einander beraten und, wo es möglich war, auch üben. Was auf diesem Gebiet alles geschah, konnte ich zentral nicht kontrollieren.
Später hieß es in Geschichtswerken, die Vorbereitungen der KPD zur Machteroberung im Jahre 1923 seien dilettantisch gewesen. Das kann man nachträglich leichthin behaupten. Zur Zeit des Handelns entsprachen die Vorbereitungen den Möglichkeiten der politischen Situation und der Reife der eigenen Anhänger. Die politischen Entscheidungen lagen bei der Zen-

trale der Partei und nicht bei den „Apparaten". Eine legale Staatsmacht, Reichswehr und Polizei mit hohem Sold und der Aussicht auf künftige Beamtenversorgung aufzubauen war bestimmt leichter. Für die Partei war es ein großer Fortschritt, daß es im Frühjahr 1923 nicht mehr möglich gewesen wäre, daß bei spontanem Zusammenströmen großer Volksmassen irgendein unbekannter Mann auf einen Wagen geklettert und Aufstandsparolen in die Menge geschleudert hätte, wie in Berlin im Januar 1919, nach dem Kapp-Lüttwitz-Putsch im Ruhrgebiet, in der Märzaktion 1921 in Mitteldeutschland. Jeder Mann, der jetzt in politischen Massenkundgebungen aufgestanden wäre, wäre von Parteimitgliedern sofort gestellt und überprüft worden, ob es sich um einen wildgewordenen Kleinbürger oder um einen Provokateur der Wehrverbände, der Reichswehr oder der politischen Polizei handelte. Die Partei hätte sich jedenfalls nicht mehr von den Ereignissen überrumpeln lassen. Mittlerweile waren auch schon mehrere tausend Mitglieder der KPD in kommunalen Körperschaften tätig und mit der Versorgung der Bevölkerung kleiner und großer Städte vertraut, das heißt, mit dem In-Betrieb-Halten der öffentlichen Einrichtungen wie Wasser-, Elektrizitäts- und Gasversorgung, Sanitätswesen, des Verkehrs usw. Es wäre Dilettantismus gewesen, technisch noch mehr vorbereiten zu wollen.

Die französische Regierung Poincaré und die deutsche Regierung Cuno wurden sich bald darüber einig, daß der eigentliche Feind die revolutionäre Arbeiterschaft sei. Beide Regierungen ließen auf demonstrierende Arbeiter schießen. Der Unterschied war, die französisch-belgischen Besatzungstruppen schossen auch auf rechtsstehende Demonstranten, die deutsche Polizei schoß nur auf linksstehende. Zu Beginn des Widerstandes hatten alle Arbeiterorganisationen den Generalstreik gegen die Besatzungstruppen durchgeführt. Weil die deutsche Regierung die Löhne und Gehälter in voller Höhe weiterzahlte, kamen dem Vorstand der SPD bald Bedenken über den weiteren Verlauf. Er fürchtete eine kriegerische Entwicklung und einen Umsturz ebenso sehr wie die bürgerlichen Mittelparteien.

Die KPD aber wollte jetzt in nationalistischen Phrasen den rechtsstehenden Parteien nicht nachstehen. Die „Rote Fahne" schrieb am 1. April 1923: „Die Nation zerfällt. Das deutsche Bürgertum kann nicht einmal mehr die Grenzen seines Vaterlandes schützen . . . es kriecht vor den Bajonetten Poincarés . . . Nur die Arbeiterschaft kann die Nation retten. Sie erhält und erwirbt sich ihr Erbe, indem sie um es kämpft, indem sie sich – endlich – als herrschende Klasse konstituiert. Darum kann die Regierung, die Poincaré die Stirn bietet, nur die revolutionäre Regierung, eine Arbeiterregierung sein, die geboren und getragen ist vom kämpfenden Proletariat." Das war die nationalbolschewistische Sprache. Doch die Zentrale der Partei fürchtete, den Kampf nach zwei Seiten führen zu müssen. Sie rief gemeinsam mit dem Exekutivkomitee der Kommunistischen Internationale und der „Roten Gewerkschaftsinternationale" eine geheime Konferenz nach Frankfurt am Main ein. Der Zweck dieser Konferenz sollte die „Aufhebung des Versailler Raubvertrages" sein.
An dieser Konferenz nahmen französische, englische, russische Delegationen und Gäste teil. Ich nahm an der Konferenz teil und hatte auch den Auftrag, die Konferenz gegen Überfälle zu sichern. Die Beschlüsse der Frankfurter Geheimkonferenz bekräftigten die Forderung nach Bildung ei-

ner deutschen Arbeiterregierung. Die Parole „Poincaré die Stirn zu bieten" wurde fallengelassen. Die Beschlüsse besagten, daß die revolutionären Arbeiter den Frieden wollen, daß sie sich jedem neuen kapitalistischen Krieg mit aller Kraft widersetzen werden. Die revolutionären deutschen Arbeiter seien bereit, den Frieden mit den schwersten materiellen Opfern zu erkaufen, um eine Frist für den Aufbau der proletarischen Macht zu gewinnen. Die revolutionären Arbeiter würden „dem französischen Imperialismus die Reichtümer, die sie bei der deutschen Bourgeoisie beschlagnahmen werden, in den Rachen werfen. Sollte jedoch das internationale Kapital einem revolutionären Deutschland keinen Frieden gönnen, so würden das revolutionäre Deutschland und Rußland gemeinsam mit der Arbeiterklasse der Ententeländer die konterrevolutionären Angriffe abwehren und auch siegen können."
Die Zentrale wollte ihre Politik von Moskau bestätigt haben, und wiederum fuhren Delegationen nach Moskau und blieben wochenlang dort. Die oppositionellen „Linken" kamen mit dem Erfolg zurück, daß Ernst Thälmann, Ruth Fischer und je ein weiterer Vertreter der Linken des Ruhrgebietes und Berlins in die Zentrale aufgenommen wurden. Die Auseinandersetzungen zwischen der Zentrale und der Opposition wurden in die Öffentlichkeit getragen und hatten zur Folge, daß die gesamte Tätigkeit des „O-D" und der Arbeiterwehren-Hundertschaften gestoppt werden mußte. Das gab den ersten Bruch in der kaum gefestigten Arbeit. Um diese Zeit waren die Wehrverbände, die Reichswehr und die Polizei zusammen zahlenmäßig um das Fünfzigfache stärker als der „O-D". Nur die Erhebung der Arbeiterschaft als Klasse unter Führung der KPD hätte Aussicht auf Erfolg gehabt.
Radek hatte in Moskau als Lehre der Märzaktion erklärt:
„Wo die Partei die Möglichkeit sieht, vorwärts zu stürmen, muß sie die Stürmer vorzubereiten suchen durch die Aufrüttelung der Massen, durch die Verbindung der Partei mit den breitesten Massen. Wir müssen immer im Auge behalten, daß wir den Massen zwar einen Schritt voraus sein dürfen, daß aber die Distanz zwischen der Vorhut und den großen Massen . . . nicht so groß sein darf, daß wir im isolierten Kampf niedergeschlagen werden können."

Eine Einheitsfront wurde von der Sozialdemokratie und den Gewerkschaften abgelehnt. Die KPD schwenkte daraufhin wiederum auf den nationalistischen Kurs ein.
Im latenten Ruhrgebietskrieg gegen die französisch-belgischen Besatzungstruppen war die „Sabotage-Organisation Heinz" sicherlich die aktivste. Eine ihrer Dynamitkolonnen wurde von einem früheren Freikorpsoffizier Schlageter geleitet. Nach Verübung einiger Attentate wurde er verhaftet, vor ein französisches Militärgericht gestellt, zum Tode verurteilt und erschossen. Schlageter war von einem Mitglied seiner Truppe für Extrageld verraten worden und Schlageter selbst verriet bei seiner Vernehmung weitere seiner Gruppe.
In dieser spannungsgeladenen Zeit wurde beinahe in allen europäischen Ländern befürchtet, daß aus der Besetzung des Ruhrgebietes die Flammen eines neuen Weltkrieges schlagen könnten. Kaum aus Moskau zurück, fuhr bereits im Juni wiederum eine Delegation der KPD nach Moskau, um dort über die Situation in Deutschland zu beraten. Hier stand Radek auf, um den erschossenen Schlageter, den „Wanderer ins Nichts", wie ihn Radek

nannte, in einer Aufsehen erregenden Rede zu dramatisieren.
Die „Schlageterrede" im Wortlaut zu bringen würde in meinem Bericht zu weit führen, markante Stellen zu zitieren würde dem Geist der Rede nicht gerecht werden. Radek hatte den Werdegang Schlageters eingehend studiert. Er sprach es auch aus, daß Schlageter ein erbitterter Feind der Arbeiterschaft und haßerfüllter Judengegner war, daß nach Ansicht Schlageters und seiner Genossen der „innere Feind" erst ausgerottet werden müßte, wenn Deutschland wieder einen Krieg führen wollte. Trotzdem bot Radek den Banden um Schlageter gemeinsames Vorgehen mit der Kommunistischen Partei gegen die Entente an. Der Weltrevolutionär Radek, der als polnischer Jude geboren worden war, sprach in dieser Rede so nationalistisch, wie es die Deutschnationalen ohnehin waren. Radek, der sonst nur von der „Kraft der revolutionären Arbeiterklasse" sprach, beurteilte verhängnisvoll falsch die Geisteshaltung des deutschen Groß- und Kleinbürgertums, deren Idol eben Schlageter war, und deren „Führer" in den folgenden Jahren Hitler wurde. In den Reihen der KPD schuf diese einmalige, rednerisch großartige Leistung Radeks starke Verwirrung.
Ich war mit Wiskow am frühen Morgen des 27. Juni 1923 auf dem Ringbahnhof Neukölln verabredet. Von dort wollten wir ein Lokal aufsuchen, um über die Arbeit der nächsten Tage, Kurse und Reisen zu sprechen. Ich hatte an einem Kiosk Zeitungen gekauft, und ich entfaltete während der Fahrt als erste die Parteizeitung „Rote Fahne". Groß aufgemacht über die erste Seite brachte das Blatt die Rede Radeks über den „Wanderer ins Nichts". Als Wiskow aus dem entgegenkommenden Zug stieg, schwenkte er seine Zeitung. Ich sagte, daß ich die Rede Radeks für eine Gemeinheit uns gegenüber halte. Er antwortete: „Ja, eine geniale Gemeinheit." So waren wir uns ohne weitere Worte einig, und ich sagte, daß es jetzt keinen Zweck habe, über die Arbeit zu sprechen, auch die geplante Reise ins Ruhrgebiet müsse unterblieben, wir müßten uns erst vergewissern, was die Schlageterrede zu bedeuten habe, ob auf der Konferenz der erweiterten Exekutive ein neuer politischer Kurs beschlossen worden war. Wir waren uns im klaren darüber, daß weitere Einheitsfrontangebote an die Arbeiterorganisationen – die bisher ohnehin erfolglos geblieben waren – mit dieser Rede sinnlos wurden.
Wiskow begleitete mich im Laufe des Tages zu einigen Berliner O-D-Leitern und wir sagten die für den Abend und für die nächsten Tage angesetzten Kurse ab. Ich wollte mich nicht Fragen aussetzen, die ich nicht beantworten konnte. Einige der O-D-Leiter hatten zu der Rede nichts zu bekunden, als mit dem Finger an die Stirn zu tippen. So ruhte die organisatorische Arbeit wieder einmal. Ich wollte erst vom Parteivorsitzenden Brandler hören, ob es sich um eine Eskapade Radeks handele oder um eine neue Parteipolitik. Die Parteizeitung „Rote Fahne" hatte beim Empfang der Schlageterrede die Weisung erhalten, im gleichen Sinne fortzufahren. Die Pogromhetze der völkisch-nationalistischen Verbände gegen das „Judenkapital" wurde in der Roten Fahne als ein „Stück Klassenkampf" bezeichnet. Die KPD lud Nazigruppen, ihre Todfeinde, zu Diskussionen in kommunistische Versammlungen ein.

Die Inflation nahm indessen immer mehr die Form der Enteignung großer Teile des Volkes an. Am 1. Juli 1923 stand der Kurs 38.600 Papiermark für eine Goldmark. Protestdemonstrationen und Schlägereien vor Lebensmit-

telgeschäften wurden von der Polizei mit Waffengewalt unterdrückt. Alte Leute und Rentner, die noch Schmuckstücke, Möbel und Teppiche besassen, tauschten diese gegen Lebensmittel. Die Selbstmordziffern stiegen täglich an. Die Bauern und die Hausbesitzer bereicherten sich in dieser Zeit, sie zahlten ihre Schulden und Hypotheken mit wertloser Papiermark zurück. Die Großindustrie aber forderte die Abschaffung des gesetzlichen Achtstunden-Arbeitstages und Einführung des Zehnstundentages, um den billigen Export gegen Devisen verstärken zu können. Trotz alledem kam es in diesen Monaten zu keinen größeren Arbeitskämpfen.
In diesen Tagen hatte ich eine Unterredung mit Radek in der russischen Botschaft in Berlin. Ich suchte ihn gegen Mittag auf. Er lag noch im Bett, er sagte, daß er völlig erschöpft sei, er habe eine ermüdende Reise gehabt. Zu beiden Seiten des Bettes lagen Berge von Zeitungen in verschiedenen Sprachen, die Radek in der Nacht und am Vormittag gelesen hatte. Ich fragte ihn, was seine Schlageterrede beziehungsweise der neue Kurs zu bedeuten habe, und erzählte ihm, welche lähmend-verwirrende Wirkung diese Rede bei Arbeiterfunktionären habe. Radek tat erstaunt. Er sagte, daß doch jeder Revolutionär erkennen müsse, daß es sich hier um eine Taktik handele, um die Rechtsparteien von der KPD abzulenken. Er sagte, mit den stärksten Ausdrücken des Hasses und der Verachtung, daß die Sozialdemokratie und die Gewerkschaften untätig zusähen, wie das Volk enteignet und Deutschland zu Grunde gehe; die Kommunisten würden abgeschlachtet werden, wenn sie isoliert blieben. Allein könnte die Kommunistische Partei nicht die Kraft aufbringen, den deutschen parasitären Kapitalismus niederzuwerfen. Also müßten die Völkischen, überhaupt alle Nationalisten, die heute durch den Ruhrkampf aufgewühlt seien, der KPD gegenüber neutralisiert werden. Darum sei auch die Diskussion mit diesen Leuten nötig.
Nach ungefähr einer Stunde kam ein Angestellter der Botschaft und meldete Radek, daß der Staatssekretär des Äußeren, Freiherr von Malzahn, im Korridor warte. Radek hatte seine Verabredung mit ihm vergessen. Jetzt hatte er nicht mehr die Zeit, um sich anzuziehen. Ich wickelte ihm einen Schal um den Hals, und er entschuldigte sich beim Eintreten Malzahns mit Halsschmerzen.
Ich konnte die Unterredung mit Radek nicht fortsetzen. Er fuhr nach Moskau zurück. Dort sah ich ihn ein Jahr später wieder; nach der Niederlage der KPD, die auch eine persönliche Niederlage für ihn war und zu seinem Ausscheiden aus der deutschen Parteiarbeit führte.

Sicherlich war Radek einer der bemerkenswertesten Menschen dieser Zeit. Radeks Aufsätze über den deutschen Imperialismus der Kaiserzeit, die er vor dem Ersten Weltkrieg geschrieben hatte, sind noch heute die klarste und instruktivste Darstellung dieser Epoche. In Berlin trug Radek nicht seinen berühmten Puschkinbart wie in Moskau. Die Ähnlichkeit Radeks mit den Bildern Puschkins war auch auffallend und schmeichelte ihm anscheinend mehr als der Vergleich mit Machiavelli, den er oft zu hören bekam. Ich habe Radek eher mit Pater Joseph verglichen, dem Sekretär des Kardinals Richelieu. Radek hatte wie Pater Joseph keine offizielle Funktion, er konnte Entscheidungen aushandeln, aber nicht unterschrieben. Er verhandelte mit Staatsmännern, Parteiführern, Wirtschaftsleuten, Journalisten, die durch ihr Interesse an Rußland veranlaßt waren, mit einem Russen zu sprechen, der über alle Fragen informiert war, der auch keinen Dolmetscher benötigte. Wohl alle, die mit Radek gesprochen haben, waren der Meinung, mit dem geistreichsten und bestunterrichteten Mann der Zeit gesprochen zu haben. Pater Joseph hatte das Glück, vor seinem Herren zu sterben. Radeks Meister, Lenin, starb jedoch bald und ließ ihn ohne gefestigte Position in der KPdSU zurück.

Berater Stalins zu sein, war für Radek keine besondere Ehre; er schätzte ihn nicht, Stalin ihn auch nicht.
Am gleichen Tage nach der Unterredung mit Radek erhielt ich vom Parteivorsitzenden Brandler den Bescheid, daß der Aufbau der „Proletarischen Hundertschaften" mit verstärktem Eifer fortgesetzt werden müsse. Wo es möglich sei als Organe der Einheitsfront, wo nicht, als Parteiorgane unter Heranziehung kampfwilliger Parteiloser. Die Zentrale gab auch in diesem Sinne im Juli einen Aufruf an die Partei heraus, in dem zur höchsten Abwehrbereitschaft aufgerufen wurde. In diesem Aufruf hieß es: „Das Kabinett Cuno ist bankrott. Die innere und äußere Krise droht in den nächsten Tagen zur akuten Katastrophe zu führen. Die süddeutschen Faschisten ... haben auf ihren Tagungen beschlossen: ... die Proklamierung des rheinisch-westfälischen Pufferstaates zum Anlaß zu nehmen ... ihrerseits loszuschlagen ... um sich ... ebenfalls vom Reiche loszulösen. Ludendorff und Hitler haben alles vorbereitet, um gegen Sachsen und Thüringen zu marschieren. Die norddeutschen faschistischen Organisationen ... haben alle Vorbereitungen getroffen zur militärischen Niederwerfung von Berlin und Hamburg ... Die Reichswehroffiziere bilden die Faschisten militärisch aus ... Die Verbindung der Reichswehr mit den Faschisten ist die militärische Stütze der Konterrevolution, die bürgerlichen Parteien ohne Ausnahme unterstützen den Faschismus, um das Stinnesprogramm gegen das Proletariat durchzuführen. Die sozialdemokratischen Regierungsstellen, die Abgeordneten im Reich und in den Ländern haben Berge von Material über die Vorbereitungen der Faschisten und Reichswehrstellen zum Bürgerkrieg. Sie sind zu feige, das Material zu veröffentlichen und die Arbeiterschaft zur Abwehr aufzurufen.
... Die Partei muß sich aber darüber klar sein, daß die SPD und die Gewerkschaften im ersten revolutionären Abwehrkampf gegen den Faschismus völlig versagen werden, daß sie als Führer der Arbeiterschaft nicht in Frage kommen."
Das Scheitern der Politik der „Einheitsfront der Arbeiterklasse" stellte dem O-D die Aufgabe, die „Proletarischen Hundertschaften" jetzt als Parteitruppe aufzubauen und das Schwergewicht dabei in die Großbetriebe zu verlegen. Bisher hatten die „Proletarischen Hundertschaften" nur in Thüringen und Sachsen, wo die Arbeiterschaft unter dem unmittelbaren Druck der Bedrohung aus Bayern stand, eine nennenswerte Stärke erreicht. In Berlin und im Ruhrgebiet dagegen hatten sich wohl zahlreiche Parteilose angeschlossen, aber nur wenige Mitglieder der SPD. Hier machte eine Änderung des Kurses keine Schwierigkeiten, da unter den Mitgliedern der KPD und auch unter Sympathisierenden sich die Auffassung verstärkte, daß die Partei im äußersten Falle allein kämpfen müsse, wenn die anderen Arbeiterorganisationen weiterhin passiv blieben.

Endlich gab mir der Parteivorsitzende auch die von Anfang an geforderte Vollmacht, eine Zeitschrift, eigens zur ideologischen Stärkung des O-D und

der „Proletarischen Hundertschaften", herauszugeben. Dieser Zeitschrift gab ich den Namen „Vom Bürgerkrieg". Sie sollte nur in die Hände von O-D-Funktionären kommen, keinesfalls in die Öffentlichkeit. Sie war auf Zeitungspapier gedruckt, ohne Umschlag, im Format der linksbürgerlichen „Weltbühne". Die Redaktion besorgten Wiskow, Otto Steinbrück und ich. Im Vorwort zum ersten Heft schrieb ich, daß die Hefte, die in zwangloser Folge erscheinen sollten, die Erfahrungen der deutschen und der russischen Revolution behandeln werden, und forderte vor allem Mitglieder der Partei, die in Großbetrieben arbeiteten, auf, ihre Erlebnisse aus den Jahren 1918-1923 mitzuteilen. Es sollten in den Heften „Vom Bürgerkrieg" keine Rezepte, keine Kampfanweisungen, keine „Exerzierreglements" gegeben werden, sondern Beispiele aus der Geschichte der revolutionären Kämpfe aller Zeiten. Die Funktionäre sollten anhand dieser Beispiele lernen, in ihrem Gebiet entsprechend dem Gebot der Stunde zu handeln.
Im ersten Heft „Vom Bürgerkrieg" wurde ein vom Parteivorsitzenden Brandler geschriebener und von der Zentrale der Partei unterzeichneter Aufruf gebracht, um zu bekräftigen, daß die gesamte Arbeit im Auftrage der Zentrale erfolgt. Das hatte ich zur Bedingung gemacht, um zu vermeiden, daß der Eindruck entstehen könnte, daß es sich um eine Sonderorganisation handelt. Es hieß in diesem Aufruf vom 11.Juli 1923:
„Wir Kommunisten können in dem Kampf gegen die Konterrevolution nur siegen, wenn es uns gelingt, ohne und gegen die verräterische sozialdemokratische Partei- und Gewerkschaftsbürokratie, die sozialdemokratischen und parteilosen Arbeitermassen mit uns gemeinsam in den Kampf zu führen . . . Die gemeinsamen proletarischen Abwehrorganisationen müssen allen Widerständen zum Trotz unverzüglich aus den Betrieben herausorganisiert werden . . . Die Pläne der Faschisten sind bis aufs einzelne militärisch durchgearbeitet. Sie haben die Losung ausgegeben: den Bürgerkrieg auf das brutalste und gewalttätigste durchzuführen. Alle Arbeiter, die den Faschisten Widerstand leisten, wenn sie gefangen werden, sollen erschossen werden. Zur Niederwerfung der Streiks soll jeder zehnte Mann der Streikenden erschossen werden. Der Faschistenaufstand kann nur niedergeworfen werden, wenn dem Weissen Terror der Rote Terror entgegengestellt wird. Erschlagen die Faschisten, die bis an die Zähne bewaffnet sind, die proletarischen Kämpfer, so müssen diese erbarmungslos alle Faschisten vernichten. Stellen die Faschisten jeden zehnten Streikenden an die Wand, so müssen die revolutionären Arbeiter jeden fünften Angehörigen der Faschistenorganisationen an die Wand stellen . . . Die KPD muß das gesamte Proletariat unter ihrer Fahne in den Kampf führen . . . Die Partei muß aber auch entschlossen sein, unter Umständen allein zum Kampf aufzurufen und allein die Leitung des Kampfes zu übernehmen . . . Nur wenn wir den Willen zum Siege und zur Übernahme der Macht haben, wenn jeder Kommunist bereit ist, für die Rettung und Befreiung der Arbeiterklasse sein Letztes zu opfern, nur dann wird unsere Partei die Partei des Sieges sein. Nur dann wird sie die revolutionäre Arbeiter- und Bauernregierung aufrichten, die mittels der Sachwerterfassung und Produktionskontrolle auf Kosten des Großkapitals die Arbeiterklasse, Angestellten, Beamten, den schwerbedrängten Mittelstand vor Untergang und Versklavung retten und dem französischen Imperialismus eine kampffähige geschlossene Nation entgegenstellen...
Im Geist von Karl Liebknecht und Rosa Luxemburg laßt uns kämpfen!"

Es ist im Aufruf nur vom Kampf gegen die Faschisten, Separatisten und den französischen Imperialismus die Rede, nicht vom Kampf gegen die deutsche Staatsmacht.
Nach dem Aufruf der Zentrale brachte das erste Heft den Brief Lenins vom September 1917, den Lenin mehrere Wochen vor dem Aufstand in Petersburg geschrieben hatte. Wiskow und ich hatten diesen Brief Lenins mit Vorbedacht ausgesucht, um auch die Zentrale an die Bedingungen eines Aufstandes zu erinnern. Lenin hatte geschrieben:
„Ein Aufstand muß, wenn er erfolgreich sein soll, sich nicht auf eine Verschwörung, nicht auf eine Partei, sondern auf die vorgeschrittene Klasse stützen. Das zum ersten.
Ein Aufstand muß sich auf den revolutionären Aufschwung des Volkes stützen. Das zum zweiten.
Ein Aufstand muß sich stützen auf einen solchen Wendepunkt in der Geschichte einer anwachsenden Revolution, wo die Aktivität der vordersten Reihen des Volkes am größen, wo die Schwankungen in den Reihen der Feinde und in den Reihen der schwächlichen, halben, unentschlossenen Freunde der Revolution am größten ist. Das zum dritten. Eben durch diese drei Bedingungen bei der Behandlung der Frage des Aufstandes unterscheidet sich der Marxismus vom Blanquismus.
Aber wenn einmal diese Bedingungen vorhanden sind, so heißt es den Marxismus verraten und die Revolution verraten, wenn man darauf verzichtet, den Aufstand als eine Kunst zu betrachten."
Die grundsätzliche Seite aber hatte Lenin genau elf Jahre vor diesem Brief, im September 1906, festgestellt, als er geschrieben hatte:
„In bestimmten Perioden scharfer wirtschaftlicher und politischer Krisen steigert sich der Klassenkampf bis zum offenen Bürgerkrieg, d.h. bis zum bewaffneten Kampf zweier Volksteile. In solchen Perioden ist der Marxist verpflichtet, auf dem Standpunkt des Bürgerkrieges zu stehen. Jede moralische Verdammung desselben ist vom Standpunkt des Marxismus unzulässig."

Zur Vorbereitung des Kampfes fuhr ich in diesen Wochen fast Tag für Tag in Deutschland herum und sprach zu den O-D-Gruppen. Auf diesen Reisen gewann ich die Überzeugung, daß objektiv alle politischen Vorbedingungen für einen Abwehrkampf gegeben waren: schwerste materielle und seelische Not breiter Volksmassen, Furcht vor einem neuen Krieg und vor dem Losschlagen der Wehrverbände, der „Schwarzen Reichswehr", der Völkischen und Nazis. Ich besuchte auch mehrere Aufmarsche dieser Organisationen und konnte feststellen, daß diese mit ihren Vorbereitungen viel weiter waren als wir. Ihre Organisatoren brauchten sich nicht zu verstecken, sie hatten nicht nur die behördliche Duldung, sondern auch Unterstützung. Bei Aufmärschen der Militärverbände erschienen zahlreiche frühere und auch aktive Offiziere in Uniform mit Orden und in manchen Städten hatten Kirchen aus diesem Anlaß geflaggt. Dagegen war zum Beispiel bei den Demonstrationen der KPD im Lustgarten zu Berlin hinter den Säulen der Bibliothek und des Domes, die den Lustgarten flankierten, und auf dem Dach des gegenüberliegenden Schlosses Polizei unter Leitung des sozialdemokratischen Polizeipräsidenten postiert, die ihre Maschinengewehre schußbereit auf die Demonstranten gerichtet hatten. Das war der Unterschied.

Die soziale Zusammensetzung der Teilnehmer an den konterrevolutionären Aufmärschen ließ mich erkennen, daß es selbst in dieser objektiv verzweifelten Situation keine einheitliche abwehrbereite Arbeiterklasse gab; Arbeiter waren auch Mitglieder in den konterrevolutionären Verbänden.

Wenn ich in Berlin war, organisierte Josef Gutsche meistens zwei Zusammenkünfte des O-D an einem Abend in verschiedenen Bezirken. Dazu bedurfte es keiner längeren Vorbereitungen. Die Mitglieder kamen zu den Zusammenkünften auch dann, wenn sie die Einladung erst eine halbe Stunde vorher erhalten hatten. Gutsche und ich fuhren mit Fahrrädern von einer Versammlung zur anderen. Das wurde alles pünktlich und unauffällig gemacht. Das Thema meiner Vorträge vor den O-D-Gruppen entnahm ich den Thesen der innerparteilichen Opposition: „Aufrollung der Machtfrage". Ich mußte meinen Zuhörern klar machen, daß dazu eine Macht gehört. Ich benutzte keine militärische Literatur, sondern die Aufsätze Lenins und Trotzkis über die Revolution von 1905 bis 1917, die auch in den Heften „Vom Bürgerkrieg" erschienen, den Bericht des Amerikaners John Reed, „Zehn Tage, die die Welt erschütterten", meine eigenen Erfahrungen im Weltkrieg und aus den Jahren 1918 bis 1923, Episoden aus der französischen Revolution und der Pariser Kommune, und ich sprach über Massenpsychologie nach dem Buch des Franzosen Le Bon. Natürlich ging ich stets von der Situation aus, in der wir uns befanden, und ich betonte einleitend stets meine Überzeugung, daß es jeden Tag um Tod und Leben der Kommunistischen Partei und auch der Arbeiterklassen gehen könne, daß bei einem Losschlagen der Wehrverbände, „Schwarze Reichswehr", Völkische, Nazis, unübersehbare Volksmassen der Partei zuströmen würden, die es dann zu leiten gelte. Im O-D wurde nach jedem Vortrag diskutiert und über Erfahrungen und Beobachtungen berichtet. Neben ungeduldigen Äußerungen, daß es höchste Zeit sei loszuschlagen, gab es skeptische Stimmen die der Meinung waren, die Partei müsse warten, bis der Staat sich selbst in innerer Fäulnis auflösen würde, um dann dem Staat den letzten Fußtritt zu geben. Ich erlebte immer wieder, daß es leicht ist, im Prinzip Gleichgesinnte zu organisieren, aber eine konspirative Organisation zweckbestimmt beschäftigen, die Energien wachhalten läßt sich nur, wenn ein Termin gesetzt wird. Den Termin aber konnte nur die Zentrale der KPD bestimmen.

Nach fast jeder Reise in die deutschen Großstädte hatte ich eine Aussprache mit dem Parteivorsitzenden Brandler. Ich berichtete ihm über den Stand der Organisationen in den einzelnen Bezirken, sagte ihm meine Meinung über die eigene und die gegnerische Stärke und über meine Beobachtungen und meine Einschätzung der Situation. Meine Berichte und die des N-D waren immerhin gehaltvoll genug, um der Zentrale zu ermöglichen, sich ein ungeschminktes Bild der jeweiligen Situation zu machen. Ein Teil der Berichte wurde auch verabschiedet und veröffentlicht. Die Parteizentrale gab neben dem Zentralorgan „Rote Fahne" in dieser Zeit noch eine Sonderzeitschrift „Chronik des Faschismus" heraus, in der Einzelheiten über die Aufrüstung der Wehrverbände, der Nazis und Völkischen veröffentlicht wurden. Brandler glaubte an die Revolution und an seine maßgebende Rolle in ihr. Sein Glaube machte ihn optimistisch. Er ließ sich von Presseberichten über Demonstrationen und Streiks zwar nicht über die Machtverhältnisse, aber doch über den Grad der Revolutionierung täuschen. Er ge-

brauchte gern den Vergleich mit der „Kerenski-Periode” (Juli–September 1917 in Rußland, von Lenin beendet). Brandler unterschätzte den Widerstandswillen der Bourgeoisie und den Einfluß der rechtsradikalen Wehrverbände. Ich möchte ein Beispiel berichten:
Ich hatte von Landarbeitern, die auf Güter bei Pasewalk in der Uckermark, etwa über 100 Kilometer nördlich von Berlin, arbeiteten, eine Meldung erhalten, daß die „Schwarze Reichswehr” dort größere Mengen Waffen gelagert habe. Mit einigen O-D-Männern fuhr ich hin und stellte fest, daß die Meldung auf Wahrheit beruhte. Wir sahen in einer Scheune unter Stroh verdeckt Maschinengewehre, Kisten voller Handgranaten und Handfeuerwaffen, um mehrere hundert Mann bewaffnen zu können. Ich sagte Brandler, daß wir keine Möglichkeit hätten, die Waffen abzutransportieren und sie sicher zu verstecken. So schlug ich vor, das Versteck dem preußischen Innenministerium mitzuteilen. Auf alle Fälle müßten die Waffen der „Schwarzen Reichswehr” und den Wehrverbänden weggenommen werden. Brandler lehnte meinen Vorschlag entschieden ab. „Wir lassen die Waffen, wo sie sind; wenn wir sie brauchen, holen wir sie uns!” sagte er. Als ich mich einige Wochen später wieder überzeugen sollte, ob die Waffen noch dort lagerten, waren sie fort. Landarbeiter erzählten mir, daß Mitglieder der Wehrverbände die Waffen abgeholt und auf die umliegenden Güter aufgeteilt hätten.

Die innerparteilichen Auseinandersetzungen über die Politik und die Taktik der KPD wurden mittlerweile so heftig und gehässig, daß sie einmal mehr zur Kommunistischen Internationale getragen wurden. Der Parteivorsitzende Brandler und die wichtigsten Mitglieder der Zentrale fuhren im Hochsommer 1923 nach Moskau und blieben wiederum mehrere Wochen fort. Gerade diese Wochen waren für die erwartete Volkserhebung entscheidend.
Vor der Reise nach Moskau war es noch zu einem Zwischenfall in der Zentrale der Partei gekommen. Der „Berater” der Exekutive der Kommunistischen Internationale, Kleine-Guralski, hatte, unterstützt von der Opposition, beantragt, daß ich der Zentrale einen detaillierten Bericht über die Vorbereitung eines eventuellen Aufstandes geben sollte. Brandler stimmte erst zu, dann aber sagte er mir kurz vor der Sitzung, daß ich nur eine allgemeine Übersicht ohne konkrete Einzelheiten geben solle. So tat ich es. Kleine-Guralski protestierte: „Ich will wissen, wie viele Hundertschaften und Waffen vorhanden sind!” schrie er, mit der Faust auf den Tisch schlagend. Obwohl ich der gleichen Meinung war wie Brandler, gab mir seine Weisung doch einen Schock, sie beruhte offensichtlich auf dem Mißtrauen gegen Oppositionelle, die schließlich gleichberechtigte Mitglieder der Zentrale waren. Ich mußte mich fragen, wenn schon Mitglieder der Zentrale nicht hundertprozentig sicher sind, wer ist es dann? Schließlich lag ja die politische Führung der Revolution bei der Parteizentrale.

Die „Apparate” der Partei entwickelten indessen eine Aktivität, die zu jeder Zeit auf die Abwehr eines Putsches der reaktionären Parteien und ihrer Wehrverbände eingestellt war. Die „Proletarischen Hundertschaften” im Ruhrgebiet waren mittlerweile stärker geworden, als die in Sachsen und Thüringen, es folgten Berlin und Hamburg. Neben dem O-D und dem N-D war auch die M-P jetzt eifriger tätig. Naturgemäß nur an Orten,

an denen Garnisonen des Hunderttausendmann-Heeres bestanden und wir Parteiortsgruppen hatten. Anti-Militärpropaganda war besonders schwierig. Wir konnten diesen Söldnern nicht ihre Existenz als Söldnergruppe versprechen, wir konnten ihnen aber auch nicht mit Auflösung drohen, falls wir an die Macht kommen sollten. Wir mußten versuchen, ihnen die Lage der arbeitenden Bevölkerung und die nationale Situation Deutschlands klar zu machen.
Gerüchte, daß die Reichswehr selber putschen wolle, erreichten uns fast täglich. Sie kamen meistens aus Küstrin an der Oder, wo die „Schwarze Reichswehr" mit Wissen des Reichswehroberkommandos ihr Hauptquartier hatte. Ich fuhr nochmals nach Küstrin, wo eine kleine, recht aktive Ortsgruppe der KPD bestand. Es kamen auch Mitglieder nach Berlin, um uns über die Vorgänge in Küstrin und Umgebung zu berichten. Diese Genossen schafften unsere Flugblätter und die Tageszeitung „Rote Fahne" in die Kasernen. Die „Schwarze Reichswehr" selbst war mehr auf die Forts in der Umgebung verteilt. Für diese Leute galt nur die Losung „Nationaler Befreiungskampf". Sie waren bereit, sich derjenigen Partei anzuschließen, die den Kampf aufnahm. Jedoch waren die Berufssoldaten der Reichswehr in dieser Zeit fest in der Hand ihrer Offiziere und der oberste Chef, Generaloberst von Seeckt, konnte auch weiterhin seine Verachtung für die Regierung zeigen, wie er es schon einmal getan hatte, als er gefragt worden war, hinter wem die Reichswehr stehe. „Hinter mir", hatte Seeckt geantwortet.

Die Enteignung der Volksmassen durch die Entwertung des Geldes ging hemmungslos weiter. So gründlich, wie die konservativ-bürgerliche Regierung das deutsche Volk enteignete, haben die Bolschewiki die besitzende Klasse in Russland nicht enteignet. Die Arbeiter konnten ihre Lage auch nicht verbessern; die täglichen Streiks blieben ergebnislos, was an einem Tag erreicht wurde, war am nächsten Tag überholt. Die Sozialdemokraten und die Gewerkschaften lehnten es auch jetzt noch ab, mit den Kommunisten gemeinsam vorzugehen. Massenstreiks breiteten sich über den lokalen Rahmen hinaus aus und erreichten Mitte August im Anti-Cuno-Streik, der sich von Berlin nach Ostpreußen und westlich bis zum Rhein ausbreitete, den Höhepunkt. Doch wie bei der Abwehr des Kapp-Putsches schlossen sich sich die Arbeiter Bayerns und Südwestdeutschlands nicht an, sie verhielten sich wiederum passiv.
Eine dramatische Zuspitzung ergab sich durch die Arbeitsverweigerung der Drucker der Reichsdruckerei in Berlin, die es ablehnten, weiterhin Hunderttausendmarkscheine zu drucken. Die Regierung stand nun ohne Geld da, sie konnte die täglichen Zahlungen nicht leisten. Am gleichen Tag brachte die kommunistische Fraktion im Reichstag einen Mißtrauensantrag gegen die Regierung Cuno ein, der zu aller Überraschung vom Reichstag angenommen wurde. Die Regierung trat zurück. Doch jetzt wurde nicht die erwartete Arbeiterregierung aus Sozialdemokraten und Gewerkschaftlern gebildet, die die Unterstützung der KPD gehabt hätte, sondern eine bürgerlich-sozialdemokratische Koalitionsregierung unter Führung eines bisherigen alldeutschen Industriemanagers, Gustav Stresemann. Ein Sozialdemokrat wurde Finanzminister, ein weiterer Kolonialminister. Die Sozialdemokraten nahmen die Verhöhnung hin, den Minister ohne Finanzen und den ohne Kolonien zu stellen. Doch von nun an stieß der Kampf der Kom-

munisten gegen die Regierung auf den Widerstand sozialdemokratischer Arbeiter.
Die Börse begrüßte die neue Regierung mit dem tiefsten Sturz der Währung; Ende Juli war der Kurs 100.000 Papiermark für eine Goldmark. 14 Tage später, bei der Vorstellung der neuen Regierung im Reichstag, wurden 650.000 Mark für eine Goldmark notiert.

Der KPD-Vorsitzende Brandler, die wichtigsten Mitglieder seiner Zentrale und die Führung der Opposition saßen währenddessen untätig wartend in Moskau; die maßgebenden russischen Verhandlungspartner waren von Moskau abwesend. Offensichtlich schätzte die Exekutive der Kommunistischen Internationale die Lage in Deutschland als nicht so brennend ein.

15. Kein „Roter Oktober" 1923

Als der Parteivorsitzende Brandler in den ersten Septembertagen aus Moskau kommend wieder in Berlin eintraf, fand er nicht mehr die fieberhaft-brodelnde Stimmung vor, wie sie bei seiner Abreise geherrscht hatte, obwohl sich die politische und wirtschaftliche Lage Deutschlands weiter verschlechtert hatte. Unter dem sozialdemokratischen Finanzminister war die deutsche Währung noch mehr zerfallen, der Kurs der Goldmark stand am Tage der Rückkehr Brandlers auf neunzehn Millionen Papiermark. Die Reichsregierung konnte den „passiven Widerstand" im Ruhrgebiet nicht mehr finanzieren, doch aus Furcht vor den Nationalisten wagte sie noch nicht, ihn offiziell zu beenden. Trotz der zahlreichen Streiks, die immer wieder in den Industriegebieten aufflammten, war die Erregung in der Bevölkerung, die „kochende Volksseele", jetzt mehr im Mittelstand als in der Arbeiterschaft festzustellen. Die Disziplin der sozialdemokratisch und gewerkschaftlich organisierten Arbeiter bewährte sich wieder einmal, weil ein Führer der SPD Finanzminister war.

Die Zentrale der KPD war am Tage der Rückkehr Brandlers in Berlin vollzählig beisammen. Brandler berichtet über die Verhandlungen mit der Exekutive der Kommunistischen Internationale, die ihm alle Vollmachten zugestanden habe, sowohl zum revolutionären Aufstand wie auch zum eventuellen Eintritt von Kommunisten in die sächsische Regierung, die von einem linksgerichteten sozialdemokratischen Ministerpräsidenten geführt wurde. Während der Sitzung der Zentrale sagte mir Brandler, daß er mich am folgenden Morgen treffen müsse, um mir eine wichtige Person vorzustellen.
Es war ein blonder mittelgroßer Mann mit frischer Gesichtsfarbe, mit dem wir uns in einem Berliner Vorort trafen. Ich schätzte sein Alter richtig Mitte dreißig Jahre. Brandler stellte ihn mir als Helmut Wolf vor. Ich erhob den Einwand, daß wir im „Apparat" schon einige „Wölfe" hätten, er möchte doch einen Namen außerhalb des Zoos wählen. Helmut Wolf verwahrte sich dagegen und behauptete, an seinem Namen seien seine Eltern schuld. Er bat mich, ihn nur mit Helmut anzureden. Wir plauderten zur Einführung belangloses Zeug, und ich erfuhr dabei, daß er seit einigen Tagen in Berlin sei und daß er sogar schon einige Museen besucht habe. Er

sprach ein hartes, klares Deutsch.
Brandler kam zur Sache und sagte, daß Helmut Wolf zwar nicht mein „Vorgesetzter" sei, aber ich solle ihn unverzüglich in alle Arbeiten einführen und ihn über jede Einzelheit der Apparate der Partei informieren. Im Fortgehen fügte Brandler noch hinzu, daß er außer mit mir direkte Verbindung auch mit Helmut Wolf halten werde. Ich blieb mit meinem neuen Mitarbeiter einige Stunden im Gespräch über die russischen und westeuropäischen Revolutionen und über die aktuelle Situation in Deutschland. Ich fand, daß Helmut Wolf vor seiner Reise nach Berlin gut vorbereitet worden war und ich merkte auch bald, daß er ein Militär war. Nur einige private Bemerkungen fielen zwischendurch, aus denen ich entnahm, daß er aus dem Baltikum stammte und daß er im Elternhaus und während seiner Lehrzeit in einer Maschinenfabrik Deutsch gelernt hatte. Obwohl er mir seine Identität erst einige Monate später enthüllte, füge ich hier gleich hinzu, daß ich es mit dem Generalmajor Skoblewski-Rose zu tun hatte.
Im Laufe des Gesprächs sagte mir Wolf-Skoblewski, daß er mich auf meinen Reisen begleiten und daß er die deutsche Arbeiterbewegung und, soweit wie möglich, auch Deutschland kennenlernen möchte. Über die deutschen Arbeiterparteien habe er in einer Akademie schon mehrere Vorlesungen gehört. Er frage mich, ob ich in der Lage sei, ihn täglich eine halbe Stunde über die deutschen Gewerkschaften zu unterrichten. Zu den O-D-Zusammenkünften in Berlin würde er zwar sehr gern kommen, aber Brandler habe diesen Wunsch entschieden abgelehnt. Wir vereinbarten, uns täglich vormittags zu treffen, jeweils an einer anderen Stelle. Nicht zu früh am Morgen, weil er morgens eine Stunde Eislaufen möchte. So ging er auch wirklich, wenn er in Berlin war, jeden Morgen zum Sportpalast. Wo er sich eingemietet hatte, sagte er mir nicht.
Unsere erste gemeinsame Reise führte uns nach Kiel, Hamburg, Bremen, Hannover, Magdeburg. Um „mit dem Volk" zu sein, wie Wolf-Skoblewski es nannte, fuhren wir dritter Klasse, weil die Schnellzüge keine vierte hatten. Wir hatten vereinbart, unterwegs nur dann zu sprechen, wenn wir allein im Abteil saßen. Ich las Tages- und Sportzeitungen, Wolf-Skoblewski studierte die Reclam-Ausgabe von Schopenhauers „Aphorismen zur Lebensweisheit".
Die Ortsgruppe der KPD in Kiel war zahlenmäßig schwach. Einige zuverlässige Funktionäre bildeten gleichzeitig den O-D und M-P-Apparat. Proletarische Hundertschaften gab es hier nicht. Mit den Funktionären, die binnen einer halben Stunde zusammengerufen werden konnten, sprach ich über die Situation, Helmut Wolf-Skoblewski, den ich hier und auch künftig als engen Mitarbeiter vorstellte, hörte wie unbeteiligt zu. Er hat sich auf allen Reisen, auf denen er mich begleitete, niemals an Gesprächen beteiligt. Wir übernachteten in Kiel in einem mittleren Hotel. Ich gab mich als kaufmännischer Angestellter aus, Wolf-Skoblewski als Techniker. Wolf-Skoblewski trug zudem eine Fensterglasbrille mit Messingrand. Ich genierte mich etwas, als er eine geladene und entsicherte Browningpistole auf den Nachttisch legte. Obwohl ich ihn zu überzeugen versuchte, daß unsere Papiere einwandfrei seien und daß, wenn es an der Tür klopfen sollte, es sicherlich nur der Hausdiener oder das Zimmermädchen sein könnten, bestand er doch auf seiner „Sicherung". So hielt er es auch auf jeder weiteren Reise und in jedem Hotel. In Orten, in denen noch Gewerkschaftshäuser mit Zimmervermietungen bestanden, wollte er nur dort übernachten. Nicht

weil er sich dort sicherer fühlte, sondern weil er „Proletarier" sei.

Hamburger O-D-Leiter war ein Redakteur Hommes. Von der Plattform des Turmes der St. Michaeliskirche bot Hommes uns einen großartigen Rundblick über Stadt und Hafen von Hamburg. Er erklärte uns die Positionen der Stadt in einer Form, als gehöre sie ihm schon. Ausgezeichnet informiert, ohne Notizen, zeigte er uns die Stadtviertel mit den starksten Parteiorganisationen, die Werften mit Angabe der Belegschaftsstärken, Gewerkschaften, Parteigruppen und „Proletarischen Hundertschaften". Er konnte uns von oben auch die Polizeireviere zeigen und erläuterte, wie sie im Ernstfalle besetzt werden sollten.
Ich wußte das alles von früheren Besuchen. Wolf-Skoblewski war beeindruckt. Ernst Thälmann sprachen wir nicht. Der spätere KPD-Vorsitzende Thälmann war damals ein Kneipen-Volksredner. Weil der Alkohol in seinem Leben eine zu große Rolle spielte, wurde er nicht in Einzelheiten des „Apparates" eingeweiht. Um diese Zeit war er auch nicht der politische Kopf der KPD in Hamburg, sondern das war ein Lehrer Hugo Urbahns. Urbahns gehörte zur Oppositionsgruppe Fischer-Maslow. Er war sofort mißtrauisch, als wir ihn besuchten, und wollte den „wahren Grund" des Besuches wissen. „Ihr habt doch hoffentlich nichts vor", fragte er immer wieder.
Am gleichen Nachmittag fuhren wir nach Bremen, wo wir am Abend die O-D-Leiter sprachen und wo wir auch übernachteten. Ich erzählte dem stets interessierten Wolf-Skoblewski von der Bremer revolutionären Tradition, von dem Wirken Karl Radeks, Paul Frölichs, Johann Kniefs, von der kommunistischen Künstlerkolonie Heinrich Vogelers, Worpswede, und von der sozialdemokratischen Parteischule vor dem Weltkriege, deren Sekretär Wilhelm Pieck gewesen war, in der Rosa Luxemburg lehrte, und vom gegenwärtigen Reichspräsidenten Friedrich Ebert, der an einigen Kursen teilgenommen hatte und der in Bremen auch Gastwirt gewesen war.
Wir schafften es, am nächsten Tage noch die O-D-Leiter von Hannover und Magdeburg zu sprechen, so daß wir nach einer halben Nachfahrt am frühen Morgen in Berlin eintrafen. Wolf-Skoblewski sagte mir, daß er, anstatt auszuschlafen, seine Schlittschuhe holen und zum Eislaufen gehen werde.
In der Unterredung nach seiner Eislaufstunde zeigte sich Wolf-Skoblewski sehr befriedigt, deutsche Kommunisten kennengelernt zu haben, aber er fragte, warum die ganze Organisationsarbeit nicht ausreiche, die Aufmärsche der reaktionären Wehrverbände: „Stahlhelm", „Jungdeutscher Orden", „Völkische", „Nationalsozialisten" (die Abkürzung „Nazis" war noch nicht geläufig) zu verhindern. Ich versuchte ihm zu erklären, daß diese Verbände mit Unterstützung der Staatsmacht operierten, wenn wir zuschlügen, werde es zum Machtkampf kommen. Gegendemonstrationen und Zusammenstöße hatten wir in Deutschland ja alle Tage. Das Signal zum Machtkampf aber könne nur die Zentrale der Gesamtpartei geben.
Wolf-Skoblewski hatte einen sicheren Instinkt für Personen und sich einige O-D-Funktionäre gemerkt, die ihm nicht gefielen, ich solle sie rechtzeitig auswechseln. Auch hierzu mußte ich ihm erklären, daß ich öfters Änderungen vorgeschlagen und durchgesetzt hatte, daß aber die leitenden O-D-Funtionäre von den Bezirksleitungen der Partei ausgesucht werden. Wenn ich gelegentlich Funktionäre ablehnte, mußte ich meine Bedenken konkret begründen. Die Bezeichnung „ungeeignet" genügte nicht. Ich mußte begrün-

den, daß die betreffenden Funktionäre eventuell zu sehr der Polizei bekannt sind, also beobachtet werden, sie könnten andere Funktionäre in Gefahr bringen, oder daß sie geschwätzig, nachlässig, wichtigtuerisch seien. Dann erst willigten die Bezirksleitungen ein, andere Funktionäre vorzuschlagen. Es gab auch Bezirke, die überhaupt keinen geeigneten Mann als O-D-Leiter benennen konnten. Deshalb wurde zum Beispiel der „Freudianer" Karl Frank, den ich 1920 im Jugendheim Alte Jakobstraße kennengelernt hatte, als Leiter in München eingesetzt.

Wolf-Skoblewski sagte mir nach einigen weiteren kurzen Reisen, daß er im großen und ganzen die Überzeugung gewonnen habe, daß die Funktionäre der KPD von ihrer Aufgabe, Zurückschlagung der Reaktion, wirklich erfüllt wären. Das war zweifellos richtig geurteilt. Wohl jeder dieser Funktionäre war überzeugt, daß Gewaltanwendung im Kampf gegen die Reaktion gerechtfertigt ist, da eine kleine Minderheit von Großkapitalisten, die die Wehrverbände unterhielt und die Politik der rechtsstehenden Parteien bestimmte, das arbeitende Volk mittels der Inflation ausplünderte und es in einen neuen Krieg hineinstoßen wollte. Ich hatte mir in meinen Vorträgen auch immer Mühe gegeben, die Mitglieder zu überzeugen, daß die Arbeit des O-D und der „Proletarischen Hundertschaften" nur von der Reaktion als „illegal" bezeichnet werden könne, daß die Arbeit als Teil der Parteiarbeit im Interesse des arbeitenden Volkes zwar konspirativ sein müsse, aber legal sei.
Jedoch waren noch im September 1923 die Kampfformationen der KPD außerhalb industrieller Großstädte recht schwach. In vorwiegend ländlichen Gebieten wie Schlesien, Pommern, Ostpreußen und Bayern hatten wir zwar Parteiorganisationen, aber keine Massenbasis, keinen O-D und keine „Proletarischen Hundertschaften". Dagegen waren in diesen Gebieten die verschiedenen gegnerischen Wehrverbände nach Zahl und Bewaffnung sehr stark.

Nach den Großsprechereien der kommunistischen Tagespresse zu urteilen, könnte ein kritischer Leser den Eindruck gewinnen, als ob ich die Dinge verniedliche. Die Großsprecherei der kommunistischen Presse wie auch die Vergötzung des „klassenbewußten Proletariat" war ein Bestandteil der kommunistischen Propaganda. Die Parteipresse heroisierte jede noch so geringe Protestdemonstration. Für mich hatte das Erscheinen Wolf-Skoblewskis den großen Vorteil, daß ich nicht vor jeder Reise bei Brandler um das Fahrgeld zu betteln brauchte. Nicht einmal der zentrale „Apparat" hatte einen „Etat". Die Geldsummen, die von der Komintern gegeben wurden, wurden zu 80% für die Parteizeitungen und -häuser ausgegeben. In den Parteizeitungen gab es wenig Inserateneinnahmen, die Einnahmen kamen fast nur aus dem Verkauf, und diese deckten nur einen Bruchteil der Kosten. Wolf-Skoblewski sorgte weiterhin dafür, daß mir für meine Fahrten in Berlin ein Auto zur Verfügung gestellt wurde, im Herbstregen und wegen der frühen Dunkelheit konnte ich schlecht mit dem Fahrrad herumfahren.
Als ich an einem dieser Tage ins Zimmer Brandlers trat, sagte er mir, daß er mich erwartet habe und daß ich ihn sogleich nach dem Mittagessen nach Leipzig begleiten solle. Er hatte schon meine Fahrkarte mitbesorgen lassen. Wie üblich fuhren wir in verschiedenen Abteilen. Auf dem Bahnhof

in Leipzig angekommen sagte er, daß unser Ziel Jena sei und daß wir dort eine streng vertrauliche Unterredung mit Offizieren haben würden. Vom Bahnhof in Jena geleitete uns ein Parteimitglied zu einer Villa, in der vier Personen, drei Offiziere und Wolf-Skoblewski, auf uns warteten. Die drei Offiziere stellten sich ganz unkonspirativ mit richtigem Namen und Rang vor. Die Wände des Konferenzzimmers waren mit Generalstabskarten von Nordbayern, Sachsen, Thüringen und Hessen behängt. Der Wortführer der Gruppe hatte sich als Hans von Hentig vorgestellt und er hielt einen ausführlichen Vortrag über den bevorstehenden Einmarsch der bayrischen Wehrverbände mit Unterstützung von Reichswehrteilen in Thüringen und Sachsen. Dieser Vormarsch müsse mit einem Aufmarsch der Roten Hundertschaften bei Kassel beantwortet werden und er kam zum Schluß: „Unsere Verbände marschieren durch das ‚Kasseler Loch' und stehen im Rükken des Gegners, der kapitulieren muß." Damit wäre auch der ganze Kampf beendet, denn nach seinen Berichten würden die bayrischen Wehrverbände mit ihrem gesamten Kräften marschieren und keine Reserven haben. Alles wurde mit einer recht eindrucksvollen Sicherheit vorgetragen. Wolf-Skoblewski und Brandler stellten zahlreiche Fragen und es entwickelte sich eine Diskussion über Hunderte von Einzelheiten, die bis in die Morgenstunden hinein dauerte. Ich stellte nur die eine Frage, ob Aussicht bestünde, daß sich Formationen der Reichswehr uns anschließen werden. „Stimmungsgemäß bestimmt", antwortete von Hentig, der von seinen Begleitern einige Male als „Herr Major" angesprochen wurde, „dafür bürgen diese beiden Offiziere, und wir hätten dieses Gespräch sonst nicht gesucht; aber welche Formationen, kann sich erst im Moment des Aufstandes herausstellen." Genaues wußte der Herr Major also auch nicht. Brandler vereinbarte mit ihm eine weitere Besprechung in Berlin.
Es war bereits heller Morgen, als wir das Haus verließen. Von Jena bis Leipzig fuhr ich mit Brandler zwar in einem Abteil, doch konnten wir nicht miteinander reden, weil noch andere Reisende im Abteil waren. Da Brandler in Leipzig noch einen Besuch machen wollte, verabredeten wir eine Aussprache zum späten Abend in Berlin.
Hierbei hatte ich meine ersten ernsthaften Differenzen mit Brandler und Wolf-Skoblewski. Ich sagte ihnen, daß alles, was in Jena besprochen wurde, erst für die zweite und dritte Etappe der Revolution in Frage käme. Ein Aufmarsch der „Proletarischen Hundertschaften" im „Kasseler Loch" könne doch erst erfolgen, wenn die KPD vorher die Macht übernommen hätte. Sollten die "Faschisten" – wie der Sammelname für die Nazis, die Wehrverbände und die reaktionären Parteien immer noch lautete– wirklich in München losschlagen und den Marsch auf Berlin antreten, so müßte die Partei die gesamte Arbeiterschaft aufrufen, die unfähige und verräterische Reichsregierung zu stürzen. Ich wies darauf hin, daß nur wenige O-D-Mitglieder Waffen hätten. Nennenswerte Mengen Waffen kaufen konnten wir gar nicht. Die Waffen müßten erst von der Polizei und aus den Kasernen geholt werden. Ich betonte, daß die Reichswehr sicherlich wie im Kapp-Lüttwitz-Putsch den Putschisten gegenüber passiv bleibe, aber gegen die „Proletarischen Hundertschaften" mit Waffengewalt vorgehen werde. Die Reichswehr mindestens neutral zu halten, sollten sich die Offiziere der Jenaer Konferenz bemühen. Die „strategischen Betrachtungen" über das „Kasseler Loch" seien für mich ganz uninteressant.
Ich war einverstanden, als Brandler sagte, daß ich an weiteren Besprechun-

gen mit den Jenaer Leuten nicht mehr teilzunehmen brauche.
Nach meiner Rückkehr hatte ich sogleich Wiskow aufgesucht, der die erreichbaren O-D-Leiter Ernst Günther, Josef Gutsche, Otto Steinbrück, Gustl Mayer zusammenrief. Ich gab einen Bericht über die Jenaer Konferenz, ohne Namen und Ort zu nennen und um meine Kritik gegenüber Brandler und Wolf-Skoblewski vorzutragen. Alle teilten meinen Standpunkt. Der in jeder Situation bissige Günther erbot sich sogleich zum Warenhaus zu gehen und eine Armee Blechsoldaten zu kaufen und sie im „Kasseler Loch" aufzustellen.
Ich glaubte zwar weiterhin das volle Vertrauen Brandlers und der Zentrale zu haben, doch merkte ich bald, daß Nebenapparate geschaffen wurden. Bei der Redaktion der Zeitschrift „Vom Bürgerkrieg" begann es. Brandler und Wolf-Skoblewski verlangten, daß die Hefte in schnellerer Folge erscheinen und mehr militärische Artikel gebracht werden sollten. Ich warnte vor Überfütterung, unsere Arbeitermitglieder hätten gar nicht die Zeit, die Schriften zu lesen. Es wurde beschlossen, in der Partei nach einem Redakteur für die Zeitschrift zu suchen. Da nur von der Bezirksleitung Hamburg ein Vorschlag kam, übernahm dieser Hamburger, ein früherer Offizier, der sich Dorn nannte, die Redaktion ab Nr. 5. Ich war demnach nur für die Hefte 1 bis 4 verantwortlich gewesen. In den weiteren Heften habe ich nur noch je einen Artikel über die Bauernkriege 1515–1525, über den „Roten Soldatenbund", über die Kämpfe im „Vorwärts" und über den Aufbau der „Proletarischen Hundertschaften" in den Betrieben geschrieben.
Gleichzeitig wurde auch die M-P abgezweigt und in Zersetzung (Z) umbenannt. Diese Abteilung übernahm Heinz Neumann. Einige Wochen später traf ich den Drucker unserer illegalen Blätter. Er fragte mich entrüstet: „Warum wurden die 50.000 Flugblätter nicht abgeholt, die Ihr Nachfolger bestellt hatte? " Ich wußte von nichts, doch prüfte ich die Sache nach und stellte fest, daß Heinz Neumann anstelle der unterzubringenden Menge 2 – 3.000 Blätter gleich 50.000 bestellt hatte und damit Brandler, dem er vorgehalten hatten, daß ich „zu kleinlich arbeite", beeindruckte. Die 50.000 Flugblätter waren zwar sofort bezahlt, aber nicht zum vereinbarten Termin abgeholt worden. Der beunruhigte Drucker hatte sie dann in Paketen verpackt in die Spree geworfen. Neumann hatte nie danach gefragt. Der Drucker aber lehnte es ab, weiterhin für uns zu arbeiten.

Der Parteivorsitzende Brandler war wieder einmal aus Dresden zurückgekehrt, wohin er mehrere Male in der Woche fuhr, und ließ mir sagen, daß er mich sprechen wolle. Als ich zur vereinbarten Stunde in sein Zimmer kam, stellte er mir, ohne einen Namen zu nennen, einen Mann mit den Worten vor: „Dieser Genosse ist für eine spezielle Arbeit vorgesehen. Ich kenne ihn und habe volles Vertrauen in seine Fähigkeiten und seine persönliche Zuverlässigkeit. Seine Aufgabe geht Dich nichts an, Du hast nichts mit ihm und seiner Arbeit zu tun, aber ich wünsche, daß Du mit ihm sprichst und ihn kennenlernst!" Das war in zwei Minuten alles.

Ich ging mit dem Mann in ein freien Zimmer. Er nannte mir seinen Namen: Felix Neumann. Mit Heinz Neumann sei er nicht verwandt, antwortete er auf meine Frage. Felix Neumann mochte 35 - 40 Jahre alt sein, er hatte ein asketisch blasses Gesicht. Von Beruf war er kaufmännischer Angestellter;

er war seit längerer Zeit arbeitslos. Felix Neumann schien sehr nervös zu sein; ich hatte den Eindruck, daß er unablässig mit sich selbst sprach. Auf die Frage, wie er zu Brandler gekommen sei, erzählte er mir, daß er Brandler schon öfters in Sachsen gesprochen und ihm wiederholt Pläne einer besonderen revolutionären Arbeit vorgetragen habe. Mit welchen Aufgaben er betraut sei, könne er mir laut Weisung Brandlers nicht sagen, auch Mitglieder des Zentralkomitees seien nicht informiert. Seine Arbeit würde völlig außerhalb der Partei geleistet werden.
Als ich Felix Neumann nach seiner bisherigen Parteiarbeit und seinen politischen Ansichten zur Situation fragte, überraschte er mich mit der Erklärung, daß er nicht „Marxist" sei, sein Leitbild sei Thomas Münzer.
„Ich bin aus der Gegend, in der Thomas Münzer wirkte, und obwohl Jahrhunderte vergangen sind, ist das Leben und das Werk Thomas Münzers in uns lebendig," sagte er. Auf meine Frage, wer „uns" ist, antwortete er, daß er eine Gruppe aktiver Genossen habe, mit der er auch die neugeplanten revolutionären Arbeiten durchführen werde. Er fragte mich, ob mir der Name Thomas Münzer ein Begriff sei. Ich bejahte und sagte, daß ich mit meinen Freunden im Jugendbildungsverein über das Leben, Wirken und Ende Thomas Münzers aus dem großen Werk Zimmermanns und den Essay Friedrich Engels' über den deutschen Bauernkrieg diskutiert hatte und daß ich die negativen Urteile von Historikern, die wie üblich gehässig über eine Person und eine Sache urteilen, die unterlegen ist, nicht teile. Daraufhin begann er mir einen Vortrag zu halten, der mehr als zwei Stunden dauerte. Er redete sich dabei in eine Erregung des Fanatikers hinein. Felix Neumann entwarf nun ein eindrucksvolles Bild vom Leben und Wirken Thomas Münzers. Er schilderte seine Kämpfe, zitierte aus seinen Predigten, berichtete von Münzers Unterstützung des Bauernkrieges – im Gegensatz zu Luther – bis zu seinem Ende durch Henkershand. Ich war wohl ziemlich belesen in der Geschichte des Bauernkrieges, doch so gründlich, in allen Einzelheiten des Wirkens Thomas Münzers – wie er die Bauern, die Bergarbeiter und die arme Stadtbevölkerung zum Kampf gegen die Unterdrükkung und Ausbeutung durch die Fürsten, den Adel und der ebenso grausamen Kirchenherrschaft aufzurütteln versuchte – hatte ich seine Geschichte nie studiert. Als ich Felix Neumann fragte, welche Nutzanwendung er aus der Geschichte ziehe, sagte er: „Münzer hat es zustande gebracht, Bauern und Bergarbeiter und die besitzlose Stadtbevölkerung zu vereinigen. Das müsse und könne auch heute geschehen." Das war allerdings auch meine Meinung.
Ich mochte solche Typen wie Felix Neumann, aber mir war doch nicht ganz wohl bei der Sache, und ich verabredete mit ihm eine nochmalige Unterredung für den nächsten Tag.
Inzwischen konnte ich noch Brandler erreichen und ihm meine Bedenken sagen. Brandler wehrte ab: „Ich weiß, daß Neumann eine Marotte hat, seinen Vortrag über Thomas Münzer habe ich mir auch angehört, aber für die Arbeit, die er übernommen hat, ist ein gewisser religiöser Eifer sogar von Nutzen, alles andere geht Dich nichts an."
Zur Unterredung am folgenden Tag hatte ich Wolfgang von Wiskow hinzugezogen. Bereitwillig wiederholte Felix Neumann seinen Vortrag und sprach wieder über zwei Stunden. Er beeindruckte auch Wiskow, der sich meiner Auffassung anschloß: „Keineswegs verrückt, aber so lange wir nicht wissen, was er vorhat, kann ich auch nicht sagen, ob er ein Unheil

anrichten wird."
Wie ich schon sagte, hatte ich nichts weiter mit Felix Neumann zu tun. Da ich auch nicht übermäßig neugierig war, kümmerte ich mich auch nicht weiter um ihn. Ich sah ihn nur einige Male, gesprochen habe ich ihn aber nicht mehr. Was nach einigen Monaten aus seinem Unternehmen geworden war, erfuhr ich aus der Presse und später aus Protokollen beim Untersuchungsrichter des Reichsgerichts. Es wurde ein unwürdiges Drama. Ich entnahm den Berichten, daß Felix Neumann und seine Gruppe einen Spitzel ermordet hatten, dann mit einem Auto nach Stuttgart gefahren waren. Dort angekommen, wurde ein Lokal gesucht. Einige seiner Genossen tranken zu viel. Es gab Streit und Handgemenge mit anderen Gästen. Der Wirt rief die Polizei. Diese fand im Auto, das vor dem Lokal stand, Sprengstoff. Damit war die Tätigkeit der Gruppe Neumann beendet. Übrig blieb nur ein schönes Fotos, das sie unterwegs, stolz vor ihrem Auto stehend, von einem „Schnellfotografen" hatten aufnehmen lassen. Dieses Foto hatte jeder in der Tasche.
Der (politische) Vierte Senat des Reichsgerichts konnte sich gegenüber der Gruppe Neumann mit Schreckensurteilen austoben und seine Untätigkeit gegenüber den rechtsstehenden Fememord- und illegalen Militärorganisationen verstecken. Felix Neumann, Wolf-Skoblewski und ein dritter wurden zum Tode verurteilt, die Mitglieder der Gruppe erhielten langjährige Zuchthausstrafen. Die Todesurteile wurden nach einigen Monaten in lebenslang Zuchthaus umgewandelt.

Während Felix Neumann in Untersuchungshaft saß, veröffentlichte das neue Zentralkomitee, unter Führung von Fischer-Maslow in der „Roten Fahne" eine Erklärung, in der Neumann abgeschüttelt und als Spitzel und Provokateur bezeichnet wurde. Das war ein Fressen für den Untersuchungsrichter. Er gab Neumann die „Rote Fahne" mit der Erklärung des Zentralkomitees. Jetzt erst brach Neumann zusammen und „packte aus". Er wurde in einer Reihe von Prozessen gegen Mitglieder der KPD zum „Kronzeugen" des Reichsgerichts. Auch Wolf-Skoblewski denunzierte er. Unverständlicherweise hatte Wolf-Skoblewski nach der Verhaftung Neumanns einige – Neumann bekannte – Treffpunkte beibehalten; dadurch konnte er eines Tages auf der Straße verhaftet werden.
Nachdem ich in der Gewalt des Reichsgerichts war, ließ mir der Untersuchungsrichter Protokolle vorlesen, aus denen hervorging, daß Neumann auch mich als „wichtigen illegalen Funktionär" bezeichnet hatte.

Um das Kapitel Felix Neumann abzuschließen, überspringe ich einige Jahre und berichte, wie im Prozeß gegen mich Neumanns Rolle als Kronzeuge endete.
1927. Vor dem Vierten Politischen Strafsenat des Reichsgerichts. Im Zeugenstand erschien Felix Neumann. Er kam aus dem Zuchthaus Sonnenburg und trug Gefängniskleidung. Nach Angabe seiner Personalien erklärte er auf Befragen, daß er mich persönlich kenne, mit mir im Hause des Zentralkomitees gesprochen habe und daß er aussagen wolle. Hier brach Niedner, der Präsident des Vierten Strafsenats, die Verhandlung ab mit der Erklärung, daß wegen der vorgeschrittenen Zeit mit der Vernehmung Neumanns gleich am folgenden Morgen begonnen werden solle.

Wie am Vortage erhielt ich wiederum Blumensträuße. Auf Antrag Levis hatte der Vorsitzende zugestimmt, daß ich meine Bekannten kurz sprechen durfte. Dann wurde ich von zwei Beamten wieder zum Wagen geführt. Zu meiner Überraschung saß Felix Neumann darin. Ich setzte mich ihm gegenüber. Die vier Begleitbeamten hatten sich an die Tür gesetzt und sprachen lebhaft über irgendeine Sache. Neumann starrte vor sich hin. Er sah aus wie vom Tode gezeichnet . Er hatte bei der Vernehmung zur Person angegeben, daß er sehr magenleidend sei. Mich überkam ein Mitleid und ich legte ihm einen Blumenstrauß auf die Knie. Neumann begann zu schluchzen und dann hemmungslos zu weinen. Die Beamten fragten, was passiert sei; ich konnte nur mit den Achseln zucken. Anscheinend waren die Beamten an solche Zwischenfälle gewöhnt, sie beachteten uns nicht weiter. Nach einigen Minuten waren wir bereits in das Tor des Gefängnisses eingefahren. Neumann war so schwach, daß die Beamten ihn beim Aussteigen stützen mußten. Die Blumen hielt er im Arm.
Als am folgenden Morgen der Senatspräsident Niedner die Verhandlung eröffnete und Neumann aufrief, ging dieser in den Zeugenstand und erklärte, daß er jede Aussage verweigere und daß er auch die früheren Aussagen gegen mich zurücknehme. Darob großer Lärm im Saal, Beifallklatschen, Lachen und Aufregung bei den Journalisten. Nach Aufforderung Niedners, Ruhe zu halten, fragte er Neumann, was sein Verhalten bedeuten solle. Neumann wiederholte seine Erklärung, daß er keine Aussage zu machen habe und daß er seine früheren Aussagen zurücknehme. Das Gericht zog sich zur Beratung zurück, währenddessen der Reichsanwalt und der Untersuchungsrichter aufgeregt miteinander sprachen.
Levi fragte mich lachend, was eigentlich passiert sei. Ich erzählte ihm von den Blumen. Das Gericht erschien wieder und ließ Neumann abführen. Felix Neumann hat in keinem weiteren Prozeß mehr ausgesagt. Er wurde 1928 begnadigt. Einige Zeit später trat er der Nazipartei bei. Er wurde ihr Propagandaredner und soll es zum Bürgermeister einer mittleren westdeutschen Stadt gebracht haben. Skoblewski aber war inzwischen gegen deutsche Gefangene in der Sowjetunion ausgetauscht worden.

Nach dieser Vorwegnahme der Affäre Felix Neumann möchte ich die Ereignisse des Jahres 1923 zu Ende berichten. Ich reiste in der ersten Oktoberhälfte Tag und Nacht herum, um die O-D-Leiter zu beraten und sie aufzufordern, bereit zu sein, wir müßten jeden Tag losschlagen. Doch ich mußte öfters energisch den schon erkennbaren Ermüdungserscheinungen entgegenwirken, die ebensooft auftraten wie die Äußerungen der Ungeduld. Wolf-Skoblewski begleitete mich nicht mehr. Die O-D-Bezirke wurden zu Oberbezirken zusammengelegt, mit „Fachleuten" als Oberleiter. Zum Beispiel wurden Kiel und Bremen der „Oberleitung Wasserkante" unterstellt, die aus Albert Schreiner und einem früheren österreichischen Offizier, Lazar Stern, bestand. Stern war der spätere General Kleber im Abwehrkampf der spanischen Republik gegen die Konterrevolution des Generals Franco.
Wiederum kam alles anders. Die Nazis in München ließen sich Zeit mit ihrem täglich erwarteten Putsch und Vormarsch auf Berlin. Statt dessen versuchte Anfang Oktober die „Schwarze Reichswehr" in Küstrin und den umliegenden Forts unter Führung eines Majors Buchdrucker loszuschlagen. Auf Befehl des Oberbefehlshabers der Reichswehr General von Seeckt wur-

den die aufständischen Truppen von der Reichswehr binnen 48 Stunden umstellt und entwaffnet. Unter den entwaffneten Offizieren war ein Teilnehmer der Konferenz in Jena. Die anderen Offiziere, die an der Jenaer Konferenz teilgenommen hatten, meldeten sich nicht mehr.
Die schnellste Liquidierung der Meuterei der „Schwarzen Reichswehr" bewies, daß die Reichsregierung nicht kopflos war, sie wurde auch in den selben Stunden weiter nach rechts umgebildet. Stresemann blieb Reichskanzler, der völlig versagende Finanz- und Wirtschaftsexperte der Sozialdemokratie, Finanzminister Hilferding, wurde rausgesetzt. Der sozialdemokratische „Kolonialminister" durfte noch einige Wochen bleiben. Die Teilnahme der SPD an der „Reichsregierung des Hungers und der Inflation", wie sie vom Volke genannt wurde, hatte die Sozialdemokratie so schwer belastet, daß für die folgenden Jahre keine sozialdemokratischen Minister in die Reichsregierungen eintreten konnten. Mittlerweile verhandelte die Regierung Stresemann längst mit der französischen Regierung Poincaré und kam mit dieser zu einer Einigung.

Die KPD war in diesen Wochen politisch äußerst aktiv. Kein Tag verging ohne Aufrufe zu Protestdemonstrationen gegen Inflation und Hunger, zu Versammlungen und Streiks. Doch in der Frage eines allgemeinen Aufstandes blieb die Zentrale der Partei weiterhin unschlüssig. Die Ungeduld in einigen Parteikreisen ging bereits so weit, daß in einer Sitzung der Berliner Leitung des O-D einige Ungeduldige den Vorschlag machten, Brandler zu entführen und selbständig zum Aufstand aufzurufen. Ein Teilnehmer berichtete Brandler von dieser Drohnung. Ich konnte Brandler versichern, daß es sich um Äußerungen der Ungeduld handele und nicht um Machenschaften der „linken Opposition". Ich habe ja auch Brandlers Haltung auf Grund meiner Einsicht, daß der O-D und die „Proletarischen Hundertschaften" nur unter bestimmten Voraussetzungen die Arbeitermassen zu Aktionen mitreißen könnten, unterstützt. Brandler fragte mich fast täglich, ob die Zentrale es riskieren könne, zum offenen Kampf aufzurufen. Ich habe ihm ebensooft geantwortet, daß der O-D, zahlreiche Hundertschaften und Teile der Partei zum Kampf und zu jedem Opfer bereit seien, daß aber die Arbeitermassen sich nur in der Abwehr eines Putsches der Nationalsozialisten und der Wehrverbände den Kämpfen anschließen würden.
Brandler reiste zwischendurch wieder einmal mit einer Delegation nach Moskau. Er kam am 8. Oktober 1923 zurück, aber nicht um an die Spitze einer revolutionären Reichsregierung zu treten, sondern er ging als Staatssekretär, ein anderes Mitglied der Zentrale, Paul Böttcher, als Minister in die sächsische Landesregierung unter der Ministerpräsidentschaft des Sozialdemokraten Zeigner. Ich begleitete Brandler nach Dresden. Brandler veranlaßte sofort, daß die sächsischen und auch die thüringischen "Proletarischen Hundertschaften" als eine Art Hilfspolizei legalisiert wurden.
Doch schon nach wenigen Tagen nahm die Reichsregierung Stresemann die bloße Aufnahme einiger Kommunisten in die Landesregierung zum Vorwand, gegen die legal gewählten Regierungen in Sachsen und Thüringen mit Waffengewalt vorzugehen, und der sozialdemokratische Reichspräsident Ebert gab dem Oberbefehlshaber der Reichswehr die Vollmacht zu dieser „Reichsexekution".
Überrascht wurden wir nicht. Wir hatten täglich Warnzeichen erhalten. Von verschiedenen Garnisonsorten waren Meldungen gekommen, daß die Trup-

pen im Alarmzustand standen und daß verschiedene Formationen bereits nach Mitteldeutschland „in Marsch gesetzt" seien. Außerdem kamen mit der Post bündelweise Morddrohungen gegen Brandler.
Da ich nebenbei noch für die Sicherheit Brandlers und der Zentrale verantwortlich war, kaufte ich in Berlin ein Auto für Brandler, für das ich einen zuverlässigen Chauffeur aus dem „Apparat" fand. Diesen Wagen ließ ich Tag und Nacht besetzt in der Nähe von Brandlers jeweiligem Aufenthaltsort warten. Für Brandler besorgte ich für alle Fälle eine Briefträgeruniform. Das Schicksal Liebknechts sollte Brandler nicht erleiden. Er starb im Herbst 1967 in Hamburg, 86 Jahre alt.
Die Zentrale der KPD hatte noch am 20. Oktober, zwei Tage vor dem Einmarsch der Truppen in Sachsen, in Berlin getragt, aber keinen Beschluß zum Generalstreik oder Abwehrkampf gefaßt. Jeder war sich darüber einig, daß die Parole Generalstreik in dieser Situation offener Kampf bedeutete. Anschließend an die Berliner Sitzung fuhr die Zentrale nach Chemnitz, wo ein Kongreß von Betriebsräten, Gewerkschaften, sozialdemokratischen und kommunistischen Delegationen stattfand. Brandler referierte in dieser Konferenz und beantragte den Generalstreik gegen die am 22. Oktober einmarschierenden Truppen. Aber in Sachsen, ebenso wie auch in Thüringen, waren die Sozialdemokraten den Kommunisten zahlenmäßig um das Zweifache überlegen; sie stimmten gegen den Generalstreik und ließen auch ihren Parteigenossen, Ministerpräsidenten Zeigner, im Stich. Aus diesen Tagen stammt der anscheinend unsterbliche Witz Radeks, der mal Lenin, mal Stalin zugesprochen wird: „Der kommunistische Minister Paul Böttcher wollte mit einer „Roten Hundertschaft" den Hauptbahnhof Dresden besetzen. Davor angekommen, kommandierte er: Halt, erst Bahnsteigkarten kaufen!"
Infolge des Aufmarsches der deutschen Reichswehr gegen Sachsen und Thüringen war der Norden Deutschlands von Truppen entblößt. Die Zentrale glaubte daher, daß es am zweckmäßigsten sei, den Generalstreik von Norddeutschland her auszulösen. Sie schickte das Mitglied der Zentrale, Hermann Remmele, nach Kiel. Remmele aber hielt es für richtig, erst in Hamburg mit der dortigen O-D-Oberleitung zu sprechen. Diese überzeugte Remmele davon, daß es sinnlos sei, nach Kiel zu fahren, die dortige Partei könne keinesfalls irgendeine Aktion unternehmen, sie habe auch auf die Arbeiterschaft Kiels keinen Einfluß. So wurde beschlossen, den O-D und die „Proletarischen Hundertschaften" von Hamburg zu mobilisieren. Das geschah noch in der Nacht zum 23. Oktober. In den Morgenstunden des 23. Oktober, einen Tag nach dem Einmarsch der Reichswehr in Sachsen wurde in Hamburg losgeschlagen. Brandler waren aber Bedenken gekommen, er schickte einen Kurier hinter Remmele her, der ihn aber nicht mehr erreichte. Der Kurier fuhr nach Kiel, Remmele aber war in Hamburg geblieben. Der Hamburger O-D-Leiter Hommes verlor die Nerven, er ließ alles liegen und flüchtete aus der Stadt. Die Leitung der Kämpfe und das Besetzen der Polizeiwachen übernahm der O-D-Leiter des Stadtteils Barmbek, der Lehrer und frühere Offizier Hans Kippenberger. Nach Plan wurden die Waffen aus den Polizeirevieren geholt. Doch der Aufstand blieb isoliert.
Der „Führer der Werftarbeiter", Ernst Thälmann, war nicht einmal in der Lage, die Werftarbeiter zum Eingreifen zu bewegen. Dagegen geschah etwas Unerwartetes: Während nur ungefähr 300 Arbeiter kämpften, meldeten sich über tausend sozialdemokratische Arbeiter als Freiwillige zur Polizei für Absperrungen, damit die Polizei alle Kräfte zur Niederschlagung der auf-

ständischen Arbeiter einsetzen konnte. Wieder standen Arbeiter gegen Arbeiter. Daraufhin beschloß die Leitung der KPD Hamburg am dritten Tage den Kampf abzubrechen.
Da der Funke des Kampfes von Hamburg nicht sofort auf die Arbeiterschaft in ganz Deutschland übersprang, gab die Zentrale auch nicht die Parole Generalstreik oder Aufstand aus. Sie hatte in ihrer Zurückhaltung das Einverständnis der Exekutive der Kommunisten Internationale.
Ich war in diesen Tagen auf einer „Blitzreise" durch Deutschland, um von den O-D-Leitern zu erfahren, ob sie im Falle eines Aufrufes der Zentrale sofort losschlagen könnten. Nur vier Bezirke bejahten die Frage ohne Bedingungen, alle anderen erklärten „nur in der Abwehr werde gekämpft werden, nicht in der Offensive." Auf der Rückfahrt nach Berlin las ich in einer Zeitung die Nachricht vom Ausbruch der Kämpfe in Hamburg. Nach der Niederschlagung der Hamburger Kämpfe gab es wieder die sinnlos heroisierende Darstellung der Ereignisse. Jedoch das Mitglied der Zentrale Remmele hat einige Monate später ungewollt die Wahrheit über den schwachen Einfluß der KPD ausgesprochen. Er sagte in einer Rede vor dem Zentralausschuß der Partei: „Millionen riefen, nur der Kommunismus kann uns retten; dreihundert Arbeiter kämpften im Hamburg auf den Barrikaden." So war es tatsächlich; Millionen riefen, aber nur Dreihundert kämpften. Auch der Historiker der revolutionären Kämpfe in Deutschland, Paul Frölich, schrieb mit anderen Worten dasselbe: „Die Arbeiter riefen nach Waffen." – Revolutionäre rufen nicht nach Waffen, sie beschaffen sich welche.
In einem Film über das Leben Ernst Thälmanns, der in der DDR gedreht wurde, wird Thälmann als der politische und militärische Leiter des Aufstandes in Hamburg dargestellt. Ich möchte hier wiederholen, daß diese Darstellung unrichtig ist. Thälmann hatte auf die Ereignisse keinen Einfluß, seine Zeit kam später.
Kippenberger konnte sich nach Abbruch des Kampfes verbergen und in die Sowjet-Union flüchten. Dort traf ich ihn ein halbes Jahr später. Weitere Jahre später, nachdem Thälmann inzwischen der führende Mann der KPD geworden war, wurde Kippenberger Leiter des illegalen Apparates der Partei. Gejagt von der Gestapo konnte er sich nach der Machtübernahme Hitlers nicht lange in Deutschland halten und flüchtete wiederum in die Sowjet-Union. Während der Stalinschen Konterrevolution wurde er verhaftet und erschossen. Unter Chruschtschow wurde er rehabilitiert. Auch der Reichstagsabgeordnete Remmele kam in Rußland ums Leben. Hommes aber wurde Redakteur in einer sozialdemokratischen Zeitung.
Die Zentrale der KPD hielt den Kampf noch nicht für verloren und gab die Aufstandspläne nicht auf. Als aber nach der Niederwerfung des Hamburger Aufstandes auch Thüringen besetzt und die dortige Regierung abgesetzt wurde, leisteten die „Proletarischen Hundertschaften" hier ebensowenig Widerstand wie vorher in Sachsen; sie wurden aufgelöst, ihre Führer größtenteils verhaftet.
Später hieß es in den Diskussionen über die Ursache der Niederlage von 1923 in der kommunistischen Presse:
„Das Versagen der Hundertschaften in Thüringen und Sachsen beim Einmarsch der Reichswehr während der Militärdiktatur 1923 ist darauf zurückzuführen, daß diese „Proletarischen Hundertschaften" einen gewissen Prozentsatz Sozialdemokraten und Indifferente enthielten. Die Hundertschaften waren also von vornherein dem Verrat der SPD-Führer und der

Bespitzelung ausgesetzt. Solche Hundertschaften müssen zusammenbrechen."
Das war Unsinn. Die „Proletarischen (oder Roten) Hundertschaften" sollten ursprünglich Organe der Einheitsfront der Arbeiterklasse sein. Sie sollten demnach möglichst viele Parteilose und Sozialdemokraten in ihren Reihen aufnehmen. Die Schwäche war, daß zu wenig kamen.

Die Inflation wütete weiter und auch die Hungerdemonstrationen, lokale Streiks und Zusammenstöße mit der Polizei dauerten an; doch sie wuchsen nicht zu einem großen Kampf zusammen. Am 9.November versuchten die Hitler-Ludendorff in München loszuschlagen. Sie wurden von der Polizei überwältigt, der Vormarsch nach Berlin blieb aus, Die Reichsregierung vollendete bis zum 21. November die Inflation bei einem Stand von einer Billion Papiermark zu einer Goldmark, und zwei Tage später wurden die KPD und auch die Nationalsozialistische Bewegung verboten und aufgelöst. Die KPD war wieder einmal „illegal". Die Jagd nach den kommunistischen Funktionären hatte schon nach dem Hamburger Aufstand begonnen, sie wurde jetzt verstärkt fortgesetzt. Bald waren wiederum mehr als achttausend Mitglieder der Partei in den Gefängnissen und Zuchthäusern.
Die Reichsregierung und die SPD warfen der KPD die Opfer von Hamburg und der Hungerdemonstrationen vor, aber sie erwähnte niemals die vielfach größere Anzahl von Opfern, die täglich aus Hunger und Not Selbstmord begingen.
Mir hat die Parteiführung niemals Vorwürfe gemacht. Ich hatte meinen Auftrag ausgeführt und hatte einen Apparat geschaffen, wie er vorher und nachher nicht bestanden hat. Aber ich kommandierte ihn nicht. Der Apparat war ein Teil der kommunistischen Partei, und er konnte nicht selbständig revolutionäre Politik machen. Der Einsatz des Apparates war Sache der politischen Führung der Partei. Nach dem Debakel bestand meine Tätigkeit wieder darin, Verstecke für die leitenden Funktionäre zu suchen, Sitzungen zu sichern, Verbindungen wiederherzustellen. Der O-D löste sich nicht auf. Ich blieb noch vorläufig verantwortlicher Leiter, Brandler wurde steckbrieflich verfolgt. Es gelang ihm, nach Moskau zu entkommen. Nachdem er in der Sitzung des Präsidiums der Exekutive der Kommunistischen Internationale im Januar 1924 seine Politik im Oktober 1923 erfolgreich verteidigt hatte, nahmen ihn die russischen Genossen sogar in ihre Partei auf. In der KPD dagegen verlor Brandler jeden Einfluß. Auf dem geheimen Parteitag im März 1924 in Frankfurt am Main stimmte nicht ein einziger Delegierter für ihn.
1928, nach der politischen Amnestie, kehrte Brandler nach Deutschland zurück. Wir waren nur einige Freunde, die ihn auf dem Schlesischen Bahnhof empfingen. Kurz darauf wurde er aus der KPD ausgeschlossen. Nach Jahren im Exil in Paris saßen wir öfters auf der Terrasse des Café „Le Dôme" am Boulevard Montparnasse und sprachen über die Folgen der Niederlage von 1923. An Nachbartischen diskutierten sozialdemokratische Funktionäre, die diesmal die Folgen der Niederlage der Arbeiterbewegung mittragen mußten. Unter ihnen saß auch der Finanzminister der Inflation vom Jahre 1923, Rudolf Hilferding.

16. Erster Besuch bei Trotzki

Unter dem „Ausnahmezustand", der gegenüber der Kommunistischen Partei ein Kriegszustand war, konnte die jetzt wieder illegale Partei politisch wenig wirken. Am meisten lähmte die Gefangensetzung von mehreren tausend Mitgliedern die Tätigkeit der Partei. Die Parteizeitungen waren unterdrückt und die Druckereien besetzt worden. Jedoch viele Mitglieder kamen weiterhin in kleinen Zirkeln unter strengen Vorsichtsmaßnahmen zusammen. Im großen und ganzen verhielt sich die illegale Apparat während der Reichswehr- und Polizeirazzien auf Funktionäre und Mitglieder der Partei so diszipliniert, daß keiner der leitenden O-D- und M-P-Funktionäre verhaftet werden konnte. Die erwähnten großen Verluste erlitt die Partei unter den lokal allgemein bekannten Kommunisten und durch die bereits erwähnte Verhaftung der „Felix Neumann Gruppe", in die Wolf-Skoblewski hineingerissen wurde. Es waren auch bei den zahllosen Durchsuchungen der Wohnungen von Parteimitgliedern und sympathisierenden Arbeitern einige Waffen beschlagnahmt worden.
Aber selbst die verbotene KPD hatte Möglichkeiten einer populären Agitation in der Bevölkerung. Die Herren der Schwerindustrie hatten im Stadium der schlimmsten Inflation durchgesetzt, daß der gesetzliche Achtstundentag aufgehoben und der Zehnstundentag eingeführt worden war. Außerdem waren weitere soziale Einrichtungen, oder wie es in der Gewerkschaftssprache hieß, „Errungenschaften", wieder abgeschafft worden. Auch die Lasten der Kriegsreparationen waren auf die Arbeiterschaft abgewälzt worden. Die großen Arbeiterorganisationen, Gewerkschaften und SPD, erwiesen sich in den entscheidenen Tagen als ebenso machtlos wie die KPD. Die Kassen der Gewerkschaften waren durch die Inflation geleert, und die Bande der Solidarität unter den Mitgliedern waren gelockert worden. Eine für die Zukunft entscheidende Folge der Schwäche der Arbeiterorganisationen sollte sich in den nächsten Jahren zeigen. Infolge der Einführung des Zehnstundentages entstand die riesige Arbeitslosenreserve, die es der Großindustrie nicht nur ermöglichte, die radikalen Arbeiter aus den Betrieben zu entfernen, sondern die auch die Agitation der Nazis Nahrung gab. Hier ist der Beginn des Nazieinflusses in der Arbeiterschaft zu suchen. Die KPD wurde von nun an fast eine Partei der Arbeitslosen. Damit war auch für die nächsten Jahre die geplante neue Organisationsform der „Betriebs-

zellen" als Grundlage der Partei unmöglich geworden.
Allmählich begannen die Parteimitglieder das Ausmaß des Sieges der Reaktion im Jahre 1923 zu begreifen. Das Hauptthema der Diskussionen in der Partei wurde die „Oktoberniederlage von 1923". Die Forderung der Opposition nach Änderung der Parteiführung fand jetzt viel Zustimmung. In diese Diskussion schlug die Nachricht vom Tode Lenins ein.

Daß Lenin seit langem krank war, war wohl allgemein bekannt, doch hatten das Zentralkomitee der Kommunistischen Partei Rußlands und die Exekutive der Kommunistischen Internationale es nicht für nötig gehalten, die Bruderparteien über die Schwere der Erkrankung Lenins zu informieren. Mir hatte der Sekretär der russischen Botschaft, Mirow-Abramow schon Wochen vorher gelegentlich erzählt, daß es sehr schlecht um Lenin stünde und daß deutsche Spezialärzte nach Moskau gerufen worden seien.
Für uns Mitglieder der KPD war der Tod Lenins ein ebenso schwerer Schlag wie für die russische Partei. Mit Lenin verlor der Kommunismus die einzige Autorität seit dem Tode Rosa Luxemburgs. Trotzki war niemals populär geworden. Den Parteimitgliedern war er immer als ein beinahe unnahbarer Befehlshaber erschienen, weniger als ein Genosse und Freund.
Die Mitglieder der KPD, ebenso die breiten Volksmassen in Deutschland, hatten den Sozialismus/Kommunismus/Marxismus, für mich synonyme Begriffe, mit dem russischen Sowjet-Regime identifiziert. Keine andere Partei der Kommunistischen Internationale machte die Politik der Bolschewiki so stark zu ihrer eigenen wie die deutsche, obwohl umgekehrt die deutsche Partei nicht den geringsten Einfluß auf Entscheidungen der russischen Genossen hatte. Das führte vielfach so weit, daß wirtschaftliche Schwierigkeiten des Sowjet-Regimes, Armut und Hungersnöte in breiten Massen des russischen Volkes von der deutschen Partei geleugnet oder entschuldigt wurden. Die russische Revolution und das Sowjet-Regime waren in einem Maße religiös verklärt worden, daß die deutsche Partei auch offensichtliche Fehler und Irrtümer der Führer der Sowjet-Union verteidigte.

Die große Mehrheit der Mitglieder der KPD war mit der Politik der Exekutive der Kommunistischen Internationale einverstanden, als diese nun die linke Opposition offen gegen die Brandler-Zentrale unterstützte. In einem Schreiben an den geheim abgehaltenen Parteitag, der Ende März 1924 wiederum in Frankfurt am Main stattfand, forderte die Exekutive weiterhin, die „Organisierung der Revolution" als Aufgabe des Tages. Obwohl der Ausnahmezustand inzwischen – seit Februar 1924 – aufgehoben worden war, mußte der Parteitag geheim abgehalten werden, weil die meisten leitenden Funktionäre von der Polizei gesucht wurden.
In dem Schreiben der Exekutive vom März 1924 hieß es: „. . . die Losungen des Kampfes für die proletarische Diktatur, für die Eroberung der Rätemacht und zu diesem Zwecke die Vorbereitung des bewaffneten Aufstandes bleiben voll und ganz in Kraft . . . Die Bewaffnung der Arbeiter bleibt die wichtigste Aufgabe der Partei . . .
Es ist unbedingt notwendig, den deutschen Arbeitern den Gedanken beizubringen, daß die Roten Hundertschaften auch im alltäglichen Kampf nötig sind."
Die neue Zentrale unter Führung Maslow, Ruth Fischer, Thälmann, akzeptierte diese Losungen „voll und ganz". Die bisherigen Stützen Brandlers

– Pieck, Eberlein und Walter Ulbricht – blieben jedoch Mitglieder der neuen Zentrale. Einige neue Männer kamen hinzu, darunter der Historiker Arthur Rosenberg und ein früherer Lehrer aus Chemnitz, Ernst Schneller. Ich nenne nur diese beiden, weil sie eine besondere Bedeutung bekommen sollten.

Die Losung: „Organisierung der Roten Hundertschaften" wurde weiterhin für besonders aktuell gehalten, weil einige Wochen vorher, im Februar 1924, in Magdeburg eine neue Wehrorganisation das „Reichsbanner Schwarz–Rot–Gold", gegründet worden war. Gründer und Vorsitzender waren die sozialdemokratischen Funktionäre Otto Hörsing, Oberpräsident der Provinz Sachsen, dessen Maßnahmen im März 1921 die „Märzaktion" provozierte, und Karl Höltermann, der als Freiwilliger eines Freikorps im Mai 1919 an der Niederschlagung der Münchner Räterepublik beteiligt gewesen war. Die SPD schuf sich damit ihre eigene Wehrorganisation. Auch Mitglieder und Wähler der bürgerlichen Parteien, „Zentrumspartei" und „Deutsche Demokratische Partei" (diese änderte ihren Namen in „Staatspartei"), traten dem Reichsbanner bei. Das Reichsbanner Schwarz–Rot–Gold wurde uniformiert und militärisch gegliedert. In Preußen halfen aktive Polizeioffiziere und Beamte der sozialdemokratischen Preußenregierung am Aufbau mit. Schon die ersten Wochen der Existenz des Reichsbanners Schwarz–Rot–Gold ließen erkennen, daß seine Politik hauptsächlich gegen links gerichtet war. Bald wurde die neue Organisation vom Volksmund in „Reichsjammer" umgetauft.
In der Bevölkerung war das Ansehen der KPD durch die „Oktoberniederlage" nicht gesunken. Die revolutionäre Sprache der Partei wurde von breiten Massen anerkannt. Den Beweis erbrachten die Wahlen zum zweiten Reichstag im Mai 1924. Die KPD erhielt 3.693.139 Stimmen und 62 Abgeordnete. Diesen großen Erfolg hatte die Parteileitung nicht erwartet. Ich war in den letzten Wochen des Wahlkampfes in meinen früheren Kreisen in der Provinz Brandenburg wieder als Redner, Plakatkleber und Flugblattverteiler tätig gewesen.
Am stärksten hatten jedoch die nationalistischen Rechtsparteien zugenommen, und deren Wehrverbände wurden nun auch in Preußen aggressiver. Ich will ein Beispiel erwähnen: Eine Woche nach den Reichstagswahlen veranstaltete „Der Stahlhelm" einen Aufmarsch in Halle an der Saale und mehrere Gruppen dieser Organisation überfielen eine Protestversammlung der KPD, töteten und verletzten zahlreiche Versammlungsteilnehmer. Dieser Überfall ging als der „Blutsonntag von Halle" in die deutsche Geschichte ein. Vierzehn Tage später, am 25. Mai, auf einem weiteren „Stahlhelmtag" in Mitteldeutschland, predigte der Domprediger Martin aus Magdeburg:
„Seid Männer, seid stark. Laßt jene pöbeln, die das Gebot der Stunde nicht begriffen haben. Deutsche sind sie nicht. Ein Volk besteht aus Nullen und einzelnen Führern. Wenn ihr noch so viele Nullen aneinanderhängt, bleiben es nur Nullen. Erst wenn die Eins, der eine Mann, der eine Führer davor tritt, so werden es zehntausende und Millionen".
Der vom Domprediger ersehnte eine Führer brauchte zwar noch neun Jahre, um zum Zuge zu kommen und zu erfüllen, was der Domprediger das „Gebot der Stunde" nannte: Vernichtung der Arbeiterbewegung und Polens. Mit seiner Bemerkung. „Deutsche sind sie nicht", zielte der Dom-

prediger nicht nur auf die Kommunisten hin, sondern auch auf den Kreis um die „Weltbühne" und auf die „Deutsche Friedensgesellschaft" und die „Liga für Menschenrechte".
Die Militärorganisation „Der Stahlhelm" hatte sich außenpolitisch ganz auf den Krieg gegen Polen „spezialisiert". In fast jeder seiner öffentlichen Kundgebungen wurde die Vernichtung Polens gefordert. Um diese Zeit war die „Stahlhelm"-Organisation weitaus gefährlicher und auch zahlenmäßig starker als die Völkischen und die Nazis zusammen.

Bei den Instruktionsreisen, die ich im Jahre 1923 gemacht hatte, hatten die leitenden „Apparat"-Funktionäre immer wieder bedauert, daß zu wenig Zeit für die grundsätzliche Aussprache über die Arbeit blieb. Sie hatten öfter beantragt, daß außer über die Tagesaufgaben ausführlicher über die Lehren des Weltkrieges und der vergangenen fünf Jahre gesprochen werden sollte. Die rastlose und zeitweilig fieberhafte Tätigkeit im vergangenen Jahr hatte eine theoretische Untermauerung der Arbeit gar nicht zugelassen. Gewiß hatten die leitenden Mitarbeiter wie Wolfgang von Wiskow, Wilhelm Zaisser, Erich Wollenberg, Otto Steinbrück, ihre Clausewitz- und Engelszitate ebenso im Kopf wie Lenins Lehren über den Aufstand. Wir wurden uns einig, eine Art Kursus von mindestens einigen Monaten Dauer zu organisieren. Otto Steinbrück fuhr nach Moskau, um darüber zu sprechen. So ging die Anregung zu diesem ersten Kursus über revolutionäre Militärfragen von uns aus, nicht von den russischen Genossen. Der Kursus wurde genehmigt.
Ich reiste Anfang Juni 1924 in Begleitung eines diplomatischen Kuriers nach Moskau. Als der Zug den letzten Berliner Bahnhof verließ, verrammelte der Kurier mit Riemen und Stäben, die er seinem Koffer entnahm, Tür und Fenster unseres Schlafwagenabteils, untersuchte die Toilette und verhängte Ritzen. Eine Mappe legte er unter sein Kopfkissen, eine entsicherte Pistole in Reichweite auf den Koffer vor dem Bett.
Wir fuhren ungestört. Genügend ausgeschlafen passierten wir am folgenden Morgen die ostpreußisch-litauische Grenze. Jetzt erst sprachen wir miteinander. Der Kurier sprach Deutsch, er war ein freundlicher Typ, ungefähr dreißig Jahre alt. Er erzählte mir, daß die Vorsichtsmaßnahmen der vergangenen Nacht vorgeschrieben seien, weil es schon mehrere Überfälle auf russische diplomatische Kuriere gegeben habe. Derartige Überfälle würden geheimgehalten.
In Dünaburg wechselten wir in den russischen Zug über, der die einspurige, endlos scheinende Strecke über Welikije Luki nach Moskau fuhr. Auf dem Bahnhof in Dünaburg sah ich August Thalheimer, Walter Ulbricht und Albert Schreiner in den Zug steigen. Ich setzte mich tagsüber zu ihnen. Thalheimer und Ulbricht fuhren zum fünften Weltkongreß der Kommunistischen Internationale, Schreiner zu meinem Kursus. Ulbricht redete stundenlang auf Thalheimer ein, um ihn zu überzeugen, daß jetzt Kommunalpolitik und Steuerfragen, überhaupt tagespolitische Dinge, am ehesten breite Volksmassen zur KPD bringen würden. Wenn ich heute sagen soll, welchen Eindruck ich damals von Ulbricht hatte, so kann ich wahrheitsgemäß nur sagen, er wirkte schlicht gediegen. Ich kannte ihn ja bereits als einen sehr eifrigen Funktionär der Partei. In Moskau angekommen, traf ich mich mit Otto Steinbrück an der verabredeten Stelle. Er zeigte mir sein Mandat als Kursusleiter. Er war der älteste von uns und sprach Russisch. Wir gingen

zu unserem „Internat". Es war eine einstöckige Villa am zweiten weitläufigen Parkring, der mit seinen Grünflächen und mehreren Baumreihen die innere Stadt im großen Bogen von der Moskwa zur Moskwa umschließt. Die Villa mit dem gepflegten Vorgarten machte den Eindruck einer Privatklinik. Das größte Zimmer im Parterre war als Vortragsraum eingerichtet, in jedem Zimmer des ersten Stockwerkes standen mehrere Feldbetten.

Die im Laufe der Woche eintreffenden Teilnehmer erhielten Verhaltensratschläge. Sie sollten sich in der Stadt nicht auffällig benehmen, nicht ins Hotel Lux und nicht ins Kominternhaus gehen und auch nicht die Straße betreten, in der sich die deutsche Botschaft befand. Die Delegierten des fünften Weltkongresses der Kommunistischen Internationale, der um die gleiche Zeit im Kreml begann, sollten von unserem Kursus nichts erfahren. Das war uns recht, wir waren alle diskrete „Illegale". Dieser erste Kursus über revolutionäre militärische Aufgaben ist auch niemals bekannt geworden. Für einige Teilnehmer aber war der Kursus der Beginn einer militärischen und politischen Karriere. (Dieser Kursus hatte nichts mit der internationalen „Lenin-Schule" zu tun, die wenig später zum Studium der Werke Lenins eingerichtet wurde.)
Ich hatte mehrere Tage Zeit, meine Moskauer Freunde Waldemar Rackow, Alexander Dworin, Willi Budich, Max Levien zu besuchen, mit denen ich ermüdende Diskussionen über das Jahr 1923 hatte. Ich bat Rackow, mich in das Lenin-Mausoleum zu führen, vor dem ich jeden Tag, wenn ich über den Roten Platz ging, Tausende Menschen in langen Reihen stehen sah. Ohne Rackow hätte ich mich schon zu früher Stunde anstellen und mehrere Stunden warten müssen. Der wachhabende Offizier salutierte, als Rackow seinen Ausweis zeigte, und ich konnte mich gleich an der Mausoleumstür in die Reihe der langsam Vorrückenden einfügen. In der Kühlhauskälte folgte ich meinem Vordermann die niedrigen Stufen hinunter und, ohne stehen zu bleiben, am offenen Sarge Lenins vorbei, die nächste Treppe wieder hinauf.
Rackow erwartete mich am Ausgang und sagte, daß er mich absichtlich nicht ins Mausoleum begleitet habe. Er billige die Zurschaustellung von Lenins Leiche nicht. Er habe mit einigen anderen Genossen beim Zentralkomitee der russischen Kommunistischen Partei und auch in Sitzungen des „Parteiaktivs" dagegen Einspruch erhoben. „Das ist Götzendienst", sagte Rackow; Lenins Schriften, die zahllosen „Lenin-Ecken" und „-nischen" in den Parteibüros, Arbeiterklubs, Fabrikkantinen seien ausreichend, um das Andenken an Lenin unmittelbar wachzuhalten. Die russische Parteileitung lehnte diese Anträge ab, sie sah in der Tatsache, daß Hunderttausende von Menschen, mittlerweile sind es viele Millionen geworden, aus allen Teilen der Sowjetunion und der ganzen Welt keine Kosten und Mühen scheuen, um am Sarg Lenins defilieren zu können, eine Verehrung, die dem Kommunismus gilt.
Mittlerweile waren alle Kursusteilnehmer in Moskau eingetroffen. Wir waren einschließlich des Leiters zwölf Genossen. Steinbrück begann mit einem Vortrag über den russisch-polnischen Krieg von 1920. Er sprach sehr in Einzelheiten gehend, vom militärisch-technischen Standpunkt über die Kriegsführung, er behauptete, daß nur das Eingreifen der Franzosen unter General Weygand entscheidend für die russische Niederlage gewesen sei und stellte zum Schluß als Aufgabe einer Diskussion die „Annahme", was

zu tun sei, wenn erneut ein russisch-polnischer Krieg ausbrechen würde. Ich sprach als erster Diskussionsredner und wies die „Annahme" entschieden zurück. Ich erklärte, daß wir hier eine Diskussion über die Organisation der deutschen Revolution führen wollten. Daraus ergäben sich alle anderen Aufgaben. Jetzt sollten wir uns mit den Aufstandsvorbereitungen, dem Verhalten der Partei und der Arbeiterklasse im Jahre 1923 beschäftigen. Ich sagte, daß ich den Ausdruck „Oktoberniederlage" nicht gebrauche, da er nach meiner Ansicht falsch sei. Die Niederlage im Jahre 1923 erfolgte Schritt für Schritt und erschreckte sich über das ganze Jahr, weil die Partei und die Arbeiterschaft sich stets in die Defensive haben drängen lassen. Die Ursachen der Passivität sollten untersucht werden: warum die Bevölkerung sich widerstandslos durch die vom Großkapital herbeigeführte Inflation habe enteignen lassen und wie es möglich war, daß zahlreiche protestierende Arbeiter von der Polizei und der Reichswehr niedergeschossen wurden, ohne daß ein Auflodern der Empörung der breiten Massen erfolgte; diese Tatsachen sollten diskutiert werden. Wir müßten davon ausgehen, sagte ich weiter, daß revolutionäres Handeln politisch bestimmt werde, daß es demnach ohne Politik kein revolutionäres Handeln geben könne. Ich erinnerte daran, daß es bei Lenin ebenso wie bei Clausewitz eindeutig heißt, daß ihre Lehren „kein Dogma", sondern „Anweisungen zum Handeln" seien. Es komme jetzt darauf an zu lernen, wie die Lehren durchzuführen seien. Eine deutsche Revolution werde in jedem Falle die wirksamste Unterstützung der Sowjet-Union sein.
Es entwickelte sich eine Diskussion, die sich über drei Tage erstreckte und mehr und mehr turbulent wurde. Der spätere Historiker Albert Schreiner unterstützte als einziger die „Annahme" Steinbrücks. Er sagte, gegen eine Annahme könne nicht polemisiert werden, „selbst wenn die Annahme Besetzung des Mondes laute". Als Kippenberger aufgefordert wurde, seine Meinung zu sagen, verließ er den Raum mit der Bemerkung, er käme erst wieder, wenn über die deutsche Revolution gesprochen werde. Wilhelm Zaisser sprach langatmig trocken, er las seitenlange Zitate vor. Nach seiner Rede beteiligte er sich nicht mehr an der weiteren Aussprache.
Wir ließen das Thema fallen. Ich verfaßte ein Memorandum, in dem ich auf den ursprünglichen Vorschlag über den Zweck eines Kursus hinwies und meine Ansichten ungefähr so darlegte, wie ich sie in meiner ersten Diskussionsrede entwickelt hatte. Steinbrück gab das Memorandum an die Stelle ab, die den Kursus ermöglichte.
Am folgenden Tag kam Steinbrück in Begleitung eines Mannes namens Unschlicht. Er begrüßte mich sogleich, und ich erinnerte mich, daß ich ihn in Berlin bei Thomas gesehen hatte. Thomas hatte ihn mir allerdings nicht mit seinem Namen und auch nicht als den stellvertretenden Chef der russischen Staatspolizei vorgestellt, sondern als einen Jugendfreund. Das stimmte auch. Unschlicht stammte aus Polen, aus den gleichen Kreisen wie Thomas. Er sprach ebenfalls Deutsch. Er sagte, daß er mit dem Inhalt meines Memorandums im Grunde einverstanden sei. Der Kursus sei zu kurzfristig organisiert worden, darum seien nicht genügend Vortragende zur Verfügung, es sei aber noch Zeit genug, auf alle Themen einzugehen. Steinbrück schlug am folgenden Tag vor, wir sollten vorerst den von ihm eingeschlagenen Kurs weiterlaufen lassen, über Spezialgebiete sprechen und später zu den Problemen der deutschen Revolution kommen. Danach hielt er einen Vortrag über Nachrichtenwesen, wieder hauptsächlich nach

militärischen Gesichtspunkten, so daß es zu neuen Auseinandersetzungen kam.
Unschlicht hatte anscheinend dem russischen Zentralkomitee berichtet, daß ich ein „störender Faktor" sei. Ich erhielt einige Tage nach seinem Besuch die Einladung, zum Sekretariat der Sowjet-Regierung in den Kreml zu kommen. Das Mitglied des Obersten Sowjet, Yenukidse, ein persönlicher Freund Stalins, sagte mir durch einen Dolmetscher, daß ich durch die jahrelange illegale Arbeit eine Erholung verdient habe und daß ich vom Zentralkomitee der Russischen Kommunistischen Partei eingeladen sei, vier Wochen in seinem Erholungsheim Zuuk-Zu, auf der Halbinsel Krim, an der Küste des Schwarzen Meeres, zu verleben. Das war mir ein willkommenes Angebot. Bereits am nächsten Tag saß ich im Zug Richtung Süden.

Die Fahrt ans Schwarze Meer gehört vielleicht nicht zum Thema. Ich will nur kurz von dieser Reise erzählen: ich sah ein schönes Stück Rußland, interessante Menschen und Einrichtungen. Auf der dreißigstündigen Fahrt nach Sewastopol sah ich in der Ukraine auch die erbarmungswürdigen Scharen obdachloser Kinder, die Besprisornys, die, wenn der Zug an den zahlreichen Baustellen langsam fuhr, sich auf die Trittbretter schwangen oder sich an die Fenster hängten und Brot verlangten. Sie bettelten nicht, sie forderten. Dieses bedrückende Erbe des Krieges und des Bürgerkrieges war immer noch nicht bewältigt worden. Einige Jahre später wurde die Lösung des Problems der Besprisornys im russischen Film „Der Weg ins Leben" behandelt.
Der märchenhaft schöne Erholungsort Zuuk–Zu liegt am Abhang des Jaila-Gebirges an der Küste des Schwarzen Meeres. Es waren, als ich dort zu Gast war, sieben Villen, die von den Bäumen des Parks verborgen, in weitem Halbkreis um das Kasino gruppiert waren. Das Kasino stand auf einem Felsen, die großen gebogenen Fenster des Speisesaales ließen den Blick ungehindert nach drei Seiten über das Meer und die Küste schweifen. Der Park war ein botanischer Garten mit der üppigen Flora des subtropischen Klimas. Zum Strand hinunter führten eine Serpentinenstraße und eine Treppe.

An den ersten Tagen wurde ich in der zum Heim gehörenden Klinik von mehreren Ärzten untersucht, die mich als körperlich Gesunden aber Erholungsbedürftigen einstuften. Beim ersten Gang zum Kasino traf ich auf Hermann Duncker, der mir erzählte, daß er schon seit drei Wochen am Ort sei und daß er nach einer weiteren Woche abreisen müsse. Beim Mittagessen kam ich neben dem Präsidenten der Belorussischen Sowjet-Republik zu sitzen, einem ungefähr siebzig Jahre alten Mann, der Deutsch sprach und bereitwillig meine Wünsche an die Bedienung übersetzte. Am Nachbartisch saß der damalige Generalsekretär der Kommunistischen Partei der Ukraine, Lazar Kaganowitsch, der später einer der engsten und brutalsten Mitarbeiter Stalins wurde. Kaganowitsch bat mich, mit ihm Deutsch zu üben, einige Brocken kannte er bereits. Ich gab ihm bis zu meiner Abreise mehrmals in der Woche deutschen Unterricht. Dabei gingen wir im schattigen Park spazieren. Er war sehr empfindlich, er vertrug weder die direkte Sonne noch den starken Wellenschlag des Meeres. Einige Jahre später, als Kaganowitsch einmal inkognito Berlin besuchte, lud er mich zum Tee in die die Russische Botschaft ein. Er wollte gern in einige Arbeiterhaushalte ge-

führt werden, um zu sehen, wie deutsche Arbeiterfamilien leben. Der Mann, der mir am Tisch gegenübersaß, wurde mir nach einigen Tagen, als wir gemeinsam einen Ausflug zu einem Felssturz machten, als der Präsident des Obersten Militärgerichts der Sowjet-Union vorgestellt. Insgesamt waren wir wohl vierzig Gäste; alle waren mehr oder minder hohe Staats- oder Parteifunktionäre. Nur von Kaganowitsch hatte ich den Eindruck eines „Karthothekowitsches", die anderen waren in zaristischen Gefängnissen, in der Verbannung oder in der Emigration gewesen und hatten sehr zwanglose Umgangsformen. Es versteht sich somit von selbst, daß hier von morgens bis abends über politische Angelegenheiten gesprochen wurde. Ich stand dabei öfters im Kreuzfeuer der Fragen über die deutsche verpaßte oder verpatzte Revolution von 1918 bis zur Gegenwart. An anderen Abenden saßen alle um Schachbretter herum, dann durfte stundenlang kein Wort fallen. Abends waren auch einige Sänger und Musiker anwesend, die mehrere Konzerte gaben. Ich weiß nicht, ob sie zur Erholung oder zur Unterhaltung der Gäste eingeladen waren.
Das Regime des Heims war ziemlich streng. Raucher durften nur einige Zigaretten pro Tag verpaffen. Alkohol war ganz verboten. Doch das Verlangen nach einem Glas Wein war da. Eines Tages sagte mir ein Gast, daß einer der Gärtner eine Flasche sehr guten Krimwein beschaffen könne. Ich möge doch eine Flasche „zum Einstand" bringen lassen, mir als Ausländer würde man das nicht krumm nehmen.
Ich sagte zu und mußte im voraus einen ziemlich hohen Preis zahlen. Am späten Abend brachte der Gärtner die Flasche auf mein Zimmer. Es war eine Zehnliterflasche. Der „Nachrichtendienst" funktionierte nun großartig. Kaum war der Gärtner gegangen, da waren schon ungefähr zwanzig Gäste mit Gläsern im Zimmer. Jeder probierte den Wein und gratulierte mir, als ob ich ihn selber angebaut hätte. Für mich blieb nicht mehr als ein halbes Glas übrig. Die ganze „Party" hatte kaum zehn Minuten gedauert.
Nachdem ich mich akklimatisiert hatte, beteiligte ich mich an den Fahrten kleiner Gruppen mit dem Motorboot aufs Meer hinaus oder mit dem Auto auf den Uferstraßen nach Jalta, dem Mittelpunkt der „russischen Riviera". Vom Meer aus sah ich die unvergleichlich urwüchsige Schönheit dieser Küste. Der vom Meeresstrand bis zum Kamm über zwanzig Kilometer breite Abhang des bis zu 1500 Meter hohen Jaila-Gebirges ist bedeckt mit Wäldern, Büschen und Weingärten, aus denen die weißen Paläste der früheren Herrscher, des Zaren und der Großfürsten herausleuchteten. Die Paläste sind heute Sanatorien oder Museen.
Wir besuchten den berühmten Eichen- und Pinienwald von Massandra, den in aller Welt einmaligen Botanischen Garten Nikitske Sad mit seinen uralten Zedern und den Rosenalleen mit über 2.000 Rosenarten; die Ruinen des antiken Taurus, die Reste des Tempels der Iphigenie, die Orte Alupka, Aluschta, Gursuf. Im Zarenpalast Livadia waren die Zimmer im Zustand belassen, wie sie die Zarenfamilie verlassen hatte, um nie wiederzukehren. Auf dem Tisch lag noch der Kantschu, mit dem der bigotte Zar seine Kinder und die Dienerschaft zu schlagen pflegte.
Die vier Wochen von Zuuk-Zu vergingen schnell. Zurück fuhr ich mit einem weiteren Gast mit dem Auto über das Jaila-Gebirge nach Simferopol. Wir wurden von einer Militäreskorte begleitet. Man sagte mir, daß in den Wäldern Räuber seien. In Simferopol stieg ich in den Zug Sewastopol–Moskau.

Ich kam rechtzeitig zurück, um an der Abschlußfeier des Kursus teilnehmen zu können. Das Programm war mittlerweile meinen Vorschlägen entsprechend umgestellt worden. Die Teilnehmer selber hatten über Themen der deutschen Revolution referieren müssen.
Einige Kursus-Teilnehmer reisten ab, andere, die in Deutschland von der Polizei gesucht wurden, darunter Kippenberger, blieben in Moskau. Ich siedelte ins Hotel Lux über und wartete auf meine Rückreisepapiere. Eines Nachmittags saß ich bei einem Glas Tee im Restaurant des Hotels, als der Direktor aufgeregt meinen Namen in den Saal rief, und einige im Hotel wohnende Deutsche kamen zu mir gelaufen und sagten: „Trotzki wartet draußen." Es war nicht Trotzki, sondern ein Ordonnanzoffizier mit dem Auto Trotzkis. Der Offizier sagte, daß Trotzki mich erwarte, ich möge ihn begleiten. Im Kriegsministerium führte mich ein anderer Offizier, ohne mich noch einmal anzumelden, ins Zimmer Trotzkis. Er stand vom Schreibtisch auf und kam mir einige Schritte entgegen. So stand ich eigentlich unvorbereitet dem Organisator des Sieges der Russischen Revolution gegenüber.
Nach einigen Begrüßungsworten sagte er, daß er dreißig Minuten für mich reserviert habe, wir würden zwischendurch einige Male für wenige Minuten unterbrochen werden. Ich hatte schon von Trotzkis Zeiteinteilung und Arbeitsweise gehört. Gleich beim Betreten des Kriegsministeriums hatte ich gemerkt, daß hier ein anderer Stil herrschte, gar nicht der vermeintlich „echt russische". Hier war völlige Ruhe und die Sauberkeit eines Elektrizitätsschaltraumes, nicht die bienenkorbähnliche Betriebsamkeit wie im Bürohaus der Kommunistischen Internationale.

Ich sah Trotzki nicht zum ersten Male. Bereits im November 1922 hatte ich ihn während des vierten Weltkongresses im Saale und bei der Revolutionsparade auf dem Roten Platz gesehen und gehört. Über seine damalige Wirkung auf mich hätte ich nicht so einprägsam berichten können wie der Amerikaner John Reed in seinem Buch „Zehn Tage, die die Welt erschütterten": „. . . dann stand Trotzki auf der Tribüne, selbstsicher, faszinierend, das ihm eigene sarkastische Lächeln um den Mund. Er sprach mit weithin schallender Stimme, die Massen zu sich emporreißend . . ." So wirkte er auch noch 1922, als er auf der Gästetribüne stand. Trotzki hatte 1922 auf dem Roten Platz nicht nur zu den paradierenden Truppen der Roten Armee gesprochen, sondern auch zu den Moskauern, die zu Hunderttausenden den Platz umsäumten. Ich wußte wohl, daß Trotzki als der eindrucksvollste Redner neben Jean Jaurès galt, den die sozialistische Bewegung aller Länder je besessen hatte. Und bestimmt wird seit Bestehen dieses groß angelegten Roten Platzes kein Redner mit solch leuchtenden Augen und tief wurzelndem Vertrauen gehört worden sein, wie Trotzki in den Revolutionsjahren von 1917 bis 1924.

Trotzki sprach mich im besten Deutsch an. Ich wußte, daß er die deutsche Sprache gut beherrschte; beim vierten Weltkongreß hatte er seine zuerst Russisch gehaltenen Reden stets deutsch, französisch, englisch wiederholt.
Trotzki begann die Unterredung, indem er sagte, daß er gelegentlich von mir gehört habe, daß er auch mein Memorandum über den Zweck des soeben beendeten Militär-Kursus gelesen habe. Ich erzählte ihm von meiner

ersten Bekanntschaft mit seinem Buch „Russische Revolution 1905" im Gefängnis und daß ich seine Theorie der „Permanenten Revolution" sicherlich richtig verstanden habe, als den bis zum Siege andauernden Kampf um die sozialistische Gesellschaftsordnung, das heißt um Humanität und Kultur.
Trotzki lenkte das Gespräch auf die Ereignisse des Jahres 1923 und sagte, daß er gern meine Meinung über das Versagen der Partei hören möchte. Er habe über die „Oktoberniederlage" zahlreiche Diskussionsreden gehört und Artikel gelesen. Er möchte gern von mir auch Einzelheiten über die technischen Vorbereitungen dieser Zeit wissen und wie sich die Arbeiterschaft zur Partei verhielt. Radek und auch einige Offiziere hätten die technischen Vorbereitungen gelobt. Hier unterbrach ich ihn und sagte, daß die Offiziere, die zur Unterstützung des Generals Skoblewski nach Deutschland geschickt worden waren, soweit ich sie kennengelernt habe, zu unpolitisch gewesen seien. Er antwortete, die Offiziere seien auch nur für den Aufbau der zweiten Etappe der Revolution bestimmt gewesen, die erste Etappe, der Aufstand selber, sei doch Sache der deutschen Partei als Führerin der deutschen Arbeiterklasse. Nach den Berichten der Zentrale der Partei und besonders nach Brandlers persönlichen Berichten hatte er die Entwicklung in Deutschland als viel weiter gediehen angesehen.
Ich schilderte ihm den Aufbau der Kampforganisationen der KPD seit dem Leipziger Parteitag im Januar 1923. Daß der Aufbau zuerst stark gefördert, dann einige Male gestoppt und wieder angekurbelt worden sei. Ich sagte, daß, wenn überhaupt die Absicht bestanden hatte loszuschlagen, wir zu lange gewartet hätten, auch eine Revolution müsse einen Termin haben, man könne sie nicht mehrmals hinausschieben; die revolutionäre Ungeduld oder besser: Energie von Massen lasse sich nicht in Flaschen verkorken. Die Disziplin der Mitglieder der Kommunistischen Partei dürfe nicht überschätzt werden. Auf die Frage Trotzkis, ob ein Losschlagen im Sommer 1923, auf dem Höhepunkt der deutschen Krise, Erfolg gehabt hätte, antwortete ich: „Nein, die Menschen waren durch die lange Dauer der Krise zermürbt." „Auch wenn wir im Oktober losgeschlagen hätten, wären wir vernichtet worden, wie es gerade der Aufstand in Hamburg bewiesen hat." Ich erzählte Trotzki, der nun sehr erstaunt war, daß weit mehr Arbeiter zur Polizei gingen, um sich als Hilfspolizisten zur Niederschlagung des kommunistischen Aufstandes anzubieten, als zu den kämpfenden Kommunisten. Er sagte, daß er derartiges zum ersten Male höre. Ich erinnerte an die Rede des Mitgliedes der Zentrale, Hermann Remmele, im Zentralausschuß der Partei, in der er gesagt hatte: „Millionen riefen, nur der Kommunismus kann uns retten, dreihundert Arbeiter kämpften in Hamburg." Remmele habe damit ungewollt das Problem angezeigt: Millionen riefen und demonstrierten, aber kämpften nicht. Ich sagte, ebenso habe es sich mit dem Ruf nach Waffen verhalten, wer kämpfen will, dem sei jede Waffe gut, wer nicht kämpfen will, in dessen Händen sei die beste Waffe wirkungslos. So aber sei es im Jahre 1923 in Deutschland gewesen. Nachdem, was ich im Jahre 1923 erlebt habe, könne ich einmal mehr feststellen, daß dem deutschen Arbeiter das Ingenium zum Revolutionär fehlt. In erster Linie könne die Passivität eine Unfähigkeit der bis 1914 auch von Lenin falsch eingeschätzten, nur auf Disziplin eingeschworenen Organisationen der Arbeiterschaft ein.
Trotzki antwortete: „Die geistige Anlage zum Revolutionär ist eine Sache der politischen Erziehung und des Beispiels." Dazu konnte ich nur sagen:

„Dann brauchen wir eben mehr Zeit, Zähigkeit und Schulung." Er antwortete „Ja."
Die dreißig Minuten waren herum. Persönliche Dinge hatten wir nicht erwähnt, er hatte auch keine persönliche Frage an mich gerichtet. Trotzki sagte beim Abschied, daß wir uns sicherlich noch öfters sprechen würden. Ich solle mich melden, wenn ich wieder nach Moskau kommen sollte. Wir haben uns auch noch gesprochen, aber nicht in Moskau, sondern im Exil. Trotzkis distanzierte Art ist ihm oft als Arroganz unterstellt worden. Es war sein nervöser Intellekt, der stets auf Distanz hielt. Während wir miteinander sprachen, wurden wir zweimal unterbrochen. Es waren Offiziere im Generalsrang, wie ich aus den Rangabzeichen ersehen konnte. Beide waren noch junge Männer, höchstens Mitte Dreißig. Trotzki hörte sie auf die Uhr schauend an. Nach jeweils zwei Minuten gingen die Offiziere. Ich sagte zu Trotzki nach dem Besuch des zweiten Offiziers: „Meinetwegen brauchen Sie doch nicht so kurz zu sein." Er antwortete: „Es sind dienstliche Meldungen, keine politischen Gespräche, die Offiziere haben Zeit gehabt, ihre Meldungen zu formulieren." Freunde machte sich Trotzki auf diese Art nicht. In Zuuk-Zu war ich einmal mit meinem Tischnachbarn, dem Präsidenten der Belorussischen Republik, über Trotzki ins Gespräch gekommen. Dieser Mann, selber Jude, sagte damals zu mir: „Trotzkis jüdische Intelligenz und Tüchtigkeit provoziert manche Genossen, sie schadet ihm sehr." Mein Tischnachbar hatte das nicht im ablehnenden Sinne gesagt, aber doch mit ungeduldigen Gesten.

Für mich war Trotzki der Organisator, der aus zahlreichen zum Teil wüsten Haufen schlecht oder gar nicht bewaffneter Arbeiter und Bauern eine disziplinierte Armee geschaffen hatte, die an vierzehn Fronten gleichzeitig kämpfte und siegte. Das aber war nicht allein das Werk eines Organisators, dazu gehört die Tätigkeit des Politikers und des Propheten. Trotzki verkörperte die „Dreieinigkeit" der Revolution, der Philosophie und der Politik. Trotzkis Worte hatten das Gewicht von Kanonen. Aber neben den mitreißenden zukunftweisenden Worten standen die harten Worte des obersten Befehlshabers. Trotzkis Stil ist auch in seinen Armeebefehlen zu finden; er begründet Befehle mit folgenden Worten:
„Soldaten! Panik ist die sinnlose, blinde Herdenfurcht. Ein paar Schüsse, ein unklares Gerücht und die Panik ist da. Wir werden angegriffen . . . Wir werden angegriffen und in sinnloser Furcht weicht der Truppenteil zurück . . . Der Panik unterliegt der unbewußte, feige, unwissende Soldat. Und er geht am ehesten drauf, weil die sinnlose Furcht eine schlechte Ratgeberin ist. Erfaßt von panischer Furcht stürzt der Mensch Hals über Kopf ohne nachzudenken los und gerät mitunter in eine wirkliche Gefahr und geht zugrunde. Es gehen mehr Feiglinge zugrunde als Tapfere. . ."

Die Macht Trotzkis lag in seiner Persönlichkeit und in seiner Sprache. Diese Sprache gewann Autorität bei den Freunden und Mitläufern und schüchterte die Gegner ein. Das war nicht nur eine Erfahrung Trotzkis, das hatte er auch aus der Geschichte der Französischen Revolution erfaßt, von Saint Just und Danton, und auch von dem preussischen Junker Karl von Clausewitz und dem französischen Soziologen Le Bon.
Trotzkis Tatkraft war aus seinem revolutionären Optimismus erwachsen. Als er sich nach Eroberung der Macht in Petrograd mit dem Revolutions-

komitee im „Smolny Institut" eingerichtet hatte und Lenin noch mit falschem Bart und Perücke zu ihm ins Zimmer trat, sagte Trotzki: „Die Sieger verstecken sich nicht." Der skeptische Lenin fragte zurück: „Sind Sie sicher, daß wir gesiegt haben? "

Der Sieg mußte mehrmals errungen werden. Mehrere Male stand die Sowjet-Republik vor ihrem Ende und immer mußte der Mann, der am liebsten Journalist gewesen wäre, dessen liebster Arbeitsplatz die Redaktionsstube einer Zeitung und der Umbruchtisch einer Druckerei waren, dort eingreifen, wo die Gefahr am gegenwärtigsten war. Trotzki war Außenminister, als es galt, die deutschen Militäristen hinzuhalten; er war Minister für Eisenbahnen und Verkehr, als kaum noch ein Zug fuhr; Oberbefehlshaber der Roten Armee, die erst im Kampfe gegen die innere Konterrevolution und ausländische Invasion geschaffen werden mußte. Nichts übernahm er fertig, alles mußte erst geschaffen werden. Allen Mitarbeitern lebte er ein Beispiel vor, und er konnte mit Recht ein Maximum an Gewissenhaftigkeit und Schaffensfreude von ihnen verlangen.

Im März 1918 war die Sowjet-Republik besonders gefährdet, als die deutsche Armeen weite Teile Rußlands besetzt hielten, die bewährtesten revolutionären Arbeiter an die Fronten mußten, die Arbeiterschaft in den Städten und Betrieben nicht genügend erfahrene Kräfte hatte, um die Wirtschaft im Gang zu halten, und zudem die Beamtenschaft die Verwaltung sabotierte. Selbst führende Revolutionäre zweifelten in diesen Tagen, ob die Oktoberrevolution nicht doch ein „Abenteuer" oder ein „Irrtum" war. Sogar bei Trotzki klang dieser Zweifel durch, als er in einer Rede sagte, daß „Wenn die Bolschewiki jetzt von der Macht weggeschleudert würden, sie in kürzester Frist wieder unvermeidlich an die Macht kommen würden." In dieser Situation hatte Trotzki die berühmte Rede gehalten, in der er der früheren Beamtenschaft und den Offizieren die Mitarbeit anbot. Die Sabotage der Verwaltungsbürokratie zwang – und ermöglichte – einerseits die Arbeiterschaft, einen neuen Staatsapparat aufzubauen, andererseits aber war keine Zeit zu verlieren, die Menschen wollten leben und arbeiten. Der Sinn dieser Rede Trotzkis, die unter dem Titel, „Arbeit, Disziplin und Ordnung werden die Sowjet-Republik retten" veröffentlicht wurde, war der: „Alles was aus den alten Einrichtungen lebensfähig und wertvoll war und ist, muß verwertet werden".
Die Kader der Armee und der Wirtschaft bestanden jedoch aus Mitgliedern der Partei, unter diesen suchte und fand Trotzki die Quellen der Kraft der russischen Arbeiterklasse.

In seiner ganzen Art verkörperte Trotzki die höchste russische Kultur. Seine Ideen gaben dem russischen Leben Impulse weit über den Rahmen der regierenden Partei hinaus. Er propagierte unter anderem die Vereinigten Staaten von Europa, das allerdings ein sozialistisches Europa sein müsse, zu einer Zeit, als in Deutschland und anderen Ländern die „christlichen", kapitalistischen und konservativen Parteien von Landesverrat schrien, wenn von einem vereinten Europa die Rede war.

Am Abend nach dem Gespräch mit Trotzki war ich bei Alexander Dworin zu Gast, und ich erzählte von meiner Unterredung mit Trotzki. Dworin

sagte mir, daß in internen Parteikreisen die Diskussion über die Nachfolge Lenins bereits harte Formen annehme, Trotzki beteiligte sich auffallend wenig daran, er, Dworin, wisse nicht einmal, ob Trotzki eine Unterstützung seiner Kandidatur überhaupt wünsche, Trotzki habe auch Warnungen von Freunden über Intrigen als belanglos belächelt. Die Parteifunktionäre verübelten es Trotzki besonders, daß er es abgelehnt hatte, am soeben beendeten Weltkongreß der Kommunistischen Internationale teilzunehmen; er nehme sich nicht Zeit, Freunde zu gewinnen.
Ich war noch zur Schlußfeier des Kongresses im Kreml. Thälmann, Ruth Fischer und ein junges, sehr forsches deutsches Mädchen, Grete Wilde, erhielten „Ehrenuniformen" der Roten Armee. Ruth Fischer ließ sich in der Uniform, umgeben von ihren Freunden, im Schlafzimmer Katharinas II. photographieren.
Beim Abschiedstee bei Radek sagte er in seiner ironischen Art zu mir: „Du hast mit Deinem Apparat keine Bäume ausgerissen, aber wenigstens kein Unglück angerichtet." Durch Radek lernte ich die schöne Schriftstellerin Larissa Reissner kennen, die in der Oktoberrevolution so tapfer gekämpft hatte. Ich sah sie einige Monate vor ihrem frühen Tod in Berlin wieder. Kurz darauf erkrankte sie auf einer Asienreise an Typhus und starb.

Die Rückreise führte mich über Reval. Dort stieg ich in den aus Helsinki kommenden Dampfer. Bei der Paß- und Zollkontrolle in Stettin trug ich nichts bei mir, das auf einen Besuch in Moskau hinwies. Wie üblich nahm ich ab Stettin einen Personenzug, der auch auf Vorortstadionen hielt und mied so den stark überwachten Stettiner Bahnhof im Norden Berlins.

17. Der rote Frontkämpferbund

Der Beschluß des Parteitages von Frankfurt am Main, im März 1924, weiterhin „Proletarische Hundertschaften" zu bilden, blieb auf dem Papier. Zahlreiche Mitglieder der noch bestehenden „Proletarischen Hundertschaften" in verschiedenen Teilen Deutschlands kamen zwar weiterhin zwanglos zusammen, aber da sie keine konkreten Aufgaben hatten, wurde daraus eine Vereinsmeierei. In Halle an der Saale erfanden die Mitglieder der dortigen restlichen „Proletarischen Hundertschaften" einen neuen Namen für ihre Organisation: „Roter Frontkämpferbund – RFB". Das war vor der zentralen Gründung dieser Organisation.
Das Zentralkomitee (wie es ab 1924 hieß) der Kommunistischen Partei wollte dem Reichsbanner Schwarz–Rot–Gold folgen und ebenfalls eine legale Wehrorganisation haben. Es wurde eine Sitzung nach Berlin einberufen, an der einige Mitglieder des Zentralkomitees, ich habe nur Ernst Thälmann und Ernst Schneller in Erinnerung, zwei mir unbekannte Männer, die mit Thälmann gekommen waren und die Thälmann als seine Berater vorstellte, Wolfgang von Wiskow und ich teilnahmen. Thälmann begann seine Rede mit der Bemerkung, daß seine beiden Begleiter erfahrene Offiziere seien und daß der in Halle geprägte Name „Roter Frontkämpferbund" genau der richtige sei, um die noch existierenden „Proletarischen Hundertschaften" als Kern für eine neue Wehrorganisation zusammenfassen. Der „Rote Frontkämpferbund" solle in ganz Deutschland geschaffen werden und zu Ehren der Genossen von Halle soll die offizielle Gründung des Roten Frontkämpferbundes in Halle stattfinden. Um das Selbstbewußtsein der Mitglieder zu erhöhen, soll der Bund wie das „Reichsbanner Schwarz–Rot–Gold" uniformiert auftreten; Windjacken, Sturmmützen und Koppel sollen getragen werden und Musikzüge sollen allen Aufmärschen voranmarschieren. Thälmann betonte, daß die Gründung des Bundes eine vom Zentralkomitee beschlossene Sache sei und daß jetzt nur über technische Fragen und über die Besetzung der leitenden Funktionen gesprochen werden solle.
Ich widersprach sehr heftig der Gründung des Roten Frontkämpferbundes und sagte, daß die Gründung den bisherigen Beschlüssen und dem Brief des Exekutivkomitees der Kommunistischen Internationale an den Parteitag in Frankfurt am Main widerspreche. Daß jetzt alle politischen Parteien ih-

re Wehrorganisationen haben, dürfe für uns kein Grund sein, das militärische Treiben nachzuahmen. Ich sagte, daß die Wehrverbände der Rechtsparteien: „Stahlhelm", „Jungdeutscher Orden", „Kyffhäuserbund" und auch das „Reichsbanner Schwarz–Rot–Gold" ihren kapitalistischen Staat verteidigen zu wollen vorgeben, daß aber alle diese Wehrverbände ideologisch und materiell für einen Revanchekrieg rüsten und daß dem nur die Kommunistische Partei als revolutionäre Organisation entgegenstehe. Revolutionäre aber dürfen sich nicht uniformieren, sie müssen alles vermeiden, was nach Nachahmung des Militarismus aussehen könnte. Jedes militärähnliche Brimborium mit Kriegsvereinsgeschmack müsse vermieden werden. Daß auch in der Arbeiterschaft Tendenzen zum Militarismus vorhanden sind, ist ja aus der Tatsache zu ersehen, daß in den Wehrorganisationen der Rechtsparteien zahlreiche dem Arbeiterstand angehörende Mitglieder sind. Zudem sei auch bei der großen Arbeitslosigkeit unter Kommunisten die Anschaffung der Uniformstücke eine zu starke Belastung für die Genossen, und wenn bei Aufmärschen Teile uniformiert sind, andere aber nicht, so würden sich diese geniert fühlen. Das könnte psychologisch unerwünschte Folgen haben. Wir müssen im Sinne Liebknechts den Kampf gegen jede Art von Militarismus weiterführen.
Die folgende längere Debatte wurde ziemlich gehässig. Besonders die beiden Berater Thälmanns betonten, daß gerade die Uniformierung in Verbindung mit dem neuen Namen günstigen Einfluß auf die Disziplin der Mitglieder haben würde. Überhaupt wurde der Begriff „Disziplin" in der Debatte sehr strapaziert. Ich blieb dabei, daß ich eben diesen Hang zur militärischen Disziplin fürchte, daß der ganze Plan die wirkliche Organisierung der Revolution unmöglich mache und daß ich keinerlei Militärspielerei mitmachen werde.
Mit mir stimmte Wiskow gegen die Neugründung. Thälmann erklärte abschließend, daß er auf unsere Mitarbeit verzichte, daß ich sowieso als „Levit" bekannt sei und daß er Frontsoldaten zur Mitarbeit heranziehen werde.
Einige Tage darauf gab das Zentralkomitee den Beschluß zur Gründungsfeier des „Roten Frontkämpferbundes" in Halle bekannt. Im Beschluß hieß es, daß der RFB die Arbeiter davon abhalten werde, zum „Reichsbanner Schwarz–Rot–Gold" zu gehen. Dann hieß es:
„Und gerade, was manche Unken als Militärspielerei ansehen, die Aufmärsche und ähnliches, birgt einen ungeheuren moralischen Wert, indem es uns fernstehenden Proletarierschichten Selbstbewußtsein, Stolz auf die Kraft der Arbeiterklasse, Glauben an den Sieg der Revolution gibt."
So war ich zu einer Unke befördert worden. Ich erhielt den Bescheid, daß ich aus der Parteiarbeit entlassen sei. Thälmann holte sich als seinen Stellvertreter den Portier des „Karl Liebknecht-Hauses", Willi Leow (meinen Genossen aus der Moabiter Spartakusgruppe während des Krieges), als weitere Berater Ernst Schneller und Heinz Neumann. Die meisten „O-D"-Leiter und auch der Redakteur der Hefte „Vom Bürgerkrieg" übernahmen leitende Funktionen im „Roten Frontkämpferbund".
Die Leitung des „illegalen Apparates", der vom RFB getrennt blieb, übernahm als Vertreter des Zentralkomitees Ernst Schneller; tatsächlicher Leiter wurde Hans Kippenberger, der mittlerweile Reichstagsabgeordneter geworden war und nach Deutschland zurückgekehrt war. Um nicht mehr vom RFB berichten zu müssen, nehme ich seine Entwicklung vorweg. Meine Be-

fürchtungen sollten sich mit den Jahren bewahrheiten. Die neue Organisation entwickelte sich zuerst rapide; Ortsvereine schossen wie Pilze nach einem warmen Sommerregen aus dem Boden. In verhältnismäßig kurzer Zeit zählte der Rote Frontkämpferbund über hunderttausend Mitglieder. Aufmärsche mit Schalmeienkapellen fanden in fast allen deutschen Großstädten statt. Ernst Thälmann nahm im Auto stehend Paraden ab.
Der Zustrom zum RFB brachte jedoch der Kommunistischen Partei keinen entsprechenden Kräftezuwachs. Die meisten Mitglieder waren gleichzeitig Mitglieder der KPD. Das verursachte mit der Zeit eine nicht vorhergesehene Begleiterscheinung. Tausende von RFB-Mitgliedern hielten ihre Organisation für die „eigentliche" Kampforganisation, sie hielten diese für radikaler als die Kommunistische Partei und leisteten keine politische Parteiarbeit mehr.
Der RFB lieferte bald den Wehrverbänden der Rechtsparteien und der SA Hitlers, die mittlerweile alle anderen Verbände überflügelte, heftige Strassenschlachten. Die Entrüstung verschiedener Historiker der Weimarer Republik über diese Straßenschlachten halte ich für unlogisch; man kann nicht einerseits die Berechtigung, ja die Pflicht zum Widerstand gegen die aufsteigende Diktatur Hitlers betonen und gleichzeitig die Personen und Organisationen verurteilen, die den Widerstand leisteten. Noch war es möglich, die Hitlerdiktatur zu verhindern.
Die Führer des „Reichsbanner Schwarz–Rot–Gold" aber redeten oft nicht anders als die Führer des „Stahlhelms" und der anderen Wehrorganisationen. Bei einem Reichsbanneraufmarsch in Breslau sagte das Vorstandsmitglied Polizeioberst Lange unter anderem:
„Wenn das Vaterland uns ruft, so werden wir da sein, und wenn wir einig sind, dann werden wir die nächste Marneschlacht nicht verlieren. Mit den Kommunisten werden wir fertig. Ein paar Hundertschaften unserer Schupo genügen, um diesem Spuk ein Ende zu machen".
Als später der General Schleicher Reichswehrminister unter der Bezeichnung „Wehrsport" die militärische Vorbereitung der Jugend einführte, beteiligte sich das Reichsbanner gemeinsam mit den rechtsstehenden Wehrverbänden daran.
Kurz vor seinem Ende – der „Rote Frontkämpferbund" wurde im Mai 1929 von der sozialdemokratischen Regierung Preußens verboten und aufgelöst— beging eine Ortsgruppe eine schamlose Niederträchtigkeit. In der Sowjet-Union hatte ein Schauprozeß gegen Ingenieure stattgefunden denen Sabotage vorgeworfen wurde. Mehrere der Angeklagten wurden zum Tode verurteilt. Die Ortsgruppe Zoppot–Danzig des RFB telegrafierte an Stalin: „Wir bitten das Urteil ehrenhalber vollstrecken zu dürfen. RFB, Zoppot." Das Zentralkomitee der Kommunistischen Partei billigte das Telegramm und ließ es im Parteiorgan „Die Rote Fahne" als Beweis revolutionärer Gesinnung veröffentlichen. Da den Leuten das Zeug zu wirklichen Revolutionären fehlte, wollten sie wenigstens Henker sein.
Versuche, den Roten Frontkämpferbund nach dem Verbot „illegal" weiterzuführen, schlugen fehl. Die SA, der Stahlhelm und die anderen Verbände hatten in den entscheidenen Stunden des Jahres 1933 die Straßen frei. Die Führer des RFB und des „illegalen Apparates" erlitten das Schicksal vieler deutscher führender Kommunisten. Thälmann und Schneller wurden von den Nazis ermordet, Leow und Kippenberger von den Stalinisten.

Der im Mai 1924 gewählte Reichstag war bereits nach einigen Monaten aufgelöst worden. Die Neuwahlen im Dezember des gleichen Jahres brachten der KPD eine schwere Niederlage. Obwohl bei den Wahlen im Dezember rund eine Million mehr Wähler ihre Stimme abgaben als im Mai, verlor die Kommunistische Partei eine Million Stimmen und siebzehn Mandate. Es war zu erkennen, daß sie von der Jugend, den Neuwählern, und von den Frauen abgelehnt wurde.
Das Zentralkomitee der KPD erklärte nun, die Parlamentswahlen seien keine Barometer für die wahre Stimmung im Volke; auf die in den Produktionsstätten stehenden Menschen komme es an. Aber die Addition der in den Betrieben stehenden Männer und Frauen ergab, daß auch von den Betriebsarbeitern nur eine Minderheit kommunistisch gewählt hatte. Ruth Fischer, die noch nie in ihrem Leben einen Betrieb von innen gesehen hatte, hatte Ende 1924 über die „Betriebszellen" der Kommunistischen Partei geschrieben:
„Die Organisation muß wirklich auf Betriebszellen aufgebaut sein . . . Jede Zelle muß eine eiserne Organisation sein, welche Politik treibt, nicht nur Betriebsknatsch. Sie muß den Betrieb in der Strippe haben. Sie muß ihn bolschewisieren. Jawohl. Bolschewisierung der Partei, das heißt auch Bolschewisierung des Betriebes . . .".
„Betriebsknatsch" war die tägliche Kleinarbeit um Beachtung der Sicherheits- und hygienischen Einrichtungen, auf die zu achten heute Pflicht jedes Betriebsrates ist. Lenin hatte ja Jahrzehnte vorher, in der Zeit der Illegalität unter dem Zarismus, Waschmöglichkeiten und Handtücher für die Arbeiter in den Betrieben gefordert.
Maslow und Ruth Fischer, die nun führenden Köpfe der KPD, waren hochgebildete und gut informierte Vollblutpolitiker. Ich habe sie jedoch niemals über wirtschaftliche oder gewerkschaftliche Fragen sprechen gehört. Die Tagesnöte der arbeitenden Massen, das tägliche Ringen um die Verbesserung ihrer Lebenslage interessierten sie nur als Grundlage der politischen Propaganda. Die Massen aber verlangen gerade eine wirksame Vertretung ihrer Interessen. Nicht nur eine Regierung, sondern auch eine Parteiführung wird nach dem Nutzen beurteilt, den sie ihren Anhängern bringt.
Es war nicht nur die Wahlniederlage, die die Kommunistische Partei erlitt. Die Partei selbst verlor in den Jahren 1924/25/26 durch Austritte und Ausschlüsse über 150.000 Mitglieder. Die Parteidisziplin wurde überspannt. Die Mitglieder, die als Kommunisten Opfer brachten und Nachteile ertrugen, litten stark unter dem unfreundlichen inneren Parteileben und den in gehässigen Formen geführten Diskussionen. Im neuen Parteistatut, für das die Mitglieder des Zentralkomitees Werner Scholem und Ernst Schneller verantwortlich waren, hieß es unter anderem:
„Die strenge Parteidisziplin ist die höchste Pflicht aller Parteimitglieder und aller Parteiorganisationen . . . Ein Verstoß gegen die Parteidisziplin zieht Strafmaßnahmen seitens der entsprechenden Parteiorgane nach sich." Eine derartige Sprache und Disziplin verjagte die Mitglieder. Werner Scholem wurde später ebenfalls in einem deutschen Konzentrationslager ermordet.

Die Rechtsparteien erhöhten nach ihrem Wahlerfolg vom Dezember 1924 sofort den Wehretat. Der Wehretat des Hunderttausend-Mann-Heeres von 1925 war in Goldmark fast so hoch,wie der des 650.000-Mann-Heeres von

1914.Mit Ausnahme der KPD stimmten alle Parteien im Reichstag für die beschleunigte Wiederaufrüstung. Da aber die Reichswehr laut Versailler Vertrag nach außen hin auf 100.000 Mann beschränkt bleiben mußte, wurde die Polizei militarisiert. Die preußische Polizei unter der sozialdemokratischen Regierung Braun-Severing wurde zahlenmäßig und nach ihrer Bewaffnung die stärkste Polizei aller europäischen Staaten, mit Ausnahme der Sowjet-Union.

Im Herbst 1924 hatten auch die ersten größeren Manöver der Reichswehr stattgefunden, an denen außer Fliegern alle Waffengattungen, auch Panzer, teilnahmen. Die Generäle der Reichswehr hatten mittlerweile die Vorteile eines Berufsheeres entdeckt. Ein General Bernhard formulierte die Stellung der Reichswehr in der Weimarer Republik folgendermaßen: „Die Armee muß in gewissen Sinne von der Heimat losgelöst werden, sie muß sich als etwas Konträres fühlen.” Damit straft der General Bernhard diejenigen Leute Lügen, die noch heute behaupten, es sei ein Verhängnis der Weimarer Republik gewesen, daß sich nur wenige Arbeiter zur Reichswehr gemeldet hatten. Arbeiter meldeten sich nicht, weil in der Reichswehr sehr rauhe Sitten herrschten, wie sie unter berufsmäßigen Landknechten immer üblich waren, mit Bespitzelung und Gesinnungsschnüffelei, die demokratisch gesinnte Soldaten entweder zum Austritt zwangen oder zur Anpassung. Die Zugehörigkeit zu dieser Reichswehr änderte den Charakter der Soldaten, nicht den des Heeres.
Einige Monate später ertranken bei einem weiteren Manöver 80 Reichswehrsoldaten in der Weser. Die Berichterstattung über das Unglück wurde zensiert, nicht nur wegen der Umstände des Unglücks und der Zahl der Opfer, sondern besonders, um zu verhindern, daß bekannt wurde, daß sich unter den Ertrunkenen Zeitfreiwillige befanden, die nach dem „Krümpersystem” Dienst getan hatten. Das Krümpersystem, vom preußischen General Scharnhorst bereits 1808 – 1812 zur Aufrüstung erdacht, gehörte zu den geheimen Einrichtungen des Berufsheeres. Die Aufklärung dieses „Unfalles in der Weser” verdankten wir dem Journalisten Berthold Jacob.

Seit meiner Rückkehr aus Moskau wohnte ich wieder im Stadtteil Berlin-Schöneberg, blieb aber weiterhin Funktionär meiner früheren Gruppe in Moabit, die ihre Zusammenkünfte nach wie vor im Lokal Pilz in der Rostocker Straße abhielt. Ich besuchte aber auch Versammlungen der Schöneberger Mitglieder. Die Diskussionen über die Ursachen der Niederlage bei den Dezemberwahlen waren noch nicht beendet. Das Zentralkomitee verbreitete neben der Behauptung, die Propaganda der Partei sei nicht national genug gegen den Versailler Vertrag gewesen, weiterhin, daß die „Rechten”, die „Brandleristen”, in der Partei die eigentlich Schuldigen seien.
Die gehässige Art der Diskussionen bekam ich auch persönlich in einer Funktionärsversammlung in Schöneberg zu spüren, in der der damalige Privatdozent für Geschichte an der Berliner Universität Arthur Rosenberg referierte. Ich saß vorn vor dem niedrigen Podium. Rosenberg sah mich, unterbrach seine Rede und rief mit von Entrüstung bebender Stimme in den Saal hinein: „So etwas von Frechheit habe ich noch nie erlebt, direkt vor mich hat sich so ein Levit gesetzt und lacht mir ins Gesicht; er will mich provozieren!” Einige Funktionäre riefen:

„Raus mit ihm, der gehört gar nicht in unseren Bezirk!" Ich wehrte mich energisch, und andere Funktionäre unterstützten mich, die Attacke Rosenbergs abzuweisen.
Arthur Rosenberg war einer der typischen Intellektuellen, die damals massenhaft zur KPD kamen. Noch nicht lange Mitglied der Partei, wurde er schon ins Zentralkomitee aufgenommen. 1925 wurde er als einer der Führer der „Ultralinken", denen der politische Kurs Maslows, Ruth Fischers, Thälmanns nicht radikal genug war, wieder aus dem Zentralkomitee entfernt und trat kurz danach ganz aus der Partei aus. In seiner kurzen Laufbahn als kommunistischer Politiker hat Rosenberg viel zur Verhetzung und Zersetzung der Parteimitglieder beigetragen.
Wie für Arthur Rosenberg, war die KPD in dieser Zeit eine Durchgangssituation für junge Intellektuelle, die alle „Außenpoltik" machen wollten. Da das ideelle Interesse bald einschlief, materielles Interesse nicht befriedigt werden konnte, dabei die Bürde der Parteimitgliedschaft schwer war, verliessen diesen Leute die Partei bald wieder. Oft gingen sie in den Spießer- und Versorgungsstall Sozialdemokratische Partei und prahlten mit ihrer Vergangenheit. Rosenberg wurde ordentlicher Professor an der Berliner Universität, und in seinen lesenswerten Büchern über die Weimarer Republik gab er gute Ratschläge, an die er selber nicht dachte, als er noch aktiv war. Er starb in der Emigration.
Maslow, der begabteste Politiker des Zentralkomitees, war im Frühjahr 1924 verhaftet worden und saß im Berlin-Moabiter Untersuchungsgefängnis. Er verstand es, durch seinen Rechtsanwalt und andere Besucher wöchentlich mehrmals Briefe mit Weisungen an Ruth Fischer zu schicken und so die Politik des Zentralkomitees zu lenken. Maslows Briefwechsel mit Stalin ist erhalten geblieben. Nach fünfzehn Monaten Untersuchungshaft wurde er zu vier Jahren Gefängnis verurteilt.
Unter der Führung Ruth Fischer-Thälmann-Rosenberg erlitt die deutsche Kommunistische Partei ohne offenen Kampf die schwersten politischen Niederlagen ihrer Geschichte. Thälmann nannte die Partei die „Eiserne Kohorte" der Revolution, und Heinz Neumann redete nur von ihrer „Bolschewisierung"; dennoch war sie eine ohnmächtige Zeugin bei der Wahl Hindenburgs zum Reichspräsidenten und bei dem Abschluß des antirussischen Locarno-Vertrages, der den Rapallo-Vertrag aufhob.

Die Wahl des im Kriege geschlagenen Feldmarschalls Hindenburg zum Nachfolger Eberts war nach der Entwicklung der Weimarer Republik durchaus folgerichtig. Hindenburg, der während des Weltkrieges bekannt hatte: „Der Krieg bekommt mir wie eine Badekur", der zur Kapitulation drängte, als er einsah, daß der Krieg verloren war, der seinen Kaiser ins Ausland flüchten ließ, gleichzeitig aber kein Hehl daraus machte, daß er untertäniger Monarchist sei, der niemals die Worte „demokratische Republik" aussprach, nur das Wort „Reich" gebrauchte, dieser Hindenburg, von dem sein ehemaliger Generalstabschef, General Ludendorff, gesagte hatte, er sei „falsch wie Galgenholz", leistete nun den Eid auf die Republik.
Thälmann hatte als kommunistischer Präsidentschaftskandidat weniger Stimmen erhalten, als die KPD bei den Wahlen zum Reichstag im Dezember 1924 erreicht hatte.
Der Generalsekretär des Zentralkomitees der Kommunistischen Partei der Sowjet-Union, Stalin, hatte sich, solange Lenin lebte, nicht in die interna-

tionalen Angelegenheiten eingemischt. Daß Stalin bereits im Sommer 1923 in einem Brief an die Exekutive der Kommunistischen Internationale diese gewarnt hatten, einen Aufstand in Deutschland zu veranlassen, erfuhr ich erst später durch Wiskow. Beraten von dem Wirtschaftswissenschaftler Eugen Varga, dem früheren Minister unter Bela Kun in der ungarischen Räteregierung, kam Stalin Ende 1924 zu der Auffassung, daß der Kapitalismus in Westeuropa wieder fest im Sattel saß und daß es unsinnig sei, auf die deutsche sozialistische Revolution zu hoffen. Stalin begann die These vom „Sozialismus in einem Land" zur Debatte zu stellen.
Insofern war der „Stalinismus" eine Auswirkung des Versagens der revolutionären Bewegungen in den kapitalistischen Ländern, insbesondere in Deutschland. Es war nicht nur ein Versagen der kommunistischen Parteien, sondern darüber hinaus der Arbeiterbewegung im großen und ganzen.

Ich hatte mittlerweile eine kleine Gruppe gebildet. Wir waren nur sechs bis zehn Genossen, die sich mehrmals in der Woche trafen, um über deutsche und russische Parteiangelegenheiten zu sprechen. Hier diskutierten wie schon 1925 über Stalin; wer ist dieser Mann, was will er?
Wiskow hatte von Steinbrück, der öfters mit Stalin zu tun gehabt hatte, einiges über die Persönlichkeit und die Laufbahn Stalins erfahren. Seine Vergangenheit und seine Stellung in der Bolschewistischen Partei kannten wir wohl, aber wenig Persönliches. Steinbrück beurteilte ihn positiv: „Ein sehr energischer und erfahrener Organisator mit außerordentlichen Personenkenntnissen." Das hatte mir schon Alexander Dworin in Moskau erzählt. Nach Dworin hatte Stalin die Schlüsselstellungen in der Sowjet-Union mit Funktionären zu besetzen. Stalin hatte eine Kartei, in der sämtliche Mitglieder der Kommunistischen Partei der Sowjet-Union nach Beruf und Eignung registriert waren. Auf jeder Karte war vermerkt, wer zum Beispiel als Parteisekretär, Betriebsmanager für die Verwaltung oder Polizei und so fort geeignet war. Die Armeestellen waren ausgenommen, über die disponierte Trotzki. Stalin konnte Funktionäre aus irgendeiner Gegend der Sowjet-Union zu sich bestellen und mit ihnen über die Besetzung einer verantwortlichen Stelle verhandeln. Noch verhandelte er, später wurde abkommandiert.
Wolfgang von Wiskow hatte, wenn auch nur ungewiß, von einem Testament Lenins gehört und seiner negativen Einschätzung Stalins. Aber wir wußten nichts Genaues. In unseren Diskussionen bejahten wir weiterhin Trotzkis Theorie der „Permanenten Revolution". So entstand eigentlich die erste „Trotzkigruppe" in Deutschland. Jedoch von einem „Trotzkismus" war noch keine Rede. Verbindung mit Trotzki hatten wir nicht; wir suchten sie nicht, Trotzki auch nicht. Wir erfuhren nicht einmal, daß Trotzki im Sommer 1925 mehrere Wochen in Berlin war.
Die bedeutendsten kaltgestellten Mitglieder der Kommunistischen Partei Deutschlands, wie August Thalheimer, Paul Frölich, Karl Becker, August Enderle, Alexander Ludwig und andere, bildeten eigene Diskussionsgruppen, an deren Zusammenkünften ich ebenfalls ziemlich regelmäßig teilnahm. Hier wurde fast nur über deutsche Fragen diskutiert; über die Bildung einer Opposition gegen das deutsche Zentralkomitee. Diese Gruppen waren die Anfänge der „KPO" (Kommunistische Partei Opposition) und der „SAP" (Sozialistische Arbeiter Partei).

In diesen Wochen, ich kann den genauen Zeitpunkt nicht mehr angeben, verunglückte ein Teil meines früheren „Apparates", den ich vor drei Jahren abgegeben hatte. Als ich wie an jedem Morgen zu einem Kiosk nach Zeitungen ging, lag obenauf ein Boulevardblatt mit der Balkenüberschrift: „Kommunistische Paßfälscherzentrale ausgehoben! Hunderte falsche Stempel, Pässe und Formulare beschlagnahmt!" Ich kaufte das Blatt und las eine phantastische Geschichte über die Tätigkeit der Berliner Kriminalpolizei, die „nach monatelanger sorgfältiger Überwachung in Neukölln zu einem vernichtenden Schlag ausgeholt hat." Der Mann, der beim Fälschen ertappt worden war, konnte jedoch entkommen.
Dieser Verlust interessierte mich natürlich sehr, und ich ging zu einem Freund, der mit dem nicht gefaßten Paßfälscher eine Zusammenkunft vereinbarte. Wir trafen uns und er erzählte mir, wie das Unglück geschehen war. Der Zeitungsbericht war maßlos übertrieben; die Polizei hatte die Tintenfässer, Stempelkissen, Federhalter etc. mitgezählt. Der Verlust war aber schlimm genug.
Mein Nachfolger, der den gleichen Vornamen wie ich trug, Karl W., war für diese Spezialarbeit technisch besser geschult als ich. Er war gelernter Photograph und Chemigraph und machte alles „handwerkmäßig". Aber er hatte Gewohnheiten, die ein „Illegaler" nicht annehmen darf. Er war laut und unhöflich, er rannte pfeifend, mehrere Stufen auf einmal nehmend, die Treppe rauf oder runter, schlug die Türen knallend zu, und wenn er anderen Mietern auf der Treppe begegnete, grüßte er nicht. Sein „Büro" war im zweiten Stockwerk und ging zur Straße hinaus.
Eine Nachbarin ärgerte sich über den jungen Mann und ging zum Hauswirt, Beschwerde zu führen. Der Hauswirt sagte, daß im zweiten Stockwerk kein Untermieter gemeldet sei. Die Frau ging daraufhin zum Polizeirevier. Ein Beamter versprach ihr, in den nächsten Tagen vorbeizukommen, um den jungen Mann zur Rede zu stellen. Als der Beamte kam, öffnete die Vermieterin die Tür und antwortete auf die Fragen der Beamten wahrheitsgetreu, daß bei ihr kein junger Mann wohne, wohl aber bereite sich ein Student seit einigen Monaten stundenweise auf sein Examen vor. Er habe auch nur einen Koffer im Schrank zu stehen. Karl W. war gerade auf der Toilette. Der Kriminalbeamte ging ins Zimmer und sah auf dem Tisch Formulare und Stempel liegen. In diesem Augenblick kam Karl W. zur offenen Tür und erblickte den Beamten, der einen Stempel in der Hand hielt. Blitzschnell warf er die Zimmertür zu, dann die Außentür und sprang in mehreren Sätzen die Treppe hinunter, aus dem Haus raus und verschwand um die nächste Straßenecke. Kleidungsstücke oder einen Hinweis auf seine Person hatte er nicht zurückgelassen. Der Name, den er der Vermieterin angegeben hatte, stimmte nicht. Die Presse hatte noch für einige Tage immer kleiner werdende Schlagzeilen über die Affäre und hoffte vergeblich auf die Verhaftung des Paßfälschers. Karl W. ging auf meinen Rat hin für einige Monate von Berlin fort.

Die Rechtsparteien, Fememörder und Nazis hatten derartige Probleme nicht. Sie erhielten ihre Papiere, sofern sie überhaupt welche nötig hatten, von ihren Gesinnungsgenossen in den Ämtern. Sie unterlagen keinen Reisebeschränkungen. Sie hatten sonst keine Verfolgten. Wir aber hatten neben Tausenden innerdeutsche Flüchtlinge noch Hunderte politischer Flüchtlinge aus den faschistischen Ländern Italien, Ungarn und Bulgarien zu versorgen.

Trotz meiner asketischen Bedürfnislosigkeit war ich mittlerweile in schwere Not gekommen. Arbeitslosenunterstützung konnte ich nicht in Anspruch nehmen. Eines Tages gab mit ein Bekannter eine Empfehlung an einen der Inhaber des Ladyschnikow-Verlages, der neue Gesamtausgaben der Werke Tolstois und Gorkis in allgemein gerühmter deutscher Übersetzung und Ausstattung herausgab. Ich wurde ein ziemlich erfolgreicher Kolporteur. Doch nur in meinem Bekanntenkreis. Dann erfuhr ich, daß Willi Budich Direktor einer russischen Handelsmission in Wien geworden war, die Werkzeugmaschinen einkaufte und die kürzlich eine Filiale in Berlin errichtet hatte. Die Filiale beschäftigte ungefähr zehn Angestellte. Der Filialleiter rief auf meinen Wunsch Budich in Wien an, und er veranlaßte meine Einstellung als Buchhalter. Aber auch mit dieser Stellung war es bald wieder aus. Als ich kaum zwei Wochen in der Stellung war, brannte der Kassierer, der gerade einen größeren Betrag zu Gehalts- und laufenden Zahlungen von der Bank geholt hatte, mit dem Geld durch. Der Filialleiter benachrichtigte die Kriminalpolizei. Es kamen zwei Beamte ins Büro, die nach Festellung der Personalien alle Angestellten zum Polizeipräsidium bestellten. Diese Vorladung konnte ich nicht gut befolgen. Die Sache hatte zwar nicht mit der politischen Abteilung zu tun, aber im Polizeipräsidium hätte ich doch einem dieser Leute in die Arme laufen können. Absolut sicher waren meine Papiere bei genauer Prüfung durch die Berliner Polizei wiederum nicht. Ich verließ die Stellung. Meinen wirklichen Namen und Adresse wußte man dort nicht.

Das Ende meiner Freiheit kam plötzlich. Ich hatte Anfang Februar 1926 eine Einladung von der Bezirksleitung der Kommunistischen Partei Berlins erhalten, zu einem besonderen Vortrag zu kommen, der in meinem bekannten Parteilokal Pilz in der Rostocker Straße stattfinden sollte. Dort traf ich im Vereinszimmer ungefähr 30 leitende Funktionäre an, darunter Mitglieder des Zentralkomitees und der Bezirksleitung. Vortragende war Helene Stassowa, die Vorgängerin Stalins im Sekretariat des Zentralkomitees der Bolschewiki. Sie war wieder einmal nach Berlin gekommen und sprach über den Inhalt und die Methoden der Agitation und Propaganda der Kommunistischen Partei unter den verschiedenen Völkerschaften der Sowjet-Union.
Nach Schluß der Versammlung gegen 23 Uhr, ging ich durch den Schankraum des Lokals zur Straße. Ich achtete nicht darauf, daß zwei Männer, die an der Theke gestanden hatten, mir folgten. Ich ging zur nächsten Haltestelle der Straßenbahn. Dort kamen die beiden Männer auf mich zu, der eine hielt eine Pistole in der Hand und sprach mich mit meinem richtigen Namen an. Beide zeigten mir ihre Kriminalbeamtenmarken. Damit war meine politische Aktivität für die nächsten Jahre beendet.

18. Vor dem Reichsgericht zu Leipzig

Die ersten beiden Tage der Gefangenschaft vergingen mit Ermittlungen des Erkennungsdienstes der Kriminalpolizei. Am dritten Tage wurde ich von den beiden Kriminalbeamten, die mich verhaftet hatten, in den Raum geführt, den ich vom Weltkriege her kannte. Es war das Zimmer des Untersuchungsrichters beim Reichsgericht. „Landgerichtsrat Vogt" konnte ich an der Tür lesen. Als ich eintrat, saß er am Tisch, ein Assistent am Nebentisch und als dritter Mann ein Protokollführer vor seiner Schreibmaschine. Vogt las mir den Eröffnungsbescheid vor: „Vorbereitung zum Hochverrat" Es folgte die Protokollierung der Personalien, wie ich sie schon bei der politischen Polizei angegeben hatte. Einer der beiden Kriminalbeamten sagte, daß er inzwischen mit meinem Bild zu meiner Mutter gefahren war, um sich bestätigen zu lassen, daß ich es wirklich bin.
Nach der Protokollierung der Angaben zur Person erklärte ich, daß ich weitere Angaben erst nach Rücksprache mit meinem Rechtsanwalt machen werde. Ich nannte Paul Levi, der jetzt sozialdemokratisches Mitglied des Reichstages war, als meinen Verteidiger. Levi besuchte mich schon zwei Tage später.
In Vogt, einem untersetzten Mann mit rosigem Gesicht, Glatze und Spitzbauch, lernte ich in den folgenden fünfzehn Monaten einen gerissenen „Spezialisten" für Kommunistenprozesse kennen. Vogt gehörte zu den Richtern, die neben der Verfolgung der Kommunisten auch das Ziel hatten, der Verfassung der Weimarer Republik einen Stoß zu geben. Wer Kommunist war, war für ihn schon zuchthausreif. Den Beweis für eine Straftat zu erbringen dünkte ihn eigentlich überflüssig. Die meist geübte Methode Vogts war das In-die-Länge-ziehen der Untersuchungshaft. Das konnte ein Untersuchungsrichter in der Weimarer Republik ohne Risiko tun; für den Fall, daß gegen den Häftling nichts Strafbares gefunden wurde, hatte die Justiz auf alle Fälle ihre Rache. Haftentschädigung gab es nicht für Kommunisten, bei denen wurde stets „dringender Tatverdacht" angenommen. Bei allen Verhören machte Vogt geheimnisvolle, dunkle Andeutungen über angebliche Spuren, die er entdeckt habe. Mit diesen Zermürbungsversuchen hätte er zweifellos bei Kriminellen Erfolg gehabt, bei mir und anderen Politischen nicht. Solche Andeutungen erzeugen aber bei Angeschuldigten im allgemeinen eine nervöse Spannung, die nicht jeder erträgt. Die

Untersuchungshaft wird daher von den meisten Häftlingen als zermürbender empfunden als die Strafhaft. Nach einigen Wochen oder Monaten entsteht die „Haftpsychose"; mancher Häftling meldet sich selber zur Vernehmung und redet dabei oft von Dingen, von denen der Untersuchungsrichter gar nichts gewußt hatte. Das hatte Vogt sicherlich auch von mir erwartet.
Mein Anwalt Paul Levi verhielt sich Vogt gegenüber schneidend abweisend. Bei einem Besuch Levis erwähnte Vogt das schlechte Wetter. Sofort konterte Levi: „Ich wünsche mit Ihnen keine Privatgespräche zu führen." Beiläufig bemerkt, es war derselbe Vogt, der sieben Jahre später den Reichstagsbrandprozeß gegen Dimitroff, Torgler, van der Lubbe vorbereiten sollte.
Nach jeweils drei Monaten beantragte mein Anwalt einen Haftprüfungstermin. Diese Haftprüfungstermine sollten eigentlich die übermäßig lange Untersuchungshaft eindämmen. Das gelang den Verteidigern bei der Mentalität der Richter in der Weimarer Republik nur in seltenen Fällen. Zwischen Levi und Vogt kam es jedesmal zu heftigem Wortwechsel. Der Untersuchungsrichter pflegte beim Termin zu erzählen, wo er in den vergangenen Monaten herumgereist sei und daß er neues schwerwiegendes Material gegen mich in Händen habe, das noch überprüft werde. Doch die Anschuldigungen, auf die ich wartete, die den „Apparat", „O-D" und „M-P" betrafen, kamen nicht. Levi brauchte mir nicht zu raten, die Nerven zu behalten. Wenn er irgendeine warnende Bemerkung machte, verstand ich ihn sofort. Ich hatte mittlerweile zwei Rechtsanwälte. Das Zentralkomitee der Kommunistischen Partei hatte für mich noch den Rechtsanwalt Georg Cohn mit meiner Verteidigung beauftragt. Georg Cohn war der Sohn des damals sehr bekannten Reichstagsabgeordneten und Rechtsanwalts Dr. Oskar Cohn, der früher Mitglied des Zentralkomitees der USPD gewesen war. Alle Besuche meiner Rechtsanwälte fanden in Gegenwart des Untersuchungsrichters statt. In der Weimarer Zeit konnte der Verteidiger in politischen Prozessen seinen Mandanten erst dann ohne Überwachung sprechen, wenn die Anklageschrift übergeben und der Gerichtstermin anberaumt war.
Die vielen „Karls", die im Apparat der Partei waren, wurden mir jetzt etwas unangenehm. Mir wurden mit „Karl" bezeichnete Sachen aus allen Teilen Deutschlands und auch aus Wien vorgehalten, von denen ich nur zum Teil wußte. So war zum Beispiel in Berlin ein Flüchtling, Karl Frei aus Wien, der Leiter des dortigen „Republikanischen Schutzbundes" gewesen war. Das Diplomatische Korps in Wien hatte auf Antrag des französischen Botschafters von der österreichischen Regierung die Entwaffnung des „Republikanischen Schutzbundes" verlangt, Karl Frei hatte sich dagegen gewehrt und mußte aus Österreich fliehen. Die Entwaffnung der weitaus rechtsstehenden „Heimwehren", die unter Führung des Fürsten Starhemberg standen, verlangte der französische Botschafter nicht. Karl Frei hatte seine Artikel über Straßen- und Partisanenkämpfe mit "K.F." gezeichnet. Ich hatte meine Artikel nie signiert. Es wäre mir nicht schwer gefallen zu beweisen, daß ich dieser „K.F." nicht bin, aber ich hatte keine Veranlassung, die Aufmerksamkeit der Krimminalpolizei und des Untersuchungsrichters auf einen weiteren K.F. zu lenken.
Auch Levi sagte mir, daß es vorläufig egal sei, was der Untersuchungsrichter mir alles anzuhängen versuche; je dicker die Akten und danach die Anklageschrift werden, je mehr könne er vor Gericht alle falschen Anschuldi-

gungen zerpflücken, umso unglaubwürdiger würde die restliche Anklage gegen mich bleiben. Auf das Strafmaß hätten viele Einzelheiten sowieso keinen schwerwiegenden Einfluß.
Die alten Bolschewiki berichten in ihren Erinnerungen oft, daß die Gefängnisse ihre Universitäten gewesen seien. Unter dem Zarismus wurden in den russischen Gefängnissen und in der Verbannung hochgebildete Akademiker, ich nenne nur Lenin, Trotzki, Sinowjew, Stalin, zusammen mit Arbeitern gefangen gehalten. Die Akademiker schrieben und dozierten, die Arbeiter waren dankbare, und wie die Geschichte bewiesen hat, gelehrige Zuhörer. Wir politischen Gefangenen in Deutschland, besonders Untersuchungshäftlinge, wurden jahrelang in Einzelhaft gehalten. Da konnten wir nur lesen. Hier las ich auch zum ersten Male die deutsche Originalausgabe von Marx: „Das Kapital".

Hin und wieder ließ mich Vogt zu Vernehmungen vorführen, bei denen er nur eine einzige Frage stellte. Wenn ich sie mit Ja oder Nein beantwortet hatte, war die Vernehmung zu Ende. Der Untersuchungsrichter wollte wahrscheinlich nur prüfen, ob ich endlich redselig geworden bin. Ich verlor immer viel Zeit dabei, weil ich von meiner Zelle durch den berüchtigten Tunnel zum anderen Flügel geführt wurde. Dann kam ich in eine der sogenannten Vorführungszellen, die so klein waren, daß nur ein Schemel darin Platz hatte. Hier wartete ich manchmal stundenlang, bis ein Kriminalbeamter des Untersuchungsrichters mich abholte. Ich hatte schon beim ersten Male, als ich in einer solchen Zelle warten mußte, vermerkt, daß sie von unten bis oben mit ekelhaften Schweinereien, Zoten und Flüchen beschrieben und bemalt waren. Bei einer Vernehmung, nachdem ich wiederum in einer solchen Zelle hatte warten müssen, sagte ich dem Untersuchungsrichter, daß ich nicht eher auf seine Fragen antworten werde, bis die Zellen neu getüncht worden wären, und verlangte, daß meine Anwälte benachrichtigt würden.
Mehrere Tage darauf kamen der Gefängnisdirektor nebst Inspektor und geleiteten mich zu den Vorführungszellen. Ich sollte mich überzeugen, daß sie frisch getüncht worden waren. Seit Jahren war das nicht geschehen.
Die Sache sprach sich schnell herum, wie überhaupt im Gefängnis beinahe jeder über jeden Bescheid zu wissen schien. Dafür sorgten die „Kalfaktoren". Der Direktor besuchte mich noch einige Male, auch der Inspektor, der Gefängnispfarrer wollte mit mir diskutieren und auch der Zahnarzt, der wöchentlich einmal in einer dazu eingerichteten Zelle praktizierte. Alle redeten mich mit „Edelkommunist" an. Ich mußte mich gegen diesen dummen Ausdruck wehren und sagte jedem, daß der zur Zeit grassierende Ausdruck „Salonbolschewist" als Modeerscheinung einige Berechtigung habe, aber der Ausdruck „Edelkommunist" müsse für alle Kommunisten gelten, die gegen Krieg und Militarismus, für die Befreiung der Arbeiterklasse vom Kapitalismus kämpfen.

Die Bezeichnung „Salonbolschewist" war in den zwanziger Jahren ziemlich beliebt und unter Literaten, Schauspielern, Kabarettisten, verbreitet. In „Salons" alter und neuer Besitzbürger warfen diese Leute mit radikalen Redensarten um sich, die die Gastgeber, öfters waren es Gastgeberinnen, erschrecken liessen. Mitglieder der KPD waren diese „Bolschewisten" nicht. Fritz Schönherr, der inzwischen Bankdirektor geworden war, besuch-

te mich einige Male im Gefängnis und erzählte mir von Diskussionen in diesen „Salons", über die er sich, sofern sie „Politik" machen wollten, weidlich belustigte.
Nach einem Jahr Untersuchungshaft brachte Paul Levi meine Sache im Rechtsausschuß des Reichstages vor, als Beispiel für das In-die-Länge-ziehen der Untersuchungshaft in politischen Sachen. Mir war das gar nicht recht, ich wollte keine Aufmerksamkeit auf mich ziehen. Der Justizminister versprach, einen Bericht anzufordern. Jetzt ging es rasch. Einige Wochen später erhielt ich die Anklageschrift und die Mitteilung, daß der Prozeß vor dem Reichsgericht in Leipzig auf Anfang Juni mit vier Tagen Dauer anberaumt sei.

Die 48 Seiten starke Anklageschrift enthielt den Vermerk „Geheimsache" und wimmelte von Märchen. Der Untersuchungsrichter Vogt, der mittlerweile Landgerichtsdirektor geworden war, hängte mir darin Dinge an, von denen ich nicht einmal gehört hatte. Meine Haltung und Verurteilung im Weltkriege wurden als belastend bezeichnet, meine Teilnahme an der Bayrischen Räterepublik wurde nur erwähnt, sie war nicht Gegenstand der Anklage. Merkwürdigerweise aber meine Tätigkeit bei der Abwehr des Kapp-Lüttwitz-Putsches. Weiter waren in der Anklageschrift Anschuldigungen enthalten, die von Felix Neumann stammten, die nahe an meine frühere Parteifunktion herankamen.
Vogt wollte mich gleich nach Überreichung der Anklageschrift nach Leipzig bringen lassen. Dann hätten mich meine Verteidiger kaum besuchen können. Scharfe Proteste verhinderten die vorzeitige Überführung, die dann erst einige Tage vor dem Prozeßbeginn erfolgte.
Das alte Leipziger Gefängnis lag mitten in der Stadt. Es war ein düsterer Bau mit sehr kleinen Fenstern. Auch der Hof war so klein, daß er nur als Luftschacht bezeichnet werden konnte.

Der Vorsitzende des vierten politischen Strafsenats des Reichsgerichts, Senatspräsident Niedner, begann mit meiner Vernehmung zur Person und Verlesung der Anklageschrift. Nach dem üblichen Anhören des Arztes des Berlin-Moabiter Gefängnisses, der meine Gesundheit attestierte, wurden die Zeugen aufgerufen; es waren elf Kriminalbeamte, ferner als Hauptzeuge der bereits genannten Felix Neumann. Neumann war noch nicht anwesend, der Vorsitzende teilte mit, daß Neumann am folgenden Tag vorgeführt werden würde. Danach wurde die Verhandlung vertagt. Während die Richter den Saal durch einen Hinterausgang verließen, wurden mir Blumensträuße zugereicht. Im vollbesetzten Zuhörerraum saßen auch Freunde aus Berlin. Mit der „grünen Minna" fuhr ich ins Gefängnis zurück.
Am Morgen des zweiten Gerichtstages begannen die Aussagen der Kriminalbeamten. Nur vier von den elf kamen dazu, Aussagen zu machen. Was sie vorbrachten, waren dürftige Spitzelgeschichten aus zweiter Hand. Die beiden ersten Beamten waren Berliner. Sie erzählten unter anderem Vorgänge aus der Abwehr des Kapp-Lüttwitz-Putsches, die das Publikum zum Lachen brachten, weil sie auf die Frage Paul Levis, auf welcher Seite sie im Putsch gestanden hätten, die Aussage verweigerten. Der dritte Beamte war aus Stuttgart, der vierte aus Leipzig. Sie erklärten, daß sie mich persönlich zwar niemals gesehen hätten, aber sie hätten von zuverlässigen „Vertrauensleuten" Informationen über mich erhalten. Auf Levis Antrag, die

„Vertrauensleute" als Zeugen zu laden, zog sich das Gericht zur Beratung zurück und verkündete nach ungefähr einer halben Stunde die Ablehnung des Antrages Levis und gleichzeitig den Verzicht auf weitere Aussagen der Kriminalbeamten. Diese verließen daraufhin den Saal.
Nach der Mittagspause machte der Untersuchungsrichter Vogt längere Ausführungen über seine Ermittlungen und über mein Verhalten während der Untersuchungshaft. Zur Entlassung seiner Kriminalbeamten-Zeugen sagte er sehr gewichtig die kommenden Aussagen Felix Neumanns würden die Anklage erhärten.

Nun kam der bereits geschilderte Auftritt Felix Neumanns, der die weitere Verhandlung sprengte. Levi aber bestätigte wieder einmal seinen Ruf als erster deutscher Verteidiger in politischen Prozessen. Er hielt ein Plädoyer, das das Publikum zu Beifallskundgebungen hinriß. Levi beantragte teilweise Einstellung des Verfahrens, die Pressesachen seien nach sechs Monaten verjährt, die Führung des falschen Namens sei ein Akt der Notwehr gewesen. Es käme nur Festungshaft in Frage, die aber sei durch die lange Untersuchungshaft als verbüßt zu betrachten. Das Zentralkomitee der KPD hatte mir durch meinen zweiten Anwalt Georg Cohn sagen lassen, meine ganze Sache solle möglichst ohne Aufsehen und ohne Schlußwort abgeschlossen werden. Georg Cohn verzichtete nach der Rede Levis auf ein Schlußwort. Ich wurde zu zwei Jahren und sechs Monaten Gefängnis verurteilt. Sicherlich ärgerte sich Vogt am meisten darüber, er hatte mir während der Untersuchungshaft mehrmals angedeutet, daß ich mich „auf mindestens sechs Jahre Zuchthaus" gefaßt machen solle.
Das war mein Zusammentreffen mit dem berüchtigten vierten Strafsenat des Reichsgerichts und seinem Präsidenten Niedner gewesen. Andere „Linke", Kommunisten und Pazifisten waren schlechter weggekommen.
Niedner war mehr noch als Vogt der Prototyp des reaktionären Richters, der mit juristischen Vokabeln seine politische Einstellung kaum verdeckte. Niedner war einer jener Richter des Reichsgerichts, die Enthüllungen über die Rüstungen der Wehrverbände zu Verbrechen stempelten, die als Landesverrat geahndet wurden. Der Vierte Strafsenat des Reichsgerichts stand in der Weimarer Republik an der Spitze in der unverhüllten Rechtsbeugung der deutschen politischen Justiz.
Vierzehn Tage nach meinem Prozeß geleiteten mich zwei Kriminalbeamte zum Gefängnis Berlin-Plötzensee. Ich beantragte bei der Direktion Anerkennung als politischer Gefangener und Freistellung von der Gefängnisarbeit. Die „Rote Hilfe" erbot sich, für Verpflegung und Wäsche zu zahlen. Nach mehreren Tagen konnte ich den Hof zum einstündigen Rundgang betreten. Hier traf ich zwei weitere „Politische", die ich von ihren Berliner Bezirken her kannte. Jeder war wie ich in Einzelhaft, nur der tägliche einstündige Rundgang auf dem Hof war gemeinsam. Wir durften erst dann auf den Hof, wenn die anderen Gefangenen ihren Rundgang hinter sich hatten und zur Arbeit waren. Ich erfuhr, daß auch Fememörder im gleichen Bau waren, sie trugen ebenfalls Zivilkleidung und machten ihren Rundgang gesondert. Mein erster Besucher war mein Rechtsanwalt Paul Levi, der sich erkundigen wollte, ob ich den politischen Status habe. Er erzählte mir gleich lachend, daß der Direktor des Gefängnisses ihn empfangen und gebeten habe, die Mittagssuppe zu kosten und daß er die Kostprobe abgelehnt habe.
„Ich weiß selber", hatte Levi dem Direktor geantwortet, „daß ein Löffel

Erbensuppe anders schmeckt als ein Napf voll, besonders dann, wenn man die Erbsensuppe fast jeden Tag bekommt." Levi wollte mich bedauern. Ich versicherte ihm, daß es hätte viel schlimmer kommen können.
Das Reichsgericht hatte mir nur ein Jahr der Untersuchungshaft angerechnet, obwohl diese Haft etwas mehr als 15 Monate gedauert hatte. Dadurch hatte ich drei Monate zusätzlich erhalten. Ich wollte die Zeit ausnützen, um zu studieren: Geschichte, Literatur und vor allem, um später im Verlagsberuf bleiben zu können, die einschlägige Verlags-Literatur. Dazu war um diese Zeit die deutsche Übersetzung des Buches eines Engländers, Stanley Unwin, „Das wahre Gesicht des Verlagsbuchhandels" in einem Stuttgarter Verlag erschienen. Dieses Buch ist wohl bis auf den heutigen Tag das instruktivste Werk über den Beruf des Verlegers geblieben.
Die Gefängnisbibliothek enthielt nichts, was ich zum Studium benötigte. Der Gefängnislehrer, ein dicker, unaufhörlich Pfeife rauchender Mann, der die Bibliothek verwaltete, war auch der Zensor der Bücher, die von außen geschickt wurden. Manchmal brachte er die Bücher selbst, um mit mir zu sprechen.
Ein nicht uninteresanter Typ war der Gefängnisarzt. Er war ungefähr Ende Dreißig, hochgewachsen, blond, mit Schmissen im Gesicht. Wie jeder Gefangene wurde ich in den ersten Tagen von ihm untersucht und wahrscheinlich, weil er auf der Karteikarte gelesen hatte „politischer Gefangener", erzählte er mir dabei seine politischen Ansichten. Er gab sich burschikos und schimpfte über die „Zustände" in Ausdrücken, wie sie manchmal von Ärzten gebraucht werden. Ich konnte auch mit der Zeit niemals recht erkennen, ob er ganz „links" oder ganz „rechts" stand, er wollte mit keiner Partei etwas zu tun haben. Er sagte mir, daß er kein Geld für eine eigene Praxis habe, er arbeitete aber noch in einem Krankenhaus.
Eines Tages kam er aufgeregt in meine Zelle und sagte, daß er unterwegs, zum Gefängnis auf der Straße in Charlottenburg, den früheren deutschen Kronprinzen im Auto habe vorbeifahren sehen. „Sie wissen doch", sagte er, „ich bin Republikaner, aber als der Kronprinz vorbeifuhr, habe ich unwillkürlich Haltung angenommen und militärisch gegrüßt, schließlich war ich ja einmal Leutnant gewesen." Er überlegte und fügte hinzu: „Ich kann es mir schwer erklären, aber hinterher ärgerte ich mich, es war eine unwillkürliche Bewegung und ein Beweis dafür, wie tief der preußische Untertanengeist in den Knochen steckt."
Die persönlichen Gespräche mit dem Arzt und dem Lehrer dauerten stets nur wenige Minuten. Es war jedoch nicht so, daß eine persönliche Sympathie entstand. Wochenlang wurde kein Wort gewechselt. Beide, Arzt und Lehrer, mußten sich auch hüten, bei den Gefängnisbeamten, die ja jeden Besuch beobachteten, „ins Gerede" zu kommen.
Das Verhältnis zu meinen politischen Mitgefangenen war nicht immer freundlich. Ich hatte unter anderen Büchern Tolstois „Krieg und Frieden" in meiner Zelle und bot den Roman auch meinen Genossen an. Das hatte eine unerfreuliche Diskussion zur Folge, die sich durch Wochen hinzog. Einer meiner Genossen behauptete, Tolstoi sei ein Konterrevolutionär und ich mache mit meiner Empfehlung, ihn zu lesen, „konterrevolutionäre Propaganda". Der Genosse schrieb sogar an die Bezirksleitung der KPD Berlin-Brandenburg und beantragte ein Parteiverfahren gegen mich. Der Bezirkssekretär Hans Pfeiffer erhielt als Abgeordneter Sprecherlaubnis ausser der Reihe. Um den Streit zu schlichten, sagte er, daß es keinen Partei-

beschluß gäbe, der besagt, daß Tolstoi ein Konterrevolutionär sei. Trotzdem sei meine Empfehlung befremdlich. Es gäbe wichtigere Schriften. Er selbst habe Tolstoi nicht gelesen.
Fast drei Jahrzehnte später besuchte eine diplomatische Mission der DDR unter Führung eines Botschafters im Auftrage des Staatsratsvorsitzenden Walter Ulbricht die Grabstätte Tolstois in Jasnaja–Poljana, die ebenso wie Tolstois Haus noch zu Zeiten Lenins zum Museum und Nationaldenkmal erklärt worden war. Die Nazis hatten Jasnaja-Poljana im Kriege teilweise zerstört. Inzwischen war alles wieder aufgebaut worden. Der Botschafter bezeichnete in seiner Rede die Schriften Tolstois als „unvergängliche Werke" und die Nazis als Kulturbarbaren.

In der Verfassung der Weimarer Republik sollte die Todesstrafe zuerst abgeschafft werden, ihre Vollstreckung war suspendiert worden. Aber nachdem in Schlesien, Hannover und Düsseldorf mehrere grausige Mordtaten begangen worden waren, wurde sie wieder eingeführt.
In einer Gemeinschaftzelle im obersten Stockwerk befand sich ein Mann, der in Berlin eine Frau getötet hatte und zum Tode verurteilt worden war. Der Mann hatte bislang auch mit anderen Gefangenen zusammen gearbeitet. Eines Tages wurde er plötzlich in eine Einzelzelle im Erdgeschoß, neben dem Ausgang zum Hof, eingeschlossen. Ein Arzt kam am gleichen Tag, ihn zu untersuchen. Es war nicht unser Gefängnisarzt; dieser sagte mir eine Woche später, daß er sich habe beurlauben lassen, als er den Zweck der Untersuchung erkannt hatte. Am Abend des nächsten Tages nach der ärztlichen Untersuchung wurden wir politischen Gefangene für eine Nacht in ein anderes Stockwerk geführt. Den Zweck dieser Maßnahmen erkannten wir erst am folgenden frühen Morgen, als im Gefängnis ungewohnte Unruhe aufkam. Wir hörten Singen und Klopfen, bis eine Glocke zu läuten begann. Der Vormittagsrundgang der kriminellen Gefangenen fiel aus, nur wir politischen gingen erst am Nachmittag auf den Hof. Der Wachtmeister, der uns auf den Hof führte, sagte uns, daß der Verurteilte mit dem Handbeil hingerichtet worden sei. Der Direktor und ein weiterer Zeuge hätten dabei erbrochen.
Ich hatte den Hingerichteten niemals gesehen, jetzt aber hörte ich Geschichten über ihn, die mich in meiner Auffassung bestärkten, daß die meisten Verbrecher Psychopathen oder zumindest psychisch labile Menschen sind, die in einer aufgeklärten Gesellschaft als Kranke behandelt werden müßten, und daß die Todesstrafe unbedingt abzuschaffen ist.
Die Wachtmeister in „meinem" Haus sagten mir, der Hingerichtete sei ein sehr frommer Mann gewesen. Die ganze letzte Nacht habe er gebetet. Ein „Kalfaktor" erzählte mir, daß der Delinquent schon in der Gemeinschaftszelle seinen Mitgefangenen gesagt habe, daß er mit seiner Hinrichtung rechne, und er habe, da er an ein Leben nach dem Tode glaubte, mit seinen Zellengenossen Signale vereinbart, die er ihnen vom Himmel geben werde. Trotz seiner Mordtat glaubte er, bestärkt durch den Gefängnispfarrer, in den Himmel zu kommen.
Seine Zellengenossen glaubten es auch. Sie waren anscheinend ebenso geistesgestört wie der Hingerichtete. Sie stiegen durch Wochen hindurch, Nacht für Nacht, auf das Bettgerüst der Gemeinschaftszelle, um durch das Gitter auf die Zeichen am Himmel aufzupassen. Trotz Androhung von Disziplinarstrafen gelang es der Gefängnisdirektion nicht, sie von dem Un-

fug abzubringen. Mit der Zeit aber wurde sie es müde.

Was mich in der Zeit der Einzelhaft am meisten beschäftigte und bedrückte, war die Entwicklung, die die Partei- und Regierungspolitik der Sowjet-Union nahm. Das Grübeln, ohne informiert zu sein, war eine schwer zu ertragende seelische Belastung. Tageszeitungen und Zeitschriften erhielt ich im Gefängnis nicht. Die Diskussionen, die mittlerweile zu Diadochenkämpfen um die Nachfolge Lenins ausgewachsen waren, konnte ich mithin nicht verfolgen. Meine mitgefangenen Parteigenossen wichen Diskussionen über die Vorgänge in der Sowjet-Union aus. Sie wußten auch nichts, sie konnten mir nur von Gerüchten erzählen, die sie bei Besuchen von Angehörigen erfahren hatten. Paul Levi hatte meine Unsicherheit noch verstärkt, als er mir bei einem Besuch sagte, daß die Dinge in der Sowjet-Union sich so zu entwickeln schienen, wie er, Levi, sie in den Jahren 1921/22 befürchtet hatte. Levi meinte, im isolierten Rußland entstehe eine neue Kaste, die zum Faktor der Konterrevolution werden könnte. Er ging weiter zurück und meinte, die Art, wie der Kronstädter Aufstand niedergeworfen wurde, sei eigentlich schon der Beginn der Konterrevolution gewesen. Ich wußte aus allen Nachrichten nur soviel, daß Trotzki, nachdem er aus seinem Amt als Kriegsminister ausgeschieden war, die Leitung der Wirtschafts-Plankommission innehatte. Der erste „Fünfjahresplan" der Sowjet-Union entstand unter seiner Federführung. Ich wußte auch, daß Trotzki Vorsitzender der „China-Kommission" war. Die China-Frage war zu dieser Zeit das wichtigste außenpolitische Problem der Sowjet-Union und auch der Kommunistischen Internationale.
Endlich schickte mir Wolfang von Wiskow einen Bericht über die Verbannung Trotzkis nach Alma Ata, an der Grenze Asiens. Ein Besucher konnte ihn mir zustecken. Ich schrieb daraufhin einen Protestbrief an die Kommunistische Internationale zu Händen Piatnitzkis. Den Wortlaut weiß ich nicht mehr, aber an den Schlußsatz: „Trotzki und Lenin gehören so zusammen wie Marx und Engels" erinnere ich mich genau. Ich schrieb in diesem Brief unter anderem, daß die Leistungen des einen ohne die Fähigkeiten des anderen nicht möglich gewesen wären. Der Brief war eine stark emotionelle Solidaritätserklärung mit Trotzki. Es wurde wirklich nach Moskau befördert. Leon Sedow, der Sohn Trotzkis, sagte mir Jahre später, daß auch er ihn gelesen habe.

Der im Mai 1928 neu gewählte Reichstag diskutierte einige Wochen darauf eine Amnestie für politische Delikte. Die Rechtsparteien lehnten sie zuerst ab, dann wollten sie einen „Gefangenen-Austausch". Von den rechtsstehenden Organisationen waren nur einige Fememörder im Gefängnis, gegen andere lagen angeblich nicht vollstreckbare Haftbefehle vor, so zum Beispiel gegen den General von Lüttwitz. Der Zufall wollte es, daß ich zum „Austausch" gegen diesen Mann vorgeschlagen wurde. Paul Levi, der mich besuchte, fragte mich, ob ich mir eine so absurde Situation vorstellen könnte, gegen einen General „ausgetauscht" zu werden. Ich lehnte ab. Levi brachte meine Ablehnung im Ausschuß des Reichstages vor.
Der Fall des Generals Lüttwitz war eine typische und besonders krasse Verhöhnung der sozialdemokratischen Preußenregierung. Von General Lüttwitz hieß es offiziell, er lebe im Exil in Ungarn. Es war aber allgemein bekannt, daß Lüttwitz längst wieder aus Ungarn zurückgekehrt war und see-

lenruhig auf seinem Gut lebte. Levi hatte mir erzählt, daß sogar in den Wandelgängen des Reichstages darüber gesprochen werde und daß die Abgeorneten, je nach ihrer politischen Einstellung, darüber lachten oder sich empörten. Tatsächlich war es so, daß man den Kriminalbeamten, die zum Gut kamen, nach Lüttwitz zu fragen, jedesmal eine Postkarte aus Ungarn zeigte und sagte, daß der General nach wie vor in Ungarn sei. Später, nach seiner Amnestierung, wurde die Wahrheit erzählt. Lüttwitz selbst hatte von Zeit zu Zeit derartige ungarische Postkarten an seine Familie und an die Gutsverwaltung adressiert in Briefen nach Ungarn geschickt und sie dort in Postkästen werfen lassen. Entweder tanzte die politische Polizei des sozialdemokratischen Innenministers Severing ihrem obersten Chef auf der Nase herum oder Severing wußte von der Komödie. Die Amnestie wurde am 14. Juli 1928 verkündet. Der Reichstagsbeschluß wurde dem Gefängnisdirektor noch am Tage der Annahme übermittelt. Sein Stellvertreter kam sogleich zu uns Politischen, um uns mitzuteilen, daß wir nach Hause gehen könnten. Die Gefängnisverwaltung war sichtlich erleichtert, die politischen Gefangenen los zu sein. Die Fememörder kamen gleichzeitig mit uns frei.

19. Hitler fand alles fertig vor

Wenn ich mich recht erinnere, war es ein heißer Julitag, als ich das Gefängnis verließ. Mit meinen Büchern und einigen Kleidungsstücken auf dem Arm ging ich zur nahen Beusselstraße, wo meine Mutter noch wohnte. Meine drei politischen Mithäftlinge waren mit ihren Sachen bereits davongeeilt.
Aus den Unterredungen mit meinen Freunden und aus der Lektüre der Zeitungen und Zeitschriften entnahm ich, daß ich in einer politisch angespannten Situation aus dem Gefängnis gekommen war. Einige Wochen vorher, im Mai 1928, hatten die Wahlen zum Reichstag den Linksparteien und auch der Zentrumspartei große Stimmengewinne gebracht. Die Sozialdemokraten hatten über 9,1 Millionen Stimmen und 152 Abgeordnete, die Kommunisten über 3,2 Millionen Stimmen und 54 Abgeordnete erhalten, während die Nazis über 100.000 Stimmen verloren hatten und nur noch mit 12 Abgeordneten in den Reichstag einzogen. Ihre nächsten Freunde, die Deutschnationalen, hatten ebenfalls starke Verluste zu verzeichnen, sie erhielten nur noch 4,7 Millionen Stimmen und 78 Abgeordnete.
So hatte die neue Reichs-Regierung unter dem sozialdemokratischen Parteivorsitzenden Hermann Müller als Reichskanzler eine feste Grundlage. Severing war Innenminister, Hilferding wiederum Finanzminister, hinzu kam Wissell als Arbeitsminister. Außerdem war immer noch Otto Braun Ministerpräsident des größten und wirtschaftlich stärksten deutschen Landes Preußen, der Grzesinski als Innenminister an der Seite hatte. Die Sozialdemokraten hatten somit die wichtigsten Ämter inne. Das Wahlergebnis verpflichtete den Reichstag dazu, die Exzesse der politischen Justiz zu korrigieren. Daher war es unrichtig, von einer „Hindenburg-Amnestie" zu reden.
Vom Zentralkomitee der KPD, gezeichnet Wilhelm Pieck, erhielt ich eine Aufforderung, ihn zu besuchen, und in der „Roten Fahne" wurden alle entlassenen Gefangenen zu einer Feier aufgerufen. Ich sprach mit Pieck, der mir mit vielen Worten nur sagte, daß er froh gewesen sei, daß sich aus meinem Prozeß keine Weiterungen ergeben hätten. Die ganzen „illegalen Sachen" seien ihm ein Ärgernis gewesen. An der Feier der Amnestierten nahm ich nicht teil, ich wollte nicht gern herumgereicht werden. Mittelpunkt der Feier war Max Hoelz. Seine Angriffe und Beschuldigungen gegen

das Zentralkomitee der KPD waren vergessen.
In der ersten Woche war ich tagsüber und abends unterwegs, meine Freunde zu besuchen. Augst Thalheimer traf ich als ersten. Er erzählte mir von seinen Vorlesungen an der Moskauer Universität über dialektischen Materialismus. Er habe aber auf eine Professur verzichtet, um in Deutschland politisch arbeiten zu können. Er sagte, daß auch Brandler amnestiert sei und demnächst aus Moskau zurückkehren werde. Er lud mich zur nächsten Zusammenkunft seiner Oppositionsgruppe ein. Aus diesen Zusammenkünften ging nach der Rückkehr Brandlers die „Kommunistische Partei Deutschlands–Opposition" (KPO) hervor.
Mein früherer Chef James Thomas, den ich zum ersten Mal in seiner „legalen" Wohnung besuchte, sagte mir, daß er selber kaltgestellt sei, weil er die Einladung Stalins, nach Moskau zu kommen, abgelehnt habe. Ich sprach in diesen Tagen noch mit Paul Levi, Fritz Schönherr, Valeriu Marcu, Joseph Bornstein von der Zeitschrift „Das Tagebuch". Das alle Gespräche beherrschende Thema war, was getan werden kann, um das Anwachsen der Völkischen, der Nazis und der Rüstung zu verhindern. Diese Politiker liessen sich durch den Rückschlag, den die Nazis bei den letzten Wahlen erlitten hatten, nicht irritieren.

Drollig war mein Besuch bei dem Historiker Valeriu Marcu. Als ich in den Hausflur in der Meineckestraße/ Ecke Kurfürstendamm trat, kam mir ein hochgewachsener Mann entgegen, der gerade aus der Parterrewohnung Marcus getreten war. „Hast Du den Mann gesehen, der soeben das Haus verließ", fragte mich Marcu nach der Begrüßung. Ich bejahte. „Das war General von Seeckt", sagte Marcu lachend, „er besucht mich öfters, um über militärische Fragen zu philosophieren." Dann erzählte Marcu: „Als Seeckt zum ersten Mal zu mir kam, sagte er an der Tür, er möchte den Verfasser des Buches „Scharnhorst, oder das große Kommando" sprechen. Er hatte geglaubt, einen hohen pensionierten Offizier anzutreffen, der unter dem Pseudonym Marcu schrieb und er fand einen kleinen Juden vor." Marcu erzählte mir sehr belustigend, wie verlegen Seeckt war und sofort wieder umkehren wollte, als Marcu sich als Verfasser des Buches vorstellte. Dann aber hatte Seeckt einige Fragen an Marcu gestellt, sich gesetzt – und war vier Stunden geblieben. Marcu hatte Seeckt auf seine Frage nach Marcus Militärzeit geantwortet, daß er niemals Soldat gewesen sei und daß er zum Studium der preußischen Militärgeschichte von Lenin und Trotzki persönlich und durch die Schriften Friedrich Engels' angeregt worden sei. Marcu erzählte ihm, daß er Trotzki aus der Vorkriegszeit her kenne, als beide, Trotzki und Marcu, in Bukarest lebten und Trotzki dort in sozialistischen Zirkeln über seine Erlebnisse als Kriegskorrespondent im Balkankrieg referierte. In der Schweiz, während des Weltkrieges, hatte Marcu auch Lenin kennengelernt.
Die beiden nach Herkunft und Stellung völlig gegensätzlich eingestellten Männer, der Bohemien und Jude Marcu und der arrogante preußische General von Seeckt, freundeten sich an. Seeckt besuchte von nun an Marcu des öfteren. Er war dabei vorsichtig; wenn er Marcu besuchen wollte, vergewisserte er sich jedesmal vorher telefonisch, ob er auch keinen anderen Besucher antreffen würde.
Eine Episode aus dem Leben Marcus möchte ich noch einflechten. Marcu, der seit seinem Ausscheiden aus der Kommunistischen Partei gern die Wor-

te „reale Tatsachen" gebrauchte, lernte einmal mehr die „Realität" der sozialdemokratisch-geleiteten preußischen Polizei kennen. Eines frühen Morgens wurde Marcu von Kriminalbeamten des Raubdezernats aus dem Bett geholt, in Fesseln zum Polizeipräsidium gebracht, dort unter schweren Mißhandlungen stundenlang verhört. Die Beamten des Raubdezernats legten Marcu ein Jackett mit seinem Monogramm vor. Marcu bestätigte, daß es ihm gehöre. Es war in einer Villa im Grunewald vor einem erbrochenen Schreibtisch gefunden worden. Der Einbrecher war gestört worden und durch das Fenster geflüchtet. Die Jacke hatte der Einbrecher liegen lassen. Als gegen Mittag der Polizeipräsident kam, der Marcu persönlich kannte, ließ er Frau Marcu rufen und es stellte sich heraus, daß Frau Marcu die Jakke einige Tage vorher einem angeblichen Bettler geschenkt hatte. Die Polizei legte Frau Marcu ein „Verbrecheralbum" vor und sie konnte den Bettler identifizieren. Dieser war der Polizei wohlbekannt, und er konnte gleich aus seiner Stammkneipe geholt werden. Marcu aber hatte den handgreiflichen Beweis für die Methoden der Berliner Schlägerpolizei erhalten, die ihn außer den Prügeln auch mit Titeln wie „Saujude mit Doppelexistenz" traktiert hatte.

Ich hatte mir in den Jahren der Haft vorgenommen, eine Berufsarbeit in einem Buch- oder Zeitungsverlag zu suchen. Es war mit längst klar geworden, daß eine konspirative Parteistellung für mich nicht mehr in Frage kam, denn dafür war ich nicht mehr der Typ. Abgesehen davon mußte ich damit rechnen, ständig von der Polizei überwacht zu werden. Aber der Hauptgrund war, daß ich politischer tätig sein wollte; darin sah ich den Sinn meines Lebens. Wenn politische Arbeit eine das Leben ausfüllende Beschäftigung ist, so ist es noch unendlich schwerer, für eine revolutionäre Partei tätig zu sein und gleichzeitig eine Opposition innerhalb der eigenen Partei zu organisieren. Innerparteiliche Opposition ist nötig, wenn man glaubt, daß der politische Kurs der Parteiführung falsch ist, das heißt, nach Meinung der Oppositionellen nicht zum gesteckten Ziel führen kann.
Nach mehreren Tagen und verschiedenen Unterredungen merkte ich, daß es illusorisch gewesen war anzunehmen, ich könnte eine „bürgerliche" Arbeit finden.
Ich war ungefähr zehn Tage in Freiheit, als ich zufällig auf der Straße Willi Münzenberg traf. Wir kannten uns persönlich seit dem Jahre 1920. Ich hatte schon während des Weltkrieges im Jugendbildungsverein von ihm gehört und gelesen. Damals lebte er in der Schweiz und war Sekretär der „Sozialistischen Jugendinternationale" und gehörte zum Kreis um Lenin.
Münzenberg war sieben Jahre älter als ich. Er hatte ein schmales Gesicht, das von Nachtarbeit und andauernder Aktivität gezeichnet war. Wie ich, hatte auch er nach seiner Schulentlassung als Arbeiter in einer Schuhfabrik gearbeitet. Vor Ausbruch des ersten Weltkrieges war er als Wanderbursche in die Schweiz gegangen und hatte dort Anschluß an internationale sozialistische Kreise gefunden. Jetzt, als ich ihn auf der Straße traf, war er Präsident der „Internationalen Arbeiterhilfe", die im Jahre 1921, während der grossen Hungersnot in Rußland unter Leitung Münzenbergs geschaffen worden war; ferner Chef des „Neuen Deutschen Verlages" mit der „Arbeiter Illustrierten Zeitung" und der Buchgemeinschaft „Universum Bücherei". Außerdem kontrollierte er die Berliner Zeitungen „Welt am Abend" und „Berlin am Morgen". Diesen Verlags- und Zeitungsinteressen verdankte er

den Spitznamen „roter Hugenberg". Münzenberg legte bei jeder Gelegenheit großen Wert darauf zu betonen, daß er die „Internationale Arbeiterhilfe" und die Verlage unabhängig von der Kommunistischen Partei leite, obwohl er zeitweilig auch Mitglied des Zentralkomitees war.
Als ich Münzenberg sagte, daß ich auf Arbeitssuche sei, forderte er mich sogleich auf, ihn zum „Neuen Deutschen Verlag" zu begleiten. Eine Stunde später war ich eingestellt, und anderntags begann ich mit der Arbeit. Einige Wochen später sagte er mir, daß er und seine Frau, Babette Gross, die Ko-Geschäftsführerin des Neuen Deutschen Verlages und der Universum-Bücherei war, seit mehreren Jahren keinen Urlaub gehabt hätten. Sie wollten gern verreisen, ich solle den Verlag mit den anderen Ko-Geschäftsführern leiten. Ich stimmte zu, Münzenberg und seine Frau blieben zwei Monate fort. Nach beider Rückkehr ging der zweite Ko-Geschäftsführer zu einem anderen Verlag. Ich wurde an seiner Stelle Ko-Geschäftsführer und blieb es, bis die Nazis im Jahre 1933 den Verlag zerstörten.

In diesem Kapitel möchte ich meinen Bericht weiterhin im Rahmen der politischen Entwicklung halten, die Ereignisse nicht streng chronologisch, aber doch zusammenhängend aufzeichnen. Die Ereignisse überschnitten sich, alles geschah fast gleichzeitig. Ich geriet nach zwei Seiten in Opposition, also in völlige Einflußlosigkeit. Hinzu kam, daß meine Verlagsarbeit mich stark in Anspruch nahm. Ich muß hier viel interne Parteigeschichte einfügen; ohne diese würde meine Darstellung dieser Zeit, so fürchte ich, ohne Wert sein. Die Ergebnisse der bisherigen Politik der regierenden Parteien der Weimarer Republik traten um diese Zeit markant hervor. Die Konterrevolution erklärte eindeutig ihre Absichten. Hitler, im offenen Mercedeswagen, mit Ledermantel und Hundepeitsche ausgerüstet, reiste in den deutschen Ländern herum und propagierte konsequent seine Ziele. Außer in Preußen; hier hatte er bisher Redeverbot. Seine Nazipartei hatte um die Zeit bereits, oder erst, ca. 100.000 Mitglieder. Jetzt aber, ausgerechnet unter dem sozialdemokratischen Innenminister, wurde das Redeverbot in Preußen aufgehoben und kurz darauf, im November 1928, hielt Hitler seinen erfolgreichen Einzug in Berlin. Während seines ersten Auftretens im Sportpalast demonstrierten wir, die Kommunistische Partei und andere Anti-Hitler-Leute, in den Straßen um den Sportpalast herum. Die gesamte Berliner Polizei, mit schweren Waffen ausgerüstet, schützten Hitler und seine Anhänger. Jetzt begann Hitlers sprunghafter Aufstieg. Formal war Hitler um diese Zeit noch ein „Staatenloser". Die Reichsregierung und die Regierungen der Länder hätten also, wenn sie ernsthaft gewollt hätten, das heißt, wenn sie gegen Hitler so vorgegangen wären wie sie gegen Linke vorgingen, Mittel und Möglichkeiten gehabt, Hitler in seine Heimat zu befördern.
Ich sage in der Folge immer Hitler für Nazipartei. Die Nazipartei war, im Unterschied zu allen anderen Parteien, auf einer Person, Hitler,aufgebaut. Sie existierte nur durch ihn. Hitlers Beseitigung in diesen Jahren wäre das Ende seiner Partei gewesen. Das sagte ich damals immer wieder in Parteiversammlungen und in Diskussionen in Oppositionsgruppen. Aber ich überzeugte nicht, meine Auffassung wurde als „unmarxistisch" zurückgewiesen. Daß Hitler populäre antikapitalistische Redewendungen gebrauchte, beunruhigte die Kapitalisten so wenig, wie die Tatsache, daß er seine Partei „Nationalsozialistische Deutsche Arbeiterpartei" benannte.

Die Bezeichnung „Arbeiterpartei" hinderte nicht einmal kaiserliche Prinzen und Offiziere, dieser Partei beizutreten.
Wer den Ablauf der Ereignisse eingehend studiert, wird auch die Wahrheit finden, daß nämlich die verschiedenen bürgerlichen demokratischen Parteien, als Fraktionen eines Lagers, samt und sonders keine prinzipiellen Gegner der Diktatur und des Militarismus waren. Sie saßen, um das von ihnen beliebte Bild zu wählen, „im gleichen Boot" des Kapitalismus. Später, nach der Gleichschaltung, rühmten sich die bürgerlichen Parteien, im Kampf gegen Links „das Ihre" beigetragen zu haben, um dann später, nach dem Zusammenbruch des Hitlerregimes, wieder alles erfolgreich zu leugnen. Die Sozialdemokratie aber wollte, wie man es vor Einführung der chemischen Reinigung sagte, „den Pelz waschen, ohne ihn naß zu machen". Sie zog in den entscheidenen Fragen hinter den bürgerlichen Fraktionen her. Otto Wels als Sprecher des Parteivorstandes rief zwar auf dem Parteitag in Magdeburg bombastisch aus: „Wenn schon Diktatur, dann unsere!" Aber in Wahrheit war ihre innere Kraft gebrochen, sie hatte sich in Schwäche umgewandelt, weil sie niemals gegen die Reaktion, gegen Nazipartei, Militarismus und Großkapital angewandt worden war, sondern immer nur gegen Linke und besonders gegen die Kommunisten. So hatte sich die Sozialdemokratie selbst entmannt.
Die Rechtsparteien, verfilzt mit der Großindustrie, hatten diesen Zustand längst erkannt. Sie mißachteten die Sozialdemokratie und auch die Gewerkschaften soweit, daß sie es riskierten, das gesetzlich festgelegte Tarif- und Schlichtungsrecht zu zerstören. Als im Oktober/November 1928 Lohnverhandlungen in der Metallindustrie stattfanden und der unparteiliche Schlichter einen Schiedspruch fällte, der den Metallarbeitern eine geringe Lohnerhöhung zusprach und die Reichsregierung diesen Schiedsspruch einige Tage später für verbindlich erklärte, lehnten die Unternehmer den Schiedsspruch trotz Rechtsverbindlichkeit ab und sperrten einige zehntausend Metallarbeiter aus. Es kam zu einem Kompromiß, doch die Unternehmer hatten grundsätzlich den ersten Schritt zur Zerstörung der Sozialgesetzgebung getan, die später von Hitler fortgesetzt werden sollte. Im Laufe dieser Aussperrung wurde der sozialdemokratische Innenminister von seinen eigenen Genossen gefragt, ob er die Polizei auch gegen Unternehmer einsetzen würde, wie er sie stets so eifrig gegen Arbeiter einsetzte. Severing blieb die Antwort schuldig.
Die Sozialdemokratie hat trotz Unterstützung durch Reichsbanner und Gewerkschaften aus dem Linksruck bei den Wahlen im Mai mit den über neun Millionen Wählerstimmen keine Kraft schaffen können. Im Gegenteil, die nicht überwachte, nicht kontrollierte Wirtschaft, die 1923 die Inflation bewußt organisiert hatte, begann jetzt die Arbeitslosigkeit in großem Maßstab herbeizuführen. Im Dezember 1928 war die Zahl der Arbeitslosen auf fast zwei Millionen angestiegen, ein halbes Jahr später waren es eine halbe Million mehr.
Je wirkungsloser die Politik der KPD wurde, desto radikaler wurden ihre Parolen. Sie machte keine Politik mehr, sie deklamierte nur noch. Für eine Machtübernahme durch die Kommunistische Partei war, solange diese unter Führung Thälmanns, Heinz Neumanns, Schnellers stand, niemals auch nur die Spur eines Möglichkeit gegeben. Radikale Parolen haben ihre Dynamik. Sie drängen nach rascher Durchführung, sonst besteht die Gefahr, daß sich die radikale Organisation ebenso auflöst, wie sich die Parolen verflüch-

tigen. Die KPD als Organisation war nicht kontinuierlich gewachsen. Zahlreiche begeisterte Menschen, die zur Partei kamen, verließen sie wieder, weil das innere Parteileben ihnen intellektuell und materiell zu wenig bot. Oder sie wurden durch den Ton der inneren Parteidiskussionen abgestossen.
In der Kommunistischen Internationale wurde die deutsche Partei mehr und mehr ein Anhängsel eines Klüngels der russischen Partei, präziser gesagt, ihres Generalsekretärs. Stalin unterstellte nach Absetzung der früheren Präsidenten der kommunistischen Weltorganisation, Sinowjew und seines kurzlebigen Nachfolgers Bucharin, nicht nur die Leitung der Kommunistischen Internationale als solcher, sondern auch die einzelnen Parteien seinem Sekretariat.

Ich hatte noch meine blasse Gefängnisfarbe im Gesicht, als ich selber den neuen Ton in der Partei zu spüren bekam. Ausgerechnet Heinz Neumann stellte den ersten Antrag auf Ausschluß aus der Partei gegen mich. Neumann referierte in einer Funktionärsversammlung im westlichen Berliner Vorort Spandau. Er behandelte keine Grundsatzfragen, sondern die Tagespolitik. Neumann sprach in seiner Art aggressiv, arrogant, er gab Instruktionen ohne Argumentation. Er war, wie damals die meisten der neuen Führungsschichten, indigniert, als ich mich zur Diskussion meldete, er meinte, alles Nötige gesagt zu haben. Ich betonte nur, daß ich die Linie der Partei grundsätzlich für richtig hielte, daß unsere Methoden jedoch zu sehr denen der Gegner ähnelten, sie verlören dabei in der Meinung der proletarischen Bevölkerung, nur diese zählte für uns, das moralische Übergewicht. Solche Selbstverständlichkeiten genügten schon, um Neumann zu reizen. Er rief in die Versammlung hinein, daß ich „sozialdemokratische Ideen" verbreite. So gab ein Wort das andere. Das Verfahren gegen mich verlief im Sande.

Gegen Ende Oktober 1928 stand ich auf dem Bahnsteig des Schlesischen Bahnhofs in Berlin und wartete auf den Zug, der Brandler aus Moskau bringen sollte. Mit mir warteten noch andere Freunde, ich glaube es waren August Thalheimer, Robert Siewert, Karl Becker, Hans Tittel und Albert Schreiner, alle Gründungsmitglieder der KPD. Einige Tage später begannen die Konferenzen der Opposition. Das Zentralkomitee reagierte sofort. Auf Grund eines Beschlusses der „Reichsparteikonferenz", die Anfang November 1928 in Berlin tagte, wurden bis Ende Dezember alle Führer und Bekenner zur Opposition, darunter fast alle alten Mitglieder des Spartakusbundes, aus der Partei entfernt. Den zentralen Ausschlüssen folgten noch mehr in den Bezirken. Daraufhin kam es, gegen den Willen der Leitung der Opposition, auch zu massenhaften Protestaustritten von Funktionären und Mitgliedern. Die KPD verlor in diesen Monaten ungefähr 5.000 bis 6.000 aktive Funktionäre und Mitglieder.
Der Hauptbefürworter der Ausschlüsse war Stalin, der schon vor drei Jahren in einem Brief an den damals maßgeblichen Maslow geraten hatte, die alten Führer „rauszuschmeißen". Stalin begünstigte neue Kräfte in der Parteileitung, die von Theorien und alten Vorstellungen vom Sozialismus als humanste Gesellschaftsordnung unbelastet waren und die natürlich seine russische Politik bedingungslos unterstützten.
Die offizielle Gründung der KPO erfolgte in den letzten Tagen des Jahres 1928. Ich machte den Schritt nicht mit, weil ich in verschiedenen Sitzun-

gen der Opposition und in persönlichen Unterredungen mit Brandler die Angelegenheit Trotzkis zur Sprache brachte und stets auf Ablehnung gestoßen war. Thalheimer formulierte die Ablehnung der Oppositionsleitung: die Opposition dürfe sich an keine russische Oppositionsgruppe anhängen, sondern müsse eine eigene Meinung zur Entwicklung Russlands haben.
Ich blieb mit den „Brandler-Leuten", wie die Opposition in der Partei und in der Öffentlichkeit genannt wurde, zwar immer befreundet, aber ein Ausscheiden aus der KPD hielt ich damals für unlogisch, solange das erklärte Ziel der Brandler-Opposition war, „die Partei zu erobern", das heißt, wieder aufgenommen und wieder in die früheren leitenden Funktionen zurückgerufen zu werden. Diese mir immer unerklärlich gewesene Hoffnung gaben Brandler und Thalheimer niemals auf. Ich hatte damals und später das Bild gebraucht: Brandler und Thalheimer stehen vor der verschlossenen Tür der Kommunistischen Partei und warten auf Einlaß. Das behagte mir gar nicht.
Meine Gedanken waren bei Trotzki, von dem ich noch eine Änderung des russischen Kurses erhoffte. Wie in der Sowjet-Union und anderen Ländern bildeten sich auch in Deutschland Gruppen, die sich als Anhänger Trotzkis bezeichneten. Sie entstanden nicht zentral gelenkt, sie benannten sich oft nicht nach Trotzki, sondern nach Lenin. Wir sahen in Trotzkis Politik keine neue Lehre, sondern die richtige Anwendung der Lehre Lenins. So entstanden in Berlin und in Hamburg unabhängig voneinander „Lenin-Bünde". In Berlin war Anton Grylewitz, ein aktiver und Trotzki ergebener Mann, Leiter der Gruppe. Im Hamburg war es für kurze Zeit Hugo Urbahns, das frühere Mitglied der Zentrale der KPD. Das Zentralkomitee der Partei nannte alle Oppositionellen einfach „Brandleristen" oder „Trotzkisten". Die Bildung der Trotzki-Gruppen war naturgemäß sehr schwierig. Die Informationen über die Machtkämpfe innerhalb der KPdSU waren nicht nur sehr spärlich, sie waren auch schwer durchschaubar. Über die wirklichen Hindergründe, die Notlage der russischen Bevölkerung, über die brutale Form der von Stalin, gegen den Willen Trotzkis, angeordneten Zwangskollektivierung, die den Widerstand der Bauernschaft zur Folge hatte und zum Niedergang der russischen Landwirtschaft führte, erfuhren wir nur aus feindlich eingestellten Zeitungen.
Auch mit Wolfgang von Wiskow blieb ich befreundet. Er war über alle Vorgänge informiert und er stimmte mir in meiner „trotzkistischen" und, in bezug auf die Gewerkschaften, „brandleristischen" Einstellung zu. An Sitzungen oppositioneller Gruppen nahm er nicht teil. Er behauptete, die Fluktuation der Mitgliedschaft der Partei sei auf die persönliche Verlumpung einiger führender Funktionäre zurückzuführen, und er machte den Vorschlag, eine „Fraktion der Anständigen" zu bilden. Das war anständig gedacht, aber Anständigkeit ist doch keine politische Richtung. Diese Einstellung aber war unter „alten" Funktionären weit verbreitet. Auch die Brandler-Opposition verlangte im Jahre 1930 in einem Brief an die Mitglieder der KPD und an die Exekutive der Kommunistischen Internationale Neuwahlen der zentralen Körperschaften, ein Schiedsgericht, um die Korruptionsfälle zu untersuchen, und wieder die alte Forderung nach Finanzierung der Parteiarbeit durch die Mitgliederbeiträge. Die Exekutive antwortete wutentbrannt: „Die Gemeinheit dieser Botschaft, die an die Komintern faktisch das Ansinnen stellt, sich aufzulösen . . . Mit den Renegaten diskutiert man nicht, man schlägt sie."

Walter Ulbricht, damals Sekretär der Bezirksleitung Berlin erklärte: „Bekanntlich wurde durch den Ausschluß der Brandleristen die Einheit und Kampfkraft unserer Partei gestärkt, nicht aber geschächt. Es ist Sache der Brandleristen, ob sie voll ihre Fehler anerkennen, dann werden wir von Fall zu Fall beurteilen, wen wir in die Partei aufnehmen. Im übrigen überlassen wir es ihnen selbst, auf dem Misthaufen der Geschichte zu verfaulen."
Diese bombastische Sprache hat Ulbricht immer beibehalten.
Mit Wiskow diskutierte ich außer über die gemeingefährlich, pervers-schwülstigen, nationalistischen Schriften von Ernst Jünger und Hanns Heinz Ewers die in dieser Zeit aufsehenerregenden Bücher „Aufstand in der Wüste" eines britischen Obersten Lawrence, „Luftkrieg" von einem italienischen Fliegergeneral Douhet und über das Buch des Generals von Seeckt „Gedanken eines Soldaten". Lawrence's Buch hielt ich für außergewöhnlich instruktiv, beinahe ein Lehrbuch für die politische und militärische Entschlossenheit und Kühnheit in der Durchführung eines Aufstandes, nicht eines Klassenkampfes, sondern eines Kampfes um nationale Unabhängigkeit. Die Methoden selbst, die Lawrence schildert, sind primitiv: kampfwillige Stämme werden mit Geld und Aussicht auf Beute in den Kampf hineingezogen.
Das Buch Douhets entwickelte die erste mir bekannte Theorie der Vernichtung eines Volkes aus der Luft. Die Lehren des Luftkriegstheoretikers Douhet hat die deutsche Reichswehrleitung am konsequentesten übernommen. Mein Freund Otto Lehmann-Russbueldt zeigte mir später, im Exil in London, ein Dokument; es war eine Anweisung der Reichswehrleitung an die Flugzeugfirma Junkers in Dessau, vom 23. Juli 1932, also noch in der Zeit der Weimarer Republik, in der es hieß:
„Wie Ihnen schon länger mitgeteilt, lassen die riesigen Befestigungsbauten Frankreichs an unserer Westgrenze einen Infanterieangriff ganz und einen Artillerieangriff fast aussichtslos erscheinen. Danach bleibt nur die intensive Ausbildung und Weiterentwicklung der Luftwaffe übrig, um den Luftkrieg gegen militärisch und industriell wichtige Orte sowie vor allem auch gegen die Zivilbevölkerung wirksam und rücksichtslos durchführen zu können." Das Seecktsche Buch trug das Motto, das den Stoff des Buches richtig wiedergab: " Über Gräber vorwärts", nämlich zum Revanchekrieg.

In unseren täglichen Diskussionen und handgreiflichen Auseinandersetzungen mit den Rechtsorganisationen kam die Nachricht, die mich härter traf und mehr lähmte als die bisherigen Niederlagen: Trotzki war nach einjähriger Verbannung, die er in Alma Ata, an der Grenze Asiens, verbracht hatte, in die Türkei abgeschoben worden. Die türkische Regierung wies ihm unter Polizeiaufsicht einen Wohnsitz auf der Insel Prinkipo an, nahe Istanbul. Hier sollte Trotzki die nächsten Jahre verbringen.
Ich nahm an der von der deutschen „Liga für Menschenrechte" veranstalteten Protestkundgebung im Hause des Preußischen Herrenhauses teil, in der Paul Levi als Hauptredner sprach. Levi protestierte in einer vehementen Rede gegen die Politik der KPdSU und der sowjetischen Regierung, und verlangte gleichzeitig von der deutschen Regierung, Trotzki das Asylrecht zu gewährend. Es war eine schauerliche Szene, als Levi prophetisch in den Saal rief: „Der Tag wird kommen, an dem auch Sinowjew und Bucharin im Ausland um Asyl flehen werden." Levi erkannte schon damals richtig, daß Stalin seine beiden Genossen im Triumvirat beseitigen würde.

Ich mußte während der Rede Levis an eine Episode aus der französischen Revolution denken. Danton, auf dem Henkerskarren stehend, unterwegs zur Guillotine, rief, als er am Hause Robespierres in der Rue St. Honoré vorbeifuhr: „Du wirst mir folgen, Robespierre!" Robespierre folgte sechs Monate später. In Rußland folgte Stalin nicht, dafür aber Millionen von Menschen, darunter Parteimitglieder, Funktionäre und Offiziere der Roten Armee.
Das Zentralkomitee der KPD und die Parteipresse kläffte servil alle Verleumdungen Stalins nach. Nicht Hitler, sondern Trotzki wurde zum Hauptfeind erklärt.

Ich hatte mittlerweile eine Wohnung in der neuerbauten Siedlung Britz, südlich des Stadtteils Neukölln, bezogen. Mein weiter Weg zur Arbeitsstelle führte mich morgens und abends durch Neukölln. Wenn ich manchmal Zeit und Lust hatte, fuhr ich mit dem Fahrrad kreuz und quer durch diese Hochburg der Kommunistischen Partei. Dabei lernte ich den Stadtteil ziemlich genau kennen. Ich erwähne das, weil hier am 1. Mai 1929 ein Verbrechen geschah, das den Graben innerhalb der Arbeiterschaft weiter aufriß und ihn schwer überbrückbar machte.
Obwohl die sozialdemokratisch geführte preußische Regierung Feiern und Umzüge auf Straßen und Plätzen von Groß-Berlin am 1. Mai verboten hatte, forderte das Zentralkomitee der KPD Mitte April in einem Aufruf die Arbeiterschaft auf, den vierzigsten Jahrestag der Feier des 1. Mai mit Arbeitsniederlegung und öffentlichen Kundgebungen zu feiern. Da die Gewerkschaften das Verbot öffentlicher Kundgebungen akzeptiert hatten, wurde von Arbeitern Berliner Betriebe ein „überparteilicher Mai-Ausschuß" gebildet, der die Organisierung der Maikundgebungen übernahm.
Der Berliner Polizeipräsident Zörgiebel hatte inzwischen im Einvernehmen mit dem preußischen Innenminister an die Polizei den Befehl gegen, auf Demonstranten zu schießen. Drei Tage vor dem 1. Mai hatte das „Mai-Komitee", das von der Schießorder des Berliner Polizeipräsidenten erfahren hatte, diesen gewarnt schießen zu lassen, und darauf hingewiesen, daß in allen anderen Großstädten Deutschlands, sogar in München, die öffentlichen Maikundgebungen erlaubt seien.
Am 1. Mai früh fuhr ich nicht wie üblich zu meiner Arbeitsstätte, sondern ging zum Platz vor dem Bahnhof Neukölln, der als Sammelpunkt zur Bildung eines Demonstrationszuges angegeben war. Ich fand den Platz bereits von Polizei besetzt, die, mit Karabinern, Panzer- und Überfallwagen ausgerüstet, die Straßen absperrte.
Die Ausrüstung der Polizei mit Panzerwagen verstieß zwar auch gegen die Bestimmungen des Versailler Vertrages, aber dieser Vertrag wurde von den sozialdemokratischen Ministern genau so wenig eingehalten wie später von Hitler.
Es war wieder das deprimierende Bild. Immer, wenn Polizisten eine Kette bildeten, die Gewehre im Anschlag „Straße frei" und „Fenster zu" schrien und gleichzeitig schossen, rannten die Demonstranten und Passanten in die Haustore hinein, auch die Treppen hinauf, verfolgt von den Polizisten. Widerstand bemerkte ich nicht. Ich versuchte, auf Umwegen in die innere Stadt zu kommen. An einer Straßenkreuzung sah ich umgekippte Wagen als Straßensperren. Diese Hindernisse wurden von Panzerwagen ohne weiteres überwunden. Später wurden sie in den Berichten der Polizei und

auch in der kommunistischen Presse als „Barrikaden" bezeichnet. Daß von Barrikadenkämpfen keine Rede war, beweist am besten die Tatsache, daß die Berliner Polizei am ersten Mai und an den folgenden Tagen nicht einmal einen einzigen Verletzten hatte. Wenn Schüsse gefallen waren, stammten sie aus Polizeischußwaffen. Die Polizei schoß auch auf Personen, die aus den Fenstern oder von Balkonen schauten.
Am Nachmittag, als es mir gelungen war, in die Innenstadt zu kommen, erfuhr ich, daß in Neukölln und im Wedding, dem anderen Arbeiterviertel, zahlreiche Personen erschossen worden seien. Am folgenden Tag berichtete die Presse von 29 Toten und zahlreichen Verletzten, von denen noch mehrere starben. Bei den darauffolgenden Protestkundgebungen wurden weitere Personen erschossen. Insgesamt wurden 33 Personen getötet, in der Mehrzahl unbeteiligte Passanten, darunter Frauen, die einkaufen gegangen waren. Es war die blutigste Maifeier der deutschen Geschichte. Tags darauf wurde die „Rote Fahne" für drei Wochen verboten, zwei Tage später auch der „Frontkämpferbund"; dieser für immer. Eigentlich erst von dieser Zeit an wurde von der KPD der Beiname „Sozialfaschisten" für Sozialdemokraten gebraucht. Ich habe ihn in meinen Referaten und Diskussionsreden niemals benutzt, weil er mir banal, sinnlos erschien. Jeder Faschismus gebärdet sich im Anfangsstadium „sozial". Ohne Zweifel aber ebnete die Sozialdemokratie durch die Polizeibrutalitäten Hitler den Weg, und aus der Tatsache, daß die Masse der Bevölkerung schwieg, konnten Regierung und Polizei annehmen, daß sie sich alles erlauben könne. Zwar stellte ein Teil der bürgerlichen Presse fest, daß die Schuld einwandfrei bei der Polizei lag, daß sie nicht von Demonstranten angegriffen worden war. Auch Carl von Ossietzky hat in der Weltbühne gegen das Polizeimassaker protestiert, und ein Untersuchungsausschuß der „Liga für Menschenrechte" stellte nach Zeugenaussagen fest, daß die Polizei unprovoziert wütend auf die Menschen eingeschlagen und geschossen hatte. Wie meistens nach Polizeimassakern, wurde hinterher offiziell behauptet, irgendein Polizeioffizier habe „ die Nerven verloren."
Das Zentralkomitee der KPD machte hinterher aus der politischen Menschenjagd einen Heldenkampf, als ob das ständige Verprügeltwerden und Davonlaufen heldenhaft wäre. Auf dem Parteitag, der Mitte Juni 1929, sechs Wochen nach den Maiereignissen, in Berlin-Wedding stattfand, redeten Thälmann und Walter Ulbricht von einem „Barrikadenkampf des 1. Mai " und im Manifest des Parteitages hieß es:
„Die KPD bekannte sich stolz zu den Barrikadenkämpfen von Neukölln und Wedding, die den Polizeibestialitäten des Sozialfaschisten Zörgiebel aktiven Widerstand entgegensetzten und damit der ganzen Arbeiterklasse ein Beispiel kühnen, entschlossenen Kampfes gaben."
Die Nazis aber zogen aus den Maiereignissen die Folgerung, daß zur Niederwerfung der KPD und ihrer Anhänger die Polizei genügt. Dem Polizeipräsidenten Zörgiebel zahlten die Nazis später die Pension, und gegenwärtig trägt eine Straße in Westberlin seinen Namen.

Im folgenden Herbst 1929 hatte ich Gelegenheit, mich wieder einmal persönlich über die Lage in Moskau zu informieren. Eine Konferenz der Leiter von Verlagen, die der Internationalen Arbeiterhilfe angeschlossen waren, sollte in Moskau stattfinden. Auch die Buchgemeinschaft „Universum-Bücherei", zu deren Geschäftsleitung ich ebenfalls gehörte, war eingeladen.

Als deutsche Delegierte sollten Münzenberg und ein Professor Dr. Alfons Goldschmidt teilnehmen. Der Wirtschaftsprofessor Goldschmidt war um diese Zeit eine Art Paradepferd der Internationalen Arbeiterhilfe. Münzenberg sagte wegen Überbürdung mit anderen Arbeiten ab und beauftragte mich, nach Moskau zu fahren. Die Reise war mir sehr willkommen. Münzenberg hatte mich vor der Abreise gebeten, Professor Goldschmidt und seine Frau während der Reise zu betreuen, da beide äußerst unbeholfen seien. Goldschmidt fuhr zum ersten Male in die Sowjetunion, und er hielt mir während der Fahrt stundenlang Vorträge darüber, daß die gegenwärtigen Schwierigkeiten in der russischen Wirtschaft nur „Wachstumsschwierigkeiten" seien. Das Wort „Wachstumsschwierigkeiten" gehörte zum Wortschatz der Nachrevolutionsjahre. Mich interessierte mehr, ob die Not vermeidbar war. Um diese Frage redete der Professor herum, er hatte keine Meinung. Ich hatte klarere Einsichten über die Schwierigkeiten, den Sozialismus in einem rückständigen Bauernlande aufzubauen, als dieser akademische Opportunist.
Gleich nach Passieren der russischen Grenze spürte ich die Not. Den Speisewagen durften nur Reisende mit Sonderausweis betreten; ich hatte keinen. Ich bekam mit Mühe und Not ein Glas Tee, das ich mit ins Abteil nahm. Glücklicherweise hatte ich Brotschnitten mit. Die Bäuerinnen, die noch 1924 auf den Stationen Körbe voll gebackener Hühner und Piroggen feilboten, waren nicht mehr zu sehen. Mit dem russischen Zoll hatte ich ein stupides Intermezzo. Münzenberg hatte mir für Frau Molotow einen neuartigen pfeifenden Wasserkessel aus Aluminium mitgegeben. Frau Molotow hatte sich den Kessel gewünscht und ich sollte bei dieser Gelegenheit Molotow kennenlernen. Der russische Zollbeamte aber beschlagnahmte den Kessel trotz meiner Hinweise, daß es sich um ein Geschenk für das bekannte Mitglied des Zentralkomitees handele. Ich wollte nun nicht mit leeren Händen zu Molotow gehen und verzichtete darauf, ihn kennenzulernen.
In Moskau angekommen, fuhr ich zum Sitz der „Internationalen Arbeiterhilfe". Dort empfing mich Bela Kun. Er sah krank aus und klagte über Kreislauf- und Leberbeschwerden. Er sagte mir auch die Ursache seines Leidens: die gehässigen persönlichen Streitereien unter den ungarischen Flüchtlingen. Während unseres Gespräches setzte sich der italienische Journalist Misiano zu uns. Wir erkannten uns sofort wieder. Über Misiano erzählte ich im Abschnitt über die Kämpfe um den „Vorwärts" im Jahre 1919. Er hatte in der Zwischenzeit wieder in Italien gearbeitet, mußte aber nach einiger Zeit erneut vor den Faschisten flüchten. Er arbeitete jetzt im Büro Bela Kuns.
Ich wurde in einem der Gästezimmer im gleichen Hause untergebracht. Die Verlagsbesprechungen begannen erst einige Tage später. Ich hatte einen Bericht zu geben über die Mitgliederbewegung der Buchgemeinschaft, über den Umsatz an Büchern und eine Leseranalyse. Bis dahin hatte ich freie Zeit.
Zuerst eilte ich zu Waldemar Rackow. Er sagte mir, daß er zur Zeit Direktor des Kalitrusts der Sowjetunion sei. Als ich in meinem blauen Maßanzug vor ihm saß, kam ihm die Idee, ich solle am Tage meiner Abreise meinen Anzug mit seinem tauschen. Er war trotz seiner hohen Stellung, vielleicht aber auch wegen dieser, sehr abgegriffen gekleidet. Sein Anzug war bereits gewendet worden, an seiner Hose waren Stopfstellen zu sehen.
Wir probierten gleich, ob das möglich war. Es paßten ihm nur die Hosen,

die Jacke war ihm zu eng. Für die Hosen lieh er mir für die fünf Tage meines Aufenthaltes in Moskau seinen Wagen nebst Chauffeur. Er wollte nur morgens ins Büro gefahren werden. Einen Feierabend hatte er nicht, er blieb meistens bis Mitternacht im Büro, dann aber ging er zu Fuß nach Hause, um etwas Bewegung zu haben. Seine Frau arbeitete in seinem Sekretariat. Die Mahlzeiten nahmen sie in der Kantine ein.
Unsere Gespräche fanden teils in seinem Büro statt, teils saßen wir auf einer Bank auf dem nahen Boulevard. Gesprächsinhalt war natürlich die Lage in der Sowjetunion und die Politik der KPD. Rackows Ansichten über den innerparteilichen Kurs der KPdSU waren sehr pessimistisch. Er klagte, daß er durch sein Amt aus der eigentlichen Parteiarbeit gedrängt sei. Er käme zwar mit verschiedenen Regierungsleuten zusammen, aber diese machten in Rußland nicht die Politik, wenn sie sie auch nach außenhin vertreten. Er sei kein Trotzkianhänger, fügte aber gleich hinzu, daß Trotzki in den meisten aktuellen Fragen recht habe, doch „die Partei müsse über alles stehen". Trotzki habe früher einige Male Gelegenheit gehabt, Stalin kalt zu stellen. „Warum hat er's nicht getan? " Rackow brauchte zum ersten Male den Vergleich mit Hamlet. Mir schien ein Vergleich Trotzki – Hamlet absurd. Der Tatmensch Trotzki war ein disziplinierter Parteimensch gewesen. Nicht Unschlüssigkeit, sondern falsche Einschätzung seiner Gegner und das vermeintliche Parteiwohl bestimmte sein Handeln. Rackow erklärte weiter, daß, wenn die Partei jetzt die Bauern nicht durch Kollektivierung zur erhöhten Produktion zwinge, so werde die Stadtbevölkerung, vor allem die Industriearbeiterschaft, verhungern. Ohne zwangsweise Kollektivierung sei auch die Industrialisierung der Sowjetunion nicht möglich. Zu einer freiwilligen humanen Kollektivierung, wie Trotzki sie vorschlägt, sei nicht mehr die Zeit, das wäre ein Prozeß von Jahrzehnten. Die Deportierung Trotzkis sei jedoch ein Schurkenstreich Stalins gewesen.
In der Schlußfolgerung ähnlich war auch der Inhalt meiner Gespräche mit Willi Budich. „Stalin rettete die Partei," sagte Budich, alle Maßnahmen verteidigend, außer der Deportation Trotzkis.
Recht dramatisch war mein Besuch bei Alexander Dworin. Als ich an seiner Tür klingelte, öffnete niemand. Die Tür war nicht verschlossen. Ich trat ein und fand Dworin auf der Chaiselongue liegend mit einer Pistole in der Hand. Auf dem Stuhl vor ihm lag ein Brief. Als ich ihn erschreckt fragte, was los sei, ob er sich umbringen wolle, bejahte er und wies auf den Brief. Ich konnte den Brief nicht lesen, sah aber, daß der Briefkopf der des Generalsekretärs der Kommunistischen Partei und daß er von Stalin unterzeichnet war. Dworin las ihn mir vor. Er war zum Gouverneur von Kamschatka ernannt worden und sollte in einigen Tagen Moskau verlassen. Er erzählte mir, daß er sich ein Maleratelier eingerichtet habe und daß er malen und sonst nur an der Akademie lehren möchte.
Ich blieb den restlichen Abend bei ihm, es kamen mehrere telefonisch gerufene Freunde und diskutierten über den Zweck der Ernennung. Dworin entschloß sich auf allgemeines Drängen, anderntags zu Stalin zu gehen, um ihn zu bewegen, den Brief zurückzunehmen. Ein Austritt aus der Partei war für ihn so undiskutabel, wie für einen Bischof der Austritt aus der Kirche.
Noch vor meiner Abreise erreichte es Dworin, daß die Ernennung zurückgestellt wurde. Nach einiger Zeit wurde sie widerrufen. Ich erfuhr nicht, um welchen Preis. Einige Jahre später las ich in der Tagespresse einen Bericht

über die Völkerbundskonferenz in Genf. In einer Aufnahme der russischen Delegation, die unter Führung des Außenministers Litwinow stand, erkannte ich meinen Freund Alexander Dworin.
Als ich Radek besuchte, traf ich einen verbitterten Mann an. Wie immer war er fast über jede Einzelheit informiert und kommentierte witzig-ironisch die politischen Ereignisse. Über Trotzki wollte er nicht diskutieren. Obwohl er in den vergangenen Jahren in den meisten Streitfragen zeitweilig Trotzkis Meinung geteilt hatte, hatte er jetzt mit dem Zentralsekretariat der Partei Frieden geschlossen. Es sollte sich zeigen, daß dieser Friede nicht von Dauer war. Über Radeks Degradierung vom Rektor zum Lektor der Chinesischen Universität, kursierte der nette Witz: „Stalin rief Radek an und sagte ihm, daß er als Rektor abgesetzt sei, daß er aber vorläufig als Lektor weiterarbeiten solle." Radek habe geantwortet: „Das macht mir nichts aus, da die Chinesen der R nicht aussprechen können, haben sie schon immer Lektor zu mir gesagt."

Die deutsche Arbeiterbewegung erlitt in diesem Winter einen unersetzbaren Verlust, den ich auch persönlich als solchen empfand: Paul Levi starb durch Sturz aus dem Fenster. Es war am 9. Februar 1930. Das Datum ist mir immer gegenwärtig, weil es der Tag vor meinem Geburtstag war. Am Tage vor seinem Tode hatte ich an seinem Krankenbett gesessen. Levi war an einer schweren Grippe erkrankt, die mit heftigen Fieberanfällen verbunden war. Als ich ins Zimmer trat, saß er aufrecht im Bett und hielt ein Buch in den Händen. Er sagte gleich, daß er sich wieder besser fühle. Wir plauderten ungefähr eine Stunde über den zur Zeit stattfindenen Prozeß vor dem Reichsgericht in Leipzig gegen den Redakteur des „Tagebuch", Joseph Bornstein, dessen Verteidigung Levi führte, über Russland, die kommende Diktatur in Deutschland, die Schwäche der beiden Arbeiterparteien. Ich bemerkte keinerlei Anzeichen einer stärkeren Nervosität oder Depression bei Levi.
Levi hatte ein Appartement im zweiten Stockwerk eines Hauses am Landwehrkanal gemietet, gegenüber der Stelle, an der 1919 die Leiche Rosa Luxemburgs aus dem Wasser gezogen worden war. Die Wohnung hatte Levi ausbauen lassen, so auch ein schmales hohes Fenster, das nach Pariser Art bis zum Fußboden hinunterging und das sich nur nach außen öffnen ließ. Davor war ein nur kniehohes Gitter. Ich bin überzeugt, daß der Unfall passierte, als Levi das Fenster öffnen wollte, er bekam wahrscheinlich einen Schwindelanfall und stürzte in die Tiefe. Der Sturz war nicht bemerkt worden. Die Krankenschwester, die Levi betreute, war gerade abwesend, als sie zurückkam und das Fenster geöffnet fand, sah sie Levi unten im Vorgarten liegen.
In der gegnerischen Presse wurde behauptet, daß Levi Selbstmord begannen habe und auch in politischen Freundeskreisen wurde der Freitod für nicht ausgeschlossen gehalten. Ich glaubte nie an Selbstmord.
Mit Levi war der intelligenteste marxistische Politiker der Sozialdemokratie und Deutschlands erster Verteidiger in politischen Prozessen der Weimarer Republik hingeschieden. Ich sagte schon an anderer Stelle, daß Levi keinen Machthunger besaß, die Leute im Parteivorstand der Sozialdemokratischen Partei hatten ihn darum nicht zu fürchten. Freunde hatte er allerdings in diesem Parteivorstand der Mittelmäßigkeit auch nicht. Levi sah manches Unheil kommen. Aber die in den späteren Klagegesprächen im Exil geäus-

serte Ansicht, daß Levi der einzige gewesen wäre, der die deutsche politische Emigration zu einer Kraft hätte vereinigen können, teile ich nicht. Dazu war Levi nicht hart, nicht einseitig genug. Er hätte die notwendigen Änderungen in den innerlich verrotteten Arbeiterparteien nicht durchsetzen können.

Deutschlands Regierung spielte in dieser Zeit weiterhin erfolgreich den armen Mann. Tatsächlich zahlte sie keine Reparationen mehr. Dafür wurden, trotz der nach außen gezeigten Armut des Staates, die militärischen Rüstungen verstärkt fortgesetzt. Auf den Panzerkreuzer „A" 1928 folgte jetzt der Panzerkreuzer „B" mit Zustimmung der Sozialdemokratie. Auch eine Abstimmung unter Kieler Werftarbeitern hatte eine Mehrheit für den Panzerkreuzerbau ergeben. Die Zahl der Arbeitslosen war unter dem sozialdemokratischen Reichskanzler Hermann Müller mit Severing als Innenminister im Frühjahr 1930 auf über 3 Millionen angestiegen. Nun wurde die Regierung gestürzt, ein „Kabinett der Frontsoldaten" unter dem Führer der Zentrumspartei Heinrich Brüning gebildet, der Reichstag wurde aufgelöst, Die Neuwahlen fanden im September statt. Die KPD gewann sehr erheblich und erhielt über 4,5 Millionen Stimmen und 77 Abgeordnete. Das Zentralkomitee der Partei überschlug sich in maßloser Überschätzung dieses Erfolges und veröffentlichte eine Erklärung, in der es hieß:
„Die Kommunistische Partei Deutschlands ist als Sieger aus dem jetzt abgeschlossenen Wahlkampf hervorgegangen. Mehr als 4,5 Millionen Werktätige haben für die KPD gestimmt. In entscheidenden proletarischen Hochburgen Deutschlands wie Groß-Berlin, am Niederrhein, in Halle-Merseburg sind die Kommunisten zur stärksten aller Parteien geworden. Dieses Wahlergebnis ist ein glänzender außerparlamentarischer Sieg des revolutionären Proletariats. Seine Tragweite ist weit über die Grenzen Deutschlands hinaus von internationaler, weltweiter Bedeutung. Die Sozialdemokratische Partei geht aus diesen Wahlen besiegt und geschlagen hervor."
Die angeblich „besiegte und geschlagene" SPD hatte immer noch 8,5 Millionen Stimmen erhalten, beinahe doppelt so viele wie die KPD.
Die wirklichen Sieger aber waren die Nazis, die von 810.000 Stimmen im Jahre 1928 in zwei Jahren auf über 6,3 Millionen anstiegen. Zu diesem alarmierenden Aufstieg erklärte der Aufruf des Zentralkomitees:
„Mit dem Siegesmarsch der Kommunistischen Partei kann der außerordentliche Stimmengewinn der Nationalsozialisten in keiner Weise verglichen werden. Ihr Gewinn ist nur eine Umgruppierung im bürgerlichen Lager . . ."
Ich sagte schon in einem anderen Zusammenhang, daß Erfolge maßlos aufzubauschen, gleichzeitig aus Siegen Niederlagen, aus Niederlagen Siege zu machen nicht etwa Selbsttäuschung waren, sondern diese Über- und Untertreibungen gehörten zur Taktik der KPD. Verstanden wurde diese „Taktik" weder von Funktionären noch von „einfachen" Parteimitgliedern, aber sie wurde hingenommen. Doch fand ich stets viel Zustimmung, wenn ich in Parteiversammlungen des öfteren sagte, daß es für eine revolutionäre Arbeiterpartei angemessener sei, nüchterner zu sprechen. Aber die „Parteipsychologen" erklärten, daß man den eigenen Anhängern Siegeszuversicht suggerieren müsse. Die Gefährlichkeit dieser Taktik war, daß die Partei versäumte, die Stimmengewinne der Nazis zu analysieren. Die Analyse hätte nämlich bewiesen, daß es sich bei dem Stimmenzuwachs der Nazis nicht um „Umgruppierungen" handelte, sondern um einen echten Einbruch in

die Arbeiter- und Angestelltenschaft.
Nach dem Zusammentritt des neugewählten Reichstages fühlten sich die Nazis stark genug, ihre reaktionäre Gesinnung offen zu zeigen. Sie brachten einen Gesetzentwurf ein, der die Todesstrafe für antimilitaristische Agitation forderte. Dagegen lehnten sie einen Antrag der Kommunisten auf erhöhte Besteuerung der großen Vermögen ab, stimmten aber für Erhöhung der Zölle auf Lebensmitteleinfuhren. Die Geldgeber und Gönner der Nazis, Großkapital, Großgrundbesitzer und Militärs, waren befriedigt; das „Volk" rührte sich nicht.
Die Sozialdemokraten waren nun aus der Reichsregierung verdrängt, aber im weitaus wichtigsten und stärksten Lande Preußen blieben sie führend und machten hier die Koalitionspolitik mit den gleichen Parteien weiter, von denen sie aus der Reichsregierung rausgesetzt worden waren. Severing wurde Innenminister von Preußen, Grzesinski Polizeipräsident von Berlin. Der politische und moralische Abstieg der Sozialdemokraten hielt weiter an. Wenn sie im Parlament oder in Parteiversammlungen für oder gegen eine Sache die Finger hochhoben, so nannten sie das „für eine Sache kämpfen". Diese Bezeichnung war so lächerlich, wie die bombastischen Prahlereien der Kommunisten provozierend war. Lächerlichkeit tötet in der Politik nicht. Ein bürgerlicher Schriftsteller nannte die sozialdemokratische Reichstagsfraktion: „Eine Anzahl von Hintern auf einer Anzahl von Stühlen." Einen Dank dafür, daß sie der getreueste Verbündete der katholischen Zentrumspartei in Preußen und Stütze ihres Reichskanzlers Brüning im Reich war, erhielt die SPD auch vom Papst Pius XI. nicht. Dieser schrieb in seinem Rundschreiben „Quadragesimo anno", vom 15. Mai 1931, daß eine grundsätzliche Einigung zwischen Katholizismus und Sozialismus unter allen Umständen ausgeschlossen sei. „Man kann nicht gleichzeitig guter Katholik und wirklicher Sozialist sein."
Trotz allen Zurücksetzungen setzte die Sozialdemokratie nicht nur die Koalitionspolitik fort, sondern sie verschärfte noch ihren servilen Kurs gegenüber der Reaktion. So schloß sie auf dem Parteitag in Leipzig, Juni 1931, neun Reichstagsabgeordnete und ihre Anhänger aus der Partei aus, die gegen den zweiten Panzerkreuzerbau gestimmt und agitiert hatten. Außerdem verbot sie ihren Mitgliedern die Zugehörigkeit zur „Deutschen Liga für Menschenrechte" und zur „Deutschen Friedensgesellschaft", dagegen erlaubte sie die Mitgliedschaft in den zahlreichen Militär- und Schützenvereinen. Friedrich Austerlitz, Chefredakteur der „Wiener Arbeiterzeitung", des Zentralorgans der Sozialdemokratischen Partei Österreichs, der als Gast auf dem Leipziger Parteitag war, urteilte über die deutschen Genossen: „Die deutsche Sozialdemokratie begeht Selbstmord aus Angst vor dem Tode."
Die neun ausgeschlossenen Reichstagsabgeordneten unter Führung des bekannten Rechtsanwalts Dr. Kurt Rosenfeld und Max Seydewitz bildeten in der Folge die „Sozialistische Arbeiter Partei" (SAP).

Die wichtigste Publikation des Neuen Deutschen Verlages war die wöchentlich einmal erscheinende „Arbeiter Illustrierte Zeitung" (AIZ), die, im Kupfertiefdruck hergestellt, eine Auflage bis zu 200.000 Exemplare pro Nummer erreichte. Um diese Illustrierte vertreiben zu können, mußten wir eine Organisation mit mehreren tausend Mitarbeitern schaffen. Hugenberg hatte mit der Drohung, daß Händler, die auch linke Zeitungen verkaufen,

keine Blätter seines Konzerns erhalten würden, diese vom Verkauf der AIZ abgehalten. Der Hugenberg-Konzern mit seinen 99 Zeitungen und Zeitschriften kontrollierte faktisch auch die Bahnhofsbuchhandlungen und die meisten Kioske in allen Städten Deutschlands. Der Aufbau eines eigenen Vertriebsapparates des Neuen Deutschen Verlages wurde dadurch erleichtert, daß es Millionen von Arbeitslosen gab, die sich gern einige Mark durch Verkauf oder Austragen unserer Zeitung verdienen wollten.
Unser Bestreben, den überparteilichen Charakter des Verlages zu wahren, führte des öfteren zu Reibereien mit dem Zentralkomitee der KPD, das öfters versuchte, unfähige Parteisekretäre im Verlage unterzubringen. Soweit sie umgeschult werden konnten, wurden sie übernommen. So übernahmen wir auch Willi Kreykemeier in Magdeburg, der später Direktor der Deutschen Reichsbahn in der DDR wurde. Von diesem Direktorposten wurde er eines Tages verhaftet und verschwand spurlos.
Die Buchabteilung des Neuen Deutschen Verlages brachte Bücher internationaler Autoren heraus, die sonst in Deutschland keinen Verleger fanden. Ich lernte hierbei viele interessante Menschen kennen, Schriftsteller, Journalisten, Theaterleute. So Andersen Nexö, Kurt Kersten, Egon Erwin Kisch, Erich Weinert, Arthur Koestler, den Regisseur und Schauspieler Otto Katz, der 1952 im Slansky Prozeß in Prag als „André Simon" zum Tode verurteilt und gehängt wurde. Hans von Zwehl und andere. Bei uns erschienen unter anderen Kurt Kersten „Bismarck und seine Zeit"; von meinem früheren Chef James Thomas die „Illustrierte Geschichte der russischen Revolution"; „Knecht Jan" des Belgiers Stijn Streuwels (Frank Lateur), der später in seiner Heimat den Staatspreis für Prosa erhielt; „Pater Amaro" des Portugiesen Eca de Queiros; Otto Katz' „Drei Männer im Eis", die Geschichte des Nordpolfluges des Italieners Nobile; ferner Werke von Andersen, Kurt Tucholsky und Albert Hotopp.
Im Neuen Deutschen Verlag veröffentlichte John Heartfield seine aggressiven und berühmt gewordenen Photomontagen. Die Buchproduktion des Neuen Deutschen Verlages war dadurch gesichert, daß die Bücher außer durch den Buchhandel auch durch die „Universum-Bücherei" verkauft wurden.
Dies war eine Buchgemeinschaft, die ihre Bücher an die 20.000 bis 25.000 Mitglieder in Deutschland, Österreich, der deutschsprachigen Schweiz und dem deutschsprachigen Teil der Tschechoslowakei abgab. Die leitenden Mitarbeiter der Universum-Bücherei waren Hans Holm, Hans von Zwehl, Otto Katz. Vielfach waren die Vertriebsstellen des Neuen Deutschen Verlages gleichzeitig Geschäftsstellen der Universum-Bücherei, in denen auch Vorlesungen veranstaltet wurden.

Das ununterbrochene Anwachsen und die lange Dauer der Arbeitslosigkeit begünstigte nicht nur die Ausbreitung der Nazibewegung, sondern parallel damit wucherte die Hoffnungslosigkeit und auch Zersetzung weiter Kreise der Arbeiterschaft. Ich bemerkte das schmerzhaft auch auf Nebengebieten. So auch bei meinen Revisionen der Verlags- Vertriebsstellen. Wir hatten in Deutschland und im benachbarten Ausland 28 Auslieferstellen, von Königsberg bis Wien, Reichenberg, Basel, die ich mindestens zweimal im Jahr besuchen mußte, gewöhnlich am Wochenende. Es häuften sich in der letzten Zeit vor Hitlers Machtübernahme die Fälle, in denen die Verkäufer unserer Zeitungen das Abrechungsgeld verbrauchten. Es waren in den einzel-

nen Fällen keine größeren Summen, aber die zahlreichen Fälle summierten sich und erreichten empfindliche Größen. Gewerkschaftsführer und -kassierer, die ich gelegentlich sprach, erzählten mir, daß die gleichen Erscheinungen, Nichtabgabe von kassierten Beträgen, auch bei ihren Vertrauensleuten an der Tagesordnung seien.
Meine Reisen waren auch politisch sehr informativ. Ich sah politische Menschen und Mitarbeiter aus früheren Jahren, die mich über die politischen Verhältnisse und Vorgänge in ihren Gebieten informierten, die nicht in Zeitungen zu lesen waren.
Im Zuge meiner Revisionsreisen kam ich eines Samstags nach Reichenberg, tschechisch Liberec, in der Tschechoslowakei. Ich wollte den folgenden Sonntag auf der „Königshöhe", im Isergebirge in der Nähe von Reichenberg verbringen. Um mich erst zu vergewissern, ob ich im Gasthof „Naturfreundehaus Königshöhe" übernachten könne, wollte ich telefonisch ein Zimmer bestellen. Das versuchte ich vergeblich. Die Verbindung wurde böswillig blockiert. Ich verlangte am Telefon in deutscher Sprache „Liberec" und die Nummer. Es meldete sich eine Stimme, die sagte, es heiße „Reichenberg" und hängte ein. Ich verlangte nun „Reichenberg" und die Nummer, daraufhin sagte die Stimme vom Amt: „Wir sind hier in der Tschechoslowakei und es heißt „Liberec". Ich konnte nicht sogleich begreifen, ob ich einen Fehler gemacht hatte und welchen. Ich wiederholte den Versuch mit dem gleichen negativen Ergebnis. So wanderte ich dann aufs geradewohl zur Königshöhe hinauf.
Dem Mann an der Theke des Naturfreundehauses sagte ich, um mich zu entschuldigen, daß ich vergeblich versucht hätte, telefonisch ein Zimmer zu bestellen. „Wir nehmen nur Verbindungen an, wenn Reichenberg gesagt wird," antwortete der Mann und gestand lachend, daß er zweimal eingehängt hatte, als er Liberec gehört hatte. Die Bedeutung dieses lächerlichen Wortgeplänkels kam mir erst später zum Bewußtsein, als der nationalistisch provozierte Konflikt in der Tschechoslowakei auf die Spitze getrieben wurde. Das Naturfreundehaus auf der Königshöhe stand damals unter sozialdemokratischer „sudetendeutscher" Leitung.

Gegen Ende des Jahres 1930 wurden die Parteiorganisationen angewiesen, einen Beschluß des Internationalen Roten Gewerkschaftskongresses durchzuführen, der die Partei verpflichtet hatte, in Deutschland eigene „rote" Gewerkschaften zu gründen. Der Beschluß war fast ein Jahr zuvor in Moskau gefaßt worden, nachdem der Kongreß festgestellt hatte, daß die bisherige Taktik, die die Mitglieder der KPD verpflichtete, Mitglied einer Gewerkschaft zu sein und sich innerhalb ihrer Gewerkschaft zu Fraktionen zusammenzuschließen, fruchtlos geblieben war. Die kommunistischen Fraktionen konnten die Gewerkschaftsleitungen nicht zu einer aktiveren Politik, zum Kampf um Kontrolle der Wirtschaft und zur Bekämpfung der Arbeitslosigkeit bewegen, Jetzt hieß es, nur eigene Gewerkschaften könnten dem gewerkschaftlichen Kampf neue Impulse geben. Als erste kommunistische Gewerkschaft wurde Ende 1930 der „Rote Metallarbeiterverband" gegründet.
Ich hielt den Beschluß und die Begründung für irrig und machte die Spaltung nicht mir, sondern blieb Mitglied meiner Gewerkschaft „Zentralverband der Angestellten" (ZdA). In meiner Haltung befand ich mich in Übereinstimmung mit den brandleristischen und trotzkistischen Oppositions-

gruppen, die den Beschluß der Roten Gewerkschaftsinternationale entschieden ablehnten.
Trotz richtiger Einschätzung der Gewerkschaftsbürokratie, die sich selbst als „Arzt des Kapitalismus, nicht als dessen Totengräber" bezeichnet hatte, ging die Gründung eigener, kommunistischer Gewerkschaften von falschen Voraussetzungen aus. Die Schwäche der Kommunisten in den Gewerkschaften entsprach der politischen Schwäche der Partei. Diese hatte gar nicht den Einfluß unter Betriebsarbeitern und Angestellten, sie hatte nicht einmal die Mehrheit unter den Arbeitslosen, um die maßgeblichen Funktionen in den Gewerkschaften besetzen zu können. Das war entscheidend.
Mir brachte meine Ablehnung der „Roten Gewerkschaften" ein weiteres Parteiverfahren ein, das aber wie das frühere im Sande verlief. So wie auch der Versuch der Gewerkschaftsneugründung versandete.

Den politischen Wust, den das Zentralkomitee der KPD anhäufte, vergrößerte es noch durch den sogenannten „Roten Volksentscheid".
Die KPD lehnte zuerst den Volksentscheid der Rechtsparteien entschieden ab, dann aber griff sie ihn auf, nannte ihn um in „Roter Volksentscheid" und kam so in ihrem Bestreben, die preußische Regierung zu stürzen, in die Nachbarschaft der Nazis. Das Gefährliche dabei war, daß die Kommunisten in der Propaganda auch mit den gleichen Nationalismen hausierten.
Die Oppositionsgruppe innerhalb und außerhalb der Kommunistischen Partei, die „Brandleristen" und „Trotzkisten", wandten sich mit aller Energie gegen diesen sinnlosen Streich des Zentralkomitees. Wir Oppositionelle haben bestimmt nichts Gemeinsames mit den krummen Rücken der preußischen sozialdemokratischen Minister Braun-Severing, aber in dieser Situation mußte sich die KPD eindeutig von den Rechtsparteien distanzieren.
Auch Trotzki beteiligte sich von Prinkipo aus an der Diskussion. Er nannte den Roten Volksentscheid „das böseste Abenteuer, das man sich vorstellen kann" und schrieb weiter: „Die Nazis nationalistisch überschreien zu wollen, ist keine revolutionäre Politik, sondern ein Kniff kleinbürgerlicher Konkurrenz."
Die Agitationen um den „Roten Volksentscheid" dauerte den ganzen Sommer über. Die Masse der Parteimitglieder folgte urteilslos. Aber wie schon bei früheren Aktionen war es erkennbar, daß es nicht mehr bloße Parteidisziplin der Mitglieder war, die nach eigener Einsicht und Verantwortung diese Politik mitmachte, sondern die Bereitschaft zur Unterordnung. Diese aber höhlte auch die Partei aus, so daß die Brandleropposition in ihrem Organ schreiben konnte:
„. . . daß die Kommunistische Partei aufhört, in der Wirklichkeit die Trägerin des Kommunismus zu sein, daß sie sich in einen leerlaufenden, selbstgenügsamen Apparat verwandelt, der mit dem wirklichen Kampf der Arbeiterklasse nichts mehr zu tun hat und der schließlich bei der ersten ernsten revolutionären Probe an seiner inneren Hohlheit zusammenbricht ."
Der Volksentscheid wurde ein Fehlschlag. Bei der Abstimmung fehlte ein großer Teil der bisherigen kommunistischen Wähler. Ich ging auch nicht zur Abstimmung.

Trotzkis Beurteilung der Vorgänge in der Sowjetunion blieb für uns maßgebend. Trotzki hielt eindeutig an der These fest, daß die Sowjetunion trotz Stalin ein Arbeiterstaat sei, und nur wer diese These anerkenne, dürfe

sich zu seiner Gruppe zählen. Der Kampf gegen Stalin dürfe niemals zu einem Kampf gegen die Sowjetunion werden. „Bolschewiki müssen Bolschewiki bleiben", schrieb er. Die Vorgänge in der Sowjetunion seien keine Konterrevolution. „Der Feind ist Stalin und die Apparatbürokratie". Sein Urteil über die Situation in Deutschland im Jahre 1923 hatte Trotzki inzwischen geändert. Erbittert über das Versagen der deutschen Kommunisten schrieb er:
„Hätte Ende 1923 die Revolution in Deutschland gesiegt – was vollkommen möglich war –, die Diktatur des Proletariats wäre in Rußland ohne innere Erschütterungen geeinigt und gefestigt worden. Die deutsche Revolution aber endete mit einer der schrecklichsten Kapitulationen in der Geschichte der Arbeiterklasse. Die Niederlage der deutschen Revolution war ein mächtiger Antrieb für alle Reaktionsprozesse in der Sowjetrepublik. Daher der Kampf in der Partei gegen die „permanente Revolution" und gegen den Trotzkismus, die Entwicklung der Theorie des Sozialismus in einem Lande ..." usw.
Ich stimmte Trotzki in seinen Feststellungen, daß im Jahre 1923 in Deutschland die Entscheidung für die Entwicklung zum Nazismus gefallen war, zu, nicht aber darin, daß ein Sieg der Revolution im Herbst 1923 möglich gewesen war. Trotzki wies alle Einwände zurück und beschränkte seine Meinung, indem er schrieb:
„Im Jahre 1923 hat Brandler die Kraft des Faschismus ungeheuerlich überschätzt und damit die Kapitulation verdeckt. Die Folgen dieser Strategie trägt die Weltarbeiterbewegung bis zum heutigen Tag. Die historische Kapitulation der deutschen Kommunistischen Partei und der Komintern im Jahre 1923 lag dem darauffolgenden Wachstum des Faschismus zugrunde."
Jahre später, als Trotzki in Frankreich war, traf ich ihn in Royan und Paris, und wir kamen in unseren Gesprächen wieder auf dieses Thema zurück. Nur schwer konnte ich ihn davon überzeugen, daß im Jahre 1923 nicht nur die Nazis die Gegner einer Arbeiterrevolution waren, sondern auch die Staatsmacht, also Reichswehr und Polizei, und daß die Arbeitermassen, die der Sozialdemokratie folgten, uns abweisend gegenüberstanden. Wenn wir es nur mit den Nazis von 1923 zu tun gehabt hätten, wären wir mit ihnen sicherlich fertig geworden.
Trotzki war auf der Insel Prinkipo in schöpferischer Verfassung. Obwohl er durch die Zensur sehr behindert war, arbeitete er viel in der aktuellen Politik mit, wenngleich ihn deutsche Zeitungen oft erst mit wochenlanger Verspätung erreichten. So konnte er uns seine Anregungen und Kritik oft nur verspätet mitteilen. Nachdem er bisher Zeitungsartikel und Broschüren geschrieben hatte, kamen jetzt seine großen Werke „Mein Leben" und ein Jahr später „Die Geschichte der Russischen Revolution" zu uns. Beide Bücher waren von Alexandra Ramm, der Frau Franz Pfemferts, übersetzt worden.
Das Erscheinen von „Mein Leben" war zweifellos das literarische Ereignis des Jahres 1930. Mit diesem Werk stellte Trotzki sich ebenbürtig neben Maxim Gorki als ersten lebenden russischen Schriftsteller. Gorki war kein Freund von Trotzki, er hat ihn auch früher nie gemocht. Gorki war einst einer der Rufer nach der Revolution gewesen, um dann vor dem „hässlichen Gesicht" der Revolution zu erschrecken.
Zwischen „Mein Leben" und der „Geschichte der Russischen Revolution" erschien Trotzkis theoretisches Hauptwerk: „Die Permanente Revolution".

Diese Schrift ist die geistvollste und polemisch schärfste Widerlegung aller Meinungen, die seine Lehre der permanenten Revolution bekämpfen. Trotzkis Klarstellung seiner Theorie gegen Entstellungen Stalins, Radeks, Bucharins verlangt allerdings sehr eingehende Kenntnis der Schriften von Karl Marx, ferner der Geschichte der russischen sozialistischen Bewegung von ihren Anfängen an und vor allem der theoretischen Diskussion der Exilzeit der Bolschewiki und ihrer Haltung in den Wochen der Oktoberrevolution von 1917.
Franz Pfemfert hatte den Mut, „Die Permanente Revolution" in seinem Verlag „Die Aktion" herauszubringen. Das Buch wurde bald darauf von den Nazis beschlagnahmt und verbrannt; der Verlag wurde zerstört.
In der „Permanenten Revolution" sind die Auseinandersetzungen zwischen der chinesischen und der russischen kommunistischen Partei der späteren Jahre vorweggenommen. Während Stalin, Bucharin und auch Radek die chinesischen Kommunisten für so schwach hielten, daß sie diese aufforderten, mit der Kuomintang Tschiang Kai-Scheks zusammenzugehen, sich faktisch dieser unterzuordnen, unterstützte Trotzki das selbständige Vorgehen der Kommunistischen Partei Chinas. Er schrieb:
„. . . die neue chinesische Revolution kann das bestehende Regime stürzen und die Macht den Volksmassen übertragen, ausschließlich in der Form der Diktatur des Proletariats . . . Nicht nur die Agrarfrage, sondern auch die Nationale Frage weist der Bauernschaft, die in den zurückgebliebenen Ländern die überwiegende Mehrheit der Bevölkerung bildet, einen außerordentlichen Platz in der demokratischen Revolution an. Ohne ein Bündnis des Proletariats mit der Bauernschaft können die Aufgaben der demokratischen Revolution nicht nur nicht gelöst, sondern auch nicht ernstlich gestellt werden . . . Nun hat die Erfahrung gezeigt . . ., daß die „demokratische Diktatur des Proletariats und der Bauernschaft" nur als Diktatur des Proletariats, das die Bauernmassen führt, denkbar ist."
Die chinesischen Kommunisten wissen wohl, daß Stalin an Tschiang Kai-Schek Waffen liefern ließ. Daß trotzdem Mao Tse-tung Stalin gegen Trotzki verteidigt, gehört zu den Merkwürdigkeiten des Verhältnisses China-Sowjetunion, die ich hier nicht erörtern kann.

Eines Tages im Frühsommer 1931 besuchte mich der Leiter der Berliner Trotzkigruppe, Anton Grylewitz, und lud mich ein, ihn am Abend zu treffen, er wolle mich mit einem ausländischen Freund bekannt machen. Als wir uns am Abend trafen, stellte er mir einen jungen Mann vor, Mitte Zwanzig, blasse, weiche Gesichtszüge, mittelgroß, unauffällig gekleidet. Es war Leon Sedow, der älteste Sohn Trotzkis.
Ich fand zuerst bei ihm wenig Ähnlichkeit mit seinem Vater. Sedow wirkte bescheiden und höflich, er sprach leise, doch mit Bestimmtheit das gewählte Deutsch des gebildeten Ausländers. Er hatte es in der Schule gelernt und bei seinem Vater und dessen deutschen Sekretären geübt. Er war, wie ich von ihm erfuhr, bereits einige Monate in Deutschland. Sedow war an der Technischen Hochschule in Berlin immatrikuliert, er wollte Ingenieur werden. Er hatte den Zug der neuen Parteigenerationen in sich, den ich schon bei einigen jungen „roten Professoren" bemerkte, die ich in Moskau bei Dworin kennengelernt hatte: Parteimensch sein, aber auf keinen Fall nur Parteimensch. „Als Ingenieur kann ich immer Redakteur oder Sekretär der Partei sein," sagte er. Er war der Meinung, daß künftighin jeder Par-

teisekretär der bolschewistischen Partei Techniker und Naturwissenschaftler sein müsse, ohne akademische Bildung werde es in der Sowjetunion immer schwerer sein, politischen Einfluß zu gewinnen.
Wie Sedow mir sagte, seien seine Tage voll ausgefüllt mit dem Studium, Korrespondenz, hauptsächlich mit seinem Vater, und dem Sammeln von Material über die Entwicklung in der Sowjetunion. Er dürfe keine Vorlesung versäumen, er wolle weder der Schulleitung noch der Fremdenpolizei Anlaß zur Annahme geben, als ob er sich mit der Immatrikulation das deutsche Visum erschlichen habe. Er sprach wenig von sich, wenn wir uns trafen. Ich entnahm dem wenigen, daß er sehr zurückgezogen lebte, er ging zu keiner politischen Versammlung, auch nicht zu Sitzungen der Trotzkigruppe. Zu seinen wenigen Bekannten gehörte das Ehepaar Pfemfert-Ramm. Von mir wollte er jedesmal meine Meinung über die Situation in Deutschland hören, und immer wieder fragte er mich, ob ich glaube, daß die Nazis zur Macht kommen würden. Mein Pessimismus machte ihn ungeduldig. Seine Enttäuschung über die numerische Schwäche und politische Bedeutungslosigkeit der deutschen „Trotzkisten" verhehlte er mir nicht. Er hatte den dogmatischen Glauben des „echten Marxisten" an die Arbeiterschaft, „die den Nazismus nicht zulassen werde." Wenn ich sagte, daß weit größere Massen der Arbeiterschaft eher Nazis als Kommunisten seien, empfand er das wie eine persönliche Kränkung. Ich hatte aber immer den Eindruck, daß er mir vertraute.

Im Zusammenhang mit der Bekämpfung der kommunistischen Oppositionsgruppen begann um die Jahreswende 1931/32 erneut, systematischer als früher, die Verunglimpfung Rosa Luxemburgs, Franz Mehrings, Karl Liebknechts. Damit wollte das Zentralkomitee der KPD die Gruppen besonders treffen, die sich in ihren Schriften und Reden auf diese Vorkämpfer des Sozialismus beriefen. Thälmann und Heinz Neumann, und auf deren Anweisung die gesamte zentral belieferte Parteipresse, erklärten nicht nur die theoretischen Arbeiten Rosa Luxemburgs für nicht zeitgemäß, auch ihre Politik in der Vergangenheit sei falsch und „sozialdemokratisch" gewesen. Es wurde wiederum der Meinungsstreit Rosa Luxemburg mit Lenin von 1903 ausgetragen und ihr besonders vorgeworfen, daß sie die Gründung der KPD viel zu lange verzögert habe.
Die Anweisung zur Auslöschung des Andenkens an die linken sozialistischen Führer der Vorkriegszeit und des Spartakusbundes der Kriegszeit kam von Stalin. Die wenigen jungen Intellektuellen wie Heinz Neumann, Werner Hirsch, Paul Dietrich, Kurt Sauerland, schrieben jetzt auf Geheiß Stalins skrupellose Artikel gegen den „Luxemburgismus". Rosa Luxemburg und Karl Liebknecht sollten von der Partei zwar noch als Märtyrer, nicht aber als politische Vorbilder und Theoretiker im Gedenken behalten werden. Trotzki schrieb dazu: „Karl Liebknecht wurde durch Scheringer ersetzt!" (Scheringer war ein Reichswehrleutnant, der mit einem Bein bei den Nazis, mit dem anderen bei den Kommunisten sein wollte).
Das Zentralkomitee der KPD erreichte mit den Schmähungen Rosa Luxemburgs, Karl Liebknechts, Franz Mehrings nur eine weitere Verwirrung bei den Funktionären. Daß dagegen die einfachen Parteimitglieder von dieser Diskussion kaum berührt wurden, erlebte ich in einigen Mitgliederversammlungen meines Parteibezirks. Als ich hier gegen die Artikel sprach, gab ich mir unnötige Mühe, niemand hatte die Artikel gelesen. Und doch gehörten

die Schmähungen zum Kapitel Selbstzerstörung. Stalin ließ mehrere Jahre später die obengenannten Redakteure Heinz Neumann, Werner Hirsch, Paul Dietrich, Kurt Sauerland, die nach Hitlers Machtantritt nach Moskau gerufen oder geflüchtet waren, „liquidieren"; sie verschwanden spurlos in russischen Gefängnissen.
Die Nazis wurden indessen immer aggressiver. Anfang Januar 1931 wurde der Hauptmann Röhm, der aus Bolivien zurückgekehrt war, wo er als Söldner im dortigen Generalstab gedient hatte, von Hitler zum „Stabschef" der „Sturm-Abteilung" (SA) ernannt. Unter der Leitung Röhms schlug die SA Hitler den Weg zur Macht frei. Von jetzt an konnten die Zusammenstöße der Kommunisten mit der SA wirklich als Straßenschlachten bezeichnet werden. Die SA erwies sich als stärker als wir, sie schlug härter. Es kamen gewöhnlich auf ein Opfer der Nazis zehn bis fünfzehn kommunistische.
Ich protestierte einmal mehr vergebens gegen die unpräzise Bezeichnung „Faschisten". Ich verlangte, daß eindeutig Nazis oder Nationalsozialisten gesagt wird. Der Kampf mußte sich in erster Linie gegen die aufstrebende Nazidiktatur, dann erst gegen die halbfaschistische Regierung Brüning richten, die unter Pervertierung der Demokratie und des Parlamentarismus mit Ermächtigungsgesetzen regierte. An der weiteren Entwicklung zur Nazidiktatur waren die Abgeordneten, die den Ermächtigungsgesetzen zustimmten, mitschuldig.

Das Verhängnisvolle war, daß in den Straßenkämpfen gegen die Nazis meistens Arbeiter gegen Arbeiter standen. Bald riskierte es die SA, auch in Berlin auf dem Bülow-Platz, gegenüber dem Haus des Zentralkomitees der KPD zu demonstrieren. Damit begann der Einzug der Nazis auch in den bisher „roten Wedding" in Berlin.
Interessant hierzu war ein Bericht, den Röhm einige Zeit später über die soziologische Gliederung seiner SA gab. Er behauptete darin, daß 81% der Mitglieder Arbeiter und Angestellte seien. Das war ein höherer Prozentsatz „Arbeitnehmer" als selbst in der SPD organisiert war. Diese Tatsache mußte natürlich für uns Marxisten ein harter Schlag sein. Die Verelendungstheorie Marxens schien sich bestätigt zu haben, es gab Millionen Arbeitslose, die zum großen Teil in unwürdigen Verhältnissen lebten. Zahlreiche Arbeiter und Angestellte boten ihre Arbeitskraft buchstäblich nach Art der Sklavenmärkte an. Der größte Teil der SA bestand ebenfalls aus Arbeitslosen und bezog von der Nazipartei ein „Handgeld", viele SA-Leute konnten außerdem in „SA–Heimen" übernachten.
Gegen alle diese Erscheinungen und Gefahren anzukämpfen, war eigentlich auch die Aufgabe der Sozialdemokratie, der Gewerkschaften und des Reichsbanners. Diese jedoch schauten den Saal- und Straßenkämpfen zwischen Kommunisten und Nazis entrüstet und moralisierend zu. Daß es hierbei auch um ihr eigenes Schicksal ging, wollten sie immer noch nicht begreifen. Dieses Distanzieren nutzte ihnen auf die Dauer nicht, sie wurden bei verschiedenen Gelegenheiten in Zusammenstöße mit den Nazis hineingezogen, wobei sie meistens, wie wir, die Unterlegenen waren.
Die Erkenntnis der Gefahren, die durch den Nazismus drohten, war zweifellos bei den Kommunisten am klarsten. Diese Erkenntnis bewog die Partei auch, immer wieder Einheitsfrontangebote an die Sozialdemokraten zu machen. Auch die Brandleropposition machte mehrmals Angebote, gemeinsam zu kämpfen. Alle Angebote wurden arrogant abgelehnt. Als An-

fang Oktober 1931 die Reichsregierung nochmals weiter nach rechts umgebildet, der General Groener zum Reichswehrminister und gleichzeitig zum Reichsinnenminister ernannt wurde, antwortete ein sozialdemokratischer Reichstagsabgeordneter auf ein Einheitsfront- Angebot der Kommunisten: „Lieber zehnmal mit Groener, als einmal mit den Kommunisten."
Das Anwachsen der Nazis jagte den Sozialdemokraten aber doch Furcht ein, und Anfang Dezember 1931 wurde in Berlin die „Eiserne Front" gegründet, bestehend aus SPD, den Gewerkschaften, dem Reichsbanner und Arbeitersportvereinen. Aus dem „zuverlässigen Kern" der genannten Organisationen wurden außerdem „Schufos" – Schutzformationen – gebildet. Die Eiserne Front gab sich eine „Reichskampfleitung", deren Vorsizender jener Karl Höltermann wurde, der im Mai 1919 als freiwilliger Weißgardist zur Niederschlagung der Räterepublik in München mit einmarschierte. Die Gewerkschaften gründeten zudem noch aus den zuverlässigen Funktionären die „Hammerschaften" zur Bekämpfung der Roten Gewerkschaften.
Die preußische Regierung Braun-Severing ließ weiter auf Demonstranten schießen. Sie organisierte „Polizei-Hundertschaften zur besonderen Verwendung", die später zum großen Teil von der Gestapo übernommen wurden, aber die Arbeitslosigkeit verminderte die Regierung nicht. Diese stieg weiter. Mitte November 1931 wurden 4,84 Millionen Arbeitslose registriert. Für die Masse des Volkes war es ein härteres Leben als selbst in der Inflation von 1923. Das war auch der Grund, warum die Arbeitslosen immer wieder protestierend auf die Straßen gingen.

Die Sozialdemokraten kamen indessen nicht zur erhofften Einheitsfront mit dem General Groener. In Groeners kurzer Amtszeit konnte Hitler seinen Sitz nach Berlin verlegen, bald darauf auch die deutsche Staatsbürgerschaft erhalten. Die Nazipartei meldete am 1. April 1932 eine Million eingeschriebene Mitglieder, das waren mehr als die Kommunistische und Sozialdemokratische Partei zusammen hatten. Beim Stahlhelm-Aufmarsch am 1. April in Berlin beteiligten sich ca. 200.000 Mann. Bei den Wahlen zum Preußischen Landtag Mitte April wurden die Nazis stärkste Partei mit 162 Abgeordneten. Groener und sein Chef Brüning hatten die Aushöhlung der Weimarer Republik genügend vorangetrieben, Hindenburg schickte sie jetzt fort. Den Rest besorgten nun Papen und Schleicher.
Mit früheren Freunden, die noch im „Apparat" geblieben waren, traf ich mich gelegentlich, ohne daß jemals über interne Einzelheiten ihrer Tätigkeit gesprochen wurde. Dann kam es zum „Fall Duda", der mich sehr erregte. Duda war ein Lehrer aus Leipzig, er leitete die „Zersetzungs"-Propaganda in der Polizei und der Reichswehr. Das für die illegale Arbeit verantwortliche Mitglied des Zentralkomitees war nicht mehr Hugo Eberlein, sondern Ernst Schneller. Schneller hatte sich selbst um diese Stellung beworben. Als Reichstagsabgeordneter war er zudem „immun". Schneller war der Typ des „Kartothekowitsch", äußerst fleißig, unzugänglich bis zur Arroganz; er hatte niemals Zeit.
Duda hatte in einer Berliner Druckerei Flugblätter für die Schutzpolizei drucken lassen. Die Politische Polizei durchsuchte zahlreiche Druckereien, so auch diese, verglich die Drucktypen usw. Die Flugblätter waren fortgeschafft worden, die Polizei fand keine Spuren, sie behielt aber doch den Verdacht und ließ zwei Kriminalbeamte Tag und Nacht in der Druckerei.

Dem Druckereibesitzer gelang es, einen Zettel an das Zentralkomitee zu schicken, mit der Mitteilung, daß die Druckerei von der Politischen Polizei besetzt sei. Der Zettel wurde Schneller übergeben.
Zwei Tage später ging Duda in die Druckerei. Er wurde verhaftet und sogleich nach Leipzig ins Untersuchungsgefängnis des Reichsgerichts gebracht. Am folgenden Morgen wurde Duda in der Zelle tot aufgefunden. Die Gefängnisdirektion teilte Dudas Schwester, die in Leipzig wohnte, mit, ihr Bruder habe sich erhängt. Die Schwester rief einen Bekannten in Berlin an, der zu Schneller ging und ihm den Tod Dudas mitteilte. Schneller faßte in die Rocktasche und zog die vergessene Warnung des Druckereibesitzers heraus.
Schneller wurde 1933 von den Nazis verhaftet und in ein Konzentrationslager gebracht. Er sah die Freiheit nicht wieder. Nach mehreren Jahren grausamer Haft wurde er ermordet.
Der illegale Militär-Apparat der KPD wurde im Kern schon vor Hitlers Machtantritt zerstört. Das Zentralkomitee verschuldete die Zerstörung selber. Es hatte sich ein früherer Polizeihauptmann Giesecke als Mitglied gemeldet. Die nationalistische, nach Diktatur rufende Politik der NSDAP hatte ihn zur KPD gezogen. Er versprach sich in der KPD eine schnellere Karriere als in der Nazipartei. Das Zentralkomitee beauftragte Kippenberger, den Leiter des M-Apparates, Hauptmann Giesecke in den Apparat einzuführen. Kippenberger fuhr mit Giesecke zu den wichtigsten Gruppen in Deutschland und Giesecke lernte den sagenhaften Militär-Apparat persönlich kennen. Er hielt sogar in einigen Gruppen Vorträge über Wehrausbildung und Straßenkampftaktik.
Aber Giesecke wollte nicht im dunkeln arbeiten, er wollte sofort Reichstagsabgeordneter werden. Das Zentralkomitee erklärte ihm vor den Wahlen im Juli 1932, daß er, Giesecke, noch nicht lange genug in der Partei sei, um einen Abgeordnetensitz zu erhalten. Bei der zweiten Wahl im November 1932 verlangte Giesecke wiederum ein Mandat, wieder lehnte die Partei ab. Daraufhin ging Giesecke dorthin, wo er hergekommen war, zu den Nazis und berichtete über das in der KPD Gesehene und Erlebte. Hunderte von Funktionären und Apparatmitglieder wurden nun in ganz Deutschland verhaftet, Waffenlager, geheime Druckereien, Verstecke für den Notfall wurden aufgedeckt. Natürlich gab die Politische Polizei weit mehr an als gefunden wurde, um die kommunistische Gefahr maßlos vergrößert an die Wand zu malen.

Es war um die Mitte Juli 1932, als ich einen Revisionsbesuch in unserer Verlags-Auslieferstelle in Stettin beendet hatte und anschließend zur Ostsee fuhr. In dem kleinen Fischer- und Badeort Rewahl-Horst wollte ich eine Woche Urlaub verbinden. Beim Schlendern durch den Ort las ich auf einem, an eine Telegraphenstange geklebten Plakat, daß am kommenden Sonnabend eine Bauern- und Landarbeiterversammlung in einem benachbarten Dorf stattfinden sollte. Unterzeichnet war das Plakat mit „Kommunistische Partei". Es sollte eine Kundgebung zu den Reichstagswahlen am 31. Juli sein. Ich lieh mir von meinen Wirtsleuten ein Fahrrad und radelte zum Versammlungsort. Dort traf ich auf dem Marktplatz bereits ungefähr hundert Personen an. Es kamen ständig weitere hinzu. In der Mitte des Platzes waren ein Tisch und einige Stühle aufgestellt, um die mehrere Personen, anscheinend die Einberufer, standen. Etwas abseits standen zwei

Gendarmen mit einigen Männern, die, mit grünen Joppen und Schaftstiefeln bekleidet, unverkennbar leitende Angestellte von den umliegenden Gütern waren. Außerdem standen am Rande der Versammelten junge Burschen in Militärjacken, die Hosen in die Stiefel gesteckt, jeder ein Gewehr im Arm. Diese Burschen waren ebenfalls von den umliegenden Gütern gekommen.
Ich beobachtete, wie ein Radfahrer kam und auf die am Tisch stehenden Personen aufgeregt einredete. Ich ging zur Gruppe und fragte nach dem Grund der Aufregung. Der Mann, der sich als der Vorsitzende bezeichnete, sagte mir, daß der Radfahrer von der Eisenbahnstation gekommen sei und mitgeteilt habe, daß der Zug zwar fahrplanmäßig, aber der erwartende Redner aus Stettin nicht gekommen sei. Er fügte erbittert hinzu, daß sie schon mehrmals im Stich gelassen worden seien. Ich wies mich nun als Mitglied der KPD aus und erbot mich, das Referat zu halten. Es waren mittlerweile ungefähr zweihundert Personen versammelt. „Ein für die hiesigen Verhältnisse außerordentlich zahlreicher Besuch", sagte der Vorsitzende.
Ich stieg auf den Tisch und hielt meine Rede. Glücklicherweise war ich gut aufgelegt zum Reden und begann mit dem Thema, das in dieser Zeit die gesamte deutsche Landbevölkerung östlich der Elbe interessierte: die „Osthilfe". Unter diesem Namen hatte der Reichstag ein Gesetz zur Unterstützung der ostdeutschen Landwirtschaft angenommen. Die Durchführung dieses Gesetzes wurde zu einem der größten Korruptionsskandale der Weimarer Republik. Millionenreiche Großgrundbesitzer und Bankrotteure, die ihre Güter durch ihr Herrenleben zugrunde gewirtschaftet hatten, erhielten Hunderttausende von Mark, bedürftige Bauern erhielten nur kaum etwas, Landarbeiter überhaupt nichts. Der Reichspräsident Hindenburg wurde als eine der Hauptfiguren im Skandal genannt. Die Großgrundbesitzer unter Führung des schon aus der Kaiserzeit berüchtigten Junkers Oldenburg-Januschau, hatten Geld gesammelt und dem Reichspräsidenten das Gut Neudeck geschenkt. Jetzt erhielten diese Herren das Mehrfache des gespendeten Geldes durch die „Osthilfe" zurück.
Ich hatte einige Tage vorher eine Broschüre und auch verschiedene Artikel mit allen Angaben und Zahlen über die Osthilfe gelesen und konnte diese aus dem Gedächtnis zitieren und so meinen Zuhörern recht instruktiv die Geschichte dieses Skandals schildern. Es fiel mir auch leicht, auf die bewaffneten Burschen am Rande der Versammelten hinzuweisen und den Bauern zu sagen, daß für diese illegale Bewaffnung und Ausbildung Unsummen ausgegeben werden und daß der preußische Innenminister sehr wohl von dem Treiben auf den Gütern wüßte, es sogar fördere. Den Bauern gegenüber wurde die illegale Bewaffnung mit angeblichen polnischen Angriffsabsichten begründet. Wahrscheinlich waren die bewaffneten Burschen zumeist Söhne der anwesenden Landarbeiter und Bauern, sie wurden unruhig und zogen es vor, nacheinander zu verschwinden.
Als ich mein Referat beendet hatte, kamen zahlreiche Anfragen über die Politik der Nazis und der Deutschnationalen, die in dieser Gegend führend waren, und Gruppen Diskutierender blieben bis gegen Mitternacht zusammen. Einige Tage darauf machte ich wieder eine Fahrt durch die Felder und Dörfer. Überall wurde ich mit freundlichen, aber auch mit einigen feindlichen Zurufen bedacht. Ich erzählte dieses zufällige Begebnis, weil das Interesse und die entgegengebrachte Sympathie der Landbevölkerung mich damals verleitete zu glauben, daß ein Sieg der Deutschnationalen

und der Nazis noch längst nicht sicher war. Später erfuhr ich, daß in diesem Gebiet östlich Stettin bis nach Kolberg hinaus, die Mitglieder der dortigen Ortsgruppen der KPD sämtlich von den Nazis in Konzentrationslager gebracht worden waren.

Als ich vom Ostseestrand nach Berlin zurückkam, war die Vorentscheidung zu Hitlers Machtübernahme bereits gefallen. Der Reichskanzler Papen war zusätzlich zum Reichskommissar für Preußen eingesetzt worden. Am gleichen Tage hatte er die Preußenregierung für abgesetzt erklärt und den militärischen Ausnahmezustand verhängt. „Die Rote Fahne" wurde verboten. Der preußische Ministerpräsident Braun war gerade nicht im Amt, der Innenminister Severing erhielt den Absetzungsbescheid von seinen eigenen Polizeileuten. Mit ihm erhielten zahlreiche hohe preußische Staatsbeamte ihre Entlassung.
Die Wahlen zum 6. Reichstag, die mehrere Tage später am 31. Juli erfolgten, ergaben einen weiteren Aufstieg der Nazis und auch einen Zuwachs der Kommunististen. Die Nazis erhielten 13,7 Millionen Stimmen, ca. eine halbe Million mehr als die Sozialdemokraten (7,9 Millionen) und die Kommunisten (5,2 Millionen) zusammen. Nun versuchten die ohnmächtigen Kommunistischen Oppositionsgruppen wiederum, die beiden großen Arbeiterparteien zur Einheit und Aktion zu drängen. Die „Brandleristen" schrieben in ihrem Organ: „Die Gefahr einer Katastrophe der Arbeiterbewegung besteht, und wir wären nichtswürdige Wichte, wenn wir am Tage der Katastrophe uns sagen wollten: Es ist gekommen, wie wir es warnend prophezeit haben, man hat nicht auf uns gehört, aber wir haben recht behalten! Wenn wir uns so trösten wollten und uns doch sagen müßten, daß wir nicht alles getan haben, um das Unheil zu verhindern."
Und in einem weiteren Artikel:
„... außer der Arbeiterklasse existiert keine Kraft, die die Flut der faschistischen Konterrevolution zum Stehen bringt. Die Arbeiterklasse trägt vor der Geschichte eine hohe Verantwortung. Ihr Kampf ist mehr als die Verteidigung der nackten Existenz. Sie ist die Trägerin der Aufwärtsentwicklung der menschlichen Gesellschaft, sie ist das Bollwerk der Menschheitskultur. Fällt dieses Bollwerk, werden die faschistischen Banden das Reich der Barbarei aufrichten, gegen das alles verblassen wird, was in der Menschheitsgeschichte an finsterer Reaktion jemals zu verzeichnen war."
Am klarsten und eindringlichsten jedoch versuchte der Russe Trotzki von seinem Verbannungsort aus die KPD und die deutschen Arbeiter aufzurütteln. Er schrieb:
„Es ist Pflicht der linken Opposition, Alarm zu schlagen; die Leitung der Komintern führt das deutsche Proletariat zu einer gewaltigen Katastrophe, deren Kern die panische Kapitulation vor dem Faschismus ist.
Hält man wirklich das Ungeheuerliche und Unwahrscheinliche für möglich, daß die Partei tatsächlich dem Kampf ausweichen wird und damit das Proletariat auf Gnade und Ungnade seinem Todfeind ausliefert, so bedeutet das nur eines: die grausamen Schlachten würden sich nicht vor der Machtergreifung der Faschisten, sondern nach ihr entspinnen ...
Zehn proletarische Aufstände, zehn Niederlagen, eine nach der anderen, könnten die deutsche Arbeiterklasse nicht so verbluten und entkräften lassen, wie ihr Zurückweichen vor dem Faschismus ...
... für die nächsten zehn bis zwanzig Jahre würde der Sieg des Faschismus

in Deutschland . . . bedeuten, Zusammenbruch der Komintern, Triumph des Weltimperialismus in seinen abscheulichsten und blutgierigsten Formen.
Der Sieg des Faschismus in Deutschland würde den unvermeidlichen Krieg gegen die Sowjetunion bedeuten.
Für jeden revolutionären Arbeiter muß zum Axiom werden: der Versuch der Faschisten zur Machtergreifung in Deutschland kann nicht anders als die Mobilisierung der Roten Armee nach sich ziehen. Für den proletarischen Staat wird es hier im direktesten und unmittelbarsten Sinn um die revolutionäre Selbstverteidigung gehen."
Mit diesem Alarmruf hatte Trotzki nicht nur den zweiten Weltkrieg vorausgesagt, von nun an keimte der Plan Stalins, Trotzki „beseitigen" zu lassen. Es braucht keine direkte Order Stalins gewesen zu sein.
Doch alle Appelle an die Sozialdemokratische und Kommunistische Partei und an die Arbeiterklasse insgesamt verhallten unbeachtet. Während der Parteivorstand der Sozialdemokraten seine Hoffnung auf die Reichswehr und die Monarchisten zu setzen begann, verstärkte das Zentralkomitee der KPD seine Nazi-Konkurrenz-Linie und proklamierte im Oktober 1932 gemeinsam mit der französischen Bruderpartei unter anderem:
„Das räuberische Diktat von Versailles unterdrückt zahllose Millionen in Elsaß-Lothringen, West- und Ostpreußen, Posen, Oberschlesien, Südtirol ohne sie zu befragen, durch brutale Annexion. . .
Die Bourgeoisie Deutschlands, gestützt auf Hitlers faschistische Bewegung, auf die monarchistischen Abenteurer, auf den „Stahlhelm" und die Mithilfe der SPD schlägt einen Kurs ein, der militärische Aufrüstung, imperialistische Abenteuer, nationalistische Hetze und militaristische Vergiftung der Jugend bedeutet . . .
Das faschistische Polen bereitet sich zur Annexion Danzigs und Ostpreußens vor . . ."
Die angeblichen Pläne der Polen, Danzig und Ostpreußen zu annektieren, waren vom „Stahlhelm" in die Welt gesetzt worden. Diese vermeintlichen Pläne hatten auch Severing als Vorwand gedient, die illegale Bewaffnung der Wehrverbände in Pommern, West- und Ostpreußen zu begünstigen.

Vor einiger Zeit, 1964, hörte ich in der Frankfurter Goethe-Universität einen Vortrag eines stellvertretenden Vorsitzenden der SPD. Er sprach über die „Machterschleichung" der Nazis im Jahre 1933 und erwähnte dabei, daß ein von der KPD ausgelöster Streik der Verkehrsarbeiter im Herbst 1932 in Berlin der Machtergreifung Hitlers Vorschub geleistet habe, weil der Streik gemeinsam mit den Nazis geführt worden sei. Diese, nach Ort und Thema völlig deplazierte Behauptung, greife ich in meinen Erinnerungen auf, weil ich zufällig Zeuge dieses Streiks war und dabei Begleiterscheinungen erlebte, die zur vergifteten Atmosphäre der damaligen Zeit gehörten. Ich war mittlerweile von Neukölln-Britz nach dem Norden von Berlin, in die „Friedrich-Ebert-Siedlung", Müllerstraße, umgezogen. Direkt gegenüber der Siedlung war ein großer Straßenbahn-Betriebshof. Hier brach Anfang November der Streik aus. Es war ein Streik um Lohn, der nur bemerkenswerter war, weil er sich gegen Maßnahmen der Berliner Stadtverwaltung richtete, in der die Sozialdemokraten die Mehrheit hatten. Die Streikleitung fand kein Lokal in der Nähe, ich stellte ihr darum für einige Tage meine Wohnung zur Verfügung. An den Besprechungen nahm ich nicht teil.

Ich gehörte nicht dazu und mußte tagsüber zur Arbeit gehen. Aber ich nahm Anteil an der Sache und stand an mehreren Morgen schon früh um 4 Uhr mit anderen Mitgliedern der Partei meines Parteidistrikts vor dem Tor des Straßenbahn-Betriebshofes, um Flugblätter an Straßenbahner zu verteilen.
Zu meiner und meiner Genossen bösen Überraschung kamen auch Nazis mit Flugblättern. Die Leitung der Berliner Nazipartei bemühte sich um die Sympathien der Arbeiter und hatte zur Teilnahme am Streik aufgefordert. Die Nazis kamen geschlossen anmarschiert, zum Teil in SA-Uniform. Auch hier sah ich wieder, daß es meistens Arbeiter waren. Ich bemerkte unter ihnen einige Gesichter, die mir als frühere Kommunisten oder Sozialdemokraten bekannt waren. Wir kommunistischen Mitglieder standen zusammen, die Nazis stellten sich uns gegenüber auf. Dis Diskussion, die sich nun entwickelte, war ganz und gar nicht freundlich. Wenn unsere riefen: „Ihr seid doch auch Proletarier", so antworteten sie: „Nein, wir sind es nicht, wir sind nationalgesinnte Arbeiter und keine Judenhörige." Die Nazis riefen uns zu: „Wo sind denn Eure Juden so früh am Morgen? " Solche Bemerkungen beeindruckten einige meiner Genossen. „Oben haben sie – die Juden – eine große Schnauze", sagte einer, „hier, früh um 4 Uhr kommt kein Aas". „Zum Plakate ankleben und Flugblätterverteilen kommen sie nicht." sagte ein anderer und so fort.
Ich erzähle die Episode, weil ich hier die Wirkung der antisemitischen Propaganda spürte, wie weit sie latent auch bei Mitgliedern der KPD wirkte. Die Nazipropaganda hatte sich vielleicht schon viel mehr auch in Arbeitergehirne eingefressen, als äußerlich erkennbar war. Die Haßpropaganda gegen die Juden, die in der Weimarer Republik weit stärker betrieben wurde als früher im Kaiserreich, hatte in der Arbeiterschaft im allgemeinen keinen Erfolg gehabt. Erst recht nicht in der Kommunistischen Partei, deren verehrte Führer, Rosa Luxemburg und Karl Liebknecht, selber Juden waren.
Der Antisemitimus war daher kein Problem, das die Partei besonders beschäftigte. Nur gelegentlich, bei Aufflammen starker antijüdischer Hetze, wie zum Beispiel nach dem ersten organisierten Judenpogrom der SA in Berlin-Charlottenburg, auf dem Kurfürstendamm im September 1932, wurde über Antisemitismus und Zionismus diskutiert. Doch waren nur wenige daran interessiert, die Diskussionen beschränkten sich auf kleine Kreise. Wir betrachteten den Zionismus als eine religiöse, reaktionäre Utopie. Der Sieg des Sozialismus in Deutschland würde den Antisemitismus ausmerzen und den Staats-Zionismus überflüssig machen. Ich hatte geglaubt, wie es damals meine jüdischen Freunde, Bekannten und Parteigenossen auch glaubten, die neidischen Kleinbürger, die es auf die gutgehenden Praxen oder Geschäfte der Juden abgesehen hatten, könnten von Verbrechen abgehalten werden, wenn man ihnen energisch entgegentrat. Nur wenige Juden hatten die Phantasie, sich die Größe der Gefahr vorzustellen.

Ich wurde Zeuge eines weiteren Aktes der Tragödie Trotzki. Leon Sedow hatte mir bei einem Rendezvous im November erzählt, daß seine Schwester Sina (Sinaida Wolkowa) seit einiger Zeit in Berlin sei. Er sagte sehr bedrückt, daß er ihr völlig hilflos gegenüberstehe, ihre Nerven seien überreizt, sie weise jede Hilfe und Zuspruch zurück und isoliere sich völlig. Anfang Januar 1933 rief er mich an und sagte, daß seine Schwester in den Freitod

gegangen sei, die Beerdigung sei anderntags.
Wir trafen uns vor dem Friedhof. Es waren neben Sedow Franz Pfemfert und seine Frau Alexandra Ramm, Anton Grylewitz und ich am Grabe. Gesprochen wurde nicht. Jeder legte einige Blumen auf den Sarg und wartete, bis das Grab zugeschaufelt war.
Trotzkis Tochter hatte nicht die Kraft, die Verbannung ihres verehrten Vaters zu ertragen. Ihre eigene Trennung von Familie und Heimat ertrug sie eher. Doch als sie von der Berliner Polizei einen kurzfristigen Ausweisungsbefehl erhielt, ging sie in den Tod.

Einige Tage, nachdem Hitler zum Reichskanzler ernannt worden war, erhielten wir beiden Geschäftsführer des Neuen Deutschen Verlages, Frau Gross und ich, eine Vorladung sofort zur Politischen Abteilung im Polizeipräsidium zu kommen. Ein noch ziemlich junger Mann, Rudolf Diels, empfing uns hinter seinem Schreibtisch sitzend und sagte nur, daß die „Arbeiter Illustrierte Zeitung" bis auf weiteres verboten sei. Das war alles. Zu meinem Glück war es das einzige Mal, daß ich dem ersten Chef der im Aufbau begriffenen Mordorganisation Gestapo, die aus der Polizei-Abteilung IA hervorging, in seinem Zimmer gegenüberstand.
Mit dem Verbot der Zeitung war der Verlag noch nicht vernichtet; der Überfall und die Zerstörung folgten noch. Hitler hat die Macht ebensowenig „erobert", wie Mussolini nach Rom marschiert ist. Mussolini fuhr im Schlafwagen, Hitler kam durch Intrigen zur Macht. Die sogenannte „Nationale Revolution" wurde im Einvernehmen mit der Staatsmacht gemacht. In einem seiner Romane der „comédie humaine", sagte Balzac, daß es nichts Einfacheres gäbe, als mit der Staatsmacht im Rücken Revolution zu machen. Aber die Nazipartei war von Jahr zu Jahr gewachsen, und deutsche Männer und Frauen entschieden mit jedem Ja für Hitler ihr eigenes Schicksal. Sie wußten, was Hitler wollte. Hitler selbst und die Opposition gegen Hitler hatten es ihnen gesagt. Sie sollten auch noch einmal wählen dürfen, denn am Tage, nachdem der Reichspräsident Hindenburg Hitler zum Reichskanzler ernannt hatte, löste er auch ein weiteres Mal den Reichstag auf. Bei den Neuwahlen zum Preußischen Landtag und zum Reichstag, die am 5. März 1933 erfolgen sollten, glaubten wir, noch eine Chance zu haben.
Den Fackelzug am 30. Januar in Berlin habe ich nicht gesehen. Ich diskutierte mit Genossen die ganze Nacht darüber, was nun zu tun sei. Als ich am anderen Morgen durch die Straßen meines Bezirks ging, des bisher sogenannten „roten Wedding", sah ich Hunderte roter Fahnen aus den Fenstern hängen, aus denen ich auch früher rote Fahnen habe hängen sehen, jetzt aber war das Hakenkreuz eingenäht.
Nun ging es in allen Diskussionen darum, wer mehr Schuld hatte, daß die Kräfte der Arbeiterklasse nicht aufstanden. Die verächtliche Nachgiebigkeit und Gefügigkeit der SPD, die nicht einmal versuchte, Widerstand zu leisten, war bestimmt noch verantwortungsloser als das leere Geschrei der Kommunisten, die von ihren Anhängern Leistungen verlangten, zu denen sie weder die Kraft noch die Befähigung hatten. Tucholsky hatte das einmal so formuliert: „Der redseligen Schlappheit von links steht der zielbewußte Machtkampf von rechts gegenüber. . ."
Wo war die „Eiserne Front? " Ich nahm noch am 7. Februar 1933 an der Kundgebung dieser Organisation im Lustgarten teil. Wohl die gesamte Mit-

gliedschaft der KPD beteiligte sich und rief auch jetzt noch nach der Einheitsfront der Arbeiterschaft. Die „Eiserne Front" verhielt sich uns gegenüber kalt ablehnend; wir waren ihr ungeladene Störenfriede. Der Leiter der „Reichskampfleitung", Karl Höltermann, prägte als erster die gemeinsten und dümmsten Worte des Jahrzehntes: „Nach Hitler kommen wir!" Höltermann flüchtete bald nach England. Er fand in London eine Anstellung in einer Buchhandlung.
Die „bürgerlichen" Mittelparteien haben durch ihre Koalitionspolitik den Nazis die Möglichkeit gegeben, den Staatsapparat zu durchdringen. Daß die Nazis sie am Schluß an die Wand drückten und ihre ausschließliche Diktatur erichteten, haben die Mittelparteien mitverschuldet. Hitler verachtete sie so, daß er ihre „Gleichschaltung" nicht einmal zur Kenntnis nahm.
Wir waren uns darüber klar, daß, hätte die KPD allein losgeschlagen, sich die „Eiserne Front" den Nazis angeschlossen hätte, wie im Jahre 1918/19 und nach dem Kapp-Lüttwitz-Putsch. Die Kommunisten wären zu Zehntausenden niedergemacht worden. Die zahlreichen bei Demonstrationen von der Polizei erschossenen Kommunisten, besonders in Dresden und Hamburg-Altona, noch im Jahre 1933 vor Hitlers Machtübernahme, bezeugen das. Doch gerade weil kein Widerstand geleistet wurde, sollten die Opfer mit der Zeit noch größer werden. Das Gemunkel der Sozialdemokraten, die Reichswehr werde in letzter Minute die Machtübernahme Hitlers verhindern, blieb Gemunkel. Aber die millionenstarken Gewerkschaften waren noch da. Hitler war bereits 8 Tage Reichskanzler, als ich an der Versammlung der Delegierten meiner Gewerkschaft, des Zentralverbandes der Angestellten von Berlin-Nord, teilnahm. Die Tagesordnung sah vor, daß der Gewerkschaftssekretär Hans Gottfurcht einen Bericht über den Verbandstag in Rothenburg ob der Tauber geben sollte, der einige Wochen zuvor stattgefunden hatte. Als zweiter Punkt der Tagesordnung sollte eine Vorlesung aus dem neuen Roman von Hans Fallada „Kleiner Mann, was nun? " folgen. Ich beantragte gleich zu Beginn der Versammlung, beide belanglosen Themen abzusetzen und über das zu befürchtende Schicksal der Gewerkschaften und über die zu treffenden Maßnahmen zu sprechen, die infolge des Sieges Hitlers erforderlich seien. Gottfurcht sprach mit der ihm eigenen Selbstgefälligkeit heftig dagegen und betonte immer wieder, daß Hitler es nicht wagen werde, Gewaltmaßnahmen gegen die Gewerkschaften zu unternehmen. Bei der Abstimmung erhielt ich sieben, Gottfurcht über sechzig Stimmen. Also blieb es bei der mehrere Wochen vorher festgelegten Tagesordnung.
Es bewahrheitete sich eben noch einmal, was im Spartakusbrief vom April 1917 über die Gewerkschaften gesagt worden war: „Die Disziplin ist in den sogenannten freien Gewerkschaften zu einem solchen Selbstzweck geworden, daß die Massen folgen, ob die Führer sie zum Kampf oder zur Kapitulation, ob in Macht und Glanz oder in Korruption und Schmach führen . . ."

Willi Münzenberg, der sich bereits seit der Machtübernahme Hitlers verborgen hielt, bestellte mich Mitte Februar zu einem Treffen, um mir zu sagen, daß er an einer Konferenz der Internationalen Arbeiterhilfe in Moskau teilnehmen wollte, jetzt aber nicht fahren möchte. Er gab mir sein Mandat mit dem Auftrag, über die aktuelle Situation des Neuen Deutschen Verla-

ges und der Universum-Bücherei zu berichten.
Ich traf mich mit Leon Sedow, der mir Briefe an Freunde in Moskau mitgeben wollte. Während ich einige Tage auf das Visum wartete, konnte er die Briefe noch schreiben und wir verabredeten zwei Rendezvous mit seinen Freunden in Moskau. Auf dem Bahnhof Friedrichstraße sah ich zwar mehr Kriminalbeamte als sonst, aber ich wurde nicht behelligt. Ich bestieg den Zug nach Königsberg und wechselte erst in Ostpreußen in einen Wagen nach Riga über. Die deutsche Grenzkontrolle fragte routinemäßig nach dem Zweck der Reise. Es fuhren in dieser Zeit noch vielfach Spezialarbeiter, Techniker, Eisenbahner im Auftrag deutscher Großbetriebe nach Rußland, so daß meine Erklärung, daß ich zur Arbeit rüberfahre, genügte. Die große Flucht der Antinazis aus Deutschland hatte noch nicht begonnen.
Die Fahrt jenseits der Grenze durch die schier endlosen verschneiten Felder und Wälder verlief recht eintönig. Ich war allein im Abteil, auch die anderen Abteile waren nur spärlich besetzt. Im kalten Februar fährt man nur, wenn's unbedingt sein muß, nach Rußland. Ich las viel. Zwischendurch ging ich im Seitengang des ausreichend geheizten Waggons auf und ab. Im Speisewagen des Zuges erhielt ich mehrmals am Tage Tee. Auf den Stationen bemerkte ich kaum Leben. Nicht nur die bittere Kälte, auch die drückende wirtschaftliche Not ließ alles erstarren. In Moskau angekommen, fuhr ich wieder zum Hause der „Internationalen Arbeiterhilfe", wo ich ein Zimmer erhielt. Eine Stunde später war ich schon im Bürohaus der Kommunistischen Internationale bei Piatnitzki. Er sagte mir nach der Begrüßung, daß ich mich für den nächsten Tag vorbereiten solle, ich werde sicherlich zu einer außerordentlichen Sitzung des Büros der Exekutive hinzugezogen werden. Er fügte hinzu, daß mein Verlagsbericht nicht mehr interessiere, aus Berlin sei die Nachricht gekommen, daß das Karl Liebknecht-Haus, das Büro des Zentralkomitees der KPD, von den Nazis besetzt worden sei und wahrscheinlich auch inzwischen der Neue Deutsche Verlag. In der Zeit vom Abend meiner Abreise aus Berlin bis zum Vormittag des übernächsten Tages hatten die Nazis schwere Schläge gegen die Partei geführt.
Wie ich mit Sedow verabredet hatte, traf ich den ersten Freund vor dem Puschkin-Denkmal am Twerskoj Boulevard, den anderen, der in Begleitung eines weiteren Freundes war, im Vorsaal des Gewerkschaftshauses. Beide Male wurde ich, nachdem ich die Losungsworte gesagt hatte, mit überschäumender Herzlichkeit begrüßt. Ich bestellte die Grüße Sedows, übergab die Briefe und ging wieder fort. Ich habe niemals erfahren, wer die Empfänger waren. Erst drei Jahre später, als die Moskauer Prozesse gegen die alten oppositionellen Bolschewiki stattfanden, wurde mir bewußt, wie gefährlich mein Freundschaftsdienst für alle Beteiligten hätte sein können. Sedows Verbindungen mit seinen Freunden in Moskau müssen schnell und zuverlässig gewesen sein, denn als ich Sedow etwa vierzehn Tage später in Berlin wieder traf, sagte er mir, daß er von dem Empfänger der Briefe bereits Antwort erhalten habe, sie ließen mich grüßen und nochmals danken.
Die Sitzung des Büros der Exekutive der Kommunistischen Internationale hatte anderntags im Zimmer Piatnitzkis bereits begonnen. Als ich hineingerufen wurde, waren wohl zehn Personen anwesend, darunter bemerkte ich den bisherigen Vertreter der Exekutive in Deutschland, Knorin. Von den deutschen Teilnehmern habe ich nur Leo Flieg in Erinnerung. Es war eigentlich keine Konferenz, sondern eher ein Verhör, das ungefähr sechs Stunden dauerte. Ich sollte meine Ansicht über das Versagen der Organisatio-

nen, besonders des „Apparates", darlegen. Als ich die zahlreichen Verhaftungen von Apparatfunktionären nach der Giesecke-Affäre erwähnte, lehnte sich Knorin hinter den Rücken Piatnitzkis zurück und gab mir mit dem Finger auf dem Mund Zeichen zu schweigen. Ich ließ mich nicht abhalten. Piatnitzki sagte, er höre diesen Namen zum ersten Male und wollte nun alle Einzelheiten über die Giesecke-Affäre wissen. Ich sagte, daß die Tageszeitung „Tägliche Rundschau" die Enthüllungen Gieseckes veröffentlicht habe. Piatnitzki ließ den ganzen Jahrgang der Zeitung aus einem Archiv holen. Wir blätterten die Ausgaben des Monats, in dem der Bericht erschienen war, durch: die betreffende Nummer fehlte. Der Jahrgang 1932 war bis auf diese Nummer komplett. Piatnitzki wurde rot und blaß, dann ließ er das Archiv im Außenministerium anrufen und die Zeitung bringen. Der Bericht wurde verlesen, und er bestürzte ihn ebenso wie die Hinterhältigkeit, daß man ihm die Sache verschwiegen hatte. Knorin gab zu, von der Sache gewußt zu haben, den Bericht in der „Täglichen Rundschau" habe er aber nicht gelesen. Es stimme jedoch, daß auf Grund der Giesecke-Enthüllungen zahlreiche Verhaftungen von Funktionären der Kommunistischen Partei erfolgt waren.
Zu mir gewandt sagte Piatnitzki, daß die russischen Mitglieder der Exekutive, auch er selber, in den letzten Jahren so sehr mit innerrussischen Problemen beschäftigt gewesen seien, daß sie den Überblick über die Einzelheiten der internationalen Organisationen, auch der deutschen, vernachlässigt hätten. Man habe sich auch auf die optimistischen Berichte von Knorin, Thälmann, Pieck verlassen. „Aber Deutschland ist nicht Italien," sagte er zum Schluß. Diesen Satz bekam ich nun mehrmals täglich zu hören.
Als ich anderntags ins Büro kam, fielen mir sogleich Gruppen von Funktionären auf, die aufgeregt redend und gestikulierend in den Korridoren standen. Ein Funktionär kam auf mich zu, ergriff meine rechte Hand und sagte: „Endlich habt Ihr das Richtige getan!" Ich wußte nicht, wovon die Rede war, ich hatte keine Zeitungen gelesen. Im Vorzimmer Piatnitzkis sagte man mir, daß das Reichstagsgebäude in Berlin brenne. Ich protestierte bei Piatnitzki in heftigen Worten gegen das idiotisch-euphorisch anmutende Verhalten der Funktionäre im Haus und sagte, daß es sich bestimmt um eine Provokation handele. Von Seiten der KPD könne der Brand nicht gelegt worden sein. Piatnitzki war der einzige, der mir vorbehaltlos zustimmte und sehr beunruhigt war. „Jawohl, es kann sich nur um eine Provokation handeln," wiederholte er mehrere Male. „Das Ganze ist zu sinnlos", fügte er hinzu.
Am Nachmittag war ich zu Radek eingeladen. In seiner Atelierwohnung in der obersten Etage des neuen „Sowjet-Hauses" an der Moskwa, schräg gegenüber dem Kreml, von deren Veranda aus man fast ganz Moskau übersehen kann, erzählte ich ihm von den Dingen, die in den letzten Jahren in Deutschland passiert waren. Ihn interessierte besonders die Tätigkeit der Oppositionsgruppen. Als ich von der Sitzung am Vortage im Zimmer Piatnitzkis erzählte, dabei auch das unaufrichtige Verhalten der Sekretäre in der Giesecke-Affäre erwähnte, suchte er aus seiner Mappe die „Tägliche Rundschau" mit den Enthüllungen heraus. Er war wie stets informiert. Radek wurde recht dramatisch. Er stand am Fenster und drohte mit der Faust zum Hause der Kommunistischen Internationale hinüber: „Dort sitzen die Schuldigen, die alles so weit haben kommen lassen." Dann nach einer kurzen Pause: „Und Stalin ist der Hauptschuldige." Während wir

sprachen, ich war über drei Stunden bei ihm, klingelte wohl ein Dutzend Mal das Telephon. Einige Male hielt er die Sprechmuschel zu und sagte zu mir: „Er kommt an den Apparat." Radek sprach natürlich russisch, ich verstand nur, daß er wiederholt „Provokation" sagte. „In seinem Büro kann ich Stalin nicht mehr sprechen", sagte Radek zu mir, „aber er ruft mich täglich an."
Radek redete jetzt so pessimistisch, wie Monate vorher Trotzki in seinem stärksten Appell an die Mitglieder der Kommunistischen Partei geschrieben hatte. Radek sagte, er glaube, daß Kommunisten und überhaupt linke Leute zu Hunderttausenden erschlagen werden und daß unsere Generation sich nicht mehr gegen die Nazis erheben könnte. „Die Hoffnungen der sozialdemokratischen Führer auf die Reichswehroffiziere sind unsinnig," sagte er weiter, „solange Hitler den Offizieren ihre Existenz als Kaste garantiert, stehen sie zu Hitler." Das einzige Richtige wäre jetzt, möglichst viele Funktionäre und Mitglieder aus Deutschland zu retten. „Illegale Arbeit ist vorerst wirkungslos und würde niemals die Opfer rechtfertigen," sagte er. Dann meinte er, ich solle in Moskau bleiben. Für die erste Zeit, bis ich genügend Russisch sprechen könne, würde er mir helfen. Ich lehnte ab, mit der Begründung, daß ich hier nicht arbeiten könne und verabschiedete mich. Ich habe Radek nicht wiedergesehen.

Am gleichen Abend ging ich zu Waldemar Rackow, der mir erzählte, daß er in den letzten Jahren einer Kommission angehört hatte, die zur Untersuchung der Auswirkungen der Hungersnot und der Bauernerhebungen nach der Zwangskollektivierung in die Ukraine und die Kaukasusländer geschickt worden war. Er sagte, daß es die schrecklichste Zeit seines Lebens gewesen sei, „Kommunistische Parteisekretäre," sagte Rackow, die den Plan der Regierung zu 100% erfüllten, wurden wegen ihrer notwendigerweise rigorosen Haltung gegenüber den Bauern als Saboteure erschossen; Sekretäre, die den Plan zu 80% erfüllten, wurden gelobt, die ihn nur zu 60% erfüllten, wurden, wie es bei diesen hieß, wegen Schwächlichkeit und Sabotage erschossen." Er fügte hinzu, „Stalin glaubte, die Erschießung von einigen Sekretären würde den Bauern Genugtuung geben und sie beruhigen." Zur Machtübernahme Hitlers sagte Rackow, daß nach seiner Meinung die Sowjetunion die schwerste Zeit seit Beendigung des Bürgerkrieges durchmache. Dies sei der Grund, warum die Sowjetunion die Ereignisse in Deutschland völlig passiv hinnehme. Rackow meinte aber, daß die Sowjetregierung sich über die Gefahren, die ihr von seiten einer deutschen Naziregierung drohen, im klaren sei. Als ich spät in der Nacht nach Hause ging, sah ich die Folgen der Politik Stalins handgreiflich. In Seitenstraßen, die ich passierte, kamen Männer aus Hausfluren und bettelten. Wenn eine Haustür geöffnet wurde, sah ich, daß der Flur voll von Menschen war. Ich konnte immer nur weitereilen, da ich ihre Worte nicht verstand und nichts hatte, was ich in ihre ausgestreckten Hände legen konnte.
Am nächsten Tag fragte ich Alexander Dworin nach diesen Menschen. Er sagte, es seien aus Moskau ausgewiesene Personen, die heimlich zurückgekehrt wären, tagsüber obdachlos, arbeitssuchend durch die Straßen streiften und in Hausfluren übernachteten. Er schätze diese Obdachlosen auf einige Zehntausend. Fast täglich würde die Polizei in den frühen Morgenstunden Erfrorene auflesen.
Selbstverständlich sahen das auch die Mitglieder der Botschaften und Mis-

sionen, mit denen die Sowjetunion Beziehungen unterhielt und berichteten darüber.
Ich traf mich im Café des Hotels Metropol mit Erich Wollenberg, der bereits als Flüchtling in Moskau lebte. Er erzählte mir, daß er am Vortage auf dem Baltischen Bahnhof die Abreise von etwa 90 deutschen Eisenbahnern gesehen habe. Diese hätten aus den Fenstern des Zuges die Arme zum Hitlergruß ausgestreckt und abwechselnd „Heil Hitler" gebrüllt und das Deutschlandlied gesungen. Als der Zug sich in Bewegung setzte, hätten sie auch das ihnen mitgegebene Propagandamaterial aus den Fenstern geworfen.

Aufregend war mein Besuch bei Max Hoelz. Er bewohnte zwei Zimmer in einem der größten Hotels Moskaus. Hoelz sagte mir, daß sein Hauptanliegen die Rückkehr nach Deutschland sei. Er habe schon seit langem Gesuche an das Büro der Kommunistischen Internationale gerichtet, um zur politischen Arbeit nach Deutschland fahren zu können. Alle Gesuche seien abgelehnt worden. Die Verhältnisse in der Sowjetunion deprimierten ihn so sehr, daß er lieber jede Verfolgung in Deutschland in Kauf nehmen wolle. Ich konnte ihm diesen Gedanken nicht ausreden, ich hatte um diese Zeit selber noch Illusionen, konspirativ arbeiten zu können. Aber dann fragte er mich, ob ich etwas über das Leben und Wirken Trotzkis wüßte. Er erzählte mir, daß er kürzlich zu einer Militär-Manöverübung eingeladen war. Einige Offiziere hatten ihn, jeder einzeln, beiseite genommen und gefragt, wie es „Lew Davidowitsch" gehe. Die Offiziere hätten ihm gesagt, daß sie die Stalinschen Behauptungen über Trotzkis angeblich feindliche Haltung gegenüber der Sowjetunion nicht glauben. Einige Offiziere hätten auch gefragt, ob Trotzki sich blutig rächen würde, wenn er zurückkäme; so habe man es ihnen in Instruktionsstunden gesagt.

Ich erzählte Hoelz von Trotzkis Leben und Arbeiten auf Prinkipo. Alles war ihm neu. Er hatte nichts von den Büchern und Broschüren gewußt, die Trotzki in der Verbannung geschrieben hatte.
Das Verhalten Hoelz' bedrückte mich wiederum, ähnlich wie seinerzeit, als ich ihn im Zuchthaus zu Breslau besuchte. Als ich nach dem Zimmerkellner klingelte, um Tee zu bestellen, sagte er zu mir: „Der Kellner ist ein GPU-Spion, nicht sprechen, wenn er im Zimmer ist." Als ich mich verabschiedete, sagte er, die Putzfrau auf dem Flur und der Fahrstuhlführer seien ebenfalls mit seiner Überwachung betraut. Den Eindruck hatte ich nicht. Das war bei Hoelz alles nicht nötig, er breitete seine Unzufriedenheit in den gröbsten Ausdrücken vor jedem Besucher aus. Die Partei- und Regierungsfunktionäre kannten seine Einstellung.
Mehrere Monate später schrieb ich in der Zeitung der deutschen Trotzkisten „Unser Wort", die in Paris in deutscher Sprache erschien, den Nachruf auf Max Hoelz. Er war beim Baden in der Oka, einem Nebenfluß der Wolga, ertrunken.

Als ich nach dem Besuch bei Max Hoelz in mein Hotelzimmer zurückkam, fand ich eine Einladung von Clara Zetkin vor. Sie war seit einigen Monaten wegen Krankheit in Moskau und wohnte im Flügel des Kremlpalastes, in dem die meisten Regierungsmitglieder wohnten. Der Ausweis, um dort hineinzukommen, lag bei.

Es war nicht nur die Schwäche ihrer 76 Jahre, daß ihr schon bei der Begrüßung die Tränen zu laufen begannen. Einige Monate zuvor, im August 1932, hatte sie als Alterspräsidentin mit dem Rest ihrer Kraft den Reichstag eröffnet. Jetzt saß sie im Lehnstuhl am Fenster. Ihre erste Frage war: „Was glaubst du, wie alles enden wird? " Unwillkürlich fragte ich zurück: „Wo, hier oder in Deutschland? " Clara Zetkin sprach impulsiv wie immer, und ihre Fragen waren schmerzhaft eindringlich. Sie wollte wissen, ob ein illegaler Apparat funktioniere, der die Funktionäre und Mitglieder zusammenhalten könne, ob die bekannteren Funktionäre in Sicherheit seien, wie lange wohl die Naziherrschaft dauern würde – sie fügte ein, daß sie selber nicht an eine längere Zeit glauben könne – , ob wir einen Krieg verhindern können, der nach ihrer Ansicht sicher bevorstehe, wenn die Arbeiterschaft keinen Widerstand leistete etc. Am meisten interessierte sie das Schicksal der Funktionäre und Mitglieder der Partei, die bereits in den Händen der Nazis seien. Clara Zetkin hatte ein scharfes Gedächtnis und sie fragte nach zahlreichen Genossen aus ganz Deutschland.
Clara Zetkin erlebte die Ermordung ihrer alten Freunde, der Bolschewiki, nicht mehr. Das wenigstens blieb ihr erspart. In ihrer letzten Reichstags-Eröffnung im August 1932 hatte sie noch gesagt:
„Ich eröffne den Reichstag in Erfüllung meiner Pflicht als Alterspräsidentin und in der Hoffnung trotz meiner jetzigen Invalidität das Glück zu erleben, als Alterspräsidentin den ersten Rätekongreß Sowjetdeutschlands zu eröffnen."
Diesen Optimismus nahm sie mit ins Grab. Sie sagte beim Abschied: „Ich habe die Gewißheit, daß die Faschisten nicht lange am Ruder bleiben werden; ich glaube aber nicht, daß ich Deutschland wiedersehen werde."

In der Nacht vor meiner Abreise schrieb ich einen Brief an Stalin und Piatnitzki, in dem ich noch einmal meine Ansicht über die Ursachen des Zusammenbruchs der KPD darlegte. Als ich am Vormittag wieder ins Büro Piatnitzkis kam, war inzwischen bekannt, daß Thälmann in Berlin verhaftet worden war. Nachdem Piatnitzki über das Versagen des Apparates, der nicht fähig gewesen sei, Thälmann zu schützen, entrüstet geschimpft hatte, fragte er mich, ob ich wieder im Apparat arbeiten würde. Als ich bejahte, sagte er, daß er mit den deutschen Vertretern sprechen werde.
Er wies seinen Sekretär Grollmann an, mir meinen Paß mit dem Ausreisevisum zu geben. So konnte ich mich verabschieden.
Unterwegs zum Bahnhof gab ich meinen in der Nacht geschriebenen Brief in der Poststelle des Bürohauses der Kommunistischen Internationale ab.
Es war am Abend des ersten März 1933, als ich mit dem Nachtzug nach Leningrad fuhr. In Leningrad ging ich zu meinem Freund Willi Elberfeld, der früher als Photoreporter für die „Arbeiter Illustrierte Zeitung" gearbeitet hatte. Er hatte Deutschland vor einiger Zeit verlassen müssen und war jetzt in einem Ausländeramt im Hafen tätig. Als ich ihn von meinem Moskauer Gespräch und dem Brief an Stalin erzählte hatte, riet er mir, nicht die vorgeschriebene Route über Estland, sondern über Finnland zu fahren. Er brachte mich mit seinem Dienstauto unter Umgehung der russischen Grenzkontrolle direkt zur finnischen Grenze. Von dort nahm ich den Zug über Helsinki nach Abo-Turku. Ich erreichte in der Nacht das Schiff nach Stockholm und fand einen Platz in der Touristenkabine. Schlafen konnte ich nicht, die Ereignisse beschäftigten mich, und die ganze Nacht

über polterten die Eisschollen gegen den Schiffrumpf.
In Stockholm hatte ich gerade so viel Zeit, um einen kurzen Bericht und einige Sachen an Münzenberg zu schicken, mit dem ich vor meiner Reise für alle Fälle eine Deckadresse in Strasbourg vereinbart hatte. Daß Münzenberg Deutschland bereits verlassen hatte, wußte ich nicht. Von Stockholm fuhr ich wieder nachts über Malmö nach Kopenhagen. Hier saß ich gegen Mittag auf einer Bank in der Nähe des Hauptbahnhofes und überlegte die weitere Reise. Ein alter Mann, der neben mir saß, fragte mich, ob ich ein deutscher Flüchtling sei. Als ich „noch nicht" antwortete, warnte er mich, nach Deutschland zurückzufahren und erzählte mir, was die Zeitungen in den letzten Tagen über die Vorgänge in Deutschland berichtet hatten. Was der Mann erzählte, war alles sehr schlimm, aber ich wollte meinen Auftrag erledigen und abwarten, ob ich das Mandat von Piatnitzki erhalten würde.
Als ich in der Bahnhofshalle nach einem günstigen Zug schaute, sah ich einen Zug stehen, der als Sonderzug für Sportler aus Oslo bezeichnet war. Aus den lebhaften Gesprächen der herumstehenden Personen entnahm ich, daß in Norwegen die berühmten Holmenkollen-Skirennen stattgefunden hatten. Die Sportler, die mir dem Schiff aus Oslo gekommen waren, fuhren mit diesem Zug nach Berlin weiter. Ich stieg ein. Der Zug fuhr über Saßnitz, Stralsund nach Berlin durch. In den Abteilen und Gängen des Zuges ging es hoch her, man feierte die Erfolge. Niemand beachtete mich. Die Paß- und Zollbeamten liefen durch den Zug, ohne zu kontrollieren. Im Lokalbahnhof Berlin-Gesundbrunnen stand das Signal auf Halt. Ich stieg aus und verließ inmitten von Fahrgästen eines Lokalzuges den Bahnhof. Damit vermied ich, in den Empfang der Sportler auf dem Stettiner Bahnhof hineinzugeraten. Die Berliner Naziprominenz samt einem riesigen Polizeiaufgebot waren auf dem Bahnhof gewesen, berichteten die Zeitungen am folgenden Tag.

Es war Sonnabend, der 4. März, als ich in Berlin ankam, der Tag vor der letzten Reichstagswahl der Weimarer Republik.
Ich wagte es nicht, zu meiner Wohnung zu gehen, sondern ging zu Bekannten, die mir sagten, daß meine Wohnung in der Nacht nach dem Reichstagsbrand von SA-Leuten besetzt worden war. Die SA-Männer waren mit einem Lastwagen, auf dem mehrere Gefangene standen, vorgefahren und hatten Bücher und Zeitschriften aus den Fenstern geworfen. Aus Furcht, die SA könnte wiederkehren, waren meine Frau und meine Tochter in derselben Nacht aus der Wohnung geflohen und erst nach einigen Tagen zurückgekehrt. Ich habe diese Wohnung und meine Bibliothek nicht wiedergesehen.
Bei den Bekannten übernachtete ich und ging am Morgen dem 5. März zu meinem Wahllokal in Berlin-Nord, Müllerstraße. Nach Art der „Sandwichmänner" trug ich zwei Plakate umgehängt und verteilte die Wahlzettel der KPD. Damals war es üblich, daß die Parteien ihre Wahlzettel selbst vor den Lokalen austeilten.
Die SA hatte für diesen Tag die Anweisung, die Wahlen nicht zu stören, der endgültige Schlag gegen die Opposition war für später geplant. Am Nachmittag argwöhnte ich aus dem Verhalten der Nazis und SA-Leute, die wie Mitglieder der anderen Parteien ebenfalls mit Plakaten umgehängt standen, daß sie nach Abschluß der Wahlhandlung über mich herfallen würden. Es war Zeit fortzugehen. Ich ging ins Lokal, stellte meine Plakate ab und verschwand über den Hof durch den Hinterausgang.

Die KPD erhielt bei diesen letzten Wahlen immerhin noch über 4,8 Millionen Stimmen.
Für mich kamen böse Wochen mit bitteren Enttäuschungen und Entbehrungen. Manche Parteigenossen, denen ich begegnete, liefen grußlos vorüber. Ich bemerkte auch einige, die zur anderen Straßenseite gingen, um mir auszuweichen. Andere sagten kurz: „Ich will von Ihnen nichts mehr wissen!"
Bekannte, die ich bat, mich eine Nacht zu beherbergen, lehnten ab mit der Begründung, daß sie selber eine Hausdurchsuchung zu befürchten hätten. Die meisten Nächte im Monat März verbrachte ich in Hausfluren, einige Male ging ich auch in Hotels, die ich morgens früh verließ, ehe die Meldezettel von der Polizei durchgesehen waren. Am gefährlichsten in diesen ersten Wochen der Naziherrschaft war die SA. Diese hatte von der Politischen Polizei Listen mit Namen und Adressen von Kommunisten, Pazifisten, Abonnenten linker Zeitungen, Juden erhalten. Täglich sah ich die SA mit Lastwagen durch die Stadt fahren, beladen mit Verhafteten, die in SA-Keller, Gefängnisse oder Konzentrationslager geschleppt wurden.
Nach einigen Tagen traf ich mich mit Leon Sedow. Er war noch unbehelligt geblieben. Er sagte mir, daß er zur Abreise ins Ausland gerüstet sei. Ich berichtete ihm ausführlich über meine Moskauer Gespräche und Eindrücke. Vor seiner Abreise traf ich Sedow ein zweites Mal, bei dem er mir sagte, daß er seinem Vater über unser erstes Gespräch geschrieben habe. Dieser Brief ist im Archiv Trotzkis erhalten geblieben. Sedow konnte einige Tage später Deutschland verlassen.
Ich traf mich weiter mit Mitgliedern der Trotzkigruppe: Grylewitz und Schwalbach, Dr. Bauer, der als deutscher Sekretär zu Trotzki ging, Kurt Landau aus Wien, der später in Barcelona von den Stalinisten ermordet wurde. Robert Siewert, mit dem ich mich in einem Café in der Friedrichstraße traf, sagte mir, daß er die Leitung der Brandler-Opposition übernommen habe, sie werde auf kleinste Zirkel umgestellt, sonst aber sei alles aufgelöst worden. Dann sprach ich noch Karl Becker, der später in Frankreich verhaftet, nach Deutschland ausgeliefert und hingerichtet wurde. Ich sah noch weitere Bekannte, doch erwähne ich nur die obengenannten namentlich, weil diese auch jetzt ungebrochen den Kampfgeist Spartakus' zeigten und den Widerstand gegen das Naziregime weiterhin organisieren wollten. Keiner von ihnen glaubte an die Illusion des Zentralkomitees der KPD, daß die Hitlerherrschaft nur von kurzer Dauer sein werde.
Endlich erhielt ich auch über eine Deckadresse den Bescheid, mich mit einem Kurier vom Büro Piatnitzki zu treffen. Durch ihn erfuhr ich, daß von Moskau aus an die russisch-estnische Grenzstelle telegraphiert worden war, daß ich zurückkommen sollte. Mein Freund Elberfeld hatte richtig geahnt. Die spontanen Zusagen und Pläne Piatnitzkis über meine Verwendung wurden vom Exekutivkomitee zurückgewiesen. Einige Wochen später erklärte das Exekutivkomitee der Kommunistischen Internationale in seiner ersten offiziellen Sitzung nach der Zerschlagung der KPD sogar, daß die Politik des Zentralkomitees unter Führung Thälmanns bis zum 30. Januar 1933 richtig gewesen sei. Daß mit dem Siege Hitlers nicht nur die deutsche Partei, sondern auch die Kommunistische Internationale tödlich getroffen war, wollte das Exekutivkomitee nicht erkennen.
Weitere zehn Jahre später, im Mai 1943, wurde die Internationale auf Befehl Stalins aufgelöst, nachdem Stalin fast alle russischen Gründungsmitglie-

der, auch Piatnitzki, hatten töten lassen.
Es war Ende März geworden. Mein letztes Geld war fast verbraucht. Ich war ohne Obdach und erschöpft vom Herumstreifen durch Berlin, immer auf der Suche nach Aktivität und Diskussion, bei wenig Schlaf und wenig Nahrung. Es blieb mir nichts übrig, als ins Ausland zu gehen. Aus meinem Paß mußte ich das russische Visum entfernen. Mein Freund Reinhold Lehmann in Friedenau besorgte mir Paßblätter mit den gleichen Seitennummern. Ich wechselte sie so sorgfältig aus, daß keine Spuren zu entdecken waren. Über Reinhold Lehmann erfuhr ich Jahre später, daß dieser junge tapfere Streiter gegen das Verbrecherregime von der Gestapo verhaftet und in einem Konzentrationslager ermordet wurde.

Mein Zug fuhr abends. Um nicht auf den Straßen herumzulaufen oder in einem Café zu warten, ging ich in ein Kino am Nollendorfplatz. Es gab den amerikanischen Film: „Ich bin ein entflohener Kettensträfling" mit Paul Muni in der Hauptrolle. Es war ein deprimierender Film, aneinandergekettete Gefangene beim Eisenbahnbau, Aufseher mit Hunden und Peitschen. Es war eine Vorwegnahme der deutschen Konzentrationslager. Ich dachte, daß dies mein Schicksal sein würde, wenn mich nicht eine Kugel oder das Beil am Genick trifft.
Ich schlief im Abteil des Zuges nach Basel und überfuhr am 30. März die schweizerische Grenze. Als Gepäck hatte ich nur eine Aktentasche mit Toilettensachen bei mir, die Paßkontrolle beanstandete meinen Paß nicht.
Wie Verlierer zu allen Zeiten hatte auch ich in diesen Wochen der Verlorenheit Tag und Nacht über den Ablauf der Ereignisse vom Beginn des Weltkrieges an gegrübelt, was in den vergangenen Jahren falsch gedacht und falsch gemacht worden war, und kam zum Ergebnis: unsere Schuld war Schwäche.
Auf die Weimarer Republik, ihre Präsidenten Ebert und Hindenburg, über ihre Regierungen in diesen fast 14 Jahren, trifft der Bibelspruch zu: „An ihren Früchten sollt ihr sie erkennen." Spartakus war beim Versuch, die Krebsgeschwulst des deutschen Militarismus nach dem ersten Weltkrieg wegzuoperieren, niedergeschlagen worden, die Geschwulst Militarismus wucherte weiter zum Nazismus. „Hitler fand alles fertig vor" konnte nach dem Siege Hitlers der General Roland im Radio verkünden. Auch die Gestapo war ja zum großen Teil aus Severings Politischer Polizei hervorgegangen.

Es ist nicht wahr, daß die Kommunisten die Demokratie bekämpften. Es gab keine. Wir hatten das Wahlrecht, wir durften Abgeordnete wählen, doch diejenigen bürgerlichen und sozialdemokratischen Abgeordneten, die den Ermächtigungsgesetzen zustimmten, gaben damit die Demokratie auf. Sozialdemokratische Minister hatten sich im Staat wohl recht breit gemacht, aber sie haben den Staatsapparat niemals beherrscht. Geherrscht hat die Ministerialbürokratie, die in ihrer Mehrheit reaktionär-antidemokratisch eingestellt war. Die politische Justiz war der demokratischen Republik offen feindlich gesinnt und das zweitgrößte Land, Bayern, hat sie niemals effektiv anerkannt. Die Misere der parteilosen Intellektuellen formulierte Karl Kraus am klarsten: „Zu Hitler fällt mir nichts ein," schrieb er bei einer Gelegenheit. Sein Ausspruch war gültig für seinen Kreis.
Ein Revolutionär, also ein Mensch, der die Gesellschaftsordnung zum Gu-

ten ändern will, muß sich darüber klar sein, daß er wie ein Bergsteiger in einer Gruppe, die eine steile Felswand erklimmen will, nicht einfach auf halber Höhe umkehren kann, da sonst die ganze Seilschaft in die Tiefe gerissen würde. Es ist nötig, eine klare Vorstellung vom Ziel zu haben. Die Diskussion über Theorie und Praxis mußte demnach immer den breitesten Raum einnehmen. Der Meinungsstreit ist kein Streit um des Streites willen, er ist der Baustoff der neuen Gesellschaft und das Studium der gesellschaftlichen Kräfte ist folglich Voraussetzung einer politischen Tätigkeit. Eine neue Gesellschaftsordnung kommt nicht von selbst. Wenn in einer Generation die revolutionären, also über das Gegenwärtige hinausstrebenden Kräfte niedergeschlagen sind, werden mit der neuen Generation neue ökonomische Notwendigkeiten, neue Erkenntnisse, neue Wissenschaften entstehen oder sich entwickeln, die die Menschen zwingen werden, ihre Gesellschaftsordnung zu ändern. Die gleichen Menschheitsziele einer Welt ohne Krieg und ohne Unterdrückung werden möglicherweise unter anderen Namen formuliert.
Wenn Marx schrieb, daß der Kapitalismus seine eigenen Totengräber schaffte, so traf das auch auf den Sozialismus zu. Die von Lenin charakterisierte „Arbeiteraristokratie" organisierte sich in der Sozialdemokratischen Partei; sie stellte sich in den Tagen der Entscheidung gegen die Revolution, nicht aber gegen den imperialistischen Weltkrieg.
Den freundlichen Leser, der den Eindruck hat, daß ich sehr viel gegen die Sozialdemokratie polemisiere, möchte ich an ein serbisches Märchen, das ein Gleichnis ist, erinnern: „Ein Vogel kommt zur gewaltigen Eiche geflogen und ruft ihr zu: ‚Ein Mensch kommt, er hat ein Stück Eisen in der Hand Hand'. Die große Eiche antwortet: ‚Sei unbesorgt, er kann nicht viel Schaden anrichten'. Der Mensch zog wieder ab. Nach einiger Zeit kommt der Vogel wieder geflogen und ruft der Eiche zu: ‚Der Mensch kommt wieder, diesmal trägt er ein Stück Eisen über der Schulter, das mit einem Ast von einer Eiche verbunden ist'. ‚Oh', ruft die stolze Eiche aus, ‚jetzt kommt unser Ende!' "

20. Der Kampf um das Saargebiet

Im Absatz über den „Neuen Deutschen Verlag" erwähnte ich, daß der Verlag drei Filialen im Ausland hatte, die gleichzeitig Filialen der Universum-Bücherei waren: Basel, Wien und Liberec/Reichenberg. In der Baseler Filiale fand ich eine Mitteilung von Babette Gross vor, nach Paris zu kommen. In den ersten Wochen nach Hitlers Machtantritt, bevor die Massenflucht der Antinazis und der Juden begann, war es noch verhältnismäßig leicht, Grenzen zu überschreiten, sofern man kein Gepäck bei sich hatte. Ich fuhr, ohne kontrolliert zu werden, am Abend von Basel mit der Straßenbahn nach Saint Louis, von dort mit dem Zug nach Paris.
In Paris waren Münzenberg und Frau Gross bereits dabei, einen neuen Verlag, „Editions du Carrefour", aufzubauen. Die Verlagsräume lagen im Quartier Latin, dem Mittelpunkt des Pariser geistigen Lebens, am Boulevard St. Germain, nahe den berühmten Cafés „Flore" und „Deux Magots". Ich fand ein Zimmer in einem Hotel in der Rue du Dragon, ungefähr hundert Schritte vom Boulevard St. Germain entfernt. Es war eines jener Pariser Hotelzimmer, die in der ganzen Welt berüchtigt waren. Es hatte kein Fenster, die Lüftungsklappe war über der Tür zur Treppe hinaus; eine nackte Glühbirne gab nur soviel Licht, daß es zum Aus- und Ankleiden gerade reichte.
Einige Gruppen von politischen Flüchtlingen waren bereits sehr aktiv. Ich erfuhr, daß für den nächsten Abend eine Versammlung der nach Paris geflüchteten Kommunistischen Funktionäre einberufen war. Vom Zentralkomitee der KPD sah ich niemand, es hatte ein verhältnismäßig junges und unbekanntes Mitglied der Partei, den Journalisten Alfred Kantorowicz, mit dem Referat beauftragt. Kantorowicz begann mit den Worten: „Wer hier behauptet, die deutsche Arbeiterklasse habe eine Niederlage erlitten, der hat hier nicht zu suchen." Ich stand auf und ging fort. In den folgenden Unterredungen mit Münzenberg erhielt ich den Auftrag, nach Deutschland zurückzukehren, um Verlagsarbeiten illegal zu machen. Sicherlich war mein Auftrag, nach Berlin zu fahren, sinnlos und selbstmörderisch. Es entsprach damals der Meinung des Zentralkomitees der Kommunistischen Partei und auch Münzenbergs, daß alle Funktionäre, außer den Mitgliedern des Zentralkomitees, zur konspirativen Arbeit nach Deutschland zurückkehren sollten, weil das Hitlerregime angeblich bereits Risse zeige und besonders, weil

die Mitglieder der KPD ihren ersten Schock überwunden hätten und sich wieder sammelten. Diese brauchten Leitung. Man hatte mir eine Reihe Nachrichten aus Deutschland vorgelegt, die diese blitzartig neuerwachte Anti-Hitlerstimmung bezeugen sollten. Weil ich Berlin erst vor einigen Tagen verlassen hatte, war ich wohl skeptisch und wendete ein, daß diese Berichte zu subjektiv seien oder von Leuten stammten, die gar nicht in der Lage waren, die Situation zu übersehen. Vielleicht waren sie einfach gefälscht. Doch ich hatte auch Illusionen und war bereit zu fahren.

Irgendwelche Vorbereitungen zur Reise und zur Arbeit in Deutschland erschienen mir nicht nötig; ich glaubte, an Ort und Stelle würden sich die Arbeiten ergeben. Außer einigen Adressen in Zürich, Basel, Paris, an die ich Berichte schicken sollte, brauchte ich keine Instruktionen. Wovon ich leben und wo ich wohnen würde, blieb meinen Fähigkeiten überlassen.

Ich erhielt das Fahrgeld bis Wien. Dort sollte ich weiteres Geld von unserer dortigen Ausliefersteile, die noch Schulden an den Verlag hatte, abheben. Nach der Kontrolle und Instruierung der Wiener Ausliefersteile sollte ich unsere Stelle in Liberec/Reichenberg besuchen. Diese hatte inzwischen in Prag eine Nummer der „Arbeiter Illustrierte Zeitung" herausgebracht. Den Hauptanteil an der Redaktion der Ausgabe in Prag hatte der Berliner Rechtsanwalt und Historiker Rudolf Olden geleistet. Das Titelblatt dieser Nummer war ein schwerer Mißgriff, es zeigte ganzseitig ein Flugzeug mit der Unterschrift: „Rote Flieger über Berlin". Die Redaktion war auf eine Falschmeldung der Naziregierung hineingefallen, die behauptet hatte, „unbekannte Flugzeuge" seien über Berlin geflogen und hätten kommunistische Flugblätter abgeworfen. Außer dem Büro Göring, das die Meldung von den geheimnisvollen Flugzeugen verbreitete, hatte in Berlin kein Mensch etwas von ihnen gemerkt. Aber Mitglieder des Zentralkomitees der KPD, die in Prag saßen, hatten behauptet, von den Flugzeugen zu wissen, und hatten das Titelbild angeordnet. Indessen konnte jeder, der die Abbildung des Flugzeuges in der AIZ aufmerksamer betrachtete, feststellen, daß es sich um ein Renommistenflugzeug handelte, wie sie auf Rummelplätzen standen, in denen sich Angeber im Flugzeug sitzend fotografieren lassen konnten.
Nach kurzer Unterbrechung in Basel und Zürich, wo ich die Briefdeckadressen aufsuchte, um die mir bisher nicht bekannten Leute zu bitten, meine Briefe stets unverzüglich weiterzubefördern, kam ich drei Tage später in Wien an. Ich ging in eine kleine Pension in der Nähe der Mariahilfer Strasse. Bereits am Bahnhof spürte ich, daß mir ein Mann nachging.
Ohne Zeit zu versäumen, ging ich zur Filiale der AIZ und der Universum-Bücherei. Der Leiter der Filiale erklärte, keinen Heller mehr zu haben, alles Geld sei verbraucht worden. Um über die Situation in Österreich zu sprechen, gingen wir zu einem Redakteur der Wiener Kommunistischen Zeitung. Der Redakteur war ein junger Mann zwischen 28 und 30 Jahren, Akademiker, Jude. Die Unterredung dauerte bis zum Abend. Der Redakteur war äußerst pessimistisch und sagte, daß er jeden Tag auch in Wien die Machtübernahme der Nazis erwarte. Gleichzeitig sagte er auch richtig voraus, daß die faschistischen Katholiken versuchen würden, die Nazis zu übertrumpfen. Er sagte auch, daß er heimlich schon seine Sachen packe.
Am anderen Morgen ging ich wieder zur Filiale des Verlages. Ich war kaum

einige Minuten im Zimmer, als zwei Kriminalbeamte kamen und uns beide, den Filialleiter und mich, verhafteten und zum Polizeipräsidium geleiteten. „Österreich ist eine Despotie, gemildert durch Schlamperei," hatte einige Jahrzehnte vorher ein österreichischer Sozialistenführer gesagt. Wir kamen beide in die gleiche Zelle und konnten uns den Tag über besprechen, was zu tun sei. Nutzen kam wenig heraus, weil er den ganzen Tag bis Mitternacht auf die Polizei schimpfte und noch mehr auf mich; ich hätte ihn in diese unangenehme Lage gebracht. Ich gab ihm für alle Fälle Instruktionen, welche Stellen er benachrichtigen solle. Am folgenden Vormittag wurde er entlassen. Die Polizei meldete meine Verhaftung nach Berlin und während meiner Vernehmung telefonierte ein Inspektor mit dem Berliner Polizeipräsidium. Er buchstabierte umständlich meinen Namen und den Verlag. Ich hatte mich in der Pension richtig angemeldet, also der Fremdenpolizei keinen Vorwand gegeben und auch richtig gesagt, daß ich anderntags weiterfahren wolle. Ich protestierte gegen meine Verhaftung und sagte, daß ich in den letzten Jahren zweimal zur Revision der Filiale der AIZ und der Universum-Bücherei in Wien gewesen sei. „Damals war Hitler noch nicht Reichskanzler," sagte der Inspektor, „wir wollen mit den Berlinern keinen Ärger haben."
Der Filialleiter war inzwischen zu dem erwähnten Redakteur gegangen und dieser erwirkte eine Besuchserlaubnis. Er riet mir, sofort einen Anwalt zu nehmen und Beschwerde gegen die ungesetzliche Verhaftung einzulegen. Doch am späten Abend desselben Tages, ich war nur drei Tage in Haft, wurde ich ins Gefängnisbüro geholt. Dort erwartete mich ein Beamter in Zivil und sagte: „Sogleich fertigmachen, es geht zum Bahnhof und nach Feldkirch." Meine Sachen hatte er aus der Pension geholt.
Wir fuhren die Nacht hindurch. Nach Innsbruck war bereits heller Morgen und er packte seine Brote aus. Während er aß, begann der Beamte über die Beschwernisse und den Ärger zu erzählen, die sein Beruf mitbrachte. „Wir brauchen den Strick," sagte der Gemütsmensch mindestens zehnmal. Seine Brote kauend erzählte er mir vom Treiben der „Schieber, Diebe und Unzuchtmädchen" in Wien. „Wenn wir erst den Strick wiederhaben, wird alles rasch anders," war sein immer wiederkehrender Kommentar. An der letzten Station vor der Schweizer Grenze stieg er aus dem Zug.
Das Gerede dieses Menschen, der sich als gläubiger Katholik und Familienvater bezeichnete, blieb mir unvergeßlich, weil die Österreicher ein knappes Jahr später ihren Strick nahmen und als erstes die sozialdemokratischen und kommunistischen Kämpfer hängten, die sich bewaffnet gegen den katholischen Faschismus der österreichischen Heimwehren zur Wehr setzten. Die katholisch faschistischen Heimwehren und reguläre Truppen zerschossen Arbeiterwohnungen mit Artillerie und töteten zahlreiche Menschen. Mit diesem Beweis, nicht hinter den deutschen Nazis zurückzustehen, wehrten sie die Besetzung Österreichs durch die deutschen Nazis nicht ab.
Ich fuhr bis Zürich und ging zu einer Deckadresse. Da ich niemand antraf und mein Geld für ein Hotelzimmer nicht ausreichte, wartete ich bis Mitternacht vor dem Hause, bis der Mann kam. Ich schlief in seiner Wohnung auf einer Wandbank und verließ am anderen Morgen, als er zur Arbeit ging, mit ihm das Haus. Er sagte, daß ich am Abend wiederkommen könne, falls ich keine Schlafgelegenheit finden sollte. Tagsüber schrieb ich auf dem Postamt Briefe. Am übernächsten Tag kam auch schon ein Telegramm aus Paris von Frau Gross, daß ich nach Basel zu einem Gewerbeinspektor Wal-

ter Strub fahren solle. Er wohnte mit seiner Familie außerhalb der Stadt. Ich wurde freundlich aufgenommen. Strub sagte mir, daß ich bis auf weiteres kommen und gehen könne, wie es mit beliebe. Es war Platz im Hause, aber kein freies Bett. Es waren noch weitere Flüchtlinge da, ich schlief auf einer Decke auf dem Fußboden.

Frau Gross kam aus Paris mit drei Aufgaben für mich: Gründung eines überparteilichen Hilfskomitees für die Flüchtlinge in der Schweiz, die Universum-Bücherei, Basel, solle weitergeführt werden und ein „Braunbuch über Reichstagsbrand und Hitler-Terror", das unter der Redaktion Münzenbergs und Otto Katz's in Straßburg hergestellt werde, müsse in Millionenauflage vertrieben werden.
Ich erhielt die Adresse des Verlagsbuchhändlers Emil Oprecht und des Schriftstellers Rudolf Jakob Humm, beide in Zürich. Mit Oprecht verhandelte ich über die Übernahme des Vertriebes des „Braunbuches" für den internationalen Buchhandel. Zur Neugründung der Universum-Bücherei kamen wir überein, daß ich zweitausend Rohbogen des Buches „Fontamara" eines damals als Schriftsteller noch unbekannten italienischen antifaschistischen Flüchtlings Ignazio Silone übernehmen solle, die mit dem Eindruck „Universum-Bücherei Basel" gebunden werden sollten. Da die Universum-Bücherei kein Geld hatte, sollten die Rohbogen von „Fontamara" mit Lieferungen des „Braunbuches" verrechnet werden.
Emil Oprecht sagte mir bei einem weiteren Besuch, daß der Autor von „Fontamara", Silone, von mir Auskunft über die Universum-Bücherei wünsche. Er führte mich in das einige Häuser von seiner Buchhaltung entfernte Café „Odeon", in dem schon Lenin oft gesessen hatte. Dort machte er mich mit Ignazio Silone bekannt, der in Begleitung eines Mannes war, der sich als Bernard von Brentano vorstellte. Von nun an traf ich beide bei späteren Besuchen in Zürich des öfteren im Café „Odeon".
Ignazio Silone und Bernhard von Brentano waren mir schon seit Jahren dem Namen nach bekannt. Silone war in Moskau in einer Sitzung der Exekutive der Kommunistischen Internationale gegen Stalin aufgetreten und daraufhin aus der Kommunistischen Partei Italiens ausgeschieden. Für das Buch „Fontamara", das ihn in der Welt bekannt machen sollte, fand er zuerst keinen Verleger. Erst als ein Mäzen die Kosten des Buches garantierte, verlegte es Emil Oprecht. Es wurde mit der Zeit in mehr als zwanzig Sprachen übersetzt.
Bei unseren Zusammenkünften diskutierten wir mehr über Trotzki und den Kurs der Sowjetunion als über die Bücher. Silone und ich stimmten in dieser Frage überein. Er arbeitete zur Zeif an einem neuen Buch über das Wesen der Diktatur. Daneben aber leitete er konspirative antifaschistische Propaganda nach Italien.
Bernhard von Brentano hatte Münzenberg und auch andere Führer der KPD in Berlin und Moskau kennengelernt. Es war kein Parteimitglied, er bezeichnete sich als „unabhängiger radikaler Linksintellektueller". Er sympathisierte ebenfalls mit Trotzkis Ansichten. Brentano sagte mir, daß er an zwei Romanen arbeite: „Theodor Chindler" und „Prozeß ohne Richter". Er klagte öfter, daß er nur qualvoll langsam arbeiten könne, das Leben im Exil mache ihn krank.
Der Schriftsteller R.J. Humm, mit dem ich über die Gründung eines überparteilichen Hilfskomitees für deutsche Flüchtlinge sprechen sollte, wohnte

in einer großzügig und schön angelegten neuen Siedlung auf der Höhe an der Westseite des Zürich Sees. R.J. Humm, ein hochgewachsener Mann, einige Jahre älter als ich, zeigte viel Verständnis für die Flüchtlinge und war voller Hilfsbereitschaft. Er sagte mir, daß er bereits Versuche, ein überparteiliches Hilfskomitee zu gründen, unternommen habe. Er käme jedoch nicht vorwärts, weil, wie er sagte, die interessierten Kreise „sich gegenseitig blockieren". Die Juden hätten bereits ihr eigenes Komitee gegründet, die Sozialdemokraten und Kommunisten hätten ebenfalls ihre Parteikomitees. Ein überparteiliches „Münzenberg-Komitee" mit der Universum-Bücherei als Mittelpunkt habe nach seiner Ansicht wenig Aussicht auf Erfolg. Ich konnte mich bald überzeugen, daß alles, was er sagte, stimmte. Bei meinen Besuchen in seinem Hause traf ich stets Schriftsteller, Architekten und Künstler an, die lebhaft über die verschiedensten Probleme diskutierten. Hilfreich und interessiert waren alle Leute, die ich hier kennenlernte. Doch ein überparteiliches Hilfskomitee kam nicht zustande.

Am „Braunbuch über Reichstagsbrand und Hitler-Terror" wurde Tag und Nacht überhastet gearbeitet. Als es fertig war, fuhr ich mehrere Male zur Druckerei nach Straßburg, um Bücher zu holen. In der „Imprimérie Française", die das Buch druckte, traf ich einen Bekannten aus dem Jugendbildungsverein Berlin-Moabit während des Krieges. Er arbeitete hier als Korrektor. Seine Frau war das junge Mädchen Hermine Strey gewesen, das am 1. Mai 1916 auf dem Potsdamer Platz in Berlin versucht hatte, die Verhaftung Karl Liebknechts zu verhindern. Das Ehepaar war nach Straßburg geflüchtet. In derselben Druckerei traf ich auch den Journalisten Berthold Jacob aus Berlin, der bereits kurz vor der Machtübernahme Hitlers Deutschland verlassen hatte und im gleichen Betrieb die von ihm herausgegebene Korrespondenz „Unabhängiger Zeitungsdienst" drucken ließ. Mit diesem „Unabhängigen Zeitungsdienst" hatte Berthold Jacob ein Jahr später, in der Nummer vom 26. Mai 1934, die erfolgreiche Kampagne für die Verleihung des Friedensnobelpreises an Carl von Ossietzky eingeleitet.
Heute wird von Kritikern darauf verwiesen, daß ein großer Teil des Inhaltes des „Braunbuches" erfunden oder nicht erwiesen sei, und es wird von „wirkungsvollen Fälschungen Münzenbergs" geschrieben. So war es indes nicht. Ins Büro Münzenberg wurde damals körbeweise „Material" abgeliefert: Briefe, Artikel. Hunderte von Flüchtlingen kamen und erzählten die schauerlichsten Greuel, die sie selbst erlebt oder gehört haben wollten. Münzenberg ließ das Material verarbeiten, ohne die Authentizität nachzuprüfen. Es war das unbestreitbare Verdienst des „Braunbuches", daß es die Weltöffentlichkeit aufhorchen ließ.
Von Basel aus hatten der Baseler Leiter der Universum-Bücherei und ich ein Rundschreiben an die Mitglieder der Buchgemeinschaft verschickt, in dem als erster Pflichtband das Buch Silones „Fontamara" angekündigt wurde. Eine Kopie des Rundschreibens geriet in das Büro des Zentralkomitees der schweizerischen Kommunistischen Partei. Kurz darauf erhielt ich eine Einladung, zu einer Sitzung nach Zürich zu kommen, um zu erklären, warum ich das Buch das „Trotzkisten" Silone herausgebe. Ich lehnte die Einladung zuerst ab, aber als ich eine Woche später nach Zürich ins Parteibüro kam, traf ich zwei Mitglieder des Zentralkomitees an, die mir erklärten, daß das Zentralkomitee beschlossen habe, das Buch des „Verräters und Trotzkisten Silone" zu boykottieren, es dürfe daher auch nicht an die Mitglieder der

Universum-Bücherei abgegeben werden. Ich erwiderte, daß das Buch bereits mit dem Universum-Einband gebunden sei und daß es auch an die Mitglieder ausgeliefert werde. Ich sagte, daß die Universum-Bücherei eine überparteiliche Organisation zur Verbreitung linker, aber nicht unbedingt kommunistischer Literatur sei. Sie antworteten, daß sie das wüßten, daß aber ich wie auch der Leiter der Bücherei in Basel Parteimitglieder seien und daß wir uns dem Beschluß des Zentralkomitees zu fügen hätten. Ich lehnte ab und verließ das Büro.

Am gleichen Tage traf ich mich mit Silone und Brentano und informierte sie über mein Gespräch mit den Mitgliedern des Zentralkomitees. Silone meinte sogleich: „Sie werden jetzt als Ausländer der Polizei denunziert werden." Brentano schlug vor, die ganze Sache mit Rundschreiben den Mitgliedern der Universum-Bücherei mitzuteilen und zu versuchen, mit den mehreren tausend Mitgliederadressen eine neue Buchgemeinschaft zu gründen. Dagegen hatte ich Bedenken; wir waren alle drei Ausländer ohne feste Aufenthaltserlaubnis. Hinzu kam, daß Silone und ich mittellos waren. Doch beschlossen wir, die Möglichkeiten zu überprüfen.

Dazu kam es nicht mehr, wohl aber so, wie Silone es vorausgesagt hatte. Das Zentralkomitee der schweizerischen KP richtete ein Rundschreiben an die Ortsgruppe der Partei und teilte dieser mit Nennung meines vollen Namens mit, daß ich in der Schweiz eine „unkontrollierbare trotzkistische Aktivität" entfalte und daß meine Tätigkeit nicht unterstützt werden solle. Das Rundschreiben erhielt natürlich auch die Fremdenpolizei. Einige Tage später wurde mir von der Kantonspolizei gesagt, daß ich besser täte, meine Tätigkeit in ein anderes Land zu verlegen. Das war kein formeller Ausweisungsbefehl. Ich war vorsichtig genug, alsbald abzufahren. Damit vermied ich den Polizeistempel im Paß, der mir bei späteren Besuchen Schwierigkeiten gemacht haben würde, oder ich hätte vor jeder Einreise ein Visum beantragen müssen.

Nun blieb mir nur übrig, nach Paris zu fahren. Ich zog wieder ins Hotel in der Rue du Dragon. Das Zentralkomitee der schweizerischen KP hatte mittlerweile Münzenberg informiert. Er hatte jetzt keine Zeit für mich. Er und meine dortigen früheren Mitarbeiter empfingen mich mit der Verlegenheit der Informierten, die nichts sagen durften. Sie gaben mir zu verstehen, daß es für mich in Paris keine Arbeit und keine Unterstützung gäbe.

Damals gab es noch zwei Möglichkeiten, auf deutschem Boden gegen das Naziregime zu agitieren: in Danzig und im Saargebiet. Das Saargebiet lag näher. Es stand gemäß Versailler Vertrag für 15 Jahre unter der Verwaltung einer internationalen Kommission der Völkerbundes, aber es war ein deutsches Land mit deutscher Bevölkerung.

Hier, so dachte ich, würde ich Arbeit und ein politisches Tätigkeitsfeld finden. Ich hatte in Zeitungen gelesen, daß im Saargebiet schon zahlreiche politische Flüchtlinge lebten, ich wollte versuchen, unter diesen, gemeinsam mit Saarländern, neue Gruppen zum Kampf gegen den Nazismus zu bilden.

Als ich in Saarbrücken ankam, kannte ich keinen Menschen in der Stadt, Ich kaufte mir auf dem Bahnhof eine Lokalzeitung, in der ich ein Inserat fand: „Schlafstelle zu vermieten." Ich mietete sie. Beim Durchstreifen der uninteressanten und grauen Straßen der Stadt, die an der Saar, umgeben von schönen bewaldeten Höhen liegt, las ich einen Anschlag, mit dem die „Saarländische Liga für Menschenrechte" zu einer Protestversammlung gegen den Naziterror in Nazi-Deutschland einlud.

Es waren vielleicht 40 - 50 Personen anwesend, als ich den Saal betrat, Referent war der Präsident der Liga. Er schilderte die Diktatur im Hitlerreich und sprach sehr entschieden für den Verbleib des Saargebietes unter der Völkerbundsverwaltung, um zu verhindern, daß der Nazismus sein Gewaltregime auch auf das Saarland ausdehne. Der anschließenden lebhaften Diskussion, an der ich auch teilnahm, entnahm ich, daß über die Hälfte der Anwesenden Flüchtlinge waren.
In der ersten Zeit war das Leben in Saarbrücken sehr schwer für mich. Ich hatte kein Zimmer, in dem ich mich auch tagsüber hätte aufhalten und arbeiten können, sondern nur eine Schlafstelle, die ich morgens verlassen mußte. Geld, um in ein Café zu gehen, hatte ich nicht, es hätte keinen Sinn gehabt. In deutschen Cafés kann man nicht, wie in Wien, Zürich, Paris, stundenlang bei einer Tasse Kaffee sitzen, Zeitungen lesen, Briefe schreiben oder mit Bekannten diskutieren. Meine Briefe schrieb ich im Postamt. Um Zeitungen lesen zu können, ging ich zu den Aushängekästen der Saarbrükker Zeitungen, wo zu jeder Zeit mehrere Menschen lesend vor den ausgehängten Zeitungen standen.
Morgens und mittags ging ich in ein Lokal gegenüber dem Bahnhof, wo ich wie eilige Reisende morgens Kaffee und mittags einen Teller Kartoffel-, Linsen- oder Erbsensuppe erhalten konnte. Allerdings mußte unkomfortabel im Stehen gegessen werden. All dieses änderte sich erst zum Besseren, als die frühere Reichstagsabgeordnete Marie Juchacz, die ebenfalls nach Saarbrücken geflüchtet war, im Zentrum der Stadt ein Café eröffnete. Hier war es möglich, Zeitungen und Zeitschriften zu lesen und sich mit Bekannten und auswärtigen Besuchern zu verabreden. Doch war es nicht ganz gefahrlos. Gestapospitzel fotografierten die Besucher, wie sie auch die Besucher der Zusammenkünfte der Liga für Menschenrechte, der Kommunistischen und Sozialdemokratischen Partei kontrollierten.

Seit ich im Exil war, hatte ich versucht, mit der Trotzkistengruppe in Paris und mit Leon Sedow in Verbindung zu kommen. Beim ersten Besuch in Paris Anfang April konnte ich keinen der Trotzkisten finden. Mittlerweile war es den wenigen deutschen Trotzkisten in Paris gelungen, eine eigene Zeitung, „Unser Wort", zu gründen. Die Zeitung erschien 14-tätig, sie war vier Seiten stark. Bei meinem zweiten Besuch in Paris ging ich zu der in der Zeitung angegebenen Adresse der Druckerei, von wo ich zum „Gérant", der nach dem französischen Pressegesetz ein Franzose sein mußte, geschickt wurde. Dieser Mann gab mir auch keine Adresse, vielleicht wußte er selber keine. Die deutschen Trotzkisten mußten sich vor den Denunziationen der französischen KP verbergen, die die Anhänger Trotzkis der französischen Polizei als „Faschisten" denunzierten. Sie lebten auch in Paris halb „illegal". Es fehlte mir die Zeit, sie zu suchen, ich hinterließ beim Gérant von „Unser Wort" einen Brief, in dem ich mitteilte, daß ich im Saargebiet lebe und daß man mir postlagernd schreiben solle.
Bald darauf erhielt ich die gewünschte Verbindung und die Pariser Gruppe beauftragte mich auch, den Versand ihrer Post nach Deutschland zu erledigen. In der erwähnten ersten Versammlung der Liga für Menschenrechte hatte ich ein Mitglied des Vorstandes kennengelernt, das mit seiner Familie in den ersten Tagen der Hitlerherrschaft aus Karlruhe geflüchtet war. Er war im Saargebiet geboren und konnte als selbständiger Schneidermeister arbeiten. Seit dem ersten Weltkrieg war er Mitglied der „Deutschen

Friedensgesellschaft". Dieser Mann lud mich ein, ihn zu besuchen, und erlaubte mir, seine Adresse für meine Korrespondenz zu benutzen. Hierher schickten mir die Trotzkisten aus Paris ihre Briefe, Drucksachen und Zeitungen. Ich adressierte sie neu und schickte sie nach Deutschland weiter. Das war geraten, weil Sendungen von Paris direkt an Adressen in Deutschland meistens kontrolliert wurden. Postsendungen aus dem Saargebiet dagegen wurde als innerdeutsche behandelt.
Für meine Korrespondenz mit der Pariser Gruppe, wie überhaupt für meine Tätigkeit in der Trotzki-Opposition im Saargebiet und Frankreich, legte ich mir den neuen Decknamen „Karl Erde" zu.

Es war in den ersten Augusttagen, als ein Mitglied der Pariser Trotzkigruppe zu mir nach Saarbrücken kam und mir einen Brief von Leon Sedow überbrachte. Sedow schrieb, ich solle so rasch wie möglich nach Paris kommen. Der Überbringer gab mir ein Café an, wo ich täglich zu einer bestimmten Uhrzeit einen Bekannten treffen würde. Nach einigen Tagen hatte ich das Fahrgeld beisammen und ich ging in der Frühe mit den Kohlearbeitern des Warndt, unter Umgehung der Grenzkontrolle Forbach, bei Merlebach über die Grenze. Von dort fuhr ich über Metz nach Paris. Als ich am Nachmittag zum angegebenen Café kam, saß Leon Sedow davor. Wir gingen zum nahen Luxemburggarten und sprachen im Gehen. Er sagte mir, daß sein Vater bei Royan am Atlantik sei und mich zu sprechen wünsche. Er gab mir die Adresse der Villa an der Straße nach St. Palais sur Mer. Nach langer Fahrt mit mehrmaligem Umsteigen kam ich in Royan an und blieb hier über Nacht, um nicht erschöpft bei Trotzki vorzusprechen.
Am folgenden Vormittag fuhr ich am Meer entlang im Omnibus von Royan nach St. Palais sur Mer. Ich fuhr zuerst an der Villa Trotzkis vorbei, um zu schauen, ob dort Polizei oder sonstige Personen herumstehen. Ich bemerkte nichts Verdächtiges.
Das Haus war von einer hohen Mauer umgeben, wie andere alleinstehende Villen an der Straße. Auf mein Klopfen hin kamen zwei Männer zur Tür. Einer war ein mir bekannter deutscher Flüchtling „Adolf". Er sagte, daß ich erwartet werde, „der Alte" sei zwar wie immer schon sehr früh aufgestanden, zur Zeit ruhe er. Ich ärgerte mich gleich über den Ausdruck „der Alte". Der Wächter entschuldigte sich, er wollte vermeiden, einen Namen zu nennen. Wir gingen um das Haus herum und ich sah, daß das ganze Grundstück von der Straße bis zur Meer ummauert war. Wir setzten uns an den Strand, ich badete und plauderte ungefähr eine Stunde mit „Adolf", bis der zweite Wächter kam und sagte, daß Trotzki jetzt an seinem Schreibtisch sitze.
Trotzki begrüßte mich sehr freundlich, er erinnerte sogleich an meinen Besuch bei ihm im Kriegsministerium vor neun Jahren. Er sah blaß und mager aus, mit dem nervösen Zug der Selbstverzehrung im Gesicht. Er sagte gleich, daß wir öfters sprechen sollten, daß aber die Unterredungen nicht lange dauern könnten. Ich solle darum einige Tage bleiben. So blieb ich vier Tage in der Villa. Wir sprachen täglich zweimal, jedesmal höchstens eine halbe Stunde. Zu Beginn bat er mich, noch einmal von meiner Reise nach Moskau im Februar zu erzählen. Die Gespräche mit Radek, Piatnitzki und anderen und besonders die Moskauer Atmosphäre sollte ich schildern. Dann natürlich über die Tage des März in Berlin, über die Haltung der Parteien und der Arbeiterschaft Bericht geben.

Über die politische Situation sprachen wir nur in Andeutungen. Was Trotzki zu sagen hatte, hatte er geschrieben und er nahm mit Recht an, daß ich seine Schriften, soweit sie deutsch erschienen waren, gelesen hatte. Wir brauchten nichts zu wiederholen und kamen rasch zur Hauptsache, ob es ratsam und möglich sei, selbständig zu arbeiten, zu versuchen, neue Parteien und eine neue Internationale zu gründen. Ich bejahte diese Frage mit Bestimmtheit und sagte, wenn wir politisch überhaupt weiterkommen wollten, dann nur unter eigenem Banner. Für langwierige Fraktionsarbeit sei keine Zeit mehr, sie sei auch durch die Entwicklung der kommunistischen Parteien zwecklos geworden. Ich erzählte ihm von den losen Gruppen, die es bereits in Basel und Zürich gäbe, von meinem Treffen mit Silone und dessen Buch „Fontamara". Seine Frage, ob ich nach Paris gehen wolle, um an der Zeitung „Unser Wort" mitzuarbeiten, verneinte ich. Ich sagte ihm, daß ich im Saargebiet ein neues Arbeitsfeld gefunden hätte und dort vorerst bleiben möchte. Auch schilderte ich ihm die Situation der völlig deprimierten deutschen politischen Flüchtlinge, die meistens auf der Suche nach Obdach und einer Mahlzeit seien, einander die Versäumnisse und Fehler der letzten Jahre vorwerfen würden und zwischen Großsprecherei und völliger Apathie schwankten. Trotzki hörte interessiert zu, er hatte Jahrzehnte im Exil gelebt, er kannte diese Art Diskussion und die Atmosphäre. Für mich waren es vier Urlaubstage, die ich im heißen August in der Villa am Meer verbrachte. Ich wohnte im Zimmer der beiden Wächter. Unser Essen machten wir uns selbst; immer dasselbe, mittags gebratenen Fisch mit Brot, abends Brot mit Käse und Tee. Trotzki und seine Frau aßen in ihrem Zimmer. In den Dämmerstunden saßen wir alle gemeinsam einige Zeit im Garten.
Trotzki hatte im Laufe der Gespräche gesagt, daß er selber nicht wisse, wie lange er hier in St. Palais sur Mer bleiben werde. Sein Sohn Leon Sedow suche nach einem festen Wohnsitz, während er, Trotzki, sich bemühe, von der französischen Regierung die dauernde Aufenthaltungserlaubnis irgendwo in Frankreich zu erhalten. Wir vereinbarten, daß ich ihn nach Möglichkeit wieder besuchen solle.

Wieder in Saarbrücken zurück, erhielt ich eine Einladung von Berthold Jacob im Auftrage des Zweigverbandes Elsaß der französischen Liga für Menschenrechte, zu einer Aussprache nach Straßburg zu kommen.
Dort waren nur einige Personen am runden Tisch: der Präsident Professor G. Cerf, Berthold Jacob, Wilhelm Herzog, zwei deutsche Sozialdemokraten, deren Namen mir entfallen sind, und ein weiterer Franzose, Jean Knittel, Chefredakteur der Tageszeitung „Strasbourger Neueste Nachrichten". Professor Cerf sagte einleitend, daß nur eine informative Aussprache geplant sei: über Hitlers Pläne, über die verstärkte deutsche Aufrüstung und ob die Gefahr eines Krieges bestehe. In der Diskussion erklärten die beiden Sozialdemokraten und auch Wilhelm Herzog, daß Hitler nur durch einen Krieg beseitigt werden könne und daß daher ein Präventivkrieg, bevor Deutschland vollständig aufgerüstet habe, eine einfache und kurze Sache wäre. Ich sprach entschieden gegen diese Auffassung und sagte, daß Deutschland bereits weit stärker gerüstet sei als die benachbarten Staaten, mit Ausnahme Frankreichs, und daß es unmöglich und unmenschlich sei zu fordern, daß die französischen, belgischen, polnischen Arbeiter und Bauern ihr Blut vergießen sollten für die Schuld der deutschen Sozialdemo-

kratischen Partei und ihrer Minister, die ja Macht besessen hatten, sowie für die Schuld der deutschen Arbeiterschaft im allgemeinen, die Hitlers Aufstieg nicht verhindert habe. Ein Präventivkrieg werde, so sagte ich weiter, den Nazismus nicht niederwerfen, sondern ihn moralisch und politisch stärken. Ich erinnerte an die Sympathien, die Hitler in gewissen Kreisen Englands und den USA genieße und an die Versäumnisse der Alliierten Rüstungs-Kontrollkommissionen, besonders britischer Offiziere, die in den vergangenen Jahren offensichtlich die geheime Wiederaufrüstung geduldet und sogar deutsche Bürger, die pflichtgemäß geheime Waffenlager meldeten, denunziert hatten. Jetzt müsse Aufklärungs- und Zersetzungsarbeit in der ganzen Welt gegen den Nazismus geleistet werden.
Nur Berthold Jacob stimmte mir zu, Jean Knittel beteiligte sich nicht an der Debatte, er wollte die Meinungen deutscher Flüchtlinge anhören. Nach der Besprechung sagte mir Knittel, daß er sich sehr über meine Ausführungen freue. Von diesem Tag an datiert unsere Freundschaft bis zu seinem Tode, Dezember 1968.
Das war mein erster Zusammenstoß mit anderen Flüchtlingen über das Problem „Präventivkrieg". Ich sprach in der folgenden Zeit im gleichen Sinne in Saarbrücken, Basel, Zürich und Paris über diese Frage.

In der deutschen Arbeiterbewegung war man im Jahre 1933 auf eine Massenflucht aus Deutschland überhaupt nicht eingestellt. Dieses Schicksal traf die Betroffenen völlig unvorbereitet. Am elendsten fühlten sich die Sozialdemokraten. Das lag an den beruflichen Stellungen, die sie bisher innegehabt hatten. Ich habe im Saargebiet und noch später in Frankreich und England nur wenige Sozialdemokraten kennengelernt, die als Arbeiter oder Angestellte ihr Brot verdient hatten. Die meisten hatten in der Weimarer Republik in staatlichen, provinzialen, kommunalen Einrichtungen gearbeitet oder sie waren Angestellte in Parteiorganisationen, bei den Parteizeitungen, in Gewerkschaften und in Konsumgenossenschaften gewesen. Sie hatten Positionen bekleidet, in denen sie sich auf Lebenszeit versorgt glaubten. „Was soll denn aus mir werden, wenn Hitler nicht gestürzt wird," sagte einmal ein früherer höherer sozialdemokratischer Beamter in einer Diskussion. Aus dieser Einstellung heraus war auch die Haltung zum Präventivkrieg und zum Kriege überhaupt zu verstehen.
Das Saargebiet war für die Flüchtlinge zwar ein leicht erreichbares Asyl, aber es schien den meisten unsicher, es war daher nur eine Durchgangsstation nach Frankreich, Luxemburg, Belgien, Holland und von diesen Ländern wiederum nach Übersee. Das Gefühl der Unsicherheit im Saargebiet war verständlich. Nur die Spitzenfunktionen der Behörden waren international besetzt. Die mittleren und unteren Beamten waren Deutsche und, wie sich bald herausstellte, zumeist nazihörig. Wenn sich ein Flüchtling bei einer saarländischen lokalen Behörde, Polizei, Arbeits- oder Wohlfahrtsamt meldete, bekam er sofort zu spären, daß er nicht willkommen war. Er mußte so eingehende Verhöre über sich ergehen lassen, daß er sich mit Recht wieder bedroht fühlte. Tatsächlich wurden die Personalien der Flüchtlinge, die sich meldeten, an die Behörden des Hitlerreiches weitergegeben. Es gab einige Ausnahmen; einige geflüchtete frühere mittlere Polizei- und Verwaltungsbeamte und Abgeordnete erhielten von der Völkerbundskommission Stellungen.
Die Saarländische Liga für Menschenrechte war recht aktiv. Es hatten sich

ihr Flüchtlinge oppositioneller Gruppen angeschlossen, so ein Lehrer aus Braunschweig, der früher Funktionär der SAP war, mit mehreren Mitgliedern seiner Gruppe, ferner Anhänger der Brandleropposition. In den Versammlungen der Liga konnten alle oppositionellen Richtungen ihre Programme vortragen. Ich war inzwischen zum stellvertretenden Vorsitzenden gewählt worden. Die Vorstandsmitglieder trafen sich fast täglich,um über die brennendste Frage zu sprechen: Hilfe für die täglich ins Saargebiet kommenden Flüchtlinge zu organisieren. Einiges wurde schon getan, aber es gab auch hier kein zentral geleitetes Hilfskomitee. Jede politische Partei unterstützte nur ihre eigenen Anhänger. Die wenigen jüdischen Flüchtlinge der ersten Zeit konnten von den jüdischen Gemeinden unterstützt werden. Die Liga für Menschenrechte beschloß darum, eine Hilfsaktion für diejenigen politischen Flüchtlinge einzuleiten, die früher Mitglieder der großen Parteien gewesen waren, aber aus politischen Gründen ausgetreten oder ausgeschlossen worden waren. Diese litten nun am meisten. Wir beschlossen, daß auch Flüchtlinge, die sich in den Jahren 1922/23 an den Separatistenbestrebungen im Rheinland beteiligt hatten und jetzt verfolgt wurden, aufgenommen werden. In jedem Fall mußten politische oder weltanschauliche Gründe vorliegen.
Der Vorsitzende der Liga kannte, eine Stunde Fußweg nördlich von Saarbrücken entfernt, ein stillgelegtes Kohlenbergwerk „Von der Heydt". Zu diesem Komplex gehörte ein großes Schlafhaus für ledige Bergarbeiter oder solche, die so weit entfernt wohnten, daß sie nur über das Wochenende nach Hause fuhren. Dieses Schlafhaus stand seit Stillegung des Werkes leer. Drei Vorstandsmitglieder der Liga, es mußten auf Verlangen der Bergwerksverwaltung Saarländer sein, verhandelten mit der französischen Direktion, um das Haus als Obdach für Flüchtlinge zu mieten. Unter den leitenden französischen Beamten waren einige, die der französischen Liga für Menschenrechte angehörten. Diese unterstützten unseren Plan. Wir kamen überein, daß die Liga das Schlafhaus mietete und wir zahlten sogleich eine Jahresmiete im voraus – einen französischen Franken.
Die zwei Räume des Hauses waren in völlig verwahrlostem Zustand, sie mußten nun bewohnbar gemacht werden. Mit Max Waltz und mehreren freiwilligen Helfern ging ich täglich zur Arbeit hinaus. Aus dem benachbarten Ortsteil Ritterstraße–Püttlingen kam das junge Ehepaar Hans und Henny, brachte und kochte Essen und wusch unsere Wäsche. Der erste Raum mit dreißig Feldbetten konnte nach einer Woche bezogen werden. Gekocht und geheizt wurde mit Holz, das wir im Walde sammelten. Öfen und Kochgeschirr hatten wir vorgefunden und wieder benutzbar gemacht. Nach einer weiteren Woche hatten wir auch den zweiten Raum fertig und nun insgesamt 60 Plätze, die sofort belegt wurden. Ich hatte die organisatorische Leitung des Heimes übernommen, wohnte jedoch nicht im Heim. Um auf dem laufenden zu sein und politisch arbeiten zu können, mußte ich in Saarbrücken wohnen. Ich war, wenn nicht auf Reisen, täglich einige Stunden im Heim.
Das Problem war, täglich für 60 Personen Nahrung heranzuschaffen. Wenigstens ein Frühstück sollte jeder erhalten. Die von der Liga für Menschenrechte beantragte Erlaubnis zum Sammeln gaben die lokalen Behörden nicht. So mußten wir privat und „illegal" Geld, Nahrungsmittel und Kleidungsstücke sammeln. Schon nach einer Woche erhielt ich eine Vorladung zur Polizei, die behauptete, ein Geschäftsinhaber habe Anzeige erstattet

wegen unerlaubten Sammelns.
Schwindler und Landstreicher, die sich als Flüchtlinge ausgaben, entlarvten sich meistens sehr rasch durch ihre Erzählungen und Erlebnisse auf der „Walze". Ich gab diesen Leuten stets Frist bis zum nächsten Morgen; die erhaltenen Kleidungsstücke durften sie behalten.
Die Parteikomitees konnten sich gegen Schwindler leichter schützen, indem sie den Nachweis der Mitgliedschaft verlangten. Wir dagegen wollten nicht bürokratisch sein und mußten den Angaben der Obdachsuchenden vertrauen. Ich erwähne diese Vorkommnisse, weil die Nazi–„Deutsche Front" und ihre Presse uns auf Schritt und Tritt beobachteten und mit Unterstützung der örtlichen Polizei die Liga für Menschenrechte und uns Flüchtlinge diffamierten. Wir hätten nicht bestehen können, wenn wir nicht auch aus dem Auslande Unterstützung erhalten hätten. Aus Schweden kam eines Tages eine große Kiste mit Kleidungsstücken und Wäsche, die auf einen Aufruf des Schriftstellers Karl Otten, London, hin gesammelt worden waren. Von meinen Vortragsreisen in die Schweiz, Frankreich und England brachte ich ebenfalls Kleidungstücke und Wäsche mit. Doch oft genug langte es für 60 Personen nicht einmal zu einem Teller Suppe.
Ich erlebte schaurige Fälle. So kam eines Tages ein Mann ins Heim, der angab, aus Mannheim zu kommen. Er zog sein Jackett und das Hemd aus. Sein Körper war voller Striemen von Peitschen- und Stockhieben. Der Mann erzählte, er sei von der SA in Mannheim aus seiner Wohnung geholt, mehrere Wochen in einem Keller festgehalten und täglich geschlagen worden. Dann sei er in einen Sack gesteckt und auf einen offenen Plattenwagen geworfen worden. Beim Zuschnüren des Sackes hätten die SA-Leute lachend gesagt, sie würden ihn in den Rhein werfen. Der Wagen sei aber zu schnell um eine Straßenecke gefahren, dabei sei er heruntergefallen. Durch sein Schreien seien Passanten herbeigelaufen und hätten den Sack aufgeschnitten. Der SA-Wagen sei weitergefahren. Das sei am hellen Tag passiert. Er sei zu Fuß, ohne Papiere, ins Saargebiet gegangen.
Es gab Flüchtlinge, die nach einigen Tagen weiterwanderten, manche verschwanden einfach, ohne sich zu verabschieden, manche blieben mehrere Monate.

Ernster als die täglichen Nahrungssorgen waren politische Schwierigkeiten. Wieder einmal erhielt ich eine Vorladung zur Kriminalpolizei. Dort erklärte mir ein Beamter, daß mehrere Anzeigen gegen mich eingegangen seien mit der Anschuldigung, ich halte im Heim „trotzkistische Vorträge". Was „trotzkistisch" ist, wußte der Beamte natürlich nicht zu sagen. Er gab mir einige Briefe zu lesen, die im Laufe der Woche bei ihm eingegangen waren. Die Denunziationen kamen wirklich aus dem Heim. Als das Heim bereits mehrere Monate bestand, schickte die Kommunistische Partei öfters Parteimitglieder, die sie entweder nicht unterbringen konnte oder als „Informanten" ins Heim. Die Betreffenden haben mir bei der Aufnahme auch gesagt, die Partei habe keinen Platz für sie finden können. Die KP brachte ihre geflüchteten Mitglieder in der Regel bei Parteigenossen unter. Das war jedoch nur begrenzt möglich. Die Partei war nun bestrebt, das Heim der Liga für Menschenrechte mit ihren Mitgliedern zu belegen, um es in die Hand zu bekommen und ein Parteiheim daraus zu machen. Im nächsten Vortragsabend berichtete ich den Heiminsassen diese Sache, ohne Namen zu nennen. Wir behielten die verantwortliche Leitung, unterstützt von der Mit-

gliederschaft der Liga. Wir sorgten nach wie vor für die Heranschaffung der Verpflegung, Kleidung und Instandhaltung der Räume.
Wenn es mir möglich war, hielt ich mindestens einmal in der Woche einen Vortrag über die Entwicklung in Deutschland und über die Lage der Flüchtlinge. Dabei riet ich den Flüchtlingen schon Monate vor der Abstimmung immer wieder, weiter zu wandern. Ich befürchtete nach der Haltung der Bevölkerung, daß die Abstimmung zu Gunsten Hitlers ausgehen werde.
Dank der Hilfsbereitschaft guter Menschen gelang es, das Heim „Von der Heydt" für die Flüchtlinge bis zum Abstimmungstag zu erhalten. In der Nacht nach der Abstimmung verließen die letzten Insassen das Heim. Einige von ihnen traf ich später in Frankreich wieder, von den meisten habe ich nie wieder gehört. Auch die Helfer mußten das Saargebiet verlassen, so auch sämtliche Mitglieder der Liga für Menschenrechte.
So dringend nötig die Arbeit war und so selbstverständlich die Hilfeleistungen, so war doch die Hauptarbeit der Liga für Menschenrechte die politische. Der Abstimmungstermin war endgültig festgesetzt: der 13. Januar 1935. Es sollte über drei Möglichkeiten abgestimmt werden: Beibehaltung der Völkerbundsverwaltung oder Rückgliederung an Deutschland oder Anschluß an Frankreich. Für die Flüchtlinge aus Nazideutschland war es lebensnotwendig, zu wissen, daß nur die Beibehaltung der Völkerbundsverwaltung uns eine sichere Zuflucht bot. Anschluß an Deutschland bedeutete weitere Flucht. Mit dem Anschluß an Frankreich aber war keine Verleihung der französischen Staatsbürgerschaft verbunden.
Seit ich aus Paris gekommen war, hatte ich keinen leitenden Funktionär der KPD mehr gesprochen. In Versammlungen der Liga und gelegentlich auf der Straße war ich aber von Mitgliedern der Partei gesehen und manchmal auch angesprochen worden. Einladungen ignorierte ich. Eines Tages erhielt ich vom Vorsitzenden der Schweizer „Roten Hilfe", Willy Trostel, Zürich, durch das Sekretariat der Kommunistischen Partei Saarbrücken ein versiegeltes Schreiben mit der Einladung, nach Zürich zu kommen. Trostel schrieb mir, er habe für mich einen Paß mit Visum für Moskau. Ich hielt das Angebot damals nicht für eine Falle, mich nach Moskau zu lokken. Das war nicht Piatnitzkis Art. Ich glaubte aber, daß man mich in Moskau unter Kontrolle halten wollte.
Ich lehnte die Einladung mit folgenden Brief ab, der in der Zeitung der Pariser Trotzkigruppe „Unser Wort", Nr. 15 von Ende November 1933, abgedruckt wurde. Eine Kopie hatte ich über Leon Sedow an Trotzki geschickt, der den Brief mit einer kurzen Einleitung versah und ihn an die Redaktion von „Unser Wort" weiterleitete.

Saargebiet, 6. November 1933
Werter Genosse Piatnitzki.
Mir wurde eine Einladung übermittelt, nach Moskau zu kommen. Ich werde auf die Einladung verzichten. Im Gedenken an meinen Freund Max Hoelz glaube ich am richtigsten zu handeln, wenn ich, vorerst leider nur in der Emigration, für den Sieg des Sozialismus gegen den Faschismus kämpfe. In Moskau würde ich das nicht können. Ich kann die Moskauer Atmosphäre, das Herumlungern, das Wichtigtun, die widerliche Stalinkriecherei nicht ertragen. Das offizielle Moskau ist heute eine Sumpfboden. Den Kampf für den Sieg des Sozialismus kann man nur führen im Geiste der Oktoberrevolution; im Geiste Lenins und Trotzkis.

In meinem Brief vom 1. März dieses Jahres, den ich in Moskau schrieb, teilte ich Ihnen meine Ansicht über die Lage der deutschen Partei und den Weg, den das führerlose revolutionäre Proletariat wird gehen müssen, mit. Ich sage, das führerlose revolutionäre Proletariat, denn die deutsche Kommunistische Partei ist schon seit Jahren kein Führer des deutschen Proletariats gewesen – ebensowenig wie die Kommunistische Internationale die Führerin des internationalen Proletariats war. Der Absturz des revolutionären Proletariats in allen Ländern begann mit dem Ausschluß der hervorragendsten Kämpfer der Oktoberrevolution, mit Trotzki an der Spitze, aus der Kommunistischen Partei der Sowjetunion und der Komintern. Der Sieg des Faschismus in Deutschland und die schwere Lage weiter Kreise der Arbeiter und der Bauern in der Sowjetunion sind Folgen dieser Schwächung der Kommunistischen Internationale. Die Einsicht, daß die Politik der Komintern in den letzten Jahren zwangsläufig den Faschismus stärkte, ja ihn ermöglichte, dringt immer tiefer in die Gehirne der revolutionären Kämpfer. „Ohne Stalin kein Hitler" ist heute eine weit verbreitete These. Sie ist leider richtig. Selbstverständlich habt Ihr den Faschismus nicht gewollt. Aber schließlich ist doch in der Politik das Ergebnis maßgebend. Ich erinnere Sie daran, wie wenig Sie Anfang März über die wirklichen Vorgänge in der Kommunistischen Partei Deutschlands unterrichtet waren. Das kam auch nicht von ungefähr. Auch das hing mit der Politik der Komintern in den letzten Jahren und mit dem Axiom des „Sozialismus in einem Lande" zusammen. Die Einsicht, daß eine starke revolutionäre Arbeiterbewegung in allen Ländern die beste „Rote Armee" ist, war Euch längst verloren gegangen. Stalin wird sie nie gehabt haben.
Sie sagten mir in der Unterredung Ende Februar dieses Jahres, bei der auch Knorin zugegen war, daß Sie viele andere Sorgen, russische Sorgen, hätten. Das wußte ich ohnehin. Daß das Exekutivkomitee infolge dieser Sorgen vieles nicht sehen konnte, was im Auslande, besonders in Deutschland, vor sich ging, entschuldigt das Exekutivkomitee nicht – im Gegenteil, die Schuld des Exekutivkomitees wird dadurch größer. Ihr hättet die Führung, die Euch schon seit Jahren nicht zukam, abgeben müssen, wenn Ihr noch einen Funken revolutionäres Verantwortungsbewußtsein gehabt hättet. Das hattet Ihr und habt Ihr nicht. (Ich lasse die Sozialdemokratische Partei Deutschlands aus der Erörterung, weil wir unsere Kommunistische Partei und die Komintern geschaffen hatten, wissend, daß die Sozialdemokratische Partei nicht kämpfen, sondern den revolutionären Kampf nur verraten wird.)
Die Komintern scheint auch jetzt nichts lernen zu wollen. Ich bin seit einigen Wochen im Saargebiet. Das ist ein Kohlen- und Eisengebiet an der Grenze Deutschland–Frankreich, östlich von Metz. Das Gebiet ist nur 1880 qkm groß und hat 782.000 Einwohner. Es ist das dichtbevölkertste Gebiet Europas. Hier residiert der bekannte Großindustrielle Hermann Röchling. Das Saargebiet wird vom Völkerbund verwaltet, die Kohlengruben gehören Frankreich. Im Jahre 1935 soll eine Abstimmung sein (ähnlich wie 1921 in Oberschlesien), ob das Gebiet an Frankreich kommen soll oder ob die gegenwärtige Verwaltung beibehalten oder ob es an Deutschland zurückgegeben werden soll. Die Kommunistische Partei des Saargebietes war bis August 1933 für die Rückgabe an Deutschland. Der „Führer" der Kommunistischen Partei erklärte öffentlich: „Selbst wenn wir in Hitler-Deutschland unter dem Galgen stehen müssen, wollen wir zurück zum

Vaterland." Er erhielt dafür im Rundfunk Frankfurt am Main das öffentliche Lob H. Röchlings. Es sei ihm gegönnt.
Im August veröffentlichte „Die Rundschau", Basel, die neue Stellung: „Eine rote Saar im Rätedeutschland." Diese Losung ist ebenso blöd wie die erste. Trotzki sagte dazu: „Selbstverständlich müssen wir für eine proletarische Regierung an der Saar und für ein Rätedeutschland kämpfen. Aber das enthebt uns nicht der Pflicht, den Arbeitern zu sagen, wie sie im Jahre 1935 abstimmen müssen."
Den Arbeitern können wir heute nur sagen: „Solange die Nazis in Deutschland an der Macht sind, kommt eine Rückgliederung des Saargebietes nicht in Frage." (Die Sozialdemokratische Partei hat auch noch keine klare Stellung eingenommen). Die Arbeiter im Saargebiet haben heute die Möglichkeit, den Nazis auch außenpolitisch schwere Schläge zuzufügen. Folglich müssen wir es auch tun. Das hat mit Separatismus nichts zu tun.
Die Mitglieder der Kommunistischen Partei reagieren auf die Losung ihrer „Führung" wie die russischen Arbeiter und Bauern 1917 auf Kerenskis Sabotage des Friedens; sie laufen davon. Über 800 Mitglieder sind in den letzten Monaten aus der Kommunistischen Partei Saar ausgeschieden. Lassen Sie sich von der Leitung der Partei des Saargebietes darüber berichten.
Das Exekutivkomitee hätte im Saargebiet eine Möglichkeit, die Kommunistische Partei zu einer Politik anzuhalten, die zu einer kämpfenden Einheitsfront des Proletariats führen könnte.
Mit diesem Brief nehme ich Abschied von der offiziellen Kommunistischen Partei und der Komintern, zu deren ersten Mitgliedern ich während des Weltkrieges gehörte. Von den revolutionären Kämpfern und Mitgliedern der Partei brauche ich keinen Abschied zu nehmen, mit ihnen gehe ich weiter zusammen, aber ohne Stalin, ohne das Exekutivkomitee und ohne Zentralkomitee."

In der gleichen Ausgabe von „Unser Wort", die diesen Brief brachte, erschien auch mein Nekrolog auf Max Hoelz und ein Bericht über die politische Situation im Saargebiet. Mein Brief erregte einiges Aufsehen. Etliche Zeitungen druckten Stellen daraus ab, im freundlichen oder feindlichen Sinne, je nach der politischen Richtung des Blattes. Sogar aus Deutschland erreichten mich zustimmende Briefe. Meine persönliche Situation verschlechterte sich allerdings. Jetzt im Saargebiet und später in Paris wurde ich noch mehr gemieden, auch von den Sozialdemokraten, die im Sog zur „Einheitsfront" oder „Volksfront", aus Rücksicht auf die Stalinisten, von den „Trotzkisten" noch mehr abrückten.
Den Brief an Piatnitzki schickte ich über Trostel, Zürich. Gleichzeitig sandte ich mit der Post eine Kopie an Alexander Dworin, Moskau. Ich war überrascht, als ich einige Wochen später von ihm eine Antwort postlagernd Saarbrücken erhielt. Dworin beschwor mich, in der Kommunistischen Partei zu bleiben, er habe mit Piatnitzki telefoniert. Piatnitzki habe ihm gesagt, falls ich sofort nach Moskau kommen würde, werde er meinen Brief als nicht geschrieben ansehen. Ich schrieb Dworin einen Dankbrief und lehnte ab.
Die zahlenmäßig stärkste Partei im Saargebiet war die sozialdemokratische. Deren Vorsitzender Max Braun, der gleichzeitig Chefredakteur der Parteizeitung war, übernahm endlich die Führung im Abwehrkampf. Er war ein gut aussehender Mann mit selbstbewußtem Auftreten, ein temperament-

voller, wenn auch banaler Volksredner. Die Sozialdemokratische Partei hatte viel zu lange gezögert, eine eindeutige Haltung gegen eine Rückgliederung an Hitlerdeutschland zu beziehen. Sie hatte die Hoffnung genährt, daß der Völkerbund die Abstimmung um einige Jahre verschieden würde. Braun sprach deshalb in Genf beim Völkerbund vor. Er wurde abgewiesen. Nun versuchte er den Zeitverlust aufzuholen. Doch in der Sozialdemokratischen Partei überwog sehr bald der Pessimismus. Viele Mitglieder lösten sich still von ihrer Partei und die Abonnentenzahl der Parteipresse nahm ständig ab. Ebenso erging es den sozialdemokratischen Nebenorganisationen. Zum Beispiel war im Hause der „Arbeiterwohlfahrt" ein sehr schön eingerichtetes Kino mit ca. 250 Sitzplätzen. Hier wurden französische und westliche Spitzenfilme gezeigt. Zu allen diesen Filmabenden, an denen keine Abstimmungspropaganda gemacht wurde, kamen mit dem Vorrücken des Abstimmungstermins ungefähr noch 20 bis 50 Personen. Selbst Flüchtlinge gingen immer seltener hin, sie fürchteten notiert oder photographiert zu werden. Ich habe den Saal zu keiner Zeit auch halb besetzt gesehen, während zur gleichen Zeit die doppelt so teuren Kinos, die Nazischnulzen zeigten, oft ausverkauft waren.
Der schwerste Schlag gegen uns erfolgte, als die große Mehrheit der verschiedenen „Freien" und „Christlichen" Gewerkschaften eine neue „Deutsche Gewerkschaftsfront Saar" gründeten, die sich der „Deutschen Front" anschloß. Den restlichen „Freien Gewerkschaften" blieb nur eine kleine Minderheit treu.
Zur Abrundung des Überlickes über die Verhältnisse im Saargebiet erwähne ich noch, daß die jüdischen Gemeinden in diesem Gebiet ungefähr 5.000 Seelen zählten. Es waren meistens gebildete Menschen mit hohem Lebensstandard. Sie waren anfangs uns Flüchtlingen gegenüber sehr zurückhaltend und beteiligten sich kaum an politischen Diskussionen. Allmählich aber, auf Grund der Nachrichten aus dem Hitlerreich, wurden sie mehr und mehr beunruhigt und begannen erst in den letzten Monaten vor dem Plebiszit sich mit der Frage zu beschäftigen, was werden solle, wenn das Saargebiet an Deutschland zurückgegliedert würde. In der Liga für Menschenrechte gab es nur wenige jüdische Mitglieder. Ich habe ab Mitte 1934 auf jede direkte Frage von Juden, ob ich glaube, daß das Saargebiet an Nazideutschland fallen wird, mit ja geantwortet und den Fragenden geraten, ihre Geschäfte möglichst unauffällig zu liquidieren und sich auf die Auswanderung vorzubereiten.

In den Beginn des Endkampfes um das Saargebiet platzten die Nachrichten von dem „Komplott des 30. Juni 1934", die Erschießung des SA-Stabschefs Röhm und anderer SA-Führer, hinein. Als am 1. Juli die Rundfunkreden von Göring und Goebbels, die die Erschießungen bestätigten, im Saargebiet abgehört wurden und anderntags die Presse ausführlich Berichte über die Aufdeckung einer Verschwörung Röhms brachte, glaubte ich schon, ich könnte mein Bündel für die Heimreise schnüren.
Berthold Jacob kam sogleich aus Straßburg nach Saarbrücken, um mit mir über die Möglichkeiten einer wirksameren „Zersetzungspropaganda", die in die SA-Formationen und in die Nazipartei hineingetragen werden müßte, zu diskutieren. Als Spezialist für Militärfragen vermutete Jacob, daß die Reichswehrleitung hinter der Affäre stecken könnte, die den lästigen Konkurrenten Röhm schon längst los sein wollte. Wir waren uns einig, daß die

homosexuelle Veranlagung Röhms nur ein Vorwand war, denn sie war seinem Duzfreund Hitler seit Jahren bekannt gewesen. Wir stimmten überein, daß die Reichswehr über die SA gesiegt hatte, daß Hitler die Reichswehr jetzt fester an sich binden werde und daß damit aber auch die Opposition im Volke gegen das Naziregime künftig noch schwieriger sein würde. Das war auch die Meinung Rudolf Oldens, der ebenfalls nach Saarbrücken gekommen war.
Doch erst nach der Reichstagsrede Hitlers vom 13. Juli hatten wir die Gewißheit, daß kein Komplott Röhms gegen Hitler bestanden hatte, sondern umgekehrt. Es war offensichtlicht so, wie es Berthold Jacob gedeutet hatte: Hitler und die Reichswehrleitung wollten die Rolle der nach Eigenleben strebenden SA zu einer Schläger-Hilfspolizei reduzieren. Sie sollte mehr unter Kontrolle gehalten werden, nicht Staat im Staate sein.
Wir begannen mit unseren Versuchen, die SA gegen die Nazipartei aufzuwiegeln. Ich wollte dabei die soziale Struktur der SA in den Vordergrund stellen, die Röhm selbst festgestellt hatte, daß nämlich rund 81 % der Mitglieder der SA aus Arbeiter- und Angestelltenkreisen stammten. Bei einem Buchhändler fand ich ein Exemplar des Buches von Röhm: „Memoiren eines Hochverräters". Dieses strich ich zu einem kurzen Reißer zusammen. Ich schrieb nichts um, sondern kürzte nur, ließ das Soldatenlatein raus. Schon das Umschlagbild wirkte provozierend: Röhm zwischen Hitler und Goebbels sitzend, im freundschaftlichen Gespräch mit seinen Mördern. Ich wollte anschaulich machen, daß Hitler keinen Verräter, sondern einen Konkurrenten beseitigte. Ich brachte die Seiten aus dem Buch Röhms, die bezeugten, daß er nicht gegen die Reichswehr eingestellt war: er war nur erbittert gegen deren Leitung, die ihn nicht als ebenbürtig anerkannte. Röhm selbst war immer bereit gewesen, der Reichswehr die Prioritätsstellung einzuräumen, er hätte auch selbst seine SA geopfert, wenn Hitler ihn an die Spitze der Reichswehr gestellt hätte. Das war sein Traum gewesen. Sein Bekenntnis zum Soldatentum hatte Röhm so formuliert: „Aus Not und Schmach, Volk und Vaterland zu Freiheit und Ehre zu führen, vermag nur der Soldat."
Zum weiteren Beweis, daß es sich um die Beseitigung eines Konkurrenten handelte, fügte ich einen Anhang hinzu, in dem verschiedene Dokumente gebracht wurden, so das folgende, gerade sechs Monate alte Freundschaftsbekenntnis Hitlers:

„Mein lieber Stabschef Röhm,
der Kampf der nationalsozialistischen Bewegung und die nationalsozialistische Revolution wurde nur ermöglicht durch die konsequente Niederschlagung des marxistischen Terrors durch die SA. Am Schluß des Jahres der nationalsozialistischen Revolution drängt es mich daher, Dir, mein lieber Ernst Röhm, für die unvergänglichen Verdienste zu danken, die Du der nationalsozialistischen Bewegung und dem deutschen Volke geleistet hast und Dir zu versichern, wie sehr ich dem Schicksal dankbar bin, solche Männer wie Du als meinen Freund und Kampfgenossen bezeichnen zu dürfen.
In herzlicher Freundschaft und dankbarer Würdigung
Den 1. Januar
Dein Adolf Hitler".

Goebbels hat unter dem 8. Mai 1932 in seinem Tagebuch „Vom Kaiserhof

zur Reichspartei" notiert: „Wenn es gelingt (Brüning zu beseitigen), dann haben unsere Unterhändler, an ihrer Spitze Stabschef Röhm, ein Meisterstück gemacht." Außerdem brachte ich Dokumente über das Vorleben Röhms und das nicht von Röhm stammende, aber in diesen Komplex hineinpassende berüchtigte „Boxheimer Dokument" eines Dr. Werner Best. Berthold Jacob schrieb ein Vorwort: Von den Freikorps über die Reichswehr zu Hitlers Machtübernahme bis zum 30. Juni 1934. Diese Arbeit Berhold Jacobs ist sehr beachtet und viel zitiert worden, ohne daß der Verfasser bekannt war. Das Buch wurde von einem „Uranus-Verlag Saarbrükken" ohne Angabe der Herausgeber verlegt. In der Sonderabteilung der „Deutschen Bibliothek", Frankfurt am Main, befindet sich ein Exemplar.
Von Saarbrücken und besonders von einer Gruppe in Basel sandten wir an zahlreiche SA- und SS-Männer in Deutschland Briefe, Flugblätter und auch einige Bücher. Die Adressen hatte ich aus den Zeitungen „Das Schwarze Korps", „Der Stürmer", „Völkischer Beobachter" und anderen abgeschrieben. Die Unterschrift lautete „R R" (Rächer Röhms). Als Absender nahm ich wiederum die gleichen SS-Adressen. Ich hoffte dabei, daß die Adressanten und Adressaten sich einander denunzieren und verhaften würden. Die Zersetzung der SA und der Nazipartei war die einzige Hoffnung auf eine Änderung in Deutschland. Dem „Führer" Hitler mußte die Grundlage seiner Macht entzogen werden.
Eine Organisation „R R" (Rächer Röhms) hat es nie gegeben. Aber wie vieles andere wurde die Bezeichnung von unbekannten Personen nachgeahmt.
Doch unsere Agitation blieb ohne spürbaren Widerhall. Die SA im Saargebiet, die zwar von der Völkerbundkommission verboten war, trotzdem aber ihre Übungen in den Wäldern abhielt, blieb unbeeindruckt. Das war mit ein Beweis dafür, daß die Nazibewegung ganz auf die Person Hitler aufgebaut war, daß sie nur durch die Beseitigung Hitlers zerstört werden könnte.

Während der knapp 1 1/2 Jahre meines Aufenthaltes im Saargebiet, von Mitte 1933 bis Mitte Januar 1935, war ich mehrere Male zu Vorträgen nach Basel und Zürich gefahren. In Basel hatte sich unter den deutschen politischen Flüchtlingen eine selbständige Oppositions-Gruppe gebildet, die aus früheren Kommunisten und Sozialdemokraten bestand und von Schweizer Sozialisten unterstützt wurde. Diese Gruppe hatte ich noch in den wenigen Wochen meines Aufenthaltes in Basel mitbegründet. Die Mitglieder waren bei aller notwendigen Diskretion gegenüber dem Gastland recht aktiv. Sie veranstalteten regelmäßig Aussprachen über die Vorgänge in Deutschland und steuerten geschickt getarnte konspirative Antinazi-Propaganda ins Hitlerreich hinein. Ihre Situation als Flüchtlinge ohne Arbeitsgenehmigung machte es notwendig, daß sie sich täglich trafen, sei es in der Buchhandlung eines Freundes, im Volkshaus oder an einem Platz am Rhein. Jeder von ihnen hatte an seinem Heimatort den Nazis aktiven Widerstand geleistet und hatte fliehen müssen. Sie glaubten wie ich, daß die Niederlage der deutschen Arbeiterschaft ein Abschluß der bisherigen Geschichte der deutschen Arbeiterbewegung sei und sie waren willens, Geschichte und Gegenwart zu überdenken und mit neuen Ideen und Methoden neu zu beginnen. Das bedingte, nach Mitteln und Wegen zu suchen, das Naziregime zu beseitigen. Wir waren der Auffassung, daß Hitler den Zweiten Weltkrieg entfesseln würde, wenn er nicht rechtzeitig beseitigt wird. Das waren weitgesteck-

te Ziele, aber gerade diese halten Energien am ehesten wach. Die Basler Gruppe war es auch, die nach der Ermordung Röhms die Agitation gegen die SA und SS nach Deutschland hinein mit am aktivsten betrieb. Die Baseler kannten viele geheime Wege nach Deutschland.
In der Baseler Gruppe traten zwei Flüchtlinge besonders hervor: ein junger Metallarbeiter aus Württemberg namens Peter (d.i. Karl Gerold), ein Student Fritz aus Berlin. Dazu kam ein Steinmetz Oreste Fabbri. Schirmherr der Gruppe war ein bekannter Baseler Buchhändler, Leo Wohler, der es uns ermöglichte, die notwendigen Bücher und Zeitschriften zu erhalten.
Der bisherige Metallarbeiter Peter war einer der jungen Männer, die den kompromißlosen Kampf nicht erst im Exil aufnahmen. Begabt, energisch und tapfer, hatte er sich durch fleißiges Studium und Besuch von einschlägigen Vorträgen ein umfangreiches Wissen angeeignet, das ihn befähigte, die schwierigsten Aufgaben zu übernehmen. Peter hatte den intelligenten Sinn zur Beurteilung von Tagesereignissen und Stimmungen und die Begabung, sie zu formulieren. Er konnte sich hier zu den Beruf bilden, den er in sich fühlte: Journalist. Er schrieb in Basel einen Roman und einen Gedichtband, den ich später in Paris herausgab. Heute ist er Chefredakteur einer großen Tageszeitung.
Ein anderer, im Ziel gleicher Typus, war der Steinmetz und Bildhauer Oreste Fabbri. Er war Schweizer, italienischer Abstammung, sein Kampf galt dem italienischen Faschismus. Die Nähe der deutschen Grenze und das Gefühl für die kommenden Gefahren bewogen ihn, die deutsche Gruppe in der Bekämpfung des Nazismus zu unterstützen. Seine unermüdliche gewerkschaftliche und politische Tätigkeit unter seinen Berufskollegen, unter denen sich viele Arbeiter auf Zeit aus Italien befanden, veranlaßten seine Gewerkschaftskollegen, ihn in die Führungsgremien zu wählen. Er wurde ein führender Gewerkschaftler und Kommunalpolitiker von Basel.
Der Berliner Student Fritz hatte sich ganz auf das Studium der Arbeiterbewegung und des Marxismus eingestellt. Er wurde Lehrer an Abendkursen der Baseler Sozialdemokratischen Partei und später Schweizer Bürger.
Im einzelnen zu schildern, worin die Tätigkeit der Gruppe eigentlich bestand, würde ein eigenes Buch füllen. Es gab tausend Kleinigkeiten zu tun. Schon einige Briefe oder Druckschriften über die deutsche Grenze bringen, sie in deutsche Briefkästen zu werfen, war mit dem Risiko verbunden, für Jahre im Zuchthaus oder im Konzentrationslager zu verschwinden, vielleicht auch unter dem Henkerbeil zu enden. Besonders später während des Krieges. Wir hielten Verbindung mit früheren Genossen in der Heimat und wollten informiert sein, was die Nazis vorhatten, besonders, wieweit sie mit der Aufrüstung ihrer Kriegsmaschine waren. Beziehungen zu Kreisen, die später als die vom „20. Juli 1944" bekannt wurden, hatten wir nicht. Aber unsere Freunde hatten bestimmt ihr Leben so riskiert, wie jener Offizier, der eine Aktentasche mit einer Bombe unter Hitlers Tisch legte und forteilte. Resultate unserer Tätigkeit waren weniger sichtbar. Aber das Gefühl, die „Herrscher in Deutschland würden ohne uns ruhiger schlafen", durften wir haben.
In Zürich bestand die „Trotzkisten-Gruppe" nur aus Schweizern. Dort waren der Hegel- und Marxforscher Walter Nelz, ein aggressiv-aktiver junger Mann, und ein junger Friseur, der später Sekretär der Schweizer Sozialdemokratischen Partei wurde, die führenden Köpfe. Beide waren in ihren Ansichten und Handlungen so radikal und konsequent, daß ausländische

Flüchtlinge sich nicht auf der Straße in ihrer Gesellschaft zeigen durften, ohne Gefahr zu laufen, von der Polizei abgeschoben zu werden. Die Züricher Gruppe hatte einigen Einfluß bei den „Jungsozialisten", einer Nachwuchsorganisation der schweizerischen Sozialdemokratischen Partei. Von diesen Jungsozialisten wurde ich einige Male eingeladen, über die Situation im Saargebiet, über die Politik Stalins und die Opposition Trotzkis, über die Gründe der Niederlage der deutschen Arbeiterbewegung zu sprechen.
Für mich waren die wenigen Tage, die ich bei diesen Gelegenheiten in der Schweiz bleiben konnte, ein Wiederaufladen erschöpfter Energien. Dafür nahm ich die Strapazen der Reisen – über Frankreich in die Schweiz – manchmal unter Umgehung der Grenzkontrollen, gern auf mich.

In unserem Ringen an der Saar um die Beibehaltung der Völkerbundsverwaltung hatten wir unterdessen einen wirksamen Helfer erhalten, der in allen Hitlergegner große Hoffnungen weckte. Es wurde eine neue Wochenzeitung „Westland" gegründet. Herausgeber war ein Düsseldorfer Rechtsanwalt, der im Saargebiet Zuflucht gesucht hatte; Chefredakteur war der Saarländer Peter Stern.
„Westland" übernahm die geistige Führung des Kampfes. Um diese Zeitung scharten sich die ins Saargebiet geflüchteten bürgerlichen Intellektuellen, darunter auch Konrad Heiden. Peter Stern leitete die Zeitung in einer eindeutig scharfen Sprache gegen das Hitlerregime, für Verlängerung der Völkerbundsverwaltung. In dieser Zeitung konnte auch ich einige Artikel unterbringen.
Doch der Eigentümer dieser Zeitung sollte uns am Ende den schwersten Schaden zufügen. Er verkaufte insgeheim die Zeitung „Westland" einige Wochen vor der Abstimmung an die Nazis. Die ahnungslosen Redakteure fanden eines Tages ihre Arbeitsplätze von Nazis besetzt und die Zeitung erreichte ihre verblüfften Leser mit einem Aufruf, für das Hitlerreich zu stimmen.
Kaum jemals ist ein Plebiszit mit soviel Haß, Unflat, Verleumdungen, durchgeführt worden wie dieses. So hatte zum Beispiel ein Lehrer in der Schule den Kindern die Aufgabe gestellt, was mit den Führern der Hitlergegner geschehen solle. Ein Junge antwortete schriftlich, daß Max Braun, der Vorsitzende der saarländischen Sozialdemokratischen Partei öffentlich auf dem Marktplatz durch einen Fleischwolf gedreht werden sollte. Der Lehrer belobigte diesen Schüler, dessen Aufsatz von der Nazipresse zitiert wurde.
Als die „Deutsche Front" immer mehr terroristische Methoden anwandte, Schlägertrupps der SA und Hunderte von Gestapospitzeln ins Saargebiet eingeschleust wurden, verfaßten der Präsident der Liga für Menschenrechte und ich eine Denkschrift über die Terrorakte, die unter den Augen der internationalen Sicherheitstruppe begangen wurden. Wir fuhren damit nach Paris, wurden auch in der Abgeordneten-Kammer von einer Kommission empfangen, der wir die Situation im Saargebiet schilderten, Kopien der Denkschrift schickten wir an den Völkerbund in Genf und an die Regierungen der in der Saarkommission vertretenen Länder. Wir erhielten freundlich gehaltene Empfangsbestätigungen, aber bis zur Abstimmung wurde die Angelegenheit nicht mehr behandelt.
Ich fuhr außerdem nach Birmingham, wo ein internationaler Kongreß gegen

den Faschismus-Nazismus stattfand. Einberufer war der Erzbischof von Birmingham. Für die Sozialdemokratie des Saargebietes war Max Braun, von der Liga für Menschenrechte war ich delegiert worden. Ich berichtete von dem Terror der Nazis und von der Mittellosigkeit und Isoliertheit der Nazigegner. Die Sympathieentschließungen des Kongresses für uns blieben ohne Echo.
Auf der Rückreise besuchte ich Ernst Toller, der auf seinem unstetigen Wandern für einige Zeit in London gelandet war. Er wäre gern mit mir ins Saargebiet gefahren, sagte er mir, aber er habe zur Zeit keinen gültigen Paß.
Materielle Gründe waren es nicht, die die Saarländer zu Hitler-Deutschland drängten. Noch nie in der Geschichte des Saargebietes hatten die Bewohner soviel Freiheit genossen und niemals hatten sie im großen und ganzen so viel Geld verdient, wie unter der Völkerbundsverwaltung. Als ich das einmal in einem Gespräch einem Saarbrücker Bürger vorhielt, erwiderte er im Saarbrücker Dialekt: „Ejal, mir wolle heem." Aber ich sagte: „Aber Sie sind doch zu Hause und bleiben es", antwortete er eindeutiger: „Heem zum Fihrer."
Auch die Pfarrer konnten sich über den Kirchenbesuch im Saargebiet weniger beklagen als ihre Kollegen in anderen deutschen Gebieten. Unter Anleitung der Bischöfe von Trier und Speyer waren die Predigten der Pfarrer in den Jahren 1934 bis zur Abstimmung nationalistische Propagandareden für den Anschluß an Hitlerdeutschland.
Wilhelm Herzog, der seit Beginn des Abstimmungskampfes einige Male ins Saargebiet kam, meinte, daß man die Saarländer an ihre gern betonte Frömmigkeit erinnern solle. Er brachte bei seinem letzten Besuch einen außerordentlich eindruckvollen Plakatentwurf mit: die Christusstatue von Thoraldsen, daneben Göring, der mit wutverzerrtem Gesicht ein blutiges Beil schwingt. Die Unterschrift lautete: „Wen wählt ihr? " Die Liga für Menschenrechte befürwortete den sofortigen Druck des Plakates, das mit Unterstützung der Sozialdemokratischen Partei dann auch gedruckt wurde.

Nach der Abstimmungs-Niederlage vom 13. Januar 1935 wurde von führenden Sozialdemokraten und Kommunisten im Ausland lange Zeit hindurch behauptet, das Ergebnis der Abstimmung sei gefälscht. Es seien mehrere versiegelte Urnen, die eine Nacht im Keller der zentralen Abstimmungsbehörde standen, von den Nazis ausgetauscht worden. Gegen diese Verschleierungsversuch der Niederlage erhob ich Einspruch. Die Niederlage war echt, sie bewies einmal mehr die damalige Stimmung der großen Mehrheit der deutschen Bevölkerung. Es stimmten über 90 % der Saarbevölkerung für Hitlerdeutschland, darunter über 50.000 Saarländer, die im Reich wohnten und zur Stimmabgabe ins Saargebiet gekommen waren. Sogar über 300 Amerikaner, geborene Saarländer, kamen auf Kosten der Hitlerregierung übers Meer, um ihrem Führer siegen zu helfen.
Eine Geschichte dieses Kampfes von 1933–35 um die Erhaltung eines demokratisch-tolerant verwalteten Saargebietes ist noch nicht geschrieben worden. Wenn sie geschrieben wird, müßte ein Abschnitt auch das später errichtete Internierungslager „Goldene Bremm" behandeln. Dieses Lager an der Straße von Saarbrücken zur französischen Grenze hatte anstelle von Mauern einen Stacheldrahtzaun, so daß das Leben – und das Sterben – der Gefangenen von den bigotten Saarbrücker Bürgern begafft werden konnte, die sonntags hinauswanderten, die Lagerinsassen beschimpften und sie

durch Steinwürfe zu töten oder zu verletzten suchten. So erzählte es mir nach dem Zweiten Weltkrieg ein früherer Lagerinsasse.
Zum Gedächtnis der Toten dieses Lagers ist eine Säule errichtet worden. Den Passanten aus Saarbrücken und aus Frankreich ist sie weithin sichtbar.

21. Paris die große Illusion

Das Saarplebiszit war am 13. Januar; am übernächsten Tag, am 15., wurde das Ergebnis verkündet. Am selben Tag begann die Flucht der Hitler-Gegner aus dem Saargebiet. Ich verließ Saarbrücken erst am folgenden Tag, weil ich noch die Reaktion der Bevölkerung erfahren wollte. Ich sah, wie junge und alte Männer, Schüler, Frauen und Mädchen die vorbereiteten Hakenkreuzfahnen schwenkend und „Heil Hitler" johlend, vom frühen Morgen bis in die Nacht hinein auf den Straßen auf und ab zogen. Die Massen gebärdeten sich noch übergeschnappter als die, die ich am 30. Januar 1933 durch die Straßen Berlins hatte ziehen sehen.
Mein Zimmer hatte ich vorsichtshalber schon am Abstimmungstag geräumt. Die lokale Polizei versuchte bereits in der Nacht nach der Abstimmung und in den folgenden Tagen, Flüchtlinge und Hitler-Gegner unter fadenscheinigen Vorwänden zu verhaften, um sie beim kommenden Einmarsch der SS und der Gestapo zu übergeben. In Saarbrücken selbst konnte die internationale Kommission noch zu Hilfe gerufen werden. Wieviel Hitler-Gegner allerdings in den kleinen Ortschaften, die nicht von den internationalen Truppen kontrolliert wurden, verhaftet und später der Gestapo übergeben wurden, ist mit Sicherheit niemals festgestellt worden. Auch zehn Jahre später nicht, als die französischen Truppen, im Gefolge der Amerikaner, das Saargebiet besetzten.
Ich verlor bei der Flucht aus Saarbrücken wieder meine Bücher und Wäsche. Mit einer Tasche unter dem Arm ging ich zum Bahnhof und fuhr nach Straßburg zu Berthold Jacob. Er konnte mir sogleich ein Quartier verschaffen, und der bereits erwähnte Chefredakteur der „Strasbourger Neuesten Nachrichten", Jean Knittel, gab mir ein Schreiben für den Vizepräsidenten von Strasbourg, Becker, der mich während der Vernehmung stets mit „Herr Kollege" anredete. Als ich ihn nach dem Grund fragte, zeigte er mir einen Steckbrief aus Berlin, in dem unter anderem auch meine Münchener Tätigkeit erwähnt war. Becker ließ mich frei mit dem typisch französischen Rat, ich solle mich auf der Straße oder in Lokalen „nicht unnötig bemerkbar" machen. Fast alle Flüchtlinge aus dem Saargebiet wurden in einer Kaserne interniert. Dort hatten sie zwar Obdach und Essen, ich aber konnte aktiv bleiben. Von Strasbourg aus schrieb ich an meine Freunde in der Schweiz und in Paris Berichte über die Niederlage im Saargebiet, und

bald erhielt ich Einladungen von den oppositionellen Gruppen in Basel, Zürich und Paris, dorthin zu kommen, um zu beraten, was weiter zu tun sei. Es kam aber auch eine Einladung von Frau Rapu, mich erst einmal in ihrem Hause in der Südschweiz zu erholen. Frau Rapus Haus war noch im Süden eine Zuflucht für Verfolgte geblieben. Ich traf hier den Schriftsteller Kurt Kläber-Held, und beim Nachbarn Dr. Adolph Saager, den Biographen Mazzinis, traf man öfters Ignazio Silone, der hier einen „Briefkasten" für seine „illegale" Post aus Iltalien hatte.
Ich fuhr gerade rechtzeitig von Strasbourg ab, um nicht doch noch interniert zu werden. Denn unterdessen hatte die französische Regierung angeordnet, daß alle Saarflüchtlinge im Grenzgebiet ohne Ausnahme nach Südwestfrankreich in das Departement Haute Garonne, in die Gegend von Toulouse, transportiert werden sollten.
Berthold Jacob blieb in Strasbourg: er hatte noch Aufenthaltserlaubnis. Unsere Warnungen, daß die Rückgliederung des Saargebietes an Hitlerdeutschland gefahrdrohende Folgen haben würde, wurden sehr schnell bestätigt. Genau zwei Monate nach der Saarabstimmung verkündete Hitler die Wiedereinführung der allgemeinen Wehrpflicht in Deutschland und setzte gleichzeitig die vorläufige Stärke der neuen deutschen Wehrmacht auf 12 Korpskommandos und 35 Divisionen fest. Berthold Jacob, der überragende Militärspezialist, begann diese Aufrüstung genauer zu untersuchen und kam zu Ergebnissen, die weit über die angegebenen Stärken hinausgingen.
Die Themen und Schlußfolgerungen der Unterredungen und Vorträge in den Gruppen in Basel und Zürich ergaben sich aus der Situation in Deutschland: Kampf gegen das Hitlerregime und gleichzeitig gegen den Stalinismus und Schaffung einer neuen Arbeiterpartei und einer neuen „Internationale". Hierüber wurde tage- und nächtelang diskutiert. Keiner der Teilnehmer sprach von Auswanderung nach Übersee, jeder wollte sich an den notwendigen Arbeiten beteiligen.
Mittlerweile waren die Monate Januar und Februar vergangen. Mit Berthold Jacob hatte ich ständig korrespondiert. Anfang März schrieb er mir, als ich gerade in Zürich war, daß er nach Basel kommen werde und daß er mich dort treffen müsse. In Basel angekommen, fand ich in der Buchhandlung einen Brief aus Straßburg von ihm vor, in dem er mich noch einmal bat, daß ich in Basel warten solle. Nach dem Datum mußte er bereits in der Stadt sein. Berthold Jacob hatte mir nicht mitgeteilt, unter welchem Namen er reisen werde. Er hatte schon in dem Brief, den er mir nach Zürich schickte, geklagt, daß er kein gültiges Reisepapier habe und noch nicht wisse, wie und unter welchem Namen er in Basel absteigen werde, vielleicht werde er auch auf französischen Boden, in Saint Louis, bleiben müssen. Die Sache, die er plane, mache die Reise aber unbedingt notwendig, er müsse eventuelle Unannehmlichkeiten riskieren.
Ich überlegte, daß ich Jacob am ehesten finden würde, wenn ich in die Hotels am Bahnhof gehen und den Portiers sagen würde, daß ich bestellt sei, leider den Namen des französischen Herrn vergessen hätte, aber nach dem Brief, den ich erhalten habe, die Handschrift erkennen würde. Ich hatte bald Erfolg. Schon im zweiten Hotel, gegenüber dem Bahnhof, erkannte ich ich im Gästebuch einen französischen Namen mit Jacobs Unterschrift, geschrieben mit violetter Tinte. Unter seinem Namen stand der Name „Dr. Hans Wesemann".

Ich sagte dem Portier, daß ich den kleinen französischen Herrn sprechen möchte. Ich erfuhr von ihm, daß Jacob zusammen mit dem anderen Herrn bereits am Tage zuvor abgereist war und nur eine Nacht im Hotel verbracht hatte. Das machte mich sofort stutzig. Ich bat den Portier nachzusehen, ob eine Nachricht für mich hinterlassen worden sei. Der freundliche Mann schaute bereitwillig die Postsachen und Notizen durch, fand aber nichts. Er sagte mir noch, daß er gesehen habe, daß beide in ein Privatauto gestiegen waren.
Jetzt ging ich zur Polizei und äußerte den Verdacht, daß Jacob entführt worden sei. Nun erfuhr ich von der Polizei, daß am Abend zuvor ein Auto an der Schweizer Zollstelle ohne anzuhalten durchgefahren sei und die Zollbeamten gesehen hatten, daß auf deutscher Seite für diesen Wagen die Schranke hochgezogen war. Die Beschreibung des Wagens durch den Hotelportier stimmte mit der der Zollbeamten überein.
Über den Dr. Hans Wesemann konnte ich nichts weiter aussagen. Ich kannte ihn nicht persönlich, ich wußte nur von ihm, daß er als „diplomatischer Redakteur" für den sozialdemokratischen „Vorwärts" in Genf tätig war und daß er einen üblen Ruf als „Bonvivant" hatte. Die Polizei erklärte, sie habe die Sache jetzt in der Hand und wollte nun auch wissen, was wir, Jacob und ich, in der Schweiz wollten. So zog ich es vor, nachdem ich alle meine Aussagen gemacht hatte, sofort nach Strasbourg zu fahren. Dort berichtete ich den Chefredakteuren Jean Knittel von den „Strasbourger Neuesten Nachrichten" und Lucien Minck von „La Rèpublique", die daraufhin die Meldung von der Entführung Jacobs brachten. Am anderen Tag kam auch schon ein Reporter einer großen Pariser Zeitung, der mit Jacob bekannt war, nach Straßburg. Ich mußte die ganze Geschichte etliche Male erzählen, und auch Frau Jacob berichtete alls Einzelheiten der Besuche Wesemanns bei Jacob und der Reise nach Basel. Wesemann und Jacob waren mit der Bahn gefahren. Das Auto hatte erst in Basel auf sie gewartet. Um es kurz zu machen, Wesemann wurde einige Tage darauf in Locarno verhaftet, als er dort postlagernde Briefe und Geld abholen wollte. Er erhielt eine Gefängnisstrafe und wanderte nach deren Verbüßung nach Südamerika aus; die Gestapo konnte ihn nicht mehr gebrauchen.
Ich war noch in Straßburg, als die Meldung von der Verhaftung Wesemanns kam. Nun aber erinnerte die Polizei mich daran, daß Flüchtlinge aus Deutschland im Grenzgebiet nicht erwünscht seien. Ich fuhr nach Paris. Eine eindrucksvolle Protestwelle breitete sich jetzt fast über die ganze Welt aus und besonders die Regierung der Schweiz, die sich brüskiert und beleidigt fühlte, protestierte so energisch, daß es die deutsche Regierung für geraten hielt, Berthold Jacob nach ca. zehn Monaten schwerster Haft freizugeben.
Der Hauptgrund der Freilassung aber war, daß Jacob in den Monaten der Haft und unter Folterungen durch die Gestapo das Geheimnis seiner „Allwissenheit" über die deutsche geheime Aufrüstung und andere militärische Angelegenheiten preisgegeben hatte. Jacobs Geständnis war für die militärischen Nachrichtendienste des Admirals Canaris und des Obersten Nikolai ebenso wie für die Gestapo allerdings überraschend. Jacob konnte glaubhaft machen, daß er keinerlei „geheime Beziehungen" und kein „Agentennetz" hatte. Aber er hatte die Gabe, die einen Teil eines Genies ausmachte: einen kaum vorstellbaren Fleiß und die dazu gehörende Geduld. Er arbeitete oft 20 Stunden täglich, er las nicht nur die großen Tageszeitungen,

sondern auch die bedeutungslosen Provinzblätter, die er über die Schweiz bezog, vom Titel bis zum letzten Inserat sehr aufmerksam. Er fand scheinbar belanglose Familien-Nachrichten oder Inserate, die ihm aufschlußreich waren. Zum Beispiel: eine Verlobungsanzeige besagte, daß ein Offizier X vom Regiment OO sich mit Frl. Y in A verlobt hatte. Jacob fand nach der offiziellen Rangliste und der bisherigen Reichswehrdislokation heraus, daß dieses Regiment offiziell gar nicht existierte und daß die Stadt A bisher keine Garnisionsstadt gewesen war. Jetzt wußte er beides. Ein anderes Inserat oder eine kleine Nachricht meldete den Tod eines Offiziers einer bisher unbekannten militärischen Formation durch mysteriösen Unglücksfall oder ein Bezirkskommando suchte unverheiratete, gelernte Handwerker: Maurer, Schlosser und andere, die sich für eine bestimmte Zeit zu verpflichten hatten. Jacob überlegte, daß man normalerweise ein Bauvorhaben einem Bauunternehmer übergibt. Seit wann und warum baut das Bezirkskommando selbst? Für Jacob war es nicht schwer zu kombinieren, daß da mit grosser Wahrscheinlichkeit geheime militärischen Anlagen errichtet würden. Zu 90% stimmten Jacobs Kombinationen. Meine Freunde und ich sammelten auch derartige verdächtige Meldungen, die ich an Jacob schickte, der sie für seine Mosaikarbeit verwendete.
Nachdem Jacob seine Arbeitsweise gestanden hatte, wurde diese Art Inserate in den Deutschen Zeitungen, vor allem in den „Fachblättern" verboten. Berthold Jacob war jetzt den deutschen militärischen Nachrichtendiensten uninteressant geworden, und die Naziregierung konnte sich dem Ausland gegenüber die Geste leisten, ihn freizulassen. Nach fast einem Jahr Unterbrechung konnte Jacob seinen „Unabhängigen Zeitungsdienst" wieder herausgeben. Er hatte auch bereits soviel Material gesammelt, daß er binnen eines Jahres das Buch „Das neue deutsche Heer und seine Führer" schreiben konnte. Es ist für die Kriegsabsichten Hitlers das vielleicht aufschlußreichste Buch, das von einem deutschen Flüchtling im Exil geschrieben worden ist. In diesem Buch gibt Jacob eine Aufstellung der bereits vorhandenen Wehrkreiskommandos und Armeekorps, füllte sie mit den geheimgehaltenen Regimentern und Formationen auf und sagte mit erstaunlicher Sicherheit voraus, welche Generäle im kommenden Hitlerkrieg die deutsche Armee kommandieren würden.
Anfang des Jahres 1937 erschien von Berthold Jacob noch das in der Welt bekannt gewordene Buch „Weltbürger Ossietzky", zu dem der frühere Chefredakteur der Londoner „Times", Wickham Steed, das Vorwort schrieb.
Die Freilassung Berthold Jacobs legte die widerwärtigsten Erscheinungen unter den politischen Flüchtlingen im Exil bloß: gezielte Verleumdungen. Wegen seiner Entlassung wurde er von anderen Flüchtlingen als „Doppelagent" verdächtigt. Diese Verdächtigungen trugen später bei Jacobs zweiter Entführung dazu bei, daß ich in meinen Versuchen, ihn zu retten, stark behindert war.
Fünfzehn Jahre später besuchte ich Straßburg, um Jean Knittel wieder zu sehen. Er hatte gerade die Chefredaktion der „Strasbourger Neuesten Nachrichten" erneut übernommen. Bis dahin war er nach der Befreiung Frankreichs Direktor des Französischen Rundfunks in Paris gewesen. Ich ging auch zum Chefredakteur von „La République", Lucien Minck. Als ich in sein Zimmer trat, stellte er mir eine schwarz gekleidete Frau als Frau Bekker vor. Es war die Witwe des früheren Vize-Polizeipräsidenten. Ihr Mann

war von den Nazis im Konzentrationslager Struthof gehängt worden. Knittel und Minck hatte die Kriegsjahre im „Maquis" verbracht.

Ich erinnere mich an viele Einzelheiten des bitteren Lebens, das im Frühjahr 1935 begann. Aber ich lebte in Paris! Zwar ohne Aufenthaltserlaubnis, nur mit einer Meldebescheinigung, „Récépissé", versehen, die monatlich zweimal von der Fremdenpolizei abgestempelt werden mußte, zeitweilig auch wöchentlich einmal. Ich wanderte sehr oft zum „Haus der Tränen", wie die Pariser Préfecture de Police, das Polizeipräsidium, genannt wurde. Oft ging ich zur bestellten Zeit hin, kam aber nicht mehr zur „Abfertigung" an die Reihe und mußte am anderen Tage wiederkommen oder auch am übernächsten Tag, wenn ich wiederum vergeblich gewartet hatte. Wenn ich für zehn Uhr vormittags bestellt war, ging ich schon um 7 Uhr hin, aber auch dann standen manchmal schon bis zu hundert Personen vor mir, und so wiederholte es sich mehrere Male. Der Beamte fertigte manchmal nur einige Wartende ab, er kam immer unpünktlich, unterhielt sich stundenlang mit anderen Beamten, ging Mittagessen, anschliessend in ein Café, und wenn er endlich ins Büro kam, war bald wieder Feierabend. So trieb er es monatelang, um mir dann mit großem Stimmaufwand zu sagen, daß mein Récépissé abgelaufen sei. Wenn ich antwortete, daß ich jeden Tag vor der Bürotür gestanden habe, aber nicht empfangen worden sei, schrie er, ob ich ihm seine Arbeitsweise vorschreiben wolle. „Sie können heute noch das Land verlassen, wenn Sie Grund zur Klage haben," sagte er. Es kam einige Male vor, daß mir das Récépissé abgenommenen wurde und ich den gefürchteten blauen Schein, das „Réfoulement", die Ausweisung, erhielt. Mit dieser mußte ich dann wochenlang täglich zur Polizei gehen um zu erwirken, daß das „Réfoulement" wieder in ein „Récépissé" umgetauscht würde. Auch diese Nervenbelastung sollte man berücksichtigen, wenn man die Ohnmacht und auch die Unfruchtbarkeit eines Kampfes der Flüchtlinge gegen den Nazismus beurteilen will. Die Flüchtlinge mußten einen hohen Preis dafür zahlen, daß sie im Exil Menschen bleiben wollten. Mir war inzwischen von der Hitlerregierung die deutsche Staatsbürgerschaft aberkannt worden. In der Begründung, die im „Reichsanzeiger" veröffentlicht wurde, wurde meine frühere Parteimitgliedschaft, meine Aktivität in der Bayrischen Räterepublik und im Saargebiet angeführt. Für die französische Fremdenpolizei blieb ich Deutscher. Meine an den Nerven reißende Situation änderte sich auch nicht, als im Juni 1936 der Sozialdemokrat Léon Blum durch den Wahlerfolg der „Volksfront" in Frankreich Ministerpräsident geworden war. Er war der erste Sozialdemokrat, der in Frankreich Regierungschef wurde. Die Regierung Léon Blum hatte auf Vorstellungen der Flüchtlinge hin sicherlich die Absicht gehabt, die Not dieser Heimatlosen zu lindern. Es wurde in bestimmten Fällen Arbeitserlaubnis in Aussicht gestellt, was uns natürlich lieber war, als gelegentliche Unterstützungen. Die Regierung Léon Blum verordnete, daß, wer als politischer Flüchtling anerkannt werden wollte, sich neu registrieren lassen müsse und seinen Paß und andere Personalpapiere abzugeben habe. Diese Flüchtlinge sollte nach erneuter Prüfung einen Fremdenpaß erhalten, mit dem man auch hätte auswandern können. Wie Tausende Flüchtlinge gab auch ich meinen zwar ungültigen Paß und die Geburtsurkunde und einige schriftliche Erklärungen bekannter Persönlichkeiten ab und erhielt dafür nur ein neues „Récépissé".

In diesen Monaten wurde außerdem ein deutsches Komitee zu Vertretung der Interessen der Flüchtlinge gegründet, mit dessen Leitung ausgerechnet der frühere preußische Innenminister Grzesinski beauftragt wurde. Als ich ihn besuchte, war er in seiner neuen besoldeten Position so arrogant wie früher als Minister. Er verlangte von mir eine Bescheinigung meiner früheren Parteimitgliedschaft, die ich natürlich nicht beibringen konnte. Als ich ihn noch einmal im Büro besuchen wollte, standen auf einem Zettel, der an die Tür geheftet war, die Worte „Zur Zeit verreist". Einige Wochen darauf las ich in der Emigrantenpresse, daß Herr Grzesinski in New York sei und dort zu bleiben gedenke. Er hatte sich nach dem Rücktritt der Regierung Léon Blum 1937 rechtzeitig aus Frankreich abgesetzt. Einigen „führenden" Emigranten, das heißt führenden sozialdemokratischen Partei- und Staatsbeamten, hatte er zu einem neuen Paß verholfen, aber Tausende von Flüchtlingen waren nun wie ich ohne „Papiere". Später, als die deutschen Truppen Frankreich besetzten, hatten viele Flüchtlinge keinen Paß, um das Land verlassen zu können.
Wenn ich trotz alledem schreibe, Paris ist eine herrliche Einbildung, so mögen das bestimmt schon Flüchtlinge vor hundert Jahren geschrieben haben. Trotz aller Schikanen glaube ich, daß man in keiner Großstadt Europas mit so wenig Mitteln existieren kann und nirgends so leicht zu hungern ist, wie in Paris, vorausgesetzt, man hatte einen sauberen Kragen. Meinen wusch ich täglich und glättete ihn zwischen Büchern. Das war auch nötig wegen der zahlreichen Razzien, die die Pariser Polizei auf Ausländer machten. Ich hatte bemerkt, daß man aufrecht durch die Postenkette der Polizisten gehen hen konnte, wenn man einen sauberen Kragen und gebügelte Hosen trug. Die Wärme des Pariser Sommers voller Optimismus, der zu Diskussionenn anregt, welche erst nach Mitternacht enden, hat als bittere Kehrseite den nassen kalten Winter, in dem der Wind durch die menschenleeren Straßen peitscht. Es war zwar nie so kalt, wie ich ihn von Berlin oder gar von meiner Heimatstadt her gewohnt war, aber er brachte die Kälte der völligen Verlassenheit mit sich, wenn ich wochenlang keinen Sou mehr hatte, um in ein geheiztes Café zu gehen.
Ich habe in diesen Jahren viel von Paris gesehen, denn ich durchstreifte die 20 Arrondissements der Riesenstadt zu Fuß. Manchmal fuhr ich auch mit der „Métro" zu einer Endstation der betreffenden Linie und ging den stundenlangen Weg nach Hause zurück. Aber weder die Oper noch die Comédie Française noch andere berühmte Theater habe ich in dieser Zeit von innen sehen können. Ich hatte niemals das Geld für eine Eintrittskarte und auch keinen dunklen Anzug.
Doch zurück zu den ersten Wochen in Paris. Als ich ein Zimmer gefunden hatte und nachdem ich tagsüber die Zeit mit Herumstehen in den Korridoren der Polizeipräfektur hatte verbringen müssen, suchte ich jeden Abend nach Leon Sedow. Ich hatte keine Adresse von Trotzki, ich wußte nur, daß er in der Nähe von Paris wohnte. Endlich erhielt ich die Verbindung mit Sedow über den Rechtsanwalt Dr. Gérard Rosenthal, der aktives Mitglied der französischen Trotzkigruppe war. Als ich Sedow traf, sagte er mir, daß sein Vater mich sofort sprechen möchte, daß er möglicherweise Frankreich sehr plötzlich verlassen müsse.
Pierre Laval, der nach der Ermordung seines Vorgängers Jean-Louis Barthou im Oktober 1934 Minister für Auswärtiges geworden war, wollte Trotzki aus Frankreich raus haben. Laval begann sowohl mit Stalin als auch mit

Hitler zu verhandeln und sich auf deren Kurs einzustellen. Er hätte keine Hemmungen gehabt, Trotzki an Stalin auszuliefern, wie er später deutsche Flüchtlinge an Hitler ausliefern ließ. So hatte auch die Ermordung Barthous, wie fast alle Morde von Rechts, ihren Zweck erreicht.

Schon am folgenden Tag konnte ich Trotzki sprechen. Neben den Ereignissen in der Sowjetunion und in Deutschland war das Hauptthema unseres Gespräches wiederum der kommende Krieg und der Aufbau eigener Organisationen, einer neuen Arbeiterpartei und einer neuen Internationale, der Vierten. Trotzki war fester denn je überzeugt, daß eine akute Kriegsgefahr bestehe, und weil von keiner Seite die Gefahren voll erkannt beziehungsweise richtig eingeschätzt würden, müßten wir mit eigenen Organisationen gegen sie ankämpfen. In meinen Briefen hatte ich ihm schon geschrieben, daß ich von der Notwendigkeit neuer Organisationen überzeugt sei, und daß ich mich ganz dieser Arbeit widme. Ich schilderte ihm aber auch die Beengtheit der politischen Arbeit im Exil. Die Masse der deutschen politischen Flüchtlinge vegetiere dahin und verlöre durch die ständigen Erniedrigungen ihre politische Energie, sie suchten nach Lebens- und Auswanderungsmöglichkeiten. Nur die engeren Freunde, wie die in Basel und Zürich, seien gestählt genug, um opferbereite Gruppen bilden zu können. Hemmend sei auch, daß sich manche Oppositionelle wohl als „Trotzkisten" ausgäben oder öfter noch von den Stalinisten so bezeichnet würden, in Wahrheit jedoch wenig mit uns zu tun hätten. Ich hatte auch anläßlich verschiedener dilettantischer, von politischer Unerfahrenheit zeugender Aktionen der Pariser Trotzkigruppen in einem Brief an Trotzki ein Jahrhunderte altes Zitat gebraucht: „Es lebe der Prophet, aber Gott behüte mich vor seinen Jüngern."
Es gab peinliche Irrtümer zu klären. So hatte ich vor mehreren Monaten in Zürich eine diskrete Sammlung für Trotzki angelegt, deren Gönner vier Züricher Persönlichkeiten waren: der Arzt Fritz Brupbacher, der Komponist H. G. Früh, ein Architekt und ein Rechtsanwalt. Auf Grund einer Einladung hatte ich in einem Zirkel interessierter Schweizer Intellektueller, die weder der sozialdemokratischen noch der kommunistischen Partei angehörten, über Trotzki und dessen Leben nach seiner Deportation aus der Sowjetunion referiert, von seinen Arbeiten auf der Insel Prinkipo bis zu seiner Übersiedlung nach Frankreich. Dabei hatte ich auch von den beiden Bränden in Trotzkis Wohnungen auf Prinkipo und bei Royan berichtet, bei denen Teile seiner Bibliothek und viel persönliche Habe verbrannt waren. Der Architekt war der erste, der aufstand und sagte: „Mir sind die Fehler Trotzkis sympthischer als die Tugenden Stalins," und forderte die Spende eines angemessenen Betrages. Die gespendete Summe hatte ich an Sedow nach Paris geschickt, der wiederum erst von den Spendern Auskunft wünschte, ob das Geld zur Finanzierung der Oppositionsarbeit verwendet werden dürfe. Das wollten die Spender keineswegs, das Geld war für Trotzki persönlich gedacht. Es gab eine ärgerliche Korrespondenz. Jetzt konnte ich Trotzki in wenigen Sätzen erklären, wie sich alles verhielt. Trotzki kannte den Arzt Brupbacher persönlich aus der Zeit vor dem Ersten Weltkrieg. Er, wie auch Lenin, waren in ihrer Züricher Zeit mit Brupbacher befreundet gewesen.
Trotzki zeigte sich über die Fragen der Entwicklung in Deutschland und der Deutschen im Exil bestens informiert. Er hatte außer seinem deut-

schen Faktotum Klement noch einen weiteren deutschen Mitarbeiter, einen jungen Arzt aus Leipzig zur Seite. Diesen hatte ich einige Tage vor meiner Abreise aus Deutschland noch in der Nähe des Bahnhofs Zoologischer Garten/Berlin gesprochen. Der junge Arzt war, ehe er nach Paris kam, einige Zeit bei Trotzki auf Prinkipo gewesen. Nach der Ermordung Klements und dem mysteriösen Tod Sedows ging er in die USA. Heute ist er Professor für Geschichte der Medizin an einer weltbekannten Universität.
Ich war ungefähr zwei Stunden bei Trotzki. Hier habe ich ihn das letzte Mal gesehen. Einige Tage später wurde er endgültig aus Frankreich ausgewiesen und fuhr nach Norwegen.

Anschließend an die „Volksfront" der französischen Linksparteien unter Führung von Léon Blum wollte der geschickte Trommler der Kommunistischen Partei Deutschland, Willi Münzenberg, ebenfalls eine Volksfront der verschiedenen deutschen Flüchtlingsgruppen und Einzelgänger zustandebringen. Es wurden auch einige sehr beachtliche Kundgebungen veranstaltet. Jedoch die Vertreter der großen Parteien, der sozialdemokratischen und der kommunistischen Partei, verhinderten gleichzeitig eine Klärung der politischen Situation. Niemand wollte die Irrungen, Schwächen und Fehler, die sie in den Jahren der Weimarer Republik verschuldet hatten, eingestehen.
Der Parteivorstand der „offiziellen" SPD war um diese Zeit noch in Prag. Er beanspruchte die alleinige Führung der deutschen Flüchtlinge und lehnte die Einheitsfront mit den Kommunisten ab. Doch in Paris lebende frühere sozialdemokratische Minister und Reichstagsabgeordnete wie Grzesinski, Hilferding, Breitscheid u.a. beteiligten sich eifrig an Münzenbergs „Einheitsfront", um wieder ins politische Gespräch zu kommen.
Wir „Trotzkisten" wurde zu den Einheitsfront-Veranstaltungen selbstverständlich nicht eingeladen. Wir dachten auch gar nicht daran, uns an undurchsichtigen Unternehmungen zu beteiligen. Eine Konferenz der „Trotzkisten" in Paris beschloß die ablehnende These:
"Die deutsche Volksfront ist ein Unternehmen bankrotter und verräterischer Bürokraten ... ohne jegliche Perspektive ... Ihr Ziel ist, das Elend der Republik von Weimar zu wiederholen. Die deutsche Volksfront ist ein Werkzeug der stalinistischen Bürokratie ..."

Mit meinen Freunden in Basel war ich in ständigem Briefwechsel. Diese Gruppe arbeitete selbständig und unbeeinflußt von den Diskussionen in Paris und Prag. Mehrere Mitglieder der Baseler Gruppe fuhren des öfteren mit dem Sonntag-Ausflugsverkehr nach Südwestdeutschland, um mit ihren Freunden und Genossen die Situation in Deutschland beraten und die Stimmung in der Bevölkerung zu erforschen. Peter schickte mir einmal anstelle eines Berichtes ein Gedicht, das die Haltung dieser Widerstandkämpfer eindrucksvoll wiedergab:
„Sie saßen zusammen in schweigender Nacht
fünf Mann von der Gruppe Süd-West,
fünf Hirne mit einem Gedanken nur
der sie nicht mehr ruhen läßt –
Kurz, sachlich schließt das Referat
– die Minuten fallen schwer –
da wird der Gedanke zur ersten Tat:

Genossen, Material muß her!"
Aber wir hatten wenig Geld für Aufklärungsmaterial, es war immer zu wenig. Wir berieten, ob wir in anderer Weise aktiver werden könnten. Peter dichtete:

„Zeit ist es zum Angriff,
daß sich vereinen, wo immer sie stehen, die Bedrohten,
denn der Feind kennt dumpfe Gewalt nur
in sämtlichen Ländern
und es gibt keinen Ausweg als den Einen:
Zeit ist es zum Angriff . . ."

Wie den Angriff organisieren, mit welchen Mitteln an maßgebende Nazis herankommen war das Problem, der Kern unserer Gespräche. Verständnis in der Bevölkerung zu finden, so glaubten wir, dürfte nicht schwer sein, da die Kriegsvorbereitungen bereits solchen Umfang angenommen hatten, daß sie sich nicht verheimlichen ließen. Als ich in Paris den Verlag „Editions Asra" gründete, gab ich die Gedichte Peters in einem sehr beachteten Band heraus, unter dem Titel: „Es lohnt sich noch . . . " Als Vorwort schrieb Peter:

„Das Buch soll helfen zu bezwingen
Den Feind mit dem wir alle ringen
Kein Lied der Schönheit ist die Melodie!"

Unsere Agitation mag Hunderte Gestapoleute beschäftigt haben, aber sie erschütterte das Hitlerregime nicht.
Doch ohne unsere Tätigkeit wäre die Nacht über Europa noch dunkler gewesen. Das Funkeln einiger Sterne gab manchem eine kleine Hoffnung. Zu den Freunden der Gruppe gehörte eine Züricherin Elli. Diese hatte Bekannte in Hamburg und damit einen Vorwand, so oft es ihr möglich war, nach Deutschland zu fahren. Sie tat es bis Kriegsausbruch und brachte aus nützliche Informationen. Auch von Paris aus fuhr ich mehrere Male im Jahr nach Basel und Zürich. Öfters kam auch ein Mitglied der Gruppe zu mir nach Paris. In Zürich hatte ich bis zum Ausbruch des Krieges sehr freundliche Aufnahme bei dem Komponisten H. G. Früh, und der hilfreiche Arzt Fritz Brupbacher behandelte mich ebenso gratis, wie er früher die mittellosen Bolschwisten gratis behandelt hatte. Ich hatte mittlerweile qualvolle Magengeschwüre bekommen. Seine Frau, Paula Brupbacher, war ebenfalls Ärztin. Sie war geborene Russin und hatte in Zürich studiert. Fritz Brupbacher hatte sich inzwischen von den Kommunisten losgesagt, die Sozialdemokraten aber waren ihm zu verspießert. Er war Anarchist im besten Sinne des Wortes. Ich sah Fritz Brupbacher und H. G. Früh zu Anfang des Krieges zum letzten Male. Früh starb während des Krieges, Brupbacher kurz nach Beendigung des Krieges. Fritz Brupbacher hinterließ mit seinem Buch „Der Sinn des Lebens" eines der geistvollsten Bücher, die je über den Sozialismus, die Arbeiterbewegung und ihre Parteien geschrieben worden sind.

Die meisten diskussionssuchenden Emigranten in Paris hatten ihren Stammsitz in dem alten Künstlercafé „Le Dôme" am Boulevard Montparnasse: Außer Max Sievers, der zwar in Brüssel wohnte, aber ein, zwei Male im Monat nach Paris kam, traf ich hier den „rasenden Reporter" Egon Erwin Kisch, den Schriftsteller, Maler und wohl letzten Le-Dome-Bohémien Emil Szittya, er war kein Vertreter der früheren unbekümmerten Bohème, son-

dern immer müde, leise, meistens frierend und hungernd, sowie den früheren Sekretär Bela Kuns in der ungarischen Rätezeit, Dr. P., heute emeritierter Professor. Hier sprach ich auch oft mit Heinrich Brandler.
Das Café „Le Dôme" war für uns Flüchtlinge nicht nur ein geistiges Zentrum, ein Diskutierplatz, eine Vermißten-Suchstelle, es war auch für mich und für viele Flüchtlinge eine Art „Arbeitsbörse". Hier warteten wir, daß jemand von den Zeitungen oder einer der „arrivierten" Schriftsteller käme, der eine Hilfe brauchte. Ich war Materialsammler für Historiker, saß zeitweilig täglich in Bibliotheken, um nach Daten und nach besonderen Nachrichten zu suchen, und stellte Statistiken zusammen. Ich half auch bei Umzügen und Koffertragen und trug Zeitungen aus. Eines Abends, zur Zeit der Pariser Weltausstellung, kam K. S., der Neffe von Fritz Schönherr, am Cafe vorbei. Er winkte mir, ihm zu folgen. An einem unbeobachteten Platz erzählte er mir, daß er die Gelegenheit benutzt habe, mit einer Reisegesellschaft zur Weltausstellung zu fahren. Der Zweck der Reise war aber gewesen, mich zu suchen. Wir sprachen die meiste Zeit dieser zwei Tage bis in die Nächte hinein. Er hatte sich für unser Zusammentreffen zahlreiche Notizen über das Leben, die Stimmungen, die Aufrüstung und Kriegsvorbereitungen gemacht. Es waren Berichte, die damals zwar keine Zeitung annahm, befreundete Politiker für übertrieben hielten, die ich jedoch für meine Gruppe verarbeiten konnte.
Ich blieb mit K.S. in Verbindung. Nach dem Kriege und der Besetzung Dresdens wurde K.S., der bei Dresden wohnte, von der russischen Sicherheitspolizei verhaftet und wegen „Trotzkismus" zu 25 Jahren Straflager in Workuta verurteilt. Dort verbrachte er sieben Jahre und wurde dann plötzlich begnadigt. Er kam in den Westen und klopfte eines Tages an meiner Tür in Frankfurt am Main. K. S. war nicht der einzige Bekannte aus Deutschland, den ich bei der Weltausstellung sehen und sprechen konnte. So wurde die Weltausstellung für mich eine Quelle von Informationen und Eindrücken. Im deutschen Pavillon sprach ich auch mit Berlinern. Einmal war ein Omnibus mit Siemenswerk-Arbeitern nach Paris gekommen. „Es geht uns besser als früher", sagten einige zu mir; „Du siehst ja, wir können uns sogar eine Paris-Reise leisten."
Hier traf ich eines Tages auch meinen früheren Abteilungsleiter der Inseratenabteilung, Alfred Piepenstock. Wir gingen in ein Café und er erzählte sehr intelligent vom Leben in Deutschland. „Nur durch den Tod Hitlers kann der Krieg abgewendet werden," sagte er.
Einige Monate später las ich in einer Zeitung von einem Flugzeugabsturz. Unter den Toten befanden sich einige Direktoren der Kruppwerke und ein „Kaufmann Alfred Piepenstock."
Alle diese Gespräche bestärkten meinen Eindruck, daß es wohl viele Spannungen und Befürchtungen in Deutschland gab, daß es aber noch keine breite Volksopposition gab. Wenn frühere Genossen in den Fabriken weiterhin zusammenarbeiteten und sich einander mit den Augen zuzwinkerten, so nenne ich das keine Opposition. Eine Uhr, die stillsteht, kann als Schmuckstück hängenbleiben, ein Zeitanzeiger ist sie nicht mehr, Opposition bedeutet Aktivität.
Die deutsche Trotzkigruppe in Paris quälte sich halb verborgen dahin; ich weiß von keinem Mitglied dieser Gruppe, das eine legale Aufenthaltserlaubnis hatte. Überwacht von der französischen Polizei und bespitzelt von den deutschen und französischen Stalinisten, wurde jedem das Leben

schwer gemacht. Nebenher zerredeten wir uns auch in unseren Diskussionen. Wir wollten mit unserer Agitation den klaren Bruch mit der Vergangenheit der deutschen großen Parteien und eine Erkenntnis der Vorgänge in der Sowjetunion erreichen. Doch unsere Mittellosigkeit ließ eine politisch wirksame Arbeit nicht zu. Die früheren großen deutschen Parteien, die Sozialdemokratische und die Kommunistische, hatten zwar „Beziehungen" und Mittel und taten sehr geschäftig, aber politisch waren sie im Grunde genommen ebenso einflußlos wie wir.
Wir „Trotzkisten" waren uns wenigsten über unsere Schwäche im klaren und sagten das auch in den „Thesen", die die erwähnte Delegiertenkonferenz der deutschen „Trotzkisten" im Sommer 1937 in Paris beschloß. In diesen Thesen wurde gestgestellt:
„. . . die Krise des Sozialismus ist vor allem eine Krise der Führung, eine Krise des revolutionären Bewußtseins . . . mangelnde theoretische und organisatorische Vorbereitung auf die Revolution ist die Ursache aller Schwächen in allen Ländern, einschließlich der Sowjetunion . . . Der Stalinismus ist der bewaffnete Henker des Proletariats im Auftrage der Sowjet-Bürokratie . . ."
Hinzu kam, daß die französischen „Trotzkisten" selbst Verwirrung gestiftet hatten, durch ihre Beschluß der französchen sozialdemokratischen Partei (SFIO) beizutreten. Sie glaubten nun in einem größeren Kreis wirken zu können, doch wurden sie zu den entscheidenen Diskussionen gar nicht zugelassen, und nach einiger Zeit wurden sie, mit wenigen Ausnahmen, wieder aus der Partei ausgeschlossen. So hatten sie ihre eigenen Organisation selbst zerstört.

Parallel mit den Volksfrontbestrebungen der französischen und dem Einheitsfrontgerede der deutschen Stalinisten gingen zwei konterrevolutionäre Ereignisse, die letzten Endes in den neuen Weltkrieg einmündeten: der Bürgerkrieg in Spanien und die Ausrottung der alten Bolschewiki in Moskau. In beiden Ereignissen erwiesen sich die Volks- und Einheitsfronten als negative Faktoren. In der Hilfe für die spanische Republik waren sie ohnmächtig, und sie trugen dazu bei, die makabren Vorgänge in den Moskauer Prozessen zu fälschen, und zum Teil bekannten sie sich sogar zu den Verbrechen Stalins. Lenins alte Garde der Revolution von 1917 endete durch Genickschüsse.
Eine Zeitung der zaristischen Emigranten in Paris schrieb in großen Lettern auf der ersten Seite: „Bravo Stalin! Baue uns eine Brücke über die Moskwa aus den Leichen der Bolschewiki!"
Ich verglich in meinen Diskussionsreden die Ausrottung der „alten Garde des Bolschewismus" mit der Tötung zahlreicher Mitglieder des englischen Hochadels im 16. und 17. Jahrhundert. Damals hatte die Bevölkerung Englands unbeteiligt zugeschaut, wie in den Machtkämpfen des Adels die Köpfe von Grafen, Herzögen und auch der eines Königs fielen. Das Volk ging daran nicht zu Grunde. Aber das russische Volk mußte als eine Folge der Massenmorde an der Intelliganz im kommenden Kriege ungeheuerlich große Opfer bringen. Besonders abstoßend war, daß die Stalinisten die Ausrottung des ihnen unbequemen Teils der alten Revolutionäre höhnisch „Säuberung" nannten, ein schmähender Ausdruck, der in den Sprachschatz sozialistischer ebenso wie antisozialistischer Schriftsteller und Journalisten eingegangen ist – und der auch heute noch viel gebraucht wird.

Leon Sedow hatte ich seit über einem Jahr, seit meinem letzten Besuch bei Trotzki, nicht wiedergesehen. Ich hatte erfahren, daß er zeitweilig Paris verlassen hatte. Er war rastlos beschäftigt mit der Widerlegung der Anschuldigungen im ersten Moskauer Prozeß von 1936. Es hatte 1934–35 schon die Prozesse in der Kirow-Affäre gegeben, aber diese waren zum größten Teil geheim geführt worden und selbst für Kommunisten undurchsichtig. Jetzt aber wurden „Schauprozesse" veranstaltet. Sedow schrieb das „Rotbuch über den Prozeß in Moskau" (den ersten), in dem er jede einzelne Anschuldigung und Aussage, jede genannte Person, Angeschuldigte und Ankläger, analysierte. Das Buch war eine mit peinlichster Gründlichkeit ausgeführte Arbeit, deren Richtigkeit zwanzig Jahre später der damalige Ministerpräsident der Sowjetunion, N.S. Chruschtschow, bestätigte.
Nach dem Erscheinen seines Buches wurde Sedow ständig mit dem Tode bedroht. Die französische Polizei sah sich verpflichtet ihn zu schützen. Aber weder die Polizei noch Sedow ahnten, daß der Spitzel des NKWD, früher GPU, ein Franzose, ein engerer „Freund" und Mitarbeiter Sedows war.
Ich hatte ebenfalls einen Artikel über die Umstände der Verhaftung und der der Erschießung des früheren Präsidenten der Kommunistischen Internationale, Sinowjew, geschrieben. Die Fakten für diesen Artikel hatte ich von einem deutschen Genossen erhalten, der von Moskau über Paris nach Spanien fuhr. Ich hatte ihn zufällig auf der Straße getroffen, und er erzählte mir den Hergang. Keine Pariser Zeitung, auch nicht die Emigrantenblätter, nahmen mir den Artikel ab. Er erschien in der Stockholmer Tageszeitung der Schwedischen Sozialdemokratischen Partei.
Damals, 1936, verstanden nur die wenigen „Trotzkisten" die Bedeutung des Prozesses, dem weitere folgen sollten; und auch das Idol der Briten, Winston Churchill, bewies, daß er die Bedeutung der Prozesse nicht begriff, als er den gegen die Prozesse protestierenden Trotzki einen „Schnorrer" nannte.
Ich hatte in dieser Zeit eine gespenstische Begegnung. Als ich eines Tages den Boulevard St. Germain entlang ging, es war nach dem ersten Prozeß, sah ich plötzlich in der Nähe der Rue du Bac, ungefähr zehn Schritte vor mir, den russischen Parteitheoretiker Nikolai Bucharin auf mich zukommen. Er ging mit den langsamen Schritten eines Rekonvaleszenten zwischen zwei stämmigen Männern. Ich blieb überrascht stehen und rief grüßend „Hallo". Bucharin stoppte einen Augenblick, lächelte in seiner verlegenen Art, die beiden Begleiter schoben ihn weiter. Ich schaute ihm nach. Nach ungefähr zwanzig Schritten drehte Bucharin sich um und machte eine grüßende Handbewegung zum Hut und war bald in der Menschenmenge, die den Boulevard bevölkerte, verschwunden.
Bucharin war zu dieser Zeit noch Chefredakteur der „Iswestija", des amtlichen Organs der Sowjet-Regierung. Später nach seinem Prozeß war mir klar, daß Bucharin, wenn er damals in Paris sein baldiges Ende geahnt hätte, auch sehenden Auges in sein Verderben gegangen wäre.
Sedow war in Paris einige Male bei Franz Pfemfert und seiner Frau zu Gast. Ich traf ihn dort einmal an. Franz Pfemfert hatte in einem Haus, gegenüber der Madeleine, ein Photoatelier eingerichtet. Er war immer eifriger Amateurphotograph gewesen, jetzt machte er meisterhafte Portraitaufnahmen. Das Ehepaar lebte überaus ärmlich, es gab bei Pfemfert fast nur Kaffee und Brot, selten konnte Frau Pfemfert eine ausreichende Mahl-

zeit kochen. Beide beteiligten sich nicht am politischen Leben der Flüchtlinge, aber sie vereinsamten nicht. Irgend ein Bekannter aus früheren Zeiten war fast immer dort anzutreffen. Ein Stammgast war Otto Bauer, der Theoretiker des „Austromarxismus" der österreichischen linken Sozialisten.

Nach ungefähr 1 1/2 Jahren Aufenthalt in Paris fand ich eine kleine Wohnung mit Kochgelegenheit in einer Seitenstraße des Boulevard Auguste Blanqui. Der Name Auguste Blanqui erinnerte mich nun täglich an den revolutionären Kämpfer, von dem die deutschen sozialdemokratischen Theoretiker nur den Schreckensbegriff „Blanquismus" kennen, den sie mit „Putschismus" übersetzen. Ich bin davon überzeugt, daß, wenn es in der deutschen Sozialdemokratischen Partei auch nur einen geringen Teil von Blanquis Entschlossenheit und Mut, seiner zündenden Spontaneität gegeben hätte, Hitler nicht an die Macht gekommen wäre. Dadurch, daß ich aus dem Hotel in eine eigene Wohnung zog, mußte ich mich außer auf der Polizeipräfektur auch noch auf dem Polizeirevier meines Stadtbezirks melden. Dort aber brauchte ich nicht lange zu warten.
Ich hatte zu allem Kummer auch noch Arbeitsverbot. Am Beispiel einiger anderer Flüchtlinge, die ebenfalls unter Arbeitsverbot standen, hatte ich gesehen, wie man aus der Kontrolle herauskommen konnte, indem man sich selbständig machte. Ich gründete einen Verlag. Das war nur möglich, wenn ich einen „Gérant" fand, der französischer Staatsbürger sein mußte. Diesen Franzosen fand ich in einem Arbeiter, der in der kleinen Druckerei, die meine Schriften druckte, arbeitete. Als erstes Buch gab ich die Gedichte Peters heraus. Dann veröffentlichte ich unter dem Titel: „Die Angst vor dem Chaos" das Buch eines jungen Gelehrten, Dr. Joachim Schumacher, der in diesem Werk die deutsche Geistesgeschichte und die Haltung deutscher Professoren und Hochschullehrer zum Nazismus untersuchte. Der Verfasser brachte die Druckkosten selber auf. Auch dieses Buch ist erhalten geblieben. Ich übernahm nun auch den Vertrieb der Wochenzeitung „Freies Deutschland", die Max Sievers in Brüssel herausgab, für Paris und Frankreich.
Max Sievers war der frühere Vorsitzende des „Deutschen Freidenkerverbandes". Wir kannten uns flüchtig aus Berlin-Neukölln. In Paris hatten wir uns bei Berthold Jacob näher kennengelernt und er hatte mich gleich beim ersten Treffen gebeten, den Vertrieb seiner Zeitung in Paris zu übernehmen. Ich konnte gern zusagen, denn das Programm Max Sievers und seines Kreises widersprach meinen Ansichten gar nicht. Sievers und sein Hauptmitarbeiter „Rudolf Lang", heute Professor an einer Technischen Hochschule, hatten eine Beteiligung an Münzenbergs „Einheitsfront" abgelehnt. Sievers befürchtete mit Recht, daß die „Einheitsfront" die nötige Klärung der künftigen politischen Aufgaben nur verhindern könnte, für deren Diskussion später, nach Beseitigung der Naziherrschaft keine Zeit sein werde. Max Sievers war für die Gründung einer neuen sozialistischen Partei, die eine Arbeiterpartei sein müsse.
Er schrieb:
„... die stärkste Interessengemeinschaft wächst auf dem Boden gleicher sozialer Funktionen ...
Was der Nazismus verkörpert, mit seiner gleißenden Propaganda, seiner betörenden Massenregie, seinem Terror, seinem Führerkult und seinen zu schauderhaften Grimassen verzerrten Ideologien, das alles ist die aufs Gan-

ze gerichtete imperialistische Kriegstrommel des deutschen Großkapitals. Armee und Kapital haben nicht eine wirksame Parole, die sie der Diktatur entgegenstellen könnten.
... Sie sind zusammengeschweißt, die drei Mächte, Partei, Armee und Kapital; sie müssen zusammen in den Krieg marschieren, der ihre letzte Chance ist.
Auf dem Gipfel seiner Zerstörungswut muß der Faschismus zum Zerstörer seiner eigenen Herrschaftsgrundlage werden ..."
Der „Deutsche Freidenkerverband" war in Deutschland bereits vor Hitlers Machtantritt durch die Regierung Brünings verboten worden. Es war Sievers möglich gewesen, einen Teil des Vermögens des Verbandes zu tretten. Der Parteivorstand der Sozialdemokratischen Partei war nicht so vorausschauend gewesen. Jetzt aber wollte er gern einen Teil des Geldes von Sievers haben. Obgleich Mitglied der Partei, lehnte Sievers das Ansinnen ab und gab mit dem Geld seine Zeitung „Freies Deutschland" heraus, die weit zielklarer und kämpferischer geschrieben war als der „Neue Vorwärts", der nach wie vor von Friedrich Stampfer geleitet wurde.
Die Wochenzeitung „Das Freie Deutschland" wurde in Brüssel gedruckt, zeitweilig aber auch, wenn Max Sievers in Brüssel Schwierigkeiten hatte, in Creil, nördlich von Paris. Wenn sie in Brüssel gedruckt wurde, holte ich sie immer direkt vom Zuge ab und brachte sie zu denjenigen Zeitungsständen, die sich bereit erklärt hatten, sie zum Verkauf auszuhängen. Es waren ungefähr 15 Kioske in ganz Paris. Nur unabhängige Kioske, das heißt solche, die nicht den großen Vertriebsgesellschaften gehörten, namen meine Zeitung an. Das waren meistens Bretterbuden, die über und über behängt waren mit Zeitungen und Zeitschriften aller Sprachen und Länder – und deren Emigrantengruppen. Die Inhaber der Kioske konnten oft die Titel ihrer Zeitungen selbst nicht lesen. Sie ersuchten mich, einen Platz zwischen den anderen Zeitungen für meine jeweils 10 bis 15 Exemplare zu finden, die Zeitungen hinzuhängen und nach einer Woche mit der neuen Nummer wiederzukommen. Ich nahm dann die unverkauften Zeitungen fort, die fehlenden Exemplare galten als verkauft. Ich erhielt mein Geld und hängte die neue Ausgabe hin. Das war eine Arbeit von 3 bis 4 Stunden in der Woche. Der Absatz in Paris schwankte zwischen 200 bis 300 Exemplaren pro Ausgabe. Die Arbeit machte ich fast zwei Jahre lang, bis ich in der letzten Phase des Bürgerkrieges in Spanien von anderer Arbeit so in Anspruch genommen wurde, daß ich die Zeitungsarbeit an einen Freund abgab, der mich bereits öfters vertreten hatte.
Als die Deutschen Belgien überfielen, war Sievers abgeschnitten. Nach dem Kriege erfuhr ich, daß er denunziert, nach Berlin-Plötzensee gebracht und dort hingerichtet worden sei.
Das Programm seiner Zeitung und seiner Anhänger hat Max Sievers in einem Buch zusammengefaßt, das unter dem Titel „Unser Kampf gegen das Dritte Reich" 1939 in einem Stockholmer Verlag in deutscher Sprache erschienen ist. Da meine Verlags-Adresse nun als Pariser Vertretung im Impressum des „Freien Deutschland" stand, wurde meine Mansardenwohnung, ich war mittlerweile aus der Parterrewohnung in den sechsten Stock desselben Hauses umgezogen, zu einem Treffpunkt zahlreicher Besucher, Flüchtlinge, die debattieren wollten oder Rat suchten. Eines Tages kam auch Erich Wollenberg, der aus der Sowjetunion geflohen war, von Prag nach Paris. Er wollte nur drei Tage bleiben und blieb drei Monate, polizei-

lich nicht angemeldet, bis er am Montmartre ein eigenes Zimmer gefunden hatte.

Berthold Jacob nahm in letzter Zeit an den Diskussionen nicht mehr teil. Er war plötzlich nach Lyon verbannt worden. In einem Artikel über den Neuaufbau des deutschen Heeres hatte er behauptet, daß die deutsche Artillerie an Feuerkraft der französischen bereits überlegen sei. Zum Beweis gab er einige deutsche und französische Zahlen an. Daraufhin wurde er vom „Deuxième Bureau" vorgeladen und gefragt, woher er die französischen Zahlen habe. Jacob legte die französischen Fachzeitschriften vor, aus denen er die Zahlen entnommen hatte. So begnügte sich die Sûreté damit, ihn aus Paris nach Lyon auszuweisen.
Vor seiner Abreise machte mich Berthold Jacob noch mit Paul Dreyfus bekannt. Dreyfus war der Verfasser der Broschüre „Der Feldherr Ludendorff". Nur mit „D" gezeichnet, wurde sein Buch in der Weimarer Zeit jahrelang in der Presse und in Fachzeitschriften dem Historiker Delbrück zugeschrieben. Dreyfus wurde bei Kriegsausbruch verhaftet. Er war leidend und starb in einem französischen Konzentrationslager.
Ich besuchte Jacob öfters in Lyon. Wir sprachen hauptsächlich über den bevorstehenden Krieg und Fluchtmöglichkeiten. Während der Nazibesetzung wurde in Lyon ein Freund Jacobs, der Präsident der „Französischen Liga für Menschenrechte", Victor Basch, ermordet. Der bereits über achtzigjährige Mann wurde außerhalb der Stadt auf der Straße mit eingeschlagenem Schädel tot aufgefunden.

Meine Einnahmen reichten zum Leben nicht aus. Es gab Wochen, in denen ich froh war, wenigstens einmal in der Woche eine warme Mahlzeit zu haben. Brühe aus Bouillionwürfel und Brot waren meine tägliche Nahrung. Die Miete zusammenzubringen, die monatlich im voraus zu zahlen war, war meine Hauptsorge.
Mir war es in Paris aufgefallen, daß die Pariser eigentlich keinen Wandersport kannten. Sie besuchten die Sportveranstalungen, besonders Radrennen und Fußballspiele, in Massen, aber sie kannten kaum das Wandern. Wenn ich mit meinem Freund Jacques, einen naturalisierten Franzosen, den ich im Saargebiet kennengelernt hatte, gelegentlich sonntags in der Umgebung von Paris, in den Wäldern von Meudon nach Versailles, Parc de Soeaux und Verrières, St. Germain und anderen „Bois" wanderte, hatten wie selten Spaziergänger getroffen. Die Pariser fuhren zwar sonntags zu Hunderttausenden aus der Stadt, setzten sich ins nächste Lokal oder an die Ufer der Seine oder der Marne, picknickten, schliefen und fuhren wieder heim.
Ich trug manchmal einen Rucksack, den mir Oreste Fabbri aus Basel mitgebracht hatte. In der „Métro" oder im Omnibus schauten die Pariser mit unterdrücktem Lachen auf das praktische Ding. So kam ich auf den Gedanken, Rucksäcke zu nähen und in Paris das Wandern zu propagieren. Unter dem Vorwand, einen Rucksack kaufen zu wollen, ging ich in mehrere Sportgeschäfte und Warenhäuser und stellte fest, daß es keine gab. In einem Luxus-Sportgeschäft sah ich einige, die „Norweger" genannt wurden. Die kosteten beinahe ein Vermögen.
Mein Freund Jacques, der eine Konfektionswerkstatt hatte, lieh mir eine Nähmaschine. Am ersten Rucksack arbeitete ich eine ganze Woche. Mit

diesem Modell ging ich zu den Sportgeschäften und erhielt mehrere Aufträge. Das Modell existiert heute noch. Der erste Rucksack, den ich an ein Sportgeschäft ablieferte, wurde am selben Tage, an dem er ins Fenster gelegt wurde, verkauft. Auch am zweiten Rucksack arbeitete ich wieder circa eine Woche, weil meine Besucher und die Diskussionen mir viel Zeit nahmen. Doch war es die politische Entwicklung in dieser Zeit, die in mir eine so starke nervöse Unruhe und Magenschmerzen erzeugten, daß ich kaum fähig war, auch nur eine Stunde still zu sitzen. Ich lebte schon fast zwei Jahre als ohnmächtiger Zuschauer des Vorgefechtes des Zweiten Weltkrieges. Jetzt kam der Kampf um die spanische Republik hinzu.

Am 17. Juli 1936 hatten sich in Melilla, Spanisch-Marokko, die Offiziere der dortigen Garnison gegen die republikanische Regierung in Madrid erhoben. Ein General Franco übernahm die Führung der Aufständischen und führte nordafrikanische Truppen, in der Mehrheit Marokkaner und Algerier, sofort zum Kontinent hinüber, um mit den Fremdenlegionären die eigene spanische, demokratisch gewählte Regierung und die Bevölkerung niederzuschlagen. General Franco hatte damit einen Bürgerkrieg entfesselt, den er von der portugiesischen bis zur französischen Grenze führte; er sollte 34 Monate dauern und über zwei Millionen Opfer fordern.
Natürlich schlossen sich die meisten Offiziere auf dem Festland nach den ersten Erfolgen der Aufständischen diesen an und ebenso natürlich nannten sie sich „Nationalisten", obwohl sie mit fremden Söldnern gegen das eigene Volk kämpften. Die anmaßende Bezeichnung wurde von den sogenannten westlichen Demokraten und deren Presse akzeptiert und übernommen.
Der französische Ministerpräsident Léon Blum, der Mann der „Volksfront", lehnte eine Hilfe für die legale republikanische Regierung ab. Schon am folgenden Tag, als die Truppen Francos auf spanischem Boden landeten, erklärte die Regierung Blum die Neutralität Frankreichs. Weitere 14 Tage später verbot die Regierung jede Waffenausfuhr an die republikanische Regierung und kündigte den Handelsvertrag mit Spanien. Auch England erklärte sich neutral. Gleichzeitig aber begannen die faschistischen Diktaturen Italien, Deutschland und Portugal den General Franco offen mit Waffen zu unterstützen, besonders durch die Luftwaffe.
Jetzt zeigte sich die Ohnmacht der „Volksfront", die französischen Kommunisten protestierten vergeblich bei Blum gegen die die Aufständischen begünstigenden Maßnahmen seiner Regierung.
Ich will hier keine Geschichte des spanischen Bürgerkrieges erzählen, ich möchte aber die Haltung der Trotzkisten erklären, weil wir auch in diesem Kampf unsere eigene Meinung hatten. Die republikanische Regierung hatte es zum Aufstand kommen lassen, obwohl sie mehrfach durch Drohungen der Offiziersclique gewarnt worden war. Aber nicht nur das. Als die letzte republikanische Regierung gewählt worden war, wenn auch mit einer sehr knappen Mehrheit, lehnte sie es ab, die afrikanischen Kolonien freizugeben. Noch als die nordafrikanischen Truppen schon beträchtliche Gebiete in Südspanien und entlang der portugiesischen Grenze besetzt hatten und ganze Dörfer und Stadtteile niederbrannten, tausende Republikaner töteten, proklamierte die republikanische Regierung, in die inzwischen auch einige Kommunisten aufgenommen worden waren, „ihr historisches Recht auf die Besetzung Marokkos". Anstatt wie wir „Trotzkisten" es forderten, so-

fort die Freiheit für die spanischen Kolonien zu proklamieren, um zu verhindern, daß die jungen Männer dieser Kolonien als Söldner im Dienste der aufständischen Offiziere die spanische Bevölkerung massakrierte.
Auf die Hilferufe der neugebildeten Regierung des linken Sozialdemokraten Largo Caballero kamen einige zehntausende Freiwillige aus vielen Ländern nach Spanien, und auch die Sowjetunion begann die Republikaner zu unterstützen. Die Zahlen der ausländischen Freiwilligen besagen nicht, daß diese gleichzeitig kämpften. Die Ausländer kamen und gingen. Viele blieben nur einige Wochen oder Monate in Spanien, um danach wieder heimzukehren.
Als ich die ersten Meldungen vom Aufstand der spanischen Offiziere gegen die demokratisch gewählte republikanische Regierung las, wollte ich mich sogleich als Freiwilliger zum Abwehrkampf melden. Bevor nämlich die neue Regierung unter Largo Caballero gebildet wurde, hatten schon überparteiliche Komitees, die unter Leitung von Kommunisten standen, Meldelokale für Freiwillige eingerichtet. Als ich das Meldelokal in Paris betrat, saß dort Bodo Uhse. Dieser frühere Nazi, der seiner Gesinnung nach auch als Stalinist ein Nazi geblieben war, war hier als Leiter der Meldestelle eingesetzt worden. Da mußte ich wieder umkehren. Es dauerte auch nicht lange, bis Nachrichten aus Spanien kamen, daß die Stalinisten die Gelegenheit benutzten, Oppositionelle zu verhaften und zu ermorden. Auch mein Freund Kurt Landau, der bereits in Berlin zu meiner Gruppe gehörte, wurde in Barcelona ermordet. Die zahlenmäßig schwache Gruppe der spanischen Trotzki-Anhänger kämpfte selbstverständlich in den Reihen der Republikaner. Gleichzeitig kritisierten sie heftig die zögernde Kriegsführung und politische Versäumnisse. „Nach Eintritt der Dunkelheit gingen die meisten Spanier nach Hause. Manche kamen am anderen Morgen wieder, andere nicht," erzählte mir eine Kämpfer von der Front.
Um Irrtümer zu vermeiden, muß ich hinzufügen, daß die vielgenannte Organisation „POUM" nicht identisch war mit der spanischen Trotzkigruppe. Die „POUM" (Partido Obrero de Unificación Marxista) war eine Vereinigung kleiner marxistischer Gruppen, die klarsehend das gemeingefährlich, nur Franco nützende Treiben der stalinistischen Berater verurteilte und von diesen verfolgt wurde. Die kleine spanische Trotzkigruppe war mit der POUM verbunden, stand zeitweilig unter Leitung des Spaniers Andrés Nin, der ebenfalls von den Stalinisten verhaftet und ermordet wurde.
Dann fiel bei den Kämpfen in Madrid der nach meiner Meinung stärkste Mann, den die Republikaner hatten: Buenaventura Durutti. Mein Freund Augustin Souchy, der lange Zeit in Spanien war, erzählte mir von seinem Tod, dessen Umstände niemals geklärt werden konnten. Mit Durutti, der nicht Regierungsmitglied war, aber im Volke das meiste Ansehen genoß, war der Mann getötet worden, der die Wendung zugunsten der Republik hätte herbeiführen können. Daß die republikanischen Kräfte immer nur Angriffe abwehrten, zeigte ihre Schwäche. Die Aufständischen fühlten sich militärisch als die Stärkeren, sie griffen an und gingen Schritt um Schritt vor. Die Republikaner warteten den Angriff ab, verteidigten sich oft erfolglos, schlugen die Angreifer oft zurück, gaben aber eine Position nach der anderen auf.
Die deutschen Trotzkisten in Paris erklärten auf ihrer Konferenz, die ich bebereits erwähnte, in einer Resolution zum Bürgerkrieg in Spanien:
„Die unter Stalins Fuchtel stehende republikanische Regierung in Valen-

cia ist völlig außerstande, Franco entscheidend zu besiegen. Auf rein militärischem Gebiet ist der von Hitler und Mussolini unterstützte Franco der Valenciaregierung zweifellos überlegen. Den Krieg gegen Franco muß man revolutionär führen, durch die Entfachung der Begeisterung und des Opferwillens der ärmsten und ausgebeutesten Schichten" . . .

Die Stalin-Regierung ließ sich die Waffenlieferungen und den Beraterdienst nicht nur mit Gold bezahlen, sondern stellte auch politische Bedingungen, die zur Beschleunigung des Untergangs der demokratischen Regierung beitrugen. So blieb einmal ein russischen Schiff mit Waffen und Munition mehrere Tage unausgeladen im Hafen von Barcelona vor Anker und sollte erst ausgeladen werden, wenn bestimmte Personen, die den Stalinisten nicht genehm waren, aus ihren Positionen entfernt waren. Auch Verhaftungen wurden verlangt. Um diese Zeit aber konnte die Kommunistische Partei Frankreichs das pompöse Bürohaus in Paris kaufen und die Tageszeitung „Ce Soir" gründen. Betriebsam waren die Stalinisten. Eine neue gegründete „Spanien-Korrespondenz" leitete der Deutsche Otto Katz, mein bereits erwähnter früherer Kollege in der Leitung der Universum-Bücherei in Berlin, über dessen Schicksal als André Simon in Prag ich bereits berichtete.
Das war die Situation, als Ruth Österreich-Jensen, die in Belgien lebte, nach Paris kam, mir die Nähnadel aus der Hand nahm und mich fragte, ob ich am Versuch mitarbeiten wolle, die spanische demokratische Republik noch zu retten. Ich sagte zu unter der Bedingung, daß der letzte Stalinist aus den Stellen, in denen ich mitarbeiten solle, raus müsse. Das war eine überflüssige Bedingung, denn die Ratten verließen bereits das sinkende Schiff. Ich war mir klar, daß die Republik in den letzten Zügen lag. Die Mehrheit des spanischen Volkes war bereits der tödlichen Apathie verfallen, die nachher mehr Opfer verursachen sollte als der Widerstand gegen die aufständischen Generale. Ruth Österreich-Jensen führte mich einige Tage später zu einer Besprechung einer Abwehrgruppe, deren Aufgabe es war, Waffenlieferungen von Deutschland nach Spanien ausfindig zu machen und, wenn möglich, diese zu verhindern. Wir waren insgesamt nur 5 Personen. Ein Tscheche, der Leiter der Gruppe war, seine Frau, ein junger Mann namens Adam aus Dresden, Sohn eines früheren sozialdemokratischen Abgeordneten, verheiratet mit der Tochter eines deutschen Generals, Ruth Österreich-Jensen und ich. Ob jemand Gehalt erhielt, weiß ich nicht, ich erhielt nur Fahrgeld und Auslagen. Das spanische Gold war fort, spanisches Papier und Wechselgeld wurde außerhalb Spaniens nicht angenommen. Ich erhielt aber einen echten dänischen Paß, aus dem ich nur das Bild zu wechseln brauchte, die Personenbeschreibung paßte ungefähr.
Meine Hauptarbeitsgebiete waren Antwerpen und Rotterdam, um die Ladungen deutscher Schiffe festzustellen, die nach Spanien fuhren. In Antwerpen war eine besonders aktive Trotzkigruppe. Hier war auch das letzte große Werk Trotzkis, „Die verratene Revolution", gedruckt worden. Mit einigen Mitgliedern der Gruppe konnte ich schnell Freundschaft schließen. Sie nahmen mich bei sich auf und verschafften mir Zugang zum Hafen, und wenn ich nicht in Antwerpen war, benachrichtigen sie mich sofort, wenn verdächtige deutsche Schiffe in den Hafen einliefen.
Die Reisen nach Belgien und Holland waren im Winter 1938/39 sehr strapaziös. Ich konnte es nicht riskieren, vom Pariser Gare du Nord mit den internationalen Schnellzügen direkt nach Antwerpen zu fahren. Ich fuhr mit

dem Vorortszug nach Creil, dort hatte ich bei einem Bekannten meinen dänischen Paß hinterlegt, damit ich nicht zweierlei Papiere bei mir trug. Dann fuhr ich mit einem Personenzug zur belgischen Grenze und wechselte dort in den belgischen Zug über. Ich wurde mehrere Male von mißtrauischen belgischen Grenzbeamten nackt ausgezogen und alle Gegenstände, die ich bei mir trug, wurden genauestens kontrolliert. Doch außer Sportzeitungen und Wäsche, die ich stets zur Kaschierung oben auflegte, hatte ich nichts bei mir und wurde stets durchgelassen.
Bei einer meiner Reisen nach Antwerpen habe ich auch jenes Schiff gesehen, das mehrere hundert Juden an Bord hatte, die wie Aussätzige behandelt wurden. Das Schiff war einige Meter vom Kai entfernt verankert und war von einem hohen Drahtzaun umgeben, so daß niemand von Bord springen konnte. Das Schiff hatte schon mehrere Weltreisen gemacht, nirgends wurden die Juden von Bord gelassen. Am Kai standen Frauen und Männer, die immer wieder weinend Namen riefen. Von den Juden an Bord des Schiffes wurden Namen zurückgerufen. Zeitungsreporter und Polizisten standen schweigend herum. Den Namen dieses Schiffes, über dessen Irrfahrten die Presse der Welt berichtete, habe ich vergessen. In der Geschichte der Verfolgung der Juden wird der Name sicherlich eingetragen sein.
Meine Reisen hatte immerhin einigen Erfolg. Ich kam mit deutschen Seeleuten ins Gespräch, die mir interessante Dinge erzählten und mir auch ohne weiteres berichteten, wohin die Reise ging und was ihr Schiff geladen hatte. Einmal legte ein deutsche Schiff an, das angeblich eine Ladung Klaviere an Bord hatte. Ich konnte mir schwer vorstellen, daß die Spanier im Bürgerkrieg Klaviere brauchten. Da ich erfuhr, daß das Schiff in Southampton, England, anlegen werde, schickte ich meinen Bericht nicht nur nach Paris, sondern auch nach London an Karl Otten und Lehmann-Russbueldt. Otten ging mit dem Bericht zu verschiedenen Stellen in London mit dem Erfolg, daß das Schiff in Southampton durchsucht wurde. In den Klavierkisten waren Maschinengewehre und andere Waffen. Karl Otten war 1936 vom Aufstand der spanischen Militärs in Mallorca überrascht worden. Ein englisches Schiff, das ausgesandt wurde, um britische Staatsangehörige nach Hause zu holen, nahm auch Otten und seine Frau nach England mit, wo sie bis nach Beendigung des Weltkrieges blieben.

Auf der Arbeit unserer kleinen Gruppe lag kein Glück. Adam war im Januar oder Februar nach Prag geflogen. Er telegraphierte mir von dort, daß ich ihn auf dem Flughafen Le Bourget bei Paris abholen solle. Ich wartete zwei Stunden vergeblich an der Barriere, dann wurde vom Flughafen Strasbourg, wo das Flugzeug zwischenlanden sollte, gemeldet, daß es dort noch nicht eingetroffen sei. Obwohl der Abflug aus Prag gemeldet war. Nach weiteren zwei Stunden Wartens kam die Nachricht, das Flugzeug sei über dem Schwarzwald abgestürzt. So starb mein Freund Adam, ein aktiver Kämpfer und intelligenter Mensch.
Das tschechische Ehepaar ging nach der Kapitulation der spanischen Republik in den Freitod. Ihre Heimat war inzwischen auch von den Nazis besetzt worden. Beide Leichen wurden, aneinander gelehnt, im Walde von Meudon gefunden. Nach dem Befund hatten sie Abschied gefeiert, und der Mann hatte seine Frau und dann sich erschossen. Das Schicksal Ruth Österreich-Jensens berichtete ich schon.
Ich blieb der einzige Überlebende dieser Gruppe. Auf meinen Reisen nach

Brüssel, Antwerpen, Rotterdam, hatte ich außer den verdächtigen Schiffen noch anderes Verdächtige gesehen. Es wimmelte dort bereits von Gestapoagenten. Ich hatte einen Blick für diese Typen und schickte einen detaillierten Bericht über meine Beobachtungen an meine Freunde in London. Otten und Lehmann-Russbuldt liefen damit wieder von Krethi zu Plethi. Ob mit oder ohne Erfolg, weiß ich nicht zu sagen.
Ich möchte nicht so verstanden werden, als ob ich wochenlang in Antwerpen oder Rotterdam gesessen hätte, um auf ein verdächtiges Schiff zu warten. In den Welthäfen Antwerpen und Rotterdam war täglich starker Verkehr. Schiffe aller Nationen legten an und fuhren ab. Die meisten deutschen Munitionsschiffe fuhren außerdem direkt von deutschen nach spanischen Häfen. Mein Wohnort blieb Paris. Für meine häufige, tagelange Abwesenheit hatte ich stets passende Vorwände. Ich sagte dem Concierge Bescheid, wenn ich das Haus verließ, und er ließ niemand zur Wohnung hinauf. Das war die günstige Kehrseite der Concierges, eine Einrichtung, die ursprünglich in Frankreich zur Überwachung der Hausbewohner geschaffen worden war. Man mußte sich nur gutstehen mit ihnen. Meine Concierges waren ältere Leute, die völlig uninteressiert und verschwiegen waren.

Daß Frankreich nur wenigen Flüchtlingen ein Exil für die Dauer gewähren wollte, war den meisten deutschen Flüchtlingen längst klar, aber sie hatten keine Möglichkeit weiterzureisen, es fehlten die Reisepapiere. Die französischen Behörden erkannten abgelaufene Pässe von deutschen Flüchtlingen nicht an, und die deutschen Konsulate gaben keine neuen aus, sie verlängerten die Gültigkeit abgelaufener Pässe nur in seltenen Fällen. Den Juden war mittlerweile die deutsche Staatsbürgerschaft generell aberkannt worden. Aber es zeigte sich jetzt, daß die meisten Juden während der kurzlebigen Léon-Blum-Regierung weit mißtrauischer gewesen waren als die politischen Flüchtlinge. Viele Juden hatten ihre Pässe behalten und hatten den Aufruf der Regierung, sich als politische Flüchtlinge zu melden, gar nicht auf sich bezogen. Das war nicht höhere Intelligenz, sondern wohl eher ihr wacher Instinkt, vor allem aber ihr berechtigtes Gefühl, einen Anspruch auf Anerkennung zu haben, der ihnen durch die Einrichtung des Flüchtlingskommissars beim Völkerbund in Genf auch zugestanden worden war. Nur arbeitete dieser Flüchtlingskommissar mit einer Langsamkeit, die für viele Flüchtlinge tödlich war.
Fritz Wolf, der Sekretär des „Comitée allemande", erzählte mir des öfteren von der Angst, die die meisten Juden in der letzten Zeit befallen hatte. Es gab Selbstmorde und andere Verzweiflungsakte. Die Flüchtlinge, die Visen nach den USA und anderen Ländern des amerikanischen Kontinents beantragt hatten, mußten monate- und auch jahrelang auf Antwort, Erteilung oder Ablehnung des Visagesuches warten und immer wurde ein gültiger, kein abgelaufener Paß verlangt. Bei bestimmten Spezialisten wurden Ausnahmen gemacht. Bekannte Wissenschaftler konnten Frankreich rechtzeitig verlassen.
Während eines Gespräches mit Joseph Bornstein vom „Neuen Tagebuch" fragte er mich, ob ich nicht wieder Pässe „in Ordnung" bringen könnte. Wenn es zum Krieg käme, werde die Paßlosigkeit vielen Menschen den Tod bringen.
Ich sagte zu, daß ich es versuchen wolle, und ging zu einem mir bekannten

Deutschen, der als „Reichsdeutscher" in Paris studierte und gleichzeitig stundenweise in einer Buchhandlung in der Rue de Seine arbeitete. Ich fragte ihn nach seinem Paß. Dieser war zufällig abgelaufen, ohne daß mein Bekannter das beachtet hatte. Er brauchte nicht zur Polizei, da seine Aufenthaltserlaubnis für ein ganzes Jahr erteilt worden war. Ich bat den Mann, zum Konsulat zu gehen und eine Verlängerung zu beantragen und begründete meine Bitte damit, daß ich gern sehen wollte, ob es derartige Verlängerungen überhaupt noch gäbe. Der Mann ging zum deutschen Konsulat und erhielt die Verlängerung binnen 48 Stunden. Auf meinen Vorwand, ich möchte die Verlängerung einem Freund zeigen, lieh er mir den Paß. Ich ließ die Seiten mit der Verlängerung, Unterschrift und Nummer photographieren und gab den Paß am selben Tag zurück, so daß er keinerlei Argwohn hegte. Das war der Anfang. Nun hatte ich außerdem in Antwerpen einen deutschen Seemann gesprochen, dessen Paß zwar nicht abgelaufen war, dessen Blätter aber mit Visen gefüllt waren. Darum hatte ein Konsulatsbeamter einen gefalteten Kanzleibogen in diesem Paß eingeheftet und die weiteren Visen wurden auf diesem Bogen erteilt. Also suchte ich deutsches Kanzleipapier. Das schickte mir Peter aus Basel.
Gummistempel anfertigen zu lassen erwies sich als unmöglich, die Geschäfte verlangten meinen Ausweis und einen schriftlichen Auftrag des deutschen Konsulats. Ich mußte immer verschwinden mit dem Bemerken, daß ich beides holen werde. So blieb mir nur übrig, zu einer Klischee-Anstalt zu gehen und den Leuten zu sagen, daß ich Journalist sei und eine Nachforschung nach einem bestimmten Mann in der Presse veröffentlichen wolle. Damit die Leute nicht merkten, worauf ich es abgesehen hatte, mußte ich alle Blätter, die ich photographiert hatte, auch klischieren lassen. Das wurde, wie bei der Presse üblich, sofort gemacht. Ich erhielt die Klischees bereits nach einigen Stunden. Ich kaufte mir die feinste Stahlsäge und sägte in meinem Zimmer unter großen Mühen, schwitzend vor Erregung und Anstrengung, zugedeckt mit einer Decke, damit das Geräusch der Säge nicht gehört werde, die Stempel und Namenszug des Konsultatsbeamten aus. Das Datum war mit einem gewöhnlichen Datumstempel eingesetzt worden, den konnte ich in einem Papiergeschäft kaufen.

Nun konnte ich helfen, Juden und politischen Flüchtlinge, die noch einen alten abgelaufenen Paß hatten, erhielten eine „ordnungsgemäße" Verlängerung. Ich habe auch Pässe zur Bearbeitung bekommen, die angefüllt waren mit Visen und Ausweisungen. Hier waren neue Seiten nötig und ich heftete das Kanzleipapier genau so ein, wie ich es im Paß in Antwerpen gesehen hatte. Ich arbeitete schneller als der Völkerbund-Flüchtlingskommissar in Genf. Aus Furcht vor einer eventuellen Hausdurchsuchung behielt ich niemals einen Paß über Nacht in meiner Wohnung.
Ich habe nur wenige Paßinhaber zu sehen bekommen, nur einigen brachte ich den Paß direkt „in Ordnung". Die meisten gingen über Fritz Wolf vom „Comitée allemande". Einige auch über Bornstein. Es durfte keiner der Paßinhaber wissen, daß der Paß gefälscht war. Die Hand, die einen Paß an der Grenze vorzeigte, durfte nicht zittern. Die Leute glaubten, das Comitée habe im Konsulat einen sympathisierenden Mann sitzen, und sie wurden natürlich zum Schweigen verpflichtet. Eine „Buchführung" über die „Fälle" führte ich nicht. Wie viele Pässe ich „in Ordnung" brachte, kann ich nicht sagen. Es mag aber noch mancher Flüchtling leben, der mit der Verlänge-

rung seines Passes gerettet wurde, der vielleicht in New York oder sonstwo in der Welt lebt und es bis heute nicht weiß, daß er mit einem gefälschten Paß gefahren ist. Die spanischen und portugiesischen Konsulate haben in allen Fällen auf die Verlängerung hin die Durchreisevisen erteilt.
Meine Überwachung durch die Polizei hatte sich auch nach drei Jahren Aufenthalt in Paris nicht erleichert, aber ich hatte einige Erfahrung im Umgang mit den Leuten. Eines Tages erhielt ich zufällig oder besser gesagt durch Unvorsichtigkeit eines Beamten im Polizeipräsidium Kenntnis von den Methoden der Pariser Polizei, die natürlich über jeden Flüchtling ein „Dossier" angelegt hatte. Die Auskünfte über die Flüchtlinge erhielt sie demnach nicht von „Informanten", Spitzeln aus den eigenen Reihen, wie es oft vermutet wurde (diese gab es allerdings auch), sondern der Polizist nannte mir eine bekannte Berliner Auskunftei, von der sie binnen kurzer Frist die meisten Auskünfte über die Flüchtlinge erhielt. Allerdings erhielt dadurch die Berliner Gestapo gleichzeitig Auskünfte über die Flüchtlinge in Paris und in Frankreich. Über die Auskunftei in Berlin wußte ich von früher her Bescheid. Sie beschäftigte zahlreiche pensionierte Polizeibeamte, die einfach zur Polizei und zum Einwohnermeldeamt gingen und hier von ihren Kollegen für entsprechende Gegenleistungen alle gewünschten Daten erhielten. Seit ich das wußte, waren für mich auch die zahlreichen Verdächtigungen von Flüchtlingen untereinander erledigt. Die Wirklichkeit war auch hier einfach.
Daß trotzdem fast jeder Flüchtling, der zur Ausländerstelle im „Haus der Tränen" bestellt wurde, über andere Flüchtlinge ausgefragt wurde, versteht sich von selbst. Ich zum Beispiel wurde eines Tages gefragt, ob ich Münzenberg kenne. Natürlich bejahte ich die Frage und sagte über meine frühere Verlagstätigkeit aus. Derartige Fragen waren „Fangfragen". Die Polizei hatte die Tatsachen sowieso in ihrem Dossier.
Auch in meiner Wohnung hatte ich mich auf jede mögliche Gefahr vorbereitet. Ich packte meinen Koffer niemals ganz aus, ich mußte auf den Sprung zurück in die Heimat bereit sein, aber auch auf neue Flucht oder Verhaftung. Das Gefühl verursachte mir immer wieder so schwere Magenschmerzen, daß ich manchmal tagelang vor Schmerzen gelähmt, völlig kraftlos auf dem Sofa lag. Drei befreundete Ärzte ohne Arbeitserlaubnis, die ich aus Berlin her kannte, schauten öfters nach mir. Es waren Wilhelm Swienty, W. Fränkel, die später beide in den Freitod gingen, und B. Lewi, der manchmal anstelle von Medikamenten Milch und gekochtes Kalbfleisch brachte. Er starb später in New York.

Der Professor Ludwig Bergsträsser war nach Paris gekommen. Mein Freund der Arzt B. Lewi, Profesor Bergsträsser und ich trafen uns in einem Café. Bergsträsser sagte mir, daß er nach Paris gekommen sei, um seinen Freund Karl Spieker, den früheren Pressechef der Reichskanzlei, zu sprechen. Mit diesem habe er auch über mich gesprochen und Spieker möchte mich sehen. Wir gingen anschließend zu einem Park, wo Spieker uns erwartete. Bergsträsser stellte mich vor und ging fort. Spieker sagte, daß er über meine politische Einstellung informiert sei und daß er ohne Umschweife und ohne politische Diskussion einen Plan darlegen möchte.
Er begann mit dem Hinweis, daß er noch Verbindung mit etlichen seiner früheren Parteifreunde in Deutschland habe, und seine Schlußfolgerungen aus allen Berichten und aus den Besprechungen, die er im Ausland mit Par-

teifreunden und auch Beamten hatte, sei, daß nur eine Beseitigung Hitlers einen Zweiten Weltkrieg verhindern könne. Er sagte unter anderem auch, daß er, um sich zu informieren, ein längeres Gespräch mit dem Mitglied des Zentralkomitees der Kommunistischen Partei, Wilhelm Koenen, gehabt habe. Er sei entsetzt über die Selbsttäuschung oder auch Unwissenheit der führenden Kommunisten über die wahre Situation in Deutschland, oder aber sie würden bewußt lügen. Für ihn, Spieker, stehe nach allen Unterredungen und Berichten absolut fest, daß ein Umsturz von der deutschen Arbeiterschaft her ausgeschlossen sei.
Ich antwortete, daß ich in beiden Fragen, Kriegsgefahr und Haltung der Arbeiterschaft, mit Ausnahme kleiner Gruppen, durchaus seiner Meinung sei. Daß auch meine Freunde immer wieder sagten, entweder Beseitigung Hitlers oder Weltkrieg. Meine Freunde seien ebenso wie ich der Auffassung, wenn schon Todesopfer gebracht werden müßten, dann sollten sie auch einen aufrüttelnden Zweck erfüllen. Die Nur-Propaganda beginne unsere eigenen Anhänger zu ermüden. Ich sagte Spieker aber auch, daß alle meine Freunde einer sozialen Schicht angehörten, die mit den Stützen des Nazismus: Großkapital, Militär und Geistlichkeit nie etwas zu tun gehabt hätten. Zur Palastrevolution gehört, daß man im Palast wohnt. Das Problem sei also, an Hitler heranzukommen.
Spieker antwortete, wenn grundsätzlich die gleiche Meinung vorhanden sei, so solle auch etwas versucht werden, und ich solle mit der Vorbereitung beginnen. Einige Tage darauf traf ich ihn noch einmal und er gab mir einen Betrag, um erst einmal einige Informationsreisen zu meinen Freunden beginnen zu können. Ich fuhr nach Basel und Zürich, dann nach Kopenhagen, wo ich mich mit Freunden aus Berlin traf, die die Wochenendschiffe benutzten, und wir konnten in den wenigen Stunden Landaufenthalt unbeobachtet über die notwendigen und möglichen Maßnahmen diskutieren.
Ich hatte weitere Bekannte, die sich zur Vorarbeit eigneten. In Nizza lebte ein Maler, der einige Wochen im Flüchtlingsheim Von der Heydt gewohnt hatte. Er war 1933 vor den Nazis geflüchtet. Inzwischen hatte er von seinen Angehörigen aber erfahren, daß die Gestapo ihn gar nicht suche. Dann hatte ich einen Schlafwagenschaffner kennengelernt, den Bruder eines bekannten Dichters, dessen Schlafwagen die Strecke München–Amsterdam fuhr. Beide waren bereit, in München Nachforschungen über Hitlers Lebensgewohnheiten, Kaffehausbesuche usw. anzustellen, wie weit es für Außenstehende überhaupt möglich war, an solche Informationen über Hitler heranzukommen.
Ich hatte mit beiden Unglück. Der Maler war schon bei seinen Abreisevorbereitungen, als er in Nizza von einem Auto überfahren und getötet wurde. Der Schlafwagenschaffner erkrankte und wurde nach seiner Genesung auf einer anderen Linie eingesetzt.
Es kam mittlerweile die Besetzung Österreichs, und Spieker sagte mir, daß jetzt alles zwecklos sei und daß er Frankreich verlassen werde. Ich traf ihn während des Krieges in London wieder, bevor er nach den USA ging.

Mitte Februar 1938 las ich in einer Pariser Zeitung, daß Leon Sedow gestorben und bereits beerdigt sei. Offiziell hieß es, er sei an den Folgen einer Blinddarmoperation gestorben. Er war erst 32 Jahre alt. Ich ging zu Franz Pfemfert. Er und seine Frau konnten vor Erregung nicht sprechen, sie hatten die Todesnachricht auch aus der Zeitung erfahren. Sedows Frau

und seine Mitarbeiter behaupteten öffentlich, daß er ermordet worden sei, daß man ihn bei der Operation habe verbluten lassen. Wir „Trotzkisten" teilten alle diese Überzeugung, sie wurde mit der Zeit noch verstärkt, als fünf Monate später die verstümmelte Leiche Rudolf Klements, der jahrelang Wächter und Bote Trotzkis war, aus der Seine geborgen wurde.
Ich habe mir damals monatelang Vorwürfe gemacht, daß ich in der ganzen Zeit nicht enger mit Sedow zusammengearbeitet, überhaupt wenig Umgang mit ihm gehabt hatte. Seine Frau habe ich niemals kennengelernt. Ich kannte auch niemals eine Adresse von ihm. Ich war mit meinen Aufgaben so beschäftigt wie er mit seinen. Ich konnte nichts tun als zu helfen, die Schriften Trotzkis, seine Warnung vor Stalin, Hitler und dem bevorstehenden Krieg, zu verbreiten. Sedow hatte außer dem „Rotbuch über die Moskauer Prozesse" bis zuletzt noch das „Bulletin der Opposition", Russisch und Französisch, herausgegeben.
Aus der ganzen Politik Stalins ergab sich eindeutig, daß er nicht in Hitler seinen Hauptfeind sah, sondern in Trotzki. Stalin suchte bereits Anlehnung an Hitler, er ging weit über den normalen Handel und die formellen Beziehungen zu Hitler hinaus. Stalin begann, „das Krokodil zu füttern". Die englische und französische Politik machten es Stalin allerdings auch leicht.
Trotzkis Buch: „Die verratene Revolution", sein Werk über den Aufstieg des stalinistischen bürokratischen Zwangsstaates, das er in Norwegen geschrieben hatte, erhielt ich erst nach dem Tode Sedows. Trotzki selbst war inzwischen aus Norwegen ausgewiesen worden und nach Mexico übergesiedelt.
Nach der Ermordung Rudolf Klements verlor sich auch die deutsche Trotzkigruppe in Paris. Einige Mitglieder verließen Frankreich, andere traf ich nach dem Zusammenbruch Frankreichs, im Sommer 1940, in Toulouse und Montauban wieder. Sie gingen in den „Maquis" und überlebten den Krieg.

Wie stark die Furcht vor Hitler den französischen Behörden in den Knochen saß, zeigte sich beim Besuch Ribbentrops in Paris November 1938. Als die Presse die Meldung brachte, daß Ribbentrop am 23. und 24. November Paris besuchen werden, liefen auch gleich Gerüchte um, daß die deutschen politischen Flüchtlinge ausgeliefert werden sollten. Zwei Tage vor dem Besuch übergab mir mein Hauswirt eine Vorladung, die ein Polizist bei ihm abgegeben hatte, als ich nicht zu Hause war. Ich solle mich am 21. November vormittags im Flur der politischen Polizei einfinden.
Ich ging hin und traf ungefähr 40 Personen an, meistens Einzelgänger oder Anhänger kleiner Oppositionsgruppen. Von den führenden Leuten der Sozialdemokratischen und Kommunistischen Partei sah ich niemand. Anscheinend galten sie nicht als gefährlich oder sie hatten ihre Beschützer. Die Wartenden diskutierten erregt, was wohl geplant sein möge. Es standen zwar mehrere uniformierte Polizeibeamte mit umgehängtem Karabiner im Korridor, aber es war nicht abgesperrt und es waren noch keine Namen aufgerufen worden. Da ich wieder einmal ohne gültige Aufenthaltserlaubnis war, es in der Vorladung jedoch hieß, daß die carte d'identité mitzubringen sei, hielt ich es für ratsam zu verschwinden. Ich ging ungehindert fort und gleich bis Melun, südlich von Paris, auf halbem Wege nach Fontainebleau. Dort kannte ich einen Arzt, zu dem mein Freund Lewi mich einmal mitgenommen hatte, als ich wieder schwere Schmerzen hatte und er

glaubte, daß ich eventuell operiert werden müsse. Dieser Arzt behielt mich drei Tage bei sich, bis die Presse meldete, daß Ribbentrop wieder abgereist sei. Er gab mir eine Bescheinigung mit, daß ich bei ihm mit Magenkrämpfen gelegen hatte.
Aber es waren nicht nur die Behörden, denen die Furcht vor Hitler-Deutschland im Nacken saß. Ein Freund, Flüchtling aus Berlin, erzählte mir, daß er und seine Frau einige Wochen in der Bretagne verbracht und dort im Hause eines Zollinspektors gewohnt hatten. Der Zollinspektor suchte öfters politische Gespräche mit ihm und sagte im Laufe eines Gespräches: „Ich wünschte, die Deutschen hätten 1918 den Krieg gewonnen, dann brauchten wir jetzt nicht in ständiger Angst zu leben, wenn die Deutschen einmal gegen uns losschlagen, werden sie uns niederwerfen."
Die Nazis waren anscheinend über diese Stimmung gut informiert. Sie hatten in Paris mittlerweile außer der Botschaft und dem Konsulat auch ein „Braunes Haus" eingerichtet und waren im Hinblick auf die kommenden Ereignisse recht rührig.

Ich erwähnte schon früher den Stammtisch Josef Roths im Café seines Hotels in der Rue de Tournon, ungefähr 30 Schritte vom Palais du Luxembourg. Hier trafen sich Freunde Roths aus aller Welt. Ich wurde durch Joseph Bornstein und Valeriu Marcu eingeführt. Neben mir bereits bekannten Schriftstellern und Journalisten lernte ich Hermann Kesten, Walter Mehring, Alfred Döblin, Hermann Rauschning, Frau Manga Bell, Hertha Pauli und andere kennen. Darunter war ein naturalisierter Franzose, Stephane Huart, der sich mit Roth duzte und der mich gleich am ersten Abend einlud, ihn am nächsten Tag zu treffen. Marcu kam selten, er wohnte in Nizza.
Gesprochen wurde über alle Dinge, die politische Menschen, Schriftsteller und Journalisten interessieren, vor allem über den kommenden Krieg, ob die Deutschen genügend zu essen haben werden, wenn sie in den Krieg ziehen, über die eigenen Arbeiten, über Verleger und Verlage. Alle waren sehr belesen und lasen und sprachen mehrere Sprachen; das gehörte zu ihrem Beruf. Roth sprach mit der Vision des Dichters: „Der Krieg kommt sehr bald, ich sehe zu viele schwangere Frauen." Und sein Urteil über die Nazis formulierte er einmal, als gerade mehrere gut gekleidete Männer am Café vorübergingen, die unverkennbar deutsche Militärs in Zivil waren: „Mir steht der letzte Clochard menschlich näher als diese geleckten SS-Typen."
An diesem Stammtisch waren die treffendsten Aperçus zu hören, aber auch die pessimistischen Untergangsäußerungen. Der deprimierteste war wohl Alfred Döblin.
Ich hatte nicht immer die Zeit, zum Stammtisch zu gehen, manchmal ging ich einmal in der Woche, manchmal öfters, zeitweilig wochenlang gar nicht. Ich traf nicht immer die gleichen Personen an, nicht alle wohnten in Paris, andere konnten wegen ihrer Arbeiten nicht kommen. Roth hatte mich gleich am ersten Abend eingeladen, ihn auch gelegentlich am Tage zu besuchen, um ungestörter miteinander sprechen zu können. Er hatte mir auch gleich das Du angeboten. Ging ich hin, dann traf ich ihn am Tisch schreibend an. Er schrieb immer und trank immer. Wenn wir diskutierten, versuchte ich ihm seinen tödlichen Pessimismus auszureden, aber dieser brach immer wieder durch. Besonders als wir alle gemeinsam anfang Juli 1938 zur Trauerfeier für Ödön von Horvath gegangen waren, der, erst kürz-

lich in Paris angekommen, tödlich verunglückte.
Der Herausgeber des „Neuen Tagebuch", Leopold Schwarzschild, hatte seinen Stammplatz im exclusiven Café Weber, nahe dem griechischen Tempelbau der Madelaine. Schwarzschild und Bornstein wünschten keinen Besuch in der Redaktion. Wenn ich einen von ihnen oder beide sprechen wollte oder sie mich, dann trafen wie uns zwischen 14 und 15 Uhr im Café Weber. Hier habe ich auch zum letzten Male lange mit Ernst Toller gesprochen, bevor er nach New York fuhr. Hier erzählte er mir auch, daß er auf seine revolutionäre Vergangenheit stolzer sei als auf sein dichterisches Werk. Toller gab mir beim letzten Treffen, das nicht als Abschied gedacht war, die folgende Strophe, von der ich nicht weiß, in welchem Gedicht sie enthalten ist; ich habe sie in Tollers Schriften nicht finden können:
„Grenzen hat das Meer
und die Welt ist klein,
ohne Grenzen nur
ist der Mensch allein."
Dieser Vers traf auf ihn selbst zu.
Mit Huart traf ich mich am Tage nach dem ersten Besuch bei Roth. Er brachte seinen Freund Altmann, den früheren Vizepolizeipräsidenten von Wien, der Hitler, als dieser einmal in Wien als „Reichsredner" auftreten wollte, von der Rednertribüne geholt und ihn zum Bahnhof in den Zug nach München gebracht hatte. Natürlich mußte Altmann beim Einmarsch der Deutschen in Wien sofort flüchten. Altmann wiederum brachte in den nächsten Tagen weitere Österreicher mit, darunter jenem „Karl", den Lion Feuchtwanger in seinem Buch „Unholdes Frankreich" als getreuen Helfer im französischen Konzentrationslager dankbar schildert.

Die Diskussionen mit den Österreichern drehten sich natürlich um die Propaganda für die Wiederherstellung der Unabhängigkeit ihrer verlorenen Heimat. Sie beklagten die Passivität der österreichischen Sozialdemokraten in dieser Frage. Sie wollten von mir Ratschläge und aktive Hilfe für die konspirative Arbeit in Österreich und waren dabei völlig unerfahren und voller Illusionen.
Eines Tages hatte ich mit zwei Österreichern einen Besuch in meiner Wohnung vereinbart. Sie hatten gebeten, einen dritten Mann mitbringen zu können, der aber inkognito bleiben müsse. Die drei Männer kamen, und wir diskutierten, wie eine wirksame Propaganda nach Österreich möglich sei. Ich gab den Österreichern den Rat, sich auch mit anderen österreichischen Gruppen zusammenzusetzen, um eine Plattform zu finden. Nur wenn die Bevölkerung in Österreich die Besetzung als eine feindliche empfinde, bestehe auch die Möglichkeit einer wirksamen konspirativen Arbeit. Ich sagte jede mir mögliche Hilfe zu, um auf Umwegen über die Balkanländer Material nach Österreich zu schaffen. Über die Schweizer Grenze ging keine Post mehr unkontrolliert nach Österreich durch. Die Propaganda begann jedoch erst nach Ausbruch des Krieges in größerem Umfang anzulaufen, um bald wieder zu erlöschen.
Während wir über die Arbeit diskutierten, kam die Schweizerin Elli hinzu, die wieder von einem Besuch in Norddeutschland zurückgekehrt war. Die drei Österreicher standen auf, der Inkognito sagte nur „Otto". Elli antwortete mit ihren Schweizer fröhlichen Unbefangenheit „Elli"! Die beiden Begleiter waren recht verlegen. Elli erzählte sehr interessant über das in

Deutschland Gesehene und Gehörte.
Es war ungefähr 14 Tage nach dieser Unterredung, als Joseph Roth mich einlud, ihn zu einer „streng konspirativen Sache" zu begleiten. Es kam noch Joseph Bornstein mit. Eine Taxe brachte uns zu einem Lokal am Boulevard Bonne Nouvelle. Hier in einem Bankettsaal waren ungefähr 40 Personen versammelt. Der Mann, der uns die Saaltür öffnete, verschloß sie hinter uns wieder. Ich sah einige Bekannte von Roths Tischrunde, Karl und andere, auch Huart waren anwesend.
Der Türwächter ging mit einem Koffer in die Toilette und kam bald in der Uniform eines österreichischen Offiziers heraus. Er postierte sich wieder an der Tür, die er einen Spalt offen ließ. Nach einigen Minuten gab er ein Zeichen und die Gespräche verstummten. Die Gäste standen auf, als drei Männer in den Saal traten. Der erste nahm seine dunkle Brille ab und der Mann in Uniform brachte ein gedämpfes „Hoch auf Kaiser Otto" aus. Es war der „Otto", der in meiner Wohnung war. Mehrere Personen, die sich in einer Reihe aufstellten, wurden Otto von Habsburg vorgestellt. Joseph Roth war sichtlich bewegt, als Otto ihm besonders lange die Hand schüttelte und sich dann zu ihm setzte. Es stimmte schon, daß Roth gegen Ende seines Lebens wieder zur Österreichischen Monarchie neigte, die wohl immer seine innere Liebe gewesen war. Es wurde ein Bericht über die Situation in Österreich verlesen, der in dem Schluß mündete, daß die Zukunft nach der Vertreibung der deutschen Okkupanten nur der Monarchie gehören könne.
Joseph Bornstein und ich waren die ganze Zeit über im Hintergrund sitzen geblieben. Otto von Habsburg und seine beiden Begleiter verließen nach ca. einer Stunde das Lokal, die anderen warteten eine Weile und riefen dann den Kellner, die bis dahin den Saal nicht betreten hatten. Ich glaube, daß ich in dieser Versammlung der einzige Nichtösterreicher gewesen war, und es ist mir niemals klar geworden, warum Roth mich eingeladen hatte.

Willi Münzenberg, Mitbegründer der KPD, früherer Generalsekretär der Kommunistischen Jugendinternationale, Freund Lenins, ehemaliger Präsident der Internationalen Arbeiterhilfe, zeitweillig Reichstagsabgeordneter und Mitglied des Zentralkomitees, war Anfang 1939 aus der Kommunistischen Partei ausgetreten und war damit einem Ausschluß zuvorgekommen. Münzenberg schloß sich aber nicht einer der sozialistischen Splittergruppen an. Er ging eigene Wege und wurde Herausgeber der neugegründeten Wochenzeitung „Die Zukunft" und auch Mitinitiator der „Deutsch–Französischen Union", deren Gründung bereits Ende 1938 beschlossen wurde und die im Sommer 1939 kurz vor Kriegsausbruch ihre Ziele in einer Deklaration veröffentlichte. Zu den Unterzeichnern der Deklaration gehörten von Thomas Mann, Hermann Rauschning, Otto Klepper, Hubertus Prinz zu Löwenstein, Arthur Koestler, Franz Werfel, Fritz von Unruh, Hans von Zwehl, ungefähr 200 deutsche und französische Persönlichkeiten des öffentlichen Lebens. Der frühere Reichskanzler und jetzige Flüchtling Heinrich Brüning hatte die Unterzeichnung abgelehnt.
In der Deklaration hieß es unter anderem:
„... Angesichts der Gefahr eines neuen Weltkrieges, der alle geistigen und materiellen Güter Europas zu vernichten droht, erblickte die Deutsch–Französische Union ihre dringendste Aufgabe im Kampf für die Aufrechterhaltung des Friedens. Wir sind überzeugt, daß eine überwältigende Majorität

des deutschen wie des französischen Volkes den Krieg verabscheut und die Organisation eines dauerhaften Friedens und der internationalen Sicherheit sehnlichst wünscht. Die Mitglieder der Deutsch–Französischen Union gehen schließlich von der Überzeugung aus, daß die künftigen Beziehungen Frankreichs und Deutschlands von dem Erfolg der Bemühungen um die Organisation abhängen ...
Auch wenn der Krieg unvermeidlich sein sollte, wird die Deutsch–Französische Union fortfahren, alle ihre Anstrengungen auf die Gründung eines politisch geeinten und föderativ gegliederten Europa zu richten und auf die Organisation einer wirklich übernationalen, mit der Verteidigung der Demokratie beauftragten Macht."
Die Absage Brünings und seiner engeren Freunde bewies, daß es bis zur letzten Minute noch emigrierte Politiker gab, die damit rechneten, daß Hitler ohne sie nicht auskommen könnte und sie zurückrufen würde. Ich traf eines Abends Hermann Rauschning, den früheren Senatspräsidenten von Danzig, den ich bei Joseph Roth kennengelernt hatte, der mir sehr erregt erzählte, daß er gerade von einer Unterredung mit dem früheren Reichskanzler Brüning käme. Brüning habe ihm sehr entschieden erklärt, daß er jede Propaganda gegen Hitler und sein Regime ablehne, sie könne nur verhärtend wirken, man müsse auf ein „Weichwerden" Hitlers warten.
Ich will hiermit nicht sagen, daß Rauschning etwa ein „Linker" oder auch nur ein Demokrat war. Er stand auch im Exil eher neben Brüning, aber er sah in Hitler den Verderber Deutschlands. Rauschning hatte seine Vorstellungen von einem künftigen Deutschland unter anderem wie folgt formuliert:
„Die Zeit einer elementaren Forderung nach persönlicher Freiheit ist vorüber. Mit der Überwindung des Nationalsozialismus muß auch der Klassenkampf als politisches Motiv überwunden werden. Gegenüber der zerstörenden Anarchie ... des Nationalsozialismus ... ist jeder Neubeginn einer Ordnung in Deutschland konservativ.
... Einrichtung von Staatsgewerkschaften und ihre bestimmende Vertretung in dem politischen Direktorium ... Was unumgänglich ist, um nach dem Nationalsozialismus zu einer dauernden Ordnung zu kommen, ist ein festes Ordnungsgerippe und eine starke Führung, die im Besitz der entscheidenden Machtmittel ist. Führung ist zunächst der elementare Ausdruck einer Machtsituation. Das heißt, es lassen sich in Deutschland Lagen denken, in denen Kreise, die heute an der Macht partizipieren, die Führung übernehmen ... Ohne ein autoritäres Direktorium, das zunächst die Führung übernimmt, wird vor allem nicht die Wiederherstellung der Freiheit möglich sein ..."

Am 23. Mai 1939 berichteten die Zeitungen aus New York vom Freitod Ernst Tollers. Wie ich Toller kannte, mußte ihn seine Schwermut überfallen haben, als er gerade allein war. Sicherlich hatte er sich schon lange mit dem Gedanken getragen, ein Ende zu machen. Letzten Endes war es die Schwäche der deutschen Flüchtlinge, die ihm die letzte Hoffnung auf einen Widerstand gegen Hitler und den Krieg nahm. An einen Freitod Tollers aus materieller Not glaubte ich nicht. Allerdings lebte Toller so unsicher wie die meisten Exilierten.
Mit Joseph Roth ging es nun auch rasch zu Ende. Der Tod Tollers warf ihn nieder. Im Grunde war auch der Tod Roths ein Selbstmord mit Alko-

hol. Zwischen dem Sterben Tollers und Roths lag nur eine Woche.
Wir waren höchstens zwanzig Personen, die am 30. Mai 1939 um das offene Reihengrab Roths standen. Ich fuhr mit Bornstein den weiten Weg hinaus zum Friedhof von Thiais, einige hundert Meter vor dem Ort Orly, wo heute der große Flugplatz von Paris ist.
Es waren auch Manga Bell, Walter Mehring, Hertha Pauli am Grabe, und ich erinnere mich an zwei Österreicher, die einen Kranz niederlegten, auf dessen Schleife „Otto" stand.
Als ich nach dem Kriege, im Sommer 1946, nach Paris zurückgekehrt war, ging ich mit Huart zum früheren Stammtisch Joseph Roths. Die Stühle standen gruppiert, wie sie sieben Jahre zuvor gestanden hatten und so stand auch der Tisch, an dem Roth damals schrieb. Äußerlich war alles unverändert, nur die Wirtin, die sich so sorglich um Roth gekümmert hatte, war gar nicht mehr freundlich. Sie trug trotz der Hitze eine Haube. Huart erzählte mir, daß französische Partisanen ihr die Haare abgeschnitten hatten ten. Die Frau hätte ihre Fürsorge für die österreichischen Emigranten auch auf die deutsche SS und Gestapo übertragen und diese Eroberer angeblich freundlicher bedient, als es für den Umsatz an Getränken nötig gewesen wäre.

Eine weitere Bestätigung, wie weit die Lähmung Frankreichs, seiner Regierung und ebenso des Militärs und in der Bevölkerung im allgemeinen gediehen war, erhielt ich im Sommer 1939, als Huart eines Tages wieder unangemeldet einen neuen Mann in meine Wohnung brachte. Huart stellte seinen Bekannten als „Colonel Fleuron" vor. Daß er so hieß, glaubte ich keine Minute, aber es war ein nett gewähltes Pseudonym. Der Colonel war in Zivil; im Knopfloch trug er die Rosette des Offiziers der Ehrenlegion. Ich schätzte sein Alter auf ungefähr 50 Jahre, seine Haare waren an den Seiten schon weiß, er sprach gut Deutsch. Der Colonel begann mit der Frage, ob ich an einen baldigen Ausbruch des Krieges glaube. Ich hatte gerade am Tage zuvor ein neues Buch aus Deutschland via Basel erhalten. Es handelte sich um die Studie eines Oberst Hermann Foertsch: „Kriegskunst heute und morgen", die soeben im „Zeitgeschichte-Verlag", Wilhelm Andermann, Berlin, erschienen war. Ich las meinen Gästen einige Sätze vor.
Foertsch zitierte einleitend Ruskin, „. . . daß der Krieg der Vater aller Völker ist, daß sie im Frieden zugrunde gehen", kommt dann unvermeidlich auf den Liebling aller Militärs der Welt, Heraklit: „Der Krieg ist der Vater aller Dinge", und fährt aus eigenem fort: „Wir glauben, den Sinn dieses Wortes heute mehr als je erfühlen zu können; denn aus dem großen Kriege erwuchs uns der Führer und seine große Idee." Und eine Seite weiter schreibt Foertsch: „Den Krieg zu kennen ist nicht jeder Generation beschieden. . . . Denn den Krieg zu erleben – im tiefen Sinn dieses abgegriffenen Wortes – ist eine Gabe und Gnade." Colonel Fleuron meinte, das seien allgemeine Betrachtungen, die man auf der französischen Offiziersschule auch hören könne. Ich widersprach: „Wenn wahnsinnige Nazis das schreiben, gehört es zur psychologischen Kriegsvorbereitung, wenn ein kalter Berufsmilitär es schreibt, ist es ein Zeichen, daß die Armee bereit ist, mit den Nazis bis zu Ende, also in den Krieg zu gehen. Wir werden den Krieg jeden Tag erwarten müssen."
Der Colonel warnte mich, es seien geheime Bestimmungen von der Regierung erlassen, nachdem sogar die Todesstrafe möglich sei, bestimmt aber

die Auslieferung, für eine Tätigkeit, die die Nazis provozieren könnte. Er bestätigte mir auch, daß ich unter ständiger Beobachtung stehe. Er meine es zwar gut, doch für ihn wie für sein Amt seien alle Emigranten zuerst einmal Deutsche, das ergebe sich aus dem Verhalten deutscher Sozialdemokraten und noch mehr der Kommunisten.
Als ich Fleuron von den Polizeischikanen erzählte, denen ich ausgesetzt sei, und ihn fragte, ob er mir nicht irgendwie beistehen könnte, lehnte er ab und sagte: „ Seien Sie froh, daß Sie hier geduldet werden, es waren schlimmere Maßnahmen gegen die Réfugiés geplant, und was wird, wenn es zum Kriege kommen sollte, weiß ich selber noch nicht. Polizei und Militär mißtrauen gerade den politisch Engagierten. Wir wollen nichts mit Parteileuten zu tun haben", sagte er, „wir haben bessere Informanten, Kaufleute, Vertreter, Sportler, Diplomaten, die überall herumkommen, sich frei bewegen können, an maßgeblichere Stellen herankommen, als Leute aus der Arbeiterbewegung, die immer von angeblichen Unzufriedenheiten und Stimmungen berichten. Die Berichte sind unvergleichlich nüchterner. Stimmungen der Arbeiterbevölkerung sind uns so belanglos, wie sie dem Hitler belanglos sind, die Presse der Emigranten lügt zu viel", schloß er.
Ich erinnere mich, daß „Fleuron" vor Ausbruch des Krieges noch zweimal in Begleitung Huarts zu mir kam. Beide Male wiederholte er seine Warnung. Beim letzten Besuch, jeder Besuch dauerte mindestens zwei Stunden, wurde er sehr offenherzig. Er erzählte von der Arbeit seines Amtes, die nach seiner Ansicht nichts tauge. „50% der Kosten wird für Autos und nutzlosen Leerlauf vergeudet, 30% geht in die Handtaschen der ausgehaltenen Maitressen, für den Rest riskieren arme Schlucker ihren Kopf, und es vergeht keine Woche, in der wir nicht erfahren, daß drüben wieder der Kopf einer unserer Leute abgeschlagen wurde. Und die Ergebnisse der Arbeit werden gar nicht ausgewertet."
Meine Frage, ob er als Colonel nicht für bessere Organisation sorgen könne, beantwortete er mit einem glatten „Nein!" Er habe sein Ressort und er könne nicht in andere hineinreden. Wenn er es täte, müsse er jeden einzelnen Fall belegen und das könne er gar nicht, ohne alle seine Verbindungen und Gespräche bloßzulegen. Im Laufe des letzten Gesprächs gestand er: „Das schlimmste ist die geheime Sympathie zahlreicher höherer Offiziere für die gesellschaftliche Stellung des deutschen Offiziers." Der mich verblüffenden Informiertheit über die internen Angelegenheiten der französischen Armee und der Regierung und den Fragen, die er stellte, entnahm ich, daß der Colonel Fleuron dem Deuxième Bureau angehören mußte. Gesagt hat er es mir niemals.
Ich weiß nicht, ob es Fleuron noch erlebt hat, wie die gesellschaftliche Stellung der deutschen Offizierskaste von Hitler zertreten wurde. Nach dem Kriege, ich war noch in London, erzählte mir Huart, der aus Paris für einige Tag noch London gekommen war, er habe in Paris erfahren, daß Fleuron nach dem Waffenstillstand der Regierung Pétain nach Lyon gegangen sei, dort habe er, als die deutschen Truppen ganz Frankreich besetzten, Selbstmord begangen.

Im August fuhr ich zu Valeriu Marcu nach Nizza. Er holte mich vom Bahnhof mit einem großen Hispano Suiza-Auto ab. Auf meine erstaunte Frage, wieso er so einen teuren Benzinfresser gekauft habe, erzählte er mir, daß er den Wagen kürzlich von einem indischen Nabob geschenkt erhalten habe.

Dieser Nabob wohnte längere Zeit in Nizza, er hatte Marcus Buch „Die Geburt der Nationen" gelesen und zufällig erfahren, daß der Verfasser in Nizza sei. Der Nabob kam zu Marcu, um mit ihm über das Buch zu sprechen. Nach einer mehrständigen Unterhaltung in Marcus Wohnung geleitete Marcu seinen Gast zur Straße hinaus. Vor dem Haus stand das Auto mit einem Chauffeur. Der Nabob bot Marcu den Wagen zum Geschenk an und schickte den Chauffeur fort, eine Taxe zu holen.
Mir kam das sehr zupaß, denn Marcu fuhr mich nun tagelang, und, da er sich niemals vor 4 Uhr früh schlafen legte, auch nachts in der wundervollen Gegend zwischen Nizza und der italienischen Grenze umher und erzählte mir von seinen Erlebnissen und der Stimmung in Italien. Marcu hatte in der Zwischenzeit die Biographie Machiavellis geschrieben, und er war sieben Monate in Florenz gewesen, um Machiavellis Schriften und die Dokumente über ihn im Original zu lesen. Ein eifriger Museumsbeamter hatte das wohl der Polizei gemeldet und diese der Regierung in Rom. Kurzum, von der Kanzlei Mussolinis kam eine Anfrage, ob Marcu sein Buch dem „Duce" widmen wolle. Im bejahenden Falle wurde ihm Asylrecht in Italien versprochen. Marcu hielt die Italiener einige Zeit hin, reiste dann aus Florenz ab und schrieb seine ablehnende Antwort von jenseits der italienischen Grenze. Marcu war überzeugt, daß die Italiener auf Seiten der Deutschen in den Krieg eintreten würden.
Nach mehreren Tagen in Nizza und Umgebung verletzte ich mich beim Herumklettern in den Bergen so schwer am Fuß, daß ich nach dem ersten Verband mit dem nächsten Zug nach Paris zurückfahren mußte. Ich gab meinem Hauswirt die Telefonnummer meines Freundes Swienty, der mich sogleich in eine Klinik brachte. Der Fuß war stark geschwollen und mußte geschnitten werden.
Das war der Grund, warum ich in einer Klinik lag, als ich in den Zeitungen vom Besuch Ribbentrops in Moskau und von der Unterzeichnung des Stalin–Hitler–Paktes vom 23. August 1939 las. Ich erhielt auch die Wochenzeitung Münzenbergs „Die Zukunft", die über die ganze erste Seite die Balkenüberschrift brachte: „Stalin, der Verräter bist Du!" Dazu einen Kommentar von Münzenberg, der jetzt endlich die Rolle Stalins erkannt hatte.
Ich habe in meinen Bericht über das Pariser Exil ziemlich viel von Schriftstellern erzählt. Mit Absicht, denn diese waren es, die durch ihre Arbeiten sowohl in der Bevölkerung des Auslandes wie auch unter den deutschen Flüchtlingen als die eigentlichen Vertreter des geistigen, kriegsgegnerischen Deutschland galten. Diese Schriftsteller hatten keine Parteien hinter sich, aber sie gaben den Flüchtlingen und den Völkern eine Hoffnung.
Doch in Frankreich lebend, hätten die Schriftsteller den Ausspruch Montaignes beherzigen sollen: „Dem dient kein Wind, der keinen Hafen hat, nach dem er segelt." Die Schriftsteller waren zwar politisch geworden, aber sie machten keine Politik. Die verzweifelten, heftigen Anstrengungen der „Splittergruppen" zur Klärung und zum Kampf gegen Hitler haben sie nicht verstanden und nicht unterstützt.
Seit dem Angriff der deutschen Truppen auf Polen war ich stets nur für wenige Minuten aus dem Hause gegangen, um Lebensmittel einzukaufen. Ich erwartete jede Stunde, die englisch–französischen Gegenmaßnahmen. Als ich am 3. September vor dem Radio sitzend die Erklärung des Kriegszustandes zwischen Frankreich und Deutschland hörte, erbrach ich. Ich packte in eine kleine Tasche die nötigsten Sachen, etwas Brot, einen Trink-

becher, Zahnbürste und Rasierzeug ein. Meinen immer bereitstehenden Koffer konnte ich jetzt nicht mehr gebrauchen.
Die Polizei kam gegen 23 Uhr; das Lastauto, das vor dem Hause hielt, war schon zur Hälfte mit Verhafteten besetzt. Das Auto fuhr noch einige Stunden durch das nächtliche Paris, um noch weitere Personen abzuholen. Erst gegen 3 Uhr morgens waren wir in der Polizeipräfektur, wo alle Verhafteten noch einmal registriert wurden; gegen 8 Uhr früh wurde ich in das Santé–Gefängnis eingeliefert.

Die drei Wochen Haft im Santé–Gefängnis waren besonders schwer wegen der Ungewißheit darüber, was draußen vorging und was mit uns Gefangenen geschehen würde. Ich erhielt keine Zeitungen und keinen Brief. Mit mir waren noch zwei „Reichsdeutsche" in die Zelle gekommen. Wir einigten uns, daß jeder abwechselnd eine Nacht auf der Pritsche schlafen sollte, die anderen Nächte auf dem Fußboden. In der ersten Nacht schlief niemand, die Wanzen hielten uns wach. Am folgenden Tag versuchten wir, mit einer Stecknadel die Wanzen aus den Ritzen des Holzfußbodens und aus der Matratze herauszupicken. In der zweiten Nacht war Fliegeralarm. Die Gefängnisbeamten öffneten die Türen der Zellen und wiesen die Gefangenen an, zum Erdgeschoß hinunterzugehen. Es war stockdunkel. Unten leuchteten die Beamten mit Taschenlampen und gaben Gasmasken aus. Wir, ungefähr tausend Personen, standen dicht gedrängt bis zum Morgengrauen. Der Alarm wiederholte sich an den folgenden Tagen und in den Nächten noch einige Male. Das Öffnen der Zellen und Ausgeben der Gasmasken gaben uns wenigstens eine Hoffnung, daß man uns bei Luftangriffen nicht in den Zellen verbrennen oder ersticken lassen wollte.
Bereits am dritten Tag wurde ein Mann aus meiner Zelle genommen. Der andere erzählte mir, daß er Berliner und Opernsänger sei und er redete fast den ganzen Tag von seinem Auto, das irgendwo auf der Straße stand. Das Auto war ihm anscheinend wichtiger als seine Frau, die mit ihm in Paris war, von der er nicht wußte, ob sie ebenfalls verhaftet war. Nach ungefähr zehn Tagen wurde auch er abgeholt. Ich war nun bis Ende der dritten Woche allein in der Zelle.
An einem Vormittag kam der Wachtmeister und sagte, ich solle meine Sachen nehmen und ihm ins Büro folgen. Dort gab man mir meine Uhr und das Portemonnaie mit dem Bescheid, ich könne gehen.
Ich humpelte nach Hause. Die Rue de la Santé mündet in den Boulevard Auguste Blanqui. Ich hatte nicht weit zu gehen. Meine Fußwunde war noch nicht ausgeheilt, ich konnte nur einen Schuh tragen. Unterwegs kaufte ich einige Zeitungen und las von der Niederwerfung Polens.
Zu Hause angekommen fand ich beim Concierge eine Menge Postsachen vor, und er sagte mir, daß meine Wohnung von der Kriminalpolizei durchsucht worden sei. Das merkte ich, als ich meine Wohnung betrat. Doch meinen dänischen Paß hatte die Polizei nicht gefunden. Ich schrieb sogleich Briefe an meine Freunde in Basel und London, um ihnen meine Freilassung mitzuteilen. Am Abend schnitt ich eine Sandale auf, damit ich zum Café Le Dôme gehen konnte. Hier traf ich einige Bekannte, von denen ich erfuhr, daß bereits zahlreiche Verhaftete freigelassen worden seien. Die ersten, die freigekommen waren, seien allerdings die Nazis vom „Braunen Haus" gewesen, die über die Schweiz nach Deutschland zurückkehren konnten. Weiter erfuhr ich, daß Schwarzschilds „Neues Tagebuch"

und Münzenbergs „Die Zukunft" wieder erscheinen sollten.
In den nächsten Tagen erhielt ich Briefe von Karl Otten und Otto Lehmann-Russbueldt aus London. Beide waren bereits von einer Untersuchungskommission als „vertrauenswürdige Antinazis" aus der Internierung entlassen worden. Otten schrieb mir, ich solle sofort einen Entwurf eines Flugblattes einsenden. Von britischen Fliegern wurden in der ersten Zeit des Krieges Millionen Flugblätter über Westdeutschland abgeworfen. Die Engländer hatten die Hoffnung, Hitler würde einlenken, noch nicht aufgegeben, und außerdem hatten sie nur wenige Bomben.
Statt eines Flugblattentwurfes schickte ich das Gedicht von Gottfried Keller „Pandora" aus dem Jahre 1878; eine Vision, die prophetisch Hitler und die Haltung des größten Teils des deutschen Volkes voraussah. Dieses Gedicht war damals in Deutschland anscheinend unbekannt. Beim letzten Besuch in der Schweiz hatte ich es erhalten und nach Paris mitgenommen.
Otten teilte mir schon nach einigen Tagen mit, daß die Engländer es sofort druckten und, daß es in mehreren hunderttausend Exemplaren, im Tarnumschlag eines Kalenders, über Deutschland abgeworfen werden soll.
Nachstehend drei Strophen des Gedichtes:

. . .
Aus dunkler Höhle fährt
ein Schächer um zu schweifen,
nach Beuteln möcht er greifen
und findet bessern Wert:
Er findet einen Streit
um Nichts, ein irres Wissen,
ein Banner, das zerrissen,
ein Volk in Blödigkeit.
. . .
Gehüllt in Niedertracht
Gleichwie in einer Wolke,
ein Lügner vor dem Volke,
ragt bald er groß an Macht
mit seiner Helfer Zahl,
die hoch und niedrig stehend,
Gelegenheit erspähend,
sich bietend seiner Wahl.
. . .
Sie teilen aus sein Wort,
wie einst die Götterboden
getan mit den fünf Broten,
das kleckert fort und fort.
Erst log allein der Hund,
nun lügen ihrer Tausend,
und wie ein Sturm erbrausend,
so wuchert jetzt sein Pfund.
. . .

Während die Führung der Kommunistischen Partei Frankreichs auch noch im Kriege eine defaitistische Politik betrieb, die bis zum Fraternisieren mit den Nazis ging, eine Schuld, die später von den Parteimitgliedern mit größten Blutopfern wieder abgewaschen werden sollte, gab es französische linke Intellektuelle, die uns Flüchtlinge hoffen ließen, nicht wieder als Feinde

angesehen zu werden, und daß es nach der Niederlage Hitlers zu einer wirklichen neuen Ordnung in Deutschland und Europa kommen werde. So schrieb der Franzose André Suares im November 1939 in der „Nouvelle Revue Française":
„Diesmal ist der Krieg nicht zwischen Frankreich und Deutschland, sondern zwischen Menschentum und Unmenschentum, zwischen dem Menschen und dem Untier, zwischen dem Gesetz und der Gewalt, zwischen dem Vertrag und der gegebenen Unterschrift, dem guten Glauben auf der einen, den falschen Eiden, dem Mord und dem Wortbruch auf der anderen Seite".

Unverständlich war jedem Denkenden die passive französische Kriegsführung. Hunderttausende Facharbeiter wurden zu Beginn des Krieges zum Militärdienst eingezogen, sie lungerten in den Kasernen herum. Kein Generalstreik hätte die Produktion von Kriegsmaterial wirkungsvoller lahmlegen können.
Die deutsche Kriegsführung dagegen ruhte nach der Niederschlagung Polens nicht aus. Sie führte vorerst den Krieg zur See mit aller Härte. Täglich lasen wir von Versenkungen von Schiffen der Alliierten, täglich starben Seeleute und Passagiere. Peter schrieb mir in jedem Brief, wie beängstigend die Mobilisierung der deutschen Bevölkerung und die stetig wachsende Produktion von Kriegsmaterial vorangehe.
Ich schrieb im Laufe der nächsten Wochen einige Flugblätter auf Grund der Mitteilungen Peters. Diese Flugblätter, es waren immer nur geringfügige Auflagen, schickte ich in Päckchen nach Basel, Stockholm, Antwerpen, von wo aus sie nach Deutschland weitergeschickt werden sollten. Wieviele wirklich in Deutschland gelesen wurden, kann ich natürlich nicht sagen. Wir machten keine Streupropaganda, sondern ich ließ sie an mehrere tausend Adressen schicken, die ich aus Zeitungen, Telefon- und Branchenadreßbücher abgeschrieben hatte. Deutsche Telefon- und Branchenadreßbücher lagen damals im Hauptpostamt von Paris noch allgemein zugänglich aus.
Meine Flugblattentwürfe enthielten mehr Appelle an die Vernunft und Warnungen vor der kommenden Vergeltung, als konkrete Angaben über die aktuelle Situation. Dazu schrieb Peter, daß nach seinen Informationen aus Deutschland die Bevölkerung die Flugblätter mit Achselzucken aufnehme. Nach der schnellen Niederwerfung Polens, dem erfolgreichen U–Bootkrieg und der Untätigkeit Englands und Frankreichs überzeugten sie nicht. So ungefähr hatte ich es schon selbst an Otten und Lehmann-Russbueldt geschrieben: „Wenn die Flugblätter nicht Fakten enthalten, die der deutschen Bevölkerung zu denken geben, so sind die Flugblätter wertlos." Es war die alte Erfahrung: gegen handgreifliche Erfolge kann man mit Argumenten und Beschwörungen nicht ankämpfen.
Seit Beginn des Krieges hatten an die hunderttausend Ausländer Paris verlassen. Die Deutschen und Österreicher zwangsweise, die Engländer wurden zurückgerufen, und den Amerikanern und Skandinaviern wurde es zu unbehaglich. Zahlreiche Zimmer und Wohnungen waren jetzt billig zu mieten. Ich suchte mir ein Ausweichquartier und fand eine Wohnung in einer Seitenstraße in der Nähe des Luxembourg-Gartens. Meinem bisherigen Hauswirt sagte ich nichts, trug aber unauffällig Bücher und meinen Radioapparat in die neue Wohnung. Von hier aus erledigte ich auch den Versand

der erwähnten Flugblätter. Wenn ich in der alten Wohnung glaubte, Grund zur Vorsicht zu haben und wenn ich mich beobachtet fühlte, übernachtete ich in der zweiten Wohnung. Hier hörte ich im Radio auch die Rede Knut Hamsuns nach dem Überfall der Naziarmeen auf Norwegen. Hamsun, dessen Buch „Hunger" ich auf meinem Bücherbrett zu stehen hatte, beschwor seine Landsleute, den Nazis keinen Widerstand zu leisten. „Zerstört nicht Euer eigenes Land", rief Hamsun aus. Die hohen Auflagen seiner Bücher in Deutschland hatten Hamsun reich und nazihörig gemacht.

Nach den Angriffen auf Dänemark und Norwegen am 9. und 19. April 1940 vergingen kaum vier Wochen, bis der große Sturm der deutschen Truppen auf die neutralen Staaten Niederlande und Belgien und schließlich auf Frankreich losbrach. Sofort wurde in Paris eine Verordnung des französischen Innenministers Georges Mandel verkündet, daß sich alle Deutschen, ohne Ausnahme, ausgebürgerte Flüchtlinge, Juden und deutsche Staatsangehörige, die in Paris und Umgebung wohnten, die Männer im „Stadion Buffalo", die Frauen im „Velodrom d'Hiver" einzufinden haben. Die gleichzeitig angedrohten kriegsrechtlichen Strafen für ein Nichterscheinen ließen es geraten sein, pünktlich hinzugehen. Der Innenminister Georges Mandel war selber Jude. Er wurde später von den Nazis verhaftet und ermordet. Eine Straße in Paris trägt heute seinen Namen.
Auf den überdachten Zuschauerplätzen des Stadions Buffalo traf ich Willy Münzenberg, Leopold Schwarzschild, Erich Wollenberg und andere Bekannte. Glücklicherweise war der Monat Mai warum und trocken, die Nächte waren jedoch recht frisch. Waschen konnte man sich an Wasserhähnen unter fließendem Wasser. Tagsüber saßen die Gefangenen in Gruppen auf dem Rasen des großen Ovals und diskutierten über die Ereignisse. Alle waren über die unerwartete Maßnahme der französischen Regierung sehr verbittert. Diese mußte doch wissen, daß die jetzt verhafteten Flüchtlinge alle mehrfach überprüft waren und daß den meisten die deutsche Staatsbürgerschaft aberkannt war.
Die Wachmannschaften an den Ein- und Ausgängen des Stadions waren zwar mit Karabinern bewaffnet, sie waren aber nicht unfreundlich. Sie brachten uns bereitwillig Zeitungen, so daß wir über den Vormarsch der deutschen Armeen und die Kapitulation der Niederlande und Belgiens informiert waren. Etwas Brot hatte ich mir mitgebracht, es reichte aus, bis die Organisation einigermaßen funktionierte und wir morgens und mittags Suppe und Brot erhielten. Die Diskussionen in unserem Kreis drehten sich darum, wann die deutschen Truppen mit der Gestapo im Gefolge in Paris eintreffen, ob wir rechtzeitig abtransportiert oder ausgeliefert würden. Die Wachmannschaften zuckten auf diesbezügliche Fragen mit den Schultern, sie wußten anscheinend auch nichts.
Nach mehreren Tagen begann ein Wachtmeister mit einem Papier in der Hand durch das Lager zu gehen und Namen auszurufen. Die Gerufenen wurden ins Lagerbüro geführt und verschwanden. Nach fünf oder sechs Tagen rief der Wachtmeister zwei weitere Namen aus: Otto Strassers und meinen. Ich saß gerade auf dem Rasen in einem Kreis mit Münzenberg, Erich Wollenberg, Schwarzschild und anderen, an deren Namen ich mich nicht mehr erinnere. Ich wurde ins Büro geführt und erhielt einen Brief der Stadtkommandantur von Paris mit dem Inhalt, daß ich freizulassen sei und daß der Brief als Ausweis bei Kontrollen gelte. Ich ging noch einmal zu

meinen Kameraden zurück, um mich zu verabschieden und Treffadressen in Toulouse und Marseille auszutauschen. So verabschiedete ich mich auch von Willy Münzenberg, den ich nie wiedersah. Seinen enttäuschten und verbitterten Ausdruck beim Abschied habe ich immer im Gedächtnis behalten.
In Toulouse, Lissabon und London wurde ich immer wieder von Freunden nach Münzenberg gefragt. Ich wiederum fragte überall andere Freunde nach ihm. In Wahrheit starb Münzenberg schon einige Wochen nach unserem letzten Händedruck, als ich das Lager verließ, eines gewaltsamen Todes. Er wurde in der Nähe des Flusses Isère erhängt aufgefunden.
Die Umstände des Todes Münzenbergs wurden niemals aufgeklärt. Ich habe immer Freitod aus Verzweiflung vermutet, aber noch bin ich stets im Zweifel geblieben, ob meine Vermutung richtig sein könnte. Auch Schwarzschild sah ich nicht wieder. Er konnte nach den USA entkommen. 1950 ging er in den Freitod.

Es war nicht Blindheit oder Leichtsinn, daß ich nach meiner Entlassung aus dem Lager weiterhin in Paris blieb. Ich hätte mit meinem Ausweis ohne weiteres zu meinen Bekannten nach Toulouse fahren können. Doch ich glaubte, Paris würde verteidigt werden und ich hoffte, bei der Verteidigung irgendwie helfen zu können. Aber ich war vorsichtig und ging nur noch in der Dämmerung auf die Straße und nicht mehr in ein Café. Die wenigen deutschen Flüchtlinge, die ebenfalls frei waren, blieben auch in ihren Wohnungen. Die mir bekannt waren, wohnten fast alle in den kleinen Hotels der Rue Monsieur Le Prince im Quartier Latin. Auch Walter Mehring, Hertha Pauli und Otto Strasser wohnten dort. Mit Otto Strasser hatte ich ein interessantes Intermezzo. Ich hatte ihn erst im Stadion Buffalo kennengelernt. Die neue Regierung Reynaud hätte ihm angeboten, sagte mir Strasser, als ich ihn traf, eine deutsche „Exilregierung" zu bilden, und er habe unter anderen den damaligen zweiten Vorsitzenden der Sozialdemokratischen Partei Deutschlands, Hans Vogel, der ebenso wie Erich Ollenhauer frei war, Erich Wollenberg und mich für seine „Exilregierung" vorgeschlagen. Aber ehe Strasser seine „Ministerliste" komplett hatte, waren die Nazis bereits in Paris.
Was in Paris in diesen Tagen vorging, war schwer zu begreifen. Die Terrassen vor den Cafés in den Champs Elysées und den großen Boulevards waren mit zahlreichen Offizieren besetzt, die tranken und diskutierten, während sich die deutschen Truppen im Anmarsch auf die Hauptstadt befanden. Die völlige Demoralisierung und der Zerfall waren offen sichtbar. Anfang Juni erlebte ich auch den ersten großen Luftangriff auf Paris, als über 200 Flugzeuge den westlichen Teil der Stadt bombardierten.
Dann hörte ich im Radio eine Rede des französischen Ministerpräsidenten Reynaud, der mit kreischender Stimme die Bombardierung Berlins androhte. Am 10. Juni erfuhr ich, daß die Regierung Paris verlassen habe. Darin sah ich noch kein Zeichen, daß Paris aufgegeben werden sollte. Im ersten Weltkrieg saß die französische Regierung auch in Bordeaux. Gleichzeitig wurde die Kriegserklärung Italiens an Frankreich und England bekannt. Bald hieß es auch, daß die ersten deutschen Truppen nördlich von Paris aufgetaucht seien. Nun packte ich für alle Fälle einige Sachen, die ich auf das Dach eines Autos lud, das ich von dem Drucker erhalten hatte. Steuern sollte das Auto ein rumänischer Student.

Ich verabschiedete mich vom Hausbesitzer und den Concierges meiner alten Wohnung. Dem Hausbesitzer übergab ich mehrere wertvolle Bücher mit der Bitte, sie aufzubewahren. Als ich sieben Jahre später nach Paris zurückkehrte, war er mit zweien meiner Freunde auf dem Bahnhof St. Lazare, um mich zu empfangen. Er erzählte mir, daß die Gestapo gleich am Tage nach der Besetzung von Paris in meiner Wohnung war und nicht nur diese, sondern das ganze Haus durchsuchte und daß er selbst 48 Stunden in Haft gehalten wurde. Die Bücher gab er mir zurück, er hatte sie in Ölpapier verpackt und in seinem Garten vergraben.
In meiner Ausweichwohnung hatte ich die letzten Tage den Dichter und Schriftsteller Walter Mehring und die Wiener Schauspielerin und Schriftstellerin Hertha Pauli aufgenommen. Sie hatten ihr Hotel verlassen müssen und waren obdachlos. Hinzu kam noch die Frau des Berliner Arztes Wilhelm Swienty und der rumänische Student-Chauffeur. Als ich noch mit dem Verbrennen von Briefen und Einpacken von Kleidung und Wäsche beschäftigt war, kam ein Engländer von der Propaganda und sagte, er habe Order, mich nach Orléans mitzunehmen. Ich deutete auf meine vier Gäste und verlangte, daß diese ebenfalls mitgenommen werden. Das lehnte er ab und gab mir die Adresse eines Cafés in Orléans, wo er am folgenden Tag mittags auf mich warten werde.
Wir fuhren noch einmal zur Druckerei, um die Autopapiere zu holen. Vor der Druckerei wurde unser Auto von einem Autobus gerammt, dessen Fahrer angetrunken war. Wir mußten den Wagen erst zu einer Reparaturwerkstatt schieben, in der der Wagen notdürftig wieder fahrbereit gemacht wurde.

Die ersten deutschen Truppen besetzten bereits den nördlichen Vorort Colombes, als wir im Schrittempo Paris in Richtung Orléans verließen. Die Straßen waren verstopft mit Flüchtlingen aus Holland, Belgien und Nordfrankreich, denen sich Hunderttausende Pariser anschlossen. Wir fuhren eingekeilt in einem unabsehbaren Gewimmel von Fahrzeugen aller Art. Neben Luxusautos fuhren mit Ochsen und Kühen bespannte Bauernfuhrwerke. Der Motor meines Wagens erwies sich als zu schwach, wir mußten bei jeder Steigung aussteigen und den Wagen schieben. Ich kaufte mir deshalb in einem Vorort von Paris, Longjumeau, ein altes Damenfahrrad und fuhr neben dem Auto her. Gegen Mitternacht, nach zehn Stunden etwa, hatten wir erst die ca. 40 km von Paris entfernte Stadt Etampes erreicht. Hier mußten wir halten. Die ganze Kolonne vor uns war stehen geblieben und setzte sich erst beim Morgengrauen wieder in Bewegung. Wieder ging es nur schrittweise vorwärts. Ich bekam nun Bedenken, ob ich meine Verabredung in Orléans einhalten könne, steckte die wichtigsten Papiere, etwas Geld und den dänischen Paß in die Taschen und versuchte, mit meinem Fahrrad an der endlosen Kolonne vorbeizukommen. Streckenweise mußte ich das Fahrrad über Gräben und Felder tragen. Am späten Vormittag sah ich die deutschen Flieger, in die Flüchtlinge hineinfeuernd, über die Chaussee hinwegfliegen. Als ich endlich Orléans erreichte, war es Nachmittag geworden.
Das vereinbarte Café fand ich in der Nähe des Domes. Der Mann war nicht dort. Ein Kellner sagte mir, daß ein englischer Offizier hier über eine Stunde bei einer Tasse Kaffee gesessen habe. Nach der Beschreibung, die ich dem Kellner gab, war es mein Propagandamann gewesen. So war die Chan-

ce, mit meinen Freunden nach England genommen zu werden, vertan. Meine Begleiter erhielten in Marseille das Visum für die USA.
Ich blieb in Orléans, um auf meine Freunde zu warten und erlebte zwei Bombardements durch deutsche Flugzeuge, eines in der Nacht, eines am folgenden Vormittag. Nach Einbruch der Dunkelheit hatte ich mich, wie Hunderte anderer Flüchtlinge, auf dem Trottoir der Straße zum Schlafen niedergelegt. Hauseingänge, Korridore und Treppen in den Häusern waren ebenfalls von Flüchtlingen belegt. Unter den Flüchtlingen waren Tausende von Müttern mit Kindern. Durch den Luftdruck einer explodierenden Fliegerbombe wurde ich mitsamt meinem Fahrrad auf die andere Seite der Straße geschleudert. Ich lag einige Minuten in halber Bewußtlosigkeit und fühlte meine Beulen und Schrammen am Kopf und übrigen Körper. Ungefähr zwanzig Meter von mir entfernt lagen tote Pferde. Als ich dann durch die Straßen von Orléans fuhr, sah ich an verschiedenen Stellen außer Bombentrichtern Blutlachen und zertrümmerte Wagen. Tote und verwundete Menschen wurden gerade fortgeschafft. Kurz vor Mitternacht erfolgte der zweite Bombenangriff. Ich stand an einer Hauswand, neben mir standen zwei französische Offiziere im Eingang des Hauses, sie duckten sich in einer lächerlichen Art, als die Flugzeuge über uns kreisten. Eine Abwehr der Luftangriffe gab es nicht.
Die meiste Zeit des Vormittags hatte ich an der Chaussee am Eingang der Stadt verbracht, zwischendurch war ich kreuz und quer durch die Stadt gefahren, um zu sehen, ob meine Freunde vielleicht in der Nacht angekommen waren. Ich fand sie nicht. Als ein Alarmsignal ertönte, lief alles zur Loire–Brücke. Mit dem Fahrrad auf der Schulter ging ich als einer der letzten über die Brücke, in die schon die Sprengladungen eingelassen waren, so daß Fahrzeuge nicht mehr passieren konnten. Am Südende der Brücke wartete ich einige Minuten, dann stürzten Brückenbogen in den Fluß und kurz darauf sah ich am anderen Ufer deutsche Panzer fahren. Weiteres Warten war nun zwecklos; ich machte mich auf den Weg nach Toulouse.
Dort traf ich zehn Tage später Walter Mehring und Hertha Pauli zufällig auf der Straße. Sie erzählten mir, daß die Flugzeuge, die ich auf dem Weg nach Orléans auch gesehen hatte, nach mehrmaligen Überfliegen der Chaussee auf einige hundert Meter hinuntergeflogen und in die Wagenkolonne hineingefeuert hätten. Die Flüchtlinge seien seitwärts in die Felder gelaufen, große Teile der Fahrzeugkolonne seien in Brand geraten. Auch mein Auto mit allen Sachen sei ausgebrannt. Walter Mehring und Hertha Pauli waren streckenweise von anderen Fuhrwerken mitgenommen worden und hatten nach mehreren Tagen Toulouse erreicht. Der rumänische Student und die Frau des Arztes Wilhelm Swienty hatten sich nach dem Angriff der Flugzeuge von Mehring und Pauli getrennt. Ich traf sie und Swienty drei Monate später in Marseille wieder.
Von Orléans radelte ich nun durch West- und Südfrankreich. Zuerst fuhr ich nach Toulouse, dann nach Montauban, Albi, Marseille zurück nach Toulouse, dann über Perpignan zur spanischen Grenze, wo ich fünf Monate später in den letzten Tagen des September ankam und Frankreich zu Fuß über die Pyrenäen gehend verließ.
Unterwegs nach Toulouse wurde ich ständig von Kolonnen französischer Militärfahrzeuge, überladen mit Soldaten, und auch von Panzern überholt. die wie ich nach dem Süden flüchteten. Bei der Durchfahrt durch Ortschaften schrien und winkten die Soldaten den Bewohnern zu, als ob sie aus ei-

nem siegreichen Gefecht kämen. Die Panzer waren meistens mit prahlerischen Vergeltungsparolen beschrieben. Die Männer und Frauen in den Ortschaften standen vor den Haustüren mit verschränkten Armen und finsteren Gesichtern; sie erwiderten keinen Gruß.
Beim Fahren durch Frankreich sah ich die großartige Vielfältigkeit dieses schönen Landes, aber ich sah auch, daß die Redensart, „Paris ist nicht Frankreich", nicht zutraf. Paris war der Kopf des Landes, und als dieser fiel, war Frankreich lange gelähmt. Paris war aber auch der Geist Frankreichs, und der war auch dahin. Die Verwaltungen der Departements, der französischen Provinzen, waren es gewöhnt, alle Weisungen aus Paris zu erhalten. Jetzt waren sie unfähig, selbständig zu handeln. Als sie notgedrungen selbständig handeln mußten, wurden sie wie nach der Niederlage von 1871 in ihrer Mehrheit servil nach außen und brutal nach innen. Sie beteiligten sich an der Jagd nach Flüchtlingen aus Deutschland und aus den von den Nazis überfallenen Ländern.
Die Panik war vollständig. Wenn der Sommer 1940 nicht so wunderbar mildes Wetter gehabt hätte, so würden in diesen Wochen und Monaten noch weit mehr Menschen auf den Landstraßen umgekommen sein, als die 40.000, die nach französischen Angaben damals umgekommen sein sollen.
An Kleidung besaß ich nur, was ich auf dem Körper trug. Einen Trinkbecher, ferner Seife und ein Rasiermesser hing in einem Beutel am Fahrrad. Wenn ich an einen Fluß kam, wusch ich meine Wäsche, legte sie in die Sonne, mich daneben und wartete, bis die Wäsche trocken war. Ich schlief in den kurzen Nächten in Gräben, in Heuhaufen oder im Gehölz, je nachdem, wo ich mich gerade befand. Da ich keine Decke hatte, fuhr ich schon beim Morgengrauen weiter,dafür ruhte ich während der heißen Mittagsstunden unter schattenspendenden Bäumen aus.
Wegen meines fremden Akzents hatte ich besonders stark unter der allgemeinen Verbitterung der Bevölkerung zu leiden. Wenn ich manchmal angehalten wurde, sagte ich, daß ich ein Pole sei. Es kam vor, daß ich mit wüsten Beschimpfungen fortgejagt wurde, wenn ich mit meinem Trinkbecher um Wasser bat; andererseits erhielt ich sogar Milch und Tomaten. Tomaten waren in diesem Sommer meine Hauptnahrung, Brot hatte ich nur selten. Als ich einmal gegen 5 Uhr morgens durch ein Dorf fuhr, sah ich ich den Dorfbäcker vor seinem Hause den Brotteig zubereiten. Auf meine Frage antwortete er, daß er mir ein Pfund Brot geben werde, wenn ich zwei Stunden warten wollte. Ich wartete gern.
Auf allen Landstraßen zogen oder biwakierten Militärkolonnen und Gruppen von Flüchtlingen. Um ihnen auszuweichen, mußte ich oft große Umwege fahren. So kam ich erst am 19. Juni nach Grive la Gaillarde. Zwei Stunden vorher war ich durch die wunderschöne Stadt Tulle gefahren, deren kuppelförmig geschnittene Baumalleen in herrlicher Blüte standen. Diese Bäume sollten einige Jahre später als Galgen dienen, als die Nazitruppen vor ihrem Abzug aus Tulle hundert Bürger aus ihren Wohnungen holten und sie an die Bäume hängten. Neunundneunzig wurden erwürgt, einer konnte gerettet werden.
In Grive schrieb ich eine offene Postkarte an Otten nach London mit der Mitteilung, daß ich auf der Landstraße sei und am folgenden Tag schrieb ich eine weitere Karte aus Cahors. Ich nahm an, daß offene Karten am ehesten durch die Zensur gehen. So war es auch.

Am 22. Juni kam ich in Toulouse an. Der Tag ist mir so genau in Erinnerung, weil ich hier bei meinem Freund, dem Schneidermeister, aus dem Radio von der Kapitulation Frankreichs hörte. Von meinem Freund erhielt ich auch den Wortlaut des Aufrufs General de Gaulles vom 18. Juni 1940, mit ihm weiterzukämpfen: „Ist die Niederlage endgültig? Nein! . . . Dieser Krieg ist nicht durch die Schlacht von Frankreich entschieden. Dieser Krieg ist ein Weltkrieg . . ." hieß es im Ruf de Gaulles. Das war auch meine Meinung. Aber in der Bevölkerung war von einer Zustimmung zu diesen Worten noch wenig zuspüren.
Mein Freund bewohnte mit seiner Frau und der jüngeren Tochter nur ein Zimmer mit Küche. Das Wohn- und Schlafzimmer war auch seine Schneiderwerkstatt. Ich schlief in der Küche auf dem Fußboden. Die ältere verheiratete Tochter verkaufte auf der Hauptstraße von Toulouse die Tageszeitung „La Dépêche de Toulouse". Von Besuchern meines Freundes und den Töchtern erfuhr ich von Internierungslagern in der Umgebung und daß die Stadt von Flüchtlingen aus den Niederlanden, Belgien und Nordfrankreich überfüllt sei. Deutschen Flüchtlingen wurde geraten, aus Toulouse fortzugehen, die Polizei wolle sie wieder verhaften und in die Internierungslager bringen. Da aber die Polizei noch mit ihren eigenen französischen Flüchtlingen vollauf beschäftigt war, hatte sie keine Zeit zur Jagd auf die deutschen.
Zuerst aber brauchte ich einige Tage, um Briefe und Berichte für meine Freunde in der Schweiz und London zu schreiben. Die Toulouser Adresse hatte ich ihnen für alle Fälle schon vor Kriegsausbruch mitgeteilt. Mit dem Fahrrad durchstreifte ich täglich mehrere Male Toulouse und traf außer Walter Mehring und Hertha Pauli auch Leo Bochorowitz, der neben August Thalheimer der Theoretiker der Brandler-Opposition in Deutschland war. Vor einem Haus stehend traf ich auch den Schriftsteller Hans von Zwehl mit seiner Frau. Sie warteten auf die Dunkelheit, um im Torweg schlafen zu können. In diesem Torweg übernachteten sie, wie er mir erzählte, schon mehrere Nächte. Sie waren beide aus den Internierungslagern freigelassen worden. Hans von Zwehl sagte mir beim Abschied noch, daß seine Frau die Strapazen nicht mehr aushielt und nach Deutschland zurückkehren wollte. Ich konnte ihm nur raten zu versuchen, nach Marseille zu gehen.
Auf der Straße begegnete ich noch anderen Bekannten, darunter auch Emil Szyttja, dem „letzten Bohémien" des Cafés Le Dôme in Paris. Er bestritt immer noch, daß es ein Bündnis Stalin–Hitler gäbe, er leugnete jedoch nicht mehr, daß der Stalin–Hitler–Pakt Hitler ermutigt hatte, Polen anzugreifen, fügte aber einschränkend hinzu, daß das für Hitler nur ein Vorwand unter vielen gewesen sei. Hitler hätte Polen auch ohne den Pakt angegriffen. Ich habe Szyttja nach dem Kriege in Paris besucht. Er hatte noch kurz vor seinem Tode 1964 in Zürich eine viel beachtete Ausstellung seiner Bilder veranstaltet.
In den zwei Wochen, die ich in Toulouse verbrachte, hatte ich mich über die Situation in Frankreich orientiert und war zu dem Schluß gekommen, daß ich versuchen müßte, als Landarbeiter bei einem Bauern gegen Kost und Logis unterzukommen, bis sich wieder die Möglichkeit ergab, gegen das Naziregime wirken zu können, oder ich mußte Frankreich verlassen. Meinem Freund, den Schneidermeister, gab ich alle meine Papiere und den dänischen Paß wohlverpackt in Verwahrung.

Zuerst fuhr ich nach Montauban, ca. 50 km nördlich von Toulouse. Nach dem, was ich in Toulouse gehört hatte, konnte ich annehmen, in Montauban Freunde und Bekannte zu treffen. Auf dem Marktplatz in Montauban saßen und standen Gruppen von Flüchtlingen, die sofort als solche zu erkennen waren. Alle, ob jung oder alt, sahen grau und müde aus. Sie standen und gingen mit hängenden Schultern, ein Bild völliger Hoffnungslosigkeit und Erschöpfung. Ich sprach eine Gruppe an, ob mir jemand ein Quartier sagen könne. In dem Moment hatte mich schon ein Mann aus einer anderen Gruppe gesehen. Er war Berliner. Er führte mich zu einem Massenquartier auf den Wäscheboden eines Wohnhauses. Dort war Stroh ausgebreitet. Eine Wasserleitung war auf dem Flur. Die Toilette und eine weitere Wasserleitung waren auf dem Hof.
Tags darauf traf ich vor dem Postamt Paul Frölich und seine Frau, geborene Rosi Wolfstein. Ich traf auch einige Mitglieder der früheren Berliner Trotzkigruppe, darunter Schwalbach und seine Frau. Man erzählte mir, daß der Bürgermeister ein „linker" Sozialdemokrat sei und daß er Récépissés ausstellte, wenn man mit einem Zeugen zu ihm komme und die Erklärung abgibt, daß man seine Papiere verloren habe. So ging ich mit einem Zeugen hin und ließ mir das Récépissé auf den in der Heimat meiner Mutter geläufigen Namen Retzlaw ausstellen. Diesen Namen habe ich beibehalten.
In Montauban war ein ständiges Kommen und Gehen deutscher, tschechischer und österreichischer Flüchtlinge, die entweder aus Lagern entlassen oder ausgebrochen waren. Sie hatten sich hier zusammengefunden, um auf ihre Frauen oder Verwandte und Bekannte zu warten. Nicht nur die Flüchtlinge, auch die französischen Männer standen abends in Gruppen vor und in den Bistros und diskutierten erregt die Situation und den Aufruf de Gaulles. Als ich einmal in eine diskutierende Gruppe hineingeriet und sagte „de Gaulle a raison" (de Gaulle hat recht), wollten mich Männer, die eine weiße Binde um den Arm trugen, schlagen. Nur mit Mühe konnte ich flüchten. Es waren französische Offiziere, die zum Zeichen, daß sie demobilisiert waren, weiße Binden trugen. Sonst aber habe ich niemals in Frankreich so freundliches und tolerantes Verhalten gegenüber den deutschen Flüchtlingen beobachten können wie in Montauban. Eines Tage erzählte man mir, daß Gestapoleute mit zwei PKWs und einem Lastwagen nach Albi unterwegs seien, um Internierte aus einem Lager zu holen. Ich erfuhr, daß auch Erich Wollenberg sich in diesem Lager befand. Die Gestapoleute seien in einem Gasthaus in Gaillac, ca. 22 km vor Albi, abgestiegen. Ich fuhr mit meinem Fahrrad los. Der Zufall wollte es, daß ich beim Rausfahren aus der Stadt auf zwei junge Priester in Soutanen auf Fahrrädern traf, die ich fragte, ob ich richtig auf der Chaussee nach Albi sei. Sie bejahten und sagten, daß sie ebenfalls dorthin wollten. Ich schloß mich ihnen an. Bei der Fahrt durch die kleine Stadt Gaillac sah ich die Wagen der Gestapo vor einem Gasthaus stehen.
Kurz hinter Gaillac konnte ich die gewaltige gotische Kathedrale von Albi schon aus 10 km Entfernung sehen. Das Internierungslager befand sich ungefähr 3 km außerhalb Albis. Vor dem Eingang des Lagers und in Abständen vor dem Drahtzaun standen Soldaten, keine Polizei. Ich ging zum Zaun und rief laut den Namen Wollenberg. Es kamen Gefangene zum Zaun, denen ich sagte, daß ich Erich Wollenberg sprechen müsse. Er kam bald gelaufen und ich berichtete ihm von der Gestapo in Gaillac, er müsse unbe-

dingt mit anderen Gefährdeten bei Dunkelheit ausbrechen. Wollenberg sagte, daß in der Kathdedrale von Albi der Rechtsanwalt Panholzer aus München sei. Zu dem solle ich gehen und auf ihn, Wollenberg, warten.
Die Wachsoldaten kümmerten sich nicht um unser Gespräch am Zaun. Wollenberg kam auch wirklich in der Nacht. Er hatte, ohne gestört zu werden, mit anderen Gefangenen einen Durchschlupf unter den Zaun gegraben.
Ich hatte den Münchner Rechtsanwalt nicht gefunden und hatte mich in einer Nische außen an der Mauer der Kathedrale zum Schlafen niedergelegt. Wir blieben am folgenden Tag in der Kathedrale, bis Panholzer kam, der mit Wollenberg die weitere Flucht besprach. Dann machte Wollenberg sich auf, die ungefähr 400 km nach Marseille zu Fuß zu wandern. Ich kehrte nach Montauban zurück.
In Montauban und Umgebung habe ich noch mehrere Bekannte getroffen und täglich in den Gruppen der Flüchtlinge die qualvollen Gespräche voller Ohnmacht und Verzweiflung geführt, die stets in der Frage mündeten, wann die Nazis ganz Frankreich besetzen werden und welche Fluchtmöglichkeiten es gäbe. Jedoch meine Zuversicht, daß die Nazis letzten Endes niedergeworfen würden, blieb unerschüttert. Den Beweis für meine Zuversicht habe ich vor mir liegen. Am Tage meiner Abfahrt von Montauban – ich wollte noch einmal nach Toulouse zurück und von dort nach Marseille fahren – schrieb ich einen Brief an Karl Otten in London. Der Brief trägt das Datum und den Poststempel Montauban, 24. Juli 1940. Der Brief ist französisch geschrieben, ich übersetze aus ihm: „Es ist notwendig, daß gearbeitet wird. Deutschland gewinnt den Krieg nicht! Trotz aller Idiotien der Engländer (China, Russland, Emigration)."
Wie mir Otten später erzählte, ging der Brief in London durch mehrere Instanzen und kam richtig in seine Hände. Ich erhielt ihn zurück und habe ihn als Andenken aufbewahrt.
Ich schrieb auch an Elli und an einen Kaufmann in Zürich je einen Brief mit meinem neuen Namen, mit der Bitte, daß sie mir nach Marseille, hauptpostlagernd, brieflich bestätigen möchten, daß wir alte Bekannte seien. Ich wollte mein Récépissé „ untermauern".
Als ich meinem Freund in Toulouse mein Récépissé zeigte, auf dem „Polonais" stand, sagte er mir, daß er einige Häuser weiter einen echten Polen zum Freund habe. Wir gingen sofort zu ihm, und er erbot sich, mit mir zum polnischen Konsulat zu gehen, das seit der Kapitulation Frankreichs Personalausweise, „Notpässe", zum Zwecke der Ausreise aus Frankreich ausstellte. Der Pole gab die Erklärung ab, daß er mich kenne und daß ich wirklich der Mann des Récépissés sei. Da ich keine der auf polnisch an mich gerichteten Fragen beantworten konnte, erklärte ich, daß ich bei Bromberg geboren, aber in Antwerpen aufgewachsen sei.
Ich hätte auch mit dem dänischen Paß reisen können, aber ich wollte diesen für den äußersten Notfall aufheben, falls ich in Spanien oder Portugal nicht durchkommen und nach Frankreich zurückkehren mußte.

Am frühen Morgen des nächsten Tages war ich unterwegs nach Marseille, um das spanische und portugiesische Durchreisevisum zu erhalten. Ich war mittlerweile 44 Jahre alt und nicht mehr der kräftige Rennfahrer der zwanziger Jahre; zudem plagte mich das schwere Magenleiden. Ich brauchte für die über 400 km nach Marseille 5 Tage.
In Nimes war ich eine falsche Straße aus der Stadt gefahren und geriet an-

statt über Arles nach Marseille in die Wildnis der Camargue. Ich übernachtete am Straßenrand an einen Baum gelehnt. Der weitere Weg führte mich durch die Einsamkeit der Camargue zum Fischerdorf St. Maries de la Mer, wo die Boote auf dem Strand noch genau so zu liegen schienen, wie sie van Gogh dort malte. Auf den schmalen Straßen zwischen den Teichen und Sümpfen hindurch fuhr ich über die Rhonebrücke nach Port de Bouc. Von dort benutzte ich eine wenig befahrene Seitenstraße, um nach Marseille zu kommen. Das war mein Glück. Von anderen Flüchtlingen erfuhr ich, daß Leidensgenossen, die auf der Hauptstraße oder auf dem Hauptbahnhof Marseille ankamen, kontrolliert wurden, und wenn deren Papiere nicht vollständig waren, größtenteils ins Internierungslager bei Arles gebracht wurden. Dort mußten sie auf ein Visum oder auf die Gestapo warten.
Ich kam Anfang August in Marseille an. Mein erster Besuch galt der Hauptpost. Dort erhielt ich den Brief des Schweizer Kaufmanns ausgehändigt, einige Tage später auch den von Elli. Obwohl ich meine Briefe der Zensur wegen sehr vorsichtig abgefaßt hatte, hatten beide sofort meine neue Situation begriffen. Beide schrieben französisch und benutzten für die freundlich und persönlich gehaltenen Empfehlungsschreiben ihre Firmenbriefbogen. Die Briefe begleiteten mich über Lissabon nach London und 6 Jahre später wieder zum Kontinent zurück. Sie liegen jetzt beim Schreiben dieser Zeilen ebenfalls vor mir.
Bei dem Züricher Kaufmann war ich vor dem Kriege ebenfalls mehrere Male zu Gast gewesen, und wir hatten über die damals aktuellen Probleme diskutiert. Er ist ungefähr in meinem Alter, ein hochkultivierter Mann, ungewöhnlich belesen und politisch sehr interessiert. Er diskutierte mit der Sicherheit des polygotten Weltkenners. Mit meinen politischen Ansichten sympathisierte er insofern, als er den Wunsch hatte, daß Hitler beseitigt werden müsse und daß es nicht zu einem Krieg kommen dürfe. Er half auch anderen Flüchtlingen, von denen er annahm, daß sie hierzu beitragen könnten. Ich hatte ihn durch seinen Schwiegervater kennengelernt, einen früheren Berliner, der bereits Jahre vor dem Ersten Weltkrieg das berühmte Symbol der Kriegsgegner geschaffen hatte: Zwei Hände, die ein Gewehr zerbrechen. In Marseille gab es zwar Massenquartiere für Flüchtlinge, aber ich wurde abgewiesen. Es wurden nur Personen aufgenommen, die bereits ein Visum hatten und auf ein Schiff warteten. Ich hörte, daß die Polizei Razzien auf Flüchtlinge machte, die in Hausfluren übernachteten, darum fuhr ich zu einem nahen Fischerdorf, Sausset les Pins, das mir sicher erschien. Als mein Freund aus Zürich auch Geld schickte, mietete ich mich in einem Gasthof in Sausset les Pins ein. Nun fuhr ich jeden Morgen nach Marseille und abends zurück.
Beim Fahren durch Marseille sah ich eines Tages vor einem Café die früheren „linken" Parteivorsitzenden der Kommunistischen Partei, Ruth Fischer und Arkady Maslow sitzen. Ich traf sie von nun an des öfteren und hatte mit ihnen immer heftige Diskussionen über die Fehler der Vergangenheit. Sie gaben ausschließlich Stalin die Schuld an allem. „Stalin, nicht Hitler ist der Hauptfeind", wiederholten sie dutzendemal und versuchten ihre Thesen aus den vergangenen Jahren als richtig zu verteidigen.
In Marseille hatte ich auch einen Freund getroffen, der im jüdischen Hilfskomitee tätig war. Er hatte in Berlin und Paris zur Gruppe Fischer–Maslow gehört. Von ihm erhielt ich wichtige Informationen, zum Beispiel die, daß Spanien und Portugal nur dann das Durchreisevisum geben, wenn man

das Visum eines überseeischen Landes, außer England, vorweisen konnte. Da ich nach England wollte, ging ich zuerst zum chinesischen Konsulat und erhielt dort das Einreisevisum für China. Vor dem spanischen Konsulat aber standen zahlreiche Flüchtlinge. Einer sagte mir, daß sie schon seit fünf Uhr früh anständen. Visaanträge würden nur in begrenzter Anzahl und nur vormittags angenommen.
Am nächsten Morgen stand ich schon um 4 Uhr früh vor der Haustür des Konsulats und doch standen bereits ungefähr dreißig andere Antragsteller dort. Das wiederholte sich etwa 8 Tage lang, bis ich an der Reihe war und das Durchreisevisum erhielt. Das portugiesische Transitvisum erhielt ich ohne Schwierigkeiten in einigen Tagen.
Jetzt konnte ich mich schon freier bewegen. Als ich einmal bei einer Polizei-Razzia nicht rechtzeitig ausweichen konnte, wurde ich nach Prüfen der Visen und der Gasthofanmeldung von Sausset Les Pins wieder freigelassen. Wollenberg, der inzwischen in Marseille eingetroffen war, kam eines Tages nicht mehr zum Treffpunkt. Später schrieb er mir aus Casablanca nach London, daß er auf der Straße festgenommen und nach Nordafrika geschafft worden war. Beim Eisenbahnbau in Nordafrika arbeitete auch Joseph Bornstein, der Redakteur des „Tagebuch", Berlin, später „Das Neue Tagebuch", Paris.

Es war am 21. August 1940, als ich an einem Zeitungskiosk eine Marseiller Zeitung kaufte, die die Balkenüberschrift trug: „Trotzki assassiné!" (Trotzki ermordet!) Die Zeichnung neben dem Bericht zeigte, wie sich im Emblem der Sowjet-Union Hammer und Sichel von einander lösten und auf Trotzkis Kopf niederschlugen. Es war ein rechtsstehendes Blatt und es berichtete mit unverkennbarer Genugtuung über den Mord. Für diese Leute war der Mord offensichtlich ein Trost in der Demütigung, daß zu gleicher Zeit im noch unbesetzten Teil Frankreichs deutsche Offiziere bereits den Hafen von Marseille kontrollierten.
Die Nachricht von der Ermordung Trotzkis traf mich so schwer, wie mich 21 Jahre früher die Nachricht von der Ermordung Luxemburgs und Liebknechts traf. Auf den Stalin–Hitler–Pakt war nun die Ermordung des von beiden am meisten gehaßten Revolutionärs gefolgt. Der schöpferische Geist Trotzkis, der der Sowjetunion neue Impulse auf dem Wege zur sozialistischen Gesellschaftsordnung geben konnte, war nicht mehr. Die verschlagene Grausamkeit Stalins sollte noch Hekatomben des eigenen Volkes und auch der Sozialisten in der ganzen Welt opfern, kein Trotzki trat ihm mehr entgegen.
In Marseille hatte ich nichts mehr zu tun. Ich mußte fort zur spanischen Grenze. Nach mehreren Tagen anstrengender Fahrt mit dem Fahrrad verweilte ich nochmals einige Tage in Toulouse, um nach Freunden und Bekannten zu suchen. Ich vermutete, daß Berthold Jacob in einem der Lager im Departement Haute Garonne sei. Bei meinem Freund, dem bereits erwähnten Schneidermeister, hinterlegte ich etwas Geld für Berthold Jacob; Jacob hatte seine Adresse.
Von Perpignan aus konnte ich mein Fahrrad mit der Bahn an meinen Freund in Toulouse als Geschenk zurückschicken. Die letzte Strecke zur französischen Grenzstation Cerbère ging ich über Banyuls-sur-Mer zu Fuß. In Cerbère lagen Hunderte von Flüchtlingen aus verschiedenen Ländern fest. Sie hatten wohl ihre Visen, aber die französische Grenzpolizei ließ

keinen Mann durch, der noch im militärpflichtigen Alter war. So genau hielten sich die Beamten des niedergeworfenen Frankreich an die Vorschriften, die sie von den Nazis erhielten.
Die schrecklichen Szenen von Verzweiflung und die zahlreichen Selbstmorde in Cerbère erwähnte ich schon. Jeder ankommende Flüchtling mußte seinen Paß der Grenzpolizei übergeben, die täglich an die Tür ihres Büros einen Zettel mit den Namen deren anheftet, die ihren Paß abholen konnten. Nach vier Tagen ging ich ins Büro und fragte nach meinem Paß. Ich erhielt ihn mit dem Bescheid zurück: „Keine Ausreiseerlaubnis, weil noch im militärpflichtigen Alter." Ich hatte mich aber in den vier Tagen nach Wegen über die Pyrenäen umgeschaut und erfahren, daß es Möglichkeiten gab. In den Mittagsstunden, wenn die Beamten zum Mittagessen gegangen sind, konnte man zu Fuß einen schmalen Weg zur spanischen Grenzwache gehen. Nachts bestand die Gefahr des Absturzes. Ich hörte aber auch von einem vertrauenswürdigen Bürgermeister von Banyuls-sur-Mer der ein „linker" Sozialist sein sollte. Zu ihm ging ich. Der Bürgermeister sagte mir augenzwinkernd, daß es ihm verboten sei, Flüchtlingen Ratschläge zu geben. So sei es auch verboten, im zur Zeit ausgetrockneten Bach durch den Wald zur Grenze aufzusteigen. Wer es trotz Verbot doch wagte, den schweren Weg zu gehen, der müsse sich oben bei den französischen Grenzpatrouillen melden, die alle zwei Stunden an der Grenze entlang gehen. Er sagte mir die Zeiten. Er war ein wunderbarer Mensch.
Ich ging den Weg nach oben, er war beschwerlich, aber doch sicher. Oben versteckte ich mich im Gebüsch und wartete zwei Grenzpatrouillen ab, die zu den Zeiten, wie sie der Bürgermeister angegeben hatte, vorübergingen. Dann ging ich wieder nach Banyuls zurück und schrieb einen Bericht mit der genauen Beschreibung des Fluchtweges und Angabe der Zeiten der Patrouillen an meinen Freund im Flüchtlings-Hilfsbüro in Marseille. Als ich meinen Paß ohne die Ausreiseerlaubnis zurückerhielt, ging ich in den glühend heißen Mittagsstunden den schweren steilen Weg zur spanischen Grenzwache. Mein Paß wurde gestempelt und ich erhielt Weisung, mich in Port Bou bei der Polizei zu melden. Im dortigen Polizeibüro saß neben dem spanischen Beamten ein deutscher Gestapomann am Tisch mit einem Fahndungsbuch in der Hand. Er verglich meinen Namen mit denen seines Buches.
Anderntags gegen Mittag war ich in Barcelona. Ich schaute mir Barcelona an und fuhr mit dem Nachtzug nach Madrid weiter. Unterwegs war wiederum Kontrolle durch Kriminalpolizei. Auf dem Bahnhof in Madrid standen an den Bahnsteigsperren schwer bewaffnete marokkanische Soldaten in ihren bunten Gewändern und Uniformen.
Der Zug nach Lissabon fuhr erst am Abend. Ich durchstreifte tagsüber Madrid und kam zu einem großen Gefängnis, mitten in der Stadt. Hinter jedem Gitter der glaslosen Fenster schauten mehrere gefangene Republikaner heraus, von denen der größte Teil die Freiheit nie wieder erlebte.
An der portugiesischen Grenze hatte ich nur noch eine Schweizer Banknote über 20 Franken bei mir. Der portugiesische Geldwechsler kannte angeblich kein Schweizer Geld, er wollte die Note zum französischen Kurs wechseln. Als wir hin und her redeten, sah ich den Hitler-Biographen Konrad Heiden aus einem Fenster des Zuges schauen. Er lieh mir 5 Dollar, mit denen ich Grenzgebühren bezahlen und mir noch Essen kaufen konnte.
Auf dem Bahnhof in Lissabon standen etwa hundert Flüchtlinge, die auf

Angehörige und Bekannte warteten und die Ankommenden fragten, ob sie diesen oder jenen kannten oder gesehen hätten. Ein Flüchtling, der mich angesprochen hatte, nannte mir sein Hotel, das billig und sauber sei. Ich ging hin und erhielt ein Zimmer. Obwohl ich kein Gepäck hatte, nur die Tasche mit dem Waschzeug, die ich in Frankreich die ganze Zeit über am Fahrrad befestigt hatte, verlangte man keine Anzahlung. Mein erster Gang war zur Hauptpost, dort schrieb ich Luftpostbriefe an meine Freunde in London und in der Schweiz. Vor und in der Hauptpost standen auch wieder hunderte von Flüchtlingen. Hier erzählte man mir, daß zur Zeit ungefähr 4000 Flüchtlinge in Lissabon lebten, die auf ihr Visum beziehungsweise auf das Schiff oder Flugzeug warteten, die sie nach Übersee bringen sollten. Es waren nicht nur deutsche Flüchtlinge, die hier warteten, diese waren sogar in der Minderheit gegenüber den Franzosen, Holländern, Belgiern, Polen, die unter der gleichen nervösen Ungewißheit litten wie die Deutschen. Ich erfuhr, daß der Treffpunkt der Flüchtlinge die Avenida da Liberdada sei. Als ich dorthin kam, sah ich vielleicht an die tausend Flüchtlinge auf den Bänken sitzen oder promenieren. Ich traf Babette Gross, die nach Willi Münzenberg fragte. Auch Maslow, Ruth Fischer, Arthur Koestler, den Berliner Arzt Benno Lewi, der mich in Paris behandelt hatte, Walter Mehring und andere Bekannte.

Jeder Flüchtling mußte seine Anmeldung bei der Polizei selbst erledigen. Der Hotelportier gab mir den Hotelmeldebogen mit. Auch vor und im Polizeibüro standen wieder Hunderte von Flüchtlingen. Es war eine trostlose Völkerwanderung; zum Bahnhof, zur Hauptpost, zur Polizei, zur Avenida. Zwischen diesen Stellen spielte sich das Leben ab. Die Polizei arbeitete normal, aber meine Aufenthaltsgenehmigung war nur auf drei Tage beschränkt. Ich mußte in den 11 Tagen, in denen ich mich in Lisabon aufhielt, viermal zur Polizei, um die Aufenthaltsgenehmigung zu erneuern.

Am Nachmittag des zweiten Tages traf ich auf der Straße Franz Pfemfert und seine Frau. Beide waren erschöpft und deprimiert. Pfemfert erzählte mir, daß sie beide seit vormittags zehn Uhr vor einem Hilfsbüro, das Suppe austeilte, gestanden hätten und jetzt, nach vier Stunden Warten, sei ihnen gesagt worden, daß die Suppe ausgegeben sei . . .

Eine Stunde später traf ich den Schriftsteller Leonhard Frank. Er war in wütender Stimmung. Als ich ihn fragte, ob er wegen seines Visums so aufgeregt sei, antwortete er: „Nein, ich habe heute Nacht im Casino von Estoril 70 Dollar verspielt." Daraufhin erzählte ich ihm daß Pfemferts hier seien und vergeblich nach Suppe angestanden hätten. Frank kannte Pfemfert gut. Pfemfert hatte Franks erste Schriften verlegt und den bis dahin unbekannten Schriftsteller bekannt gemacht. Ich weiß nicht, ob Frank zu Pfemfert ging und ihm half.

Fast jeden Tag wurde im Hafen eine Leiche geländet. Waren es Morde oder Selbstmorde? Die Behörden gaben keine Auskunft. Es wimmelte in Lissabon von Gestapobeamten, die ihre Mission gar nicht verbargen. Sie gingen zu zweit oder zu dritt durch die Avenida und zeigten ungeniert mit den Fingern auf den einen oder anderen Flüchtling. Die Flüchtlinge waren so voller Unruhe, daß sie kaum zu einer politischen Diskussion fähig waren. Unaufhörlich sprachen sie über Gerüchte, die Nazis würden durch Spanien marschieren und auch Portugal besetzen.

In einer Badeanstalt in Lissabon konnte ich mich wiegen; ich wog noch 92 Pfund. Seit Beginn der Flucht aus Paris hatte ich 35 Pfund abgenom-

men. Nach mehreren Tagen kam ein Telegramm von meinem Züricher Freund, ich solle mit dem Telegramm zu einer Bank gehen und mir einen Betrag auszahlen lassen. Das tat ich gern. Ich lebte bisher in ständiger Furcht, die Hotelrechnung nicht bezahlen zu können.
An einem Abend besuchte ich ein Wochenschau-Kino, das durch Plakate einen Film über den Vormarsch der deutschen Truppen durch die Niederlande, Belgien und Nordfrankreich anzeigte. Am Eingang und im Kino standen Polizisten, vielleicht um gegen Kundgebungen einzuschreiten. Die deutsche Wochenschau zeigte schauerliche Aufnahmen brennender Dörfer und Städte, auf den Straßen Tote, endlose Reihen französischer Gefangener, Berge erbeuteter Waffen, deutsche Panzer und marschierende deutsche Truppen, die den Kameramännern zuwinkten. Das Publikum im Kino war sehr lebhaft. Ich hörte Schreckensrufe, Weinen, Beifallklatschen und auch „Heil"-Rufe, besonders, wenn Hitler oder ein deutscher General auf der Leinwand erschien.
Weitere Tage später erhielt ich das erwartete Telegramm aus London mit der Aufforderung, zum britischen Konsulat zu gehen. Dort wurde ich schon vor dem Hause abgewiesen. Anderntags wurde die Tür nur einen Schlitz weit geöffnet, ich reichte das Telegramm hindurch. Nach einer Stunde bekam ich mein Telegramm zurück mit dem Bescheid, ich solle am folgenden Tag wiederkommen. Diesmal wurde ich hineingelassen, und es wurde mir gesagte, daß im Flugzeug am übernächsten Tag ein Platz für mich reserviert werde. Als ich meinen Bekannten auf der Avenida sagte, daß ich nicht nach den USA oder Mexiko, sondern nach England fahren wolle, erklärten sie mich einstimmig für verrückt: London existiere gar nicht mehr, die Stadt stehe in Brand und England werde in einigen Wochen kapitulieren, wie die anderen Länder kapituliert haben. Diese Ansichten hatten sie aus den deutschen Zeitungen geschöpft, die an den Kiosken am Bahnhof und im Hafenviertel zu kaufen waren. Auch die Lissaboner Presse brachte in Balkenüberschriften auf der ersten Seite Meldungen über die verwüstende Wirkung der deutschen Bombenangriffe auf London. Ich blieb jedoch zuversichtlich; ich wußte, daß England seit Wilhelm dem Eroberer keinen Krieg verloren hatte und sagte immer wieder, daß England nicht besiegt werden könne. Auf der Post erhielt ich noch einen sehr interessanten Bericht von Peter aus Basel über die deutschen Vorbereitungen zur Invasion Englands. In diesem Bericht hieß es, daß die deutschen Soldaten der Meinung seien, daß sie, falls sie versuchen sollten über den Kanal zu setzen, „nur als Fischfutter enden würden." Diesen Brief schickte ich sogleich nach dem Lesen auf dem Postamt per Luftpost an Otten nach London weiter.

Am übernächsten Tag wurde ich zum Flughafen Sintra bestellt. Nachdem ich mich bei der Polizei abgemeldet hatte, verabschiedete ich mich von meinen Bekannten. Alle bedauerten mich. Das Flugzeug startete pünktlich. In Porto landete es noch einmal zum Nachtanken und zur Postaufnahme. Dann flogen wir westwärts, manchmal knapp hundert Meter über dem Meer, manchmal stiegen wir so hoch, daß ich Atembeschwerden bekam. Nach einigen Stunden Flug wendete das Flugzeug und flog nach Lissabon zurück. Der Flugzeugführer sagte nach der Landung, daß deutsche Flieger gemeldet waren, er hatte einen Funkbefehl erhalten umzukehren. Die Passagiere und Besatzung blieben über Nacht zusammen in einem Hotel. Da am anderen Morgen noch keine Flugerlaubnis erteilt war, wurde uns gesagt,

daß wir zur Polizei nach Lissabon müßten, um eine neue Ausreiseerlaubnis zu holen; ohne diese würde niemand mitgenommen werden. So fuhr ich noch einmal nach Lissabon zurück.
Am folgenden Tag wurde gestartet und wieder in Porto getankt. Es regnete heftig. Ich stand ungefähr eine Stunde unter einer Tragfläche des Flugzeuges, bis weitergeflogen wurde. Auch diesmal flog die Maschine zuerst nach Westen und dann im großen Bogen an der Südküste Irlands vorbei nach England.
Es dunkelte schon, als das Flugzeug auf dem Flugplatz von Bristol landete. Der kontrollierende Beamte hatte ein Liste der erteilten Visen vor sich. Als er meinen Namen las, schaute er in seiner Kartei nach und gab mir einen Zettel mit einer Londoner Adresse. Nach Prüfung der Papiere und Ausfüllen eines Formulare wurden die Flugpassagiere mit einem Bus zum Bahnhof gefahren, der in völliger Dunkelheit lag. Ich stieg in den unbeleuchteten Zug und kam nach einigen Stunden Fahrt auf einem ebenfalls unbeleuchteten Bahnhof an. Die Türen wurden von außen geöffnet und es wurde zum Aussteigen aufgefordert. Ich folgte den rasch verschwindenden Reisenden zu einer Treppe. Da ich nicht wußte, wo ich mich befand, setzte ich mich nieder. Es war gerade ein Luftangriff auf die Stadt. Das Heulen und Krachen niedergehender Bomben und das Donnern des Abwehrfeuers von Geschützen, die nicht weit entfernt zu stehen schienen, verursachten einen Höllenlärm. Ich blieb auf der Treppe sitzen, bis der Morgen dämmerte und ich erkennen konnte, wo ich mich befand. Es war der Paddington-Bahnhof.
So kam ich am 9. Oktober 1940 nach London. Ich hatte auf der Treppe zur Untergrundbahn gesessen. Ich wusch mich auf der Toilette des Bahnhofes und orientierte mich nach der an der Wand des Bahnhofs klebenden Karte von London. Es fuhren zwar Taxen, aber da ich kein englisches Geld hatte, ging ich zu Fuß zu der Adresse. Als ich an der Tür klingelte, öffnete sie der Propagandamann aus Paris, den ich in Orléans verpaßt hatte.

22. Das brennende London

Der Propagandamann trug die Uniform eines britischen Oberleutnants. Er sagte mir, daß Karl Otten zu Beginn der großen Bombardements aus London verzogen sei und auf dem Lande wohne. Meine Briefe aber seien angekommen und er hätte sie ebenfalls gelesen. Während wir über meine Flucht aus Paris sprachen, trat eine Dame ins Zimmer. Ich schätzte sie auf etwa Mitte Vierzig, ihre Gesichtszüge waren intelligent und ruhig. Sie sprach mich sogleich in fließendem Deutsch mit meinem Vornamen an und bat mich, sie mit „Madame" anzureden. Offensichtlich war sie die Hausherrin. Ihren Namen erfuhr ich erst einige Jahre später gegen Ende des Krieges, als sie mir erzählte, daß sie die Witwe eines britischen Diplomaten sei und in der Zeit zwischen den Kriegen in Wien und Berlin gelebt hatte.
Wieder ertönten die Warnsirenen und gleich darauf folgte der Donner von Abwehrgeschützen und das Krachen von Bomben. Der Offizier und die Sekretärin waren beim Ertönen der Warnsirenen aus dem Zimmer gegangen. „Madame" schloß ein Klappfenster mit der Bemerkung, „man kann sonst kaum ein Wort verstehen", und sagte im entschuldigenden Ton, daß die Bombardements noch sehr heftig seien, aber gegenüber denen im Monat September doch nachgelassen hätten. Falls ich aber lieber in den Keller gehen wolle, der mit Sandsäcken geschützt sei, so könnten wir nach der Entwarnungssirene weitersprechen. Sie sagte, daß sie mich nach dem Bombardement zur Polizei begleiten werden, „damit Sie einen legalen Ausweis haben" und fügte hinzu, „daß Ihr polnisches Papier nicht echt ist, ist dem Foreign Office bekannt, aber wir wollen das auf dem Polizeibüro nicht erwähnen. Sie können Ihre Papiere nach dem Kriege in Ihrer Heimat regeln." Während dieses Gesprächs wackelten manchmal die Wände. Madame holte zwei Tassen, Tee und etwas Gebäck.
Als die Entwarnungssirenen verklungen waren, gingen wir zur Untergrundbahn und fuhren zur zentralen Meldestelle für Ausländer in der Nähe des Piccadilly-Circus, dem nach englischer Meinung Mittelpunkt des Empire. Sie zeigte dem Polizeibeamten ihren Ausweis und dieser stellte mir eine Identitätskarte an Hand meines polnischen Papiers aus. Auf die Frage des Beamten nach meiner Muttersprache, gab ich die deutsche an. Daraufhin gab er mir eine in deutscher Sprache gedruckte Karte, die den Wortlaut trug: „Deutschen Flüchtlingen wird dringend geraten, äußerst vorsichtig in

ihren Gesprächen zu sein. Sprechen Sie nicht laut auf der Straße, besonders nicht am Abend. In Ihrem eigenen Interesse empfehlen wir Ihnen dringend, keine Arbeitsangebote irgendwelcher Art anzunehmen, ohne vorher die Erlaubnis der englischen Regierung eingeholt zu haben." Als meine Adresse gab ich die Wohnung Karl Ottens an, zu dem ich ziehen sollte. Die Lebensmittelkartenausgabe für Ausländer war im gleichen Haus, ich erhielt die Karte ohne weitere Prüfung.
Zurück im Büro, es war ein großes Einfamilienhaus mit Vorgarten, in dem Madame wohnte, sagte sie, daß sie Otten telegraphieren werde, er solle nach London kommen. Ich aber möchte in den nächsten Tagen einen minutiösen Bericht schreiben über meine Erlebnisse seit Verlassen von Paris bis zur Ankunft in London; über die Zustände in Frankreich im allgemeinen, über das Verhalten der Franzosen, der Soldaten, der Flüchtlinge auf den Landstraßen, über die Reaktion der Bevölkerung auf den Aufruf de Gaulles und wie die Verwaltung und die Polizei jetzt arbeitete. Ich erhielt eine Karte von Frankreich zum Einzeichnen der bei der Kapitulation festgelegten Demarkationslinie und der Wege, die ich von Paris über Orléans–Toulouse–Marseille zur französischen Grenze gefahren war und die Möglichkeit der Übergänge nach Spanien.
Der Offizier führte mich am Abend zu einer Pension, in der ich bis zur Rückkehr Ottens wohnen sollte. Zum Schreiben des Berichtes ließ mir Madame eine Schreibmaschine bringen, die ich für die Dauer des Krieges behalten konnte. Zwei Wochen später sagte mir Madame, daß sie meinen Bericht habe übersetzen und vervielfältigen lassen und daß sie ihn an das zuständige Ministerium übergeben habe. Der Bericht habe einen vorteilhaften Eindruck gemacht, weil ich zum Beispiel solche Einzelheiten beschrieben hatte, wie die Franzosen, als ihnen das Benzin ausging, für die Autos Holzkohlengas benutzten. Das hätten sie im Ministerium noch nicht gewußt. Ebenso interessant seien die von mir geschilderten Stimmungen gegenüber England und dem Aufruf de Gaulles.
Auf Grund meines Berichtes über meine Flucht aus Frankreich wurde ich von Madame gefragt, ob ich noch einmal nach Lissabon und eventuell nach Frankreich zurückgehen würde. Es müßten mehrere Grenzübergänge gesucht werden, ähnlich dem von Banyuls, um britischen Kriegsgefangenen oder Internierten, die aus Lagern oder Gefängnissen auf dem Kontinent ausgebrochen waren, über Spanien nach Gibraltar oder Portugal zu helfen. Portugal war dem Namen nach seit Jahrhunderten ein mit England verbündetes Land. Ich hatte in Lissabon einige Flüchtlinge aus Paris getroffen, denen das spanische Transitvisum verweigert worden war, die ohne dieses Visum Lissabon erreicht hatten. Diese hatten mir den Weg geschildert, und ich hatte diese Schilderungen in meinem Bericht aufgenommen. Ein Flüchtling hatte eine Möbeltransportfirma in einem französischen Ort im Grenzgebiet kennengelernt, die ihn und einige andere Flüchtlinge als Möbelpacker über die Grenze genommen hatten. Den Namen und die Adresse dieser Transportfirma hatte ich mit angegeben.
Ich war sofort bereit nach Portugal zu fahren. Nach mehreren Besprechungen bei Madame, an denen der erwähnte Oberleutnant und ein Major teilnahmen, fuhr aber an meiner statt der französisch sprechende Major. Diesem gab ich die Adressen der in Lissabon, Toulouse und Marseille lebenden Bekannten und Empfehlungsschreiben mit.
Bis zur Rückkehr des Majors vom Kontinent sah ich Madame nur selten, da-

für aber öfters den Oberleutnant. Dieser machte in den Unterhaltungen mit mir kein Hehl daraus, daß er ein entschiedener Kriegsgegner sei. Er habe seine jetzige Stellung nur bekommen, so sagte er mir, weil er Deutsch und Französisch spreche. Im Zivilberuf sei er Verlagsangestellter, also ein Kollege; er habe auch Literatur studiert. Er erzählte mir, daß er abends zu Hause zuerst „die Uniform ausziehe und in die Ecke werfe." Wir vertrugen uns recht gut. Freunde wurden wir zwar nicht, aber er machte auch private Übersetzungen für mich und gab mir manchen guten Rat.

Als Karl Otten aus seinem bombensicheren Provinzort zurückkam, erzählte er mir, wie im Juli 1940 alle in England wohnenden Deutschen und Österreicher, gleichgültig ob Reichsdeutsche mit Pässen oder ausgebürgerte jüdische oder politische Flüchtlinge, verhaftet, in verschiedenen Lagern, auch in Gefängnissen, besonders aber auf der Insel Man in den großen Hotels in der Nähe des Strandes interniert wurden. Zahlreiche Internierte stellten den Antrag, nach Kanada transportiert zu werden und es waren mehrere Transporte zusammengestellt worden. Mit einem Schiff, das im September 1940 bei Irland von einem deutschen U–Boot torpediert wurde, gingen ungefähr 1.100 Flüchtlinge und Evakuierte in die Tiefe. Hierbei ertranken ganze Familien deutscher Flüchtlinge. Darunter befanden sich auch der Berliner Rechtsanwalt und Schriftsteller Dr. Rudolf Olden, Verfasser der Biographie „Hindenburg oder der Geist der preußischen Armee" und seine Frau. Otten berichtete weiter, daß die Kommissionen, die die deutschen Flüchtlinge überprüften, täglich tagten und daß auch täglich Freilassungen erfolgten.
Die meisten männlichen Freigelassenen im militärdienstpflichtigen Alter wurden zu den „Pionieren" eingezogen. Das waren keine Pioniere im deutschen Sinne, sondern Arbeitskolonnen, die in den bombardierten Städten zu Aufräumungsarbeiten eingesetzt wurden.
Otten wohnte in einem Einfamilienhaus im Stadtteil Colders Green. In diesem und dem benachbarten Stadtteil Hampstead wohnten damals die meisten deutschen und österreichischen Flüchtlinge. Ich erhielt ein Zimmer im Dachgeschoß. Otten war ein sehr ängstlicher Mensch. Bei jedem Ertönen der Alarmsirene ließ er alles stehen und liegen und lief mit seiner Frau zu einem öffentlichen Bunker, der einige hundert Meter von der Wohnung entfernt war. Abends gingen beide bereits gegen 18 Uhr mit Decken und Kissen zum Bunker und kamen morgens müde und zerschlagen nach Hause. Meistens hatten sie die ganze Nacht über kein Auge geschlossen wegen des Lärms der niedergehenden Bomben und des Geschützfeuers. Ich weigerte mich, ebenfalls in einen Bunker zu gehen. Nach einigen Wochen zog ich von Otten fort, um mich nicht völlig mit ihm zu verzanken, weil er entsetzlich pessimistisch war und morgens auf die „faulen Zeitungsfrauen" schimpfte, wenn seine „Times" nicht pünktlich gekommen war. Wenn ich einwendete, daß die Drucker oder die Austrägerfrauen in der Nacht vielleicht auch im Bunker waren, wollte er das nicht gelten lassen.
Otten entwickelte die „Theorie", dieser Zweite Weltkrieg sei erst das Vorspiel zum Dritten. Es habe drei Punische Kriege gegeben, bis Karthago endgültig Ruhe hielt, so werde es drei Weltkriege geben, bis die Deutschen Ruhe halten werden. Ein anderes Mal, nach einer besonders schweren Bombennacht, war er der Meinung, daß England kapitulieren müsse, die Stimmung der Einwohner im Bunker sei für Kapitulation gewesen. Jetzt zog

ich aus. Freie Wohnungen und Zimmer gab es genügend, über eine Million Bewohner Londons hatten die Stadt verlassen.

Während ich auf die Rückkehr des Majors vom Kontinent wartete, war ich mit der Abfassung eines weiteren Memorandums für die britische Regierung beschäftigt, das die politische Situation in Deutschland, das Verhältnis des Offizierskorps zur Nazipartei und die Situation der deutschen Flüchtlinge behandelte. Ich umriß die Aufgaben, die die deutschen politischen Flüchtlinge eventuell übernehmen könnten, und schlug vor, den deutschen Flüchtlingen, die sich eindeutig als Gegner des Nazismus bekennen, den Status von Alliierten zu geben. Es sollte ferner ein deutsches Konsulat errichtet werden, das auch die Arbeits- und Unterstützungsangelegenheiten der deutschen Flüchtlinge regeln sollte. Nachstehend gebe ich einen Auszug aus diesem Memorandum vom Ende Oktober 1940:
„Das Eigenartige des gegenwärtigen Krieges ist, daß er nicht nur ein Krieg zwischen Nationen, sondern daß er darüber hinaus auch ein internationaler Bürgerkrieg ist. Das heißt, die Deutschen führen diesen Krieg als einen internationalen Bürgerkrieg. Die deutschen politischen und militärischen Erfolge waren nur möglich, weil ein Teil der Bevölkerung in den von Deutschland besiegten und besetzten Ländern mit dem deutschen Nazi-Regime sympathisierten. ... Vor diesem Kriege und auch heute noch wollte und will ein Teil der deutschen Offiziere von der Nazipartei nichts wissen; aber sie brauchen die Partei, um die Macht zu erringen und zu halten. Die Träger der Idee von der „deutschen Herrenrasse, die berufen ist, Europa und die Welt zu beherrschen", stammen aus den Offiziers- und Beamtenkreisen Preußens. Es ist darum falsch, die Offiziere, die die Vorherrschaft der Partei ablehnen, als „oppositionell" zu bezeichnen. ...
Deutschland kann militärisch allein nicht geschlagen werden; es sei denn; der Krieg führt zum Verbluten auch Englands. Darum müssen die Deutschen, die aus politischen, religiösen, humanitären Gründen gegen die Naziherrschaft, aber auch gegen den preußischen Militarismus und gegen die ostelbische Herrenkaste sind, zur Mitarbeit herangezogen werden. Heute sind diese Nazigegner Objekte der Polizeien aller Länder. Erst die Anerkennung der deutschen politischen Emigranten als politische Körperschaft würde aus dieser eine politische und militärische Kraft schaffen, die an der Niederringung des heutigen Deutschlands einen großen Anteil haben könnte. Das Problem Europas und der Welt ist eine deutsche Revolution. Hitler, der Nationalsozialismus, muß auch in Deutschland geschlagen werden!
Deutschland hat noch keine Revolution gehabt. Seit den Bauernaufständen 1525 gab es nur Auflehnungsversuche kleiner Kreise 1848 und 1918. Im November 1918 gab es keine Revolution, sondern vereinzelte Aufstände im Gefolge des militärischen Zusammenbruchs. Nur durch eine Revolution in Deutschland kann der „Nachkrieg" gewonnen werden. In Deutschland hat das Militär den Staat geschaffen, nicht der Staat das Militär. ...
...
Die Organisierung der Revolution in Deutschland ... ist die Aufgabe der deutschen Menschen. die Freiheit und Menschlichkeit wollen – in und ausserhalb Deutschlands.

...
Die Organisierung und Anerkennung der deutschen politischen Flüchtlinge und Emigranten ist weit wichtiger, als die Heranziehung einiger hundert

Deutscher zur Mitarbeit im Kriege gegen Deutschland. ...
Ausarbeitung eines Programms über das kommende Deutschland".
Der Empfang meines Memorandums wurde von Regierungsstellen mit „Dank für die interessanten Vorschläge" bestätigt. Dann aber hörte ich bis Kriegsende nichts mehr davon. Die zuständigen englischen Stellen hielten es für ratsamer, Flüchtlinge, die ihnen geeignet erschienen, auszuwählen und sie für Rundfunkpropaganda und für Verhöre oder Schulungen deutscher Kriegsgefangener zu verwenden.
Als ich noch bei Otten wohnte, erhielten wir beide eine Einladung von Wickham Steed, zum Tee zu kommen. Mit Wickham Steed lernte ich eine der markantesten Persönlichkeiten Englands kennen. Nach dem Zusammenbruch der Westfront im Juni 1940 und während der demütigenden, aber doch gelungenen Evakuierung der britischen Armee von Dünkirchen, hatte Steed seine große Stunde, die ihm für immer seinen Platz in der englischen Geschichte einräumt. Er wurde Initiator und Leiter der Organisation nichtdienstpflichtiger Freiwilliger. Die damaligen Wochenschauen zeigten Steed beim Austeilen der Waffen an Kampfwillige und -fähige ohne Altersbegrenzung. Wer sich, wie Steed selber, auch mit 70 Jahren noch rüstig genug fühlte, sollte mitkämpfen. Es meldeten sich mehr Männer freiwillig, als Gewehre in ganz Großbritannien vorhanden waren. „Jeder Feind, der englischen Boden betritt, wird erschlagen", war Steeds Parole. Die Naziarmeen kamen nicht. Wickham Steed erzählte mir, daß Millionen von Tonnen Petroleum an der Küste aufgefahren waren, die Aggressoren wären verbrannt worden. Wickham Steed war vor 1914 Korrespondent der bedeutendsten englischen Zeitung „The Times" in Wien gewesen und später in London einige Zeit ihr Chefredakteur. Steed wurde aus Österreich-Ungarn ausgewiesen, als er nach der Annexion Bosniens und der Herzegowina durch Österreich-Ungarn 1908 den europäischen Krieg voraussagte. Um diesen zu vermeiden, hatte Steed vorgeschlagen, die ungefähr zehn Völkerschaften Österreich-Ungarns zu einer Föderation nach Schweizer Muster zu gliedern. Dieser Vorschlag wurde als „Hochverrat" aufgefaßt.

Wickham Steed war auch der erste Brite, der im Juli 1934 einen dokumentarischen Bericht über die neue deutsche geheime und offene Aufrüstung unter Hitler veröffentlichte, die England aufhorchen ließ. Das Material zu diesem Bericht hatte Steed von Otto Lehmann-Russbueldt erhalten. Als ich dem drahtigen, weißhaarigen, lebhaften Mann gegenübersaß, wollte er vor allem über die jetzt nötige Propaganda nach Deutschland diskutieren. Ich kritisierte die Sendungen der BBC und sagte: „Wenn deutsche Hörer Zuchthaus und sogar Tod riskieren, dann müssen die Sendungen auch soviel Substanz enthalten, daß es lohnt, ein Risiko einzugehen." Alles Beiwerk müsse wegfallen. „Die Nazis haben das Abhören feindlicher Sender unter Strafe gestellt, gleichgültig, was gesendet wird. Also wenn Propaganda, dann nur so grobe und klare, daß jeder Hörende in der Lage ist, das Gehörte weiter zu sagen. Die vielen Musikeinlagen brauchen die Deutschen nicht, die serviert ihnen Goebbels selber."
Auf die Frage Wickham Steeds, wie ich mir eine wirkungsvolle Propaganda vorstelle, sagte ich: „Durch eine klare Definition des Sozialismus als die Gesellschaftsform der Gegenwart und Zukunft. Wir müssen den Deutschen sagen, daß der Nazismus und Militarismus in der kapitalistischen Gesellschaftsordnung verankert sind, Teil derselben sind." Damit war Wickham

Steed nicht einverstanden. „Auf keinen Fall Sozialismus, der unweigerlich zum Bolschewismus führen wird", sagte Steed, „das Bündnis Stalin-Hitler beweise die Verbundenheit dieser Systeme. Mir ist der Sozialismus ein zu unklarer Begriff, ich würde höchstens zulassen, ihn als Propaganda für die Arbeiterschaft zu akzeptieren, mehr nicht", fügte Steed hinzu. „Die Militärclique und der Nazismus müssen beseitigt werden, die gesellschaftliche Struktur muß bleiben," wiederholte er.
Ich sah Wickham Steed öfters; ich überbrachte ihm das Memorandum vom Ende Oktober, dann sprach ich ihn einige Male in der Angelegenheit Berthold Jacob.
Die Bombenangriffe der deutschen Flieger erfolgten Tag und Nacht. Ich sah London brennen. Ich sah den Abtransport von Toten und Verwundeten. Verlustzahlen veröffentlichte die Presse nicht. In einem städtischen Gebäude im Zentrum Londons war eine standesamtliche Stelle, an deren Tür eine schwarze Tafel hing, auf der täglich die Anzahl der Toten der vergangenen 24 Stunden angeschrieben wurden. Ein Schutzmann stand neben der Tafel und sagte jedem, der sich die Zahlen notieren wollte, daß dies nicht erlaubt sei. Ich ging nach besonders heftigen Nachtangriffen öfters dorthin und las manches Mal von über hundert Toten der vergangenen 24 Stunden.
Ich hatte das Glück, niemals auch nur verletzt zu werden. Es war in den ersten Wochen meines Aufenthaltes in London, als ich ein Plakat las, daß im „Café de Paris" eine Negerkapelle aus Paris gastiere, die vor dem Kriege nach nach London gekommen war und keine Möglichkeit mehr hatte, zurückzukehren. Das Café war in der Nähe des Leicester Square. Als ich hinging, war diesiges Wetter und alles verdunkelt. Der Portier des Cafés sagte, es sei kein freier Platz mehr vorhanden, ich solle nach einer Stunde wiederfragen. Als ich nach einiger Zeit wiederkam, brannte das Café. Es hatte einen Volltreffer erhalten. In den nächsten Tagen erfuhr ich, daß die Musiker und ungefähr 80 Gäste getötet worden seien.
Ich trug noch den sehr abgenutzten Anzug aus Paris. Otten begleitete mich zu einem Kleiderladen, in dem ich einen Anzug kaufte. Als ich am folgenden Tag den geänderten Anzug abholen wollte, brannte der Häuserblock. Der Kleiderladen existierte nicht mehr.
Ich zog in ein Zimmer in der Notting Hill Gate im Westen Londons. Auf dem Wege dorthin fand ich die Straßen voller Glasscherben und Trümmer vom Bombardement der letzten Nacht. Die Geschäfte in dieser Straße und in den Nebenstraßen waren meistens ohne Schaufenster. Sie waren mit Pappe oder Brettern notdürftig vernagelt, aber an den Türen waren selbstgeschriebene Schilder angebracht mit dem Text „Geöffnet wie üblich."

Londons Stadtmitte, um den „Piccadilly Circus" herum, ist im wahren Sinne des Wortes ein Zentrum des Londoner Lebens. Wohin man in London auch zu gehen wünscht, der Weg führt meistens hier vorbei. So wollte es der Zufall, daß ich hier eines Tages, gegen Ende November 1940 Stachek Scymoncyk traf. Er lud mich ein, ihn zu seiner Wohnung in einem „Court" im Stadtteil Kensington zu begleiten. Dort traf ich außer seiner Frau zwei Männer an, die mein Freund mir als die Franzosen André Labarthe und den Soziologen Professor Raymond Aron vorstellte.
Mein Freund erzählte mir, daß Labarthe ihn und seine Frau im Auto von Paris zur Küste bei Cherbourg gefahren hatte. Von dort waren sie von einem

Fischer nach England hinüber gesegelt worden.
Im Internierungslager, in dem sie ihre ersten Tage in England bis zur Überprüfung ihrer Personalien verbrachten, hatten sie Professor Aron und die Frau eines holländischen Großindustriellen getroffen. Dieser Frau gehörte auch die Etagenwohnung mit ungefähr 10 Zimmern. Hier hatten der dynamische André Labarthe mit Raymond Aron, Scymoncyk und seine Frau ideale Wohn- und Arbeitsräume gefunden.
André Labarthe hatte sogleich nach seiner Entlassung aus der Internierung mit britischen Regierungsstellen verhandelt und die Genehmigung erhalten, eine französische „Monatsschrift für Politik, Kultur- und Militärangelegenheiten" herauszugeben, die den Namen „La France Libre" erhielt und die unabhängig von dem damals rivalisierenden Generalen de Gaulle und Giraud und dem Admiral Muselier bleiben sollte. Sie erschien bis Kriegsende. Das Ressort Militär und Kriegsführung hatte mein Freund Scymoncyk übernommen. Im ersten Heft hatte er einen sehr kritischen Bericht über den „Blitzkrieg" als erste Phase des kommenden Weltkrieges gegeben. Der Artikel begann mit der Abwandlung des de Gaulle–Zitats: „Deutschland hat bis jetzt Siege errungen, aber nicht den Sieg."
Als ich beim ersten Besuch mit Scymoncyk das Redaktionszimmer betrat, diskutierten Labarthe und Aron gerade über die Zuschriften an die Redaktion von „La France Libre" zu ihrer ersten Nummer. Unter den Zuschriften waren je ein Brief von Winston Churchill und von de Gaulle. Mein Freund hatte seinen Artikel nicht namentlich gezeichnet, er zeichnete auch die folgenden nicht. Scymoncyk wünschte, daß ich ihm in seiner Arbeit helfe. Das tat ich gern und ich konnte somit während des Krieges in seinem Büro die schweizer und deutschen Zeitungen lesen, die die Redaktion mit besonderer Erlaubnis der britischen Regierung aus Lissabon mit Luftpost kommen ließ. Scymoncyks Kriegsberichte und Kritiken wurden einige Jahre später noch einmal als Buch herausgegeben, auch dieses Buch zeichnete er nur „Vom Militärkritiker der Zeitschrift „La France Libre" ". Scymoncyk und ich kannten uns bereits seit zwanzig Jahren. Er war einmal Redakteur an der Berliner „Roten Fahne" gewesen. Er war geborener Tscheche, hatte in Deutschland studiert; einer seiner Lehrer war der Soziologe Max Weber gewesen. Einige Jahre vor Hitlers Machtübernahme hatte Scymoncyk zum engeren Kreis um Thälmann, Ulbricht, Gerhard Eisler, gehört. Als wir uns im März 1933 in Berlin zum letzten Male trafen, riet ich ihm, so schnell wie möglich Berlin und Deutschland zu verlassen. Zwei Jahre später trafen wir uns in Paris. Bevor er wegen der Moskauer Prozesse gegen die alten Gefährten Lenins mit der Kommunistischen Partei brach, hatte er noch an einem bemerkenswerten Buch über die Kriegsvorbereitungen Deutschlands mitgearbeitet. Es trägt den Titel „Die große Lüge"; gezeichnet ist es „Von einem früheren Generalstäbler".

Der Major kam kurz vor Jahresende von seiner Kontinentreise zurück. Er bestätigte meine Angaben und brachte mir mehrere Briefe aus Marseille, Toulouse und Lissabon mit. Unter den Briefen waren auch einige von Peter und Elli aus der Schweiz.
Die Reise des Engländers hatte bewiesen, daß es mit einem neutralen Paß und mit viel Geld noch möglich war, ins besetzte Frankreich hinein und wieder herauszukommen, und es konnte ein Grenzdienst an der französischen spanischen Grenze geschaffen werden, der bis zur Besetzung ganz Frank-

reichs durch die deutschen Truppen gut funktionierte.

Ich erhielt nun die Genehmigung, Briefe an meine Freunde auf dem Kontinent mit Luftpost an eine Deckadresse in Lissabon zu schicken, von wo sie nach der Schweiz und Frankreich weitergeschickt wurden. Es war verständlich, daß ich die Briefe offen bei Madame abgeben mußte. Auf demselben Wege erhielt ich die Antworten. Der Briefwechsel erfolgte oft recht schnell. Luftpostbriefe an meine Freunde in den USA konnte ich in die Postkästen werfen, sie gingen durch die übliche Zensur.
Unter den Briefen, die der Major aus Lissabon mitbrachte, war eine Mitteilung von Adolph W. aus Marseille, daß Berthold Jacob in Marseille sei und daß Jacob mir Anfang Oktober 1940 einen Brief geschrieben habe. Ich antwortete auf die Nachricht hin am 28.12.1940 über die Deckadresse in Lissabon an Adolph W. in Marseille, daß ich noch keinen Brief von Jacob erhalten habe. Daraufhin erhielt ich einen Brief, datiert Agen, den 14. Januar 1941, unterzeichnet Marcel Rollin. Der Brief war mit violetter Tinte geschrieben und ich erkannte die Handschrift Berthold Jacobs. Er teilte mir den Empfang meines nach Marseille adressierten Briefes mit. Erst am 2. April 1941 erhielt ich einen zweiten Brief von Berthold Jacob, der bereits am 24. Januar 1941 in Agen aufgegeben war, in dem er mir mitteilte, daß er infolge von Verleumdungen von seiten anderer Flüchtlinge kein Visum vom amerikanischen Konsulat in Marseille für die USA erhalten konnte. Ich schickte einen weiteren Brief an Arkady Maslow, der noch in Lissabon auf ein Schiff nach Cuba wartete. Auch Maslow erhielt kein Visum nach den USA. Dieser Brief war sehr wichtig für Jacob. Ich schrieb ihm unter anderem, daß er zu meinem Freund in Toulouse fahren sollte und aus dem dort hinterlegten Brief das Geld für Visen und Reise nach Lissabon entnehmen sollte. Da ich ohne Antwort blieb, schrieb ich am 20. März noch einmal nach Agen und letztmalig am 19. April wieder über Maslow/Lissabon nach Agen. Diesen letzten Brief erhielt ich zurück mit dem Vermerk des Postamtes Agen, daß der Adressat abgereist sei, ohne eine Adresse zu hinterlassen.
Mittlerweile hatte ich in London erfahren, daß ein Bruder Berthold Jacobs in London unter dem Namen Madol lebte. Ich erreichte Madol, der Schriftsteller war, über den Verlag Hutchinson, London. Wir trafen uns, und ich gab ihm die Adresse seines Bruders in Agen.
Anfang Juni 1941 erhielt ich von Otto Lehmann-Russbueldt aus Leicester die Kopie eines Briefes von „Marcel Rollin" – Berthold Jacob, den dieser aus Madrid an Wickham Steed gerichtet hatte. Unglücklicherweise wußte Wickham Steed nicht, daß „Marcel Rollin" Berthold Jacob war und schickte den Brief an Lehmann-Russbueldt weiter, da dieser im Brief erwähnt war. In diesem Madrider Brief schrieb Jacob, daß er wichtige Nachrichten für General de Gaulle habe, die ihm französische Widerstandskämpfer anvertraut hatten. Er, Jacob, wäre auch beim englischen Militär-Attaché, einem Major, in Madrid gewesen. Dieser habe sich aber völlig uninteressiert verhalten. Wickham Steed teilte Lehmann-Russbueldt im Begleitschreiben mit, daß er, wer der Schreiber auch sei, nicht helfen könne. Ich hatte inzwischen mit monatelanger Verspätung den Brief Berthold Jacobs vom 3. Oktober 1940 aus Marseille erhalten. Am 31. August 1941 erhielt ich einen Brief von Berthold Jacob aus Lissabon, in dem er mir mitteilte, daß er am 17. August in Lissabon eingetroffen sei. Als Adresse gab er das Hilfs-

büro „Unitarian" in Lissabon an. Über dieses Hilfsbüro ging der nun folgende Briefwechsel. Ich bestätigte den Empfang des Briefes sofort telegraphisch und schrieb zwei ausführliche Briefe an Jacob mit der Schilderung meiner, Ottens und Lehmann-Russbueldts Situation und mit Adressen von gemeinsamen Bekannten und gab Jacob die Auskünfte, die er in seinem Brief gewünscht hatte. In meinem weiteren Brief vom 30.8. und 31.8. schrieb ich unter anderem: „Lehmann-Russbueldt und ich liefen tagelang danach (Geld) herum . . . aber nicht einen Penny kriegen wir . . . Wir sind froh, Brot zu bekommen, und das ist noch bitter genug . . ." Die Kopien dieser beiden Briefe und des Telegramms habe ich wiedergefunden, daher kann ich diese Sätze im Wortlaut zitieren. Unter dem Datum vom 9.9. bestätigte Jacob den Empfang des Telegramms und der beiden Briefe vom 30. und 31. August 1941. Er teilte auch mit, daß er von Agen aus nicht zu meinem Freund nach Toulouse fahren konnte, er hatte das Geld nicht abgeholt.
Ich antwortete Jacob postwendend unter dem 23.9. ausführlich, daß alle meine Bemühungen um ein Visum und um Geld für ihn vergeblich waren. Ich schrieb unter anderem: „Es war eben unser, besonders Dein Unglück, nicht einer Partei anzugehören". Da ich keine Antwort erhielt, schrieb ich am 5. Oktober wiederum an ihn über das „Unitarian" Büro und legte einen Brief für Erich Wollenberg bei, den er in Lissabon zur Post geben sollte.
Mit Berufung auf das Asylangebot Winston Churchills für alle Anti-Naziflüchtlinge hatte ich nach der Rückkehr des Majors eine Liste mit den Namen meiner Freunde und Bekannten, die sich noch in Frankreich oder Portugal befanden, beim britischen Auswärtigen Amt und beim Kriegsministerium eingereicht. An der Spitze der Liste standen die Namen Berthold Jacob und Erich Wollenberg. Außer den hilfeheischenden Briefen von Jacob kamen ebensolche von Wollenberg aus Casablanca und später aus dem Gefangenenlager Missoure in Marokko. Ich ging mit diesen Briefen und meiner Liste von einer Stelle zur anderen und mußte die Erfahrung machen, daß auch in England die Bürokratie stärker war als der Genius Englands dieser Zeit, Winston Churchill. „Was wollen Sie, wir haben eigene Sorgen, Tag und Nacht sterben Engländer, fallen Bomben auf unsere Städte, und unsere Schiffe werden versenkt", wurde mir geantwortet. Als ich immer wieder sagte, ich will nur die Einreisevisen, alles andere organisiere ich selbst, wurde zwar niemals nein gesagt, aber Beistand zur Rettung von Antinaziflüchtlingen fand ich nicht.
Gegen Ende November 1941 erhielt ich vom Leiter des „Unitarian"–Hilfsbüros einen Brief mit dem Datum vom 13. November, in dem er mir den Empfang eines Briefes für Berthold Jacob bestätigte und schrieb „Berthold Jacob ist leider nicht mehr in der Lage, Ihren Brief zu beantworten . . . Den Brief an Wollenberg haben wir weitergeleitet."
Die Daten dieser Briefe und den Inhalt kann ich angeben, weil ich die Briefe Jacobs und Wollenbergs und die Kopien meiner Antworten und Briefe in London wiedergefunden habe. Erst Monate später erfuhr ich, daß Berthold Jacob beim Verlassen des „Unitarian"–Büros am hellen Tag von zwei deutschen Gestapobeamten niedergeschlagen und in ein vor dem Hause haltendes Auto geworfen worden war. Am 2. August 1942 brachte die Londoner Wochenzeitung „Sunday Dispatch" einen Bericht über die Entführung Berthold Jacobs, in dem es hieß, daß das Auto direkt zur spanischen Grenze gefahren sei.

Weitere Jahre später erfuhr ich, daß Berthold Jacob nach Madrid gebracht, dort mehrere Wochen im Keller der Deutschen Botschaft gefangen gehalten, dann mit einem Flugzeug nach Berlin ins Gefängnis transportiert worden war. Berhold Jacob starb kurz vor Kriegsende. Über die Umstände seines Todes konnte ich nichts erfahren.
Dies ist die Geschichte der zweiten Entführung Berthold Jacobs. Ich weiß auch nicht, ob Berthold Jacob noch die Genugtuung empfinden konnte, zu erfahren, daß seine beiden speziellen Jäger, die ihn seit seiner Redaktionstätigkeit in Carl von Ossietzkis „Weltbühne" verfolgten, Oberst Nikolai und Admiral Canaris, ihn nicht oder nicht lange überlebten. Oberst Nikolai starb vor Berthold Jacob, Admiral Canaris wurde von den Nazis gehängt.
Nach Wickham Steed lernte ich einen weiteren Engländer kennen, der für einen kurzen Zeitabschnitt in England von größter Bedeutung war: Sir Robert Vansittart. Dieser war von 1930 bis 1938 ständiger Staatsekretär im britischen Auswärtigen Amt gewesen. Nachdem er nach der Machtübernahme durch Hitler zunächst zu Vorsicht und Zurückhaltung geraten hatte, hatte er nach einer Unterredung mit Hitler eher und klarer als jeder andere an verantwortlicher Stelle in der britischen Regierung den Kriegskurs Hitlers erkannt. Er wandte sich gegen die Beschwichtigungs- und Kapitulationspolitik der Regierung Chamberlain–Halifax. Vansittart wurde seines Postens enthoben und scheinbar befördert. Es wurde eigens für ihn die Stelle des Chefratgebers des Auswärtigen Amtes geschaffen. Es war in Wirklichkeit eine Entmachtung, denn weder der Außeniminister noch der Premierminister suchten jemals seinen Rat. Daraufhin wandte sich Vansittart an die Öffentlichkeit. Vorher, als Frankreich vor dem Zusammenbruch stand, hatte er noch in letzter Minute durch sein Angebot, Frankreich und England zu vereinigen, versucht, Frankreich von der Kapitulation zurückzuhalten.
Im Herbst und Winter 1940 hatte Vansittart sieben Reden im britischen Rundfunk gehalten, in denen er eindringlich auf die Gefahr hinwies, in der England um diese Zeit schwebte. Der Warnruf war entscheidend für die Haltung Englands, denn es gab um diese Zeit in England zahlreiche Menschen, bis in die Regierungskreise hinein, die sich keine Vorstellung darüber machen konnten, was passieren würde, wenn die Naziarmeen England besetzten. Sogar Winston Churchill hatte in einer Rede erklärt, daß die Regierung eventuell nach Kanada gehen müsse, um von dort aus den Krieg gegen Nazideutschland zu führen.
Die sieben Vorträge Vansittarts erregten größtes Aufsehen. Die Presse druckte Passagen der Reden nach. Dann erschienen die Vorträge als Broschüre unter dem Titel „Black Record", die in kurzer Zeit eine Auflage von über 500.000 Exemplaren erreichte. Die britische Bevölkerung wurde durch diese Reden mehr aufgerüttelt, als bis dahin durch die Churchill-Reden. Vansittart wurde zum Inbegriff der Niederwerfung Nazideutschlands. „Die Welt muß von Deutschland und Deutschland vom Militarismus und Nazismus befreit werden", war der Tenor der Reden Vansittarts. Churchill äußerte niemals mehr den Gedanken, den Krieg eventuell von Kanada aus zu führen.
Ich war auch sehr beeindruckt, als ich die Broschüre gelesen hatte, und schrieb an Vansittart einen Brief, in dem ich behauptete, daß trotz aller zutreffenden Feststellungen aus der deutschen Geschichte der Gegenwart eine Änderung der deutschen Mentalität möglich sei. Ich fügte eine Kopie

meines Memorandums vom Oktober 1940 an die Regierung bei. Vansittart antwortete bereits am übernächsten Tag, daß mein Brief und das Memorandum ihn sehr interessiert hätten. Wickham Steed habe ihm auch bereits von mir erzählt. So begann ein Briefwechsel und einige Zeit später auch die persönliche Bekanntschaft, die über den Krieg hinaus dauerte.
Von einem Vernichtungswillen gegen das deutsche Volk war bei Vansittart keine Rede. Er erläuterte seine Auffassungen im Laufe des Krieges in zahlreichen Reden, Artikeln und einigen Büchern
„. . . das deutsche Volk muß eine tiefgehende geistige Erneuerung durchmachen. Es kann ein neues Deutschland entstehen, wie es oft erträumt aber nie verwirklicht wurde, weil diejenigen Deutschen, die eine geistige und politische Änderung herbeiführen wollten, stets eine schwache Minderheit gewesen sind. Jetzt aber muß die wirkliche Reformation kommen."
Der konservative Vansittart gebrauchte stets auch in den Unterredungen mit mir und in den zahlreichen Briefen, die er mir schrieb, den Terminus „Reformation". Er vermied es, von der „Revolution" zu sprechen. Vansittart verachtete die Führung der deutschen Sozialdemokratischen Partei als feige. Er wies in einer Schrift darauf hin, daß in den ersten Monaten der deutschen Republik mehr links eingestellte Menschen ermordet wurden als in den ersten Monaten des Hitlerregimes.
Goebbels und sein Propagandaminister erkannte sehr bald die starke Wirkung der Reden Vansittarts auf die Engländer und schufen den Begriff „Vansittartismus" für Deutschenhaß. Aber auch in Großbritannien erhob sich Widerspruch gegen Vansittarts Thesen. Links- und rechtsstehende und liberale Leute redeten von Deutschfeindlichkeit. Auch jene Damen, die vor dem Kriege zu den Oberammergauer Festspielen gefahren waren und in Briefen an die „Times" geschrieben hatten, daß sie auf ihrer Fahrt am Rhein keine Konzentrationslager entdeckt hätten, obwohl sie aufmerksam aus den Fenstern geschaut hätten. Mir erschien das irgendwie pervers.
Aber in England, wo selbst während des Krieges Hunderttausende von Spiritisten Tischrücken übten, ist eben alles anders. Auch in der Politik. So wurwurde zum Beispiel der englische prohitlerische Faschismus unter Führung Mosleys weit mehr von der Monarchie abgewehrt als von der Arbeiterpartei und den Gewerkschaften. Andererseits beherzigten zahlreiche Lokalorganisationen der Labour Party und der Gewerkschaften die Warnungen des Konservativen Vansittart und luden ihn ein, in ihren Versammlungen über das Deutschlandproblem zu sprechen.

Im Zentrum Londons fand ich einen Stammplatz, den ich für die Dauer des Krieges beibehielt, der zum Treffpunkt für befreundete Flüchtlinge wurde, die mit der Zeit aus der Internierung freigekommen waren. Es war das Café oder eigentlich die große Vorhalle des Regent Palace Hotels, das nur wenige Schritte abseits vom Piccadilly Circus steht. Hier traf ich einige Male in der Woche um die Mittagsstunde Bekannte, darunter den Journalisten Hans Jaeger, der früher im Marx-Engels-Institut und im Institut für Sozialforschung bei Professor Max Horkheimer in Frankfurt am Main gearbeitet hatte. Hans Jaeger war vor dem Kriege über Prag nach England gekommen. Er war nach kurzer Internierung freigelassen worden. Wir begannen hier Entwürfe für Programme und Pläne für künftige Organisationen zu diskutieren.
Eines Sonntags sah ich Stephane Huart aus Paris durch das Café gehen. Er

trug die Uniform eines französischen Leutnants, mit dem Lothringer Kreuz, das Abzeichen des „Freien Frankreich" de Gaulles. Huart erzählte mir, daß er, als die deutschen Truppen auf dem Vormarsch nach Paris waren, noch rechtzeitig nach England geflüchtet war. Die elenden Begleiterscheinungen der Kapitulation Frankreichs hatte er nicht miterlebt. Nach dem Aufruf de Gaulles vom Juni 1940 habe er sich diesem sofort angeschlossen. Er sei jetzt in einem französischen Militärlager, zwei Stunden Bahnfahrt von London entfernt, tätig. Jeden Sonnabend käme er nach London und wohne in der Nacht vom Sonnabend zum Sonntag im Regent Palace Hotel.
Huart sagte mir, daß er im Stab de Gaulles als Zensur-Dolmetscher und mit Übersetzungsarbeiten beschäftigt sei. Da er fünf Sprachen beherrschte, hatte er eine ihm zusagende Arbeit gefunden, die ihn über viele Geheimsachen informierte.
Huart brachte eines Tages auch Dr. Victor Altmann mit, den ich im Kapitel Paris erwähnte. Diesem war die Flucht nach England ebenfalls geglückt und er erzählte mir, daß er mehrere Wochen mit Max Braun, dem Führer der „Freiheitsfront des Saargebietes" im Gefängnis Pentonville zusammen verbracht hatte. Max Braun wurde später ein Mitarbeiter Sefton Delmars im „Soldatensender Calais". Nach der Kapitulation Deutschlands machten die englischen Behörden Max Braun Schwierigkeiten mit der Heimreise. Als er die Reiseerlaubnis endlich erhielt, starb er beim Kofferpacken am Herzschlag.

Zu meiner und wohl auch zur Überraschung der meisten deutschen Flüchtlinge erhielt eine Gruppe von emigrierten Journalisten, die man im strengen Sinne kaum als politische bezeichnen konnte, die Genehmigung, ab Mitte März 1941 eine Zeitung in deutscher Sprache herauszugeben, die den anspruchslosen Titel „Die Zeitung" erhielt. Der Chefredakteur schrieb unter dem Pseudonym Sebastian Haffner. Wickham Steed hatte mir bereits mit Wohlwollen von Haffner erzählt und Haffners Buch „Germany – Dr. Jekyll und Mr. Hyde" sehr gelobt.
Die erste Nummer „Der Zeitung" erschien mit einem Leitartikel, in dem ein Überblick über die aktuelle Kriegslage gegeben und der kommende deutsche Schlag gegen die Sowjetunion angedeutet wurde. „Nach Dünkirchen lag England fast wehrlos da, offen für den deutschen Angreifer", hieß es im Leitartikel. Ich antwortete: „Nein, England hatte eine Flotte und Deutschland völlig erschöpfte Soldaten und keine Flotte. Weder zum Übersetzen der Armeen, noch zum Angriff auf die Landungstellen. Der unterbliebene Angriff war also kein Versäumnis, sondern unterblieb aus Unvermögen." Das konnte ich aus den Briefen, die ich von Peter aus Basel erhalten hatte, klar entnehmen. Den Zusammenbruch der Roten Armee bei einem deutschen Angriff sah der Leitartikler als bestimmt voraus und schrieb: „Während deutsche Tanks in Sibirien herumfahren . . ." Ich antwortete: „Das ist doch undiskutierbarer Kohl. Vorerst sind andere Länder bedroht . . . und wenn es zu einem Konflikt Deutschland Rußland käme, würde Deutschland zum Getreide, also zur Ukraine, gehen und zum Petroleum, also zum Kaukasus. In ‚Sibirien herumfahren' könnte dann vielleicht die Redaktion der Zeitung."
Vom kommenden Angriff auf die Sowjetunion war ich fest überzeugt, aber ich hatte richtiger vermutet, daß sicherlich erst die beiden letzten Balkanländer, Jugoslawien und Griechenland, an die Reihe kommen würden, nach-

dem die deutschen Truppen in den vorhergehenden Monaten in Ungarn, Rumänien, die Slowakei und Bulgarien einmarschiert waren und diese Länder faktisch beherrschten. Zudem waren die faschistischen Regierungen dieser Staaten dem Dreimächtepakt Deutschland–Italien–Japan beigetreten.

Was ich am meisten bemängelte, war, daß „Die Zeitung" keine eigenen Berichte aus Deutschland brachte. Sie hatte offensichtlich keine Verbindungen. Im Gegensatz zu den Blättern der französischen, tschechischen, polnischen Flüchtlingen, die Berichte aus ihren besetzten Heimatländern und auch aus Deutschland brachten, druckte „Die Zeitung" Nachrichten ab, die sie aus der Presse der anderen Exilierten oder aus englischen und amerikanischen Blättern entnommen hatte. Damit leistete sie keinen wertvollen Beitrag zur Kriegsführung gegen den Nazismus und war eigentlich nur für diejenigen deutschen Flüchtlinge interessant, die noch nicht Englisch lesen konnten.
Die Kopie meiner Kritik an „Die Zeitung" schickte ich an Wickham Steed, Karl Otten, Max Braun, Hermann Rauschning, Sir Vansittart und einige Freunden. Alle antworteten mir zustimmend. Meine Polemik gegen „Die Zeitung" dauerte so lange, wie „Die Zeitung" erschien. Gelegentliche törichte Berichterstattung gaben mir Grund genug dazu.

Einmal protestierte ich gegen Phantastereien der Redaktion, als „Die Zeitung" in einem Artikel ihres zweiten Redakteurs Lothar, vom 1. Mai 1941, schrieb, daß der militärische Sieg der Alliierten über Deutschland in einem oder eineinhalb Jahren erfochten werde, und zwar durch „den Marsch der Alliierten Truppen über den Balkan und Wien, und daß es zu einem ungeheuren Bürgerkrieg kommen wird, in dem die Nazís geschlagen werden". Diese Ansicht hielt ich für Hirngespinste.
„Die Zeitung" hatte auch in verschiedenen Artikeln den Eindruck erweckt, als ob die Sowjetunion den überfallenen Balkanvölkern zu Hilfe kommen werde. Da sich Stalin während der Besetzung der Balkanstaaten durch Deutschland im März und April 1941 nicht gerührt hatte, waren mir diese Andeutungen unverständlich. Sir Vansittart bat mich um meine Meinung, ob „Die Zeitung" ihre Meinung über ein Eingreifen Stalins auf dem Balkan auf ernstzunehmende Informationen stützen könne. Ich antwortete Vansittart in meinem Brief vom 2. Mai 1941:
„Das wird Rußland nicht tun . . . Rußland ‚füttert das Krokodil', bis es selbst angegriffen wird". Den Ausdruck „das Krokodil füttern" hatte Churchill gebraucht, als er 1939/40 mehrere Male die neutralen Nachbarn, Belgien, Holland und die skandinavischen Länder warnte, kriegswichtiges Material und Nahrungsmittel nach Deutschland zu liefern.

Um Mitte Mai 1941 brachten Londoner Zeitungen die sensationelle Nachricht, daß Rudolf Hess, der Stellvertreter Hitlers in der Führung der Nazipartei, seit einigen Tagen Gefangener in England sei. Er sei mit eigenem Flugzeug nach Schottland geflogen. Es bildeten sich die phantastischsten Gerüchte um eine angebliche Mission Hess. Über die Umstände des Fluges konnten nur Vermutungen geäußert werden, da die Regierung keine Auskünfte gab. Es hieß, Hess habe eine Friedensbotschaft überbracht. Andere Blätter wollten wissen, daß er einfach geflohen sei. Diese letzte Meinung teilte ich auch. Das Blatt der deutschen Emigranten, „Die Zeitung", richtete heftige Angrif-

fe auf Rudolf Hess, die alle richtig und begründet waren, aber mir schien es, daß sie im Moment deplaziert waren. Ich schrieb einen Brief an Vansittart in Sachen Hess, der folgende Passagen enthält: „Das populär-schwachsinnige Geschrei „Mörder", das im hiesigen deutschen Emigranten-Organ gegenüber Hess angestimmt wird (jetzt auch von Engländern), halte ich im Interesse einer weiteren Entwicklung des Bruches innerhalb der deutschen regierenden Partei für äußerst schädlich. (Das Gegenstück, einen ‚anständigen Nazi' aus ihm zu machen, ist auch falsch.) Wenn in der Sache Hess politische Fehler gemacht werden, so werden sie mit schweren Opfern an Blut und Gut bezahlt werden müssen. Hess hat durch seine Flucht dem deutschen Regime einen weitaus schwereren Schlag versetzt, als es die gesamte deutsche Emigration bisher tun konnte. Es besteht jetzt die Möglichkeit, a) die Menschen in aller Welt von der inneren Fäulnis des gegenwärtigen deutschen Regimes zu überzeugen, b) die Deutschen, die wie Hess empfinden, zu ermuntern, seinem Beispiel zu folgen.
Die Flucht ins Ausland ist nur wenigen möglich, aber die Flucht vor dem Regime in passive Resistenz und Sabotage ist allen möglich. Man soll sich über die militärische und wirtschaftliche Kraft Deutschlands nicht täuschen. Ohne Demoralisierung der deutschen Bevölkerung kann der Krieg noch sehr lange dauern."
Vansittart antwortete mir postwendend, daß er meinen Brief an den Außenminister Eden, der von Churchill mit der Untersuchung und Bearbeitung des „Falles Hess" beauftragt worden war, weitergeleitet habe. Der Flug Hess' beschäftigte einige Zeit Politiker und Zeitungen. Aber da sich in Deutschland keine politischen Auswirkungen bemerkbar machten, wurde der Flug Hess' nach Schottland letzten Endes als ein individueller Akt eines Schizophrenen gewertet.
Auffallend war jedoch, daß zu gleicher Zeit die Bombenangriffe auf Großbritannien nachgelassen hatten. Zwar ertönte weiterhin täglich Fliegeralarm, aber es kamen nur kleine Gruppen schneller Flugzeuge und einzelne Maschinen. Ich erhielt Ende Mai eine Einladung von Madame, gemeinsam mit Karl Otten „zum Tee" zu kommen. Als wir in das Zimmer traten, waren außer Madame, dem Major und dem Propagandamann noch zwei Zivilisten anwesend. Man stellte mir ohne Einleitung die Frage, welche Gründe das Ausbleiben der großen Bombenangriffe haben könnte. Ich antwortete, daß ich zwei Gründe annähme: einmal Bombenmangel, weil ja die deutsche Luftwaffe in den vergangenen Monaten Hunderttausende von Tonnen abgeworfen hätte, und zweitens sei ich der Meinung, daß, nachdem Hitler jetzt durch Eroberung des Balkans den Rücken frei hat, wahrscheinlich bald der Angriff auf Rußland erfolgen würde. Daher glaube ich auch, daß die Pause im Bombardement Englands noch einige Zeit andauern könne. Auf die Frage der beiden Zivilisten, ob ich wirklich von einem Angriff auf Rußland überzeugt sei, antwortete ich mit ja. Daraufhin standen die beiden Zivilisten auf und gingen fort.
Mittlerweile waren immer mehr deutsche Flüchtlinge aus der Internierung entlassen worden. Ich traf Arthur Koestler, der die Uniform der Schutträum-Pioniere trug; Fritz Gross, Berlin, Emil Rabold, Berlin; Walter Loeb, den früheren Stadtrat von Frankfurt am Main und Finanzminister von Thüringen. Auf der Straße in Hampstead traf ich „Michel", Otto Franke, mit dem ich im ersten Weltkrieg beim Drucken und Versenden der Fürst Lichnowsky-Denkschrift gearbeitet hatte, und andere Bekannt. Die Freigelas-

senen waren in ihrer Bewegungsfreiheit noch etwas eingeschränkt, teils mußten sie bis 10 Uhr abends in Bunkern oder zu Hause sein, andere erst um 12 Uhr nachts; einige hatten Arbeitserlaubnis, andere nicht. Die politisch Interessierten begannen bald, Gruppen zu bilden. Es war im ersten Drittel des Juni 1941, als ich von einem Flüchtling, den ich aus Berlin her kannte, eingeladen wurde, in einem Kreis von Flüchtlingen über die Kriegslage zu sprechen. Ungefähr 10 oder 12 Personen erwarteten mich in einem Lokal. In persönlichen Gesprächen stellten sie sich als Flüchtlinge aus verschiedenen deutschen Städten vor; alle waren schon vor dem Kriege nach England gekommen. Wie sie mir sagten, hatten sie früher in Deutschland entweder der Kommunistischen oder der Sozialdemokratischen Partei angehört. Einige von ihnen, die Arbeitserlaubnis hatten, hatten sich dem „Zentrum für deutsche gewerkschaftlich organisierte Arbeiter in Großbritannien" angeschlossen. Ich erfuhr, daß dieses „Zentrum" eine eigens für denselben Hans Gottfurcht geschaffene Pfründe war, von dem ich berichtete, daß er noch im Februar 1933 in Berlin erklärt hatte, daß Hitler es nicht wagen werde, die Gewerkschaften anzutasten.
Ich referierte über die Kriegslage, den U-Bootkrieg, „Schlacht im Atlantik" genannt, in dem Großbritannien täglich ungeheure Verluste erlitt, über die möglichen Gründe des Nachlassens der Bombardements Großbritanniens. Dann aber fragte ein Hörer, wie ich die Politik der Sowjetunion einschätze. Darauf antwortete ich, daß ich überzeugt sei, daß Rußland in den nächsten Tagen oder Wochen von den Nazis angegriffen werden würde. Diese mehr spontane Bemerkung entfachte eine lebhafte Diskussion. Ich konnte immer nur wiederholen, daß ich keinerlei Beweise für meine Behauptung erbringen könne, daß ich aber überzeugt sei, daß der Angriff erfolgen werde.

Zwölf Tage später, am 22. Juni 1941, marschierten die Nazitruppen in Rußland ein. Am gleichen Tage erklärte Italien den Krieg an die Sowjetunion. Gegen Mittag des 22. Juni, nachdem ich die Nachricht aus den Sonderausgaben der Zeitungen gelesen hatte, ging ich zu Staschek Scymoncyk, den ich in einer lebhaften Diskussion mit André Labarthe und Raymond Aron antraf. Scymoncyk erinnerte daran, daß am gleichen Tage, am 22. Juni 1812, also vor 129 Jahren, Napoleon mit seinen Armeen in Russland eingefallen war. Napoleon hatte die Grenze mit 350.000 Mann überschritten, und mit nur ungefähr 100.000 Mann hatte er am 14. September Moskau erreicht. Napoleons Heer hatte die Distanz vom Memelfluß über Smolensk nach Moskau zu Fuß und zu Pferde in drei Monaten zurückgelegt.
Ich hatte die Geschichte des Napoleonischen Feldzuges gegen Rußland von 1812 mehrere Male in Leo Tolstois Roman „Krieg und Frieden" gelesen. In diesem Werk finde ich die Kampfart der Russen, ihre Opferbereitschaft und ihre Verluste eindrucksvoller und exakter geschildert als in der offiziellen Geschichtsschreibung.
Trotz aller Schlagzeilen der Londoner Presse über den Rückzug und die schweren Verluste der Roten Armee schrieb ich in diesen Tagen Briefe an meine Freunde in der Schweiz und in den USA, daß nach meiner Meinung der Untergang des Hitlerreiches nun sicher sei. Ich wagte jedoch keine Vermutung zu äußern, wie lange der Feldzug in Rußland dauern könnte. Sollten die deutschen Truppen im Baltikum und in der Ukraine stehenbleiben und sich befestigen, so wird Stalin kapitulieren, wenn er nicht von der Kommunistischen Partei beseitigt wird. Wenn aber die Deutschen ganz Rußland

besetzen wollen, dann wird es ihnen ergehen, wie es ihren Vorgängern erging: „Nach Rußland marschiert man hinein, aber nicht wieder hinaus."
Für mich begann gleichzeitig eine qualvolle Zeit. Ich wurde in den folgenden Monaten zwei und drei Male in der Woche von Madame „zum Tee" eingeladen und stets waren der Major und der Propagandamann anwesend, und immer wurden mir die gleichen Fragen gestellt, warum die zahlenmässig überlegene Rote Armee vor den Deutschen so davonlaufe wie die belgischen, holländischen und französischen Armeen davongelaufen waren.
Der Major machte aus seiner Schadenfreude kein Hehl. In jeder Besprechung lachte er immer, wenn er die Zeitungsmeldungen vorlas, von der Kapitulation ganzer russischer Divisionen. Er sagte in jeder Besprechung immer wieder, daß es nur recht sei, wenn sich die Russen und die Deutschen einander die Hälse abschneiden würden. Mich regte sein Gerede und sein Ton immer so auf, daß ich nach jeder Unterredung stundenlang in der Stadt herumlief, um mich zu beruhigen. Ich konnte immer nur antworten, daß die Schuld der Niederlagen bei Stalin liege, der durch die Ermordung von Zehntausenden politischen Funktionären und des Generals Tuchatschewski und von Tausenden Offizieren die Rote Armee geschwächt habe. Aber die Vermutung des Majors, die er mehrere Male aussprach, daß vielleicht doch ein Abkommen Hitler–Stalin bestehen könnte, wies ich immer als sinnlos zurück. Auf die schadenfrohen Bemerkungen des Majors antwortete ich auch, daß die Deutschen sicherlich dazu übergehen würden, Millionen Balten und Ukrainer zum Kriegsdienst zu pressen, um mit diesem „Fischfutter" die Invasion Großbritaniiens zu wagen. Die Engländer rechneten immer noch mit Invasionsversuchen. Als ich einmal Gelegenheit hatte, Liverpool zu besuchen, sah ich, daß an der ganzen Küste entlang gegenüber Irland Panzersperren gebaut wurden. Als ich in mehreren Unterredungen sagte, daß es jetzt an der Zeit wäre, die Naziarmeen im Rücken anzugreifen, sagte der Major, ich solle mich hüten, diese Auffassung in anderen Zirkeln zu äußern. „Wir denken vorläufig an Ägypten und Afrika, nicht an Rußland", wiederholte er mehrmals. Der Rußlandfeldzug stand auch bei jedem Besuch bei Staschek Scymoncyk im Mittelpunkt der Diskussion.
Scymoncyk war in allen wesentlichen Fragen meiner Meinung, und er formulierte diese Auffassung in der Juli-Ausgabe von „La France Libre", in seinem ersten Artikel über den deutschen Feldzug in Rußland, in dem er sich sehr skeptisch gegenüber den deutschen Gefangenenzahlen äußerte und darauf hinwies, daß die Deutschen selber zugeben würden, daß die russischen Soldaten unter Bedingungen weiter kämpften, unter denen andere Armeen bereits kapituliert hätten. Am Schluß seines Artikels schrieb Scymoncyk: „Die Zeit drängt. Die Engländer haben die Mittel und die Gelegenheit, durch totalen Einsatz das Ende des großen Krieges herbeizuführen. Sie müssen jetzt die Gelegenheit wahrnehmen und nicht das Geschick herausfordern."
Ich wurde ein aktiver Befürworter der „Zweiten Front" in Europa und mit mir stimmten alle Franzosen und Polen überein, mit denen ich Gelegenheit hatte zu sprechen. Diese fühlten sich in Großbritannien beinahe als Gefangene und ließen sich von den Kämpfen auf den Nebenkriegsschauplätzen in Afrika und Asien wenig beeindrucken. Ich erfuhr jetzt auch, daß die britische Regierung Dutzende deutscher Flüchtlinge und Emigranten in verschiedenen englischen Ämtern und in Lagern deutscher Kriegsgefangener beschäftigte. (Unter „Emigranten" verstehe ich in diesem Falle Deutsche,

die zum Teil schon vor Hitlers Machtübernahme oder gleich danach nach England gegangen waren und die auf die britische Staatsbürgerschaft reflektierten). Bis zum Winter 1941 hatten die Naziarmeen mörderische Schlachtten in den Sowjetunion gewonnen, aber, obwohl sie vor Leningrad und Moskau standen, hatten sie ihre strategischen Ziele nicht erreicht. Die Rote Armee gab den deutschen Armeen keine Pause, sich zu erholen oder umzugruppieren. Die Naziarmeen mußten ununterbrochen unter härtesten Bedingungen kämpfen. Nachdem im Dezember 1941 zuerst die japanische, dann die deutsche Regierung auch noch den Krieg gegen die USA begonnen hatten, glaubte ich, daß es an der Zeit sei, sich mit einem künftigen Frieden zu beschäftigen. Ich hatte in meiner umfangreichen Korrespondenz in den vergangenen Monaten die Zustimmung meiner Freunde erhalten, ein Programm für eine neue sozialistische Partei zu entwerfen und anzudeuten, wie ein neues Deutschland nach dem Kriege gestaltet werden könnte. Die Vorarbeit hierzu war recht langwierig, denn meine Briefe ins Ausland oder Briefe aus dem Ausland an mich waren ja kriegsbedingt wochen- und monatelang unterwegs.

Der Wortlaut des Programms würde ein eigenes Kapitel ergeben, darum muß ich mich auf Auszüge aus der Einleitung und auf die Inhaltsangabe der weiteren Teile beschränken:
„In der Erkenntnis, daß die deutsche militärisch-imperialistische Politik der letzten drei Jahrzehnte die Weltkriege von 1914/18 und 1939/. . . zum Ausbruch brachte, und festen Willens, politisch neue Wege zu bahnen, um aus dem Morast von Blut, Grausamkeit und Elend des heutigen Deutschlands herauszukommen,
haben sich Deutsche in Deutschland und im Exil zu einem neuen „Bund deutscher revolutionärer Sozialisten" zusammengeschlossen.
Der Bund ist sich bewußt, daß nur ein vollständiger Bruch mit der deutschen militärischen Vergangenheit und Tradition eine humane, freiheitliche, antimilitaristische, politisch verantwortungsbewußte Mentalität im deutschen Volke begründen kann.
Der neue Bund ist auch darum eine zwingende Notwendigkeit, weil die früheren deutschen politischen Parteien und Organisationen . . . weit eher an politischer Sterilität und innerer Fäulnis als durch die Nazidiktatur zu Grunde gegangen sind.
Die Ideen der Freiheit, der Humanität und der unbedingte Wille zum Frieden, Freiheit und Toleranz sind aber dort unmöglich, wo Hunger, Arbeitslosigkeit und Elend herrschen, darum ist der Bund ein sozialistischer. Der deutsche Kapitalismus, der früher die Basis der kaiserlichen Militärpolitik war und heute die Basis des nazistischen Gewaltregimes ist, muß durch eine fortschrittliche Gesellschaftsordnung abgelöst werden. Der Bund will erkämpfen, daß sich die deutschen Länder föderalistisch-demokratisch-sozialistische Verfassungen geben, die Verbrechen gegen das eigene Volk, gegen Rassen, Religionen, Gesinnungen ebenso ausschließen, wie gegen andere Völker und Länder.
Der Begriff Sozialismus muß neu geklärt werden. Auch heute soll die Losung lauten: Sozialismus oder Untergang in die Barbarei! Sozialismus ist ein politisch-wirtschaftliches System, das allen Gliedern der menschlichen Gesellschaft eine menschenwürdige Existenz gewähren soll; eine Existenz, in der jedes Mitglied nach seinen Kräften mitarbeiten und an dem wirt-

schaftlichen, kulturellen und technischen Fortschritt teilnehmen soll.
Der Sozialismus basiert auf einer Organisation der Gütererzeugung und des Konsums, die den Menschen die Existenzangst nehmen und dem Einzelnen persönliche Freiheit und der Gemeinschaft Frieden gewährleisten soll.
Sozialismus ist ein internationaler Begriff, er schafft gleiche Rechte aller Völker und Rassen; er bedingt Toleranz und ächtet den Menschenmord und die Menschenausbeutung; ... er will Beseitigung des Nationalhasses, des Rassenhasses, der Klassen, jeder Diktatur.
In seinen Anfängen war der Sozialismus der Glaube der fortschrittlichen Teile der unterdrückten arbeitenden Klasse. Heute kann der Sozialismus nicht mehr auf eine Klasse beschränkt werden. Der Sozialismus muß heute eine Forderung aller Volksschichten und Berufsstände, der Stadt- und Landbevölkerung sein.
Das Ziel des Bundes ist, eine neue deutsche Gemeinschaft zu schaffen auf sozialistischer und föderalistischer Basis. Deutschland soll ein Bund sozialistischer, demokratischer, republikanischer Länder werden mit Selbstbestimmungsrecht und Verantwortung der einzelnen Länder, deren Regierungen den Parlamenten verantwortlich sind. Die Begriffe „Deutsches Reich" und „Großdeutschland" sind mit dem gegenwärtigen Naziregime auf Leben und Tod verbunden; sie müssen mit ihm verschwinden.
Die deutsche Föderation will ein Teil der europäischen Gemeinschaft sein und ist zur weitgehenden Aufgabe ihrer politischen Souveränität bereit ...
Eine europäische Föderation, an der die Föderation deutscher Länder teilhaben kann, ist erst möglich, wenn alle Sicherungen geschaffen sind, die eine Wiederherstellung der deutschen Vorherrschaft unmöglich machen."
Im zweiten Teil des Programmentwurfes wurden die Fragen der Kriegsfolgen, des Wiederaufbaues der Wirtschaft, der Jugenderziehung, Schule, Bürokratie, Polizei, des Militärs, Rechtswesens, der Kirchen und Bekenntnisse und Verfassungsfragen behandelt. Der dritte Teil behandelt die Geschichte und Politik der früheren deutschen Parteien und der Gewerkschaften, die entweder unterdrückt wurden oder sich „gleichschalteten", wie der damalige Ausdruck für das Aufgehen in die Nazipartei lautete.
Aus den Schlußsätzen zitiere ich noch:
„Wenn die deutsche Opposition jetzt nicht zu einer Organisation des Kampfes gegen Hitler kommt, wird die Opposition nach dem Kriege in Deutschland so machtlos sein, wie sie es nach 1918 war. Hitler, der Nationalsozialismus muß auch in Deutschland geschlagen werden. Das ist die Aufgabe der Opposition. ...
Eine der Ursachen der mangelnden Kraft der deutschen Opposition ist der fehlende leidenschaftliche Haß gegen das Hitlerregime. Haß aber ist eine Quelle der Energie." Ich vervielfältigte den Programmentwurf und verschickte ihn in ungefähr 100 Exemplaren an Freunde und Bekannte, an frühere Genossen in aller Welt, an die britische Regierung und an die von der britischen Regierung anerkannten Exilregierungen und Exilparteien in Großbritannien. Die große Zahl der positiven Antworten ermutigte mich. Es überraschte mich, daß die Regierungsstellen, angefangen vom Büro des britischen Außenministers Eden, und die Vertretungen der Exilregierungen überhaupt darauf eingingen, nicht nur mit freundlichen, jedoch unverbindlichen Worten den Empfang bestätigten, sondern auch zusagten, den Programmentwurf als Material zu studieren. Als einer der ersten antwortete der Präsident der Sozialistischen Internationale, der

Belgier Camille Huysmans, mit einem sehr freundlich gehaltenen Schreiben, in dem es u.a. hieß: „Ich hoffe, daß Sie viele Deutsche finden, die Ihre Meinung teilen, wenn dem so ist, wird die Lösung der Deutschland–Angelegenheit weniger schwierig sein."
Was ich bezweckte, glaubte ich mit dem Programmentwurf erreicht zu haben, die Flüchtlinge anzuregen, sich über ein künftiges Deutschland Gedanken zu machen, zu diskutieren, politisch aktiver zu werden, um später mitreden zu können, wenn der Krieg beendet war. Was ich befürchtete, war doch, wenn sich die Flüchtlinge und Emigranten politisch nicht rührten, würden eher die alten Kräfte die Politik weiter bestimmen. Es gehörte ja keine prophetische Gabe dazu, sich vorzustellen, daß die Bluthunde neue Halsbänder erhalten würden und daß sich die Nazipartei in ihre früheren Bestandteile auflösen werde und alle von Redensarten wie „christlich" und „demokratisch" triefen würden.
Die einzige Emigranten-Organisation, die den Empfang des Programms nicht bestätigte, war die SPD oder SOPADE, wie sie sich im Ausland nannte. Mir war die vorsichtige Einstellung Hans Vogels und Erich Ollenhauers, der beiden Vorsitzenden, zur Genüge bekannt. Mich wunderte ihr Schweigen nicht. Aber da sie die politische und finanzielle Unterstützung des Vorstandes der britischen Labour Party hatten, die ja in der Kriegsregierung Churchills vertreten war, waren die Sozialdemokraten die stärkste Gruppe der deutschen Emigration in England.
Politisch interessierte Engländer begannen jetzt auch überparteiliche Komitees zu bilden, um über die Probleme des Krieges und der Nachkriegszeit zu diskutieren. In einer der ersten Konferenzen verschiedener Komitees über den künftigen Frieden sagte Lord Addison, daß der Krieg erst einmal nach Deutschland hineingetragen werden müsse, um die Deutschen von ihrer Anbetung des Krieges zu heilen. Gleichzeitig sprach er sich für ein vereintes Europa, für einen gemeinsamen Aufbau mit einer gemeinsamen europäischen Währung aus. Am wichtigsten sei es, die jüngere deutsche Generation neu zu erziehen, die die Fakten der Geschichte gar nicht, oder nur verfälscht kennengelernt hätte. Über die spätere Besetzung Deutschlands sagte Lord Addison: „Unsere Truppen müssen Deutschland besetzen, um den Frieden Europas zu wahren, nicht als Deutschlands Gefängniswärter."

Von Peter aus Basel kam nach einigen Wochen ein längerer Bericht, daß der Programmentwurf angekommen, abgeschrieben und an die Mitarbeiter geschickt worden sei. Ich bringe nachstehend einen Auszug aus diesem Bericht von Peter:
28.6.42 . . . „Was mich betrifft, weiß ich . . . . nicht viel anderes zu sagen, als daß ich eben arbeite, . . . mit all den Möglichkeiten und Einfällen, die dazu gekommen sind. Diese Arbeit ist das erste und wichtigste, dem ich alles andere untergeordnet habe. Und sie muß geschehen, klar, komme was da wolle. Man hat seine Sorgen und seine Ängste um die Genossen drüben . . . Ich habe mich bei unseren norddeutschen Freunden . . . schon angemeldet . . . Die Gewalt und ihre Kontrolle ist noch zu groß, um in dem Umfang zu arbeiten, den ich vorgenommen habe und den wir andauernd vorbereiten . . . ich bin bemüht, einige neue Leute, die sich bewährt haben, näher heranzuziehen . . . Für diesen Zweck gab ich – neben anderen Dingen – ein Schulungsblatt an die Neuen heraus. Ich lege es zu Deiner Ansicht bei . . . Meinen Hauptmitarbeiter kennst Du; ich stellte ihn Dir einmal vor, als wir

mit dem Flakmann kurz vor dem Kriege, zusammentrafen, kurz vor Deiner Abreise ... Die Grenze entlang bis Österreich ist heute von unseren Gruppen besetzt ... unsere Grenzbeziehungen ... reichen bis Freiburg – Kehl – Strasbourg – Karlsruhe – Pforzheim – Ulm – Augsburg – München. Das erfordert viel Mühe, was da täglich an kleinen Dingen einläuft ... Grenzübergänge haben wir ... Grenzkuriere auch: Chauffeure, Rheinschiffer, Bodenseefahrer. Natürlich jeder nur soweit, als sein Bereich langt ... unsere Fliegersache, wir haben in ... einen Land- und einen Wasserflieger."

Peter berichtete zum Beispiel, daß die Furcht früherer Kommunisten und Sozialdemokraten vor Stalin so stark sei, daß sie der Meinung seien, die Alliierten sollten erst ganz Afrika von Deutschen und Italienern säubern, bevor sie das große Wagnis der Invasion in Frankreich beginnen. Wir waren uns einig in der Meinung, daß, wenn Hitler geschlagen werden sollte, auch Stalin verschwinden müßte.

In fast jedem Brief, den ich von Peter erhielt, verlangte er, daß wir uns auf dem Kontinent treffen müßten. Ich solle nach Südfrankreich oder nach einem Ort an der südspanischen Küste kommen, um die Widerstandsarbeiten nach Deutschland hinein zu besprechen. Das hatte ich selber schon mehrere Male beantragt; aber alle meine Anträge auf eine Reise zum Kontinent wurden stets abgelehnt. Demgegenüber gab es Dinge, die für mich ein Stück unbegreifliches und undurchsichtiges England waren. Ein Beispiel: Als mitten im Kriege zum xten Male der Film „Cleopatra" in Ägypten gedreht wurde, stellten Regierungsstellen Flugzeuge und Schiffe zur Beförderung von Schauspielern und Filmmaterial zur Verfügung.

Anstatt mir die Möglichkeit zu geben, zum Kontinent zu reisen, verlangte man die Namen der Gruppen und der Personen in Deutschland, mit denen Peter von Basel aus in Verbindung stand. Das hatte ich selbstverständlich abgelehnt und ich hatte schon früher in Paris mit Peter vereinbart, daß Namen und Adressen überhaupt nicht notiert werden dürfen.

So kam es unvermeidlich zu einem zeitweiligen Bruch mit Madame und dem Major. Ich versuchte Peter über meinen Konflikt zu informieren und ihm einzuschärfen, nur das zu beachten, was direkt von mir kam. In diesem Brief schrieb ich unter anderem:

4.3.42: Bitte bestätige den Empfang meines Briefes vom 7.2.42. Der Brief hat hier Aufregung verursacht; er wurde auch zum Anlaß genommen, die Arbeit mit mir abzubrechen. Ich breche auch, weil ich keinen Anlaß sehe, den Inhalt des Briefes zu korrigieren.

...

Es handelt sich um unsere Gesamtarbeit. Wir wollen arbeiten, daß das heutige deutsche Regime beseitigt wird, daß die deutsche Kriegsmaschine zerstört wird. Wir wollen darum helfen, die militärische Niederlage Deutschlands herbeizuführen, und wir wollen daran arbeiten, daß das deutsche Volk eine neue, eine menschliche Mentalität bekommt, daß der Geist der Gewalt für immer verschwinde. Wir, Du, unsere Mitarbeiter und Freunde, ich, sind also deutsche Revolutionäre!

..."

Ich versuchte, diesen Brief unter Umgehung Madames einem Engländer nach Lissabon mitzugeben. Aber dieser Brief wurde abgefangen. Der Major drohte mir bei der folgenden Unterredung mit Internierung. Ich schrieb einen Brief an Lord Vansittart, daß ich ihn dringend sprechen möchte. Lord Vansittart bestellte mich einige Tage später zum St. James Club, dem Klub der britischen Diplomaten. Ich gab ihm die Kopie meines Briefes an Peter und erzählte ihm meine Absichten und Schwierigkeiten. Lord Vansittart riet mir, einen Brief zu schreiben mit der einzigen Zeile, Madame und der Major seien gar nicht gemeint. Zur Sache selbst sagte er, daß die britische Regierung sich auf einen sehr langen Krieg einrichte, vielleicht auf zehn oder mehr Jahre, und mit der Zeit werden auch die Bedenken gegen eine Änderung der Gesellschaftsordnung in Deutschland verschwinden. „Behalten Sie Ihre Nerven", riet er mir, „die maßgeblichen Leute Großbritanniens wünschen keine neue Scheinrevolution wie die von 1918."

Lord Vansittart war, als ich ihn persönlich kennenlernte, 60 Jahre alt. Er war ein mittelgroßer Mann mit scharf geschnittenen und durchgeistigten Gesichtszügen. Im Juni 1941, nach seinem 60sten Geburtstag war er endgültig aus dem diplomatischen Dienst ausgeschieden und zum Lord ernannt worden. Als Mitglied des Oberhauses hatte er die ersehnte Bewegungsfreiheit. In seiner ersten Rede im Oberhaus erhob Vansittart schwere Vorwürfe gegen die von der BBC nach Deutschland gesendete Propaganda. Er setzte es durch, daß die Regierung Churchill beschloß, die Propaganda nach Deutschland politischer zu gestalten und das Durcheinander der verschiedenen Meinungen über die x Arten und den Nutzen zu beseitigen. (Den „Soldatensender Calais" nehme ich hier aus, der wurde erst später geschaffen). Wenn ich mit ihm über die deutsche Arbeiterbewegung sprach, waren ihm die Namen der führenden Parteileute oder Parlamentarier, von Bebel und Lassalle angefangen, ebenso geläufig wie mir. Um noch einen bemerkenswerten Zug zu erwähnen: Vansittart wünschte schon als junger Mann, daß Frankfurt am Main die Hauptstadt Deutschlands werden sollte.
Wer behauptet, daß Lord Vansittart ein Deutschenfeind gewesen sei, setzt Nazismus und Militarismus gleich Deutschtum. Lord Vansittart war nicht feindseliger eingestellt als Friedrich von Schiller, der geschrieben hatte: „Für despotisch beherrschte Staaten ist keine Rettung als der Untergang."
Als ich ungefähr drei Wochen nach meiner Unterredung mit Lord Vansittart von Madame wieder „zum Tee" eingeladen war, wurde über die Kriegsereignisse im allgemeinen gesprochen; meinen Brief erwähnte niemand. Der Major machte wieder die Bemerkung, eine Bombe auf Deutschland sei „wichtiger als das ganze Propagandagerede." Diese Meinung war seine Sache; ich verstand nur nicht, warum er sich in eine politische Abteilung hatte versetzen lassen.

England ist nicht nur ein demokratisch regiertes Land, die Bevölkerung und die Behörden sind im allgemeinen auch wirklich liberal gesinnt. Im Gegensatz zu Frankreich hatte ich niemals unter Polizeischikanen zu leiden. Ich erhielt als Ausländer mein Lebensmittel-Rationsbuch. Die Rationen waren knapp. Ich weiß nicht, ob andere von den Rationen satt wurden. Ich wurde es nicht, doch ich hungerte auch nicht. Einmal stand in dem Lebensmittelgeschäft, in dem ich registriert war, eine Frau vor mir, die eine Speckscheibe in der Hand hielt und sie zurückgeben wollte. Sie sagte, sie habe ihre Ration zu Hause nachgewogen und festgestellt, daß sie die Scheibe zu viel erhalten habe. Der Verkäufer war verlegen, er sagte, sie solle sie behal-

ten. Die Frau wollte nicht, sie wolle nur die ihre zustehende Ration. Da es aber nur drei oder vier hauchdünne Scheiben in der Woche gab, einigten sich der Verkäufer und die Frau, die eine Scheibe von der nächsten Ration abzuziehen.
Ein weiteres Beispiel möchte ich hinzufügen. Ich wollte in der Bibliothek des Britischen Museums volkswirtschaftliche Lehrmeinungen und Geschichte weiter studieren. Um eine Dauerkarte zur Benutzung der Bibliothek zu erhalten, mußte ich ein Empfehlungsschreiben bringen. Der Propagandaoberleutnant schrieb mir eine Empfehlung auf den Briefbogen des Kriegsministeriums. Der Bibliothekar lehnte das Empfehlungsschreiben ab mit dem Bemerken, ich solle einen Brief einer britischen Privatperson bringen. Rennie Smith, der Chefredakteur der Zeitschrift „Free Europe" gab mir eins, das anerkannt wurde.
Abstoßend unverständlich war mir das perverse Verhalten englischer Offiziere, die nach einem Luftkampf oder nach dem Auffischen aus dem Meer nach Versenkung der Schiffe durch deutsche U–Boote, den deutschen Offizieren Hände schüttelten, als ob es sich um ein Fußballspiel handele. Ein Drittel aller Seeleute der britischen Handelsmarine ertrank beim Torpedieren ihrer Schiffe. Die Anzahl der ertrunkenen Passagiere wurde wahrscheinlich niemals festgestellt. Sicherlich aber die Anzahl der Katzen und Hunde, die bei den Bombardements Englands getötet wurden. Engländer sind sehr tierliebend.
England und die Engländer im allgemeinen blieben mir fremd. Ich fühlte mich wie ein auf den Strand geworfener Fisch. Ich fürchtete immer, es würde mir so ergehen, wie es Friedrich Engels in einem Brief an einen Freund schrieb: „Als Ausländer kann man in England nur als Gauner oder als Esel oder als Einsiedler enden."
Journalistisch arbeiten konnte ich auch nicht. „Die Zeitung" nahm keine Arbeiten von mir. Kurz vor Ende des Krieges wollte sie zwar einen Artikel von mir über deutsche und europäische Föderation bringen, sie schickte mir aber die Druckfahnen des bereits gesetzten Artikels mit der Bemerkung zurück, er sei „zu programmatisch". Zur Abteilung des Arbeitsamtes für deutsche Flüchtlinge konnte ich nicht gehen, weil ich eine polnische Identitätskarte hatte, auf dem polnischen Arbeitsamt hätte man sofort gemerkt, daß ich kein Pole bin und man hätte mir vielleicht Unannehmlichkeiten gemacht. Ich hatte mich außerdem, als ich nach London kam, zu unbedingter Diskretion verpflichten müssen.
Ich ging während des Krieges oft zu meinem Freund Fritz Groß aus Berlin, der in London in einer Kellerwohnung hauste, eine auserwählte Bibliothek besaß und so schwer herzleidend war, daß er selten seine Wohnung verlassen konnte.

Als wir an einem Nachmittag in der Wohnung von Fritz Gross beisammen saßen, klingelte es an der Tür. Als Fritz die Tür öffnete, traten zwei Männer mit einem höflichen „Guten Tag" in die Wohnung ein. Sie legitimierten sich als Beamte der „Spezial-Abteilung" von Scotland Yard. Der Grund ihres Besuches war ein Schreiben von Fritz Gross an die britische Regierung in dem er heftig gegen die Bombardierung Deutschlands protestierte. England hatte mittlerweile mit den schweren Nachtangriffen auf Deutschland begonnen, erst einige Tage zuvor war ein großer Angriff mit über 1000 Bombern auf Köln erfolgt. Diesen Angriff hatte Fritz Gross zum Anlaß seines Protestes genommen. Nachdem die Beamten die Papiere von Fritz Gross und mir geprüft hatten, begannen sie ein Verhör über die Gründe seines Protestes. Fritz Gross konnte das Verhör bald zu einem politischen Gespräch über den Krieg im allgemeinen biegen. Da inzwischen „Teezeit" war, kochte Fritz Gross einen Tee und die Diskussion über Deutschland, Nazis und Luftkrieg dauerte noch ungefähr drei Stunden. Fritz Gross blieb entschieden bei seinem Protest. Er war der einzige Flüchtling in England, der es gewagt hatte, mitten im Kriege bei der britischen Regierung gegen die Bombardierung zu protestieren.

Der Bericht der Beamten muß nicht ungünstig gewesen sein; Fritz Gross wurde nicht interniert.

Im Frühjahr und Sommer 1941 wurde in der britischen Presse und im Rundfunk, und natürlich unter deutschen Emigranten wieder einmal sehr lebhaft über die Position der Generäle in Nazideutschland diskutiert. Man wollte von einer Opposition in der Armee wissen, es sollten Generäle gegen Hitler aufgetreten sein. Lord Vansittart lud mich ein, ihn auf seinem Landsitz in Denham zu besuchen, um über diese Gerüchte zu sprechen.

Ich glaube, es war im Juli vor dem Attentat des 20. Juli auf Hitler.

Denham kam mir wie ein verwunschener Märchenort vor. Jahrhundertealter Rasen mit ebenso alten Bäumen, blühenden Hecken, dazwischen Ruhebänke, die Häuser mit Efeu und wildem Wein umrankt. Am Rande des Ortes inmitten eines Parks liegt Denham Place, das über 300 Jahre alte Landhaus Lord Vansittarts.

Beim üblichen Tee sprachen wir über die gesellschaftliche Stellung des Militärs in Deutschland und ihren Einfluß auf die Politik im allgemeinen. Diese Dinge waren Lord Vansittart ebenso gut bekannt wie mir. Er zeigte mir mehrere Karikaturen über den deutschen Militarismus aus dem „Simplizissimus" aus der Zeit vor dem Ersten Weltkriege. Ich sagte ihm, daß ich die aktuellen Gerüchte in den letzten Wochen viel mit Hans Jaeger, der diese Gerüchte ebenso interessiert verfolgte wie ich, diskutierte. Jaeger hatte den Entwurf „Thesen über die deutschen Generale" geschrieben, die ich voll unterstützte und deren Grundzüge mit meinen Leitsätzen vom Oktober 1940 und dem Programmentwurf Ende 1941 übereinstimmten. Ich sagte Lord Vansittart, daß ich nicht an eine ernste Opposition der Generäle glaube, gelegentliche unzufriedene und auch verächtliche Äußerungen von hohen Militärs und Diplomaten, die im Auslande über die Nazipartei gemacht worden waren, seien des öfteren registriert worden, sie seien keine Beweise für das Vorhandensein einer Opposition. Ich sagte, daß man natürlich jede kleinste Regung beachten sollte, aber die Militärs, die in der Weimarer Zeit gegen Links forsch auftraten und schnell schossen, würden nicht so schnell gegen Rechts schießen.

Ich las Lord Vansittart unsere „Thesen über die deutschen Generäle" vor, in denen es hieß:

„Juli 1942. Die Auffassung, die Nazis und die Generäle seien in Interesse und Zielen vollkommen identisch, ist falsch. Die Auffassung, zwischen beiden beständen grundsätzliche Gegensätze, ist aber ebenso falsch. Die Wahrheit ist: Das Ziel ist gemeinsam, es lautet: Deutsche Weltherrschaft! Aber über die Wege zu diesem gemeinsamen Ziel bestehen Meinungsverschiedenheiten, und außerdem hat jeder der beiden Partner noch Nebeninteressen. Die Generäle wollen die Erhaltung ihrer alten Kaste; die Nazis – auf die Alleinherrschaft ihrer Partei ausgerichtet – wollen die Schaffung einer neuen Kaste.

. . .

Die Generäle . . . ohne natürlich gegen die Diktatur an sich etwas einzuwenden, wollten Terror nur gegen Kriegsgegner, gegen Internationale, gegen Pazifisten, nicht gegen alle Nichtnazis. Ohne gegen den Terror an sich etwas einzuwenden.

. . .

Ein Teil der Generäle möchte remis spielen, um die Nazis zu überleben. Abgesehen von dem Unglauben an die Möglichkeit eines Sieges, würde er einen Sieg der Nazis, um der Kaste willen, fast ebenso fürchten wie eine Niederlage. . . "

Lord Vansittart fand diese Analyse beachtenswert, er meinte, daß kompetente Leute die Dinge weiter eingehend studieren sollten.

Im Zusammenhang mit den Gerüchten und Diskussionen über die deutschen Generäle brachte „Die Zeitung" Anfang August 1942 auf der ersten Seite über drei Spalten groß aufgemacht einen Bericht, betitelt „Regierung Papen – Schacht". Ich protestierte am gleichen Tag bei der „Zeitung" gegen diese Meldung und schrieb: „Dieser Bericht ist entweder eine grobe Lüge, erfunden aus Mangel an ernsthaften Nachrichten, oder eine Sensationshascherei, um wieder in der englischen Presse erwähnt zu werden."

So war es denn auch. Ein Londoner Boulevard–Abendblatt brachte am selben Abend einen Bericht hierüber, allerdings mit der vorsichtigen Einschränkung: „Schatten–Friedensregelung in Deutschland". Es stellte sich auch bald heraus, daß der Bericht der „Zeitung" aus der Luft gegriffen war.

Seit ich mit meinem Memorandum für die Bildung eine Art deutschen Konsulats versucht hatte, britische Regierungsstelle davon zu überzeugen, daß eine Vertretung der in Großbritannien lebenden deutschen Flüchtlinge in jedem Falle besser wäre als der gegenwärtige Zustand, gewann ich nach dem Beginn der öffentlichen Diskussion über die Zukunft Deutschlands den Eindruck, daß die Engländer sich doch mit der Einrichtung einer Vertretung befaßten. Aber anscheinend hatten sie bei anderen befragten Flüchtlingen nicht das nötige starke Interesse gefunden.

Nachdem die deutschen Flüchtlinge in den Internierungsorten durch eine Art Gerichtsverfahren überprüft und in der Mehrzahl frei gekommen waren, genossen sie eine Freiheit, die deutschen Flüchtlingen kaum in den noch neutralen Ländern gewährt wurde. Die meisten konnten in ihre früheren Berufe zurückgehen oder Geschäfte eröffnen. So wurden jetzt – Ende 1942 – nicht nur politische Gruppen oder Klubs, sondern auch Cafés und Kabaretts neu gegründet. Ich erinnere mich an ein Kabarett, in dem eine elegante Wienerin in den Vorstellungen, die immer am Sonntagnachmittag stattfanden, Monate hindurch den gleichen Song vortrug, in dem sie die apolitische Vergangenheit ihrer Gesellschaftsschicht anklagte: „Wir kümmerten uns um unsere Toiletten, sie waren uns die ganze Welt . . ." Es zeigte sich aber, daß die politische Einstellung bei diesen Emigranten sich eigentlich wenig geändert hatte. Während die Cafés und Kabaretts ziemlich gut besucht waren, kamen zu den Versammlungen der verschiedenen Gruppen, in denen politische Referate gehalten und debattiert wurden, durchschnittlich nur 20 – 30 Personen. So war zum Beispiel eine Versammlung, in der über die Lage und die Kämpfe in Rußland berichtet wurde, von nur 17 Personen besucht, obwohl sich zur gleichen Zeit ca. 150 Personen im

gleichen Hause in den Wirtschaftsräumen aufhielten. Ein Referat des deutschen Kommunisten „Oberst" Hans Kahle über die miliärische Lage in der Sowjetunion und Nordafrika war von nur 25 Personen, ein Referat über den Widerstand von Pastor Niemöller von nur 22 Personen besucht. Man begründete die Interessenlosigkeit damit, daß die jüngeren und aktiveren Männer zwischen 20 und 40 Jahren bei den „Pionieren" waren. Das stimmte nur bedingt, denn die meisten Vorträge fanden Sonntagsnachmittags statt und wenn keine Luftangriffe erfolgten, hatten die Pioniere über das Wochenende meistens Urlaub. Sie gingen in dieser Zeit lieber ins Kino oder in ein Café.
Nach Diskussionen mit Otto Lehmann-Russbueldt, Hans Jaeger und anderen Flüchtlingen beschlossen wir, die Werbung für die eigenen Parteigruppierungen zurückzustellen und gründeten den „Klub Konstruktivisten."
Die „Plattform", die ich entwarf, besagte, daß der Klub Fragen eines künftigen Deutschland im positiven Sinne diskutieren sollte. Der Klub hatte bis zu seiner Auflösung 35 Mitglieder. Referate und Vorlesungen hielten unter anderem Professor Hermann Friedmann, die Schriftsteller W. Sternfeld, Emil Rabold, Carl Herz, Bernard Menne. Als Gast kam auch öfters Graf Karoliy, der frühere Ministerpräsident Ungarns, den ich schon in Berlin und Paris gesehen hatte, aber hier erst persönlich kennenlernte. Wir trafen uns von nun an öfters und sprachen über die Zeit nach 1919, über Bela Kun und Mathias Rakosi. Graf Karoliy wurde nach dem Kriege zum Botschafter Ungarns in Paris ernannt. Er wandte sich aber bald energisch gegen den stalinistischen Kurs Rakosis und legte sein Amt nieder. Er starb, nun wieder ein Emigrant, 1955 in Frankreich.
Zu unseren Klub-Veranstaltungen, die ebenfalls meistens Sonntagnachmittag stattfanden, kamen auch einige Polen, Tschechen und Franzosen, die sich an den Diskussionen beteiligten. Von den Leitungen der deutschen Sozialdemokratischen und von der Kommunistischen Partei wurde der Klub bald als „pro–Vansittart" bezeichnet, boykottiert und bekämpft.
Ebenso bekämpft wurde von der Kommunistischen und Sozialdemokratischen Partei die kleine Gruppe „Fight for Freedom", die in englischen und alliierten Kreisen am bekanntesten war. Hierzu gehörten Walter Loeb, der 1919 als Sekretär der deutschen Delegation an den Friedensverhandlungen in Versailles teilgenommen hatte, das Mitglied des Parteivorstandes der Sozialdemokratischen Partei, Curt Geyer, der Schriftsteller Bernard Menne. Diese Gruppe hatte eine Erklärung veröffentlicht, in der es hieß:
". . . daß die Sozialdemokratische Partei und die Leitung des Allgemeinen Deutschen Gewerkschaftsbundes eine nationalistische Propaganda gegen den Versailler Vertrag geführt haben, und zwar umso lauter, je energischer die Rechtsparteien den Versailler Vertrag zur psychologischen Vorbereitung des Revanchekrieges benutzt haben; daß Hitler nicht ein Zufall ist, sondern daß er von der größten Massenbewegung der deutschen Geschichte in die Macht getragen worden ist, und daß seine Regierung eine Mehrheit in Volk und Parlament hatte;
daß der politische Wille des deutschen Volkes sichtbar wird im deutschen Volksheer, das den Sieg will;
daß der Krieg Deutschlands unterstützt wird von einer überragenden Mehrheit des deutschen Volkes.
. . .
Unser Mitunterzeichner Curt Geyer ist aus dem sozialdemokratischen Par-

teivorstand ausgeschieden, um Handlungsfreiheit . . . zu haben . . ."
An einer Konferenz, die die Gruppe „Fight for Freedom" im Dezember 1942 in London veranstaltete, beteiligten sich einige amtierende Minister, zahlreiche Parlamentarier und führende Mitglieder der Labour Party.
Seit die Sowjetunion von den Nazis überfallen worden war, war auch die deutsche Kommunistische Partei in England wieder erlaubt worden. Zu Anfang des Krieges wurden alle Mitglieder interniert. Der Vorstand, darunter das führende Mitglied des Zentralkomitees Wilhelm Koenen, hatte 1940, als er an eine erfolgreiche deutsche Invasion Englands glaubte, Anträge gestellt, nach Kanada transportiert zu werden. Als die Gefahr vorüber schien, im Laufe des Jahre 1942, hatten sie mit ihrer Forderung, nach England zurücktransportiert zu werden, wiederum Erfolg. Die Partei machte ihre alte Politik weiter. "Im Geiste Thälmanns für ein sozialistisches Großdeutschland", rief Hans Kahle am Schluß einer Versammlung in London aus. In einer weiteren Versammlung trat ein maskierter Redner auf, der behauptete, soeben aus Deutschland gekommen zu sein und sofort wieder dorthin zurückkehren zu wollen. Dann wurde Anfang Januar 1943 ein „Friedensmanifest" verbreitet, das angeblich von einer „illegalen Konferenz in einer westdeutschen Stadt" beschlossen worden sei. Heute weiß man, daß diese Konferenz niemals stattgefunden hat. Mit dem Widerstand der Roten Armee in der Schlacht um Stalingrad und dem anschließenden siegreichen Vormarsch nach Westen stellte sich die Kommunistische Partei, die bis zum Angriff der Nazis auf die Sowjetunion von einem imperialistischen Krieg der Westmächte gesprochen hatte, wieder einmal um. Hans Kahle beantragte bei der britischen Regierung sogar, eine deutsche „Brigade" aufstellen zu dürfen. Das wurde natürlich abgelehnt. Später wurde es den deutschen Flüchtlingen freigestellt, sich um Aufnahme in die britische Armee zu bewerben.

Ich besuchte verschiedene Versammlungen der Kommunistischen Partei und meldete mich auch zur Diskussion. Einmal, als ich heftig gegen die Gründung des berüchtigten „Nationalkomitees Freies Deutschland", das mit gefangenen deutschen Offizieren in Moskau ins Leben gerufen worden war, polemisierte, konnte ich nur mit Mühe die tobende Versammlung verlassen. Dieses „Nationalkomitee Freies Deutschland" war als Ersatz für die Auflösung der Kommunistischen Internationale gedacht, die Marschall Stalin, wie er sich jetzt nennen ließ, im Mai 1943 wie einen verrosteten Revolver weggeworfen hatte. Damit hatte Stalin recht; die Weltorganisation war dank der Politik desselben Stalin zu einer Belastung ohne politischen und moralischen Wert geworden. Die Kommunistische Partei und ihre Nebenorganisationen gaben sich darum auch den neuen Namen „Freie deutsche Bewegung in Großbritannien". Die Hetze gegen die „Trotzkisten" betrieben sie weiter.
Ein „Freier Deutscher Kulturbund" war mit der Kommunistischen Partei liiert und hatte die Unterstützung des Bischofs von Chichester, der dem Bund ein Haus zur Verfügung stellte. Aus diesem Bund lösten sich die Schriftsteller Hans Rehfisch, Monti Jacobs, Professor Hermann Friedmann und andere und gründeten einen „Club 1943", der mehr und mehr zum wirklichen kulturellen Mittelpunkt der deutschen Emigranten in London wurde. Der „Club 1943" existiert heute noch, Vorsitzender ist Hans Jaeger. Eine sympathische Gruppe hatte sich unter Leitung von Willy Eichler und Willi

Heidorn gebildet. Es war der alte „Sozialistische Kampf Bund" (ISK), den ich seit Gründung in Berlin 1928/29 kannte. In Paris hatte diese Gruppe ein vegetarisches Restaurant betrieben. Jetzt in London gab die Gruppe von Zeit zu Zeit aus eigenen Quellen Informationen aus Deutschland und Italien heraus unter dem Namen „Europe speaks". Ich besuchte auf ihre Einladung hin ihre Diskussionsabende, in denen die bekannte Minna Specht ferner Willy Eichler und Willi Heidorn sprachen.
Dann gab es noch die Gruppe „Neubeginnen" mit Walter Löwenheim und Sering–Richard Löwenthal an der Spitze. Walter Löwenheim erwähnte ich bereits, als ich vom Jugendheim 1920 in Berlin–Alte Jakobstraße berichtete. Daß auch Kurt Hiller seine eigene Gruppe „Revolutionäre Sozialisten" hatte, war wohl selbstverständlich. Hiller konnte und wollte sich nirgends eingliedern. Er war gleichzeitig Vorsitzender einer Gruppe „Unabhängige Autoren", die Vorlesungen über Literatur veranstaltete. Dann war noch das „Komitee Freies Deutschland", dessen Leiter der Saarländer Max Braun war, der am „Soldatensender Calais" arbeitete.
So vielförmig sah es bei den deutschen Flüchtlingen im Exil in Großbritannien aus. Selbst die Gefahr der Zerstörung aller materiellen und kulturellen Werte auf dem Kontinent hatte es nicht zuwege gebracht, daß sich die deutschen Flüchtlinge auf eine einheitliche, politische Plattform einigten. Wenn man hierbei überhaupt von einer Schuld sprechen kann, so trug die Hauptschuld der Vorstand der Sozialdemokratischen Partei Deutschlands im Exil, der unter seinem Vorsitzenden Hans Vogel den alleinigen Führungsanspruch erhob. Dazu fehlte ihm zwar jedes Format, doch Hans Vogel pochte auf eine Art Gewohnheitsrecht; er war schon seit 1922 im Parteivorstand gewesen. Er gehörte auch zu den Reichtstagsabgeordneten, die stets für jeden Militäretat und für die Wiederaufrüstung Deutschlands gestimmt hatten. Zweiter Vorsitzender war Erich Ollenhauer.

Die Amerikaner waren konsequenter als die Engländer. Emigranten im wehrpflichtigen Alter, die in den USA bleiben wollten, wurden zur Armee eingezogen. Aus einem Bericht, den ich anfangs 1943 aus New York erhielt, ging hervor, daß die amerikanische Regierung bereits Kurse eingerichtet habe zur Ausbildung von rund 1.000 künftiger Besatzungsbeamten, die sich selbst ironisch als „Gauleiter" bezeichneten, zur Durchführung des Programms für die Besetzung Deutschlands, das die Regierung Roosevelt damals aufgestellt hatte: „Besetzung ganz Deutschlands durch amerikanische, britische und russische Truppen. Völlige Entwaffnung Deutschlands, schnellste Festnahme aller Kriegsverbrecher, nach den Listen, die bereits von den Regierungen der besetzten Länder aufgestellt wurden und die laufend ergänzt werden." Es wurde betont, daß diese Maßnahmen besonders schnell durchgeführt werden müßten, um jede revolutionäre Bewegung zu verhindern, daß aber auch verhindert werden sollte, daß Angehörige der überfallenen Länder, die als Zwangsarbeiter nach Deutschland verschleppt worden waren, Selbstjustiz üben.
Damit war der spätere Kurs der Amerikaner in Deutschland bereits vorgezeichnet: Ausschaltung des Frankreichs de Gaulles und Verhinderung einer deutschen Revolution. Um dieses Thema abzuschließen, möchte ich noch ergänzen, daß ich im Frühjahr 1943 aus Stockholm von einer Gruppe „Sozialistische Demokraten" eine hektographierte Schrift, betitelt „Demokratisch–Sozialistische Friedensziele" erhielt. Als Sekretär dieser Gruppe

zeichnete Willy Brandt, der spätere Vorsitzende der Sozialdemokratischen Partei Deutschlands. Unterzeichnet war die Schrift u.a. auch von Bruno Kreisky, dem späteren Vorsitzenden der Sozialdemokratischen Partei Österreichs. Einleitend wurde in der Erklärung gesagt, daß die unterzeichneten Mitglieder der Arbeiterbewegung verschiedener Länder eine Arbeitsgruppe gebildet haben, um Erfahrungen und die Probleme des Wiederaufbaus nach dem Kriege zu diskutieren, daß aber jedes Mitglied nicht für eine Organisation zeichne, sondern jeder persönlich verantwortlich sei. In diesen Friedenszielen hieß es:
„Der Sieg der Vereinten Nationen im gegenwärtigen Krieg gegen Nazi-Deutschland und seine Verbündeten ist eine Notwendigkeit . . . Der Krieg kann militärisch gewonnen und politisch verloren werden. Ein wirklicher Sieg kann nur errungen werden, wenn die sozialen und internationalen Verhältnisse, aus denen die nazistische und faschistische Gefahr erwuchs, beseitigt werden . . . Demokratische Sozialisten stimmen bedingungslos den von Roosevelt verkündeten vier Freiheiten zu . . .
Das Prinzip der Nationalitäten kann nicht allein ausschlaggebend sein, wenn sich neue Grenzen in Zentral-, Ost- und Südosteuropa bilden . . . Die einzige vernünftige Lösung des Problems – der Minderheiten – sind föderative Vereinbarungen . . .
Es ist ein allgemeines Verlangen nach Gerechtigkeit, daß die Verantwortlichen für den Krieg und die grenzenlosen Verbrechen zur Verantwortung gezogen und bestraft werden. Das muß durch internationale Gerichte geschehen. Die Nazis und Faschistischen Mächte müssen entwaffnet werden. Hitler–Deutschland, unterstützt vom Faschismus und faschistischen Tendenzen in den verschiedenen Ländern, trägt die unmittelbare Verantwortung für den Krieg . . .
Demokratische Sozialisten müssen alles in ihren Kräften stehende tun, um die Zusammenarbeit zwischen den Vereinten Nationen zu fördern. Sie müssen helfen, das Mißtrauen zwischen der Sowjetunion und den demokratischen Ländern zu beseitigen. Die gesamte demokratische Welt bewundert die Rote Armee und das russische Volk für seinen heldenhaften Kampf gegen die Naziangreifer . . . Alle aufrichtigen Demokraten und Freunde des Friedens müssen dem russischen Volk helfen, seine verwüsteten Provinzen wiederaufzubauen . . . die Demokratisierung Deutschlands muß ein Friedensziel sein trotz aller Ungeheuerlichkeiten des Nazismus . . . Diese Aufgabe kann nicht von außen her gelöst werden . . . Die deutsche Revolution – ebenso wie die Revolution in anderen europäischen Ländern – welche nach der Niederringung des Nazismus ausbrechen wird, wird sich nicht auf politische Ziele beschränken. Wenn wir den Nazismus überwinden wollen, müssen wir die hauptsächlichen sozialen Mächte schlagen, welche den Nazismus unterstützt haben: die verhängnisvolle Allianz zwischen der Schwerindustrie, den Junkern und den Generälen. Die ökonomische Macht dieser Allianz muß gebrochen werden."
In englischen Regierungskreisen hatte sich mittlerweile die Auffassung Lord Addisons durchgesetzt, die er zwei Jahre zuvor geäußert hatte, daß „die britischen Truppen keine Gefängniswärter sein wollen". Über das eigentliche Problem, in welchen Formen die Besetzung erfolgen sollte, war man sich nicht klar. Lord Vansittart lud mich einige Male zu Unterredungen über die Frage ein. Ich befürwortete stets eine gemeinsame Besetzung ganz Deutschlands, gegen eine Aufteilung in „Zonen". Walter Loeb sagte

mir, daß er bei seinen Unterredungen mit Lord Vansittart die gleiche Meinung vertreten habe. Wiederum waren es sozialdemokratische Führer, die aus Furcht, „die Russen könnten an den Rhein kommen", sich für abgegrenzte Besatzungsgebiete aussprachen. In diesem Falle deckte sich ihre Haltung mit der Stalins, der ebenfalls abgegrenzte Zonen wollte. Doch glaube ich, daß die Meinungen der Emigranten zu der einen oder der anderen Frage für englische maßgebende Stellen keine Bedeutung hatten. Es ist nicht englische Art, von Fremden Ratschläge anzunehmen, wohl aber sich zu informieren.

Immer noch schrieben sozialdemokratische Führer in den USA um diese Zeit in ihrer „New Yorker Volkszeitung" gegen eine Invasion Frankreichs. Die Westmächte, so hieß es in der „New Yorker Volkszeitung", sollten sich mit Waffenlieferungen an die Russen und mit den Bombardements Deutschlands begnügen. Eine Invasion sei zu riskant, vor allem aber müsse das Kriegspotential der Westmächte erhalten bleiben, um später eventuell den Russen entgegentreten zu könne. In New York wurde zudem ein „Komitee zur Rettung Ostpreußens" gegründet. Hier sind bereits die Quellen des späteren „Kalten Krieges" zu finden. Inzwischen, zwei Jahrzehnte nach dem Kriege, sind die meisten „Militärsachverständigen" der Meinung, daß eine Invasion im Jahre 1943 wahrscheinlich schneller und weniger opferreich hätte durchgeführt werden können als 1944.
Ich glaubte, aktiver an der Niederringung des Nazismus mitarbeiten zu können, und meldete mich einige Male, um mit dem Fallschirm über Deutschland abzuspringen. Meine Anträge wurden als aussichtlos abgelehnt. Dabei erfuhr ich, daß die Engländer hierfür eigene Pläne und auch eigene Leute hatten. Statt dessen wurde ich Feuerwächter. In England wurde auf Grund von hartnäckigen Gerüchten, daß die Nazis neue Bombenangriffe mit unbemannten Flugzeugen auf Großbritannien planen, die Luft- und Feuerabwehr neu organisiert. Ich wohnte mittlerweile im Stadteil South Kensington. In den nächsten eineinhalb Jahren verbrachte ich die meisten Nächte auf dem Dach am Schornstein sitzend. Die ganze Häuserreihe war hier gleich hoch, ich konnte von meinem Dach auf die Dächer der Nachbarhäuser gehen, die zum Teil leer standen. Meine Ausrüstung waren zwei Eimer voll Sand, ein Stahlhelm und Decken. Ich habe manche Brandbombe auf dem Dach und auf der Straße zugeschüttet. Ich war auch in der „historischen" Nacht auf dem Dach, als das erste unbemannte Flugzeug, oder die erste fliegende Bombe, damals wußte man noch nicht genau, um was es sich handelte, über London flog. Das schwarze Ungeheuer mit dem Feuerschwanz war schlank wie ein Haifisch, unter schauerlichem Lärm flog es gar nicht sehr hoch, dann schien es plötzlich in der Luft stehen zu bleiben und fiel hinunter. Wieder loderten in den folgenden Nächten und Tagen die Flammen über London.

In meiner Aufzählung der Emigrantengruppen habe ich die deutschsprechenden Flüchtlinge aus dem Sudentenland nicht erwähnt, weil ich nichts mit ihnen zu tun hatte. Die Tschechen, die unseren Klub „Konstruktivisten" besuchten, wollten keine Sudetendeutsche sein, sondern deutschsprechende Tschechen. Doch wegen der späteren Folgen dürfte eine Skizzierung ihrer politischen Einstellung in den entscheidenden Phasen des Krieges angebracht sein. Die Abkömmlinge der im Laufe der Jahrhunderte in

Böhmen eingewanderten Deutschen waren ebenfalls in verschiedene Gruppen aufgespalten. Die stärkste Gruppe war die „offizielle" sozialdemokratische unter Führung von Wenzel Jaksch. Dieser hatte die Unterstützung des Parteivorstandes der Sozialdemokratischen Partei Deutschlands. Ebenso unterstützten ihn mehrere Vorstandsmitglieder und Parlamentsabgeordnete der britischen Labour Party, die auch das „Münchner Abkommen" von 1938 gebilligt hatten.
Im Spätherbst 1943 veranstalteten verschiedene Gruppen Sudetendeutscher und deutschsprechender Tschechen in London eine Konferenz. Wenzel Jaksch lehnte für sich und seine Gruppe die Teilnahme ab. Auf dieser Konferenz erklärte der damalige tschechische Minister des Äußeren im Exil, Dr. Hubert Ripka, im Namen der von den Alliierten anerkannten Exilregierung unter Führung von Eduard Benesch:
„Ich habe schon bei anderen Gelegenheiten gesagt, daß kein Deutscher aus der Tschechoslowakei etwas befürchten muß, außer, wenn er sich gegen die Republik vergangen hat . . . Trotz alledem, was sich in unserer Heimat seit München zugetragen hat, ist unser Volk nicht von Gefühlen einer böswilligen Rache erfüllt, sondern vom gerechten Zorn, der nach allem, was recht ist, verlangt, daß keine Schuld ohne die verdiente Strafe bleiben darf . . .
In der befreiten Republik wollen wir mit allen denen zusammenarbeiten, die im Kampfe gegen den gemeinsamen Feind ihre Pflicht erfüllt haben und sich aus vollem Herzen zu den Grundsätzen der wahren Demokratie bekennen. Wenn die Sudetendeutschen gemeinsam mit den Tschechen gegen Hitlers preußische Tyrannei kämpfen, wenn sie den Unterdrückern des tschechischen Volkes mutig entgegentreten, dann wird sich nach der Niederderlage Hitlers, nach der schonungslosen Bestrafung aller Kriegsverbrecher und Schuldigen ein friedliches Zusammenleben der Völker auf der Grundlage der Gleichberechtigung entwickeln.
Darum wiederhole ich, daß die Deutschen, die ehrliche Demokraten sind, die in Treue zu uns stehen, und insbesondere die Deutschen, die mit uns unter den Fahnen der Republik für ihre Befreiung kämpfen,nichts zu befürchten haben. Sie sind und sie werden betrachtet werden, gemäß den Worten des Präsidenten der Republik, als volle und rechtsgültige Staatsbürger."
Wenzel Jaksch lehnte auch die Erklärungen Beneschs und Ripkas ab. Diese Erklärungen hatten jedoch eine entscheidende Bedeutung für die deutschen Flüchtlinge aus der Tschechoslowakei. Zwar lehnte Wenzel Jaksch Hitler ab, aber die von Hitler geschaffene Lage in der Tschechoslowakei wollte er beibehalten. Man erzählte mir damals, daß Wenzel Jaksch unter seinen Landsleuten Postkarten mit seinem Bild verteilte. Er fühlte sich anscheinend schon als der künftige Präsident der von Deutschen besiedelten Gebiete der Tschechoslowakei.
Auf Ersuchen Walter Loebs schrieb ich in diesen Monaten eine Geschichte der Kommunistischen Partei Deutschlands, die in der Serie „Fight for Freedom" Bücher im Hutchinson Verlag, London, erschien. Die englische Auflage von 20.000 Exemplaren war so schnell vergriffen, daß ich für mich selbst ein Exemplar von einem Käufer zurückkaufen mußte.

Im vergangenen Jahr waren die Briefe meiner Freunde vom Kontinent, aus der Schweiz, aus Toulouse und Lissabon immer seltener geworden. Ich erfuhr, daß mein Toulouser Freund in einem Lager interniert war und daß

Arkardy Maslow in Havanna auf der Straße tot aufgefunden worden war. Der letzte Brief Peters beantwortete eine Frage nach Carl Goerdeler. Walter Loeb hatte mich auf diesen aufmerksam gemacht, ohne etwas Konkretes zu sagen. Ich hatte deshalb an Peter in Basel geschrieben und angefragt, ob er von einer Opposition Goerdeler gehört habe und ob er mit ihm in Verbindung treten könne. Peter antwortete nach einigen Wochen, daß er keine Möglichkeit dazu finden könne. Es sei auch zwecklos, Verbindungen mit Goerdeler und seinem Kreis zu suchen, da diese Leute „eine Art Ständestaat, einen gemilderten Faschismus" wollten. Einige Zeit darauf wurde Peter in der Schweiz interniert. Elli sandte mir von Zeit zu Zeit noch Telegramme und informierte mich über das Schicksal meiner Freunde. Sie erfuhr auch, daß die Gestapo mich immer noch suche und von Zeit zu Zeit Haussuchungen bei meinen Bekannten und Verwandten mache. Diese wußten nichts von mir. Ich hatte, seit ich Paris verlassen hatte, an niemand geschrieben. Daß ich in England lebte, hatte die Gestapo niemals erfahren. Über das letzte Kriegsjahr und meine letzten Jahre in England zu berichten würde zu weit führen. Obwohl alle Vorbereitungen so geheim gehalten wurden, wie es auf einer Insel möglich ist, spürte man auf Schritt und Tritt die kommende Aktion auf dem Kontinent. Daher war ich gar nicht überrascht, als in der Frühe des 6. Juni 1944 im Radio die Meldung durchgesagt wurde, daß die Invasion begonnen hatte. Ein Aufatmen ging durch die Bevölkerung, die in ihrer Mehrheit zwar nicht zur Aktion drängte, aber die doch an der Grenze der Geduld angelangt war. Es war höchste Zeit, denn auch in Großbritannien begann die Auszehrung. Man lebte längst von der Substanz. Um nur ein persönliches Beispiel anzuführen; ich habe in den vergangenen Jahren in England nur einmal einen Apfel gegessen, den Madame mir schenkte, als sie ein Paket aus Kanada erhielt. Es gab kein Obst zu kaufen. Um Vitamine zu bekommen, nahm ich täglich Lebertran.

Das Attentat einer Offiziersgruppe auf Hitler im Juli 1944 schien den Leuten, die ihre Hoffnung auf eine Militärrevolte setzten, recht zu geben. Doch ehe wir in London verläßliche Nachrichten über den Umsturzversuch erhielten, war alles längst vorbei. Nur die Rache Hitlers sollte bis zu seinem schmählichen Ende andauern. Keine deutsche Revolution von links hätte so viele Opfer gefordert, wie das mißglückte Attentat auf Hitler. Mit der Vernichtung der Attentäter und der Schicht, aus der sie stammten, verging in England die Hoffnung auf einen deutschen Badoglio.
Lord Vansittart fragte mich, wie ich die ganze Sache beurteilte. Ich antwortete kurz, daß ich zu wenig wüßte, daß ich aber glaubte, daß „die Kaste" sich aus dem Krieg herausziehen möchte, daß aber jeder Versuch, den Krieg auch nur um eine Stunde zu verkürzen, unterstützt werden sollte. Die Offiziere hätten keine konspirative Erfahrung. Noch vor Beendigung des Krieges wurde mit der Neugründung der Gewerkschaftsinternationale begonnen. Eine internationale Konferenz von Gewerkschaften aus 41 Ländern und 55 Organisationen fand in London vom 6. – 17. Februar 1945 statt. Obwohl der Krieg noch wütete, war der Himmel und das Meer bereits von feindlichen Flugzeugen und U–Booten so freigeschossen, daß die Flugzeuge und Schiffe mit den Gewerkschafts-Delegierten der Sowjetunion, Chinas, Indiens, Afrikas u.a. England erreichen konnten. Neben den „Christlichen" Gewerkschaften der alliierten Länder waren auch die „Freien" Gewerkschaf-

ten der Länder eingeladen, die im Kriege auf deutscher Seite standen, aber bereits kapituliert hatten, so die italienischen, bulgarischen und finnischen. Es war ein hoffnungsfrohes Bild, als Weiße neben Schwarzen, Gelben und anderen Farbigen saßen und über gemeinsame Interessen diskutierten.
Es wurde beschlossen, einander zu helfen, die Gewerkschaften in allen Ländern wieder aufzubauen und besonders die bisher unterdrückten farbigen Völker beim Aufbau von Gewerkschaften zu unterstützen. Bemerkenswert war, daß diese internationale Gewerkschaftskonferenz die Beschlüsse von Teheran und Jalta vollinhaltlich bejahte und die bedingungslose Kapitulation Deutschlands, die Wiedergutmachung an den Naziopfern und die Bestrafung der Kriegsverbrecher forderte. Es wurde verlangt, daß, wenn deutsche Arbeiter in anderen Ländern zum Wiederaufbau der zerstörten Gebiete eingesetzt werden sollte, diese Arbeiten unter Kontrolle der Gewerkschaften erfolgen müßten.
Die Beschlüsse der internationalen Gewerkschaften befaßte sich auch mit Japan und verlangten, daß nach Niederwerfung Japans die Monarchie in Japan abgeschafft und eine demokratische Republik gebildet werden müsse. Militarismus und Faschismus müßten in allen Ländern der Welt ausgerottet und eine internationale Sicherheits–Organisation geschaffen werden.
Die deutsche Gewerkschaftsgruppe und der Vorstand der Sozialdemokratischen Partei stimmten diesen Beschlüssen zu. Damit waren die Vorwürfe gegen den „Vansittartismus" eigentlich hinfällig.
Bei einem Gespräch mit Lord Vansittart, nachdem die Alliierten sich doch auf eine Aufteilung Deutschland in Zonen geeinigt hatten, sagte er zu mir: „Jetzt wird es nichts mit der geplanten Re–Education, die Engländer haben keine Linie und die Amerikaner werden eher Nazis werden, als die Deutschen zu Demokraten erzogen werden können."

Die eindrucksvollen Reden Thomas Manns an das deutsche Volk veranlaßten mich, Thomas Mann einen Brief zu schreiben, in dem ich ihn über die Diskussion und Programme der deutschen Flüchtlinge in London und über die Haltung Lord Vansittart informierte.
Thomas Mann antwortete mir mit folgendem handgeschriebenen Brief:

Pacific Palisades, Calif.
den 29.IV.45

Sehr geehrter Herr Retzlaw,
ich habe Ihnen noch nicht für ihren interessanten Brief vom 14. März gedankt, der mich als Bekräftigung meiner nach Deutschland gerichteten Worte natürlich gefreut hat. Meine tröstlich gemeinte Hindeutung auf eine künftige deutsche Länder–Föderation war mehr oder weniger eine Improvisation; aber ich habe allerdings das Gefühl, daß eine Reichsreform im Sinne der Auflockerung und Dezentralisation für Deutschland und für die Welt das Beste wäre, auch der ‚germanischen Freiheit' am besten entspricht und sich aus den neuen Verhältnissen sehr natürlich ergeben mag.
Es ist nur zu klar, daß mit dem unheiligen deutschen Reich preußischer Nation, diesem zentralisierten Macht- und Kriegsreich, ein Ende gemacht werden muß. Mit dieser Meinung erwirbt man sich zwar giftige Feindschaft unter den sozialdemokratischen Patrioten hier und wohl auch in London, aber möglichst unaggressiver Weise muß ich sie aufrecht halten.

Über Lord Vansittart habe ich mir nie die Dummheiten einreden lassen, die diese Leute von ihm erzählen.

Mit verbindlichem Gruß
Ihr sehr ergebener
Thomas Mann

Ungefähr 14 Tage nach Abschluß des Waffenstillstandes erhielt ich eine Benachrichtigung, zu einer Adresse zu kommen und die Schreibmaschine mitzubringen. Es war das erste und letzte Mal, daß ich in England ein Amtsgebäude betrat, außer den Polizeiämtern bei den Ummeldungen. Ein älterer Major reichte mir eine Mappe mit einem Schreiben der Kanzlei des Königs von England. Darin wurde mir die Anerkennung für meine Zuversicht auf den Sieg der Alliierten und für meine Haltung in den Kriegsjahren ausgesprochen. Der Major nahm mir die Mappe mit dem Schreiben wieder ab und sagte, das Schreiben sei nur zur Kenntnisnahme. Nachdem ich eine Bestätigung unterzeichnet hatte, daß ich keine Ansprüche an England stellen werde, gab es einen Tee. Danach geleitete mich der Major wieder durch die Posten hinaus. Einige Tage darauf erhielt ich auch die letzte Einladung von Madame zu einem Abschiedstee.
Ich versuchte vom Waffenstillstand an, die Genehmigung zu erhalten, nach Deutschland zurückzukehren. Madame und der Major hatten mir erklärt, daß sie nichts damit zu tun hätten, ich müsse mich an die Besatzungsorgane wenden. Das versuchte ich und verbrachte viel Zeit mit Briefeschreiben, die meistens nicht beantwortet wurden. Der neue Außenminister der Labour Party, Ernest Bevin, antwortete mir nach einigen Monaten, daß ich noch abwarten solle. Die gleiche ablehnende Antwort erhielt ich vom State Department in Washington, an das ich schreiben mußte, weil ich nach Berlin wollte. So verging noch ein weiteres Jahr. Die sozialdemokratischen und kommunistischen Funktionäre durften mittlerweile zurückkehren.

Der Ausgang der Neuwahlen im Juli war für Churchill ein schwerer Schlag, für die Bevölkerung jedoch keine Überraschung. Ich sah Churchill im Wahlkampf. Im Stadtteil Chelsea war ich gerade auf der Straße, als Churchill im Auto stehend, mit der rechten Hans sein Victory–Zeichen winkend, im Schrittempo vorüberfuhr. Man jubelte dem Premierminister der Kriegszeit zu, aber einige Tage später wußte man, daß die Bevölkerung des Helden müde war. Die Beschlüsse der Konferenz von Potsdam konnte somit das Mitglied der Labour Party Clement Attlee unterzeichnen.
Meine Einstellung zu Lord Vansittarts Politik änderte sich natürlich bald. Er übertrug nach Kriegsende seine Antinazi–Einstellung auf die Sowjetunion. Trotz allem gemeinsamen Haß und Verachtung gegenüber Stalin schrieb ich Lord Vansittart, daß ich differenzieren müsse. Mit der russischen Parteigeschichte hatte ich mich vielleicht intensiver beschäftigt als er. Meine ganze Hoffnung war, daß Stalin jetzt wegen seines Paktes mit Hitler 1939 zur Rechenschaft gezogen werden würde. Dazu kam es nicht. Wer sollte das auch tun? Die Kommunistische Partei? Die Mehrzahl der kritischen Parteifunktionäre waren entweder verbannt oder ermordet worden. Das Militär? Vielleicht hatte Stalin das befürchtet, und hatte deshalb den russischen Freisler, Andrej Wyschinski, dem Oberbefehlshaber der russischen Truppen in Deutschland, Marschall Schukow als Politkommissar bei-

gegeben. Es änderte sich nichts Grundsätzliches in der Sowjetunion. Ich schrieb an Lord Vansittart, meine einzige Hoffnung sei, auf den Tod Stalins zu warten.
Ungeduldig wartete ich weiter auf die Ausreiseerlaubnis. In der Londoner Presse vom 13.3.1946 las ich eine Notiz, daß die Besatzung des Panzerkreuzers Graf Spee aus Südamerika in Hamburg angekommen war. Sie war auf Staatskosten mit einem britischen Schiff von Südamerika nach Hamburg gebracht worden und, wie es in der Pressenotiz hieß: „Nach einem Frühstück mit Eiern, Speck und Wurst ging die Besatzung mit einer halben Tonne Gepäck pro Person an Land."
Eine englische Zeitung, die sich darüber ärgerte, verlangte von der Besatzungsbehörden, daß wenigstens das Gepäck durchgesehen werde, um zu sehen, was die Matrosen aus Südamerika mitschleppten. Auch hier war es, als ob die Leute nicht aus einem blutigen Krieg, sondern von einem Fußballspiel heimkehrten.

23. Der lange Weg zurück

Kein Kapitel schrieb ich mit so großer Mühe, wie dieses letzte, weil der Schlußpunkt, der Friede, fehlt. Deshalb überwiegt das Negative. Im Juli 1946 erhielt ich vom Gouverneur des Saargebietes, Pierre Grandval, eine Einladung, nach Saarbrücken zu kommen. Die Einladung war mit der Anfrage verbunden, was ich im Saargebiet zu tun gedenke. Ich nahm die Einladung gern an, in der Hoffnung, von dort nach Berlin weiterfahren zu können.

Auf dem Bahnsteig des Pariser Bahnhofs St. Lazare erwarteten mich mein früherer Hauswirt, neben Erich Wollenberg, der aus dem Internierungslager in Marokko freigekommen war, und Arthur R., der mein Nachfolger im Vertrieb der Zeitung „Freies Deutschland" in Paris gewesen war. Er und seine Frau konnten sich während der Jahre der deutschen Besetzung im „Maquis" verbergen. Mein früherer Hauswirt hatte außerdem in seiner Wohnung einen festlichen Empfang bereitet, zu dem auch Nachbarn aus dem Hause und aus der Straße kamen, um mich zu begrüßen. Sie hatten die wiederholten Durchsuchungen meiner früheren Wohnung durch die Gestapo gesehen und hielten mich für einen wichtigen Widerstandskämpfer. Von meinen früheren Flurnachbarn, einer ungarischen jüdischen Familie, kam nur der ältere Sohn, der als einziger seiner Familie die Besatzungszeit überlebte. Er zeigte mir seine in den Arm tätowierte Konzentrationslager–Nummer. Anderntags verabschiedete er sich für immer; er ging nach Palästina–Israel.

Trotz der Rache, die französische Widerstandkämpfer an zahlreichen Personen geübt hatten, die mit der deutschen Besatzung zusammengearbeitet hatten, merkte ich bald, daß die alte Bürokratie wieder im Sattel saß. Ich mußte in Paris zwei Monate auf mein Visum für Saarbrücken warten. Aber nicht nur die französische Bürokratie war die gleiche geblieben. Arthur R. erzählte mir von einer Unterredung, die er einige Tage zuvor mit dem Vorsitzenden der neugegründeten Sozialdemokratischen Partei der Pfalz, Günter M., der gerade in Paris weilte, gehabt hatte. Dieser habe zu ihm gesagt:

„Für das, was die Franzosen bei der Kapitulation der deutschen Truppen in Frankreich diesen angetan haben, und für das, was sie heute in der von ihnen besetzten Zone in Deutschland tun, werden wir ihnen in zehn Jahren die Hosen stramm ziehen." Ich sprach Günter M. auch noch. Er sei überzeugt, sagte er, „daß wir natürlich schneller wieder hochkommen werden als die anderen, denn die Demontage von Industriebetrieben ermöglicht es uns, die neuen Betriebe moderner wieder aufzubauen." Mit diesen selbstbewußten Worten erfuhr ich aus erster Quelle die damalige Auffassung des sozialdemokratischen Parteivorstandes.

In den zwei Monaten, in denen ich auf das Visum wartete, machte ich einige Reisen in Frankreich, um nach Freunden zu suchen. In Toulouse erzählte mir der Schneidermeister, warum er alle meine Papiere, die ich bei ihm hinterlegt hatte, verbrannt hatte. Er hatte ständig unter Drohungen gelitten und war auch längere Zeit in Haft gewesen. Die Franzosen hatten interniert, weil er Deutscher war, die Deutschen warfen ihn ins Gefängnis, weil er Antinazi war. Es war bereits September geworden, als ich endlich in Saarbrücken eintraf. Vom Bahnhof ging ich durch die vorübergehend umbenannte „Max Braun Straße" zu Walter Gebelein. Dieser sagte mir, daß er Chefredakteur einer neugegründeten Saarbrücker Wochenzeitung des Organs der Bewegung für den Anschluß an Frankreich sei. Gebelein hatte sich vor Kriegsausbruch in Paris französische Papiere beschaffen können und hatte die Kriegsjahre hindurch in einer Druckerei gearbeitet.
Die Saarbrücker Bürger hatten im Kriege das erfahren, was wir Flüchtlinge ihnen im Abstimmungskampf 1934/35 vorausgesagt hatten. Aber eine Genugtuung konnte angesichts der Zerstörung und des Hungers in mir nicht aufkommen. Ich machte mich auf die Suche nach meinen Bekannten aus den Jahren 1934/35. Von meiner „Trotzkisten"–Gruppe war nur einer wieder zurückgekehrt. Der frühere Vorsitzende der Saarländer Liga für Menschenrechte wohnte mit seiner Familie bereits wieder in Saarbrücken. Sonst war von den früheren Mitgliedern der Liga nur ein Rektor auffindbar. Man sagte mir, daß frühere Mitglieder, die damals nicht flüchten konnten, von den Nazis mit unbekanntem Ziel deportiert worden waren und daß man nie wieder von ihnen gehört habe. Andere wiederum, denen die Flucht gelang, blieben in ihren Exilländern. Weitere zurückgekehrte Saarländer hatten längere Zeit teils in Konzentrationslagern, teils in Gefängnissen verbracht.

Inzwischen war die Sozialdemokratische Partei im Saargebiet neu gegründet worden. Vorsitzender war Richard Kirn, Generalsekretär war Ernst Roth, den ich vor dem Kriege in Straßburg flüchtig kennengelernt hatte. Eine „Christliche Volkspartei" war ebenfalls gegründet worden; Vorsitzender war Johannes Hoffmann, der ebenfalls aus dem Exil zurückgekehrt war. Auch die Kommunistische Partei war neu entstanden. Die Gewerkschaften, die „Freien" und die „Christlichen" hatten bereits ihre früheren Bürohäuser zurückerhalten.
Als neue überparteiliche Organisation war eine „Bewegung für den Anschluß des Saargebietes an Frankreich" (MRS) entstanden, deren Vorsitzender der frühere Sekretär der Kommunistischen Partei bis 1935, Fritz Pfordt, war. Pfordt hatte die Kriegszeit in Schweden verbracht. Die meisten Vorstandsmitglieder und Funktionäre der Sozialdemokratischen und der Christlichen Volkspartei waren gleichzeitig Mitglieder des MRS. Außer Ernst Roth und seiner Fraktion, die mit dem Parteivorstand der Sozialdemokratischen Partei, Kurt Schumacher, in Hannover in Verbindung stand.

Nur die Kommunistische Partei bekämpfte die Bestrebungen zum Anschluß an Frankreich auf das Heftigste.
Ich hatte in London aus den Gesprächen mit französischen Offizieren entnommen, und Huart, der ja an der Stelle saß, an der er viele Pläne erfahren konnte, hatte es mir des öfteren gesagt, daß das Saargebiet nach dem Kriege an Frankreich angegliedert werden solle. Die fanatischen Nazis und Deutschnationalen sollten ausgewiesen, und ca. 70.000 ausländische Personen, die von den Nazis nach Deutschland gebracht worden waren, die nicht mehr in ihre frühere Heimat zurückkehren können oder nicht wollen, sollten im Saargebiet angesiedelt werden. Dieser Plan war indessen aufgegeben worden. Als Ersatz war die MRS gegründet worden. Mit dieser Organisation sollte der Anschluß an Frankreich ohne Umsiedlung erreicht werden. Aus vielen Gesprächen erfuhr ich bald, daß in Wahrheit selbst im MRS nur eine Minderheit der Mitglieder den politischen Anschluß an Frankreich wollte. Die Mehrheit war opportunistisch und wollte nur schnell wieder ergiebige wirtschaftliche Beziehungen zu Frankreich. Diese wurden erreicht. Die französischen Grenzprovinzen versorgten nach einer Periode schwerer Not das Saargebiet mit Lebensmitteln und anderen Bedarfsartikeln, die in anderen Teilen Deutschlands und selbst in Frankreich noch sehr knapp waren. Ich bin überzeugt, daß die später sehr angefeindete MRS in der gegebenen Stunde vielen Saarländern die Heimat erhalten hat.
Walter Gebelein war in seiner Eigenschaft als Chefredakteur der Wochenzeitung der MRS Mitglied des Landesvorstandes dieser Organisation. Er lud mich zur nächsten Sitzung des Vorstandes ein, der mich beauftragte, auf der nächsten Landeskonferenz über die Geschichte des Saarlandes zu sprechen. Nach 1935 hatte ich alle erreichbaren Schriften über dieses waldreiche und landschaftlich reizvolle Kohlen- und Industriegrenzland studiert. Ich referierte über die wechselvolle Geschichte des deutsch-französischen Grenzgebietes und ich wurde eingeladen, den Vortrag in verschiedenen Orten des Saargebieten zu wiederholen. Doch das aktuelle Problem war nicht die Geschichte, sondern der Hunger, unter dem der größte Teil der Bevölkerung litt. In jeder Versammlung standen Frauen und Männer auf, die fragten, ob eine Möglichkeit bestände, mehr Nahrung zu erhalten.
Auch nach den saarländischen Kriegsgefangenen wurde viel gefragt. Der Landesvorstand der MRS richtete einen Appell an die Alliierten, die saarländischen Kriegsgefangenen bevorzugt freizulassen. Mit der Ausführung dieses Beschlusses wurde ich beauftragt. Die in Großbritannien befindlichen Saarländer, deren Adressen ich von ihren Angehörigen erhielt, bekam ich unbürokratisch schnell frei. Zum Teil mit Hilfe des Vorsitzenden der deutschen sozialdemokratischen Parteigruppe in London. Die Militärregierung des Saarlandes ließ mir jedoch mitteilen, daß sie diese Aktivität nicht wünsche. So mußte ich die Arbeit geheim fortsetzen und ging mit meinen Briefen für England über die Grenze nach Forbach und gab sie dort zur Post.
Gebelein wurde bald aus dem Saargebiet ausgewiesen. Er war von der Militärregierung und der Bergwerksdirektion zu einer gemeinsamen Feier mit den saarländischen Partei- und Gewerkschaftsführern und Wirtschaftsleuten eingeladen worden. Nach der Schilderung Gebeleins gab es Essen und Wein, „daß sich die Tische bogen", und als gegen Mitternacht fast alle Teilnehmer betrunken waren, protestierte mein Freund gegen das Treiben, das er angesichts des Hungers in der Bevölkerung eine Schande nannte.

Gebelein wurde von mehreren Teilnehmern gepackt und auf die Straße geworfen. Schon am folgenden Vormittag wurde ihm der Befehl der Militärregierung zugestellt, das Saargebiet binnen 12 Stunden zu verlassen. Nur eine Schreibmaschine konnte er retten. Weder die „christlichen" noch die sozialdemokratischen Freunde protestierten gegen die Abschiebung Gebeleins. Da auch die Leitung der MRS nicht wagte, für ihren Chefredakteur einzutreten, war meine Freundschaft mit dieser Bewegung zu Ende.
Ernst Roth, den Generalsekretär der Sozialdemokratischen Partei und gleichzeitig Chefredakteur der Parteizeitung „Volksstimme", traf ich in diesen Tagen zufällig auf der Straße. Er machte mir Vorwürfe, daß ich nicht zuerst zur Partei gekommen sei. Er sagte, man habe im Parteivorstand bereits über mich gesprochen und ihm, Roth, den Auftrag gegeben, mich einzuladen. Ich nahm einige Tage darauf an der Partei–Vorstandssitzung teil und wurde zum Kultursekretär ernannt, kurz darauf als Mitglied des Parteivorstandes kooptiert. Auf dem nächsten Parteitag wurde ich formell gewählt. Ich organisierte eine Parteischule für die Mitglieder und Kurse zur politischen und theoretischen Schulung der Sekretäre, zu denen auch der spätere Vorsitzende der Sozialdemokratischen Partei im Saargebiet, Kurt Conrad, gehörte.
Als Parteisekretär konnte ich an Hand der Fragebogen, die damals jeder Einwohner des Saargebietes – wie ja auch die Bewohner der anderen deutschen Länder – ausfüllen mußte, die beschämende Entdeckung machen, daß 71% der Mitglieder der neuen Sozialdemokratischen Partei vorher Mitglieder der Nazipartei gewesen waren. Diese Feststellung gab mir außer einem schweren Schock auch die Teilerklärung dafür, daß Hitler und seine Bande bei der Saarabstimmung 1935 so überlegen siegen konnten.
Ich versuchte in persönlichen Gesprächen mit Parteimitgliedern diskret die Gründe und Umstände ihre Beitritts zur Nazipartei zu erfahren. Aus den geistlos einförmigen Antworten konnte ich entnehmen, daß es im großen und ganzen bei den meisten Angst und Opportunismus waren. Sie gaben auch zu, daß sie an das Ende der Arbeiterbewegung für alle Zeiten geglaubt hatten.

Ernst Roth war als Redner und Politiker weit robuster als die anderen bekannten Funktionäre der Parteien im Saargebiet. Vielleicht mit Ausnahme des Vorsitzenden der „Christlichen Volkspartei", Johannes Hoffmann, der Roth aber nur an Verschlagenheit übertraf. Ich fuhr mit Roth auf eine Versammlungstour. Die Versammlungen waren stets sehr zahlreich besucht, es waren oft mehr als tausend Manschen anwesend. Roth stellte in allen Versammlungen die gleiche Frage, die er, mit lebhaften Gesten begleitete, mit erhobener Stimme in den Saal hineinrief: „Ich frage Euch, kann man mit 1200 Kalorien leben? " Die Versammelten riefen wie im Chor, „Nein! Nein!" Daraufhin rief Roth: „Wir fordern höhere Rationen!" Wieder gab es rasenden Beifall und zustimmende Rufe. Als ich in meinen Reden erklärte, daß die Lebensmittelzufuhr nach Deutschland nicht absichtlich gedrosselt sei, sondern daß die Lebensmittelknappheit durch die Zerstörungen in ganz Europa verursacht sei, und auf den Mangel an Schiffsraum infolge des deutschen U–Bootkrieges hinwies, an die Überschwemmungen der Niederlande bei der Räumung durch die deutschen Truppen, an die Ersäufung der Kohlen–Gruben in Frankreich und Belgien und schließlich auch an die „verbrannte Erde" in der Sowjetunion und Polen erinnerte, versuchte

man öfters, mich niederzuschreien.
Ernst Roth riet mir, ich sollte mich mehr der Stimmung der Bevölkerung anpassen und mehr gegen die Militärregierung sprechen. „Wir müssen erst mal wieder selbst regieren", sagte Roth „dann werden wir auch den Anschluß an das übrige Deutschland wiedergewinnen." Als ich im Auftrag des Parteivorstandes das Wahlplakat zu den ersten Landtagswahlen im Saargebiet mit den Losungen der Sozialdemokratischen Partei geschrieben hatte, wurden auf Antrag Roths alle Hinweise auf die Nazizeit und den Krieg, als Ursache der gegenwärtigen Not, herausgestrichen. „Das stimmt zwar alles", sagte Roth „aber damit gewinnen wir keine Stimmen."
Das Ausmaß der Lebensmittelknappheit im Saargebiet hätte vermindert werden könne, wenn die dortigen sehr zahlreichen Selbstversorger und Gartenbesitzer etwas geholfen hätten. Die Metzger, Bäcker, Gemüse- und Gemischtwarenhändler sahen gar nicht danach aus, als ob sie von den 1200 Kalorien lebten. Man brauchte ja nur einige Gramm Waren weniger und mehr Papier zu wiegen; das ergibt bei mehreren hundert Kunden ausreichende Mengen für den Eigenverbrauch und für den Schwarzhandel. Ein Polizeibeamter von der Autozulassungsstelle sagte mir, daß von 100 Zugelassungsanträgen für Personenautos ca. 80 von Kleinhändlern kamen.
Wie andere aus dem Exil zurückgekehrte Flüchtlinge, die nicht geborene Saarländer waren, erhielt ich zu den Landtagswahlen kein Wahlrecht, weder aktives noch passives. Die Militärregierung und die darauffolgende Regierung Hoffmann verlieh es mehreren ihnen genehme Personen. Ich gehörte nicht zu diesen, ich blieb „staatenlos".
Als die Wahlen einen Sieg der „Christlichen Volkspartei" brachten und Johannes Hoffmann Ministerpräsident wurde, wurde die neue Regierung trotz der Teilnahme von Sozialdemokraten reaktionärer als die bisherige Militärregierung. Überall, besonders in der Polizei, kamen frühere Nazis wieder in leitende Funktionen. Sogar der Beamte, der mit der Betreuung der saarländischen Verfolgten des Nazisregimes beauftragt wurde, war ein früherer Nazifunktionär.
Max Waltz, der frühere Vorsitzende der „Saarländischen Liga für Menschenrechte" und einige Freunde, darunter auch ich, wollten jetzt die Liga neu gründen. Die Regierung Hoffmann verbot die Gründung. „Menschenrechte machen wir selber", sagte Johannes Hoffmann.
Die übliche Spitzelaffäre hatten wir im Parteivorstand auch. Ernst Roth kam zu einer Informations- und Schulungsstunde der Parteisekretäre und erklärte erregt, daß im Parteivorstand ein Spitzel sitzen müsse, der alles, was im Parteivorstand geredet werde, der Militärregierung berichte. Wir wußten, daß der Generalstaatsanwalt, später Justizminister, Heinz Braun, fast täglich zur Militärregierung ging, und sicherlich wurde bei diesen Besuchen mehr geredet als nötig war. Doch Roth selbst war unbewußt der Informant der Besatzungsbehörden. Er erzählte mir, daß er ein oder zwei Mal in der Woche ausführlich mit dem Parteivorsitzenden Kurt Schumacher in Hannover telefoniere. Roth wußte, daß die Telefongespräche im Saargebiet abgehört wurden, er fuhr deshalb mit seinem Wagen nach Zweibrücken oder nach Kaiserslautern und telefonierte von dort aus. Diese Städte lagen in der französischen Besatzungszone und die Telefongespräche wurden vom französischen Geheimdienst genauso abgehört wie die Gespräche im Saargebiet. Die Besatzungsbehörden erhielten somit alle vertraulichen Berichte, die Roth an Schumacher und Ollenhauer gab, aus erster Quelle.

Ernst Roth ging, als eine Verfassungsgebende Versammlung das Grundgesetz für Westdeutschland beriet und die Wahlen zum ersten deutschen Bundestag vorbereitet wurden, rechtzeitig in die Pfalz, wurde Landrat von Frankenthal und in den ersten Bundestag gewählt. Vom Bundestag wurde er zum Europäischen Parlament nach Straßburg delegiert, wo er während einer Rede vor der Europaversammlung einem Herzinfarkt erlag.
Seit ich ins Saargebiet gekommen war, spürte ich eine feindselige Stimmung bei Beamten der Besatzungsbehörden gegen mich. Ich merkte auch bald, daß ich nicht nur als „Linker" galt, sondern mehr noch war ich diesen Leuten verdächtig, weil ich aus England kam. Die Englandfeindlichkeit der ersten Kriegsmonate 1939/40 wirkte noch nach. Die Besatzungsbehörden weigerten sich, mir eine Wohnung zuzuweisen, ich durfte auch Eßlokale, die für Franzosen und saarländische Angestellte der Behörden reserviert waren, nicht betreten. Ich tat allerdings auch alles, mich unbeliebt zu machen. In Briefen an Freunde in Paris, London und den USA schilderte ich die merkwürdigen Zustände im Saargebiet und die Straßburger Zeitung „La République" brachte in mehreren Fortsetzungen einen Bericht von mir. Ich stellte darin fest, daß das französische Werben um die Saarländer soweit ging, daß das Saargebiet zu einem Zufluchtsort für Nazis wurde, die sich durch Flucht aus Westdeutschland der Entnazifizierung entzogen hatten.

Im Saargebiet wurden alte Nazifilme gezeigt, Veit Harlan konnte hier Triumphe feiern, und andere Künstler, die unter dem Naziregime die Gunst Goebbels' gesucht und genossen hatten, durften hier auftreten, lange bevor die Bühnen im übrigen Deutschland für sie frei wurden. Ich erlebte groteske Situationen. Den französischen Behörden war es bekannt, daß sich zahlreiche Anhänger der Vichy–Regierung in hohen Stellungen bei den Besatzungsbehörden befanden. Schon in Paris hatte ich verächtlich von „Vichy–Vichy" sprechen hören, wenn von den Militärregierungen in Baden–Baden und Saarbrücken die Rede war. Als ich einmal nach Forbach fuhr, waren außer mir noch vier Männer im Abteil. Nach Überfahren der Grenze kamen mehrere französische Polizisten ins Abteil. Der eine warf nur einen Blick auf meinen „staatenlosen" Paß und sagte „merci". Dagegen mußten sich die vier Männer, die französische Pässe hatten, nackt ausziehen. Ihr Gepäck und ihre Kleidungsstücke wurden genau durchsucht, ihre Pässe wurden mit dem Fahndungsbuch verglichen. In Forbach erzählte ich den Vorfall einem mir bekannten Franzosen, der mit antwortete, daß die Polizei „Vichyleute" suche, die sich in der Besatzungszone verbergen. Im Bereich der Militärregierung könne die französische Polizei nicht gegen gesuchte Personen vorgehen.
Bei meinen Besuchen in Forbach war es mir aufgefallen, daß deutsche Kriegsgefangene, die dort mit Aufräumungsarbeiten beschäftigt waren, mit Säcken von Haus zu Haus gingen. Ich sprach einmal einen von ihnen an. Er sagte mir, daß sie so wenig zu essen bekämen, daß sie betteln gehen müßten. „Die meisten Franzosen geben auch", fügte er hinzu.
Eines Tages kam ein saarländischer Polizeibeamter mit einem Aktenstück eines Gestapomannes in meine Wohnung, aus dem hervorging, daß der Gestapomann, der weiterhin im Saarbrücker Polizeipräsidium Dienst tat, drei russische Mädchen ermordet hatte. Der saarländische Polizeibeamte sagte mir, daß das Aktenstück der französischen Militärregierung bekannt sei,

diese aber sei anscheinend an einer Untersuchung nicht interessiert. Ich schrieb daraufhin Briefe an Persönlichkeiten in England und den USA und bat um Unterstützung, daß der Mord an den drei Mädchen gesühnt werde. Ungefähr vier Wochen später kamen zwei französische Kriminalbeamte zu mir und wollten nach Polizeimanier zuerst wissen, woher ich von der Ermordung der Mädchen erfahren habe. Das verriet ich ihnen natürlich nicht, aber ich sagte ihnen, daß ich keine Vertuschung zulassen werde. Weitere vier Wochen später erhielt ich einen Brief von einer Gerichtsabteilung der Militärregierung in Baden–Baden mit der Mitteilung, daß ein Verfahren gegen den Mörder eingeleitet sei. Ich hörte nichts wieder davon, die Presse berichtete nichts, im Polizeipräsidium war der Gestapomann jedoch nicht mehr. Im Laufe von knapp drei Jahren seit dem Waffenstillstand, hatten es die Interessen der Westmächte geboten, sich intensiver mit dem Wiederaufbau Westdeutschlands zu beschäftigen. Der "Marshallplan" der Regierung der USA brachte Milliarden Dollar und Waren nach Europa und davon einen erheblichen Teil nach Westdeutschland. Der wirtschaftliche Wiederaufbau schritt zügig voran und über die neue politische Ordnung in Deutschland schrieb Léon Blum, der Vorsitzende der französischen Sozialistischen Partei, in seiner Parteizeitung „Le Populaire" im Mai 1948 einen Artikel, den das Parteiorgan der Sozialdemokratischen Partei des Saargebietes, die „Volksstimme", nachdruckte. Léon Blum erklärte darin, daß Frankreich die Bildung einer Bundesregierung in Deutschland verlange und daß zwischen Föderalismus und einer nationalen Zentralisation kein Widerspruch bestehe. Wenn Frankreich von Föderalismus spreche, so wolle es für für die Zukunft das Wiedererstehen eines imperialistischen oder hitlerischen Reiches verhindern, aber die lokalen und provinzialen Traditionen des alten klassischen Deutschland wiedererwecken. Von einer Zerstückelung könne keine Rede sein, weil ja alle Bemühungen der allierten Regierungen darauf gerichtet seien, die wirtschaftlichen Kräfte Europas, einschließlich Deutschlands, in weitem Rahmen zu vereinigen.

Doch vernahm man schon andere Töne aus Frankreich. Die Parteigänger des hingerichteten früheren Ministerpräsidenten Pierre Laval meldeten sich wieder und einer ihrer Sprecher, der frühere Diplomat der Vichy-Regierung Paul Claudel, schrieb im Juli 1948 in einer Stuttgarter Zeitung einen Artikel, der vor einer Saarbrücker Zeitung nachgedruckt wurde. Claudel schrieb: „Es gibt ein Westeuropa, weil es eine Gefahr gibt, die alle Völker des Kontinents gemeinsam bedroht; die furchtbare Gefahr des Bolschewismus. Ob es uns paßt oder nicht, gegen diese Gefahr ist Deutschland unser Schild und unser Schutz. Ein Schild darf nicht schwach sein". Vier Wochen später brachte die Saarbrücker „Volksstimme" einen Artikel des neu in die Sozialdemokratische Partei eingetretenen Carlo Schmid, in dem dieser als Sicherheitsgarantie für Frankreich die Zusammenlegung der beiden großen deutschen und französischen schwerindustriellen Zentren befürwortete; die gegenwärtige einseitige Besetzung des Ruhrgebietes sei eine Vorleistung dafür. Gleichzeitig übernahm die „Volksstimme" einen Artikel des „Sozialdemokratischen Pressedienstes", der vom Parteivorstand in Hannover herausgegeben wurde, in dem es über das Saargebiet hieß: „Die Trennung von Deutschland mag bitter sein. Aber das Saarland darf Deutschland nicht von Frankreich trennen. Es muß eine Brücke der Verständigung werden." . . . Das war eigentlich die politische Linie der MRS,

der saarländischen Bewegung für den Anschluß an Frankreich.
Der Anlaß, der mich zwang, das Saargebiet zu verlassen, war ärgerlich banal. Ich berichte trotzdem darüber, weil die Angelegenheit für den Geist und die Situation, bezeichnet war. Nach fast einjährigem Warten erhielt ich auf Anweisung des zuständigen Ministers eine Wohnung zugewiesen. Bisher wohnte ich bei einem Bekannten. Als ich mich bei der Wirtin vorstellte, sagte diese, daß der „Herr Polizeipräsident von Saarbrücken" vor einer Stunde dagewesen sei und die Schlüssel mitgenommen habe. Ich ging zu ihm. Er weigerte sich, die Schlüssel herauszugeben. Ich stellte Nachforschungen über das Leben dieses Mannes an. Beamte der Regierung, der Stadtverwaltung, Parteigenossen und Hörer meiner Vorträge, unterstützten mich heimlich dabei. Zuerst stellte ich fest, daß der Polizeipräsident, der ein Parteigenosse des Ministerpräsidenten Hoffmann war, schon zwei Wohnungen hatte. Ich erfuhr auch, daß er tatsächlich im Konzentrationslager gewesen war, jedoch nicht aus politischen oder religiösen Gründen, sondern wegen andersartiger Veranlagung. Wiederum erhielt ich eine unerwartete Hilfe. Diesmal war es ein leitender Beamter des französischen Hochkommissariats, so hieß mittlerweile die Militärregierung, der mir eines späten Abends ein Aktenstück brachte, das ich über Nacht „durcharbeiten" sollte. Er holte es am folgenden Morgen wieder ab. Es enthielt Angaben über den Polizeipräsidenten und die eigenartige Verbindung des Justizministers mit dem Direktor des Inneren. Ich ging ins Büro des Direktors des Inneren und verlangte von ihm Auskunft über diese Dinge. Eine Stunde später kamen er und der Polizeipräsident an meine Wohnungstür und wollten mit mir verhandeln. Ich ließ sie nicht ein. Am folgenden Tag wurde ich von französischen Polizeibeamten zum Hochkommissariat geholt. Dort beim Chef der Sicherheitspolizei saßen bereits der Justizminister und der Direktor des Inneren. Meine Vernehmung leitete derselbe Beamte, der mir das Aktenstück gebracht hatte. Er zwinkerte nicht einmal mit den Augen. Aus dem stundenlangen Verhör, in dem ich den Justizminister und den Direktor des Inneren schwer angriff, kam natürlich nichts heraus. Ich gab an und blieb dabei, daß ich meine Informationen in Paris erhalten hätte, wo ich in den letzten Monaten einige Male gewesen war. Der vernehmende französische Beamte schloß die Sitzung mit der Bemerkung, von dieser Verhandlung dürfe nichts in die Öffentlichkeit kommen.
Der Direktor des Inneren muß den Polizeipräsidenten sogleich informiert haben, der von Panik ergriffen, nach Büroschluß mit der Polizeikasse und einem Polizeiauto nach Frankreich flüchtete. Er wurde am folgenden Tag bei Strasbourg verhaftet und nach Paris ins Gefängnis „Cherche Midi" gebracht. Es stellte sich heraus, daß er steckbrieflich gesucht wurde, er sollte angeblich als Konzentrationslager–Kapo einen französischen Offizier erschlagen haben. Natürlich brachte ich die Sache im Vorstand der Sozialdemokratischen Partei zu Sprache. Das Ende war, daß ich aus dem Vorstand ausgeschlossen wurde. Mein Nachfolger wurde ein früherer Korrespondent des „Völkischen Beobachters", der sich von Frankfurt am Main ins Saargebiet „abgesetzt" hatte. Ich wollte meinen Ausschluß der Parteimitgliedschaft mitteilen und schrieb einen Brief über die Vorgänge. Diesen Brief ließ ich in einem Vervielfältigungs–Büro auf Wachsplatten schreiben und abziehen. Irgendjemand benachrichtigte den Justizminister Heinz Braun. Dieser schickte mehrere Kriminalbeamte, die meine Wohnung durchsuchten und die Briefe, Adressen und Notizen beschlagnahmten. Einige Tage

darauf erhielt ich eine Vorladung zur Staatsanwaltschaft. Der Justizminister hatte Anzeige wegen „Staatszersetzung" gestellt. Ich gab zu Protokoll, daß die Sache eine Parteiangelegenheit sei, die den Staatsanwalt nichts anginge. Das schien auch seine Meinung zu sein. Nicht lange danach mußte der Direktor des Inneren sein Amt niederlegen. Später, als ich bereits in Frankfurt am Main lebte, erfuhr ich, daß der frühere Polizeipräsident nach einem Jahr Haft in eine Heilanstalt ins Saargebiet gebracht worden war.
Mein französischer Gewährsmann aber gab mir den Rat, das Saargebiet zu verlassen. Das hatte ich längst vor und ich war schon dabei, mir einen „Zuzug" zu beschaffen. Bei einem Besuch in Wiesbaden hatte ich mit dem Kanzleichef Professor Hermann Brill gesprochen. Brill war in der Nazizeit einer der aktivsten und fähigsten Widerstandskämpfer gewesen und mehrere Jahre im Konzentrationslager Buchenwald gefangen gehalten worden. Das Landesarbeitsamt in Frankfurt am Main schickte mir den „Zuzug". Die Amerikaner hatten meinen Antrag auf „Zuzug" nach Berlin währenddessen wiederum abgelehnt.

Ich hatte einen Koffer in der Hand und neun Mark in der Tasche, als ich nach Frankfurt am Main kam. Hier waren um diese Zeit Schuhe mit dikken Gummisohlen modern, und man trank viel Schnaps, um sich innerlich zu waschen. Der Wiederaufbau Frankfurts war im Gange. Ich sah Bankpaläste und Kirchen entstehen. Ich sah aber auch aus den Ruinen vieler Häuser Rauch aufsteigen und stellte fest, daß unter den Trümmern, in den Kellern, Menschen hausten, die auf den Wiederaufbau ihrer Wohnungen warteten. In England hatte der Wohnungsbau sogar Vorrang vor der Reparatur des von deutschen Bomben beschädigten Buckingham Palastes der britischen Königsfamilie.
Plakate und Fahnen kündigten das erste große Treffen der in Westdeutschland lebenden Sudetendeutschen an. Ich ging zur Kundgebung auf den Börsenplatz. Wenzel Jaksch aus London hielt das Referat. „Und wenn die Tschechen uns mit Schlafwagen erster Klasse zurückholen wollen", rief Jaksch aus, „wir fahren nicht, wir wollen mit den Tschechen nichts mehr zu tun haben." Wenzel Jaksch erwähnte mit keinem Wort die Erklärung des Außenministers Ripka in London und auch nicht sein eigenes Verhalten zur angebotenen Verständigung.
In einer Mitgliederversammlung der Sozialdemokratischen Partei, die ich in diesen Tagen besuchte, berichtete der Parteivorsitzende der Stadt Frankfurt, daß er als Soldat in Holland gewesen war und daß er, und wie er behaupteten auch alle anderen Soldaten, gehofft hatte, daß man nun mit den Amerikanern und Engländern gemeinsam gegen Sowjet–Rußland marschieren würde. „Wir alle waren sehr enttäuscht", sagte er, „daß es nicht dazu kam". In der folgenden Aussprache fragte ich ihn, ob er nichts von der deutschen Offensive in den Ardennen gegen die Amerikaner und von den Sprengungen der Deiche zur Überschwemmung der Niederlande gehört habe. Er antwortete, das seien militärische Operationen gewesen, die nichts mit Politik zu tun gehabt hatten.
In Frankfurt am Main fand auch einige Zeit später die Neugründung der zweimal, zu Beginn der Kriege, aufgelösten „Sozialdemokratischen Internationale" statt. Delegationen sozialdemokratischer Parteien aus mehreren Ländern nahmen teil. Ich sah und sprach bei dieser Gelegenheit mehrere

Bekannte aus der Zeit meines Exils. Der Führer der deutschen Delegation und Vorsitzende der Sozialdemkratischen Partei Deutschlands, Kurt Schumacher, verließ mit einer engeren Begleitung während einer wichtigen Verhandlung die Konferenz, um zu einem Fußballspiel zu fahren. Dort erklärte er vor Sportjournalisten, daß ihm das Fußballspiel interessanter sei als die Debatten auf dem internationalen Sozialistenkongreß. Ich kaufte mehrere Zeitungen mit diesem Interview Schumachers und verteilte sie an ausländischen Kongreßdelegierte. Vielleicht erkannten einige, welchen Wert der deutsche Parteivorsitzende der Neugründung der Sozialistischen Internationale und deren früherem Motto: „Die Internationale wird die Menschheit sein", beimaß.

Dieser, mein persönlicher Bericht, ist notwendigerweise ein Ausschnitt aus der Arbeiterbewegung. Die Arbeiterorganisationen waren und sind „mein Milieu" seit meiner Jugend. Ich hielt auch dann an ihren ursprünglichen Zielen fest, als ihre Führer sie aufgaben und dadurch das Unheil der beiden Weltkriege nicht verhinderten. Schopenhauer sagte einmal ungefähr: eine neue Idee wird zuerst verspottet, dann bekämpft und schließlich wird sie als selbstverständlich übernommen. Die Geschichte lehrt mich auch, daß schweres Unheil angerichtet werden kann, wenn politische Programme und Thesen verkündet werden, ohne daß mit allen Kräften an deren Verwirklichung gearbeitet wird. Halbe Revolutionäre sind gemeingefährlich, sie stützen in Wahrheit die Herrschenden.
Ich antwortete denen, die mich nach meiner Meinung zur politischen Situation in Deutschland fragen, daß wir weniger unter den Tatsachen leiden, die sich aus dem 31jährigen Weltkrieg von 1914 bis 1945 ergeben haben, als unter der alt–neuen nationalistischen Propaganda. „Völkerverständigungsreden" der immer noch maßgebenden Leute der Hitlergefolgschaft sind besonders unerträglich, weil aus ihren Worten zu spüren ist, daß sie mit den verschleierten Absichten nicht übereinstimmen. Daß der kapitalistische Staat und seine Stützen ebenso weit von einer humanen Gesellschaftsordnung entfernt sind als ehedem und daß es wieder Volksteile gibt, denen die elfeinhalb Millionen Toten des Ersten Weltkrieges und die vierundfünfzig Millionen des Zweiten Weltkrieges noch nicht genug sind, ist in allen Bereichen des gegenwärtigen gesellschaftlichen Lebens zu spüren. Die Schuldigen machen wieder mit Erfolg die Konkursverwalter für den Bankrott verantwortlich, wie Brandstifter, die die Feuerwehr beschuldigen, beim Löschen des Brandes alles naß gemacht zu haben. Man muß die Gegner einer neuen Gesellschaftsordnung erkennen und wissen, daß Wespen und Bienen sich ähnlich sehen.

Personenregister